版编目（CIP）数据

论：以民事法为视角 / 王利明著. -- 北
院出版社，2021.3
法论与民商事审判研究）
-7-5109-3041-6

… Ⅱ. ①王… Ⅲ. ①民法－研究－中国
4

图书馆 CIP 数据核字（2020）第 248928 号

法为视角

志农
晓璇
峻彬
民法院出版社
京市东城区东交民巷 27 号（100745）
10）67550520（责任编辑） 67550558（发行部查询）
65223677（读者服务部）
92078039
p://www.courtbook.com.cn
urtpress@sohu.com
河市国英印务有限公司
华书店

7 毫米×1092 毫米 1/16
0 千字
.25
21 年 3 月第 1 版 2021 年 3 月第 1 次印刷
BN 978-7-5109-3041-6
8.00 元

2013年国家社科基金重大项目成果
（项目批准号：13&ZD150）

人民法院出版社

图书在

裁判说
京：人民法
（法学方
ISBN 97

Ⅰ.①
Ⅳ.①D923.

中国版

裁判说理论
——以民事

王利明　著

策划编辑：
责任编辑：
执行编辑：
出版发行：
地　　址：
电　　话：（

客服QQ：2
网　　址：h
E-mail：c
印　　刷：
经　　销：

开　　本：
字　　数：
印　　张：
版　　次：2
书　　号：
定　　价：

代序言

强化裁判说理　彰显司法正义

长期以来，我国裁判文书广为诟病的问题是裁判说理不充分的问题，主要表现为有的法官在裁判中不愿说理、不善说理、不敢说理、说不好理。[①] 有的判决书采取简单的“三大段”模式，即先详述当事人诉讼请求，再概述法院认定事实，最后简述法律条文并下判决。[②] 在说理部分往往只是“依据法律某某规定判决如下……”。在一些判决中，法官在叙述案情之后，便直接援引法条裁判，但为什么依据该法条，则语焉不详。有的判决不针对当事人的诉求来说理，虽讲出了一些道理和理由，但针对性不强。有的判决不援引具体法律规则，而只是援引法律原则（如诚信原则、公平原则）裁判，此种情况俗称“戴高帽”的判决。面对一纸干巴巴的判决书，有些当事人往往会“胜得茫然、输得糊涂”。其实，一些判决的裁判结果是合理的、公正的，但因为欠缺说理，导致一方甚至双方质疑该判决结果的公正性，以至于有的当事人出现无休止的缠讼、上访，并引发了其他的社会问题，这从某种程度上会损害司法的权威性和公信力。在我国当前司法体制改革中，应当将强化裁判文书说理作为改革的重要内容，以说理促正义，以说理求公平。

（一）裁判文书强化说理是司法固有特性的基本要求

俗话说，有理走遍天下，无理寸步难行。一方面，法官的职责就是对诉讼当事人的争议作出公正的裁判。司法机构平亭曲直、主持公道、定分

① 靳昊：《“胜得茫然、输得糊涂”，裁判文书如何以理服人》，载《光明日报》2018 年 7 月 15 日。

② 付彪：《释法说理，让法律有了温情》，载《人民法院报》2019 年 4 月 13 日。

止争，就是要实现公正的司法，而司法公正必须要靠说理来体现。当事人之所以将其纠纷提交司法解决，正是为了寻找说理的地方，求得一个公正的解决方案。司法是现代社会维护社会正义的最后一道防线，司法公正主要体现在司法裁判的说理之中，如果裁判没有说理，则司法公正就无法得到彰显。正如法谚所云："正义是从裁判中发声的。"另一方面，裁判文书说理也是裁判权的性质所决定的。法谚云："无判断则无法律"。审判权本质上是一种判断权，这种判断权本质上就是对事实和法律的判断。也就是说，法官要努力发现案件的真实，并依据相关的法律作出裁判。这就需要法官在裁判文书中展现对事实和法律的判断过程，并基于该判断得出裁判结论。法律是理和力的统一，法律的适用和执行是国家强制力的体现，但在更重要的意义上，法律的适用和执行应当是建立在充分说理的基础上。

（二）裁判文书说理承载着司法的公平和正义

习近平总书记要求"努力让人民群众在每一个司法案件中感受到公平正义"。公平正义永远是现代社会不懈追求的目标，而司法公正是法治的最重要内容，是司法永恒的主题，是司法追求的永恒目标，也是人民的真诚期盼。那些秉公执法、刚直不阿、明镜高悬的清官的故事，千百年来给予了庶民百姓莫大的慰藉，包拯、海瑞这些"青天"，也因此成为人们崇拜的正义的保护神。

然而，法谚云："正义不仅要实现，而且要以看得见的方式实现。"在案件审理的过程中，严格遵循法定的程序，保障案件依法裁判，这些都是司法公正的基础。程序正义也是实体正义的重要保障，怎样使当事人能看得见实体正义，体会得到裁判结果的公正，仍然应当通过强化判决文书说理予以实现。

一方面，法官需要在判决书中告诉当事人和公众，最终的司法判断是什么，同时也应告诉当事人和公众，为什么要作出这样的判断。[①] 英国法学家彼德·斯坦提出："义务是否被履行，契约是否被违反，财产是有还是无，被告是否犯了指控的犯罪行为，都必须有一个明确的答案。"[②] 正义既要看得见，也要讲得明。[③] 法官要告诉公众其是依法裁判的，这就需要通

---

① 丁宇翔：《释法说理，让正义看得见讲得明》，载《人民日报》2019年4月9日。

② ［英］彼得·斯坦、约翰·香德：《西方社会的法律价值》，王献平译，中国法制出版社2004年版，第111页。

③ 丁宇翔：《释法说理，让正义看得见讲得明》，载《人民日报》2019年4月9日。

过裁判文书说理完整、清晰地展示其作出裁判文书的理由和过程，法官要释法讲理，告诉当事人其究竟赢在何处、输在哪里。司法的正义不是抽象的，而是具体的，它正是通过每一份判决书中的理由所彰显出来的。可以说，判决的说理性越强，其公正性就越强，也就越容易为当事人所接受，从而使当事人从个案中能够看到正义。

另一方面，司法裁判说理传递的正义是个案的正义。每个案件的当事人的权利主张能否得到支持，对社会而言，表面上看似乎关系不那么大，但其实不然。对单个的当事人而言，这是一个切身利益攸关的问题。一个错误的判决损害的不仅是其个人对法治的信仰，更重要的是涉及当事人个人家庭生活，关系其企业生死。因此，个案的公正关系到整个社会的公正。所以，每个个案的说理，其实就是在捍卫整个社会的公正。

还应当看到，司法裁判说理传递的正义是社会的正义。“公平正义比太阳还要有光辉”。司法裁判影响的不仅是个案本身，更为重要的是，其影响社会对案件判决所体现出来的公正追求。正如英国哲学家培根所说：“一次不公正的裁判，其恶果甚至超过十次犯罪。因为，犯罪虽然触犯了法律——但只是污染了水流；而不公正的裁判则毁坏法律——就好比污染了水源。”这形象描绘了司法裁判传递社会正义的重要性。个案正义与社会正义其实是统一的，个案的正义就是社会正义的体现，如果个案得不到正义，社会的正义就无从说起；如果个案得不到公正的解决，影响的不仅仅是个人，有时损害的将是整个社会。

（三）裁判文书说理是提升司法权威性与司法公信力的重要手段

我国进入以社会主义市场经济为基本构架的社会以后，社会转型所导致的利益冲突和社会矛盾加剧，而解决社会冲突制度化的手段，就是公正的司法。它使各种民间的怨恨得到及时的化解，政府与百姓之间的矛盾能够得到及时的解决，各种尖锐的利益冲突能得到平衡。所以，公正的司法在政治及社会体系中所具有的地位被称为平衡器。在社会转型时期，把各种社会冲突通过诉讼和审判机制予以吸收和中和，把尖锐的矛盾转化为技术问题，通过一定的程序从而得到公正的解决，正是司法所应该完成的任务。然而，在实践中，裁判说理不充分的现象仍然存在，以及审判不依程序、证据采信理由不详、事实认定武断、法律解释模糊、事实与法律脱节等现象时有发生，这在一定程度上影响了我国司法裁判的公正性和权威性。

司法缺乏权威性和公信力，人民群众对正义的期待不能充分实现，法治的精神就难以彰显，从而影响全面依法治国宏伟蓝图的实现。问题在于，如何提升司法权威性与司法公信力？应当看到，裁判文书作为司法活动的最终产品，是司法权威和司法公信力的重要载体，裁判文书质量的高低将直接影响司法权威与司法公信力的提高。一方面，裁判文书是审判程序的载体，既体现了实体的公正，也反映了程序的公正。只有要求法官进行充分的裁判说理，对事实认定、法律适用和法律程序等事项进行说理，才能从根本上保障法官依法裁判，从而保障司法公正。可以说，说理充分的裁判大多是公正的，相反的，凡是不说理，或者说理不充分的裁判，其公正性就会被打折扣。另一方面，裁判文书说理越充分，就越能增进裁判的可预期性，从而也越能增加社会成员对司法的信任。若有一天当事人将案件提交法院裁判时，其确信只要按照诉讼程序正常地进行，最终的结果必然是公正的，而不需要托人说情，更不需要找领导批示，久而久之，自然就能够维护司法的公信力和权威性，司法作为维护社会公平正义最后一道防线的地位也会真正实现。

在一个法治社会，司法作为维护社会公平正义的最后一道防线，其作出的生效判决，理应获得所有个人和组织的尊重。然而，在实践中，由于有的裁判缺乏说理或说理不充分，导致了有的当事人对裁判结论不服。从司法规律来看，司法的权威性最终依赖于司法的公正与廉洁，只有当人民群众从每一个个案中感受到司法是公正的，人们才能对司法产生信赖和尊重。因此，只有在裁判文书中充分说理，才能换取民众对司法的信赖和认同，从而真正息讼服判。通过裁判说理，法官向社会展示了其裁判的公正性。强化裁判说理，才能提高裁判的可接受性，努力提升司法的公信力。[①]司法的公信力正是靠一个个公正的裁判日积月累所积累起来的。

自古以来，中国人遇事都强调要有一个“说法”，也就是要有一个正当的解释理由。我国自古以来就有讲求判决说理的传统。古代裁判官并非如有的人想象的那样专断专横，相反的，自西周开始，历朝历代都不乏裁判官作出充分说理的判词。例如，早在西周晚期就出现了关于刑事案件的完整判词，较为详细地阐述了对犯罪事实的认定、定罪量刑的理由以及对判决执行的要求。从秦朝的比附援引、依律定罪到西汉时期的春秋决狱，从唐宋时期以事实为依据、援引律例制作判词，到清代判词中开始出现专

① 江必新：《辩证司法观及其应用》，中国法制出版社 2014 年版，第 44 页。

门说理的段落，再到民国时期将判词分为主文、事实、理由三部分，许多朝代的判词都十分注重天理、国法和人情的结合，判词中经常引文用典，晓之以理，动之以情，明之以法。有的判词十分讲究推理，注重逻辑，甚至十分注重判词说理的文采。在中华人民共和国成立后，也高度重视司法判决的说理工作。最高人民法院第三任院长谢觉哉同志就曾强调："法院是评论道理的地方，犯罪分子怕他，因为他讲道理，没理的逃不过去……人民爱护法院，首先在于法院深通道理探明法律，站得住脚。"[①] 可见，注重裁判文书说理是我国固有传统。

（四）裁判文书说理有利于引导和规范社会行为

司法裁判不仅针对特定当事人发生效力，其还具有引导人们正确行为的功能，从而培育良好的社会风尚。随着市场经济的发展，司法裁判本身的功能会大大地扩张，司法裁判的目的不仅在于解决已经发生的争议和纠纷，而且还会扩大到对潜在行为的引导和对潜在争议的提前化解，传统上我们将立法视为引导人们行为的主要工具，但随着司法判决公开的强化，特别是随着司法判决说理的充分化和公开化，司法裁判将与立法在很大程度上发挥类似的社会规范功能，对社会行为具有前瞻性的引导作用。例如，2007 年 9 月，南京市鼓楼区人民法院关于彭宇案的一审判决，引起社会一片哗然。相反的，惠阳的许霆案等案件在说理中广泛传播了一种社会正能量。正如学者对惠阳的许霆案的评述那样："只讲法不说理的判决书是呆板、冰冷的，既讲法又说理的判决书才是有质感、有温度的。而且，说理的过程其实也是法治宣传的过程，这起案件审理通过网络全程直播，相信受众都能从万言判决书中体会到法治精神。"[②]

裁判的说理本身具有引导人们正确行为的功能，因为在判决中辨法析理、定分止争、阐释规则，不仅是使具体案件的当事人能够感受公平正义的方式，也是让整个社会感受司法公正的重要方式。人们可以从充分说理的裁判中形成合理的预期，知道自己应该做什么、不应该做什么。裁判文书本身也是重要的法治宣传媒介。"法安天下，德润人心"。通过强化裁判文书说理，在裁判文书中释法说理，让法律走近百姓身边，走进百姓心里，

---

① 谢觉哉：《讲道理》，载《法律适用》1988 年第 7 期。

② 《广东"惠州许霆案"判决书公开获赞》，载《政法舆情》2015 年第 24 期。

使广大百姓真正理解法律、相信法律、尊崇法律。① 在这个意义上，法官在撰写司法裁判文书的时候，除了要着眼于案件的直接当事人之外，还要有意识地去考虑判决本身将对潜在利害关系人产生的未来影响，由此也才能体现法律效果和社会效果的统一。

（五）强化裁判文书说理是实现司法公开的重要内容

对人民法院而言，判决说理是践行司法公开、促进司法公正、增进司法权威的重要举措。司法公开不仅仅是程序的公开，还表现在裁判结果、裁判过程的公开。尤其是法官应当将其在裁判过程中的心证公开，即将其内心确信的形成过程向社会公开，说明形成自由心证或法官确信的理由。② 判决需要强化说理，首先就是为了说服法官自己。这就要求案件裁判结果必须要有正当理由的支撑，如果缺少充分的说理论证，法官连自己都无法说服，如何说服别人？只有强化判决说理，才能实现裁判的公正。一份充分说理的判决，本身就表明法官在裁判过程中是公正司法、不偏不倚的，这是人民法院裁判正当化的重要依据。

强化法官的裁判说理义务，也有利于保障社会公众对司法活动进行监督。英国阿克顿勋爵曾言："秘密使人腐化，在司法亦然，任何事务经不起讨论及公开的均非妥当。"③ 近几年来，我们一直强调对审判活动的监督，并采取了一些外部监督措施，起到了不错的效果，但正如哲学上外因必须通过内因才能发挥作用的原理一样，就裁判活动而言，要真正发挥外部监督的作用，保障司法公正，就必须通过强化法官的裁判说理义务来实现。对整个社会而言，充分说理的判决才经得起社会的评价。尤其是在信息畅通的网络时代，网络监督的功能已经发挥着很大作用，每一个个案都可能在网上公开，引起社会公众的普遍关注。社会的关注不限于对判决结果的简单关注，而更体现在对判决是否详细说理的关注。这不仅反映了我国老百姓法律素养的普遍提升，也反映了老百姓对司法公正的强烈期待。从这个意义上说，判决的说理是回应人民群众对司法公正期待、强化社会监督的重要内容。判决的充分说理，可以有效地减少社会对法官的质疑，能够

① 付彪：《释法说理，让法律有了温情》，载《人民法院报》2019年4月13日。

② Musielak/Voit/Musielak, ZPO § 313 (2020), Rn. 11; MüKoZPO/Musielak, ZPO § 313 (2020), Rn. 17; Saenger, ZPO, § 313 (2019), Rn. 27.

③ Abbot, Casguet (ed.), Lord Acton and His Circle, Kessinger Legacy Reprints, 1906, p. 166.

有效地规范自由裁量，防止司法专横、恣意裁判。可以说，裁判说理越充分，就越能保障司法公正，从而保障司法活动真正在阳光下运作。

（六）裁判文书说理是法官应尽的义务

裁判说理义务是人民法院依法独立行使审判权的应有之义。这不是一种道德义务，而是一种法律义务。我国《民事诉讼法》第152条规定，判决书应当写明判决结果和作出该判决的理由。由此可见，裁判说理不仅是对当事人所尽的义务，也是法官所应当履行的基本职责。“一份好的民事裁判文书是法官责任、水平与良知的宣示。”① 法官的职业决定了其应当通过裁判说理，向社会展示法律的精神和价值取向。“法官固然对法律有不同的理解，但不同理解并不意味着可以各行其是。在一个制定法国家，法官对法律应该有一个统一的理解，这种统一的理解应该通过审判案件去实现。”② 那么，法官怎么将其对法律的理解运用于个案之中？法官心证的过程应当在裁判文书中得到展示。一份判决书实际上就是法官向社会呈现的考试答卷。在国外，一篇判决主文，往往就是一篇极好的学术论文。当然，要判决都成为学术论文显然是不现实也是不必要的。但一份判决至少要讲出足够的理由，这样的要求无论如何都不算过分。在封建社会，许多朝代都规定，官吏如果不能自写述职公文，应被免职。③ 在当今社会，法官在其判决中详写理由，乃是其基本职责。

还应当看到，在我国司法改革中，要突出法官的办案主体地位，“让审理者裁判，由裁判者负责”。但是，在依法保障法官行使审判权之后，就应当强化裁判文书的说理，法官应当将裁判文书说理作为其应尽的义务，也就是说，法官要依法行使审判权，其就应当尽到充分说理的义务，二者应当是不可分离的。因为只有强化裁判文书说理，才能有效规范法官审判权的行使，如果不课以法官进行裁判说理的义务，法官的审判权可能异化为法官的恣意裁判，司法公正也难以实现。

如何强化判决说理质量，以判决说理促进司法公开、公正和公信已经成为我国当前司法改革的重点工程。党的十八届三中全会通过的《中共中央关于全面深化改革若干重大问题的决定》强调，要“增强法律文书说理

---

① 董皞：《法官责任、水平与良知的宣示》，载《法制日报》2001年5月27日。

② 刘作翔、徐景和：《案例指导制度的理论基础》，载《法学研究》2006年第3期。

③ 参见苗枫林：《中国公文学》，齐鲁书社1988年版，第10页。

性，推动公开法院生效裁判文书”。2014年，党的十八届四中全会通过的《中共中央关于全面推进依法治国若干重大问题的决定》进一步明确提出，“加强裁判说理，建立生效法律文书统一上网和公开查询制度”。最高人民法院于2015年公布的《人民法院第四个五年改革纲要（2014—2018）》也专门阐述了加强裁判说理性的改革目标和方案。全国各级法院近年来也在以加强判决说理促进司法公开、公正和公信方面作出了积极探索，并取得了一定的成效。最高人民法院在2018年6月13日颁布了《关于加强和规范裁判文书释法说理的指导意见》，将进一步强化裁判说理，促进司法公正和提升司法公信力。该《意见》提出，裁判文书要阐明事理、释明法理、讲明情理和讲究文理，并从审查判断证据说理、认定事实说理、适用法律说理、行使自由裁量权的说理方面提出具体的要求。裁判文书释法说理的公开、裁判文书释法如实反映庭审过程，由此可见，强化裁判文书说理的重要性在日益凸显，并已经成为司法改革的重要内容。在今后的改革中，应当继续强化裁判文书说理，通过体制、机制的配套改革，为法官裁判文书说理创造愿说理、敢说理、会说理、说好理的良好环境。[①] 这必将会有助于司法的公信力和权威性的提升。

法治社会理应是对司法充满信任的社会，是司法具有极大的权威性和公信力的社会。随着我国法治建设事业的不断深化和推进，司法裁判在解决社会争议、塑造社会秩序上的基础功能和重要使命日渐彰显，承载了人民群众对社会公平正义的浓厚期待。但是，要进一步提升中国司法公信力，就要强调裁判文书的说理，保障司法公正。

---

① 靳昊：《让裁判文书“愿说理”“敢说理”“会说理”“说好理”》，载《光明日报》2018年6月13日。

目 录

第一编 总 论

第二编 法律解释、法律论证与裁判说理

第一编

总　论

第一章 裁判说理概述

第一节 裁判说理的一般原理

一、什么是裁判说理

自古以来，中国人遇事都强调要有一个“说法”，也就是要有一个正当的解释理由。在现代法治社会的组织和生活方式中，司法裁判无疑在这方面扮演着核心角色，是社会大众寻求公平正义的核心渠道。随着我国法治建设事业的不断深化和推进，司法裁判在解决社会争议、塑造社会秩序上的基础功能和重要使命日渐彰显，承载了人民群众对社会公平正义的浓厚期待。而这一角色正是通过司法机关的裁判说理来实现的。

所谓裁判说理，主要是指法官在裁判文书中就裁判结论以及得出裁判结论所依据的事实认定、法律规则的适用以及程序的运行等所进行的说理。裁判说理应当阐明得出裁判结论的依据和理由，裁判文书应当载明法官进行法律推理的过程，法官应当在裁判文书中就其价值判断、法条选择等心证过程进行翔实、充分的说明。[①] 法院在裁判文书中所进行的说理与当事人在诉讼文书中所进行的说理不同，虽然二者都是在诉讼过程中的说理，但存在本质区别：一方面，诉讼以法官的裁判活动为中心，法官所作出的

① 肖晖：《论公开性是现代判决理由的本质特征》，载《北大法律评论》2001年第2期。

裁判文书具有法律效力，当事人的说理只是为了表达自己在诉讼中的立场和欲求，其并不能当然成为法官裁判的依据。另一方面，法官的说理是为了支持裁判的结论，其既包括对案件事实的说理，也包括对法律适用的说理，当事人在诉讼文书中说理的目的是表达自己的诉讼请求或抗辩，目的也是获得法官所作出的裁判支持。裁判说理是裁判者对案件事实和裁判结果所作的说理论证，本身是裁判的组成部分，因而具有法律效力。

裁判说理既包括民事裁判文书的说理，也包括刑事裁判文书、行政裁判文书等的说理，本书主要聚焦于民事裁判文书的说理。具体而言，民事裁判文书说理的主要特点在于：

第一，它是法官在裁判文书中所作的说理。裁判文书是指人民法院在刑事、民事、行政等诉讼程序中，代表国家行使审判权，就案件实体和程序等问题依法制作的具有法律效力的文书。[①] 因此，裁判文书说理的主体是法官，法官在作出裁判时，应当就案件的事实认定情况和法律适用情况做成裁判文书，回应当事人的诉讼请求和抗辩理由，明确当事人的权利义务关系。民事裁判必须制作裁判文书，以文书的方式作出决定。裁判文书是一种公法上审判权行使的载体，它是由人民法院制作的，法官在裁判文书中的说理。裁判文书作为一种法律文书，其不仅是人民法院审理案件过程和裁判结果的载体，也是司法监督的重要依据，更是人民法院确定和分配当事人实体权利义务的法律文件。[②] 从裁判文书的结构上看，其虽然也会记载当事人的诉讼请求和抗辩理由，但这些内容并不属于裁判说理的范畴，当事人参与诉讼，发表对己方有利的意见，最终只是帮助法院作出正确的审理裁判。因此，说理的主体只能是法官，而且裁判说理也是法官在裁判过程中应当负担的义务。

第二，它主要是对事实认定、法律适用和程序运行三方面的说理。总体而言，裁判文书的说理包括三个方面：一是对案件事实的说理。有学者认为，裁判说理仅仅是对法律适用的说理，并不包括对案件事实的说理，因为案件事实的认定只是证据规则的运用问题。笔者认为，这种说法是不能成立的，在案件事实的认定过程中，法官需要进行充分的说理。因为证据虽然需要用合法性、客观性和关联性即“三性”来进行评价，这一过程

① 洪瑶：《论司法公信力与裁判文书》，载《四川师范大学学报（社会科学版）》2008 年第 6 期。

② 参见孙华璞、王利明、马来客：《裁判文书如何说理》，北京大学出版社 2016 年版，第 1 页。

并非简单地运用法律规则得出评价结论，还需要法官进行充分的分析、论证，就“三性”是否成立作出充分的说明。法官只有在证据认定过程中进行充分的说理，特别是就证据与案件事实的关联性进行论证，才能使对案件事实的阐述更为清晰、明确。二是对法律适用的说理。所谓“以事实为依据，以法律为准绳”，法律适用应当建立在案件事实的基础上，特定的案件事实并不能当然产生相应的裁判效果，而必须依据法律适用程序确定相关的裁判依据。相关的法律依据是否与案件事实存在关联，如果能够连接，其能够产生什么样的法律后果等，都需要法官进行充分的说明。三是对程序性事项，在必要时也应当进行说理。例如，在当事人对某些程序事项发生争议，法官依职权进行调查取证，或者进行释明时，都需要进行说理论证。当然，程序的说理通常都是在程序本身成为争点的情形，例如在涉及管辖权争议的情形下，法官必须进行说理。

第三，它必须在司法三段论的框架内进行说理。亚里士多德最早提出三段论理论，后来这一理论被运用于司法过程之中，称为“司法三段论法”，成为裁判者应当依循的基本法律思维方法。司法三段论是法学方法论的核心问题。它是从两个前提推得一个结论的演绎论证。在形式逻辑上，三段论的推论形式为：大前提是T，小前提是S，如果T有法律效果R，则当S与T相对应时，也能够产生R的效果。所谓依法公正裁判，说到底，就是将抽象的法律规则准确运用到具体个案之中进行裁判，并得出公正的裁判结论。司法三段论就是通过找到大前提和小前提的最佳连接来得出裁判结论。为什么说裁判说理必须围绕司法三段论展开？一方面，无论是事实说理还是法律适用的说理，其实都是围绕司法三段论的大前提、小前提以及两者的连接展开的，司法三段论要求必须从具体的案情出发，确定事实的真实性，一旦有证据证明案件事实的真实性，就为连接、适用大前提奠定了基础。同时，它要求分析有关事实所涉及的法律关系，寻找与案件事实具有最密切联系的法律规则，并确定可能具有规范意义的事实要件。这个过程其实就是裁判说理的过程。另一方面，法官一旦偏离了司法三段论，就可能导致无的放矢，直接以自己的经验判断得出裁判结论，而不考虑法律规则的构成要件、效果以及其与事实的联系性，从而违背了依法裁判的要求，赋予了法官过大的自由裁量权。

第四，它是针对当事人和社会公众所作出的说理。裁判说理的对象是当事人和社会公众，当事人本身是被说服的对象。裁判说理的目的就在于增进裁判本身的可接受性，并提升司法的权威性与公信力，因此说理的功能在于说服当事人服判息诉，同时使得社会公众从裁判中感受到公平正义。另外，由于裁判文书本身是一种公共产品，通过裁判的说理还有利于以案释法，阐明法律规则，使得社会公众对于自己的行为结果产生可预期性。从而发挥行为引领功能，弘扬正确的价值观，引导人们正确行为。

第五，它应当是事理、法理、情理和文理的结合。理由是裁判文书的灵魂，裁判文书是连接裁判事实与裁判结论的桥梁，其应当完整展现裁判结论得出的过程。裁判说理所说的“理”范围非常宽泛，它通常是由事理、法理、情理、文理所组成，其中，事理、法理是基础，情理是说理的辅助，而文理则是说理的工具。一份优秀的裁判文书应当是上述几方面的有机结合，这几个方面缺一不可。裁判说理应该将法律抽象、一般的规定与个案结合起来，作出兼具合法性与合理性的结果。裁判说理应当是逻辑的正常展开，无论是案件事实的认定，还是法律规则的适用，都应当遵守逻辑的规则，并秉持正确的价值导向，综合运用价值判断等方法（如伦理的、道德的等方面的价值考虑）加以判断，从而得出裁判结论。正如英国著名法哲学家哈特所指出的，“法院裁判时所面对的实际情况不是在真空中，而是在一套现行的法规的运作中出现的……在这种运作中，根据实际情况而作的各种考虑，都可以看作是支持判决的理由。这些考虑是广泛的，包括各种各样的个人和社会的利益，社会的和政治的目的，以及道德和正义的标准”。①

通常，裁判文书的结构中，一般都包含着“原告诉称”“被告辩称”“经审理查明”“本院认为”“判决如下”五个固定的部分，一般认为，案件事实的说理属于“本院认为”部分的内容，但是，“经审理查明”又承担着描述本案客观事实的功能，因此，在案件事实的说理方面，存在着“本院认为”及“经审理查明”之间的协调问题。无论是在“本院认为”部分还是在“经审理查明”部分，都应当进行充分的说理，尤其是要针对案件争议的焦点和当事人的诉辩主张展开说理，强化说理的内容。

二、法官负有裁判说理义务

讨论裁判文书为什么要说理，首先需要明确，说理不仅仅是法官的职

① ［英］哈特：《法律推理问题》，刘星译，载《法学译丛》1991年第5期。

业道德，也是法官所应当负担的一项法定义务。英美法系法官具有裁判说理的传统，而在大陆法系国家，意大利早在16世纪、德国在18世纪、法国在1790年就将法官在裁判中的说理作为其应负有的法定义务规定下来。我国相关法律对法官的裁判说理义务作出了规定。《民事诉讼法》第152条第1款规定："判决书应当写明判决结果和作出该判决的理由。判决书内容包括：（一）案由、诉讼请求、争议的事实和理由；（二）判决认定的事实和理由、适用的法律和理由；（三）判决结果和诉讼费用的负担；（四）上诉期间和上诉的法院。"从该条规定来看，其要求法官既应当在判决书中写明判决结果，还应当写明得出该判决结果的理由，这实际上是课以法官进行裁判说理的义务。此外，《最高人民法院关于适用〈中华人民共和国民事诉讼法〉的解释》第105条规定："人民法院应当按照法定程序，全面、客观地审核证据，依照法律规定，运用逻辑推理和日常生活经验法则，对证据有无证明力和证明力大小进行判断，并公开判断的理由和结果。"该条就法官对证据的取舍情况进行说理，据此，法官在裁判文书中也负有对证据认定过程的说理义务。法官之所以负有裁判说理的义务，主要理由在于：

第一，法官的职责在于居中裁判，明辨是非。司法机关通过辨明是非，才能够发挥依法公正裁判、维护社会正义的基本功能。司法权本身就是判断权，在性质上决定了须对是非曲直进行判断。司法裁判在中国古代称为"断案"，其含义是判断、决断。在英文中的judgement对应了判断的含义。法官Judge这个词又表示判断的意思，这也就说明，法官依法判断是其本职，判断本身就是要辨清是非曲直。judgement在法律上表达的就是依法判断的意思，其是在Jus（法）一词的基础上派生出的概念。法官就是要判断是非曲直。如何理解是非曲直？我国《民事诉讼法》第7条规定："人民法院审理民事案件，必须以事实为根据，以法律为准绳。"这实际上就是对民事裁判过程中明辨是非要求的具体体现。而明辨是非中的"是非"既包括法律事实上的是非，也包括法律适用上的是非，这就是要在查清事实的基础上正确适用法律判断，方能达到明辨是非的结果。从个人行为层面而言，是非要以法律为准绳加以判断，合法行为会受到保护，非法行为则会受到法律的追究。法官要做到明辨是非，居中裁判，提升司法的权威性与公信力，其重要的基础就是强化法官的裁判文书说理，即法官通过裁判文书说理，展现其逻辑推理的过程，并在裁判文书中展示其依法裁判的过程，从而真正做到明辨是非、居中裁判。

第二，法官行使司法权追求的终极目的是公正，司法公正不是抽象的，而是具体的，它正是在每一份判决书的理由中彰显出来的。可以说，判决的说理性越强，其公正性也就越强。判决书之所以需要说理，就是要让人民群众真正从个案中感受到司法的公平正义。俗话说："有理走遍天下，无理寸步难行。"司法的固有特性决定了法院是最讲逻辑、最讲道理的地方，人民群众之所以将纠纷提交到法院，正是为了寻找说理的地方，求得一个公正的解决方案。司法是现代社会维护社会正义的最后一道防线，司法机关通过辨明是非，才能够发挥依法公正裁判、维护社会正义的基本功能。

"陈述判决理由是公平的精髓。"[①] 要让当事人和公众信服，法官必须把裁判过程、事实认定、判决理由、依据的法律等讲清楚、说明白，这既是司法裁判的应有之义，也是司法文明的重要体现。[②] 司法裁判在中国古代称为"断案"，其含义是判断、决断。如果裁判文书不讲道理，老百姓就看不出法官是如何作出判断的，就意味着司法没有讲清道理。所以，强化裁判文书说理，才能通过裁判文书向社会公众展示司法公正的形象。[③]

第三，裁判文书作为司法活动的最终产品，是司法权威和司法公信力的重要载体，裁判文书质量的高低将直接关系司法权威与司法公信力的提高。裁判文书是审判程序的载体，既体现了实体的公正，也反映了程序的公正。只有要求法官进行充分的裁判说理，对事实认定、法律适用和法律程序等事项进行说理，才能从根本上保障法官依法裁判，从而保障司法公正。可以说，说理充分的裁判大多是公正的，相反，凡是不说理，或者说理不充分的裁判，其公正性就会被打折扣。正如美国法官鲁格罗·亚狄瑟指出："按照法治的要求，法官裁判的理由应该是充分、合理、合法，最终体现公正的目标。而衡量裁判理由是否充分、合理、合法以及是否公正的法哲学标准，就是要看其案件事实与法律规定是否有内在的逻辑联系，是否能有机地结合在一起。在裁判过程中，法官的作用就在于揭示案件事实与法律规定之间的内在逻辑关系，将二者有机地结合起来。"[④] 裁判说理的

---

① ［英］彼得·斯坦、约翰·香德：《西方社会的法律价值》，王献平译，中国人民公安大学出版社 1990 年版，第 99 页。

② 白泉民：《裁判说理的价值及其实现路径》，载《人民法院报》2015 年 4 月 8 日。

③ 邱爱民：《论司法裁判中的说理》，载《南京工程学院学报（社会科学版）》2006 年第 1 期。

④ 参见［美］鲁格罗·亚狄瑟：《法律的逻辑》，唐欣伟译，法律出版社 2007 年版，第 2 页。

准确与充分，直接关系到裁判质量的高低，决定了司法能否完成其在新时期的历史使命，也决定其能否使人民群众在每一个司法案件中感受到公平正义。

第二节 裁判说理的功能

一、裁判说理必要性理论概述

裁判必须说理的原因一直是学者所探讨的问题。近百年来，虽然裁判说理已经在裁判中广泛运用，并已经成为人们的共识，但关于裁判为什么要说理，在认识上并不统一，归纳起来主要有如下几种理论。

（一）个案正义理论

德国学者菲肯切尔曾经强调，个案正义具有两种构成部分：其名之为“平等的正义”及“事理的正义”。平等的正义是指：对于应为相同评价的事物应作相同处理，质言之，应以相同的标准来衡量可以相提并论的案件；事理的正义则涉及适用于该当案件事实之裁判规范的适当性。“综合事理上的及平等性的评价，才能获得正当的裁判”。[①] 通过强化裁判说理，有助于实现此种个案正义。

德国学者奥克舒特认为，法官的任务在于，衡量个案的裁判是否与法律所设定的一般条件相符合。法官的任务并不在于评判法律规则，因为这是立法者的任务。他认为，法律的一般规则不可能直接适用于具体的案件，甚至在简易案件中，也不存在所谓的法律可以直接适用的问题。法官在裁判中时常遇到法律适用的多重选择问题，在这样一种法律规范选择中，或多或少地会赋予法官一定的自由裁量权，实体法并不是要限制法官的自由裁量权，也没有从整体上否定法官的自由裁量权，而只是要求法官在现行的立法框架下进行正确地选择，通过裁判说理，可以增进司法裁判的可接

① ［德］卡尔·拉伦茨：《法学方法论》，陈爱娥译，商务印书馆2004年版，第21~22页。

受性和可预见性，实现个案的公平和正义。①

“纯粹法学”创始人凯尔森认为，各种裁判都具有平等的价值，因为各种选择都是主观选择，或者是基于法律的，或者是基于道德的、政治的，法官在裁判时必须要作出自己的选择……各种选项之间的轻重关系都需要法官评判。② 凯尔森相信，“正是在于司法形式本身中的理性为以法律形式所实行的支配作用提供了合法性”。③ 他强调法官在适用法律的过程中，必须要遵循严格的法律的意旨和逻辑一致性，这样会减少或某种程度改变强权对人们的危害。比利时法学家佩雷尔曼认为，裁判结果的证成并不是法律规则形式上推演的结果，其并不是从法律到事实的机械适用，在具体个案的裁决中，如果法律规则的内涵不清晰，则必须对其加以解释，而且法官需要在各种解释方案中进行解释选择，法官在进行此种解释选择时，需要以一定的价值衡量为前提，法官在进行解释选择时，应当证明其选择正当性，即证明该选择是经过“精心探究的、能证明为主体间可接受的”，因此，法官必须为自己的裁判提供充足的理由，这也是裁判结论正当性的重要基础。④

我国也有学者认为，裁判说理在实现个案正义中的作用十分突出。一般而言，遵循法律规则进行裁判即可实现个案正义，但是在特别情况下，个案正义要求法官在裁判中，不能机械司法，在出现适用规则与法律规范的立法目的相悖时应当依据立法目的解释法律进行法律适用甚至填补法律漏洞。⑤ 此时，法官的说理对于正当化其法律适用和个案正义的实现就具有十分重要的作用，缺乏说理将导致追求个案正义与枉法裁判难以区分。

（二）规范自由裁量权理论

德国社会学家鲁迪格·海德布林克认为，法官自由裁量权的过大是

① Oakeshott, M. The rule of law. In M. Oakeshott, On history and other essays Indianapolis: Liberty Fund. (1999). pp. 129~178.

② Kelsen, H. (1994). Reine Rechtslehre. Einleitung in die Rechtswissenschaftliche Problematik (1. Auflage). Aalen: Scientia Verlag, 1994, S. 96.

③ ［英］威廉姆·奥斯维特：《哈贝马斯》，沈亚生译，黑龙江人民出版社 1999 年版，第 156 页。

④ 参见［荷］伊夫林·T. 菲特丽丝：《法律论证原理》，张其山等译，商务印书馆 2005 年版，第 50 页。

⑤ 朱福勇：《民事个案公正的内生性问题之消解——以〈最高人民法院公报〉民事案例为样本》，载中国法学会编：《中国法学会部级课题成果要报汇编》（2015 年卷）（上），中国法制出版社 2015 年版，第 132 页。

"规范秩序（normative orders）"毁坏的一种体现，法官自由裁量权过大，导致法律规范的内容也越来越不确定，越来越不具有决定性，在这一背景下，裁判者在裁判时就需要进行充分地说理。但这种裁量权应当受到限制。法官在将法律规则运用于具体的案件裁判时，其需要对法律规则进行解释，但法官在选择某一法律解释时，其权力也是受到限制的。也就是说，法官需要在裁判文书中说明，其裁判结论是通过适当的方式作出的，而且该裁判结论符合法律和社会规范，这实际上课以法官对其裁判结论的说理义务。①

法官负有填补法律漏洞的职责，但对此权力又要予以规范。德国法学家布伊罗认为，法律规则具有抽象性和一般性，其与具体的案件事实之间必然存在一定的偏差，因此，不论立法如何精细，其都不可能避免地存在一定的"漏洞"，而不可能对社会生活进行事无巨细地调整，法官将不可避免地享有一定的自由裁量权，法官的活动绝不是机械地适用法律规则的过程，在具体个案裁判的过程中，抽象的法律规则究竟应当如何理解，在某种程度上取决于法官……②但为了保障法律秩序的统一，就必须规范法官的自由裁量权，而规范自由裁量权的途径就是强化法官裁判说理。

我国也有学者认为，裁判说理可以有效规范自由裁量权的行使。因为，缺乏说理的裁判文书不仅使得裁判结论具有"武断与专横之嫌"，也为滥用自由裁量权的行为披上了合法的外衣，③ 这种行为严重地损害了司法的公信力。由于无论是在通过证据认定案件事实还是在对案件事实进行法律适用的过程中，自由裁量权均存在，④ 法官在行使自由裁量权时不说理或说理不充分，就无法公开行使自由裁量权的基础和作出此种裁量的缘由，从而为恣意行使自由裁量权留下了空间。

（三）可预见性与可计算性理论

司法裁判的目的就是获得法律的明晰性和可预见性。法官的裁判应当具有"可预见性与可计算性"，当然，这并不意味着，法官只是简单地、

---

① 参见［荷］伊夫林·T. 菲特丽丝：《法律论证原理》，张其山等译，商务印书馆 2005 年版，第 125 页。

② Buelow, Oskar, Gesetz und Richteramt (1885), abgedruckt in: W. Krawietz (Hrsg.) Theorie und Technik der Begriffsjurisprudenz, 1976, S. 135.

③ 参见孔令媛：《审视与探索：行政裁判文书说理的问题与进路探析》，载中华人民共和国最高人民法院行政审判庭编：《行政执法与行政审判》（总第 66 集），中国法制出版社 2016 年版，第 15 页。

④ 参见王晨编著：《审判管理体制机制创新研究》，知识产权出版社 2013 年版，第 302 页。

机械地适用法律规则，他在裁判时还需要考虑，其他法官对同样的案件是否会得出同样的裁判结论。① 法官在说理过程中，法官需要说明为什么在特定的情况下其裁判结论是正确的，这样才能使司法裁判具有可预见性和可计算性。

美国学者德沃金也提出过类似的观点，他认为，从过去到现在，都在强调更深的一贯性，这种可预见性和一致性，也是文明法治以及正义的前提，无论是判例法，还是成文法国家，都应当有这样一种追求。② 然而，正如没有完全相同的两片树叶一样，因此，也不可能出现完全相同的两个案件，所有的案件只是存在相似性，而不存在相同性，而正义又要求类似案件类似处理，所以，课以法官进行裁判说理的目的，就是为了实现类似案件类似处理，③ 法官裁判说理的目的也应当是实现此种一贯性或者一致性，从而实现法治的目标。

我国也有学者认为，裁判说理可以有效提升裁判的可预见性，这主要是因为，在缺乏说理时，人们对于即使是相同的裁判结果，也无法推知作出裁判结果的详细原因，但是在详尽地进行裁判说理的情况下，人们不仅知晓裁判的结论，也知晓裁判结论作出的原因，从而有效提升裁判结论的可预见性和可计算性。这一功能，在价值出现激烈冲突的疑难案件中格外具有意义。④

（四）公开理论

法律的适用并不是一种认知性的过程，在多种案件中，法官在将法律规则适用于具体个案时，并不能直接从法律规则简单地得出裁判结论，法律规则并不能提供明确的结论。但是，法律原则和道德并不能直接得出唯一正确的答案，德国学者尼古拉斯·卢曼论断，在复杂的社会关系中，人们对正义的认识是有分歧的，故无法从具有竞争性的原则中直接得出正义。因此，必须公开各种判决理由。由于法律的有效性是建立在裁判的基础之上的，⑤ 因此，裁判必须伴随着说理，在说理中，法官不仅要解释为什么

① Schmitt, C.. Gesetz und Urteil. Eine Untersuchung zum Problem der Rechtspraxis. München: C. H. Beck'sche Verlagsbuchhandlung, (1969) S. 73.

② Dworkin, Law's Ambition for Itself (wie Anm. 2), S. 181.

③ 参见林立：《法学方法论与德沃金》，中国政法大学出版社2002年版，第69页。

④ 参见秦前红：《宪说宪道》，中国政法大学出版社2017年版，第427页。

⑤ Luhmann (2004). Law as a social system (translated by K. A. Ziegert). Oxford: Oxford University Press, p. 76.

支持某种裁判结论，其不仅需要提供有关裁判的全部信息，而且还要提供不支持其他选择的原因，如此裁判的权威性才能逐步建立起来。所以，他认为裁判和说理是并存的，是不可分割的。①

（五）正确转换理论

德国学者施密特曾经提出过“转换”理论，即法官需要将一般性的法律规则适用于具体的案件之中，在这一过程中，抽象的法律规则不能自动地适用于具体的个案之中，而需要有一个转换的过程，这一转换过程不是法律规则本身所决定的，而是法官根据个案来裁决的事项。根据他的观点，法官的任务就是把分离的案件事实和法律规则连接在一起，实现一种正确的转换。而这个过程实际上就是要通过一个“压倒性的论证”，通过权威的说理来消除当事人的疑问，来证成裁判结论的正确性。②

麦考密克按照哈特对简易案件和疑难案件的区分，认为应当区分对待两类案件：对简易案件而言，法官可以从既有的法律规则中直接得出裁判结论；而对疑难案件而言，法官则需要对法律规则进行解释，解释法律规则是得出案件裁判结论的前提，而且案件的裁判结果在很大程度上取决于法官解释法律规则的方法。③ 按照此种观点，对疑难案件而言，法律规则无法直接适用于具体的案件，法官在裁判时需要对法律规则进行解释，并且需要将该解释结果与具体的案件相连接。此种观点实际上也是强调法官需要对法律规则进行转换。亚历山大·佩策尼克也采纳了相同的观点。他认为，在疑难案件中，法官并不能直接将法律规则运用于案件事实，而需要对法律规则进行解释，也就是说，法官需要进行所谓转化的过程，才能实现从案件事实到裁判结论这一步骤。④ 他认为，在疑难案件的裁判过程中，从事实描述和法律规则到最终裁决之间存在着一定的跨越，要实现这样的跨越，必须实施一定的转化……同样，法官需要在裁判文书中论述这

---

① Luhmann（2004）. Law as a social system（translated by K. A. Ziegert）. Oxford：Oxford University Press，p. 76.

② Schmitt，C. Political theology. Four chapters on the concept of sovereignty（translated by G. Schwab）. Chicago：The University of Chicago Press，（2005）. p. 31.

③ 参见［荷］伊夫林·T. 菲特丽丝：《法律论证原理》，张其山等译，商务印书馆2005年版，第72页。

④ Peczenik，A. On law and reason. Dordrecht etc. Reidel，1989，p. 19.

一跨越的合理性，即法官需要对此进行说理。①

（六）说服理论

美国学者认为，对案件当事人而言，终审裁判具有一种终结效力，在此之后在法律上没有可能为当事人重新开启辩论，法律程序也不可能无休止的继续。但终结效力需要预设一种权威，但此种权威依赖于说理，如果权威不是在说服的基础上……此种权威依赖于法官所给出的说理，这也是当事人最终自愿接受裁判结果的原因。②德国学者费切尔·莱斯卡诺认为，裁判说理必须具有可说服性，要为社会所接受，正是因为这一原因，所以法官在裁判说理中应当考虑特定的法律实施环境，除法律规则外，法官还需要考虑其他的社会子系统，如经济、道德、科学等，当然，考虑这些因素并不意味着要破坏法律的秩序。③ 所以，法官的一项重要任务，就是通过裁判说理来说服一定法律共同体，他认为，对法律规则的解释是得出案件裁判结论的重要步骤，法官应当对其解释法律规则的过程进行充分的说理，这也是法律确定性的基本要求；同时，为了保障法律规则解释结论的妥当性，法律解释的过程应当是理性的。④

我国也有学者认为，裁判说理是当事人信服判决的重要保证，这要求裁判者必须兼顾裁判说理的合法性与合理性。因为，一方面，单纯遵循合法性而忽视合理性，无异于削足适履，将导致裁判说理沦为“裁割法律”或“裁剪事实”，而单纯遵循合理性而忽视合法性，由于合理性的判断较为主观，如果不以合法性作为限制，将导致但对司法权威的损害，并难以为当事人所接受。⑤ 兼顾合法性与合理性的裁判说理才能获得当事人的信服，才能收获良好的社会效果。

（七）唯一正解理论

德沃金认为，法律就是一个阐释性的规则。法律解释是文字的法律向

---

① 参见［荷］伊夫林·T. 菲特丽丝：《法律论证原理》，张其山等译，商务印书馆2005年版，第165页。

② Honig，B. Political theory and the displacement of politics. Ithaca：CornellUniversity Press，（1993）chapter 4.

③ Fischer-Lescano，A.，& R. Christensen. Auctoritatis interpositio. Die Dekonstruktion des Dezisionismus durch die Systemtheorie. Der Staat，44（2），（2005），S. 230.

④ 参见［荷］伊夫林·T. 菲特丽丝：《法律论证原理》，张其山等译，商务印书馆2005年版，第126页。

⑤ 参见于晓青：《法理与学说作为法源之研究》，复旦大学出版社2017年版，第171页。

行动中的法律转化的媒介。法律具有整体性，法律保证它的整体性的最为重要的方法是把法律理解为“解释性的法律”，对法律进行“阐释性的建设”。所谓法律的圆满，意指法律内含了任何案件，包括疑难案件的最佳解决方案。[①] 德沃金曾经在其《法律帝国》等著作中，强调法律解释只能有一个“唯一正确的答案”。这是法官在判决中应当尽力追求的、并且在圆满的法规范内容实际上也可获得的结果。[②] 这就必须要进行裁判的说理论证，但是，法官不可自由地解释法律。法官在作出法律解释时，不得无视已经存在的法律传统和以往的常规惯例，而必须遵循法律传统，遵循平等、公平、正义与正当程序等原则。根据这些原则作出的解释才是最佳的解释，并符合“完整性法律”的概念。[③]

二、裁判说理必要性理论评述

所谓裁判说理的功能，是指裁判说理所应当发挥的作用。判决是一场诉讼的最终结果，是在代表法律说话，是法律的严肃性和威慑力的具体体现。法官必须要作出裁判，但这并不意味着法官不需要对其裁判进行说理。[④] 但是在实践中，由于对裁判说理的意义和重要性认识并不清晰，为此，必须要理解裁判说理的理由。

上述各种理论都有一定的道理，其都是从不同层面阐释裁判说理的理由，而没有完全在法治的体系下进行整体的考察。首先应当看到，人类社会从开始不重视说理，到重视裁判说理，这实质上是司法文明进步的体现，尤其是司法民主和司法理性的体现。[⑤] 但是对裁判为什么要说理，确实应当在法理上予以准确地阐释。

个案正义理论揭示了裁判说理所追求的直接目的是服务于裁判的公正，之所以要进行说理，其根本的目的在于确保个案的公正裁判。但是，个案的公正实际上与一般的公正又是不可分割的。一般的公正是需要通过个案

---

① 参见［美］德沃金：《法律帝国》，中国大百科全书出版社 1996 年版，第 70~79 页、第 201~214 页。

② 林来梵、王晖：《法律上的“唯一正解”——从德沃金的学说谈起》，载《学术月刊》2004 年第 10 期。

③ Ronald Dworkin：Law's Empire，Fontana Press，p152，1986.

④ Bart Van Klink，Adjudication and Justification. To What Extent Should the Excluded Be Included in the Judge's Decision?

⑤ 胡云腾：《论裁判文书的说理》，载《法律适用》2009 年第 3 期。

的公正彰显出来的，没有个案公正的累积就没有一般的公正。如果裁判只给出结论，而不给出理由，则这一裁判将可能是武断、专横的，不利于实现司法的公正。将可能损害司法的公信力和权威性，有害于社会公众对法律和法治的信仰。这从反面阐释了裁判说理的重要性。

可预见性与可计算性理论揭示了司法裁判要达到的目的，公正的裁判当然包括了这些内容，但许多情况下，并不限于此，尤其是在多元社会，人们的价值判断处于多元的状态，人们对事物的看法并不能形成共识，此时，可预见性和可计算性并不能完整表示公正的内容。其实，对当事人而言，无论是否可以预见，首先是说服当事人，让当事人可接受裁判结论。

公开理论只是指出了裁判说理的一种功能。毫无疑问，强化裁判理由本身就是司法公开的内容，公开是保障裁判能够公正的重要因素，有利于破除司法的神秘主义，有效起到监督司法的作用，但公开并不当然等同于公正，至少不是公正的全部内容。从已经上网的裁判文书来看，有些裁判文书无论是事实认定，还是法律的适用，缺乏逻辑性、针对性，其结论较难令人信服，尤其是有的裁判文书作出的结论和法律相悖，引发批评和争议，这说明不是所有的裁判文书一经公开就真正达到说理的应有效果。

正确转换理论揭示了法官的一种义务，司法裁判需要法官将抽象的法律规则运用于具体的案件裁判，当然需要法官对法律规则进行一定的转换，而且在转换过程中，法官需要进行一定的说理论证。但转换理论并没有指出转换为什么需要说理，对当事人、法律共同体和社会公众究竟为什么需要说理，该理论并没有作出很好的回答。

说服理论在一定程度上揭示了裁判说理的必要性，其重点强调裁判结论的可接受性，尤其是这种理论阐述了裁判的国家强制力应当建立在一种说服的基础上，而不能单纯地依靠强制力强迫当事人必须接受某种结论。但此种观点并没有深刻揭示裁判说理的必要性。一方面，裁判说理不仅要说服当事人，而且要构建一种规则，传递一种正确的价值观，引导人们正确地行为，其功能更为宽泛。另一方面，法官依法裁判并不完全以当事人是否接受为标准，而应当重视裁判结论的合法性和公正性，当事人是否接受裁判结论并不能作为限制法官自由裁量权的标准。

规范自由裁量权说具有一定的合理性，因为裁判说理实际上是法治社会最基本的要求。法治不仅仅是要求规范行政权，而且要求规范司法权，特别是规范法官的自由裁量权，在涉及自由裁量的情形下，应当强调说理，从而有效规范法官自由裁量行为，实现自由裁量尺度的统一。在裁判统一中，最难实现的就是自由裁量的统一，因为自由裁量本身就意味着法官的自主决定。但是，自由裁量绝不意味着司法专横。在法治社会，法官的自由裁量权也应当受到规范，避免裁判的“畸轻畸重”，影响司法公正。强化裁判说理，就可以使得法官的自由裁量权受到限制和规范。因为在裁判说理中，法官应当就其自由裁量权行使中所考虑的因素，甚至各个因素所占比重等作出阐述。如果法官所考虑的因素是妥当的，就可以为其他法官在类似案件中借鉴，从而形成相对统一的裁判尺度。如果不注重裁判说理，完全由法官自由裁量，不同法院之间，甚至同一法院内部的判决尺度掌握得可能都不一样。因而，必然导致“同案不同判、同法不同解”的后果。当然，规范自由裁量只是裁判说理的延伸功能，裁判说理的直接功能仍在于实现个案正义。

唯一正解理论认为法律规则存在唯一正确的解释，法官适用法律规则的过程实际上就是探求该唯一正解的过程，因此，为了防止法官不当行使自由裁量权，应当对法官解释法律规则的行为进行严格限制，[①] 从这一意义上说，要求法官进行裁判说理，也有利于规范法官的自由裁量权。但唯一正解理论将法律规则理解为只有唯一正解，显然是不妥当的，与现实也有一定的脱节，而且此种学说将法官的裁判活动限于探求法律规则的解释方案，而忽视了法官在案件事实认定，以及案件事实与法律规则之间连接等方面享有的裁量权。

三、裁判说理的必要性及其功能

裁判说理的必要性及其功能贯彻于司法过程的始终，很难简单地用某一种功能予以概括。具体而言，可以从如下方面认识裁判说理的必要性和功能：

（一）强化裁判的可接受性

司法裁判实际上是法院代表国家行使公法上的权利所作出的行为，要使此种裁判能够实现“看得见的正义”，首先就要求当事人和社会公众能够被裁判结论和理由所说服。裁判的效力虽然有公权力作为保证，但是要

① 林来梵、王晖：《法律上的“唯一正解”——从德沃金的学说谈起》，载《学术月刊》2004年第10期。

使当事人与社会大众形成内心上的认同，就必须借助于说理这一手段。判决说理是“以事实为依据、以法律为准绳”原则的基本要求，从特定的案件事实和法律关系出发，寻找可供适用的准确的法律规则，法律适用的过程要使抽象的法律规范能够运用到个别的案件之中，实现所谓“从一般到个别”的认识论转换过程。如果裁判不说理，这一裁判可能就会是武断、专横的，也无法保证裁判结果的公正性。

强化裁判的可接受性，一方面，要通过说理说服法官自己，法官确信自己作出了公正的判决，确信自己作出的裁判有理有据，经得起当事人和社会公众的评价，有理由说服自己依法裁判。如果裁判文书针对当事人的诉求，按照当事人及其律师的论证进行有针对性的、令人信服的说理，就可能使得当事人息讼服判。另一方面，要通过说理说服当事人。全国十佳法官宋鱼水曾提出胜败皆服的裁判目标，许多人曾经对民事案件中是否能够做到这个裁判目标表示怀疑，但宋鱼水法官的经验表明，通过强化裁判说理，是能够做到胜败皆服的。虽然民事案件中，双方当事人处于利益对立的状态，但如果裁判书中针对当事人的诉求进行充分细致的说理，法官充分展示了裁判理由，当事人知道究竟赢在哪里、输在何处，大多数当事人是能够理解和接受的。通过说理，使得当事人心服口服，接受并履行法院的判决结果，息讼服判；还应当看到，裁判说理是向社会公众和法律共同体展示裁判的公正性，也就是说，裁判通过充分说理经得起社会的评价和检验。在判决中辨法析理、定分止争、阐释规则，不仅是具体案件的当事人能够感受公平正义的方式，也是让整个社会感受司法公正的重要方式。人们可以从充分说理的裁判中形成合理的预期，知道自己应该做什么、不应该做什么，这也是判决与调解在功能上的一个重大差异。

（二）提升司法的权威性与公信力

司法公信力的培育影响着整个社会对司法公正权威的普遍认可，如果司法具有公信力，那么人们在发生纠纷后，都愿意选择司法予以解决，同时对司法的公正性充满了预期和期待，相信合理的诉求应当能够得到合理的满足，而不合理的诉求不能得到法院的支持，所有的冤屈在法庭能够得到伸张，所有的正义在裁判中能够得到实现。① 为实现这一效果，就要求对裁判文书展开充分完整的说理。

---

① 胡铭：《司法公信力的理性解释与建构》，载《中国社会科学》2015 年第 4 期。

司法的权威性与公信力来自于司法的公正性。司法就是维护社会公平正义的最后一道防线，但如何保障司法公正？裁判文书的说理是重要的举措之一。正义不但应当实现，而且必须以看得见的方式实现。司法公正主要体现在司法裁判的说理之中。在刑事案件中，说理对于保障案件结果的公正性的重要作用是不言而喻的。多年前曾经出现的一些冤假错案，如“赵作海案”“呼格案”“聂树斌案”等，这些案件中的原审判决往往没有正面回应律师辩护的意见，出现选择性忽视律师意见的情形，“你辩你的，我判我的”，缺乏应有的说理。这很容易导致冤假错案，让无辜者遭受牢狱之灾，甚至付出生命的代价。习近平总书记指出：“要懂得‘100－1＝0’的道理。一个错案的负面影响足以摧毁九十九个公正裁判积累起来的良好形象。”① 这些冤假错案是法律人心中“永远的痛”。在民事裁判中，同样如此。一些判决在说理部分给人感觉不讲理由，“因为你败诉，所以你败诉”，“你诉你的，我判我的”，这样的裁判文书即使在认定事实和适用法律上没有错误，也时常不能说服当事人，往往造成一些当事人缠讼，不断上访、告状未能取得好的社会效果。有的裁判文书没有针对当事人的诉求进行说理，以至于当事人始终怀疑裁判存在暗箱操作等问题，从而难以息诉。所以，裁判文书越注重说理，就越能够为当事人所接受，从而真正实现案结事了。

从司法实践来看，凡是案件说理透彻的，能够经得起学界和百姓普遍认可的案件，通常裁判的结果都是公正的，也能够为当事人所接受。而案件结果引起普遍质疑的，通常很难说是依法公正裁判的，甚至被实践证明为错案，这些案件毫无疑问会损害司法的公信力。

（三）实现司法的公开透明

“阳光是最佳的防腐剂”。司法越充满神秘主义色彩，只会拉开人民与司法的距离，加剧人们对司法的不信任。俗话说“打开天窗说亮话”。历史经验表明，司法越公开、越透明，就越能够防止暗箱操作，压缩司法腐败的空间。司法公开不仅是反腐倡廉的有效措施，也是保障司法公正的重大举措。近几年来，最高人民法院除了积极落实我国宪法和三大诉讼法明文要求的审判公开外，还采取了一系列深化司法体制改革的措施，其中最大的亮点就是要全面深化司法公开，而裁判的说理本身就是司法公开的重

① 中共中央文献研究室编：《习近平关于全面依法治国论述摘编》，中央文献出版社 2015 年版。

要内容，也是进一步促进司法公开的重要方式。具体表现在：

第一，裁判过程中的心证公开，即将其内心确信的形成过程向社会公开。判决需要强化说理，首先就是为了说服法官自己。这就要求案件裁判结果必须要有正当理由的支撑，如果缺少充分的说理论证，法官连自己都无法说服，如何说服别人？一份充分说理的判决，本身就表明法官在裁判过程中是公正司法、不偏不倚的，这也是法院裁判正当化的重要依据。

第二，实现当事人和社会大众和法官之间的理解与良好沟通。裁判理由应当类似于与当事人和社会大众的对话，因此法院的判决说理普遍被作为一般实践性商谈的一种个别案例。① 因此，裁判文书成为了法官和当事人以及社会大众进行沟通的一种方式。在裁判说理中，对于原告的诉讼请求和被告的答辩过程进行详细的分析、对于举证质证的过程进行仔细分析，要求裁判文书对事理进行阐明等等，也可以提高司法的透明度。要求裁判文书记载事理，实际上就是要求法官在裁判文书中对相关的证据认定的过程进行阐释，法官必须严格按照证据规则对证据的证明力等进行认定，从而在此基础上确定案件事实。要求裁判文书记载事理，有利于规范法官的认证活动，因为要使裁判及其过程经得起当事人和社会的检验，就必须进行充分的说理论证。从这一意义上说，这一要求也有利于提高裁判活动的透明度，提高司法的权威性和公信力。

第三，裁判文书的说理也保证了司法程序的公开。司法程序公开，是指人民法院在审判活动中按照法律的要求，将审判活动的具体步骤、方法、时限、过程等向当事人和社会公众公开。② 司法程序的公开现在已经成为法治国家普遍遵循的一项重要司法原则。

第四，裁判说理与裁判文书上网的结合运用，可以更加强化司法公开。近年来，我国司法领域也在大力推行“互联网+”。自 2014 年 1 月起，最高人民法院开始实施裁判文书上网的举措，截至 2021 年 1 月 27 日，已公布裁判文书超过 1.1 亿份，中国裁判文书网访问量已突破 554 亿人次，在国内外产生重大影响。迄今为止，裁判文书上网总数居全球首位，全面推进裁判文书上网，是一项史无前例的重大工程，是全面推行司法公开的重要

① ［德］哥特瓦尔德：《德国司法判决书中的说理：实践与学说》，曹志勋译，载《苏州大学学报（法学版）》2015 年第 4 期。

② 江必新、程琥：《司法程序公开研究》，载《法律适用》2014 年第 1 期。

举措，其意义十分重大。在裁判文书上网的大背景下，如果裁判文书又实现了充分的说理，就使得司法的过程和结果都公之于众，这对于司法的社会监督具有重要意义。

应当说，司法公开对法官既是一种压力，也是一种动力。深化司法公开对审判人员而言也会形成一种倒逼机制，激励法官不断提升自身的业务水平，努力提升法官司法能力，促进法官职业化建设。裁判说理是践行司法公开、促进司法公正、增进司法权威的重要举措。司法公开不仅仅是程序的公开，还表现在裁判结果、裁判过程的公开。

（四）保障司法裁判的可预期性

法治的重要内容在于如何使法律的适用产生可预期性的效果。社会成员依据法律而行为，并期待遵守法律规则就会免于遭受处罚。这种可预期性能够允许人们独立地规划自己的未来生活，为社会生活的正当有序的展开提供了基本的保障。这种可预期性在很大程度上是需要通过司法裁判说理，并实现裁判的公正而实现的。

从司法裁判的层面来看，司法裁判的说理对于增进可预期性具有重要意义。一方面，通过说理使当事人或社会公众均可理解当事人赢在何处，又因何败诉，从而知晓其何种行为将会产生法律肯定的效果，何种行为将遭受处罚。否则，当事人和社会公众将无法理解因何胜诉，因何败诉，从而无法产生有效的预期，难以引导人们正确行为。另一方面，通过强调裁判文书的说理可以保障裁判统一，有助于形成法律共同体的内部共识，进而形成社会共识。如果裁判文书的说理充分透彻，能够说服其他法官，也可以使得其解释方法和解释结论被其他法官接受，从而保障裁判的统一。这也同时要求法官参考其他法院的判决，不仅要参考其结论部分，也要看其说理部分，从而实现从论证到结论上的整体参考，这有助于逐步形成共识，从而能够保障裁判尺度的统一。一份清晰、有力的判决将有利于树立裁判的标杆，有利于统一裁判尺度。裁判尺度的统一需要完整合理的规范，通过裁判的充分说理，能够为统一的司法解释和立法规范进行预先的准备和论证。例如，在琼瑶诉于正著作权侵权案二审判决书中，法官指出："改编权所直接控制的行为是改编行为，即改变作品，创作出具有独创性的新作品的行为，新作品应当保留原作品的基本表达，否则仅仅根据原作品的思想创作出来的新作品不受改编权的控制。除法律另有规定外，未经许可利用他人的原作品实施改编行为，构成对原作品著作权人改编权的侵犯。

判断被诉行为是否侵犯权利人的改编权，通常需要满足接触和实质性相似两个要件。”① 因而对于“改编”的概念进行了界定，这对于统一涉及改编权案件的裁判尺度具有标杆性意义。

还应当看到，在法治社会，必须贯彻的基本原则是类似案件类似处理。不同地域、不同审级的法院，其对特定法律规则的适用应当趋于统一，如此才能保障人们行为的合理预期，实现法律的安定性，这就要求通过裁判说理保障法律规则适用的统一。司法实践中，因为有的裁判不说理，所以找法、释法、用法的整个过程往往不需要阐明理由，有的法官凭着自己对法律规则的理解和感觉去裁判，导致类似案件裁判结果出现了较大差异，产生了“同案不同判”“同法不同解”的现象，影响司法的权威性与公信力。

（五）强化对司法的监督

为了保障司法公正，需要强化司法监督。随着我国司法改革的深入，实现主审法官负责制，减少了案件的行政审批程序，法官在裁判中的权限在扩大。与此同时，就应当进一步强化对于司法的监督，避免主审法官权力的滥用。这些措施毫无疑问都是必要的，但这些监督措施其实还是外部的监督，同时也应该强调内部的监督，但此种内部的监督并不是要强化法院内部的行政化监督，并非强化案件审批制度，而应当是强化对法官裁判活动本身的监督，其中最重要的一种方式就是强化裁判文书的说理。也就是说，越强化裁判说理，就越能促使法官妥当认定案件事实，准确适用法律。所以，笔者认为，最有效的司法监督是强化裁判说理。这种监督作用还可以从如下几个方面表现出来：

首先，只有裁判文书充分说理，才有助于实现上级法院对下级法院的审级监督。上级法院虽然与下级法院不存在隶属关系，但是存在监督关系。如果一审法院的裁判进行了充分的说理，其不仅可以说服二审法院，也可以在说理论证中发现问题所在，在案件上诉之后或被提起再审之后，二审法院或再审法院可以充分了解案件的事实和裁判理由。另外，在我国检察院作为法律运行的监督机关，也有权对案件的审判进行监督。检察机关的法律监督往往通过抗诉或检察建议进行。在裁判中进行说理，可以将裁判

① 于正等与琼瑶侵害著作权纠纷上诉案，北京市高级人民法院民事判决书（2015）高民（知）终字第1039号。

的实体与程序理由进行正当化的论证，从而使得检察机关对于裁判的理由有据可查。

其次，只有裁判文书充分说理，才能经得起法律共同体的专业评价。法官、律师和法学家都是法律共同体的组成部分，亚里士多德曾经指出，法律职业者处于法治的核心地带，没有这个群体对法律的忠诚，法治是很难运作的。① 法律共同体在法律适用的平台上相互交流，发现法律适用中的问题，讨论法律适用中的缺陷，才能促进法治的发展。只有裁判文书充分说理，才能经得起法律共同体的评判。好的判决将具有教科书的作用，引导法律共同体成员准确理解和适用法律。但是，不讲理、不公正的裁判是很难经得起评判的，甚至会对法律的理解和适用产生误导作用。因而在裁判说理中，应当遵循具有共识的法律解释规则或找法规则，这是法官、学者等法律共同体在长期的法律实践中总结出来的规则，其不仅有利于指导法官解释法律文本、寻找妥当的裁判规则，也有利于规范法官的解释活动。②

最后，只有强化裁判文书充分说理，才能经得起社会的监督。裁判说理不仅仅是回应当事人的诉求，更重要的是，每一份判决都是法官向社会呈现的一份答卷。法官在判决书中说理是其应履行的法定职责。裁判说理是为了提高司法裁判的合理性和可接受性，一位法国学者认为，“一位好的法官，就是在充满怀疑的海洋中带着没有怀疑之态度畅游着……”③ 说理义务的核心是解释作出判决的事实和法律上的原因。如果当事人对支撑判决的理由存有异议，可以寻求法律上的救济（如上诉等）。司法公开的要求之一是，裁判文书的公开。因此，充分说理的裁判文书才能经得起社会评价。而没有充分说理的裁判文书，则无法实现可批判和可验证性的要求，也就无法进行社会评价。正是通过这种方式，才能发挥社会监督的有效作用。尤其是在信息畅通的网络时代，网络监督的功能已经发挥着很大作用，每一个个案都可能在网上公开，引起社会公众的普遍关注。社会的关注不限于对判决结果的简单关注，而更在于对判决是否详细说理的关注。这不仅反映了我国公民法律素养的普遍提升，也反映了公民对司法公正的

---

① Brian Z. Tamanaha，On the rule of Law，Cambridge University Press 2004，p. 59.

② James Holland & Julian Webb，Learning Legal Rules，6th edition，Oxford University Press 2006，p. 123.

③ Nouveau code de Procedure civile［N. C. P. C.］art. 455（Fr.）（“Le jugement doit etre motive”）.

强烈期待。从这个意义上说，判决的说理是回应人民群众对司法公正期待、强化社会监督的重要内容。判决的充分说理，可以有效地减少社会对法官的质疑，能够有效地规范自由裁量，防止司法专横、恣意裁判。

有时候，一份判决可能就是一篇绝佳的论文。当然，要求判决书都成为严谨规范的学术论文，这显然是不现实也是不必要的，但每一份判决书至少都要讲出相应的理由，这样的要求并不过分，甚至是社会对法官提出的基本要求。《民事诉讼法》将判决书说理作为法官的一项职责，也是当前促进司法公正、推进全面依法治国的必然要求。

（六）规范法官的自由裁量权

司法权本质上是一种判断权，但其本身并不是机械适用法律的过程。德国学者马克斯·韦伯曾经提出，理想形态的法官犹如一台“自动售货机”，这边投入规则（法条条文）和事实（具体案情），那边就输出结果（民事判决）。法官的角色被固定为简单机械地适用法律的工具。[①] 但实际上，法官的裁判过程并不是机械适用法律的过程，在裁判过程中，法官享有一定的自由裁量权。此种权力是法官根据正义、公平、正确和合理的原则，对案件酌情作出决定的权力。这种自由裁量权可能来源于法律的直接授权，例如，依据《民法典》第1182条规定，在侵害人身权益造成财产损失的案件中，在一定条件下，法官可以根据实际情况确定赔偿数额。这实际上是赋予了法官一定的自由裁量权。但即便法律没有授权法官自由裁量，法官在具体案件的裁判过程中也享有一定的自由裁量权，如在案件证据的审查认定、事实的认定、法律的解释、法律的适用等环节，法官都不可避免需要行使自由裁量权。[②] 当然，法官自由裁量权的行使应当符合法律规定的条件和要求，否则极有可能构成自由裁量权的滥用。法官进行裁判这一行为，事实上就是将抽象法律运用到具体案件，通过这一活动，法官的自由裁量的权利得以实施。然而，自由裁量权并非没有边界，美国法学家也指出，法官自由裁量权受到规则等法律原则的指引和约束。[③]

司法判决的说理义务被认为是防止司法任意性的重要手段，体现出对

---

① Hans Hattenhauer, Einführung, in Allgemeines Landrecht für die Preußischen Staaten von 1794, S.1, 21.

② 参见胡学军：《具体举证责任论》，法律出版社2014年版，第169页。

③ 参见［英］哈特：《法律的概念》，中国大百科全书出版社1996年版，第144~146页。

司法行为的某种控制。[①] 限制法官自由裁量权的方式有很多，大体可以分为外部限制和内部限制两种途径。内部限制主要是通过法官裁判说理的方式进行限制，这是因为法官在裁判中说理，首先是要说服自己。美国法学家波斯纳曾经对此作出详细说明："我主张要努力写清楚的主要理由（并且我也确实努力了——我并非天生文字清晰）是，除非我将案子简化到可能最为简单的表达外，我不能确信我真的理解了此案，也不能确信我的决定正确或至少是有道理（人们常常不能确定什么是正确的后果）。"[②] 这种方式就是通过内因发挥作用，相对于外来因素的压力，此种方式更能促使法官进行充分的裁判说理。裁判说理对法官自由裁量权的规范主要体现在如下几个方面：

第一，通过裁判说理对事实认定的裁量权进行限制。在事实认定过程中，法官享有很大的自由裁量权。法官在证据的认定、证据的选择、当事人举证责任的分配等方面，都享有较大的自由裁量的权力。依据证据证明的事实被认定后，如何确定当事人之间的法律关系，需要借助法官的自由裁量权。例如，一方向另一方支付了一笔钱，其究竟是赠与还是买卖合同中的货款，这一认定将直接决定当事人之间法律关系的定性，并直接决定裁判结果。

第二，通过裁判说理对法律适用的裁量权进行限制。美国法学家德沃金曾经指出，法官的自由裁量权就像是面包圈中的那个洞，其应当受到一圈一圈面包圈的限制，而此处的面包圈主要就是法律。[③] 法官在找法、释法和适用法律过程中享有较大的自由裁量权，例如，《民法典》第 1183 条关于精神损害赔偿的规定，并没有对"严重精神痛苦"的程度进行清晰的界定。因而，在审判实践中，如何认定严重，完全是法官的自由裁量权。再如，在涉及侵害消费者权益的情形下，是否可以适用《消费者权益保护法》第 55 条所规定的三倍赔偿，如果适用《民法典》合同编的规定，则不存在此种惩罚性赔偿的问题。可见，适用的法律规则不同，所产生的法律效果也不相同。

---

① Michel Grimaldi，in La Motivation，Travaux de l'association Henri Capitant，LGDJ，2000，p. 2.

② 参见［美］理查德·波斯纳：《波斯纳法官司法反思录》，苏力译，北京大学出版社 2014 年版，第 305 页。

③ 参见［美］德沃金：《认真对待权利》，吴玉章、信春鹰译，中国大百科全书出版社 1998 年版，第 51~52 页。

第三，通过裁判说理对裁判结果的裁量权进行限制。自由裁量尤其体现在裁判结果上。例如，关于精神损害赔偿数额究竟判多少，实践中经常引发争议。从比较法上来看，其他国家和地区没有对数额作出界定，而是要求法官参考多种因素予以确定。我国《最高人民法院关于确定民事侵权精神损害赔偿责任若干问题的解释》也采取了此种立场。因此，在有关侵害人格权的案件中，一审法院和二审法院关于精神损害赔偿的数额有时会有较大差异。

通过强化裁判说理规范法官的自由裁量权，既是保障司法公正的有效措施，也有利于提高司法的权威性和公信力。只有裁判说理充分，才能够使每一个裁判具有可预期性和可接受性。司法的权威是依据一个个公正的裁判逐步树立起来的，而裁量的公正通过裁判的说理得以彰显，说理使人们心服口服，自然培育了司法的公信力。司法是否具有公信力、具有权威性，很大程度上取决于裁判是否具有可接受性。① 裁判的可接受性就是裁判的结果是合法公正的，也是符合民众对于公平正义的基本判断的。所以，只有每一份裁判文书都是充分说理的，是经得起社会大众评判的，民众才能相信司法都是公正的。在此基础上，司法公信力才能不断彰显。

第三节　裁判说理的案件范围

一、简易案件和疑难案件的区分对裁判说理的影响

（一）简易案件与疑难案件的区分

裁判说理要根据疑难案件与简易案件的分类，予以区别对待。一般认为，简易案件可以尽量简化说理，而疑难案件应当强化说理。《最高人民法院关于加强和规范裁判文书释法说理的指导意见》明确指出，疑难、复杂案件应当强化释法说理，而简易案件则可简化说理。但简易案件与疑难案件如何分类，存在一定的争议。

关于两者的分类标准，在学理上常常认为，所谓简易案件，是指在案

① 邱爱民：《论司法裁判中的说理》，载《南京工程学院学报（社会科学版）》2006 年第 1 期。

件事实的认定和法律的适用上，案情比较简单，待适用的法律规则较为清晰，当事人对于法律的适用可能没有太大的争议的案件。所谓疑难案件，是指案件事实的认定或者法律的适用或者以上两个方面都存在较大的争议的案件。简易案件中的法律争议往往比较简单，且法律规定也比较明确，一般不存在复数解释，因此，法官可以比较容易地寻找到小前提并将之适用于具体案情，其并不负有过重的论证义务，而只需要进行简单的说理即可。在简易案件中，法律解释过程通常依据文义解释或体系解释的方法即可确定待适用的法律及其文义。

而在疑难案件中，当事人的法律关系较为复杂，所涉及的法律规定较多，或者法律规定较为模糊，难以直接得出清晰的裁判结论。“在疑难案件中，相关的具体规则并没有对之进行规定，法律的这些内容所能达致的结果需要进行评价和解释。”① “众所周知，那些真正的疑难案件没有唯一的答案。常常，不公平的指责法官没有正确遵守法律原则掩盖了仅仅是不同意判决结果这一简单事实。”② 德沃金曾经在其《法律帝国》等著作中，强调法律解释只能有一个“唯一正确的答案”，这是法官在判决中应当尽力追求的，并且在圆满的法规范内容实际上也可获得的结果。③ 波斯纳认为，疑难案件中不存在着非对即错的正确答案，而只是存在从实用主义角度上说妥当性的答案，疑难案件的决定经常不是非对即错的，而是处于中间状态。但两者并不是截然对立的，在价值多元的世界上，可接受性最高的结论往往就是所谓的“唯一正确答案”。因为某些案件的“正确解答”，或许正存在于这些中间状态之中，因此限定以“是”与“否”这种两极状态出现的司法选项，因其本身的缺陷而无法涵盖所有的答案，从而导致疑难案件并无“唯一正解”。④ 疑难案件的解决可能需要依次运用多种法律解释的方法。在疑难案件中，法官即使无明确的“规则”可依，也并非无“法律”可依，因为构成法律的尚有“原则”，其将可以为法官提供足以解决一切案件的依据。⑤

---

① Edward H. Levi, An Introduction to Legal Reasoning, Chicago University Press, 1949, p. 342.

② 宋冰：《程序正义与现代化》，中国政法大学出版社 1998 年版，第 291~292 页。

③ 林来梵、王晖：《法律上的“唯一正解”——从德沃金的学说谈起》，载《学术月刊》2004 年第 10 期。

④ ［美］波斯纳：《法理学问题》，苏力译，中国政法大学出版社 2002 年版，第 249 页。

⑤ 林立：《法学方法论与德沃金》，中国政法大学出版社 2002 年版，第 66~67 页。

笔者认为，区分简易案件和疑难案件是必要的。因为在疑难案件中，经常会遇到寻求解释结论妥当性的困难，而单一的解释方法无法得出裁判结论。即使是在简易案件中，也可能在解释法律文本时得出复数的解释结论，甚至可能运用不同的解释方法就会得出不同的解释结论。因此，单一的解释方法得出的结论并不一定是最为可靠的，只有综合运用多种解释方法，所得出的结论才是最为妥当和准确的。疑难案件裁判过程中的这种价值衡量，实质使得法院或法官至少在给疑难案件作出判决结论时，必须进行充分的说理，而不能简单地以“本院认为”作为择取某种判决结论的“唯一理由”，其必须告诉当事人、公诉人、公众较为充足的理由。①

应当看到，简易案件通常是指案件事实较为清楚、法律关系和法律适用较为简单的案件，而案件事实复杂、法律关系和法律适用复杂的案件就是疑难案件。在实践中，不少人认为，只要案件事实简单的案件，都可以归入简易案件的范畴。但笔者认为，此种观点值得商榷，因为案件事实简单并不意味着法律关系和法律适用简单。例如，甲未经乙的许可，将借用的乙的一部手机卖给第三人。对该案件事实，当事人并无异议，但该案是否属于简易案件呢？笔者认为，不宜将其归入简易案件的范畴，因为本案涉及多个法律关系：第一，当事人之间究竟构成违约还是侵权，存在疑问。在该案中，甲、乙之间成立借用合同关系，甲未经乙许可将其手机卖掉，该行为构成对借用合同的违反。同时，甲擅自出卖乙的手机，也构成对乙手机所有权的侵害，因此，甲的行为也构成侵权。第二，对善意买受人而言，其能否取得标的物所有权，这就需要考虑买受人是否为善意，是否符合善意取得的构成要件。第三，乙是否享有否定权，这就需要考察甲究竟是以乙的名义出卖标的物，还是以自己的名义出卖。如果甲是以自己的名义卖掉，则构成无权处分，依据《民法典》第597条的规定，该行为是有效的；但如果甲是以乙的名义出卖，则构成无权代理，该行为能否发生效力，还取决于乙的意思，而不能当然认定该买卖合同是有效的，也不能当然认定买受人可以取得手机所有权。

应当指出，简易案件与通过简易程序审理的案件在范围上并不完全相同。《民事诉讼法》第157条规定：“基层人民法院和它派出的法庭审理事实清楚、权利义务关系明确、争议不大的简单的民事案件，适用本章规定。

① 周赟：《疑难案件裁判中要注重说理》，载《法制日报》2013年6月5日。

基层人民法院和它派出的法庭审理前款规定以外的民事案件，当事人双方也可以约定适用简易程序。”依据该条规定，通过简易程序审理的案件为审理事实清楚、权利义务关系明确、争议不大的案件，而简易案件如果符合简易程序的适用条件，则可以通过简易程序审理，但简易案件并不当然需要通过简易程序审理，其也可以通过普通程序审理。从这一意义上说，简易案件的范围应当大于通过简易程序审理的案件范围。

（二）简易案件和疑难案件的区分标准

1. 案件事实的复杂程度。案件事实的复杂程度将直接对当事人的说理产生影响。如前所述，虽然在某些情形下，简易案件也可能存在多个法律关系，但一般而言，案件事实简单，则当事人的法律关系就相对简单，但如果案件事实复杂，则当事人之间的法律关系就会相对复杂。例如，单一之债相对于多数人之债，单一之债中当事人的权利义务关系相对简单，因为当事人是单一的，而在多数人之债中，就需要区分其究竟属于按份之债还是连带之债，按份之债又可区分为按份债权与按份债务，连带之债又可区分为连带债权与连带债务，当事人之间的权利义务关系较为复杂。在连带之债中，某个债务人清偿债务后，又可能产生追偿之债。而在第一次行使追偿权之后，如果某个债务人无法清偿债务，则可能产生债务的二次分担问题，这就分别涉及不同的法律关系，涉及事实认定的问题，此时就需要在当事人主张的不同事实之间剥茧抽丝，抽象出各种法律关系。

2. 法律关系的复杂程度。人们在社会生活中发生各种社会关系，并非所有的社会关系都受到法律调整，通过法律规则调整后的社会关系才能构成法律关系。法律关系和单纯的事实不同，法律关系是从法律规范的角度对事实的一种撷取、归纳和调整，是对生活关系调整所形成的关系，法律事实和生活事实是不同的，通过法律事实再形成法律关系。例如在租赁中，可能涉及双方接触、看房、中介介绍、订约等一系列事实，这些事实中并不一定都是具有法律意义的事实，也非将所有的生活事实都如同电脑记忆般进行复制，而是根据规范将具有规范意义的事实撷取出来、概括出各种法律关系。如果一个案件涉及多个法律关系，多个法律关系的组合形成一个整体结构，不同的法律关系之间也相互影响，就可能会构成疑难案件。如在上述案件中，就涉及违约、侵权、不当得利、无因管理、无权处分、无权代理等。

法律关系的复杂程度往往是简易案件的判断标准，有时案件事实虽然复杂，但涉及的法律问题可能很简单，法官对法律解释和法律适用的说理就相对简单，可能主要集中在对案件事实的说理。甚至在有些案件中，证据非常清晰，当事人对案件事实也不存在大的争议，此时，法官对案件事实的说理也可以简化。但一旦案件事实涉及的法律关系较为复杂，就必然对法律适用以及法律解释提出更高的要求，因此必须强化说理。

3. 法律适用的复杂程度。除了案件事实和法律关系的复杂程度外，简易案件与疑难案件的区分还需要考虑法律适用的复杂程度。例如，甲向乙借款 100 万元，请丙做保证人，双方在保证合同中明确约定保证期间为 1 年，在 9 个月后，乙向丙主张债权，但其没有向甲主张权利，因为乙认为，其向丙主张也是主张权利。该案件看似简单，但其实很复杂，当事人约定保证期间，依据《民法典》第 693 条规定，债权人应当在保证期间内向主债务人提起诉讼或者仲裁，保证人享有先诉抗辩权。因此，在保证期间内，如果债权人未向主债务人主张权利，则即便债权人向保证人主张保证责任，也不产生效力。所以，简易案件与疑难案件的区分不能仅考虑案件事实和法律关系的复杂程度，还需要考虑法律适用的复杂程度。

在实践中，法律适用的复杂程度主要体现在如下几个方面：

第一，法律虽有规定，但规定模糊。法律为了尽可能地调整更广的范围，会采用一般性的表达。美国法学家哈特认为法律的用语和概念会有一些核心区域，这比较容易认定，但是会出现语词的边缘领域，这时的认定就比较困难。例如，《民法典》第 997 条规定："民事主体有证据证明行为人正在实施或者即将实施侵害其人格权的违法行为，不及时制止将使其合法权益受到难以弥补的损害的，有权依法向人民法院申请采取责令行为人停止有关行为的措施。"这就在法律上规定了侵害人格权的禁令制度，开启了人格权保护的新的方式。禁令不仅成为权利实现的途径和解决纠纷的手段，而且将成为依法管网、治网的重要形式，但从《民法典》第 997 条规定来看，民事主体有证据证明行为人正在实施或者即将实施侵害其人格权的违法行为时，其才能申请人民法院颁发禁令。但何谓有证据证明？申请人所提供的证据达到何种程度才能申请颁发禁令，《民法典》并没有作出明确规定，需要司法解释予以明确。一般而言，对于已经发生的侵害人格权的行为，权利人举证较为容易，对其证明程度的要求也应当更高；而对即将发生但尚未发生的侵害行为，权利人证明较为困难，对权利人举证的要求也应当相对较低。因此，为了保障禁令制度的准确运用，权利人在不同情形下究竟要达到何种证明程度，需要司法解释予以明确，细化证据要求。

第二，法律没有规定，形成了无法可依的局面，这就是通常所说的法律漏洞。事实上，无论在成文法国家，还是在判例法国家，法律漏洞都是各国共同面临的法律难题，通过何种方法发现法律漏洞以及通过怎样的方法填补这些漏洞成为几十年来法学界讨论的核心问题之一。前已述及，由于人类对客观世界的认识存在局限性，成文法也具有难以弥补的滞后性，因此法律漏洞是任何国家民法中都不能回避的一个问题。例如，《民法典》物权编中的混合共同担保追偿权就是一个适例。此种追偿权是指在人的担保与物的担保同时担保同一债务的情形下，当某个担保人承担了担保责任之后，依法享有向其他担保人进行追偿的权利。换言之，它是指某个担保人承担了担保责任之后享有依法要求其他担保人予以分担的权利。我国自1995年《担保法》颁布以来，有关混合共同担保的追偿权问题一直众说纷纭、莫衷一是。然而，《物权法》第176条中规定，提供担保的第三人承担担保责任后，有权向债务人追偿，但并没有规定能否向其他担保人追偿。《民法典》物权编第392条规定了提供担保的第三人承担担保责任后，有权向债务人追偿，但该条仍然没有对各担保人相互之间能否追偿的问题作出规定。对此，理论及司法实务就混合共同担保人之间能否追偿也持截然相反的态度。应该说，关于共同担保中各个担保人之间的追偿权问题，构成了法律漏洞。实践中，此类纠纷很多，但缺乏法律依据。因此，在发生争议的情形下，一旦当事人提出此种情形下，法官无法回避此种争议，而必须回答各担保人之间能否追偿，这就意味着，法官必须通过复杂的裁判说理来解释是否允许担保人之间的追偿。在存在法律漏洞的情形下，需要遵循填补漏洞的一般方法。例如，法官应当首先寻找最相类似的法律规定作出裁判；如果没有最相类似的法律规定，法官可以依据习惯、法律原则、立法目的等作出裁判，并合理运用法律方法对裁判依据进行充分论证和说理。①

第三，同一案件涉及多个法律规范的适用。有些案件并非单纯根据一个规范得到答案，而需要联结多个规范才能得到回答。在此情形下，就需要结合多个规范来处理某个民事案件。民法的法典化实际上就是体系化，

① 参见《最高人民法院关于加强和规范裁判文书释法说理的指导意见》。

《民法典》的重要目的就是要形成完善的体系架构，为法官处理民事案件提供完备的规范体系。这就决定了在《民法典》各编中会出现大量的引致条款，这些条款在最大程度上保证了立法的简洁，避免重复。据粗略统计，我国《民法典》中至少有49个引致条文。例如，行为人侵害他人物权，非法占有他人财产，并造成一些财产的损害，在此情形下，受害人既主张返还财产、恢复原状，同时也主张损害赔偿。受害人的主张实际上构成了物权请求权与侵权损害赔偿请求权的竞合。法官在裁判说理中既需要援引物权编的物权请求权规范，同时也需要援引侵权责任编中侵权责任承担方式的规范。在物权编中，《民法典》第238条就规定："侵害物权，造成权利人损害的，权利人可以依法请求损害赔偿，也可以依法请求承担其他民事责任。"此处的"依法请求损害赔偿"主要就是指向侵权责任编的适用。在侵害物权的情形下，权利人主张停止侵害与赔偿损失，就不仅需要援引物权编也要援引侵权责任编的规则。如果损害赔偿请求已经过了时效，则可能还需要援引《民法典》总则编有关诉讼时效的规则。引致条款的出现意味着法官不能只援引一个条款，而必须援引多个条款，同时满足该案的请求权基础。法律适用存在法律规范竞合或者冲突的，裁判文书应当说明选择的理由。

第四，规范中存在大量的不确定概念、不完全规范。一方面，不确定概念是作为与确定概念相对应的术语被提出来的，它是指在内涵和外延上都具有广泛不确定性的概念，例如公共利益、公序良俗、合理期限等。"不确定法律概念是指未明确表示而具有流动的特征之法律概念，其包含一个确定的概念核心以及一个多多少少范围不清的概念外围。此种不明确的概念，多见于法规之构成要件层面，亦有见于法规之法律效果层面。"① 不确定概念需要进行类型化，因为这些不确定概念很难定义，需要通过类型化的方式明确其含义。例如，《民法典》第990条第2款中的人身自由和人格尊严，在实践中也可能会存在不同的界定；诚信原则在适用中也需要考量具体的情形。另一方面，所谓不完全规范，是指欠缺适用条件或法律后果的规范。虽然不完全规范不能单独提供请求权基础，但是不完全规范却可能与其他规范结合，提供请求权基础。例如，《民法典》第1166条规定："行为人造成他人民事权益损害，不论行为人有无过错，法律规定应当承

① 翁岳生：《行政法》（上册），中国法制出版社2002年版，第225页。

担侵权责任的，依照其规定。”该条虽然规定了严格责任的法律后果，但其适用条件并不明确，还需要结合其他法律规范予以适用。这些不完全规范，或说明、或限制、或引致、或解释、或推定，功能不一而足，绝非仅仅是“提示”。这些不完全规范的性质就决定了其必须与其他规范共同适用。

即便对完全规范而言，其适用也需要法官进行解释。例如，《民法典》第 1165 条第 1 款规定：“行为人因过错侵害他人民事权益造成损害的，应当承担侵权责任。”在适用本条规定时，对于何为“行为人”，何为“民事权益”（如自由权是否属于其中的民事权益），何为“侵权责任”（具体形式为何）等，都无明确规定，因此虽为完全法条，但与真正的完全仍相去甚远。因此，即便是对于完全法条，也需要与辅助性规范相结合，构成大前提。

第五，价值冲突比较明显和剧烈的新类型案件。这些新类型案件，虽然存在法律的明确规定，但是当事人之间的利益冲突比较明显。在人格权侵权中，常常涉及大量的价值冲突问题，人格权的行使与保护常常与其他权益和价值发生一定的冲突。例如，肖像权的行使与保护往往与舆论监督发生冲突，在新闻报道中使用他人肖像的，通常属于正常舆论监督的范畴，而不构成对肖像权的侵害。再如，个人信息权利的保护与个人信息、数据的利用之间也会发生一定的冲突，行为人在收集、利用他人个人信息时，不得非法收集、利用、共享他人的个人信息。法官在处理这些案件时，就需要通过裁判说理，妥当平衡各种价值之间的关系。法官需要确定价值平衡和利益冲突解决规则，确定权益或者价值的位阶，确保每一种权利都受到必要的兼顾和相应的保护。法官也需要维护行为人的行为自由，防止行为人动辄得咎。尤其应当看到，平衡人格权保护与其他价值的关系，对于准确认定行为人的责任及其责任范围，都具有重要意义。

总之，在确定结论时，法官应当予以充分地论证说理，将不同观点的理由清晰完整地展现出来，才有可能在该问题上逐渐形成共识。在疑难案件中，法官的说理涉及对事实的认定、对法律关系的认定、对法律规范的理解，特定的法律规范如何能够适用于特定的案件中，欠缺特定法律规范时如何进行漏洞填补，等等，法官都应当在具体的裁决中进行详细的说理。

二、诉讼各方对案件法律适用无争议且法律含义不需要阐明

如前所述，如果案件基本事实清晰，当事人对此无不同意见，就减轻

了对案件事实的说理义务，但这并不意味着免除了法官对案件的说理义务，法官对法律适用和法律解释仍然需要进行说理和解释。《最高人民法院关于加强和规范裁判文书释法说理的指导意见》指出，“诉讼各方对案件法律适用无争议且法律含义不需要阐明的，裁判文书应当集中围绕裁判内容和尺度进行释法说理。诉讼各方对案件法律适用存有争议或者法律含义需要阐明的，法官应当逐项回应法律争议焦点并说明理由”。按照该要求，对下述案件可以在法律适用和解释说理方面予以简化或不必说理：

第一，诉讼各方对案件法律适用无争议。也就是说，当事人双方对案件所涉及的法律关系没有争议，如案件属于合同案件还是侵权案件，当事人是否构成违约，是否构成侵权等，并没有争议，这极大地简化了法官的裁判说理义务。

第二，法律含义不需要阐明。严格地说，“法无解释不得适用”，但是有些条文的内涵非常明确，一般人都能够读懂其含义，不需要法官对法律规范本身的含义作出解释，如果进行解释，则可能构成累赘和重复。例如，《民法典》第1257条所规定的林木折断、果实坠落致人损害责任，关于本条中林木的含义、果实的范围，其与日常生活用语没有太大区别，当事人可以很容易理解，并不需要法官对此作出详细阐释。当然，本条所规定责任的成立还涉及行为人过错的认定问题，关于何为过错，以及依据何种标准认定行为人的过错，则需要法官对其作出解释。再如，《民法典》第1258条第1款规定：“在公共场所或者道路上挖掘、修缮安装地下设施等造成他人损害，施工人不能证明已经设置明显标志和采取安全措施的，应当承担侵权责任。”该条所涉及的在公共场所或者道路上挖掘、修缮安装地下设施，以及设置明显标志和采取安全措施等用语均为日常用语，不需要法官对其含义作出详细阐释。

但是，需要指出的是，《最高人民法院关于加强和规范裁判文书释法说理的指导意见》的上述规定似乎可以理解为，只要法律规范的内容是清晰的，法官就不需要解释。笔者认为，即便法律规范的部分内容是清晰的，但其相关内容也需要法官的解释，而不能当然认为不需要法官解释。例如，就《民法典》第1257条所规定的林木致害责任而言，其成立需要行为人具有过错，但行为人过错的内涵如何，依据何种标准判断行为人的过错等，均需要法官予以解释。另外，即便法律规范的内涵是清晰的，但其能否适用于具体的案件，涉及法律规范与案件事实的涵摄问题，这也需要法官对法律规范进行解释，并将其与具体的案件事实进行关联。例如，《民法典》第1258条第1款规定："在公共场所或者道路上挖掘、修缮安装地下设施等造成他人损害，施工人不能证明已经设置明显标志和采取安全措施的，应当承担侵权责任。"施工人是否已经设置明显标志，采取安全措施，需要法官对法律规范的解释，并将其适用于具体案件。

三、法官自由裁量权过大的案件，应当进行说理论证

《最高人民法院关于加强和规范裁判文书释法说理的指导意见》指出："法官行使自由裁量权处理案件时，应当坚持合法、合理、公正和审慎的原则，充分论证运用自由裁量权的依据，并阐明自由裁量所考虑的相关因素。"这就意味着，法官在行使自由裁量权时，应当强化说理，裁判说理很大程度上就是要有效规范法官自由裁量行为，目的在于实现自由裁量尺度的统一。法官在进行法律解释时要秉持正确的解释方法，并辅以充分的说理性论证。必须承认，目前有些裁判文书中的说理性论证并不充分，这很大程度上是因为欠缺裁判说理，同案不同判现象在司法实践中常有发生，个别法官动辄以不符合社会效果为由，撇开现行法，追求所谓的"社会效果"，这在一定程度上损害了法律的权威性。从当下的情况来看，问题常常不见得是"无法可依"，而是"有法不依"。

如果法官对解释法律享有不受限制的自由裁量权，则法律将变成法官可以自由裁量的规范。法官解释法律并不等于创造法律。[①] 在统一裁判中，最难实现的就是自由裁量的统一，因为自由裁量本身就意味着法官的自主决定。但在法治社会，法官应当享有一定的自由裁量权，但此种自由裁量权也应当受到规范，避免裁判的畸轻畸重，影响司法公正。在我国，因为少数法官自由裁量权的行使不规范，导致了法的可预期性受到较大影响，并最终影响了司法的公信力。强化裁判说理，就可以使得法官的自由裁量权受到限制和规范。因为在裁判说理中，法官应当就其自由裁量权行使中所考虑的因素，甚至各个因素所占比重等作出阐述。如果法官所考虑的因素是妥当的，就可以为其他法官在类似案件中借鉴，从而形成相对统一的裁判尺度。如果不注重裁判说理，完全由法官自由裁量，不同法院之间，

---

① E. Kellaway, principles of legal interpretation of statutes, contracts and wills, Butterworths, 1995, p. 13.

甚至同一法院内部的判决尺度掌握得可能都不一样，并因此导致“同案不同判、同法不同解”的后果。

法院的判决是法官对事实和法律的判定及认识所作出的决定，它体现了一定程度的主观价值判断。法官的自由裁量过大，就无法保证类似问题类似处理。法律和特定的案件事实又是客观的，法官应当努力从客观存在的事实中寻求可适用的规则，从而使裁判的结果尽可能具有客观性。因此，某一特定的案件事实应当与特定的规则相联系，从而得出相对确定的法律后果，这也可以使当事人对法律产生合理的预期。各个案件事实只要是相同的或大致相同的，应当具有大体相同的裁判结果，至少这些结果彼此间不应有重大差距甚至相互矛盾。然而，在实践中一些判决出现相互矛盾现象，类似案件事实，在此法院审理是一种结果，在彼法院审理是另一个结果。这固然有各种外来的因素如地方保护主义行政干预的影响，但也涉及法院内部如何使执法标准或尺度统一以及妥当的问题。

哪些是法官自由裁量权过大的案件？一般而言，法律规则规定得越详细、越具体，针对性越强，则法官的自由裁量权受到的限制就越大，而法律规定得越模糊，越不清晰，或大量使用不确定概念，甚至出现法律漏洞等，则法官的自由裁量权就越大。因此，强化裁判说理，有利于约束法官的自由裁量权，保障解释结果的可靠性。

在某些情形下，法律特别授权了法官自由裁量权，以人格权编为例，为了协调和平衡人格权与其他利益之间的冲突，人格权编积极发挥动态系统论在归责中的作用。《民法典》第998条规定：“认定行为人承担侵害除生命权、身体权和健康权外的人格权的民事责任，应当考虑行为人和受害人的职业、影响范围、过错程度，以及行为的目的、方式、后果等因素。”该条改变了以前以构成要件认定责任的做法，而是运用了动态系统论的方式。这种做法与《欧洲侵权法原则》（PETL）和《欧洲示范民法典草案》（DCFR）的规定方式有一定相似性。动态系统论试图通过抽取一些因素或因子，引导法官考虑该因素或因子的权重，在个案中通过判断不同变量的强弱效果，并结合因素之间的互补性，最终得出案件裁判的结论。相较于构成要件系统而言，动态系统论考虑的因素更为宽泛，更具有灵活性与开放性，从而可以适应复杂情况下的公正需要。但动态系统论确实给了法官较大的自由裁量权力，因为如何考量各种因素，以及最终确定行为人是否承担责任，法官享有较大的自由裁量空间。因此，在适用此种方式时，必须强化裁判说理。再如，《民法典》第1182条规定："侵害他人人身权益造成财产损失的，按照被侵权人因此受到的损失或者侵权人因此获得的利益赔偿；被侵权人因此受到的损失以及侵权人因此获得的利益难以确定，被侵权人和侵权人就赔偿数额协商不一致，向人民法院提起诉讼的，由人民法院根据实际情况确定赔偿数额。"依据该条规定，如果难以确定受害人的损害数额以及行为人的获利数额，且当事人无法协商一致，则由人民法院根据实际情况确定赔偿数额，这实际上也是赋予了法官酌定赔偿数额的权力。在法律赋予法官自由裁量权的情形下，也不意味着法官可以不受任何拘束地进行自由裁量，其也应当严格按照法律规定进行自由裁量。从上述人格权编的规定来看，依据《民法典》第998条规定，必须严格按照法律规定进行自由裁量，尤其是法官在认定行为人的责任时，对各个因素在责任认定中具有何种影响等，法官应当进行详细的说理论证。

第四节　裁判说理的基本内容

裁判说理的基本内容应当从实体和程序两个方面展开，从实体方面看，裁判说理大致可以分为对案件事实的说理和对法律适用的说理。也就是说，对实体的说理应当围绕事实认定和法律适用进行。从程序方面看，裁判说理应当完整展现诉讼活动的全过程，并将整个庭审毫无遗漏地记录于裁判文书中。[①] 具体来说，裁判说理应当包括事实认定的说理、法律适用的说理以及程序事项的说理。

一、事实认定的说理

（一）证据认定说理

裁判说理的重要内容是对案件事实认定的说理，案件事实不完全等同于客观事实，其都是通过证据来证成的。[②] 证据是事实认定的基础，证据

① 黄燕：《加强裁判文书说理性的途径》，载《人民法院报》2014年1月1日。

② 李苏林：《证据裁判原则下的案件事实认定》，载《山西大学学报（哲学社会科学版）》2015年第3期。

是“因”，而案件事实是“果”。所谓以事实为根据，实际上就是以证据为根据，证据如何才能证明案件事实，实际上需要对证据的真实性、合法性、关联性以及证据的证明力作出准确的判断，这就需要对证据的认定作出说理。因此，裁判文书中必须对证据采用的理由进行严格分析，即哪一项证据能够采用，哪一项证据不能采用，采用或者不采用某一项证据的理由是什么，根据某项证据能够认定何种案件事实等，都需要在裁判文书中作出详细说明。① 但从实践来看，民事裁判文书虽然重视列举证据，但分析说理不充分，一些判决书在“本院认为”部分，多是采取记流水账式的方式，罗列各种证据，但事实上，在一些案件中一些证据与案件事实是毫无关联的，部分证据才与案件事实有关联。② 即便对这些证据，其能够证明什么案件事实，对裁判结论产生何种影响，缺乏必要的分析，因为对证据的分析不够，使得案件事实的认定缺乏说服力。

鉴于证据认定在司法裁判中的基础性作用，法官在裁判文书中应当就采纳证据的判断过程与证据规则的适用过程进行说理，并在此基础上确定案件事实。案件事实是已经发生的事实，法律上认定的事实是要通过证据将其回放出来，但在诉讼过程中不可能将其完整回放，而必须通过举证、质证、认定来进行，从而回溯过去，努力还原真相。③ 在证据认定过程中，法官应该围绕证据的采用、证据链的形成等证据问题进行说理。法官也根据法律的逻辑来寻求客观真实，将发现真实作为诉讼的目标。但在无法确定客观真实的时候，也应该努力发现接近客观真实的法律事实。④ 法官应当追求客观事实，但不能因为难以还原事实而拒绝作出司法裁判。裁判文书对案件事实的说理只能根据已经查证属实的事实，而对于无法证实其存在的事实以及法律调整范围之外的事实，则不能作为认定案件事实的依据。

为了作出有说服力的裁判，法官必须运用司法逻辑来认定案件事实，这就需要通过裁判的说理，将法官内心确信的过程展示出来，将其作出的对事实的分析判断过程展现出来。例如，甲向乙出具25万元的收据，乙凭

---

① 参见胡昌明主编：《裁判文书释法说理方法——〈最高人民法院裁判文书释法说理指导意见〉的案例解读》，人民法院出版社2018年版，第357页。

② 周光权：《判决充分说理与刑事指导案例制度》，载《法律适用》2014年第6期。

③ 参见肖建华等：《民事证据规则与法律适用》，人民法院出版社2005年版，第12页。

④ 张永泉：《客观真实价值观是证据制度的灵魂——对法律真实观的反思》，载《法学评论》2012年第1期。

借该收据要求甲支付欠款，甲提出该收条只是乙购买商品后的付款凭据。为此，法官需要进一步了解双方之间基础法律关系的存在，即是借款关系还是买卖关系，如果存在买卖关系，甲是否向乙交付了货物，乙所支付的金钱是否属于货款。双方当事人为此举出了截然不同的证据，法官要就这些证据进行判断，从而作出当事人之间究竟是存在借款关系还是买卖关系的决定。这一过程是当事人举证的过程，同时，更是法官根据司法逻辑认定案件事实的过程。①

（二）要件事实的分析过程

什么是要件事实？它是指与大前提中的构成要件（规范要件）相对应的事实。例如，特定案件中存在的符合《民法典》第1165条第1款规定的过错、损害后果、因果关系三要件的事实，就是要件事实。要件事实来源于德文“Tatbestandsmerkmale”一词，② 其本意是指法律要件的要素。③ 按照日本学者我妻荣的看法，权利的发生、妨碍、消灭等各种法律效果是否得到肯定，与该等法律效果的发生要件相对应的具体事实的有无相关，因此这种事实一般被称为要件事实，为了与前述法律要件相对应，有时又称为法律事实。④ 在我妻荣看来，要件事实就是与规范要件相对应的事实。法律事实是经证据规则证明为真的事实，法官不能对其加以改变，但至于其中哪些具有法律真实性的事实能够上升为要件事实，则应当由法官来具体判断。同时，经过证据规则的证明，案件事实已经呈现在法官面前。

证据证明的事实是依据证明材料所确定的事实，其目的在于还原案件的事实，发现案件的真实。在这一环节必须完成两项工作：一是通过证据规则证明案件的事实，这个过程实际上就是通过证据来回放和展现案件事实。二是通过证据证明的事实仍然无法固定的，要通过司法技术来确定案件事实。法官需要继续从事的就是如何根据实体法律规范来处理这些事实。面对一个案件中的纷繁复杂的事实，一个优秀法官总是带着法律规范的记忆去认识、选择它们的。法官所从事的，就是要从一个“事实堆”中挑选出那些法律规范所调整的事实，其在认识过程中应当知道哪些事实是为法律所关注的，哪些事实是可能引起某种法律责任的。也正是因为法官所秉

① 参见肖建华等：《民事证据规则与法律适用》，人民法院出版社2005年版，第11页。

② 许可：《民事审判方法：要件事实引论》，法律出版社2009年版，第37页。

③ 参见许可：《民事审判方法：要件事实引论》，法律出版社2009年版，第8页。

④ 参见［日］我妻荣：《新订民法总则》，于敏译，中国法制出版社2008年版，第218页。

承的共同法律知识背景，要件事实“这个概念按其字面意义理解就是‘摘取’。这表示，法官摘取生活事件，将之居于事实构成要件之下”。[①] 这个事实是三段论中小前提形成的基础，如果事实不确定，就无法进入到小前提的判断过程之中。所以，已经发现的事实真相是认定的小前提的基础。对于这一事实，裁判者应当给予明确的认定，否则，就无法确定小前提，更不可能进行连接。[②] 小前提所说的法律事实与依据证据规则证明的事实具有非常密切的联系。在裁判过程中，当事人双方都在讲述各自的故事，并为此将提交大量的证据。但是，法官不能陷入当事人的陈述之中，其应当始终有清醒的法律思维。法官需要从纷繁复杂的案件事实中，发现与大前提相符合的要件事实，这一过程实际上是大、小前提相互连接的过程。法官需要对作为小前提的事实本身进行分析、识别等，从而明确案件事实，并最终确定其与大前提是否具有一致性。[③] 要件事实整理过程也是一个法律适用过程。由于法律本身具有普遍性和非人格性的特点，其不可能自动地和案件事实相连接，需要借助于法官对事实进行整理，确定要件事实，使之与大前提相联结。虽然司法三段论表面上是将案件事实涵摄于法律要件之下，但准确地说，被涵摄的并不是案件事实本身，而是以具体的以规范要件为依据的特定案件的要件事实。所以，在要件事实的确定过程中，法官也需要进行必要的说理。

二、法律适用的说理

在我国审判实践中，存在一种误解，认为裁判说理就是对事实的说理，法律适用无须进行说理。所以，从一些的裁判文书可以看出，法官用主要的篇幅分析案情、罗列证据，努力认定案件事实。这可能是必要的。但是，在法律适用部分，有时却存在法律引用随意，错引、漏引或不引法条的情况；对法律解释欠缺，很难看到精辟的法理分析和逻辑推理，很少就法律条文与案件事实之间的关联性进行论证，经常在裁判文书中出现的是“从

---

① Jan Schapp，Methodenlehre des Zivilrechts，UTB，Stuttgart，1998，S. 99f.

② 证据规则和司法三段论中的价值判断，参见何海波：《举证责任分配：一个价值衡量的方法》，载《中外法学》2003 年第 2 期。

③ 陈林林：《直觉在疑案裁判中的功能》，载《浙江社会科学》2011 年第 7 期。

证据直接到事实、从事实直接到结论”的现象。[①] 比较常见的方式是，“依据某某法第某某条”，简单地列举几个条文得出裁判结论，有的裁判文书甚至不援引具体条文，而是依据某法律原则，或者依据相关规定作出裁判。如前述，司法权作为一种判断权，法官行使裁判权，一是发现客观真实，二是依法公正裁判。其实，法官最核心的任务还是依法公正裁判，因为发现客观真实是为了依法公正裁判作准备，而且法官依法公正裁判也是当事人选择通过诉讼方式解决争议的主要原因。因此，法官在裁判文书中应当努力强化对法律适用的说理。裁判必须以事实为依据，就是通过法官行使审判权，将法律与事实予以结合，以解决纠纷，法律和事实既是法官认知的对象，也是法官裁判中应当论证的对象。这就是我们所说的“以事实为根据，以法律为准绳”。[②] 所以，不应当单纯地只是对事实进行论证，而忽视对法律的解释和适用的说理。法律适用的说理要说明依照法律对案件事实所给予的合法性判断，并确定案件裁判结果。要确定案件裁判的大小前提是否吻合，并在此基础上确定具体的裁判结论。

（一）找法过程的说理

找法其实就是寻找大前提的过程。所谓以法律为依据，就是要寻找恰当的大前提。德国学者伯恩·魏德士指出，“法的获得属于方法问题”。[③] 在寻找案件裁判的大前提时，应当借助法学方法论。因为在法律体系已经形成的情况下，面对林林总总的、多层次的法律规范，若无一定法学方法的辅助，裁判者常会面临找法的困惑，甚至可能陷入到法律迷宫中，无从取舍。同时，法律作为社会规范的归纳与抽象，具有概括与抽象的特点，在适用中常常会产生理解上的困难与分歧。还要看到，法律的一般性和非人格性的特征决定了只有将其与具体案件事实相联系，才能产生最佳的调整效果。而法律与事实的连接，是产生这一调整效果的必经途径。但这一过程，是一个技术性很强的过程，需要遵循特定的规律、依循一定的方法。

在复杂的法律体系中寻找大前提，是一项非常复杂的工作，法官需要

---

① 王贵东：《德国刑事判决书说理方法之考察及其启示，以 K51/59 诉布拉奇刑事判决书为视角》，载《法律适用》2010 年第 1 期。

② 参见陈刚：《证明责任法研究》，中国人民大学出版社 2000 年版，第 2~3 页。

③ ［德］伯恩·魏德士：《法理学》，法律出版社 2003 年版，第 289 页。

从数量惊人的条文里寻找应适用的规则。在审判实践中，有观点认为，寻找大前提的工作并非一项科学，完全可以单纯凭感觉或经验进行，甚至可以彻底放弃大前提的寻找工作，直接援用基本原则断案，如直接援引诚实信用原则、公平原则判案。此种做法虽然在形式上也做到了“依法裁判”，但极度抽象的法律原则，常常既没有构成要件也没有法律效果，为法官提供了极大的自由裁量空间，容易出现向一般条款逃逸的现象，导致案件缺乏完全的推理与说理，缺乏说服力和一致性，难做到类似案件类似处理。因此，找法本质上是一个发现法律的过程，是兼具艺术性与技术性特征的工作。法律适用的过程要使抽象的法律规范能够运用到个别的案件之中，实现所谓从一般到个别的认识论转换过程。① 准确理解和适用法律，并不是要采取一种死记硬背、一一对应、对号入座的模式来消极应对社会经济现实的多样性，而是要建立在方法的科学性的基础上，按照体系化的要求，依循正确的方法，为具体的个案寻找到最妥当的裁判规则。

（二）对法律关系的分析说理

准确地适用法律，就要从特定的案件事实和法律关系出发，寻找可供适用的准确的法律规则，找法过程一定要从事实出发，要围绕事实的发现、重构而展开，致力于重构事实过程（course of events）本身。法律适用必须以案件事实作为起点，在案件事实、性质均不确定的情况下，法官是根本无法寻找大前提的。对案件事实的确认越清晰、越真实，法官寻找法律大前提就越清晰、越科学。如果不从小前提出发，法官将像盲人摸象、雾里看花一样，整个案件的审理无从着手。

在确定案件事实的过程中，法官不是盲目地被事实牵着鼻子走，而应从案件事实中提炼法律关系，法官需要通过理顺不同的法律关系，确定其要素及变动情况，从而全面地把握案件的性质和当事人的权利义务关系，并在此基础上通过司法三段论的适用以准确适用法律，作出正确的判决的一种案例分析方法。所谓法律关系是“由法律规定的生活关系”，② 即法律规范所调整的那部分社会关系。社会关系是包罗万象、复杂多变的，其中并非所有的社会生活关系都由法律调整而形成法律关系，法律仅是截取有法律干预之必要的那部分社会生活，构建成法律关系，塑造为法律秩序。

① 江必新：《司法对法律体系的完善》，载《法学研究》2012 年第 1 期。

② 参见［德］迪特尔·梅迪库斯：《德国民法总论》，邵建东译，法律出版社 2000 年版，第 50 页。

例如，甲是一名农民工，外出打工临走前与邻居乙达成协议，委托乙代为收割地里的庄稼，并由乙将之运送到甲家里储存，甲将向其支付一定的报酬。后来，乙发现甲的房屋因连降大雨而即将倾倒，就请丙修缮该房屋。另一位邻居丁看到甲的房屋一直无人居住，就擅自进入该房屋居住，并利用房屋的临街部分开设小吃店，每年经营收入达到数万元。后在甲、乙、丙、丁之间形成了债务纠纷。这个案件事实叙述起来较为繁琐，但是法官在分析案件事实时，不是要陷入繁琐的案件事实中，而是要透过案件事实，确定如下法律关系：一是甲与乙之间成立委托合同关系，即甲委托乙代为收割地里的庄稼，并将其运送到甲家里储存。二是甲与乙之间的无因管理关系。乙发现甲的房屋因连降大雨而即将倾倒，就请丙修缮该房屋，但鉴于在甲与乙之间的委托合同关系仅涉及庄稼的收割与运送，而不涉及房屋的修缮，因此，乙为甲修缮房屋的行为将在二者之间成立无因管理之债。三是丁与甲之间成立的侵权损害赔偿之债关系。丁看到甲的房屋一直无人居住，就擅自进入该房屋居住，构成对甲的房屋所有权的侵害。四是丁与甲之间成立不当得利之债。丁利用甲的房屋的临街部分开设小吃店，每年经营收入达到数万元，构成不当得利，将在丁与甲之间成立不当得利之债的关系。明确区分上述法律关系，就为法律适用确定了良好的基础，但是上述法律关系是如何形成的，从案件事实中可以梳理出哪些法律关系，法官都应当进行详细说理。例如，甲与乙之间是否构成无因管理关系，也需要分析甲与乙之间是否存在合同关系，以及此种管理行为是否对甲有利，是否符合甲的意愿等。

法律关系的分析、说理直接影响到责任的承担，甚至在许多案例中其与责任承担的后果密切联系，不可分割。明确何种责任应当以分析特定的法律关系为先导，层层推进，富有逻辑性地展开，才能得出公正的结论。例如，在“广东本草药业集团有限公司（以下简称本草公司）与被告贝斯迪大药厂（Bruschettini S. R. L.）（以下简称贝斯迪药厂）产品责任纠纷一案”中，[①] 法院认为，关于赔偿范围的确定，涉及本草公司对于救济途径的选择。本草公司作为进口单位依法实施了中国境内“兰菌净”产品召回，其为补救损失，有两条路径可以选择。一是依据其与 Aprontech 公司的经销合同，向 Aprontech 公司主张违约赔偿。二是依据产品召回以及侵权责

① 最高人民法院（2019）最高法商初1号民事判决书。

任的相关规定，向生产者贝斯迪药厂主张侵权赔偿。如本草公司选择第一种路径主张合同权利，根据《合同法》第113条的规定，其可主张赔偿的范围应相当于因Aprontech公司违约给本草公司造成的损失，包括合同如依约履行本草公司可以获得的利益。亦即，本草公司若以合同之诉向Aprontech公司主张违约赔偿责任，其范围应可包括因合同未能依约履行造成的直接损失和商业利益损失。该案中，法院从法律关系出发，区分了合同关系和侵权损害赔偿关系，在此基础上，认定贝斯迪药厂与本草公司并无合同关系，本草公司以侵权之诉向贝斯迪药厂主张赔偿，其将“兰菌净”向分销商进行销售的可得利益这一损失系其商业风险，不属本案赔偿范围。应当说，本案从法律关系着手，准确认定法律责任，从而得出了公正的裁判结论。

（三）法律解释的说理

“法律解释乃是法适用之不可欠缺的前提，要得到妥当的法适用，必须有妥当的法律解释”。[①] 在确定一定法律关系的基础上，法官需要援引法律适用于具体的个案进行裁判，但法律的适用不是简单地援引法条的过程，而需要进行妥当的解释。法官需要结合案件事实，对所适用的法条进行文义的、体系的、目的的、历史的等多方面的解释，确定法条的含义，从而寻找与案件事实关联更为密切的大前提，法律解释的过程其实也就是一个说理的过程。具体而言，一是针对当事人所援引的法条说理。当事人在提出请求时，往往也会援引一定的法条，当事人依据该法条所提出的主张能否成立，法官往往也需要对该法条进行解释，并进而确定当事人的主张能否成立。二是法官就其援引法条进行解释。法官当然可以直接援引法条作出裁判，法官在援引法条时，应当详细阐释所援引法条的含义，并阐述该法条的构成要件及其与案件事实存在何种联系，依据该法条将产生什么样的法律效果等，而不能只是简单地列举几个法条，或者撇开具体的法律规则而直接援引法律原则裁判，这样的裁判都不是真正的依法裁判。因此，法官应采取科学的解释方法，尽可能适用相同的方法和规则，不能随心所欲地解释法律。解释者不能操两可之说，更不能翻手为云、覆手为雨。从广义上来说，“找法”不仅包括找到可供适用的法律规范，还包括通过解

---

① ［日］矶村哲：《现代法学讲义》，转引自梁慧星：《民法解释学》，中国政法大学出版社1995年版，第193页。

释明确该法律规范的含义。在司法裁判中，虽然法官就类似案件选择了相同的法律规范，但也可能对同一法条作出不同的解释。即使解释结论不同，也要针对可能有争议的观点进行充分的说理和论证，使得自己的结论具有充分的正当性。通过说理准确阐释法律的含义，保障法律的准确适用，并对该法律规则的内涵进行阐释，这个过程其实就是说理的过程。所以，说理越充分，越有利于正确地适用法律。

（四）联结过程的说理

依法裁判实际上意味着将抽象的法条用于具体的个案中，并作出妥当的裁判，这个过程实际上就是大前提与小前提的联结问题。具体而言，此种联结包括两方面内容：

第一，应当寻找与案件事实最为密切的法律规定。应当承认，法学不像数学那样，能够准确地计算出唯一正解，而是有可能存在数个可供适用的规范，就可能形成复数解释。有学者将其原因概括为“裁判形成过程中的变动性因素（如对案件材料的不同加工、对法律制度的不同理解、法官不同的知识结构和不同的法感情等）”。[①] 此外，形成复数解释的原因还可能在于：一方面在于文本语言表达的局限性。如科因（Coing）认为，人类所有精神活动的成果，都必须透过语言而产生、存续，透过语言的媒介，思维与理解，方有其存在的基础，一切法律规范都必须以语言的形式表达出来。[②] 语言是表达法律的工具，法律不能脱离语言而独立存在。[③] 但是，语言本身固有的模糊性、多义性、不确定性等特点，尤其是生活语言转化为法律语言的困难，都使得语言在很多情况下很难准确表达立法者的意图。而且，社会生活不断发展，也使得法律所使用的语言与社会生活发生一定的脱节。语言的局限性决定了文义解释的结论可能并不确定和唯一。另一方面，因为法律解释方法具有多样性和局限性，每一种法律解释方法都是独特的，但解释者运用不同的方法，有可能得出不同的结论。尽管各种解释方法的运用有一定的顺序，但是这种顺序并非固定的、强制性的，解释者仍然有自由选择的空间。每个解释者可能会青睐不同的方法，而采用不

---

① 参见陈增宝等：《裁判的形成——法官断案的心理机制》，法律出版社 2007 年版，第 186~197 页。

② 参见［德］魏德士：《法理学》，吴越等译，法律出版社 2005 年版，第 72 页。

③ E，Kellaway，Principles of Legal Interpretation of Statutes，Contracts and Wills，Durban：Butterworths，1995，p. 16.

同方法得出的解释结论可能并不一致。尤其应看到，法律解释中存在价值判断。价值判断是指解释者在解释过程中对不同价值的取舍。在法律解释时进行价值判断，主要是指依照法律的目的（法律总是意欲实现某种目的）、冲突利益的衡量、社会效果的预测、正义的要求等指导对法律文字的理解，而不是仅根据文字的语义来解释。[①] 在现代社会中，价值多元的现象也会直接导致多元化的规则选择，最终产生复数解释。而且，随着社会生活的发展，许多现象并不是立法者所能预见的，并未在立法时给出准确的价值选择依据，而法官在进行裁量时就会产生各种不同的解释。由此可见，出现复数解释，是法律解释中不可避免的结果。在出现复数解释时，就有是否存在德沃金所说的“唯一正解”问题。古人云：“法无二解。”其含义在于，法律解释只能有唯一的结论。我国所说的“唯一正解”，其目的就在于寻找最密切联系的规则。

第二，联结所要寻找的规则应当是一个完全规范，能够通过寻找最密切联系的规则得出相应的法律效果。德国学者哈特穆特·毛雷尔认为，法律规范具有两个层面的内容：一是事实要件，二是法律后果。一旦事实要件具备，法律后果就产生。[②] 由此可见，两者是有机的整体。联结的核心在于，通过寻求最密切联系的规则得出裁判结论。因此，这些联结的规则应当是包含构成要件和法律效果的规则。在不少判决中，法官在叙述案情之后，便直接援引法条裁判，但为什么依据该法条则语焉不详。有的判决不针对当事人的诉求来说理，虽讲出了一些道理和理由，但毫无针对性。有的判决甚至根本不援引具体法律规则，而只是援引法律原则（如诚信原则、公平原则）裁判，此种情况俗称“戴高帽”的判决。这就是说，判决的依据直接从民法的基本原则而来，看起来层次很高，但实际上，由于这些基本原则放之四海皆准，可以适用于任何案件，因此等于没有援引法条裁判。许多判决书，不要说当事人看不懂理由，就是法学专业人士，在看完之后也是一头雾水。所以，法官不是要寻找法律原则进行判断，而是要寻找与案件事实具有最密切联系的法律规则进行裁判。有时，请求权基础可能是一个法条，也可能是多个法条，可能是由请求权基础规范和辅助性

① 陈靖宇：《论现代法律解释的基本理念》，载褚红军主编：《历史与变革：无锡法院纪念改革开放 30 周年文萃》，人民法院出版社 2008 年版，第 463 页。

② ［德］哈特穆特·毛雷尔：《行政法总论》，高家伟译，法律出版社 2000 年版，第 122~123 页。

规范所共同组成的请求权基础规范。因此法官所援引的法条可以是请求权基础规范与辅助性规范相结合的多个法条，例如，在《德国民法典》中，请求权规范的数量远少于辅助性规范的数量，在《德国民法典》的前三编中，只有大约50~60条请求权规范具有重要意义。几乎所有并非请求权规范的制定法规范都是请求权规范的辅助性规范，这些辅助性规范的数量也是很大的，包括补充构成要件的辅助性规范、补充法律效果的辅助性规范和反对规范（如抗辩权规范）。法官将大量的辅助性规范相互组合成所谓的请求权前提。[①] 德国民法学者扬·沙普就认为，请求权基础规范和辅助性规范应当结合使用。[②]这也说明，德国司法实践中，法官裁判民事案件，有可能援用某个法条，也可能援用多个法条。

以“许云鹤案”为例，在该案中，法官在援引了相关法条之后，认为“投保机动车交通事故强制保险属于法律法规的强制性规定，其目的就是保证任何不特定第三人受到机动车交通事故损害时能够依法获得及时有效的医疗救治和经济保障。在机动车所有人或管理人没有履行法定投保义务的情况下，如果让受害人承担机动车第三者责任强制保险责任限额内的相应损失，违反《中华人民共和国道路交通安全法》《机动车交通事故责任强制保险条例》的立法本意。”[③] 在本案中，被告没有购买相应的交强险，在此情形下，被告应当承担交强险范围内的损害赔偿责任时，法官从文义解释和目的解释等方面，阐释了法条的内涵，并最终认定被告应当承担相应的责任，判决说理较为充分，也更有说服力。

三、法律程序说理

裁判说理也包括对法律程序适用的说理。程序是看得见的正义，诉讼活动应当严格依据法定程序进行。程序说理是裁判说理不可或缺的组成部分，严格地说，程序说理既不属于裁判大前提的实体法适用，也非裁判小前提的事实认定和证据判断，但程序说理是确保事实认定和法律适用正确性和妥当性之前提的程序正当性问题，因此，其也应当是裁判说理的组成

---

①② ［德］扬·沙普：《请求权理论》，朱虎译，载《罗马法与现代民法》第9卷，厦门大学出版社2016年版。

③ 赵盈、姜强：《许云鹤与王秀芝道路交通事故人身损害赔偿上诉案——人民法院应综合各种间接证据认定案件事实》，载最高人民法院民事审判第一庭编：《民事审判指导与参考》（2012年第1辑），人民法院出版社2012年版。

部分。如果法律程序适用的争议是当事人争议的焦点（如当事人就管辖权发生争议），则法律程序说理就是法官裁判说理的核心内容。从比较法上来看，国外司法裁判也注重程序说理。例如，在德国，司法裁判也应当记载相关的程序性事项，如当事人的攻击和防御方法并未在规定的时间内提交给法庭从而被法庭驳回（如《德国民事诉讼法》第296条）、当事人调查证据的请求被法庭驳回等。[①] 法官在裁判说理部分应当指出本案应当适用的具体法律规定，从而承认或者否定当事人的请求权、抗辩。[②] 这些经验值得借鉴。从内容上看，程序说理主要包括两类：

一是程序要件合法性的说理。程序要件的合法性集中体现在法院主管和管辖、当事人能力和当事人适格、诉的利益和重复诉讼等诉讼要件合法性的审查说理。在民事诉讼中，在裁判程序开始前，法院会对诉讼要件的合法性进行必要的审查。只有诉讼要件合法，不存在瑕疵，裁判程序才能依法开展。如果当事人就诉讼要件的合法性存在争议，则法官应当对其进行审查，并对此进行说理；而且由于诉讼要件合法是诉讼程序正常开展的法律基础，因此，不论当事人是否对诉讼要件的合法性是否提出质疑，法院都应当依据职权对其进行审查。

二是程序进行和程序选择的说理。程序进行和程序选择的说理事关民事诉讼的公正性和程序正当性，也是裁判说理的重要内容。例如，回避制度可以确保裁判主体的中立性，要保证当事人申请回避权的行使，同时也要确保符合回避事由的司法人员不参与审判，这是公正司法的重要保障。再如，民事诉讼设置有多种类型的程序，以满足当事人不同层次、不同侧面的程序需求。法官在决定适用普通程序或简易程序、小额诉讼程序审理案件时，应当在尊重程序法规定的基础上，充分保障当事人的程序选择权，对为何决定适用某一类型的程序，进行程序说理。尤其在法官的决定与当事人欲选择的程序类型不一致时，程序说理更有必要。

---

① Saenger, ZPO, § 313 (2017), Rn. 29.

② Saenger, ZPO, § 313 (2017), Rn. 30.

第五节 裁判说理的对象

一、明确裁判说理对象的意义

裁判说理的对象是指裁判说理究竟应对谁说理。也就是说，裁判说理究竟是为了说服谁，使谁对裁判文书信服。一般认为，裁判说理是为了说服当事人。但笔者认为，虽然裁判说理的直接对象是当事人，但其不应当仅限于当事人，而应当具有更为广泛的意义。在英美法国家，裁判文书的说理除了要解决当事人之间的纠纷外，一些裁判文书还需要注意说理的前瞻性问题，即该判决有可能成为判例，从而指导将来类似案件的裁判活动。① 此时，裁判说理的对象显然不限于当事人，因此，法官可能在裁判文书中使用较为抽象的表述，更加注重整理具有指导性意义的裁判规则。② 但如果案件仅仅只是为了解决个案争议，则裁判文书的说理就会更为具体，而不必考虑对将来裁判活动的指导作用。此种做法值得我们借鉴。我国虽然不是判例法国家，但裁判说理的对象也不限于当事人，还应包括法律共同体，甚至普通民众，因此具有更为宽泛的对象。

之所以要探讨裁判说理的对象，主要具有如下意义：

首先，确定说理的重点。裁判说理的受众将直接决定说理的重点。按照比利时法学家佩雷尔曼的观点，论证一般都是向特定的听众作出的，"听众就是演说者想通过其论证来影响的人的总称"，如果论证获得了普通听众（他们全部都是由理性人构成的）的认同，那么它就是合理的。③ 那么，谁是听众呢？他认为，听众包括当事人、法律职业者和公众。④ 如果将裁判说理的受众限定为当事人，则裁判的说理应当围绕当事人的诉讼请

---

① Neil MacCormick, Robert Summers. Interpreting Precedents [M] . Ashgate Dartmouth, 1997. 455 - 456.

② 张倩：《裁判说理的基本模式和规范要求》，载《中国审判》2016 年第 1 期。

③ 参见［荷］伊夫林·T. 菲特丽丝：《法律论证原理》，张其山等译，商务印书馆 2005 年版，第 47 页。

④ 参见［荷］伊夫林·T. 菲特丽丝：《法律论证原理》，张其山等译，商务印书馆 2005 年版，第 51 页。

求，要做到有的放矢，不能做无目的、无主题的文字游戏，也不能发空泛的、毫无意义的议论。[①] 而如果将裁判说理的重点界定为社会大众，则裁判说理要具有公开性，能够真正说服当事人和社会公众，并不意味着要由法官一个人唱独角戏，自己命题自己回答。

其次，确定说理的不同风格。如果裁判文书只是向法官自己说理，裁判文书就可能被写成学术文章，追求其内容和形式的学理性和完美性。如果是对当事人进行说理，则裁判文书就不能自弹自唱，而应当针对当事人的诉讼请求和抗辩理由进行，按照当事人能够理解的方式说理，说理的内容和风格也应当能够很容易被当事人所理解。

最后，确定说理的内容。明确裁判说理的对象，也有利于确定裁判说理的内容。有学者指出，一名英国法官在判决中须进行四项对话：与律师，与同事，与“已死的”（先前案例法）以及与“后代”（即须考虑当前判决书的结果）之间的对话。[②] 这就是说，裁判说理的对象具有多元化的特点，这要求裁判文书应当进行充分的说理论证。裁判说理应当是事理、情理、法理的有机结合，裁判说理不仅要针对当事人，而且要针对法律共同体和社会大众，因此，其不仅要解决当事人的纠纷，而且要经得起法律共同体的检验，并符合社会公众的一般价值观念。

二、裁判说理的具体对象

（一）当事人

法官裁判说理的对象首先是当事人，也就是说，裁判说理旨在向当事人说明法院作出裁判的原因，告知当事人诉讼被支持或被驳回的理由，这些原因包括事实层面的原因和法律层面的原因，即法院对争议在事实和法律方面的考量；[③] 在不同的诉讼模式之下，当事人都是裁判说理的重点对象。大陆法系的职权主义诉讼模式与英美法系的当事人主义诉讼模式的主要差别在于，二者诉讼程序的进行方式不同，但法官裁判说理都应当以当事人为对象。法律是理和力的统一，一方面，法律的适用和执行的确是国

---

① 邱爱民：《论司法裁判中的说理》，载《南京工程学院学报（社会科学版）》2006年第1期。

② 参见宋冰编：《读本：美国与德国的司法制度及司法程序》，中国政法大学出版社1998年版，第456~457页。

③ BVerwG NJW 1998，3290；MüKoZPO/Musielak，ZPO § 313（2020），Rn. 16；Saenger，ZPO，§ 313（2019），Rn. 26.

家强制力的体现，但在更重要的意义上，法律的适用和执行应当建立在充分说理的基础上。中国古人都有“情理法”相统一的说法，这就说明，评价法律是否好的标准是其是否讲理。所以，评价裁判文书的质量如何，讲不讲理也是重要的评判标准。要让当事人真正地息诉服判，感受到法律的公平正义，就必须强化裁判说理。全国模范法官宋鱼水把“辨法析理，胜败皆服”作为自己的司法追求和职业目标，展现了新时期优秀法官对司法工作的深刻理解和崇高的职业责任感。

裁判说理之所以首先将当事人作为说理的对象，理由主要在于：

第一，这是由诉讼的基本功能所决定的。因为当事人选择通过诉讼方式解决纠纷是开启诉讼程序的原因，而且当事人是裁判结论的直接承担者，当事人对裁判说理的接受程度，将直接决定诉讼制度功能的实现程度。因此，裁判说理必须关注诉讼当事人，将其作为最为重要的说理对象。裁判文书所载内容是否客观公正对当事人和裁判者均有直接利害关系，其既关系当事人的利益，又关系裁判者的职业生命和职业荣誉，更关系社会公众的价值判断与行为指引。因此，如果一定要求强化裁判说理，案件如何裁判，当事人诉到法院之后，当事人的诉讼请求、理由是什么，被告的抗辩是什么，其抗辩能否成立等，法官最后的认定结论是什么，理由和根据是什么，都需要法官作出说明，只有把这些道理都讲清楚了，才能作出公正的裁判。

第二，这是司法的功能所决定的。司法的功能主要在于定分止争，司法裁判应当妥当解决当事人之间的纠纷，对当事人而言，虽然不能使每个案件都达到胜败皆服的结果，但也要使裁判能够以理服人，至少能够通过说理使裁判具有可接受性。在绝大多数当事人看来，裁判说理首先能够妥当解决个案当事人的争议，其次才是引导当事人的行为。[①] 只有当事人接受裁判结果，当事人才能服判息诉，如此才能真正有效解决当事人之间的争议。从实践来看，凡是说理透彻的，就越能使当事人服判息诉，凡是不讲理的判决，即便结论是正确的，当事人也不容易接受。

第三，裁判说理针对的不是一方当事人，而应当是双方当事人。这就要求法官在进行裁判说理时，不能仅关注原告的诉讼请求是否成立，还应当关注被告的抗辩事由能否成立。法官应当站在双方当事人的角度，及时

---

① 凌斌：《法官如何说理：中国经验与普遍原理》，载《中国法学》2015年第5期。

回应双方当事人的诉求。法官应依法针对裁判说理对象的各种主张进行的具体分析、解释和论证。将当事人作为裁判说理的对象，也可以使当事人能够准确地知悉法官裁判的过程和结果，也可以为当事人寻求法律上的救济提供基础和依据。①

因为裁判说理的对象首先是当事人，将当事人作为裁判说理的对象，将直接决定裁判说理的重点，当事人诉讼被支持或被驳回的理由，这些原因包括事实层面的原因和法律层面的原因。② 首先，裁判说理首先必须针对当事人的请求进行说理。裁判说理并非仅仅是对法官认为的正当理由的展开，它不能回避当事人的主张。一份让当事人接受的裁判，必须是积极回应当事人所提出的问题的裁判。不能忽视对当事人提出的意见的回应与具体分析。对于当事人争议较小的事项，可以进行简单地说理，但对于当事人争议较大的事项，即所谓的争议焦点，法官则应当进行详细的说理。从这一意义上说，将当事人作为裁判说理的首要对象，也将直接决定裁判说理的重点。其次，当事人的请求都是建立在一定的事实依据基础之上的，但相关的事实能否成立，能否成为支撑其提出请求的依据，法官也必须对此进行说理。例如，债权人要求保证人承担保证责任，但保证人提出保证期间已过，法官就必须分析债权人是否已经在保证期间内提出请求，同时也要区分一般保证与连带责任保证，从而准确确认不同保证形式的保证期间。再次，裁判说理必须要针对当事人提出请求的依据进行说理，也就是说，当事人在提出某项请求时援引相关的法条，这些法条能否成为其提出请求的依据，法官需要对其进行说理。当事人是裁判说理的首要对象，要求裁判说理主要应当围绕当事人的诉讼请求和抗辩理由展开，这也就是裁判说理的针对性的具体体现。

需要指出的是，裁判说理应当说服当事人，并不意味着允许当事人聘请的律师参与裁判文书的制作。从实践来看，有学者认为，允许一方的律师参与裁判文书的制作，不仅有利于当事人理解裁判文书的结果，而且有利于裁判文书的执行，有利于纠纷的解决。但笔者认为，此种做法存在一定的问题，因为一方面，裁判文书毕竟属于公文书，制作裁判文书是人民

① 王亚新：《日本的民事裁判文书：说理的形式和方法》，载《人民法治》2015 年第 10 期。

② BeckOK ZPO/Elzer, ZPO § 313 (2016), Rn. 97; MüKoZPO/Musielak, ZPO § 313 (2016), Rn. 14; Saenger, ZPO, § 313 (2017), Rn. 26.

法院行使审判权的行为，裁判文书依法只能由法院制作，其他任何主体制作裁判文书都是不符合法律规定的。当事人的诉辩及庭审中的陈述，法官有义务将其归纳，并有必要将其反映在裁判文书中。但这并不意味着要允许当事人或其他律师参与裁判文书的制作。另一方面，当事人无论是一方还是双方，都无法站在中立的立场，即便对于一些事实清楚的案件，当事人也不可能像法官那样中立，不应当允许其参与裁判文书的制作。而且裁判文书只是记录裁判过程中所得出的裁判结论，如果允许当事人参与裁判文书的制作，并对已经作出的裁判结论产生一定影响，也会影响法官依法审判，影响裁判结果的公正性。

（二）法律共同体

裁判说理主要是针对当事人，但透过对当事人说理，也可以向法律共同体传递公平和正义的价值理念。对于大多数法官而言，其可能认为，他们制作的裁判文书的读者仅限于当事人，但如果只有当事人作为读者，法官很难有动力把时间花在裁判文书书写上。有学者认为，如果一个学者的作品只有一两个人会看，他也会失去创作的动力。[①] 因此，裁判文书的说理对象不应当仅限于当事人，还应当面向法律职业共同体。所谓法律职业共同体，是指由法官、检察官、律师与法学学者等法律职业群体所组成的，“从精神的眼光窥视，他们是意义共同体、事业共同体、解释共同体和利益共同体，具备一致的专业知识、相同的法律思维方式、共同的法律语言等”。[②] 裁判说理要面向法律职业共同体，裁判说理中要正确地释法明理，尤其是要讲清楚法理。

之所以将法律职业共同体作为裁判说理的对象之一，主要原因在于：

第一，有利于法律职业共同体对法官裁判活动的监督。因为法律职业共同体拥有共同的思维模式，掌握共同的法律解释方法，面对某一具体案件，能够找出类似的法律依据，得出类似的裁判结论，因此，将法律职业共同体作为裁判说理的对象，可以对法官裁判活动形成一定的监督。法律解释学就是要保障法律人具有相同的理念，接受相同的训练，掌握相同的技巧，护佑法治之舟的平稳航行。[③] 美国学者费希指出：“虽然法律的规

---

① 凌斌：《法官如何说理：中国经验与普遍原理》，载《中国法学》2015 年第 5 期。

② 张文显、陆学英：《法律职业共同体引论》，载《法制与社会发展》2002 年第 6 期。

③ 肖扬：《薪火相传寄未来》，载《法制资讯》2008 年第 2 期。

则、标准和话语没有最终的客观性、规范性和确定性，但这并不表明律师和法官可以随心所欲，不受制约。对于他们的专业实践的制约，来自这种实践本身及其传统，尤其是来自所有参与这种实践的人所构成的共同体——‘解释共同体’。在这个共同体内部，存在一些公认的、约定俗成的标准，它们告诉共同体的成员，哪种法律论据是有说服力的、哪种论据处理方式是可接受的、哪种思维方式能够在同行中引起共鸣。”①

第二，有利于加强法律职业共同体之间的交流。裁判说理对于培育法律共同体具有重要作用。法律职业共同体和其他共同体的重要区别在于，其说理理由和方法具有自己的职业特性。裁判说理的“理”尽管来源于生活常理，但又不完全等同于生活常理。面对已经发生的纠纷，虽然律师、法官、学者等主体的角色不同，但都需要考虑纠纷的解决方法，都需要从法律技术、法律程序的角度将社会纠纷转化为法律纠纷。强化裁判说理，有利于法律共同体的培育。一方面，强化裁判文书说理，有利于培育相同的思维模式和思维习惯。法律思维不同于一般的思维活动，其需要以法律规定为基础，进行严格的逻辑推理，从这一意义上说，司法活动与法学研究活动具有一定的相似性。强化裁判文书的说理，有利于法律人群体养成共同的思维习惯。另一方面，强化裁判说理，有利于沟通司法和法学理论研究的关系。学界能够通过裁判说理，了解司法实践对具体法律规定的认识，促进司法和学说的互动，进而加深法律共同体对该法律规定的理解，推动法学的发展。② 而法官在案件裁判中，为了强化裁判文书的说理，同样需要旁征博引，除了援引具体的法律规范并对法律规范进行解释外，其还可能需要援引相关的法学论著。例如，有的法官在裁判中直接援引法学教授的观点，这也有利于沟通司法和学理之间的联系，从而推动法律共同体的形成。

第三，有利于进一步保障裁判的公正。裁判文书不仅仅是针对当事人，而且还要依法向社会公开，裁判文书公开后，成为公共产品，可以被法律人共同研究、评判，优秀的裁判文书也成为学者研究的重要资源，通过学者的归纳总结得到推广，但裁判说理质量不好的文书，也会广为诟病。因

① 陈弘毅：《当代西方法律解释学初探》，载《中国法学》1997 年第 3 期。

② BVerwG NJW 1998, 3290; MüKoZPO/Musielak, ZPO § 313 (2020), Rn. 16; Saenger, ZPO, § 313 (2019), Rn. 26.

此，通过法律职业共同体对裁判文书的分析和研究，也有利于提升裁判文书的质量。例如，有些学者发现类案中存在的问题，并对其进行分析、论证，这对于提升裁判质量具有重要意义。

（三）普通民众

裁判说理不是仅仅针对当事人和法律职业共同体，其受众也包括社会普通民众，因为裁判文书需要使社会公众了解法院认定案件事实的过程和适用法律的过程，从而可以对裁判的公正性进行有效的社会监督。美国耶鲁大学法学院前院长高安东指出："判决书是用来澄清法律内容的，是对法律的具体解释，当事人及社会公众根据法院的解释来调整自己的行为，力图使自己的行为具有合法性。法官在中立的立场上公正地解释法律，是法官重要的社会责任，也是体现法官对法律负责的精神。"① 之所以将普通民众作为裁判说理的对象，主要是基于如下原因：

一方面，有利于加深民众对法律规则的理解。由于欠缺专业的法律知识，普通民众可能无法准确理解相关法律规则的内涵，而法官在裁判文书中，结合具体案件对法律规范进行解释、说理，则可以使普通民众更好地理解法律规则的内涵。从这一意义上说，对普通民众而言，法官的裁判说理也具有法治宣传和法治教育的意义。另一方面，有利于向社会传递正确的价值观，引导人们正确行为。法官在裁判文书中说理，可以使人们从一个个鲜活的个案中真实准确地了解法律的公平正义，真正体会到依法合理的正当诉求能够得到法律的平等对待，这才是法的可预测性作用的体现。

此外，将普通民众作为裁判说理的对象，也符合司法的本质特征。法官应该时刻地体谅民情，观察民意，了解人们普遍的价值观念。费切尔·莱斯卡诺认为，"裁判说理必须要为社会所接受，正是因为这一原因，所以，法官在裁判说理中应当考虑特定的法律实施环境，除法律规则外，法官还需要考虑其他的社会子系统，如经济、道德、总则、科学等，当然，考虑这些因素并不意味着要破坏法律的秩序"。② 司法也应当回应民众的诉求，反映民众的声音，体现对民众的关爱。

（四）上级法院

上级法院也应当是裁判说理的对象。上级法院对下级法院的裁判活动

① 转引自李亮：《民事判决书判决理由探究》，载《人民司法》2009年第21期。

② Andreas Fischer-Lescano, & Ralph Christensen. Auctoritatis interpositio. Die Dekonstruktion des Dezisionismus durch die Systemtheorie. Der Staat, 44 (2), (2005), S. 230.

具有指导和监督的作用，而对下级法院的裁判活动，则是上级法院指导和监督的重点。裁判说理是上级法院审查下级法院裁判是否正确的依据，基于裁判的说理，上级法院可以从事实角度、实体法角度和程序法角度对裁判内容的妥当性进行审查。① 裁判文书可以为上一级法院审查、监督下级法院的裁判活动提供基础，同时，在当事人向上级法院寻求救济时，下级法院所制作的裁判文书也可以为上级法院提供审查的对象。② 下级法院在裁判中事实认定错误、适用法律错误，或者违反法定程序等，可能成为二审或者再审程序启动的事由。将上级法院界定为裁判说理的对象，有利于督促法院进行充分的裁判说理。《民事诉讼法》第 168 条规定："第二审人民法院应当对上诉请求的有关事实和适用法律进行审查。"虽然依据该条规定，二审人民法院只是对当事人上诉请求的有关事实和适用法律进行审查，但二审法院仍然可以对法官的裁判说理进行一定的监督。

第六节 裁判说理的主要方法

一、法律解释、法律推理和法律论证方法

裁判说理的方法林林总总，可以依据不同的标准进行不同的分类，从法学方法论的层面看，可以将裁判说理的方法分为法律解释、法律推理和法律论证。有学者认为，法律解释是审判的前提和基础，法律推理是依法审判的内在要求，法律论证是正当化判决结果的方法。③ 此种观点也不无道理。

所谓法律解释，是指针对成文法所作的解释，是解释主体对法律文本进行理解和说明的活动。"法无解释不得适用"，法律解释方法可以分为广义和狭义两种。狭义的法律解释，就是在法律对于待决案件已有规定，并且在其文义的可能范围之内进行的解释。这些方法主要包括文义解释、体

① BVerwG NJW 1998，3290；MüKoZPO/Musielak，ZPO § 313（2020），Rn. 16.
② 王亚新：《日本的民事裁判文书：说理的形式和方法》，载《人民法治》2015 年第 10 期。
③ 骆志鹏：《法学方法论视野中的法官说理》，载《河北法学》2012 年第 4 期。

系解释、目的解释等。[①] 而从广义上理解，法律解释应当以狭义的法律解释、价值补充和漏洞填补三种基本类型来构建法律解释的基本体系。萨维尼指出："解释是一种技艺，此种技艺的养成通过我们所掌握的古代和现代的大量优秀典范而被促成。"[②] 法律解释学上的方法是对人类运用法律的实践总结的产物，是人类实践理性的产物。它最充分地体现了法律的技艺性特征。通过运用法律解释方法，能够在个案中寻找大前提解释大前提，保证解释活动按照客观的规律逐步推进，节省解释活动的成本，并保证解释结论的正确性。解释方法既是法律解释的技巧，同时也是一种论证说理的方法，通过解释方法的运用，能够限制法官的恣意，保证法官依法公正裁判。

所谓法律推理，是指运用逻辑三段论等方法，发现大前提，验证大前提和小前提的连接关系。法律推理是英美法上普遍采用的概念，但是，作为一种方法，其并不仅仅为英美法所独有，而已为两大法系所共同认可。法律推理属于以法律思维为核心的法律认识论范畴，具有思维与实践相统一的辩证特点，它是特定主体在法律实践中，从已知的前提材料合乎逻辑地推想和论证新法律结论的思维活动，其本质特征是特定主体在法律实践中所进行的具有实践性的、创造性的思维活动。[③] 法律推理所涵盖的内容大体上相当于大陆法系学者通常所谓的法学方法论。在法律推理中，要运用逻辑三段论得出裁判结论，通过多种解释方法从法律文本得出三段论中的大前提。这些都属于法学方法论的组成部分。一般情况下，法律推理时要按照演绎推理的方式展开。例如，许多案件涉及无因管理与合同的交叉，一方主张无因管理，另一方主张当事人之间存在合同关系。在此情形下，由于无因管理中的无因是指无法律上的原因，包括无法定的义务或约定的义务为他人管理事务。如果管理人和本人之间事先存在着合同关系，管理人是依照约定管理他人的事务，则管理人负有管理的义务，不构成无因管理。因此，按照逻辑推理，首先应当判断当事人之前是否存在合同关系，如果当事人之间的合同关系成立，则无法成立无因管理关系。当然，法律推理作为一种理性思维工具，逻辑推理并不仅仅适用于法律规则的推理，

---

① 杨仁寿：《法学方法论》，我国台湾地区三民书局1986年版，第119页。

② Savigny, System des heutigen Römischen Rechts, Bd. 1, Berlin, 1840, S. 211.

③ 张保生：《论法律推理的本质特征》，载《吉林大学社会科学学报》1999年第3期。

也适用于对事实的认定，以及案件事实与法律规则之间的连接。

所谓法律论证，就是通过提出理由（前提），以证明特定法律决定（即裁判结论）的正当性和妥当性的活动，或者说是通过合乎逻辑、事实或理性的方式来证明立法意见、司法决定、法律陈述等有关法律主张的正确性和正当性。[①]“法律论证涉及两个层面的证成：一是内部证成，二是外部证成，内部证成处理的问题是：判断是否从为了证立而引述的前提中逻辑地推导出来；外部证成的对象是这个前提的正确性问题”。[②] 有学者指出，裁判说理实际上分为内部证成和外部证成两个部分。前者主要依靠的是司法三段论，避免判决的论证出现逻辑上的瑕疵。[③] 外部证成，则是在说理无逻辑错误的基础上，分析说理的规范前提是否正当、将案件事实涵摄入构成要件是否妥当。[④] 通过外部证成，避免说理在价值判断上存在不妥之处，从而影响裁判结论的妥当性。

裁判结论的得出需要运用法律论证方法，这也是保障裁判结论正当性和可接受性的基础，只有经过严密的法律论证，裁判结论才能使当事人息诉服判，并经得起社会公众的检验，这样才能真正做到案结事了。在法律适用过程中，法官应当选择确定可供适用的法律，通过解释活动来确定其含义，最终确定妥当的结论。例如，在高楼抛物致人损害的情形下，找不到行为人，由可能加害的建筑物使用人承担责任，法官援引《民法典》第1254条作为裁判依据是必要的，但仅仅援引该条规定作为裁判依据，也可能过于简单，需要进一步增强论证，如由加害的建筑物使用人承担责任，也有利于对损害的预防，强化对不幸受害人的赔偿，更好地分散损害后果等。通过强化此种论证，更有利于增强裁判的说服力。只有提供充分的论证理由，才能让各方当事人接受法律规范所作出的价值判断。此外，法律解释通常是在裁判中的解释，其受众是诉争的当事人和社会公众，如果让他们信服裁判的公正性和解释结论的妥当性，都必须要予以论证。

实际上，法律解释、法律推理和法律论证三者之间的关系是十分密切的，通常情况下，推理本身也是一种论证，法律解释也是一种论证，只是

① 葛洪义：《试论法律论证的概念、意义与方法》，载《浙江社会科学》2004 年第 2 期。

② ［德］罗伯特·阿列克西：《法律论证理论——作为法律证立理论的理性论辩理论》，舒国滢译，中国法制出版社 2002 年版，第 273 页。

③ Bäcker JuS 2019，p. 321.

④ Bäcker JuS 2019，321，323.

侧重点有所不同。法律论证的方法是多样的，包括逻辑的、经验的和价值判断等方法。法律解释方法本身也是一种重要的论证方法，其要致力于说明法官选择特定解释结论的理由。与法律推理不同，论证并不仅仅是逻辑的展开，在论证的过程中，还可以采取社会学、法经济学等多种方法。因此，法律论证方法的一个重要特点在其多样性和综合性。而法律推理主要遵循类比推理、演绎推理等方法。较之于法律推理，法律论证中的说理方法更为丰富，凡是说理中的各种方式都可以运用于法律论证。只有综合运用好这三种方式，才能更好地进行裁判说理。从我国司法实践来看，法官在裁判说理时主要运用了如下几种方法。

二、分别式和综合式的说理方法

裁判说理的方法首先可以分为分别式的说理方法和综合式的说理方法，分别式的说理方法又可以分为如下四种：

一是针对争议的焦点进行说理，在每个焦点中进行事实和法律的说理。此种方式的特点是，说理不是面面俱到，而是重点突出，主要针对争议的焦点进行说理，从而使说理具有针对性。例如，在民福置业集团与北京住总房地产公司委托合同纠纷案中，法院将该案的争议焦点归结为："本院认为，本案争议的焦点问题是：合同性质；合同解除的原因和责任问题；每亩40万元土地补偿费的性质；民福公司应否返还住总公司78780941.65元；民福公司请求住总公司支付完成合作开发项目立项5475万元并赔偿利息损失应否予以支持；住总公司要求返还资料原件请求应否予以支持。"①

二是针对事实的争议进行说理，如果当事人对案件的法律适用不存在争议，而只是针对事实认定存在争议，在此情形下，法官的说理重心即应当是当事人争议的案件事实，针对事实的说理并非对法律的适用不必说理，而是因为当事人之间的争议问题集中在事实方面，因此对于法律适用则不需要进行过于详细的说理。例如，在白某某诉朱某民间借贷纠纷案中，当事人的争议焦点为："原告白某某与被告朱某之间是否存在1.8亿元民间借贷的事实，法院的说理也围绕该争议焦点展开，即通过对当事人提供证据

① 最高人民法院（2011）民一终字第72号民事判决书。

的认证等，确定当事人之间是否存在1.8亿元的民间借贷事实。”①

三是针对法律的适用进行说理。如果当事人对事实认定部分没有争议，而只是对法律适用存在争议，则法院应当针对法律适用部分进行说理。在此种情形下，法院不需要对事实认定部分进行详细说理，而只需要就法律适用问题进行说理，以增强裁判说理的针对性。② 法律适用的说理包括法律解释、不确定概念和一般条款的具体化、漏洞填补、法律规则与具体案件的联结等。例如，在中国信达资产管理股份有限公司黑龙江省分公司与哈尔滨四海数控科技股份有限公司、刘某某金融借款合同纠纷案中，二审法院在审理过程中，总结了当事人的争议焦点，即“本案二审争议焦点是：一、本案应否变更诉讼主体；二、本案应否驳回信达黑龙江省分公司的部分诉讼请求”。③ 随后法院针对当事人的两项争议分别进行了说理。从该案的裁判文书来看，当事人的两项争议焦点都属于法律适用方面的争议，法院的说理也紧紧围绕该争议焦点进行。

四是既有事实争议，又有法律争议，则应当分别针对事实和法律适用进行说理。如果当事人对案件的事实和法律适用均存在争议，而且两种争议的关联较为密切，则可以将二者结合在一起进行说理。例如，在文某某与昆明远建房地产开发有限公司、云南志远房地产开发有限公司等借款合同纠纷案中，法院在裁判文书中总结了当事人的争议焦点，即“一、《借款合同》是否有效及文某某是否已经履行出借义务；二、远建房地产公司是否应当向文某某偿还本金、利息以及相应律师费；三、《保证合同》是否有效，保证人是否应当承担连带保证责任”。④ 就该案的第一个争议焦点而言，其既包括法律争议（《借款合同》是否有效），也包括事实争议（文某某是否已经履行出借义务），而且两项争议的关联较为密切，因此，法院在之后的说理中对二者进行了合并说理论证。

当然，如果当事人对事实和法律的争议关联不大，则法官可以在裁判

---

① 陕西省高级人民法院（2014）陕民一初字第00033号民事判决书。

② 《河南法院2014年度案例分析报告》，载 http：//www. hncourt. gov. cn/public/detail. php？ id = 158301，最后访问时间：2017年2月13日。

③ 最高人民法院（2014）民二终字第251号民事判决书。

④ 重庆市高级人民法院（2014）渝高法民初字第00071号民事判决书。

文书中分别对二者进行说理。① 这就是说，有关事实部分或法律适用问题，需要说理的，就要展开说理。当然说理也要详略得当、重点突出。我国司法实践也采取了此种说理方法，例如，在“缪某某与昆山红枫房地产有限公司、昆山东方云顶广场有限公司与中信信托有限责任公司其他合同纠纷案”中，二审法院在对一审情况和当事人的陈述情况进行陈述后，总结了当事人的主要争议焦点：“当事人二审期间争议的主要问题是：（1）一审法院适用《最高人民法院关于人民法院民事执行中查封、扣押、冻结财产的规定》第十七条认定购房人执行异议成立，是否属于适用法律错误。（2）案涉购房人缪永红是否实际占有所购房屋，其中事实方面包括：案涉房屋是否已经具备交付条件并已实际交付给购房人，购房人实际占有房屋的表现形式是什么。”② 随后，法院就两个争议焦点分别进行了阐释，得出了裁判结论。从该案裁判文书来看，当事人的争议既有法律问题，也有事实问题，而且该法律争议和事实争议的关联不大，法院并没有将二者结合在一起进行说理，而是分别进行了说理论证。

所谓综合式的说理方法，就是在事实认定部分，根据当事人的举证情况，按照证据认定规则梳理出案件事实的整体情况，此种说理方法只是在“本院认为”部分集中就事实和法律进行说理。例如，在章某某诉衢州市南孔旅游文化股份有限公司等公司房屋租赁合同纠纷案中，法院在裁判文书中对当事人陈述、抗辩和举证情况进行列明后，并没有具体总结当事人的争议焦点，而是在证据认定的基础上，在“本院经审理查明”部分对所认定的案件事实进行了整体性陈述，在此基础上，法院在“本院认为”部分得出了相关的裁判结论。③ 此种说理方式就是综合式的说理方式。

在运用综合式说理方法时，应当注意以下几点：第一，在认定案件事实的整体情况后，如果确实能够归纳出争议点，则首先应当归纳争议点，并针对争议点展开说理。第二，要有效回应原告的诉讼请求和被告的抗辩理由，尤其是要回应原被告的主要请求和抗辩，并进行说理。第三，如果能够区分事实和法律问题，则可以在综合说理中将二者分开说理，如果无

① 《河南法院 2014 年度案例分析报告》，载 http：//www. hncourt. gov. cn/public/detail. php？ id = 158301，最后访问时间：2017 年 2 月 13 日。

② 最高人民法院（2014）民一终字第 122 号民事判决书。

③ 浙江省衢州市柯城区人民法院（2017）浙 0802 民初 400 号民事判决书。

法将二者区分，则可以对二者一并说理。例如，关于合同成立、生效的认定，其既是事实问题，也是法律问题，无法将二者有效分开。法官在进行综合说理时，既可以结合证据的分析进行事实说理，也可以从法理上展开论证分析。第四，对裁判结果的确定要进行论证。法官在裁判说理中，需要对案件裁判结果的得出是否符合法律依据进行说理。例如，原告主张被告的行为构成对其名誉权的侵权，要求被告承担精神损害赔偿责任，这就需要分析其是否符合《民法典》第1183条的规定，尤其是行为人的行为是否侵害人身权益、受害人的损害是否达到了严重精神痛苦的程度等，法院应当进行充分的说理。同时，如果要酌情减轻被告的责任，裁判文书还应当说明减轻责任的理由。从我国司法实践来看，法院经常使用“酌情”这一表述，但为什么酌情，酌了什么情等，很少作出充分说理。因此，在运用综合式说理方法时，应当对其进行充分的说理论证。

三、回应式、归纳式、侧重式、论证式、解释式说理方法

（一）回应式的说理方法

此种方式主要是回应原告的诉讼请求和被告的抗辩理由。采用此种方式应当从两个方面展开：一是回应当事人的诉讼请求。这就是说，在纷繁复杂的案件中，当事人的争议点可能较多，但当事人可能只是提出了一项或者几项主张，法官在裁判中应当对当事人的诉讼请求进行说理，而不需要就当事人未主张的内容进行过多的说理，这是说理针对性的基本要求，也有利于说服当事人，同时也有利于使说理繁简恰当。二是回应当事人的抗辩。抗辩的内容十分广泛，其不仅包括抗辩权（如同时履行抗辩权、不安抗辩权等），也包括其他抗辩（如时效已经届满的抗辩、权利已消灭的抗辩等）。当事人的抗辩是对对方当事人请求所主张的，法官应当对其进行回应。许多法官在裁判中没有就当事人的抗辩作出回应，而是直接作出裁判，以至于当事人认为法官的裁判没有充分尊重当事人的意见，所以很难息诉服判。因此，对当事人抗辩的回应是十分必要的。例如，在“新乡市恒升房地产开发有限公司与河南六建建筑集团有限公司建设工程施工合同纠纷申请再审案”中，最高人民法院分别回应了当事人的请求，具体包括“关于二审判决支持省六建公司土方工程款418964元是否缺乏证据证明的问题”“关于是否应当计取安全防护费99644.86元、大型机械进出场费122849.26元、超高费641119.64元等三项费用的问题”“关于是否应当计

取材料保管费146783.32元的问题”等问题。[①] 此种说理方法的特点在于，法院单独回应了当事人的每一项请求和抗辩，并单独进行了论证，法院在裁判文书的最后又进行了整体性的回应。

（二）归纳式的说理方法

此种方法是指通过归纳案件的争议焦点，然后针对这些焦点进行说理。它是从具象到抽象化的说理过程，是法官对当事人的纠纷争点的归纳总结，运用该方法，可以使争点更加清晰、明确。一般的民事案件大多采用此种说理方法。例如，在“民福置业集团与北京住总房地产公司委托合同纠纷案”中，法院首先梳理了案件的争议焦点，认为可以集中在如下几个问题：合同性质；合同解除的原因和责任问题；每亩40万元土地补偿费的性质；民福公司应否返还住总公司78780941.65元；民福公司请求住总公司支付完成合作开发项目立项5475万元并赔偿利息损失应否予以支持；住总公司要求返还资料原件请求应否予以支持。[②] 法院在针对这些问题做全面的回应之后，最后作出总结。此种方式的特点主要在于，它不是对当事人的请求和抗辩进行一一列举，而是将当事人的请求和抗辩进行归纳和总结。严格地说，在许多复杂的民事案件中，当事人可能提出多种请求和抗辩，但当事人的请求可能存在交叉和重复的问题，法官如果简单地将这些请求和抗辩进行一一列举，可能导致裁判文书的重复说理问题，这就需要将当事人的请求和抗辩进行必要的归纳，抽象概括出当事人的核心争议焦点，并针对这些核心争议焦点进行回应。当然，此种方式主要针对一些复杂的案件，对当事人的请求和抗辩比较清晰和简略的案件，则通常不采用此种方法。

（三）侧重式的说理方法

此种方式是指法官并不是将当事人的各项争议焦点置于同等地位，而是进行有侧重性的说理。这种方式不是面面俱到，而是针对重点问题进行重点分析，从而有利于解决争议的焦点。例如，在“曾莲英与张思坚、张琪、京山金孔雀俱乐部有限责任公司企业出售合同纠纷再审申请案”中，本案所涉及的法律关系较为复杂，包括民事代理行为、合同履行、转让合同标的物认定、胁迫订立合同及要约发出、撤销等事实的认定以及法律适

① 最高人民法院（2011）民申字第199号民事裁定书。

② 最高人民法院（2011）民一终字第72号民事判决书。

用的问题等。虽然这些问题都是当事人的争议焦点问题，但法院并没有就这些问题一一进行回应，而是根据案件的具体案情，重点分析《整体出让合同》的效力问题。根据双方当事人提出的申请再审及答辩理由，对于如何认定《整体出让合同》的效力主要有三个方面的争议，侧重回应了以下三个方面的问题，即关于《整体出让合同》涉及的资产及经营权的归属、关于张思坚是否对《整体出让合同》予以追认的问题以及关于《确认无效协议》是否成立的问题。① 当然，法院在侧重这三个问题进行说理时，也附带回应了当事人的其他争议焦点。从该案可以看出，法官的裁判说理并不是将当事人的各项争议焦点放在同等地位，其裁判说理具有一定的侧重性。此种方式的特点在于，法官将案件中的争议点进一步进行归纳总结，对其繁简程度的排序，对于复杂的争议焦点，法官进行详细的说理论证，而对于简单的争议焦点，则可以进行简单的说理。但此种方式主要适用于争议点较多、较为复杂的案件。采用此种方法要求法官必须准确把握好争议点的繁简程度区分问题，法官不应当将繁琐的争议点人为简化或者回避，而应当根据案件的具体情况进行分类。

（四）论证式的说理方法

此种方式是指对裁判结果进行充分、全面地论证，它是综合运用各种说理方法进行论证说理，全面展示法官的说理技巧与水平。此种说理方法主要适用于疑难案件，对法官的说理水平要求较高。例如，在“上海同在国际贸易有限公司与远东电缆有限公司买卖合同纠纷案”中，② 该案涉及变相期货交易与远期买卖性质的认定以及违约金的计算标准、情势变更原则等基本法律适用问题，二审法院密切结合期货交易的法律特点，综合运用了文义解释、目的解释、经济分析以及社会生活中的经验法则等方法，透彻分析了变相期货交易与远期买卖之间的差异，从而准确认定了合同的性质，合同的效力问题也随之迎刃而解；同时，通过对买卖合同实际损失及可得利益的分析，确立了符合市场规律和特征的违约金范围及标准，具有较强的说服力。③ 其并不是直接从当事人的请求和抗辩着手，而是从裁判结论出发进行论证。法官在论证过程中不仅要采用法律解释、推理等方

① 最高人民法院（2011）民提字第 243 号民事裁定书。

② 最高人民法院（2011）民二终字第 55 号民事判决书。

③ 参见最高人民法院审判管理办公室编：《最高人民法院优秀裁判文书》，法律出版社 2013 年版，第 104 页。

法，其往往还需要采用社会学、经济学等分析方法，以论证裁判结论的合理性。实际上，《民法典》对此也予以了规定。例如，《民法典》第1026条在确定是否构成名誉权侵权时，需要认定被告是否尽到了合理审查义务，但要确定被告是否尽到了合理审查义务，需要考察内容来源的可信度、对明显可能引发争议的内容是否进行了必要的调查、内容的时限性、内容与公序良俗的关联性、受害人名誉受贬损的可能性、核实能力和核实成本等因素。法官需要对这些因素展开说理论证，最终得出妥当的裁判结论。

（五）解释式的说理方法

此种方式是指对案件事实和法律规则进行解释，此种解释方法要求法官在说理过程中准确把握案件事实和法律规则。① 其中最重要的是对所援引的法律规范的解释，因为“要想别人接受一个判决结论，其前提条件是，别人不仅承认法官认定的案件事实，更重要的是别人认同了法官所援用的法律规范和价值判断”。② 例如，在“吴文明诉贵州省修文县扎佐镇兴红村村民委员会案”中，法院在裁判结论中指出，优先购买权是一种法定的权利，是由法律直接规定的，法院涉及优先购买权的相关法律规定，指出“我国法律明确规定了以上几种情况具有优先购买权。上诉人吴文明提起诉讼主张其对村集体保管室有优先购买权，因其居住在该房是借住，就本案而言其与被上诉人修文县扎佐镇兴红村村民委员会之间是一种借用的法律关系，不属于法律明确规定的以上几种情况。因此，上诉人吴文明请求确认其有优先购买权之诉讼主张没有法律依据，其提出要求赔偿损失之理由亦不能成立。上诉人吴文明提出其住进该房是因受水灾后经组织和兴红村同意救助的，其对此房出卖享有优先购买权之上诉理由于法无据，故其上诉理由和请求均不能成立”。③ 这种方式的特点在于，其主要涉及法律适用，而不涉及其他论证问题，针对法律适用中法律条文的含义展开解释。例如，在确定行为人是否具有过错并应当承担侵权责任时，就需要界定过错的含义、过错的程度等。如果案件不仅涉及法律规范的解释适用，而且涉及案件事实的认定，则不宜完全采用此种方法。

---

① 胡云腾：《论裁判文书的说理》，载《法律适用》2009年第3期。

② 张继成：《从案件事实之“是”到当事人之“应当”——法律推理机制及其正当理由的逻辑研究》，载《法学研究》2003年第1期。

③ 贵州省贵阳市中级人民法院（2001）筑民二终字第210号民事判决书。

各种说理的方法其实都是要致力于释法、说理，提升裁判说理的质量，保障裁判说理的公正。其实，这些方式本身存在一定的交叉，实际上，上述各种方式都离不开对事实的认定和对法律规则的解释，但上述各种方法又各有侧重。当然，对民事裁判文书而言，其虽然有相对固定的格式要求，但说理方法并不确定，需要根据具体案情采用不同的说理方法，但在采用各种方法时，都应当注重裁判说理的合法性、针对性、逻辑性、充分性，并应当进行妥当的价值判断。

第二章 两大法系裁判说理的比较分析

第一节 英美法系国家的裁判说理

一、英美法系传统上重视裁判说理

在英美法系国家，裁判说理是法官在裁判过程中应尽的义务，这与其判例法的特点相关，也是其自普通法形成以来的传统的做法。普通法强调判决理由的充分性，其原因主要在于：一方面，普通法本身是法官创立的司法，而普通法的规则主要都是从法官的判决理由中引申出来的，其形成就是建立在说理的基础上的。正如美国学者指出的，“我们必须注意到，司法判决本身要形成法律规则。美国联邦法和各地法院的法官在过去两个世纪所作出的成千上万的判决已经成为法律的重要组成部分。”[①] 正是由于判决的重要性，因此判决中要详细分析过去的先例、法律规则的含义以及特定案件的联结性等。[②] 另一方面，普通法强调判决理由，也是由于法官受遵循先例原则的拘束，必须详细阐述有关的先例对特定案件的可适用性，由于对特定案件常常会存在不同的判决理由，或者会对先例的可适用性存

① Robert A Corp Ronald Stidbam, Judicial Process in America, p. 4, A Division of Congressional Quartly, Co. 1993.

② Robert A Corp Ronald Stidbam, Judicial Process in A merica, p. 4.

在不同的理解，因此需要法官在判决中详细说明选择某一先例的理由以及对规则的解释等。① 在英国，自 1066 年诺曼底公爵征服英国以后，就逐渐形成了遵循先例原则，即法院在裁判过程中必须遵循先前法院所作的判决。不过，严格意义上的遵循先例原则是在 19 世纪初才正式确立的。② 在 19 世纪，英国颁行了一系列的法规，规定了作为先例的判决对后来的案件具有法律上的拘束力。③ 按照美国学者庞德（Roscoe Pound）的看法，“遵循先例是普通法审判技术的特征”。④ 遵循先前的判决，包括遵循先前判决的各个组成部分，如事实、争点、说理以及结论等内容。如果没有详细的判决理由，则即使作出了裁判结论，也可能不会被作为先例来援引，也可能为后来的裁判所推翻，而难以被认可为判例。⑤

从实践来看，英美法系上强调裁判文书的说理，这不仅是因为其判例法传统决定的，也是英美法系国家倡导的法治原则联系在一起的。法治就是法的统治，公正司法是法治的重要基础。一旦判决书完成（如果是一致决定的话），或者多数意见和少数意见完成（如果不是一致决定的话），美国最高法院便立即公开宣读判决。但 1965 年以前，通常是选择在星期一宣读。此外，1930 年以前是全文宣读，念上几个小时是常事，1857 年的斯科特案长达 250 页，念了整整两天。现在通常是只读摘要。判决书的文字稿同时散发给新闻界和公众，几分钟后，有关法律的网站就刊登出全文，供人浏览研究。”⑥

裁判的说理有助于限制法官的恣意，保障裁判的公正。诉讼制度的目的就是为了提供一种文明的纠纷解决方式，因此裁判的公正性是诉讼制度的基础。⑦ 为此，就需要限制法官的恣意。美国人常常把法官公布的判决理由看作是抵御法官刚愎和专横行为的最主要的保障，因为详细撰写判决

---

① Stone, The Province and Function of Law, p275, 1950.

② 饶艾、严玥：《判例法的灵魂——对“遵循先例”原则的再认识》，载《广西社会科学》2004 年第 2 期。

③ 叶榅平：《遵循先例原则与英国法官的审判思维和方法》，载《比较法研究》2015 年第 1 期。

④ ［美］庞德：《何为遵循先例原则》，李猛译，载《山东大学学报（哲学社会科学版）》2006 年第 5 期。

⑤ R. Cranston, How Law Works: The Machinery and Impact of Civil Justice 34 (Oxford 2006). Id. at 35.

⑥ 参见任东来等：《美国宪政历程：影响美国的 25 个司法大案》，中国法制出版社 2013 年版，前言第 15 页。

⑦ Lord Devlin, Judges and Lawmakers, Modern Law Review, Vol. 39, Issue 1, 1976, pp. 1-16.

理由的文件将受到大众的审查和批评，使法官滥用权力受到公众的严厉监督，这有利于杜绝法官的恣意。[①] 同时，裁判的说理也有助于保障法院裁判的执行。只有裁判文书充分说理，才能使得当事人接受裁判结果，从而间接地保障法院裁判的执行。

裁判的说理有助于提升司法的权威性和公信力。“如果法官完全不依据法律规定裁判，即便他所得出的裁判结论是正当的，那么，他也将失去法律的保护，也牺牲了与法律相关的外观的公正性，此时，法官将独自面临对诉讼结果不满意的当事人，而且也可能因此招致一些批评，但如果法官是严格依法裁判的，则不会产生上述问题。”[②] 也就是说，即使对判决结果不服，也要遵守和尊重判决结果。因此我们说，法官注重裁判说理、公正裁判，是司法权威性和公信力的充分保障。

二、英美法系裁判说理的内容

英美法系的裁判文书首先强调要遵循先例，维护先例的权威性，这有利于维护法律制度体系的统一。按照英美法系法官的观点，先例的权威性主要是指，先例中的案件事实和判决理由之间存在的密切联系。[③] 遵循先例原则要求法官在裁判文书中必须详细阐述有关的先例对特定案件的可适用性，所谓可适用性，就意味着法官在裁判案件中要阐明两个方面的理由：

一是待决案件事实与先例案件事实之间具有相似度。这是遵循先例原则适用的前提，正如有学者所指出的，“判决理由的约束力在两种意义上取决于案件事实：其一，判决理由与案件事实之间的联系；其二，先例中的案件事实与法院对当前案件所采纳的事实之间的相似度。”[④]当然，在司法实践中，案件事实是纷繁复杂的，两个案件之间相似性的判断有时也存在一定的困难。法官在裁判文书中要充分说明是否适用先例裁判结论的理由，即在适用该裁判结论时，法官应当充分论证待决案件与先例案件之间在事实上足够的相似度；反之，如果法官不适用特定的先例，其也应当充分论证先例中的事实与当前案件中的事实没有法律意义上的相似性。[⑤]

二是先例案件中的判决理由与待决案件事实之间的联系。法官在判决

① ［美］哈罗德·伯曼：《美国法律讲话》，陈若桓译，三联书店1988年版，第20~23页。

② Lord Devlin, Judges and Lawmakers, Modern Law Review, Vol. 39, Issue 1, 1976, pp. 1-16.

③④⑤ 叶榅平：《遵循先例原则与英国法官的审判思维和方法》，载《比较法研究》2015年第1期。

理由中需要详细阐明得出判决结论的原因。例如，在阿尔科克诉南约克郡警察局长案中，英国贵族院五位法官采纳一致的见解，即认为原告仅在具备如下条件时才能请求震惊损害（nervous shock）的精神损害赔偿：（1）原告与受直接侵害对象间具有足够的密切关系，即若其知悉侵害事故可预见将遭致精神惊吓而受损害。（2）原告对造成侵害事故或其直接结果，在时间及空间具有足够的密切联系。（3）原告目睹或耳闻侵害事故或其直接结果，致受精神惊吓。按照这一标准，英国贵族院认为原告的损害赔偿请求不能成立。[①] 因而，该案列举的三项条件也称为三项标准，构成了先例中的规则，以后的判决如果要援引该先例作出震惊损害的赔偿，则法官必须要论证待决案件是否符合上述三个要件。这三个要件既是事实问题，同时也是法律问题。

从结构上看，英美法系国家的判决通常分为两个部分：

1. 判决理由。判决理由是判决据以作出的关键要素和基本根据，是对特定判决具有决定意义的事实和理据。威廉姆斯认为，判决理由是“判决案件的法官旨在确立并适用该案件事实的规则”，或“后来法院承认的先前法官有权确立的规则”。[②] “判决理由就是意指法官所陈述的作为判决基础的原则”，即“一个判例具有拘束性权威的法律规则”。[③] 它表明了法官对于案件所涉及的实质性法律问题的裁判意见。当然，如果案件本身极具争议性，法官之间也可能会存在意见分歧。此时，并非所有的裁判意见都具有先例的效力，而只是多数意见具有创设先例的效力，当然，判决中的少数意见如果比较有说服力，则也可能被后来的法官所采纳，从而成为限缩先例适用或者推翻先例的基础。[④]

2. 附带意见。在法院的判决中，往往还存在附带意见，即附属于判决的意见，有时是不同的意见。附带意见只是一种参考性的理由，其并不具有法律约束力。但是，在特殊情形下，附带意见也可以被法官总结为规则来援引。[⑤] 例如，危险归责始于1868年赖兰兹诉弗莱彻一案中布莱克本法官的意见。在该案中，法官布莱克本确定了如下规则：“某人在自己的土地

---

① Alcock v. Chief Constable of South Yorkshire Police [1992] 1 AC 310.

② G. Williams, Learning Law, 11th ed., Stevens & Sons, 1982, p. 77.

③ L. Montrose, Ratio Decidendi and theHouse of Lords, 20 The Modern Law Review, 1957, pp. 587-588.

④ 林彦：《美国法院如何遵循先例》，载《中外法学》2009年第6期。

⑤ Marks v. UnitedStates, 430 U. S. 188, 193 (1977).

上带来或堆放危险物品，他应负该物品的逃逸而可能造成对邻居损害的危险，如该物品逃逸造成损害，尽管他已尽注意并已作出防止损害的各种警告，仍应负赔偿责任。”[①] 该原则被称为“布莱克本规则”。该规则的意义在于，在过错责任之外，建立了一项与过错责任并列的新的归责原则，即危险责任的法理。[②] 然而，在赖兰兹诉弗莱彻案判决时，就被告负责的原因，法官们的观点各异。布莱克本法官以“持有危险物质”作为根据，而堪恩斯法官在附带意见中认为，应以土地的异常使用为根据，并希望通过妨害的法则来处理该案。一般认为，两个法官的观点都对危险归责产生了一定的影响，但布莱克本法官的观点创造了英美法系的危险归责原理，而堪恩斯法官的观点因提出了异常使用理论，也对危险责任的确定提供了理论基础。可见，附带意见也可能会被援引。在司法实践中，附带意见效力的大小取决于两个方面的因素：一是提出该附带意见的法官的级别，二是提出该附带意见的法官的个人威望。当然，只看这两个因素还是不够的，附带意见效力的大小在根本上还是取决于该附带意见中的观点是否能够说服判案的法官。因此，如果一个法律主张被认为不属于先例的判决理由，那么它的真正效力则来自于附带意见中的实质性内容。[③]

所以，法官在作出裁判时，首先应当区分哪些是判决理由，哪些只是参考性的附带意见。通常来说，只有上级法院和本院的先例才具有拘束力，没有管辖关系的法院之间的先例并不具有拘束力，而只是具有参考效力。[④] 例如，在美国，较低层级的法院通常都像一个忠实的代理人一样，遵循着较高层级法院的先例，贯彻着较高层级法院的释法理念。[⑤] 在英美法系，贯彻遵循先例原则有利于降低司法成本、节约司法资源，因为随着案件数量的增长，法官无法研究案件的每个细节和争议，而主要将关注的焦点集中在案件的核心争议点上，此时再按照遵循先例的方式得出裁判结论。[⑥]

英美法系公开不同意见是其司法实践的重要特点，英美法系国家法院

---

① Rylands v. Fletcher [1868] UKHL 1.

② 程啸：《侵权行为法总论》，中国人民大学出版社 2008 年版，第 141 页。

③ 叶榅平：《遵循先例原则与英国法官的审判思维和方法》，载《比较法研究》2015 年第 1 期。

④ 林喜芬：《美国法院遵循先例的运行机制及启示》，载《比较法研究》2015 年第 2 期。

⑤ Songer, Donald R., Jeffrey A. Segal & Charles M. Cameron, The Hierarchy of Justice: Testing a Principal-Agent Model of Supreme Court-Circuit Court Interactions, 38 American J. of Political Science 673 ~ 696 (1994).

⑥ 林喜芬：《美国法院遵循先例的运行机制及启示》，载《比较法研究》2015 年第 2 期。

认为，公开不同意见可以促使法官之间持有不同意见的双方去认真研究案情，往往可以发现新问题，提出新理论，促进法学的发展和法律的完善。

第二节 大陆法系国家的裁判说理

在大陆法系，受罗马法的传统影响，法官的职责是依成文法裁判案件，而一般不必受先例的约束。由于大陆法系也称为民法法系，以具有民法典为其主要特征，民法典既是法官裁判民事案件的基本依据，也是法官解释法律的基本对象。因为法官要以成文法特别是民法典为裁判说理的依据，需要将民法典的具体规则运用到具体个案之中，因而往往需要在三段论的框架内进行说理。这就是说，对特定法律条款的含义及其与特定案件事实之间的联系、由此得出的法律效果进行分析。[①]

大陆法系国家裁判文书对演绎推理模式的推崇已经成为一种传统，特别是一些欧洲国家，长久以来形成了典型的“欧洲模式”。[②] 法国学者勒内·达维德认为：“判决必须说明理由这一原则今天极为牢固地树立了，在意大利，其宪法本身就此作了规定。”[③] 大陆法系法官在裁判文书中说理不必像英美法国家的法官那样在判决中进行全面推理，特别是不像英美法系的判决那样在说理中旁征博引，运用法律解释的、经济分析的、逻辑的等各种方式进行充分说理论证。一般而言，大陆法系国家裁判文书的说理相对于英美法国家的裁判就说理而言，更为简略。

虽然大陆法系国家的说理较为简略，但是判决书的说理同样十分重要。正如美国学者迪韦所指出的：“法院不只是做判决而已，他们还必须解释其判决，解释的目的是在说明判决的正确理由如何……以证明它不是武断的看法，能使当事人心服口服于法官的权威或威信，因为法官的判决是一个合理的陈述，它有充分的理由，而且显示出判决理由的相关的或逻辑的结构。”[④] 因为一方面，大陆法系是成文法，强调依成文法裁判，判断法官

① 刘莉、孙晋琪：《两大法系裁判文书说理的比较与借鉴》，载《法律适用》2002 年第 3 期。

② 张倩：《裁判说理的基本模式和规范要求》，载《中国审判》2016 年第 1 期。

③ ［法］勒内·达维德：《当代主要法律体系》，漆竹生译，上海译文出版社 1984 年版，第 132 页。

④ Dewey, Logical Mothed and Lawn Hall ed, Reading in Jurisprudence, p. 350.

是不是真正做到了依法裁判，是否准确适用法律、妥当裁判案件，就需要法官对其法律适用进行说明。尤其是注重法律规范与事实的连接。正如美国学者埃尔曼所说，由于成文法作为大前提，并不能直接适用于案件的具体事实，而需要通过涵摄的方法将二者进行连接，才能得出裁判的结论。加之成文法产生的历史悠久，理论基础深厚，法律规范体系编排严谨，这就更需要借助法官的判决尤其是判决书中的判案理由来达致灵活的、变动不居的社会生活与死的、刻板固定的法条之间的沟通。另一方面，大陆法系虽然不需要对援引先例进行说理论证，但需要对特定案件的事实依据、证据进行分析，在案件事实的分析、认定中，法官也需要进行充分的说理论证。同时，法官需要就案件事实与法律规范之间的关联性进行说明。还要看到，即使是在出现法律漏洞的情形下，法官也不能以法无明文规定为由拒绝裁判，而需要通过漏洞填补的方法，在充分说理论证的情形下，得出裁判结果。

在现代社会，由于大陆法系国家司法的能动性也越来越强，有些国家的法官不仅可以解释宪法和法律，而且经常通过解释法律来填补法律漏洞，因此司法的功能和作用进一步扩张，这就更需要在判决中详细阐述理由，以表明裁判的公正性和合理性。

一、法国裁判说理考察

法国作为成文法国家，成文法是法官进行裁判的主要依据，就民事案件裁判而言，法官以民法典为主要裁判依据。法国大革命时期对民主、自由、法治的要求使得其在 1810 年的法律中明确规定："不包括理由的判决无效"，并认为："理由是判决的灵魂，查阅一个不写明理由的判决，等于使用没有灵魂的躯体。"法官应当在裁判文书中说明适用某一法律规则的正当性。

在援引《法国民法典》的过程中，法官也要就法律规则的选择作出说明，法官需要解释为什么适用该法条。《法国民法典》虽然颁行已经两百多年，但经过法官的解释，其在今天仍然具有旺盛的生命力。法官在适用《法国民法典》的过程中，也对每一条的具体适用总结出了一系列案例，这些案例和《法国民法典》的条文结合在一起，也构成了一个整体，共同指导法官的裁判活动。[①] 总体上，法国法院判决的文风比较简洁，特别是法国最高法院的裁判内容，相对于其他国家法院的裁判比较短小精炼。法国裁判文书的内容一般比较简洁,[②] 法国最高法院判决书由法律依据、案件事实、前审情况、判决理由和判决结果几部分组成，判决理由部分不需要长篇大论，法官在引用法律规则时，只需要写明法条原文即可，而不需要对该条文作出解释和说明；在案件事实部分，法官只需要对其进行简要概括，法官一般不会在裁判文书中对当事人诉讼请求的具体情况、当事人的答辩情况以及案件的争议焦点进行详细记载。[③] 另外，法国司法的制度引入了类似案情总结和裁判日志的内部文件制度，在裁判说理之外，鼓励法官将案件的思考过程记录下来，但是不对外公布。[④]

（一）法国法官裁判说理的特点

《法国民事诉讼法典》第455条明确规定："判决书必须说明当事人各自的请求和理由，以及法院判决的理由。如果判决没有理由，则判决无效。"法国学者认为，判决必须经过论证，论证的意义在于：一是法官必须遵循法律推理，展示逻辑推理过程。裁判文书是案件裁判过程的载体，强化裁判说理，可以有效展现法官的案件裁判过程，要求法官在裁判文书中尽到说理义务，有利于督促法官遵循法律推理的方法，从而有效避免法官的恣意。二是保障当事人的诉权。要求法官在裁判文书中尽到论证义务，这也是正当程序的内容，当事人有权要求法官在裁判文书中进行充分的说理论证，这可以有效防止司法的任意性和专断。三是可以减少上级法院对下级法院的不当干预。在法国法中，裁判文书的说理具有如下特点：

第一，以成文法为基础和依据。法国法明确了立法与司法的分工，强调法典的权威性，《法国民法典》第4条授权法官有权解释法律，但法官必须对基于法律文本的判决说明理由，从这一意义上说，法官的裁判必须以制定法为基础，尤其是在法律规则的内涵十分清晰的情形下，法官必须严格依据法律规则裁判。正如美国学者梅里曼所言："大陆法系审判过程所呈现出来的画面是一种典型的机械式活动的操作图。法官酷似一种专门

① 《法国民法典》，罗结珍译，北京大学出版社2010年版。

② ［法］雅克·盖斯旦等：《法国民法总论》，陈鹏等译，法律出版社2004年版，第466页。

③ 参见钱弘道、姜斌：《法国二元论司法的正当性分析——法国最高法院审议模式的考察与启示》，载《国外社会科学》2014年第2期。

④ 转引自凌斌：《法官如何说理：中国经验与普遍原理》，载《中国法学》2015年第5期。

的工匠，……从现存的法律规定中寻觅显而易见的法律后果。他的作用仅仅在于找到这个正确的法律条款，把条款与事实联系起来，并对从法律条款与事实的结合中会自动产生的解决办法赋予法律意义。于是，整个审判过程被框于学究式的形式逻辑的三段论式之中。即成文法律规则是大前提，案件事实是小前提，案件的判决是推论出的必然结果。”① 法官裁判必须严格以成文法为基础，这也导致司法的功能较为狭窄、机械，并且缺乏创造性。② 有观点认为，法国的民事诉讼模式并非前述的审判官模式，因为按照1806年的《法国民事诉讼法典》，法官享有一定的司法能动性，但在实践中，法官极少运用这种能动性，因为按照个人主义和自由主义哲学的观点，民事诉讼是当事人双方在中立的法官面前处理的一项私人事务，因此，诉讼程序应当由当事人进行控制，法官主要扮演一种消极的角色，其只是处理当事人提交到其面前的争议。③

第二，突出成文法在法源中的重要地位。法国法不仅对法官的权限进行了严格限制，而且对法律渊源进行了严格区分，其正式的法律渊源一般是制定法、习惯法和法律原则，法国最高法院的判例以及法学家的相关论著在性质上并不是正式的法律渊源，对法官裁判只是具有一定的参考作用。④ 在法国，法官作出裁判可以简要地公开说理论证的过程，但必须明确载明所依据的成文法规范，而不能直接基于相关的社会习俗或者价值进行裁判。⑤ 对法官而言，成文法是评价当事人之间利益状况、作出司法裁判的标准，在司法程序中，法官的行为准则与当事人的行为准则都是法典，法官只能运用法典的规则裁判，而不能对法典的缺陷等问题作出解释。⑥

第三，法官的司法能动性受到限制。在法国，法官解释法律应当提交给立法机关解决，然后由立法机关提供权威性的解释，从而有效指导审判实践。⑦ 据学者考证，在18世纪末19世纪初，法官在解释法律时需要求助

---

① ［美］梅里曼：《大陆法系》，顾培东等译，西南政法学院1983年印行，第39页。

② John Henry Merryman, The Civil Law Tradition, Stanford University Press, 1969, p. 36.

③ de Vos, Wouter Le R., French Civil Procedure Revisited, Stellenbosch Law Review, Vol. 9, 1998, pp. 217-221.

④ John Bell, Sophie Boyron and Simon Whittaker, Principles of French Law, Oxford University Press, 2008, pp. 14-16.

⑤⑥ 刘克毅、翁杰：《法官裁判权的控制与司法公正的实现——以民事裁判制度为中心的讨论》，载《法律科学》2006年第4期。

⑦ 参见滕毅：《法兰西民族精神与法国法特征》，载《法商研究》2000年第5期。

于立法机关，后来，议会可以颁行专门解释法律的解释性法律，为法官解释法律规则提供依据，但由于此类解释性法律的数量较少，法官难以找到具体的解释依据，因此，法官主要依据法学理论解释法律规则。① 有学者认为，法官必须严格遵守法典的规定，不得借助法律解释方法变相进行立法活动，这实际上是否定了法官创制法律的权力。② 因此法官的职能在于说出法律的内容，而不应当创制法律，如果立法存在问题，也只能交由立法者进行修改，而不能由司法者进行改动。③“由于成文法是全体意志的表达，并且实施是客观存在的，法官唯一的作用是得出一个自动生成的结论”。④ 司法的功能主要在于适用法律规则，而不具有解释法律、制定法律的权限。“对法律作出解释的权力受到严格的限制，解释首先被视为是重新改造法律和立法权的行使方式。”⑤ 从立法层面来看，《法国民法典》第5条规定：“审判员对于其审理的案件，不得用确立一般规则的方式进行判决。”这实际上也否定了法官具有造法的权限。按照 Germain 教授的观点，现在法国的法官适用法律时，如果法律规则的文义本身是十分清晰的，则法官无须解释，而应当直接适用；在法律文本的内涵不清晰时，法官应当从法律文本出发，探求立法者的立法原意。如果立法者的立法原意不清晰，则可以通过目的解释的方法解释法律规则。⑥ 法国法官司法能动性较小与法国的司法模式密切相关，即便法律规则模糊，或者案件事实较为复杂，法官创设法律规则的能动性也受到极大压制，这也在一定程度上限制了法律的发展。⑦

第四，相对于德国的司法裁判而言，法国的裁判说理更为简单。“法国法院，尤其是法国最高法院想方设法使判决书的内容缜密而紧凑，附带性论述一概排除；当判决基于某一理由应予撤销，其他理由便弃之不顾。另

① 徐金海：《论法意解释：法国与美国的比较研究》，载《法律方法》2008 年第 1 期。

② 滕毅：《法兰西民族精神与法国法特征》，载《法商研究》2000 年第 5 期。

③ Günter Hirsch, Die Rechtsprechung-ein Spiegel der Gesellschaft. MedR 19, 599-603 (2001).

④ MacCormick, Summers, Interpret Statutes: A Comparative Study, Dartmouth Publishing Company Limited, 1991, p. 203.

⑤ MacCormick, Summers, Interpret Statutes: A Comparative Study, Dartmouth Publishing Company Limited, 1991, p. 203.

⑥ 徐金海：《论法意解释：法国与美国的比较研究》，载《法律方法》2008 年第 1 期。

⑦ 钱弘道、姜斌：《法国二元论司法的正当性分析——法国最高法院审议模式的考察与启示》，载《国外社会科学》2014 年第 2 期。

外，那种游离于正文之外的随意从来不能在法国最高法院的判决书中发现，在下级法院的判决书中也很难找到；并且也不涉及案件的背景、法律史、法律政策或比较法。”① 法国裁判文书并不对不同意见进行说理。对此在司法界存在不同争议，赞成者认为，在判决中列出不同意见，可以进一步促进审判公开，有利于公众对审判的监督，更何况反对意见可能是正确的，而裁判意见反而不一定是妥当的。反对者认为，在判决中列出不同意见会削弱判决的权威性、妨碍判决的执行。法国学者大多主张要列出反对意见，但法院并没有采纳这一观点。②

在法国，由于司法能动性的严格限制，很容易导致司法的机械和僵化。③ 当然，随着社会的发展，法官的司法功能性在逐渐扩张，主要原因在于：一方面，法国的社会发生了变化，《法国民法典》颁行时，法国仍处于资本主义社会早期，但后来社会生活发生了重大变化，当时的立法者无法完全预见后来社会的发展变化，这就需要法官进行能动司法，对法律规则进行必要的变通解释，以适应社会生活的发展变化。④ 另一方面，民法典为法官解释法律预留了空间。例如，《法国民法典》的编纂者之一波塔利斯曾经指出：“那些没有纳入合理立法范围内的异常少见的和特殊的案件，那些立法者没有时间处理得太过于变化多样、太易引起争议的细节，以及即使是努力预见也于事无益、或轻率预见则不无危险的一切问题，均可留给判例去解决。我们应留有一些空隙让经验去陆续填补。”⑤ 例如，《法国民法典》第 1384 条关于过错责任的一般条款就给予了法官在判断侵权时较为广泛的自由裁量和解释的空间。

① ［德］K. 茨威格特、H. 克茨：《比较法总论》，潘汉典等译，贵州人民出版社 1992 年版，第 228 页。

② Touffait & Tunc，Pour une motivation plus explicite des decisions de justice notamment de celles de la Cour de cassation，72 Revue trimestrielle de droit civil 487，506（1974）.

③ 魏胜强：《法国法律解释权配置的历史考察》，载《河南警察学院学报》2013 年第 2 期。

④ 魏胜强：《法国法律解释权配置的历史考察》，载《河南警察学院学报》2013 年第 2 期。

⑤ ［德］K. 茨威格特、H. 克茨：《比较法总论》，潘汉典等译，法律出版社 2003 年版，第 139 页。

二、德国裁判说理考察①

在德国，法官非常重视裁判文书的说理，② 早在1911年第二届德国法官会议上，与会的各位法官共同发表声明指出，法官作出不具有充分理由的判决是可耻的。第二次世界大战以后，德国形成了一套较为完整的判决公开制度，即所有判决都要公开，每个法官都要对他的判决负责，并允许社会公众尤其是法律界人士对判决理由和判决结果作出评述。高质量的裁判必然要求高素质的法官，也对法官形成了很大的外在压力。据调查，现如今德国法官案件审理过程中，有大约43%的时间都花在了判决书的制作上。③ 可见，在德国，法官非常重视裁判文书的说理，而且随着社会的发展，对法官在裁判文书中的说理的要求也越来越高。德国法中裁判说理的主要特点在于：

第一，裁判说理是法官的一项基本法定义务。由于德国法明确规定了法院裁判案件必须负有说理义务，法律上之所以规定此种义务，除保障裁判公正之外，也是基于法官受法律约束（《德国基本法》第97条第1款）和法治国原则（《德国基本法第20条第3款》）原则的具体要求。法院负有说理义务也有助于防止恣意裁判。④ 关于法官依法负有说理的义务，《德国民事诉讼法》第152条和第154条对法官说理的义务作出了规定。在刑事诉讼中，依据《德国刑事诉讼法典》第485条第1款的规定，“所有判决都应包含理由和处理结果”，前者构成“判决的基础”；该法第593条规定：“二审判决如未包含判决理由或理由不充分，以至于德国最高法院无法进行审查，无法确保法律是否得以正确适用，则判决无效。”

第二，德国法律规定了裁判不说理的后果。如果法官在一审判决时没有说理，且没有例外规定豁免法官的说理义务的，那么该判决就属于《德

---

① 本书中所指德国为二战后的联邦德国及1990年统一后的德国。

② 当然，就裁定而言，仅在裁定需要说理时，法官才负担说理义务，法官在裁定中的说理准用《德国民事诉讼法典》第313条第3款来认定法官说理义务在内容上的要求，具体来说，法官应将对判决具有决定意义的考虑予以说明，法官在裁定说理中无须引述当事人阐述的所有事项。Fischer，Zivilprozessrechtliche Begruendungsregeln，in FS Olaf Werner，S. 528 f.

③ Langbein，John H.，German Advantage in Civil Procedure，University of Chicago Law Review，Vol. 52，Issue 4（Fall 1985），pp. 823-866.

④ ［德］哥特瓦尔德：《德国司法判决书中的说理：实践与学说》，曹志勋译，载《苏州大学学报（法学版）》2015年第4期。

国民事诉讼法典》第538条第2条第1项中的重大程序瑕疵，上诉法庭可将该案发回重审；如果该判决为二审判决，那么欠缺时可说理依据《德国民事诉讼法典》第547条第6项的构成绝对的上告事由。[①] 即使法官在裁判文书中进行了一定的说理，但如果判决说理含糊不清、无法让人理解，或者说理存在严重漏洞，导致法庭得出判决结论的法律考虑无法理解，或者判决的理由无法让人明白，在这些情形下，也视为没有说理，从而适用重大程序瑕疵的规则或在满足条件的情形下构成绝对上告的事由。

第三，裁判说理有严格的格式要求。德国的司法裁判一般是按照司法三段论而展开的，裁判说理在形式上也是遵循司法三段论方式作出的。即使在法律续造的情况下，法官在进行裁判时遵循的也是司法三段论，此种推理方式就好像裁判结果真是从立法中推导出来的一样，德国法院选择此种裁判说理方式，主要是为了降低当事人、特别是上诉法院理解和审查的难度。[②] 在这一过程中，特别强调要以制定法为基础。在出现法律漏洞时，法官需要创设相关的裁判依据，但法官在创设裁判依据填补法律漏洞时，应当以法典的相关规定为基础，从法典出发解释法律，创设裁判依据。[③] 可见，法官的裁判说理必须以制定法为基础和依据，这也是大陆法系国家法官裁判说理的共同点。当然，从德国的裁判文书内容来看，其不仅援引法律条文，而且会通过法律解释，力图将法律与案件事实结合起来，努力将法律表达清楚、准确。[④] 在德国，裁判文书的说理应当遵循固定的格式。一般而言，德国裁判说理包括如下三个部分：一是分析争议的案件事实的陈述，二是适用（权利发生或消灭）法律规范后的结果，三是个别争议事实的认定和涵摄。[⑤]

第四，重视对事实的认定。德国法官特别重视对事实的挖掘（digging for facts）。[⑥] 在德国，在基于争讼辩论的判决中，本案事实部分一般按照如

---

① Musielak ZPO/Musielak, ZPO § 313 (2016), Rn. 15; Saenger, ZPO, § 313 (2017), Rn. 33.

② ［德］哥特瓦尔德：《德国司法判决书中的说理：实践与学说》，曹志勋译，载《苏州大学学报（法学版）》2015年第4期。

③ 叶榅平：《遵循先例原则与英国法官的审判思维和方法》，载《比较法研究》2015年第1期。

④ 王贵东：《德国刑事判决书说理方法之考察及其启示》，载《法律适用》2010年第1期。

⑤ ［德］哥特瓦尔德：《德国司法判决书中的说理：实践与学说》，曹志勋译，载《苏州大学学报（法学版）》2015年第4期。

⑥ Bohlander, Michael, The German Advantage Revisited: An Inside View of German Civil Procedure in the Nineties, Tulane European & Civil Law Forum, Vol. 13, pp. 25-46.

下顺序展开：（1）介绍法律争议的标的；（2）不存争议的案情（事实状况）；（3）原告的涉争主张；（4）原告的诉讼请求；（5）相对方的诉讼请求及可能出现的反诉；（6）被告的涉争事实主张；（7）对于相关诉讼经过的说明，特别是完成的证据调查。[①] 法官对事实的认定是通过证据予以确定的，因此，德国的民事法庭非常重视对证据的收集和认定，许多证据都是在法庭上调查确定的，而且如果案件出现了意料之外的转变，处于不利的一方当事人可以在后来的庭审程序中作出自己的回应。[②] 虽然当事人负有举证的义务，但对证据的收集与审查是由法院依职权进行的，而且德国并没有严格区分审前程序和审判程序，相反，法院对证据的收集和认定是根据情况需要，通过一系列的听证程序进行的。[③] 重视事实的认定也为裁判说理提供了良好的基础。

第五，注重请求权基础和抗辩事由的分析。在给付之诉中，一方面，法院在说理部分必须首先明确请求权人据以请求的请求权基础，即请求权人所援引的请求权规范是否可以得到支持。[④] 如果当事人的请求并不满足请求权基础，或者另一方具有合法的抗辩事由，法院应当驳回当事人一方的请求，并说明原因。在判断当事人的请求是否满足特定请求权基础时，通常要提炼出请求权基础所包含的构成要件，因为基于法条展开的说理，并非重复法条的内容，而是在判定该法律规范的构成要件是否得到了满足。考察特定法律规范的构成要件是否齐备的过程，这就是所谓的“涵摄”的过程。[⑤] 涵摄就是要将具体的案件事实与相关的抽象的法定构成要件进行比较。[⑥] 经过涵摄，如果具体案件事实可以被归入全部构成要件，那么，特定的法律规范即可适用。另一方面，法官必须要对抗辩事由进行分析。抗辩既包括法律上的抗辩也包括事实上的抗辩。如果被告对于原告的请求存有法律规定的抗辩时，法官可以驳回原告的诉讼，而不是就原告的请求

---

① ［德］哥特瓦尔德：《德国司法判决书中的说理：实践与学说》，曹志勋译，载《苏州大学学报（法学版）》2015 年第 4 期。

② Langbein，John H.，German Advantage in Civil Procedure，University of Chicago Law Review，Vol. 52，Issue 4（Fall 1985），pp. 823-866.

③ Langbein，John H.，German Advantage in Civil Procedure，University of Chicago Law Review，Vol. 52，Issue 4（Fall 1985），pp. 823-866.

④ Arz/Gemmer JA 2019，851，854.

⑤ Stein JuS 2014，320，321 f.

⑥ Linhart JA 2006，266，269.

权是否妥当进行分析，单纯说明被告抗辩能够否定原告请求权的原因即可。[①] 因此，如果被告提出抗辩，法官的说理应当围绕被告的抗辩进行，即被告的抗辩是否符合法律规定，以及该抗辩为何能够否定原告的请求等。[②] 如果当事人主张的事实能够全部或部分支持原告的诉讼请求，且被告的抗辩、抗辩权不成立，法庭就会全部或者至少部分支持原告的诉讼请求。这个过程都应当伴随着充分的说理论证。[③]

第六，强调说理的针对性。德国的裁判文书强调说理的针对性，法官在进行说理论证时，无须就当事人提出的每一项陈述和所有的证人证言展开讨论和分析：那些对法律争议没有影响的法律问题，法官可以无须讨论；对于那些关乎裁判结论的法律问题，法官应当结合观点的分歧展开讨论。[④] 因此，在裁判说理部分，法官主要聚焦于那些对裁判结论具有中心意义的问题，从而将法庭为何解决这些问题、如何得出裁判结论的过程展现出来。[⑤]从措辞来看，这些论述应当清晰、有序、容易理解。[⑥]就裁判说理的具体内容而言，法官在裁判说理部分无须就当事人意见的每一个细节展开讨论，而只需要讨论当事人事实陈述的核心内容，即法官在裁判说理中仅负有义务，分析对程序具有中心意义的事实陈述，[⑦] 这是保障当事人受审权的要求。[⑧] 因此，法官应在裁判说理部分对当事人提出的证据进行谨慎地认定，并说明形成自由心证或法官确信的理由。[⑨]

虽然德国的裁判文书有严格的格式要求，但裁判说理的篇幅可长可短，并无固定的篇幅要求。在德国，一般来说，裁判说理的篇幅长短不应影响裁判说理的可理解性，即法官在裁判中减少说理，不能牺牲裁判说理的可理解性。[⑩] 在判决中，时常援引学者的观点进行论证，以增强裁判的说服力。

---

① BeckOK ZPO/Elzer，ZPO § 313（2016），Rn. 121.

② Saenger，ZPO，§ 313（2017），Rn. 31.

③ BeckOK ZPO/Elzer，ZPO § 313（2020），Rn. 117.

④⑤⑥ BeckOK ZPO/Elzer，ZPO § 313（2016），Rn. 117.

⑦ Musielak ZPO/Musielak，ZPO § 313（2016），Rn. 11；MüKoZPO/Musielak，ZPO § 313（2016），Rn. 15；Saenger，ZPO，§ 313（2017），Rn. 27.

⑧ MüKoZPO/Musielak，ZPO § 313（2016），Rn. 15；Saenger，ZPO，§ 313（2017），Rn. 27.

⑨ Musielak ZPO/Musielak，ZPO § 313（2016），Rn. 11；MüKoZPO/Musielak，ZPO § 313（2016），Rn. 15；Saenger，ZPO，§ 313（2017），Rn. 27.

⑩ MüKoZPO/Musielak，ZPO § 313（2016），Rn. 14；Musielak ZPO/Musielak，ZPO § 313（2016），Rn. 10.

裁判文书应当记载裁判中对事实和法律观点的考虑。在德国，并不允许判决书直截了当地、简单地援引所要适用的法律，法律适用需要仔细论证，在论证过程中首先必须确立法律争议，而法律争议的确立必须依赖于被告的辩护词。[①] 依照《德国民事诉讼法典》第 313 条第 3 款的规定，一审判决书的裁判理由应当包含对裁判中事实和法律观点上分析或考虑过程。裁判理由的第一部分解释法院的证明评价，特别是对事实结论和认定起关键作用的观点。说理当然不必非常详细，但是不能仅就一般原理泛泛而谈，说理必须能够使人了解法院为何基于证据调查达成某一结论。裁判理由的部分应当解释可适用的法律基础和本案中各个请求权要件的涵摄过程，阐明裁判结论作出的正当性和合法性。[②]

此外，在德国，上诉法院还应当对支持或变更下级法院的裁判结论进行说理。依据《德国民事诉讼法典》第 540 条第 1 款第 2 项的规定，上诉法院法官必须就被上诉的下级法院裁判作出判决进行说理。也就是说，无论上诉法院法官是变更、撤销还是支持下级法院的裁判结论，法官都必须进行简明扼要的说理。实际上，就上诉判决说理而言，法官需要做的是，从法律层面说明为什么上诉法院支持或变更下级法院的裁判。[③] 一般认为，只要不影响判决的可理解性，与被上诉的下级法院裁判相比，上诉法院的判决在说理内容方面的要求应当有所降低。[④] 上诉法院在判决说理中的考虑并不必然明确地包含在上述判决中，或上诉法院并不必须提出新的考虑，上诉法院完全可以从下级法院的裁判中提炼出自己的考虑，或者从上诉判决的理由中就可以发现上诉法院自己的考虑。[⑤]

---

① 王贵东：《德国刑事判决书说理方法之考察及其启示》，载《法律适用》2010 年第 1 期。

② ［德］哥特瓦尔德：《德国司法判决书中的说理：实践与学说》，曹志勋译，载《苏州大学学报（法学版）》2015 年第 4 期。

③ Fellner MDR 2004，981，982.

④ Fischer，Zivilprozessrechtliche Begruendungsregeln，in FS Olaf Werner，S. 526.

⑤ Fischer，Zivilprozessrechtliche Begruendungsregeln，in FS Olaf Werner，S. 527.

第三节 两大法系裁判说理的比较分析

法官在判决书中所阐述的判案理由是法官的裁判活动是否合理、合法的集中体现，也是司法正义在裁判结果上的表现。在大陆法系，因制定法是判决依据，在司法方法上，以制定法为司法推理的起点，所使用的方法是选择法，即从制定法出发而结合案例而对规则进行推理和演绎。而英美法系则是以判例所形成的规则作为判决的基础，在方法上采用的是从个案到个案的推理。两大法系虽然在司法方法上有所不同，但有一点几乎都是完全相同的，即十分强调法官在判决书中充分表述判决理由。

在大陆法系国家，由于成文法制度的背景，在民事诉讼中，先例原则上不具有拘束力。[①] 由于法官不能创制有拘束力的先例，因而其判决通常仅局限于可适用的法律条款的分析，而不必要像英美法系国家的法官在判决中那样全面推理，然而在大陆法系国家，强调判决书的说理十分重要。正如美国学者迪韦（Dewey）所指出的，“法院不只是做判决而已，他们还必须解释其判决，解释的目的是在说明判决的正确理由如何……以证明它不是武断的看法，能使当事人心服口服于法官的权威或威信，因为法官的判决是一个合理的陈述，它有充分的理由，而且显示出判决理由的相关的或逻辑的结构。”[②] 尤其是在现代社会，大陆法系司法的功能和作用日益扩大，司法的能动性也越来越强，法官不仅可以解释法律并且在解释过程中填补法律的漏洞……这就更需要在判决中详细阐述理由，以表明裁判的公正性和合理性。还应当看到，成文法的演绎推论的方法决定了法官的判决及当事人的请求无法通过法律规范而只能借由具体的判决中的理由来阐述。加之成文法产生的历史悠久，理论基础深厚，法律规范体系编排严谨，这就更需要借助法官的判决尤其是判决书中的判案理由来达致活的、变动不居的社会生活与死的、刻板固定的法条之间的沟通。

---

① ［德］哥特瓦尔德：《德国司法判决书中的说理：实践与学说》，曹志勋译，载《苏州大学学报（法学版）》2015年第4期。

② Dewey, Logical Mothed and Lawn Hall ed, Reading in Jurisprudence, p350.

如前所述，从两大法系的比较来看，其普遍重视裁判文书的说理。一方面，两大法系注重说理论证的裁判方法。另一方面，两大法系的说理都包括事实层面和法律层面两个部分。在判决中说理，就是要求法官详细分析证据，并根据证据认定的事实，具体阐述可以适用的法律，并依据法律作出具有逻辑性、合理公正的判决。裁判文书的说理应充分严谨。尤其是充分的说理还应包括对当事人双方的请求作出支持或驳回的答复，并阐明理由。换言之，对当事人的请求要具体说明哪些合理，哪些不合理，为什么合理或不合理。可以说，裁判说理已经成为法官的基本义务，或者说是法官应当负有的社会责任。

但是，两大法系在裁判说理方面仍然存在一定的区别，主要表现在：

第一，裁判说理的法律依据不同。大陆法系是成文法，裁判说理主要应当依据成文法的规定而展开。与制定法的法源形式相适应，在大陆法系国家，对于司法活动的讨论，很多是关于如何解释法律规则，以及法律规则是否只是具有唯一清晰的含义。[①] 而且，在制定法国家，裁判说理主要是在三段论模式下，支撑法官的裁判理由。裁判理由是根据法律解释和涵摄的传统规则阐述的。[②] 它不是也没有必要援引先例来作出裁决。而普通法主要是判例法，其采取遵循先例原则，遵循先例已经成为各级法院所恪守的首要行为准则和政治惯例。[③] 所以，其裁判说理更多地关注先例判决中具有约束力的判决理由。判决理由必须要清楚地表明，法官在处理案件中对于实质性法律问题所提出的裁判意见。这就决定了，一方面，法官在裁判中应当高度重视裁判的说理，否则，其判决就不太可能被作为先例所援引。另一方面，援引先例本身应当被作为说理的过程，法官应当在援引之时，论证待决案件与先例案件在事实上的类似性，论证先例中的哪些判决理由具有约束性效力等。

第二，是否严格依据三段论不同。在大陆法系中，裁判依据是成文法，因此，在裁判中法官必须按照三段论的框架展开说理，在这一过程中，尤其注重将抽象法条与具体案件事实连接的说理论证必须是充分的。在大陆

---

① French, Robert, Judicial Activists - Mythical Monsters, Southern Cross University Law Review, Vol. 12, 2008, pp. 59~74.

② ［德］哥特瓦尔德：《德国司法判决书中的说理：实践与学说》，曹志勋译，载《苏州大学学报（法学版）》2015年第4期。

③ 林彦：《美国法院如何遵循先例》，载《中外法学》2009年第6期。

法国家，司法三段论实际上是演绎法的具体展开，是演绎推理的过程。马克斯·韦伯指出，大陆法系制定法所具有的理性是超越个案的，由法律规范与法律原则组成的法律系统具有极强的逻辑性。所以，在大陆法系中，裁判者只能以抽象的规范为起点，通过三段论的手段得出案件的裁判结果。而英美法系则是以判例所形成的规则作为判决的基础，在方法上采用的是从个案到个案的推理。这一过程实际上就是由预设规范得出裁判结论的演绎推理过程。① 而英美法的法官在法律推理中，主要采用归纳推理（inductive reasoning）与演绎推理（deductive reasoning）。也就是说，法官需要将先前的判例进行归纳，从中抽象出一般的法律规则，进而再通过演绎的推理方法，将抽象出的一般规则适用于新的案件事实之上，得出裁判的结论。其中的归纳推理是对一些关于个别事物或现象，通过归纳的方法，得出该类事物或现象的普遍性命题。而演绎推理则是从抽象的命题演绎出具体的现象。② 归纳法由培根在16世纪提出，一般来说，归纳法的基础是经验主义，因为它要从一系列具体事实中概括出一般原理。而演绎法与此不同，其采纳的是从一般到个别的方法，其哲学基础是理性主义。但在英美法系国家，在寻找大前提的过程中，常常采用归纳法，但在寻找到了大前提之后，则一般也要采用演绎推理的方法。③

第三，裁判说理的论证对象也是不同的。在英美法系上，存在遵循先例（stare decisis）原则，所谓先例就是对于后续裁判具有规范意义的先前类似案件裁判结果。④ 由于先例对于裁判具有约束效力，因此法官在裁判中需要重点说明查找先例的过程、先例的可适用性、究竟适用的是先例中的判决理由还是附带意见等。而在大陆法系中，法官的裁判说理并非针对先例展开，而主要是就法律规范解释、事实认定进行说明，以及对法律适用的理由予以确定。虽然在一些大陆法系国家，有的宪法法院的裁判也会产生类似于判例的作用。例如，在德国，宪法法院的裁判即具有较大的影响，宪法法院的裁判会体现一定的政策考虑的因素，其所作出的司法裁判

---

① ［美］艾伦·沃森：《民法法系的演变及其形成》，李静冰译，中国政法大学出版社1992年版，第30页。

② James A. Holland & Julian S. Webb, Learning Legal Rules, Oxford: Oxford University Press, 2006, pp. 218~219.

③ John H. Farrar, Anthony M. Dudgale, Introducton to Legal Method, London, Sweet & Maxwell, 1990, p. 79.

④ 参见何家弘主编：《外国司法判例制度》，中国法制出版社2014年版，第70页。

也具有法律拘束力，能够产生类似于英美法系中判例的作用。但是，成文法仍然是大陆法系国家裁判的主要说理依据。

第四，裁判说理的风格不同。威特曾经就上诉审法院的审判风格加以比较，而整理出英国、法国、德国、瑞典和美国等五种各具特色的风格类型。所谓裁判风格（judicial style），通常包括段落安排、论证方法、沟通形式，乃至语体、长度等，从风格的不同特点，可以看出法源、法官角色和法律理性（正当性）的差异。比如法国最高法院的裁判，即以简短扼要而闻名，通常只论证法院最重要的认定，而且决不引用判决先例或学者的意见。德国法院的判决书则多引用相关法条进行解释，而后采取三段式的推论，法院也经常大量地引证学说见解。[①] 而英美法系的判例，则注重对先例的分析以及对事实的推论、判决结果理由的阐释，但对制定法的分析解释较少，这也反映了两大法系各自不同的特点。在说理的篇幅上，两大法系裁判说理的风格也不尽相同，英美法系的裁判说理相对繁琐，而大陆法系裁判说理则相对简略。据学者考证，“在类似的问题上，法国的判决大约是 300 字，德国的判决大约为 3000 字，而美国的判决大约用 8000 字（还不包括附带的不同意见）”。[②] 在行文风格上，两大法系也呈现差别。有学者指出：“法国的判决书是简洁而枯燥无味的、宛如证书字据之类的东西；英国的判决书是与生活紧密相连的洋溢着生命与色彩的散文；而德国的判决书则介于二者之间，可以学术论文为其特征。”[③]

第五，论理依据的开放性程度不同。大陆法系是成文法，其主要依据成文法规则进行裁判，更侧重于对具体法律规则的解释适用，虽然在解释适用法律规则的过程中也会考虑相关的社会影响和社会效果，但其法律规则之间的逻辑推演色彩较为浓厚。法律规则是否得到了准确的解释和适用，也常常是法律监督的重要内容。大陆法系讲究裁判文书格式化，忽视了论理章法的多样性，往往是直接叙述案件事实，再引法律条文，最后得出结论，不能广泛地引用各种论证依据来进行充分说理。[④] 而英美法系在论理依据上十分广泛，它包括了经济的、法律的、历史的、文化的、社会的、心理的等各个方面的知识，来加强其说理论证的理由，而且裁判结论的得

① 苏永钦：《司法改革的再改革》，我国台湾地区月旦出版社股份有限公司 1998 年版。
② 参见张志铭：《法律解释操作分析》，中国政法大学出版社 1999 年版，第 211 页。
③ ［日］大木雅夫：《比较法》，范愉译，法律出版社 1999 年版，第 279~280 页。
④ 蔡杰、程捷：《封闭与开放：裁判文书论理风格之类型化检讨》，载《法学论坛》2006 年第 2 期。

出十分注重其社会效果和社会影响，尤其是对社会发展、经济发展等方面的影响，广泛涉及道德准则、社会政策目标、事实材料与经验知识等范畴，并深入考虑各种裁判选项所可能产生的后果。[①] 美国联邦最高法院原大法官肯尼迪在承认同性婚姻的判决中曾引用孔子在《礼记·哀公问》中所说，“古之为政，爱人为大”，用以论证婚姻制度的重要性。在该判决书中，除了引用孔子名言，还有西塞罗、托克维尔等人的言论，以论证婚姻对于社会和秩序的重要性，其似乎是想说明美国支持同性婚姻合法并非随心所欲之作为。

第六，裁判文书是否记载不同意见不同。大陆法系国家一般在裁判文书中不对不同意见进行记载，一般并不认为表达不同意见具有十分重大的意义。而在英美法系国家，裁判文书中对反对意见同样应记载于判决之中。有的法官认为，在裁判文书中表达判决意见，也可以通过判例的形式影响社会生活，从而发挥法官职业的影响力。[②]

两大法系的裁判说理虽然存在上述差别，但很难说两大法系法官的裁判说理存在优劣之分，其都是长期法律文化传统、司法实践经验积累与总结的结果，而且符合其本国法律实践的需要，法官职业特点和法律思维方式也对裁判说理也产生了重大影响。总体来看，英美法系的裁判文书具有较强的个性化色彩，[③] 而大陆法系国家的裁判文书说理更为程式化，个性相对较少。尤其是受到了判例法与成文法是否遵循先例原则的不同影响。在英美法系国家，裁判文书的质量和水平将直接影响法官的职业声誉，因此，法官会选择在裁判文书中明确表达其判决意见，从而体现其与判决之间的关联性。总体而言，两大法系都注重裁判说理，这可以说是两大法系司法的共同经验。

① 蔡杰、程捷：《封闭与开放：裁判文书论理风格之类型化检讨》，载《法学论坛》2006年第2期。

② Stefanie Lindquist, Frank B. Cross. Empirically Testing Dworkin's Chain Novel [J]. New York University Law Review. 80 (4), 2005.

③ 张倩：《裁判说理的基本模式和规范要求》，载《中国审判》2016年第1期。

第三章　我国裁判说理的历史考察

第一节　我国古代裁判说理

中华法律文化源远流长、博大精深，而我国自古就有讲求判词说理的传统，它是中国传统法律文化的重要组成部分。《说文解字》中记载“判，分也”，“分”又解为“别”，可见裁判是指确定是非曲直。据考证，自西周开始，就已经出现了裁判中依据“旧事”进行说理裁判的现象。《周礼·秋官大司寇》注云：“若今律其有断事，皆依旧事断之；其无条，取比类以决之，故云决事比。”西周晚期就出现了关于刑事案件的完整判词，较为详细地阐述了对犯罪事实的认定、定罪量刑的理由以及对判决执行的要求。[①] 中国历代裁判的判词各具特点，甚至在有的朝代将“制判”能力作为选拔官员的重要标准。[②] 古代判词依据其所处的时期，充分展现了其固有的特色。

古代判词形式各异，行文风格也因制判人的特点而不同。这些判词或严格解释法律，或动之以情晓之以理，历史上存在的风格迥异的判词，成为了我国传统法律文化的重要载体，因而具有重要的研究价值。许多朝代

① 例如，早在西周时期，就出现有关诉讼案件的记载，参见唐兰：《陕西省岐山县董家村新出西周重要铜器铭辞的译文和注释》，载《文物》1976年第5期。

② 参见汪世荣：《中国古代判词研究》，中国政法大学出版社1997年版，第4页。

的判词都十分注重说理，例如，从秦朝的比附援引、依律定罪到西汉时期的春秋决狱，从唐宋时期以事实为依据、援引律例制作判词，到清代判词中开始出现专门说理的段落，各具特色，且在说理过程中普遍注意天理、国法和人情的结合。为强化说理，一些朝代的判词中常常引文用典，注意修辞。有的裁判官员为了写出好的判词，在熟悉法律规则的同时，博览群书，力求做到判词“字字超群，句句脱俗”“行文流畅，下语如铸”。[①] 有的判词甚至十分讲究推理，注重逻辑推理。

判词虽然以个案为对象，但是判词的效果又不仅仅局限于个案，其一方面继受了之前判词的传统，另一方面又开创性地为后续判词的作出提供依据，甚至可能为其他判词所援引。以个案为对象的判词，所反映的是整个社会的风貌，其又不断影响和塑造着新的社会生活。因此，针对个案的判词为观察法律的演进与发展提供了重要的依据。[②]

一、秦朝裁判文书的比附援引、依律定罪

比附援引，即“如一定事件，为法令所未规定，准用相似之规定”，[③] 也就是说，对于实践中需要对某种行为施以刑罚，但法律中又没有对其作出规定时，可以比照类似的规定对其予以处罚。[④] 比附援引的方法最早可以追溯到周代，据《周礼》记载，“凡庶民之狱讼，以邦成弊之”，即用八种官方的判例来断罪。[⑤]比附作为一种定罪量刑的方法正式出现在秦朝。例如，湖北云梦睡虎地出土秦代竹简《秦代法律答问》记载：“臣强与主奸，可论比殴主。斗折脊项骨，可论？比折支。”比附援引作为一种定罪量刑的方法，经常用于论证判决的结果，从这一意义上说，比附援引的过程实际上就是判决的说理过程，除比附援引外，秦朝的裁判文书也强调依律定罪。从总体上看，秦朝裁判文书的说理主要具有如下特征：

（一）严格依法定罪量刑

对于法律已经作出规定的事项，官员应当严格依律定罪量刑。比附援

① 参见何俊斌：《如何强化刑事裁判说理》，载中国法院网 http：//www. chinacourt. org/article/detail/2014/01/id/1202929. shtml，最后访问时间：2017 年 2 月 6 日。

② 参见汪世荣：《中国古代判词研究》，中国政法大学出版社 1997 年版。

③ ［日］冈田朝太郎口述、熊元翰编，何勤华点校：《法学通论》，上海人民出版社 2013 年版，第 54 页。

④⑤ 白雪峰、陈加奎：《比附援引法律制度的历史考察：对于重构我国现代类推制度的启示》，载《河北法学》2016 年第 2 期。

引的出现与“断罪引律令”的要求密不可分，作为防止各级官员擅断的“断罪引律令”，要求官员在裁判中必须依律定罪，据湖北云梦睡虎地出土竹简《秦代法律答问》记载，秦律中设置了一系列罪名，如“失刑罪”“不直罪”“纵囚罪”等，目的在于保障官员严格依律定罪量刑。官员违反法律规定定罪量刑的，也会受到上述罪名的处罚。当然，应当看到，我国古代法制中的依律定罪主要是为了区分此罪与彼罪，而不是为了区分罪与非罪。

（二）运用比附援引的方法规制法律没有规定的行为

如前所述，对于法律已经有明文规定情形，官员应当严格依律定罪量刑，但对于法律没有规定的情形，则可能运用比附援引的方法进行定罪量刑。虽然秦朝的法律繁多，但仍然会有一些事项法律并未作出规定，此时，为了防止法外遗奸，发挥刑罚的威慑功能，在法律之外允许官员进行比附定罪，以实现对某些行为的规制。[①] 比附援引制度有利于克服法律规定的滞后性，可以使法律适应社会生活的发展需要，而且其提供了一种法律解释方法，有利于克服法律条文的僵化。但应当看到，比附援引将刑罚的适用范围扩展到了法律并未规定的情形，而且事实上弱化了法律适用形式合理性的论证，[②] 也会不当限制人们的自由，加重人们的刑罚，这也是导致秦朝的法律过于严苛的原因。

（三）比附援引以成文法为基础

比附援引的方法虽然适用于法律并未作出规定的情形，但其援引的是成文法的规定，应当以成文法的既有规定为基础。秦朝法律涉及的内容十分广泛，调整范围遍及社会生活的方方面面，对于法律没有规定而又需要规范的行为，官员应当以法律的既有规定为基础。依据对睡虎地秦墓竹简的整理可以发现，秦朝比附援引所依据的基础仍然是成文法，尤其是作为重要法源的廷行事被广泛作为“比”的对象。[③] 据《秦简·法律答问》记载，关于如何处罚假冒官职封印的行为，法律并没有作出规定，后来“廷

---

① 白雪峰、陈加奎：《比附援引法律制度的历史考察：对于重构我国现代类推制度的启示》，载《河北法学》2016年第2期。

② 参见罗洪启：《清代刑事裁判司法论证研究——以刑部命案为中心的考察》，中国政法大学出版社2017年版，第175页。

③ 参见陈新宇：《帝制中国的法源与适用——以比附问题为中心的展开》，上海人民出版社2015年版，第16页。

行事以伪写印”。实际上是比照伪造官印的行为处理。[①] 因此，秦朝的比附援引主要是以成文法的既有规定为基础的。

（四）比附援引用于定罪和量刑

秦朝的比附援引主要是为了满足定罪量刑的需要，在法律没有作出规定的情形下，通过比附既有的法律规定实现定罪量刑的需要。比附援引的适用也包括了定罪与量刑两个层面。[②] 秦朝的法律规定虽然较为细密，但也存在“法无明文”的情况，这就需要裁判官运用比附的方法对其进行规范，比附援引的内容既包括定罪也包括量刑。例如，《秦简·法律答问》中就对斗殴造成的打破嘴唇的定罪量刑，通过比附援引的方法适用打人造成青肿或破伤的规定（“或与人斗，决人唇，论何也？比疻痏”[③]）。

（五）比附的标准是事物的相似性，较少受伦理道德因素影响

秦朝的法律制度主要受到法家思想的影响，法家倡导“法不阿贵”“刑过不避大臣，赏善不遗匹夫”，要求保障法律的严格实施。因此，比附援引的运用主要考虑行为的“事理相同”，而没有过多考虑社会客观的伦理、人情。在判决的确定中也存在过分地注重结果事实的相似性，而忽略行为的相似性。[④] 正如有学者所言，秦朝的比附援引只是注意到了司法的合法性问题，而没有考虑到司法的正当性和合理性问题，也因此使得司法过于严酷。[⑤]

二、西汉时期的“春秋决狱”

“春秋决狱”又称为“引经决狱”，即以儒家经典中的论述作为依据来处理政治和司法的问题。[⑥] 在发生纠纷后，在法律之外，还需要用儒家的论述对案件事实进行分析、定罪，所谓“春秋之治狱，论心定罪，志善而违于法者免，志恶而合于法者诛”。[⑦] 所引用的主要是《诗》《书》《礼》

---

① 黄春燕：《传统中国法比附援引的源与流》，载《法学杂志》2012 年第 5 期。

② 参见陈新宇：《帝制中国的法源与适用——以比附问题为中心的展开》，上海人民出版社 2015 年版，第 127 页。

③ 参见黄春燕：《传统中国法比附援引的源与流》，载《法学杂志》2012 年第 5 期。

④ 参见管伟：《论中国传统司法官比附援引实践中的思维特色——以刑案汇览为例》，载陈金钊主编：《法律方法》（第七卷），山东人民出版社 2008 年版，第 272 页。

⑤ 陈锐、高袁：《素朴的技巧：〈法律答问中〉的法律解释方法》，载《政法论丛》2011 年第 6 期。

⑥ 参见李鼎楚：《春秋决狱再考》，载《政法论坛》2008 年第 3 期。

⑦ 《盐铁论·刑德》。

《易》《乐》《春秋》等儒家经典论著。[①] 一般认为，“春秋决狱”在性质上属于汉代的判词。[②] 当然，西汉时期的“春秋决狱”并不是完全以儒家经典论著作为案件裁判依据，其适用范围受到严格限制，即其仅适用于疑难案件（“疑狱”），疑储是指案件事实清楚，但找不到法律依据，或者适用现行法律规定会产生不合理的结果的情形。[③]

“春秋决狱”引用儒家经典论著裁判，对成文法具有一定的纠正功能，有利于修补法律缺陷，对于法律制度的完备具有重要的推动作用。引用儒家经典裁判，主要不是用于认定案件事实，而主要是用于法律适用阶段，即对于有些案件，可能找不到具体的法律依据，或者虽然能够找到法律依据，但可能导致不合理的结果，这就需要从儒家经典论著中寻找具体的裁判依据。[④]据学者考证，“春秋决狱”中，从儒家经典论著中抽象出相关的法律原则后，所得出的只是一种法律处理意见，具体的判决结果应当由相关的裁判官决定，重大疑难案件则须由皇帝作最后决定。[⑤]儒家经典论著可以补正制定法的空白，或者对法律规定不完善之处进行修正。据《汉书》记载，在西汉时期发生了著名的真假太子案。在该案中，有个人和卫太子长得很像，所以冒充卫太子到皇宫前认亲，后该人被识破，被关进监狱，但应当如何对其进行定罪，找不到法律依据，当时的京兆尹隽不疑提出，法律虽然没有对此作出规定，但《春秋》中记载了类似的事件，并最终从《春秋》中作出了相关的裁判结论，将冒充卫太子的人腰斩了。[⑥] 由此可以看出，在法律未对相关事项作出规定时，可以从儒家经典论著中得出相关的裁判结论。

在西汉时期，儒家经典论著在案件裁判中的作用主要体现在如下方面：

（一）用作裁判依据

儒家的经典论著会被直接用于案件的裁判，即在发生相关纠纷后，如果儒家经典论著中记载了类似的事件，则可以援引儒家经典论著作出决断，

---

① 华友根：《西汉的〈春秋〉决狱及其历史地位》，载《政治与法律》1994年第5期。

② 参见汪世荣：《中国古代判词研究》，中国政法大学出版社1997年版，第29~31页。也有观点认为，“春秋决狱”在性质上属于对疑难案件的处置意见，属于一种法律意见书，而不属于判词。参见杨鸿雁：《法制变迁的痕迹：以清末民初法律文书为考察对象》，中国人民大学2009年博士学位论文。

③④⑤ 吕志兴：《〈春秋〉决狱与中国古代法制的真实关系》，载《政法论坛》2016年第3期。

⑥ 参见陈其泰：《〈春秋〉与西汉社会生活》，载《北京师范大学学报》1992年第2期。

从这一意义上看，儒家经典论著起到了类似于判例的作用。[①] 例如，“甲夫乙将舡判”判词记载了如下案件：甲的丈夫乙驾船出海，遇到海风而船翻，乙溺亡，尸体沉入大海而不得安葬。数月后，甲的母亲又将甲改嫁，甲的行为该如何论处？按照当时的法律，丈夫死后未下葬的，妻子不得改嫁，但董仲舒指出：“臣愚以为《春秋》之义，言夫人归于齐，言夫死无男，有更嫁之道也。妇人无专制擅恣之行，听从为顺，嫁之者归也。甲又尊者所嫁，无淫行之心，非私为人妻也。明于决事，皆无罪名，不当坐。”[②] 也就是说，按照《春秋》的观点，本案中的妻子可以改嫁，其改嫁行为并不构成犯罪，该案实际上是将《春秋》的观点作为案件裁判的依据。

（二）用于解释法律规则

儒家的经典论著也会被用于解释法律规则，尤其是出于道德上的考虑对法律规则的适用进行限制。例如，在“甲有子乙以乞丙判”的案中，甲将其儿子乙送养给丙后，由丙抚养长大，后甲告诉乙真相后，乙被激怒并打了甲，甲到官府告了乙。董仲舒作出了决断：“甲生乙，不能长育，以乞丙，于义已绝矣。虽杖甲，不应坐。”[③] 在该案中，儿子殴打了父亲，当时的法律对此已经作出了规定，按照该规定，甲的儿子应当受到重罚。但董仲舒认为，该案不能机械地适用这一法律规则，因为甲在将乙送养后，二人之间的“义”实际上已经断绝了，“于义已绝矣”，其不同于一般的父子关系，因此，不应当对乙适用忤逆之罪的规定。由此可见，儒家思想对成文法规则的解释与适用也产生了重大影响，其可以对法律规则的适用进行必要的限缩。

（三）弥补法律规定的不足

例如，在“甲无子拾道旁弃儿判”案中，甲自己没有儿子，其在路旁捡到了乙，并将乙抚养成人，后来乙杀人犯罪，并将这一情况告诉了甲，甲将乙藏匿了起来。关于甲是否有罪，能否适用《春秋》所载“父为子隐”的规则，董仲舒作出如下决断：“甲无子，振活养乙，虽非所生，谁与易之？《诗》云：‘螟蛉有子，蜾蠃负之。’《春秋》之义，‘父为子隐’。

① 吕志兴：《〈春秋〉决狱与中国古代法制的真实关系》，载《政法论坛》2016年第3期。

② 参见陈重业辑注：《古代判词三百篇》，上海古籍出版社2009年版，第4~5页。

③ 参见陈重业辑注：《古代判词三百篇》，上海古籍出版社2009年版，第2~3页。

甲宜匿之。"[1] 在该案中，关于甲藏匿其犯了罪的养子乙是否构成犯罪，按照《春秋》的观点，"父为子隐"不为罪，但问题在于，乙并非甲的儿子，而是甲捡来的养子，此事该如何认定呢？董仲舒认为，即便乙是甲的养子，由于乙是甲养大的，二者的情感联系较为密切，也应当对甲适用"父为子隐"的规则。在这一案例中，董仲舒援引《春秋》对"父为子隐"的描述进行了扩大解释，它认为养父子之间也可以比照亲父子之间的关系，而适用父为子隐的规则，这实际上弥补了法律没有对养父子可否适用"父为子隐"的规则进行了漏洞填补。

然而，"春秋决狱"这一"论心定罪"的方式，过度注重了道德、情理在裁判中的作用，过度注重对行为动机和目的是否与道德和情理相符的问题，因而在一定程度上忽视了法律的规范性作用，甚至有时置法律于不顾，架空了法律在实践中的作用。例如在某一案例中。"甲父乙与丙争相斗，丙以配刀刺乙，甲即以杖击丙，误伤乙，甲当何论？或曰殴父也，当枭首。论曰，臣愚以父子至亲也，闻其斗，莫不有怵怅之心，挟杖而就之，非所以欲诟父也。春秋之义……君子原心，赦而不诛。甲非律所谓殴父，不当坐。"在这一案例中，甲的客观行为已经构成了"殴父"，但是在本案中，由于考虑到当事人并非出于故意，应当对其减轻处罚，制判者出于对其原心的考量，直接免于定罪，法外开恩，虽然援引了春秋之义，但事实上就已经改变了法律的规定。

三、唐朝时期以事实为依据、援引律例制作判词

唐朝时期古代判词已经有了长足的发展，且至今收录的判词集也很多，例如唐代有《龙筋凤髓判》，白居易的《白氏长庆集》等。但是现在记录下来的多为"拟判"，主要是为科举考试提供范本，并非基于真实发生的案件进行的裁判。[2] 唐代十分重视判词的制作，甚至将判词的写作作为选拔官员的重要参考因素。唐宋时期的判词风格类似，二者一般都是在判词的开头简要概括案件的事实，然后再进行说理。

从总体上看，唐朝时期的判词主要有如下特点：

① 参见陈重业辑注：《古代判词三百篇》，上海古籍出版社 2009 年版，第 2 页。
② 参见汪世荣：《中国古代判词研究》，中国政法大学出版社 1997 年版，第 32 页。

（一）唐朝时期较为注重引用律条、维护律法权威

据《新唐书·选举志上》记载："凡明法，试律七条、令三条，全通为甲第，通八为乙第。"依据《唐律疏议·断狱》的记载，"断罪不具引律令格式"则司法官可能构成枉法裁判，甚至被问责。例如，敦煌文书中还保存了一则《文明判集》的判词："长安县人史婆陀，家兴贩，资财巨富，身有勋官骁骑尉，其园池屋宇、衣服器玩、家童侍妾比王侯。有亲弟頡利，久已分居，家贫壁立，兄也不分给。有邻人康莫鼻，借衣不得，告言违法事是。五服既陈，用别尊卑之叙；九章攸显，爰建上下之仪。婆陀阛阓商人，旗亭贾竖，族望卑贱，门第寒微。侮慢朝章纵斯奢僭。遂使金玉磊砢，无惭梁、霍之家；绮縠缤纷，有逾田、窦之室。梅梁桂栋，架向浮空；绣桷雕楹，光霞烂目。歌姬舞女，纡罗袂以惊风；骑士游童，转金鞍而照日……奢僭之罪，律有明文。宜下长安，任彼科决。"[①] 在该判词中，制判人认为，长安县商人史婆陀虽然地位卑贱，但他"侮慢朝章"，纵情奢侈，已经构成了"奢僭"罪。依据《唐律疏义》第449条，构成"奢僭"罪，应"诸违令者，笞五十"；"别式，减一等"，"物仍没官"，但该裁判并没有依律作出裁判。考虑史某为长安县人，涉及管辖权的问题，因而判决"宜下长安，任彼科决"。

在白居易的《白氏长庆集》中记载，"宥则利淫，诛则伤善，失人犹可，坏法实难。丁僭滥为心，黾勉楸事，始假名而作伪，咎则自贻，终励节而为官，政将何取？节使以功惟补过，请欲劝能；宪司以仁不惠奸，议难乱纪。制宜经久，理贵从长，见小善而必求，材虽苟得，逾大防而不禁，弊将若何？济时不在於一夫，守法宜遵乎三尺，盍惩行诈，勿许拜真。"[②] 在这一判词中，白居易明确地指出了法在维护社会秩序中的重要地位，即使弄虚作假而获得官位的人为官勤勉具有才干，但也不能为此罔顾法纪，否则将对社会秩序造成更大损害。他强调"失人犹可，坏法实难"，"济时不在於一夫，守法宜遵乎三尺"，这也体现了注重律法权威的思想。

（二）偏好引经据典

唐宋时期的判词相对较短，但用典繁多，几乎一句一典，有堆砌辞藻之嫌。例如，在"宫门误不下键判"判词中，王维指出："设险守国，金

① 《文明判集》第114—126行记。

② 《白氏长庆集》卷四九。

城九重……当使秦王宫里，不失狐白之裘，汉后厩中，唯通赭马之迹。是乃不施金键，空下铁关。将谓尧人可封，固无狗盗之侣。王者无外，有轻鱼钥之心。过自慢生，陷兹诖误。而抱关为事，空欲望于侯嬴。或犯门有人，将何御于臧纥？固当无疑，必寘严科。”[①] 该判词虽然较短，但几乎每一句都引经据典，其同时引用了《汉书》《史记》《新语》《左传》等经典古籍所记载的历史事件，充分论证了城门不上锁的危害性，这一方面增强了判词的说理性，但另一方面，该判词虽然引经据典，却没有对案件事实进行充分的描述，也没有对当事人所触犯的具体法律规则及其法律后果进行必要的说明，使人很难从判词中详细了解案件的具体情况，典故并非先例，没有明确的判案标准，这也会影响该判词的公正性。

再如，在“学生鼓琴判”判词中，元稹使用了“夙夜惟寅”（《尚书·舜典》）、“文侯”（《礼记·乐记》）、“和声”（《礼记·乐记》）、“青衿”（《诗经》）、“绵蕝”（《说文解字》）、“绳违”（《尚书·冏命》）等表述，用典十分丰富。当然，引经据典也在一定程度上增加了判词的文学色彩。据学者考证，在南宋时期，一些官员将自己担任知县等职位时审理案件所制作的判词收集起来，编入了自己的文集，以传后世。[②] 这也在一定程度上反映了当时判词的文学水平。但判词优美，并不一定符合律法意旨，保障裁判结果的公正。

（三）部分判词注重对案件事实的认定

除了大量引经用典以外，唐代的有些判词也注意通过详细的推理对案情进行分析，以更准确地适用法律。例如，“得甲牛抵乙马死，乙请偿马价”的判词记载了这样一个案件：甲乙同在一个地方放牧，后来，甲的牛抵死了乙的马，甲乙因为赔偿数额问题发生了争议。白居易撰写判词，“马牛于牧，蹄角难防内；苟死容伤之可徵，在故、误而宜别。况日中出入，郊外寝讹：既谷量以齐驱，或风逸之相及。尔牛孔阜，奋骍角而莫当；我马用伤，踠骏足而致毙。情非故纵，理合误论。在皂栈以来思，罚宜惟重；就桃林而招损，偿则从轻。将息讼端，请徵律典。当陪半价，勿听过求。”白居易在该判词中指出，马和牛在一起放牧，发生一些损害事件是在所难

① 高潮主编：《古代判词选》，群众出版社 1981 年版，第 1 页。

② 杨鸿雁：《法制变迁的痕迹：以清末民初法律文书为考察对象》，中国人民大学 2009 年博士学位论文。

免的事，甲对于其牛抵死乙的马并不存在故意，如果损害事故发生在厩圈中，则当事人应当负担更重的赔偿义务，但如果发生在牧场，则应当负担较轻的赔偿义务，因此，为平息纠纷，甲应当按照半价赔偿乙的损失。[①]在该判词中，白居易在作出判词时，能够契合当事人的争议焦点，结合案件发生的情形分析了当事人的主观心态，尤其是根据当事人的故意和过失的区分，确定赔偿的范围，并最终得出了相关的裁判结论，确有其合理性。当然，该判词总体上文字较少，没有列明据以适用的法律依据。

（四）注重法理的分析

例如，在某个案例中，某人租赁他人的马，在途中死亡，出租人要求赔偿。制判人指出："但选人向省，远近易知，平路虽泥，艰危可见。向使扬鞭抗策，故事奔驰，马倒制不自由，取毙似如非理。披寻状迹，悬亦可知。折狱片言，于兹易尽。向若因奔致倒，明知马死因人。马既因倒致殂，人亦无由自制。人乃了无伤损，马不伤，人便致死，死状虽因马倒，马主岂肯当辜？倒既非马之心，死亦岂人之意？以人况马，彼此何殊。马不合倍，理无在惑。"[②] 在这一案例中，涉及租用他人之马，因马死亡的赔偿问题。制判人叙述了租赁他人之马，在泥泞的道路上扬鞭催马，向前疾驶，但是因为泥深马瘦，马倒而死，判词认为马倒并非因为人的过错，"人亦无由自制"，马倒致死并非人之故意，属于意外事件所致，所以不应当进行赔偿。该案提出了意外事故免责的观点，与现代法律规则具有相似性。同时在这一案例中，裁判者还通过论证马倒人死的情形，进行"举重以明轻"的法律类推适用，对不需要赔偿的原因进行了论证。

从收集的唐代判词来看，也有些判词是在叙述具体的案件事实后，直接得出判词结论。例如，在"有罪必绳判"的判词中，张鷟在大量引用《汉书》《晋书》《新唐书》等论著的经典故事之后，对案情进行了简要分析，并最终得出了相关的判词结论。但从该判词的内容来看，其并没有引用具体的法律规定，这也是唐代判词的一大特点。

四、宋朝判词的发展

两宋时期，商品经济迅速发展，民事关系较为发达，所以出现了大量

① 高潮主编：《古代判词选》，群众出版社 1981 年版，第 5 页。

② 胡平仁编著：《中国传统诉讼艺术案例》，湘潭大学出版社 2009 年版，第 311~312 页。

有关契约、典当、担保等方面的纠纷，而且涉及民事案件的判词保存较多。两宋时期的判词有几个重要的特点：

（一）重视对民事法律关系的分析

例如，在“游成讼游洪父抵当田产”案中，判词记载：“准法：应交易田宅，过三年而论有利债负准折，官司并不得受理。……且乡人违法抵当，亦诚有之，皆作典契立文。今游朝之契系是永卖，游成供状亦谓元作卖契抵当，安有既立卖契，而谓之抵当之理。只缘当来不曾交业，彼此违法，以至争互。今岁收禾，且随宜均分，当厅就勒游成退佃，仰游洪父照契为业，别召人耕作。”① 这一判词明确对买卖与抵当进行了区分，在分析法律关系的基础上进行法律适用。这实际上是针对不同法律关系进行分析和裁判的法律技术的运用。“今游朝之契系是永卖”，只是没有完成交业，已经违反了契约的约定，因为既然双方已经定了永卖契约，就不可能成立“抵当”。因此应当继续维护永卖契约的效力，继续履行契约。

（二）重视援引律法进行判案，并注重法律解释

一些判词也重视援引律法。例如，在王九诉王四案中，制判人指出：“王九状论王四擅卖本户田产，欺谩卑幼。今索到游旦元买契，系是王九父王昕着押，开禧元年交易，次年投印分明。准法：诸理诉田宅，而契要不明，过二十年，钱主或业主死者，不得受理。今业主已亡，而印契亦经十五年，纵曰交易不明，亦不在受理之数，田照元、契为业，余人并放。”② 在这一判词之中，制判者明确将判决所援引的律法在判词中进行展示，在明确说明断由的基础上，也对律法条文进行了解释，使得当事人明确了案件适用的律法，从而增强了民众对判决的接受与认可。在有些判例中虽然没有直接援引法条，但裁判官也明确宣称“依法为断”，表明其是依据法律作出的裁判。但是否完全符合律法，也难以十分确定。

再如在詹德兴一案中，“江山县詹德兴以土名坑南、牛车头、长町丘等田，卖与毛监丞宅。有本县临江乡吕千五者入状陈称上件田系其家物，詹德兴盗卖。今据毛监丞宅执出缴捧干照，……推原其故，皆是乡下奸民逃避赋役，作一伪而费百辞，故为此之纷纷也。……在法：即知情受寄，诈匿财产者，杖一百。詹德兴受吕千五之寄产，自应科罪，官司既知其伪，

① 《名公书判清明集》卷之四。

② 《名公书判清明集》卷之四。

而遂以与之，是诲盗也，此詹德兴之必不可得业也。”在该案的判词中，制判者首先查清了事实，认定了詹德兴等人以订立合同的方式逃避赋役，损害国家利益。然后援引法条“诸诈匿减免等第或科配者，以违制论”。然后判令有罪，对违法所得予以没收，但善意买受人“毛监丞宅承买，本不知情，今既管佃，合从本县给据，与之理正”，因而买受人的利益仍然受到保护。该判词中提出了对善意买受人的利益予以保护的观点，与现代民法保护善意第三人的观点十分相似。应当说，该判词事实认定清楚，援引法条明晰，说理有理有据。

（三）重视情理在判决中的作用

南宋清官马光祖担任京口县令时，当地权贵福王强占民房养鸡喂鸭，反状告百姓不交房租，示意地方官代他勒索。官司到了衙门，马光祖实地勘验后，判决道：“晴则鸡卵鸭卵，雨则盆满钵满；福王若要屋钱，直待光祖任满。”该判词虽然简短，但彰显了情理法的结合，体现了制判者不畏强权、关注民生的品格。又如在一个判词中，制判者指出：“照得江瑞、江禧争继江齐戴之后，昨来使府台判已详且尽矣。……今齐戴之嗣弗续，江渊又欲以子继之，如此则其位下三房物业，江渊者得其二，此族党之所以必争，而词诉之所以纷纷也。再三绸绎，欲合情，欲息讼，必当酌其法之中者而行之，斯可矣。”[①] 在该判词中，制判者从情理入手，判决在肯定被告方继承权的同时，依照国法以命继方式限制其继承份额，又以遗产的三分之一立为族产，以安抚族党不平之心，强调判决应“欲合情，欲息讼”。本案强调“盖欲情法之两尽”，表明制判者注重将情理贯穿于法律的适用中。

再如，在“别宅子无证据”案中，饶操去世十年后，一个叫李五的人宣称自己是饶操庶出的亲子，要求归宗并继承其家产。李五辩称，当年其母被逐之时，已经怀孕，后才嫁与李三。关于本案，根据宋代法律的规定，“诸别宅之子，其父死而无证据者，官司不许受理”。[②] 但在该案中，裁判官通过充分的说理，证明李五的做法于事理不合，而且也有违情理，最后，裁判官还主动查明案件实情，即李五冒认的行为原由饶家长辈对饶操养子不满而鼓动所致。裁判官在判词中通过事理、情理、事实等各方面的论证，

① 《名公书判清明集》卷之八。

② 《宋刑统》（卷之八·户婚门·别宅子）。

增强了判词的说理性。

宋代判词也具有这一特点，从结构上看，宋代判词与唐代判词类似，都包含两部分，第一部分简单交代案情，第二部分着重对案件事实进行描述，并得出裁判结论，但并没有援引据以得出裁判结论的具体法律依据。相对人唐朝的判例而言，无论是对事实还是法律的分析，都更为精细和充分。例如，在宋代的“法难任意判”的判词中，该判词就详细记载了案件事实，并引用了大量的典故加以论证，以强化对案件事实的认定。[①] 不少宋代的判词也注重引经据典，例如，在“盗马产驹判”中，判词大量援引了古代经典论著，如《礼记》《诗经》《说苑》《史记》《周礼》《汉书》《庄子》等，[②] 援引这些经典论著虽然有利于强化判词的说理性，但也给人以辞藻堆砌之感，反而忽略了对案件事实和法律规则本身的说明。当然，引经据典也在一定程度上增加了判词的文学色彩。

五、明代判词的说理

明代是我国古代判词发展的重要阶段，进入明代，判词发展已经进入了成熟时期，这一时期的判词已经确立了中国古代判词的独特风格与地位。[③] 与南宋时期类似，一些官员将自己在任时所制作的判词收入了自己的文集，如海瑞的《海瑞集》中就包含了其所制作的判词；同时，明代还出现了大量的判词集，如颜俊彦的《盟水斋存牍》、李日宣的《谳豫勿喜录》等；此外，随着判词的大量出现，明代还出现了专门研究判词的论著。[④] 明朝的判词可以被分为两种：一是州县自理辞讼的判决，这一判决被称为“判”或者“审语”；第二种是在初审之后，呈送给上一级审判机构的报告，这种文书被称为“申详”。[⑤]

明代判词主要具有如下特点：

---

① 参见陈重业辑注：《古代判词三百篇》，上海古籍出版社 2009 年版，第 89~90 页。

② 参见陈重业辑注：《古代判词三百篇》，上海古籍出版社 2009 年版，第 86 页。

③ 参见胡旭晟主编：《中国传统法律法律文化研究》（第五卷），中国人民大学出版社 2012 年版，第 455 页。

④ 参见杨鸿雁：《法制变迁的痕迹：以清末民初法律文书为考察对象》，中国人民大学 2009 年博士学位论文。

⑤ 参见侯欣一：《创制、运行及变异——民国时期西安地方法院研究》，商务印书馆 2017 年版，第 173 页。

（一）注重依法裁判和法律解释

明朝断罪引律令的规定基本沿袭唐宋旧律，但仍然遵循依法定罪的传统。不过明朝强调“凡律自颁降日为始，若犯在以前者，并依新律拟断”。例如，明朝例清在其判词《法斩事》中记录了一案例，在该案例中，“审得定海县人沈海，与生员李二木，皆相比为奸者也。先因陈世杰无嗣，曾聘二木家婢为妾，而海其冰上人也。夫主翁已为鸡皮鹤发之衰朽，而婢子犹作艳李铱桃之妖纱，固未免误我芳年矣。迨年经六载，而鸳颈虽交，熊梦无兆。以繁花缀黄叶，恐一老一少，到底是恶姻缘也。今者改嫁刘龙，岂曰世杰过。两少相亲，欢同鱼水；顾兹朽翁，弃如敝屣耳，此亦何略何卖乎？……”在该判词中，依据明朝法律，制判者认为陈世杰改嫁其妾并无不当，不但没有违背其妾的意愿，而且在既嫁之后与新夫生活安定，据此李二木控告陈世杰构成“略卖人”罪不能成立。所谓“略卖人”罪，即劫掠良人出卖，明律规定，将良人卖为奴婢和妻妾子孙，处罚各不相同，如果卖为奴婢，“皆杖一百，流三千里”。但卖为妻妾子孙，“杖一百，徒三年”。本案中制判者否定了“略卖人”罪的成立，而定海县人沈海已构成教唆罪，并判处杖刑。整个判词都注重了依律断案、依法裁判。

（二）重视对案件事实的梳理，但忽视对当事人请求、抗辩和证据等内容的记载

例如《法斩事》中就详细记载了案件的事实，这反映了明代判词注重梳理案件事实，对案件事实的描述占了判词的大部分内容。当然，判词所描述的都是裁判官自己所认定的案件事实，判词并没有记载当事人的主张、抗辩等内容，也没有对当事人所提供的证据、证人口供等内容进行记载，裁判官所认定的案件事实大多是其凭借生活经验或者按照逻辑规则推演出来的，这也在一定程度上影响了判词的说理质量。

（三）注重道德宣教

例如，在某个案例中，制判者认为：“审得已故何瑞招，乃何济亲侄，而陈氏则瑞招妻，朱氏则济之改醮嫂也。先因瑞招有妻无儿，曾携济女孙招姐抚养膝下，则陈氏一石田之不生耳。然身类石田，而性同水花。适瑞招以感疾亡，则此妇哀而不伤可知也。问以二十五年嫁乎？问以三年嫁乎？问以为期之丧，则亦为期之嫁乎？是何濡滞也！妇则兹不悦。今询瑞招何日亡？陈氏何日嫁？则从廿四以至廿六，仅三日耳！岂是妇之每饭不忘嫁

也？……回头语阿女，莫薄如汝母。未知陈氏亦出斯言而汗颜否？”① 在这一判词中，制判者并不满足于对案件作出裁判，而是在判词中对于当事人违反道德的行为进行了强烈的谴责，并对应当弘扬的道德规范进行了宣扬。尤其是判词结尾称“回头语阿女，莫薄如汝母。未知陈氏亦出斯言而汗颜否？”这事实上将判词作为道德宣扬的一种手段。

（四）偏好引经据典

与唐宋时期的判词类似，明代判词也偏好引经据典。例如，“婚变事”的判词中就同时援引了《资治通鉴》《乐府诗集》《全唐诗》《礼记》《世说新语》《诗经》《孟子》等诸多经典论著。② 明代判词虽不像唐代判词几乎“一句一引”，但引经据典的现象也十分普遍，这也使得明代判词的词句较为华丽，具有较强的文学价值。③ 例如，在一份判词中，判词结论虽然言简意赅，但也引用了“罪浮盗跖，恶过桓魋”的典故，这两个典故分别来源于《庄子·杂篇·盗跖》和《论语·述而》，判词引用这两个典故彰显了作者的博学，也增强了判词的说理性。④ 当然，偏好引经据典也会在一定程度上使得判词对案件事实等内容的描述过于模糊，反而会掩盖案件事实的内容，这也在一定程度上影响了明代判词说理水平，而且导致一些判词结论并不妥当。

（五）注重情理分析

判词结论注重纠纷的解决，受道德因素的影响较大，且注重情理法的结合。例如，明朝代宗时，江西南昌宁王府饲养了一只为当朝皇帝所赐的丹顶鹤，该鹤在被其仆人带着上街游逛时，不料被一户平民家饲养的一只黄狗咬伤。仆役大怒，拉扯着狗的主人到府衙告状。状词上写着八个大字：“鹤系金牌，系出御赐。”认为黄狗主人依律应当被治罪，知府接状，问明缘由，挥笔判曰：“鹤系金牌，犬不识字；禽兽相伤，不关人事。”⑤ 判词虽短，但是入情入理。

在“邵守愚杀人案参语”的判词中，明代海瑞通过分析案情，认定邵守愚夜护鱼塘，杀害盗鱼堂弟邵守正属于误杀，而不构成故意杀人罪，平

---

① 《折狱新语·谋劫事》。
② 参见陈重业辑注：《古代判词三百篇》，上海古籍出版社 2009 年版，第 170 页。
③ ［日］滨岛敦俊：《明代之判牍》，载《中国史研究》1996 年第 1 期。
④ 参见徐忠明：《情感、循吏与明清时期司法实践》，三联书店 2014 年版，第 35 页。
⑤ 参见刘峰：《法律的故事》，中国法制出版社 2014 年版，第 31 页。

反了一桩错案。在该案判词中，海瑞仔细分析了案情，写道："杀贼不死，贼必反伤，其连戳六枪者，盖亦未知其死与未死，多戳使之必死，亦势所必至也。守正被戳岂无痛声，然止一声，未有别样说话。黑夜敌贼，危迫慌忙，兄弟相盗思虑不及，恐不能就一痛声，而辨其为兄弟、他人也。"①据此，海瑞得出结论，认为邵守愚杀害其堂弟并非属于故意杀人，该判词在得出这一结论时，进行了充分的说理论证，有效反驳了故意杀人的观点，并得出误杀的结论，应当说说理论证过程具有逻辑性。

总体而言，明朝的判词与之前的判词相比，明代判词的字数有了明显增加，但整体上仍然较为简略。因此，有学者认为，与清代的判词相比，明代的判词相对较为简单，有些判词经过反复阅读也难以弄清案件的来龙去脉。② 此种观点有一定的道理。

六、我国古代判词说理的经验

在中华民族五千年的历史中，留下了许多堪称典范的判词，他们都体现了裁判者的智慧，是对中国传统优秀法律文化的彰显。总结以往的判词，可以发掘至少如下几个方面的经验以供借鉴。

（一）断罪引律令

中国古代的思想家历来注重定罪量刑必须引用律例，在西周时期，《尚书·吕刑》规定了五种需要惩罚的弄法行为，即"五辞简孚，正于五刑。五刑不简，正于五罚；五罚不服，正于五过，五过之疵：惟官，惟反，惟内，惟货，惟来，其罪惟均"，称"五过之疵"。早在春秋战国时期，法家就主张定罪量刑"一断于法"，而晋代尚书刘颂主张，"监司以法举罪，狱官案劾尽实，法吏据辞守文"。③ 东汉思想家桓谭也认为，"可令通义理，明习法律者，校定科比，一其法度，班下郡国，蠲除故条。如此天下方知，而狱无冤滥矣"。④ 所谓"断罪引律"实际上具有与罪刑法定相似的功能。⑤中国古代因为民刑不分，以刑为本，在大量的案件中，民刑混合，因此"断罪引律"也是对法官依法裁判的要求。唐律规定："诸断罪，皆须具引

---

① 高潮主编：《古代判词选》，群众出版社 1981 年版，第 20 页。
② ［日］滨岛敦俊：《明代之判牍》，载《中国史研究》1996 年第 1 期。
③ 《晋书·刑法志》。
④ 《后汉书·桓谭传》。
⑤ 参见张晋藩：《断罪引律令：中国古代司法文明的亮点》，载《南海法学》2017 年第 1 期。

律令格式正文。违者，笞三十”。[①] 追究司法者的责任分为“故出人罪”“故入人罪”“失出人罪”“失入人罪”四种应当追究责任的情形。[②] 这实际上将援引法律定罪量刑作为法官应尽的义务，而违反此种义务将受到法律的制裁。

（二）比附援引

如前所述，比附援引自周代出现以来，经过历朝历代的发展，已经成为我国古代司法中的一项重要的法律技术，成为解释法律与填补成文法漏洞的重要手段。由于我国传统法律中制定法的立法技术多着眼于具体的事实，往往“因一事生一例”，所以立法普遍不具有抽象概括的能力，而造成了条文繁琐冗杂的局面。[③] 在这种立法背景之下，就极其需要通过法律适用的方法填补这种具体列举式立法的空白地带。而由于比附援引正具有此种法律续造的功能，因而一直被作为我国传统法律适用中最为重要的“法律补充手段”和“法律适用制度”之一。[④] 比附判案实际上是作为一种法律漏洞的填补方式，有效解决了法律没有规定的情形下裁判案件的法律适用问题。其意义在于可以弥补成文法的局限性，到了清代，法律甚至明确规定：“律不尽者著于例……有例则置其律，例有新者则置其故者，律与例无正条者，得比而科焉，必疏闻以候旨。”（《大清会典》卷五十四）此种方式也有利于保证类似案件类似处理的公正结果。

（三）注重情、理、法的结合运用

正如《名公书判清明集》卷之九胡石壁云：“法意、人情实同一体，循人情而违法意，不可也；守法意而拂人情，亦不可也。权衡于二者之间，使上不违于法意，下不拂于人情，则通行而无弊矣。”清代学者余樾（曲园）指出：“通达治体于天理、国法、人情，三者皆到，虽老于吏事者，不能易也。”[⑤] 这实际上也是强调古代判词应当注重天理、国法、人情的有机统一，三者的统一不仅涉及裁判依据的确定问题，而且也对判词的说理产生了一定影响。在具体的案件中，例如，古代司法官在判词的推理中和

---

① 《唐律疏议·断狱》。

② 张建伟：《法官错案责任的抚今追昔》，载《人民法院报》2014年1月24日。

③ 参见李贵连：《沈家本传》，广西师范大学出版社2017年版，第232页。

④ 参见李启成、李贵连：《帝制法治的两面——“断罪引律令”与比附援引制度的思想基础》，载《清华法学》2012年第6期。

⑤ 转引自徐忠明：《情感、循吏与明清时期司法实践》，三联书店2014年版，第207页。

决断中不仅援引法律规定，而且也大量援引礼仪伦常等内容，在法律规定之外增加道德说教，从而使古代判词更具有说服力。我国古代判词的一大重要特点，就是注重发挥判词的道德教化作用，如在判词中援引道德法则，对案件当事人和社会公众进行道德教化。例如，有的司法官会在判词中写入对听审者和其他社会公众进行告诫的词句，其意在强化古代判词的道德教化作用。从汉朝开始，伦理道德开始入律，由此也形成了中国特有的伦理法传统。[①]

之所以强调情、理、法的结合运用，按照一些学者的观点，这主要是为了实现国家法律与各地民情、社情的统一，因为各地的社会情势和风土人情差别较大，难以通过统一的国家律令进行调整，这就需要借助法律之外的机制进行调整，因此，从我国古代法律制度来看，对于严重威胁公共利益和国家安全的行为，需要由国家律令进行调整，对于涉及当事人之间私人事务的纠纷，则需要借助人情等国家律令之外的机制进行调整。[②] 尤其应当看到，注重情、理、法的结合运用对当事人进行劝导，力求实现良好的社会效果。例如，清代于成龙在“诬告强奸之妙批”中指出：“此案关系重大，如率尔批准，不特于孙和顺不利，即于汝亦有大害。且本县反复深思，决不信尔之受孕出自强奸。即带有强意，至多为强和合成，绝非纯粹强奸……孙和顺既至今尚来探汝，当不致绝无天理，坐视尔母子双双以死也。况尔果一死，尔父母未必肯放其安然以去……尔今日投禀，实为多事；诬告强奸，更为荒谬。”[③] 从该案的判词可以看出，其注重对当事人进行劝导，判词结果也注重维护社会关系的稳定与和谐。通过情、礼、法的运用对当事人进行劝导和教化，从而达到息讼的目的。例如，清代陆稼书在审理兄弟争产案时，在判词中写道：“夫同气同声，莫如兄弟，而乃竟以身外之财产，伤骨肉之至情，其愚真不可及也。”[④] 其实就是在通过伦理道德对当事人进行劝导，从而达到息讼的目的。

当然，情、理、法的结合运用有时也可能产生一定的负面效果，我国古代判词依据的道德化和情理化的特点，造成裁判的不确定性。且过度偏向情理，就可能导致法律规则被架空，给法官以过大的自由裁量权。例如，

---

① 参见张晋藩：《中国古代司法文化中的人文与理性》，载《政法论坛》2013 年第 6 期。

② 徐忠明：《情感、循吏与明清时期司法实践》，三联书店 2014 年版，第 269 页。

③ 高潮主编：《古代判词选》，群众出版社 1981 年版，第 56 页。

④ 参见晓明、拓夫编：《绝妙判决书·陆稼书判牍》，海南国际新闻出版中心 1993 年版，第 18 页。

在宋代的一个案件中，宋朝崇阳县令张乖崖为官清廉，铁面无私。一次见县衙管理铁库的库吏从钱库里偷了一文钱，张乖崖认为数量虽小但性质严重，必须严惩。该官吏不服，张乖崖判他死刑并在判决书上写道："一日一钱，千日一千；绳锯木断，水滴石穿。"[①] 该判词运用情理说明，尽管所盗数目小，但仍判决死刑的必要性，体现出县官的自由裁量权之大。虽然该判词曾受到不少学者赞誉，但裁判结果难显公平。有学者认为："司法裁判始终在'规则'与'情景'的规范空间中滑动，从而影响了法律秩序的稳定性。"[②]

（四）礼法合一

在我国古代，礼既是人们重要的行为规范，也是我国古代的法律渊源之一，因此，礼也是我国古代判词重要的裁判依据，这也使得我国古代判词具有礼法合一的特点。从古代判词来看，民事案件常以儒家经典等非法律条文为据裁判，即除了用法律外，可以用《诗》《书》《礼》《易》《乐》《春秋》六经中的思想来作为判决案件的依据。如前所述，董仲舒在"罢黜百家，独尊儒术"后，在裁判中引入了"春秋决狱"，主张"论心定罪"。他认为："臣愚以父子至亲也，闻其斗，莫不有怵怅之心，扶杖而救之，非所以欲垢父也。《春秋》之义，许止父病，进药于其父而卒，君子原心，赦而不诛。甲非律所谓殴父，不当坐。""春秋决狱"具有一定的积极性，在当时法律尚未完善的情况下，以儒家伦理道德作为裁判的依据，也维护了伦理道德的一致性。但是"春秋决狱"具有一定的消极性，赋予了法官太大的自由裁量权，在有些判决中，制判者确实以道德伦理代替了法律，弱化了法律的权威性与严肃性，而且因为每个制判者对于道德的理解与把握的尺度不同，从而形成了类案得不到同判，规则极不统一的现象。至唐朝，随着法律日臻完备，"春秋决狱"已经正式消亡。不过，判决中都是贯彻了伦理道德。《名公书判清明集》卷之七《户婚门·双立母命之子与同宗之子》判决中，妻在夫亡无子的情况下立某一远亲之子为子，但法官根据儒家经典及民间习俗，判决认为"春秋书之曰：莒人灭鄫"。[③] 让

---

① 宋·罗大经《鹤林玉露》第十卷。

② 徐忠明：《清代中国司法裁判的形式化与实质化——以〈病榻梦痕录〉所载案件为中心的考察》，载《政法论坛》2007年第2期。

③ 《名公书判清明集》卷之七《户婚门·双立母命之子与同宗之子》，中华书局1987年版，第217页。

该妻在其亡夫的兄弟之子中另再选立儿子，故共立二子。

在家事纠纷中，制判者更倾向于利用礼法调整家事关系。为了维护家庭伦理，尤其是在处理家庭成员之间的人身关系时，并不一定完全按照法律裁判，而更加通过道德与伦理维护家庭成员关系的和睦，注重预防和减少家庭纠纷，因而制判者引用道德伦理作出裁判，有时比引用具体的法律规则裁判具有更强的说服力。[①] 因而在案件裁判过程中，司法官可能并不完全是按照法律规定裁判，其可能援引礼的规范进行裁判，以更好地实现息讼的目的。例如，清代张船山在“兄弟互殴之杪判”的判词中指出：“尔郝燕山郝鹤山系同胞兄弟，平日友于甚笃，无有毫末微嫌。甘苦同尝，颇识伦常大义。讵以细故，竟起争端，舌战不休，继以殴击……尔燕山上则显违国法，下则难对父母。和气致祥，古有明训。乃弟即有不是，不妨反复开导，俾其自新……兄兄弟弟，各安本业以为生；泄泄融融，共享皇家之雨露。若再因财起衅，逞忿召凶，则王法森严，决不能为尔等宽也。”[②] 从该案的判词可以看出，在兄弟因为琐事互殴的案件中，该判词并没有过多关注依据现行法律应当如何确定当事人之间的责任，其更多的是引经据典，对当事人进行劝导，以尽可能维护家庭成员之间关系的和睦。

（五）注重推理

从历代不少判词的内容来看，确实出现了说理由简至繁、说理的内容在判词中的比重逐渐增加的现象。例如，唐代判词的说理一般较为简短，即在简单交代案情后，对案件的裁判理由进行简短的说明。而明代判词的说理部分明显增加。而到了明清后，一些判词甚至将说理作为判词的独立组成部分。由此可见，我国古代判词的一个重要发展趋势，就是逐步重视判词的说理。同时，从我国古代判词所使用的语句来看，许多朝代的判词都擅长引经据典，有的甚至一句一引，这也有利于强化判词的说理，也可以看出，我国古代的裁判官不仅熟知律法，而且具有较高的文学素养。在这些说理的过程中，制判者也普遍注重逻辑性，尤其是在认定案件事实时，重视推理的作用，并在裁判文书中充分展示自己的推理过程，这也使得判词能够“保持理由与查证事实的一致，保持理由中说理、分析与法律适用的一致，保持理

---

① 王长江：《论中国古代裁判文书的优良传统及其继承》，载《河南师范大学学报（哲学社会科学版）》2010 年第 5 期。

② 高潮主编：《古代判词选》，群众出版社 1981 年版，第 89~90 页。

由与裁判结果的一致，前后呼应，才能达到无懈可击的效果”。[①]

在案件的推理过程中，裁判官也不是单纯注重口供，而是通过运用证据和其他推理方法得出裁判结论。例如，在“客头孙恒高等保领犯妇车张氏判”中，一个无名男子（后查实为孙五）不知何时被何人杀死，当时县令马上逮捕了车景和、顺清，在严刑拷打之后，供出他的妻子张氏与王顺清、孙五通奸，顺清嫉妒从而谋杀孙五，但当进行死刑复核时，被告全部翻供，判决发回重审，如此多次反复。后来，案件到了知府樊增祥手里，后来通过多种推理，如考察案件发生时间、案件的具体案情、案件的证据、证人的证言等内容，最终认定了案件事实，并在此基础上得出了裁判结论，[②] 这也体现了我国古代司法官司法技术的高超。

（六）注重修辞，富有文采

我国古代判词注重修辞，具有很强的文学色彩和美学价值，这有利于增强判词的可读性，也提高了判词的水平。古代判词的用语大多十分凝练，讲究“言愈简而意愈明，字愈少而旨愈博”，正如南怀瑾先生所言：“读判牍，可了解古人的才华，认识历史社会的演变，了解古今法律的异同，因而更透辟地了解历史，鉴古知今，洞彻人情世故。”[③] 如前所述，唐代判词中引经据典的现象十分普遍，几乎一句一引，例如，在一个案件中，“甲去妻后，妻犯罪，请用子荫赎罪，甲怒不许。”白居易在判词中写道：“二姓好合，义有时绝，三年生育，恩不可遗。凤虽阻于和鸣，乌岂忘于反哺，旋观怨偶，遽抵明刑。王吉去妻，断弦位续，孔氏出母疏网将加，诚鞠育之可思，何患难之不救。”可见，该判词多次引文用典，突出描写了母亲的养育之恩、为人子应该铭记，在多处典故与语句情真意切中劝诫甲父子要明白：荫庇其母就是庇荫其根，情之所至，理所当然。

可见，判词“引经据典”是一种古代中国的衡平司法模式，它是儒家化的司法官通过“引经据典”的方式综合天理、人情、国法等因素后的衡平判决。同时，这种衡平司法也是一种和谐司法、民生司法。司法官以“引经据典”的衡平司法判决不仅要实现具体个案的公平、正义，更要力图维护案件关系人之间和谐的亲情、爱情关系，乃至维护整个社会的道德

① 汪世荣：《中国古代判词研究》，载《法律科学（西北政法大学学报）》1995年第3期。

② 高潮：《古代判词选》，群众出版社1980年版，第115~117页。

③ 转引自张建伟：《古人判词中的说理论证》，载《法制资讯》2014年第2期。

伦理秩序。

（七）判词具有一定的格式要求

判词体现了国家法律的权威性和国家行为的严肃性，其结果应当符合合法化与正当化的要求，这也是说服当事人的前提和基础。[①] 因此，古代判词一般都有一定的格式要求，有的朝代法律甚至对判词的格式进行了严格的规定，如果裁判官不遵守该格式要求，也可能构成违法。例如，依据唐律规定，如官吏制作判词时“诸断罪皆须具引律、令、格、式正文，违者笞三十”[②]，即要求判词的制作必须符合法定的格式。例如，在《文明判集残卷》中，就记载唐朝了对判词格式的要求。按照其记载，判词的判头需要以“奉判”作为开始，接着是对案件事实和当事人争点的概括，然后再需言明律法的规定，最后作出裁判。[③]

（八）注重调解方法的运用

我国古代裁判过程注重运用调解方法的运用，强调纠纷的解决。例如，在“德兴县董党诉立继事”案中，县官认为，董党并无不孝行为，虽然打了很长时间的官司，但也未归怨养母，应“当以恩谊感动，不可以讼求胜”，于是，县官便采取调解的方式，而没有通过裁判的方式结案，目的是为了不恶化养母与养子董党之间的关系，顺乎伦理。[④] 有的判词中记载了调解的过程。例如，在“继绝子孙止得财产四分之一”[⑤] 中，判官认为，“待委官劝谕田族并刘氏、秋菊母子，照前日和议，姑以世德奉世光香火，得四分之一，而以四分之三与世光二女，方合法意。若更纷拏，止得引用尽给在室女之文，全给与二女矣，此立嗣一节也。”由此确定，“通仕初间未晓条法，欲以一子而承世光全分之业，所以刘氏不平而争。今既知条法，在室诸女得四分之三，而继绝男止得四分之一，情愿依此条分析。在刘氏、珍郎与秋菊、二女亦合存四分之一，为登仕香火之奉。”

但古代裁判文书毕竟没有统一的制判标准，造成判词缺乏规范，且制判者享有过大的自由裁量权，尤其是忽视对当事人诉求、抗辩理由等内容

① 参见杨兴培：《中国古代判词的法学与文学价值》，载《北方法学》2013 年第 5 期。

② 参见《唐律·断狱篇》第 484 条，转引自杨兴培：《中国古代判词的法学与文学价值》，载《北方法学》2013 年第 5 期。

③ 参见谭淑娟：《唐代判体文研究》，齐鲁书社 2014 年版，第 294~295 页。

④ 刘克庄：《后村先生大全集》卷一九三《德兴县董党诉立继事》，北京图书馆出版社 2004 年版。

⑤ ［明］张四维辑：《名公书判清明集》，中华书局 1987 年版，第 251 页。

的记载，难以保证裁判的公正。从我国古代判词来看，其一般都是先陈述事实，再进行分析论证，最后得出相关的裁判结论，从内容上看，其大致相当于我国现在裁判文书中“经审理认为”“本院认为”之后的部分，主要是关于裁判官所认定的案件事实的记载，很少有裁判文书记载当事人的诉讼主张、抗辩理由等内容，这也在一定程度上影响了古代判词的说理水平。

第二节 我国近代裁判说理及其经验

一、清末裁判文书的说理

清朝前期在司法裁判中受到了中国古代法律文化的影响，注重情、理、法的结合。例如，在“业师救徒判”判词中，端午桥写道：“赵德海实属昧尽天良，刁恶已极……乔毛氏守节无亏，居心本善，一时误信谗言，致伤骨肉。今已自知悔悟……”① 从该判词可以看出，其注重对案件情节的分析，并根据案件情节的轻重得出不同的裁判结论。

清朝前期的裁判文书格式没有严格的体例要求，案件事实与理由常常交织在一起。清代判词一般将案件事实与裁判理由放在一起阐述，并没有严格地对二者进行区分。比如，批呈要求“批发呈词，要能揣度人情物理，觉察奸刁诈，明大义，谙律例。笔简而赅，文明而顺，方能语语中肯，事事适当。奸顽可以折服其心，讼师不敢尝试其技。若滥准滥驳，左翻右覆，非但冤伸无绪，还会波累无辜，呈词日积而日多矣!”② 而对于叙供“一事必有一事之情节，一人必有一人之情形。两造起衅根由，事之情也；渐次作何区处，事之节也；当日意欲何为，人之情也；彼此交会景象人之形也。”③ 本来从律例而言，应该对两种诉讼文书作严格区分，但实践中并没有准确作出区分，许多判词过分注重对案情描写，忽视对律法的援引与阐释。

---

① 参见陈重业辑注：《古代判词三百篇》，上海古籍出版社 2009 年版，第 340 页。

② ［清］王又槐：《办案要略·论批呈词》。

③ ［清］王又槐：《办案要略·叙供》。

清末开始，产生“西学东渐”变革，西方法制开始被引入中国。清末变法修律引发了社会的重大变革。无论是社会、政治、经济、文化都处在急剧的变动之中。传统中华法系经历着向大陆法系的转型，自这一时期起，我国开始引入西方的法律规则、制度，裁判文书的说理与之前相比也有了重大的变化，清末司法实践也对判词提出了更高的要求。具体而言，清末裁判文书的说理主要具有如下特点：

（一）裁判说理具有标准的格式

清末以前，我国古代判词并没有统一、固定的格式，但从清末开始，国家开始规范裁判文书的格式，裁判文书的制作逐渐规范化。自清末变法修律以来，在日本、德国等深刻的影响下，开始逐步出现并适用现代的司法文书格式，对民事以及刑事案件司法文书格式进行统一地规定。[①] 1907年，清廷颁行了《清廷各级审判厅试办章程》，该章程规定了裁判文书的格式，例如，该章程第38条对判词的程序作出了规定：“判词之定式除记载审判厅之名称并标明年月日，由公判各官署亚盖印外，其余条款如左：刑事一、犯罪者之姓名、籍贯、年龄、住居、职业二、犯罪之事实三、证明犯罪之缘由四、援引法律某条五、援据法律之理由以上系有罪判决之款式。其无罪之判决，但须声明赦免之理由，不列定款。民事一、诉讼人之姓名、籍贯、年龄、住居、职业二、呈诉事实三、证明理由之缘由四、判断之理由。”[②] 可见，该章程就民事裁判文书和刑事裁判文书的格式分别作出了规定，而且从该规定可以看出，其区分了案件事实与法律适用部分，而且在法律适用部分不仅需要写明所援引的法律规则，而且需要写明援引某法律规则的理由。与之前的裁判文书相比，该章程对裁判文书格式的要求更为规范，这也是我国近代第一部对裁判文书制作进行规范的法律文件。[③]

（二）逐渐强化裁判文书的说理要求

清末裁判说理的一个重要特点就是裁判说理在不断强化，这也是我国古代以来裁判文书发展的总体趋势。清末强化裁判说理主要体现在如下几个方面：一是说理成为裁判文书的重要组成部分。从前述《清廷各级审判

① 参见刘黎：《公正裁判之道》，中国方正出版社2016年版，第229页。

② 参见杨鸿雁：《法制变迁的痕迹：以清末民初法律文书为考察对象》，中国人民大学2009年博士学位论文。

③ 参见尤志安：《晚清刑事司法改革整体性探究》，中国政法大学出版社2013年版，第201~210页。

厅试办章程》的内容来看，不论是民事裁判文书，还是刑事裁判文书，说理都是其重要的组成部分，而且都是裁判文书的独立组成部分。二是裁判文书的说理既包括对事实的说理，也包括对法律适用的说理。从《各级审判厅试办章程》关于民事裁判文书的格式来看，其既要求裁判文书记载"证明理由之缘由"，又要求记载"判断之理由"，也就是说，其既要求记载案件事实的认定过程，也要求记载法律适用的过程。

（三）逐渐开始注重援引法律规则说理

如前所述，我国古代法制具有情、理、法相统一的特点，情、理是重要的裁判依据，但到了清末，情、理作为裁判依据逐渐淡化，法律规则的裁判依据地位则日益突出。据学者考证，从裁判的依据来看，清末出现从准情、酌理、依律到依法裁判的发展过程，也就是说，虽然情、理在裁判中仍具有一定的意义，对裁判的作出仍然具有影响，但已经不再属于主要的裁判依据，法律成为最为重要的裁判依据。[①] 当然，关于清末判词是否做到了严格依法裁判的问题，学者存在一定的争议，一种观点认为，清代的裁判官是严格依法裁判的，舍弃法律而任意裁判的做法只是例外情况。[②] 另一种观点认为，我国清代的判词一方面能够比较严格地适用法律，另一方面也能够在裁判过程中灵活地运用情理和礼法。[③] 清代判词注重有效平衡天理、国法、人情之间的关系，虽然从许多清代判词来看，其并没有援引具体的法律规定，但相关法律规定一直是裁判官进行裁判的基本依据，当然，在具体裁判过程中，裁判官会参照相关的情理进行裁判。显然，从清末的一些判词来看，其已经开始更加注重援引法律进行说理裁判。

二、民国时期裁判说理的内容

在民国时期，大量现代意义的法律已经出现并逐步完备。大量具有留洋教育背景的法学家发挥积极作用，使得民国时期的法律受到了西方国家的更多影响，西方法律文化给传统的中国社会带来了巨大的冲击。[④] 从结

---

① 参见杨鸿雁：《法制变迁的痕迹：以清末民初法律文书为考察对象》，中国人民大学 2009 年博士学位论文。

② 参见［美］D. 布迪、C. 莫里斯：《中华帝国的法律》，朱勇译，江苏人民出版社 1993 年版，第 442~443 页。

③ 参见李孝猛：《中国十九世纪基层司法文化研究》，载《华东法律评论》2003 年第 2 卷。

④ 张洪林：《中国传统法律文化》，华南理工大学出版社 2018 年版，第 197 页。

构来看，民国时期裁判文书主要包括主文、事实和理由三部分，主文部分简单介绍案件的处理结果，如案件的处理结论、诉讼费用负担情况等；事实部分详细记载当事人的诉讼请求和案件事实；理由部分则记载法官依法所认定的案件事实。从总体上看，民国时期裁判说理主要包括如下内容：

（一）对当事人的诉求进行说明

如前所述，我国古代裁判文书很少详细记载当事人的诉讼请求和抗辩理由，但从民国时期的裁判文书来看，其会在裁判文书的事实部分对原被告双方的诉讼请求和抗辩理由进行详细记载，裁判文书的理由部分则针对文书事实部分当事人的诉讼请求和抗辩理由进行说明。民国时期裁判说理的针对性较强，其说理主要针对主文的内容而展开。民国时期裁判文书的事实部分会简单交代案情和当事人的争议焦点，裁判文书的理由部分主要针对事实部分的争议焦点而展开。例如，在“李国洵与杨观侯解约追租纠纷案”中，从案件事实来看，原告的请求主要有以下几点：一是解除合同并请求返还房屋；二是赔偿房屋损坏的损失；三是租金的计算；四是假执行请求；五是由被告负担诉讼费用。在理由部分，推事根据原告的诉讼请求，也将理由分为三个部分：一是解约部分，二是欠租部分，三是装修部分。法官围绕着三部分分别展开说理。例如，就“解约部分”，法官“查两造所订租约原定存续期间三年后定续租期间一年截止民国十六年六月早经期满，现在原告以被告租赁关系存续中积欠租金甚巨于期间届满后不愿更换续租新约，请求解除前约退房自用核与契约法理相符，自应照准。”[①]裁判说理严格围绕案件事实展开，提高了说理的水平。在有的判决中，法官在理由部分直接明确列举当事人在事实部分的争议，并逐个进行分析论证。例如，在“吴天佑等与吴徐氏吴天祥赠与纠纷案”中，在理由部分，法官首先列明了当事人的几点主张：一是“吴仪泰之赠与田产并无恩惠可言”，二是“吴徐氏非赠与人不得主张废赠”，三是“上诉人的能够并无忘恩不能容许之行为”，然后，法官在判决中分别就当事人的主张进行分析论证。[②] 可见，民国时期判决的一大特点就是针对当事人的诉讼请求和抗辩理由展开。

---

① 江苏省高级人民法院、江苏省档案局（馆）、南京师范大学法学院编：《民国时期江苏高等法院（审判庭）裁判文书实录》（民事卷第一册），法律出版社2013年版，第390页。

② 参见江苏省高级人民法院、江苏省档案局（馆）、南京师范大学法学院编：《民国时期江苏高等法院（审判庭）裁判文书实录》（民事卷第一册），法律出版社2013年版，第377页。

（二）对所适用的法律规则进行说明

民国时期裁判文书的说理会对裁判文书所援引的法律规则进行说明。例如，在“全妹妹与全瑞卿工资事件纠纷案”中，法官在理由部分首先依据“民事诉讼法”第265条对当事人的举证责任进行了说明。[①] 再如，在“李涂氏与乐斌工伤赔偿纠纷案”中，法官在裁判文书理由部分首先指出了当事人的争议焦点，即当事人因执行职务死亡时的遗族抚恤费问题，随后判决书直接指出了该费用的赔偿依据，即“工厂法”第45条、第46条，并依据该规定与案件事实的关联，并最终得出了裁判结论。[②] 可见，与我国古代判词不同，民国时期的判词十分重视对案件裁判所援引的法律依据的解释与适用，在形式上更为重视“依法裁判”。

（三）对案件事实与法律规定之间的关联性和可适用性进行说明

从民国时期裁判文书的理由部分来看，其在针对事实部分当事人的诉讼请求和抗辩理由进行回应和说明时，其并不是进行抽象的逻辑推演，而是结合现行法律的规定进行说理。例如，在“全金山等与顺昌轮船公司劳动合同纠纷案”中，关于当事人的责任，法官在对案情进行详细论述后，结合“民法”第681条的规定，对当事人的责任进行了认定；关于当事人的声请宣示假执行，法官也结合“民事诉讼法”第382条的规定，驳回了当事人的诉讼请求。[③] 从该案的裁判文书来看，法官在论证过程中重视对法律依据的援引，此种做法既有利于督促法官严格依法裁判，防止法官的恣意，也有利于增强裁判文书的说理性。再如，在“陆禀彝与张复初租屋及款项纠纷案”中，法官在说理过程中即援引了“民事诉讼条例”第299条第2款、第513条但书等规定，最终得出了裁判结论。由此可见，民国时期的裁判文书在说理部分重视对法律规范的援引，对法律规范的解释、适用以及法律规范与案件事实之间的关联性等的阐述，也是裁判说理的重要内容。

---

① 江苏省高级人民法院、江苏省档案局（馆）、南京师范大学法学院编：《民国时期江苏高等法院（审判庭）裁判文书实录》（民事卷第一册），法律出版社2013年版，第748~751页。

② 江苏省高级人民法院、江苏省档案局（馆）、南京师范大学法学院编：《民国时期江苏高等法院（审判庭）裁判文书实录》（民事卷第一册），法律出版社2013年版，第724~727页。

③ 参见江苏省高级人民法院、江苏省档案局（馆）、南京师范大学法学院编：《民国时期江苏高等法院（审判庭）裁判文书实录》（民事卷第一册），法律出版社2013年版，第715~720页。

三、民国时期裁判说理的经验

（一）有严格的格式要求

民国时期的裁判文书有严格的格式要求，当时的“民事诉讼法”对裁判文书的格式作出了规定，依据该法第226条的规定，民事判决书应当包括“当事人姓名、住所或居所，当事人为法人或其他团体者，其名称及事务所或营业所”“有法定代理人、诉讼代理人者，其姓名、住所或居所”“主文”“事实”“理由”等内容，该法第227条规定了判决书的签名，第230条规定了判决书的正本或节本的格式。民国时期裁判文书的主要内容包括三大部分，即主文、事实、理由。

（二）理由成为裁判文书独立的组成部分

从结构上看，民国时期判词一方面沿袭了清末法律文书的写法，另一方面则借鉴了大陆法系国家法律文书的结构与格式，其主要采用“主文—事实—理由”这一三段式结构，[①] 理由在裁判文书中属于独立的组成部分，这也凸显了裁判说理的重要性。[②] 而且从民国时期裁判文书的内容来看，其虽然主要包括主文、事实和理由三个部分，但主文部分只是简略记载判决结论，裁判文书的主体部分是事实和理由两部分；事实部分只是客观记载原告的诉讼请求和被告的抗辩理由。因此，可以说，民国时期裁判文书中的理由部分才是核心内容，在理由部分中，法官针对当事人双方的诉讼主张和抗辩理由，通过充分的说理阐释法官所最终认定的案件事实，并依据法律规定进行说理，凸显了说理的重要性，也提高了裁判说理的水平。

（三）讲究说理技巧

民国时期裁判文书的说理重视说理的技巧，有些判词很注重逻辑推理和分析。例如，在“林本贤与庄呈祥货款合同纠纷案”中，当事人就一封信件的内容是否包含借款内容发生争议，法院认为：“……该信究为原告向被告借款未允而发，抑为原告向被告索讨货款不付而发，未臻明了。总之，该信不能证明原告并未交付货物与被告，又余基温林有志致被告之信内纵有相劝被告让步之句语，然此系第三人所发之信，不能据认原告对于

① 当然，在上诉裁判文书中，有时只包括主文和理由两部分，而没有对案件事实进行重复记载。

② 参见孙华璞、王利明、马来客：《裁判文书如何说理》，北京大学出版社2016年版，第32页。

被告有欠无存，是以被告之主张实难认为有理由。”① 在该案中，法官在说理时即紧扣当事人陈述，结合证据法则对当事人的陈述进行巧妙的逻辑分析，从而得出相应的案件事实。再如，在“周俊生与生大鱼行垫款纠纷案”中，在裁判文书的理由部分，法官认为：“然此项垫款之债权并非由于合伙契约而生，即不能与股本及股东之附项同论，大理院判例所称之附项当系另有所指。被告代理人以此项垫款属于附项殊属误会。”② 在该案中，法官的说理虽然较为简略，但可谓一语中的，指出了当事人争议的焦点，并依法作出了裁判结论。

（四）严格依法说理

从民国时期裁判文书来看，法官在说理过程中注重援引法律规定。如前所述，民国法官在裁判文书的说理过程中，注重依法说理，不论是对案件事实的说明，还是对裁判结论的论证，都会援引相关的法律规定。例如，在“陆杨氏诉陆子根等欠租纠纷案”中，法官在论证当事人租约的有效性时，即援引了当事人订约时有效的“土地法”的规定。③ 在有的裁判文书中，法官裁判时也会援引判例。例如，在“吴天佑等与吴徐氏吴天祥赠与纠纷案”中，关于受赠人因故意或重大过失对赠与人或者其近亲属有忘恩不能容许之行为时，受赠人的承继人是否有权主张废止合同，法官即援引了“大理院三年上字第 23 号判例”。④

（五）文字风格

民国时期裁判文书交叉使用文言文与白话文，但基本能够清楚交代案件事实。民国时期裁判文书的文风较为务实，注重对案件事实的裁判理由的说明，使人能够快速了解案件事实和裁判理由的逻辑推理过程。例如，在“季荣生与季妙生季明兴回赎纠纷案”中，裁判文书在事实部分记载了当事人双方的争议，陈述了原告的诉讼请求和被告的抗辩理由，以及双方当事人的举证情况；在理由部分，法官仔细分析了案件事实，对当事人在

---

① 江苏省高级人民法院、江苏省档案局（馆）、南京师范大学法学院编：《民国时期江苏高等法院（审判庭）裁判文书实录》（民事卷第二册），法律出版社 2013 年版，第 310~311 页。

② 江苏省高级人民法院、江苏省档案局（馆）、南京师范大学法学院编：《民国时期江苏高等法院（审判庭）裁判文书实录》（民事卷第一册），法律出版社 2013 年版，第 859 页。

③ 参见江苏省高级人民法院、江苏省档案局（馆）、南京师范大学法学院编：《民国时期江苏高等法院（审判庭）裁判文书实录》（民事卷第一册），法律出版社 2013 年版，第 402 页。

④ 参见江苏省高级人民法院、江苏省档案局（馆）、南京师范大学法学院编：《民国时期江苏高等法院（审判庭）裁判文书实录》（民事卷第一册），法律出版社 2013 年版，第 377 页。

事实部分的诉讼请求和抗辩理由进行了分析。[①] 法官在裁判文书中对案件的争议焦点一一进行了梳理，并进行了有效论证，使人能够快速了解案件事实和法官的推理过程。再如，在“沈培卿与徐贤宝赠与纠纷案”中，法官认为，“虽陈均衡谓分据中上诉人之押是否系其亲签，没有看见证人徐彩亭供我的押是我娘代签的，而徐彩亭之母及媒人胡彩生均经亡故，无从传讯，但察阅上诉人在第一审所画之押与被上诉人呈案分据中上诉人名下之押其笔姿与原系一致，要难谓为非上诉人亲笔所签。况赠与非要式，行为只须赠与者之一方表示意思为已足，纵使上诉人与被上诉人提出之分据上并未签押，但既经各该证人证明当日上诉人确有约定给与被上诉人田亩之事实即不能不认被上诉人之主张为正当。现在上诉人亲生子土宝已成婚有年，分据上所附加值条件亦久经成就。”[②] 该裁判文书在文风上虽然文白并用，但也很容易从中看出法官的案件推理过程。

第三节 新中国成立以来裁判说理的历史发展

一、历史的考察

新中国成立初期，我国就高度重视司法判决的说理工作，时任最高人民法院院长的谢觉哉曾强调：“法院是评论道理的地方，犯罪分子怕他，因为他讲道理，没理的逃不过去……人民爱护法院，首先在于法院深通道理探明法律，站得住脚。”[③]

尤其是改革开放以后，我国司法裁判文书的说理性更受到重视，最高人民法院等相关部门也采取了一系列的措施，以不断强化裁判文书的说理，我国裁判文书的说理水平在不断提高。1980 年 6 月，司法部发布了《诉讼

① 参见江苏省高级人民法院、江苏省档案局（馆）、南京师范大学法学院编：《民国时期江苏高等法院（审判庭）裁判文书实录》（民事卷第一册），法律出版社 2013 年版，第 196~199 页。

② 江苏省高级人民法院、江苏省档案局（馆）、南京师范大学法学院编：《民国时期江苏高等法院（审判庭）裁判文书实录》（民事卷第一册），法律出版社 2013 年版，第 370~371 页。

③ 谢觉哉：《关于政策法律的学习》，载《谢觉哉文集》，人民法院出版社 1989 年版，第 1124~1126 页。

文书样式》，下发全国各级人民法院，该《诉讼文书样式》共计8类64种，对统一诉讼文书、强化裁判说理起到了一定的积极作用。1985年，《中华人民共和国最高人民法院公报》开始出版，每期都会选登部分典型案例，展示裁判说理的风格和技巧，对于指导各级法院进行裁判说理具有重要的指导意义。同时，以公报的形式刊载相关的裁判文书，对法官认真进行裁判说理也具有很好的激励作用。1992年，为了实现裁判文书制作的规范化和统一性，最高人民法院颁发了《法院诉讼文书样式（试行）》。1992年10月开始，最高人民法院中国应用法学研究所开始编辑《人民法院案例选》，由人民法院出版社公开出版发行，对于法院强化裁判说理具有重要的指导和参照意义。我国相关法律也对法官的裁判说理义务作出了规定。2007年《民事诉讼法》第152条规定，判决书应当写明判决结果和作出该判决的理由。这就将裁判文书说理规定为一项法官应尽的法定义务。

近几十年来，最高人民法院一直将裁判说理作为司法改革的一项重要举措。早在1999年，最高人民法院就将裁判文书改革视为司法改革的一项重要内容，当年颁布的《人民法院五年改革纲要》（以下简称《一五改革纲要》）明确将民事裁判文书改革列为改革的重点，并将裁判文书的司法功能定位为“成为向社会公众展示司法公正形象的载体，进行法制教育的生动教材”。在该纲要的指导下，各级人民法院在裁判文书改革方面进行了有益的探索，裁判说理的水平不断提高。裁判说理水平的提高也在一定程度上推进了裁判文书的公开化进程。2000年以后，最高人民法院也逐步在《人民法院报》和《最高人民法院公报》《审判指导与参考》等刊物上公布各级人民法院的优秀文书。最高人民法院《关于司法公开的六项规定》指出：“裁判文书应当充分表述当事人的诉辩意见、证据的采信理由、事实的认定、适用法律的推理与解释过程，做到说理公开。”2002年，最高人民法院发布了《关于民事诉讼证据的若干规定》，该规定要求法官公开裁判过程，并在裁判文书中予以说明。2006年，最高人民法院《关于加强民事裁判文书制作工作的通知》中规定“要严格按照《人民法院五年改革纲要》的原则要求，加强民事裁判文书的制作工作。各级人民法院要在1992年民事裁判文书样式的基础上，根据民事案件的特点，积极探索民事裁判文书的改革。要保证改革在保持国家法律文书的严肃性和统一性原则下进行，对民事裁判文书的基本框架不应随意变动。要强调案件事实的公开性和完整性、证据认定的逻辑性、判案理由的说理性以及文字语言的准确性，突出对重点争议证据的认证说理以及对当事人诉讼请求的辨法析理”。

党的十八大以来，在全面推进依法治国的背景下，对司法改革中强化裁判文书说理也提出了新的要求。《中共中央关于全面深化改革若干重大问题的决定》指出，要“增强法律文书说理性，推动公开法院生效裁判文书”；党的十八届四中全会《关于全面推进依法治国若干重大问题的决定》指出，要“加强法律文书释法说理，建立生效法律文书统一上网和公开查询制度”。为落实中央改革的部署，最高人民法院于 2013 年颁发了《关于人民法院在互联网公布裁判文书的规定》。该规定第 1 条指出，“人民法院在互联网公布裁判文书，应当遵循依法、及时、规范、真实的原则”，这实际上形成了对裁判文书强化说理的倒逼机制。事实上，自中央推进裁判文书上网工程之后，各省市的裁判文书上网率和上网数量不断增加。[①] 截至 2021 年 1 月 27 日，中国裁判文书网已公布裁判文书超过 1.1 亿份，访问总量已突破 554 亿人次。这为裁判文书的公开查询、研究、批评和监督提供了充分的数据基础。2018 年，最高人民法院下发《关于全面提升裁判文书质量切实防止低级错误反复发生的紧急通知》，针对一些法院个别上网裁判文书存在低级错误等问题，要求各级人民法院引起高度重视，认真查找工作中存在的问题，加强源头治理，健全工作机制，落实司法责任，切实提升上网裁判文书质量。

最高人民法院将裁判文书说理作为司法改革的重要内容，全面规划实施。最高人民法院于 2015 年公布的《人民法院第四个五年改革纲要（2014—2018）》（以下简称《四五改革纲要》）也专门阐述了加强裁判说理性的改革目标和方案，对“推进裁判说理改革”进行了具体部署。2018 年，最高人民法院颁布了《关于加强和规范裁判文书释法说理的指导意见》，其中强调，“裁判文书释法说理的目的是通过阐明裁判结论的形成过程和正当性理由，提高裁判的可接受性，实现法律效果和社会效果的有机统一；其主要价值体现在增强裁判行为公正度、透明度，规范审判权行使，提升司法公信力和司法权威，发挥裁判的定分止争和价值引领作用，弘扬社会主义核心价值观，努力让人民群众在每一个司法案件中感受到公平正义，切实维护诉讼当事人合法权益，促进社会和谐稳定”。在该文件颁发的前

① Yingmao Tang and John Zhuang Liu. Mass Publicity of Chinese Court Decisions：Market-Driven or Authoritarian Transparency?［J］. The China Review，Vol. 19，No. 2（May 2019），15~40.

后，一些法院还专门颁行了强化裁判说理的文件。例如，浙江省高级人民法院发布了《关于加强裁判说理工作的若干意见》，河南省高级人民法院也发布了《关于加强和规范民事裁判说理的指导意见（试行）》，在一定程度上强化了法官的裁判说理。近几年来，因为司法改革强调裁判说理，一些优秀的判决书也不断涌现，一些有水平的法官也脱颖而出。裁判文书公开也形成了一种倒逼机制，在一定程度上推动了裁判说理水平的提高。

二、裁判说理取得明显进步

近几十年来的改革，尤其是党的十八大以来，各项改革措施的推进，有力地提升了裁判文书说理的水平。

第一，将裁判文书说理作为改革的一项重要目标，并通过各项配套改革措施，极大地提升了裁判文书的质量。强化裁判说理本身就是司法改革的一项重要内容。从最高人民法院的《一五改革纲要》到《四五改革纲要》的内容来看，强化裁判说理一直是司法改革的重要内容。例如，《一五改革纲要》提出，要加快裁判文书的改革步伐，提高裁判文书的质量；《二五改革纲要》提出要建立法院与法院之间、法院内部各审判机构之间、审判组织之间的法律适用协调机制，统一司法尺度，准确适用法律。这些改革举措都有利于强化裁判文书的说理。《四五改革纲要》对裁判文书改革作出了明确的部署，通过颁布《关于加强和规范裁判文书释法说理的指导意见》等一系列举措，使裁判文书说理制度化。我国近些年的司法改革，都在一定程度上提升了裁判说理的水平。① 最高人民法院也采取了若干举措，积极推动裁判文书的说理，各地法院也相继制定了若干强化裁判说理的规定，并取得了良好的效果。

第二，司法改革的稳步推进，促进了裁判文书的说理。裁判文书是司法活动的集中体现，裁判文书说理也一直是司法改革的重心，落实办案责任制，首先要求法官应当对自己的审判结果承担责任，此种责任也应当是法官对裁判文书的质量终身负责，这可以促使法官对其审理的案件高度负责，以高度的责任感、投入更多的精力来办好案件努力提高办案质量。随着司法改革进程的推进，合议庭的职权也同时在不断加强，而且裁判文书要公开审委会的审理意见，这都在一定程度上强化了裁判文书的说理。再

① 徐昕等：《中国司法改革年度报告（2013）》，载《政法论坛》2014 年第 2 期。

如，员额制与法官责任制的推行，也有利于明晰和强化法官裁判案件的责任，形成一种说理的倒逼机制，从而促进裁判说理的水平。

第三，通过司法公开增强裁判文书说理。2013 年，最高人民法院颁发了《关于人民法院在互联网公布裁判文书的规定》，裁判文书的公开要求法官向社会公开其裁判结论以及得出裁判结论的过程，并接受来自法律共同体以及社会公众成员等的监督，这在客观上也会形成一种倒逼机制，要求法官必须强化裁判文书的说理。① 尤其应当指出的是，自 2014 年 1 月起，最高人民法院开始实施裁判文书上网的举措，各省市高级人民法院和基层法院都将裁判文书的上网公开率作为一项重要的评价指标，加强裁判文书的公开上网活动。② 目前的上网裁判文书数量已经高达 1 亿多份，访问总量也在以惊人的速度提高。③ 迄今为止，我国裁判文书上网的总数居全球首位，全面推进裁判文书上网是一项史无前例的重大工程，是全面推行司法公开的重要举措，其意义十分重大，它是实现以公开促公正、提高司法公信力的重要举措。

除公开裁判文书外，裁判文书还要公开审委会的讨论意见。将审委会的意见予以公开，既有利于提高裁判文书的说理水平，也有利于强化社会监督。强化裁判说理本身成为司法改革的一项内容。司法改革的目的是实现司法的公正性，而强化裁判说理是实现司法公正的重要手段。我国近年来采取了一系列的改革措施，如法官后语、判后答疑等制度，也提高了我国裁判文书的说理水平。司法裁判的权威性和公信力并不仅仅体现为裁判文书格式的规范性，而更体现为裁判说理水平的提高，因为法官只有在裁判中进行充分的说理，阐释裁判理由，才能使当事人和社会公众相信裁判至少在形式上是公正的，司法的权威性才能逐步树立起来。④

第四，繁简分流促进了裁判说理分类。由于立案登记制的实施，法院每年立案数量同比增长近三成。在这种情况下，客观上也迫切需要对案件进行繁简分流，区分简易案件和疑难案件，从而进行不同程度的说理，实际上，这也是其他国家和地区通行的做法。我国各地法院也采用了繁简分

---

① 周军、李春华：《裁判文书深度公开问题研究》，载《法律适用》2015 年第 2 期。

② Yingmao Tang and John Zhuang Liu. Mass Publicity of Chinese Court Decisions：Market-Driven or Authoritarian Transparency？［J］. The China Review，Vol. 19，No. 2（May 2019），15~40.

③ 姜佩杉：《中国裁判文书网文书总量突破一亿份，司法公开规范司法行为促进司法公正》，载人民法院新闻传媒总社 https：//www. chinacourt. org/article/detail/2020/09/id/5433643. shtml，最后访问时间：2020 年 9 月 16 日。

④ 王卫明：《判决说理与司法权威》，载《读书》2009 年第 12 期。

流的做法，并取得了良好的效果。[①] 而为了更好地推进繁简分流工作，提升法官的专业知识与所审理案件的法律问题的匹配度和工作效率，我国科技部、最高人民法院、最高人民检察院、公安部联合推定和发布了一系列关于“繁简分流”的重大攻关研究项目，希望研发一套智能化的繁简分流系统，特别是能够通过人工智能的运用，来评估特定诉讼案件的预期工作量，并基于此与审理法院的相关法官的专业知识能力进行匹配和分配，从而更好地发挥法官的专业知识储备和审判经验。这也有助于提高他们裁判文书梳理的专业度和工作效率。

第五，裁判文书本身内容也在不断改革。新中国成立后一段时期内忽视裁判文书的说理，裁判说理的水平并不高。时至今日，伴随着司法改革进程的推进，我国裁判文书的说理水平有了极大的提高，尤其是裁判文书中关于证据认定的说理明显增加，有的裁判文书甚至有数十页罗列相关的证据并进行分析，裁判文书的说理性在不断增强。还有一些法院探索实施判后答疑、法官后语等制度，也取得了一定的效果。

总体来说，裁判文书的质量在不断地提高。各地法院也在开展优秀法律文书的评选活动，发现了一大批优秀的裁判文书。2018 年 5 月，最高人民法院又发出《关于全面提升裁判文书质量切实防止低级错误反复发生的紧急通知》，努力纠正裁判文书中的低级错误。2019 年，最高人民法院公布了全国法院首届“百篇优秀裁判文书”获奖名单。名单中的 100 篇优秀裁判文书，是从全国四级法院推荐的 508 家法院 1203 篇候选文书中经周密程序，严格筛选、评价择优确定的，其共同的特点就是注重判决的释法说理。[②] 近年来，一些优秀的裁判文书，如“无锡冷冻胚胎案”“奇虎 360 诉腾讯垄断案”“山东于欢案”等案件的二审裁判文书，也引发关注和好评。2018 年 1 月，北京市高级人民法院评选出百篇优秀裁判文书，其中公众熟悉的“快播案”“狼牙山五壮士案”等案件裁判文书均入围，“快播案”一审刑事判决书因“层次分明、逻辑清晰、论证严密、说理透彻，且展现出法官在应对社会治理难题时的理性、审慎、自信与担当”，获得一等奖。[③] 这些都表明，民事裁判文书的质量正在不断提高。

---

① 李少平：《大力推进繁简分流　全面深化司法改革》，载《人民法院报》2016 年 9 月 14 日。

② 丁宇翔：《释法说理，让正义看得见讲得明》，载《人民日报》2019 年 4 月 9 日。

③ 靳昊：《“胜得茫然、输得糊涂”，裁判文书如何以理服人》，载《光明日报》2018 年 7 月 15 日。

第四章　裁判文书说理不足的现状及其完善

总结我国司法实践和司法改革经验可见，尽管我国的裁判文书公开制度和裁判文书说理质量都在稳步向前推进，并且在不少方面已经取得了明显的进步，但是，我们也需要清楚地认识到，一些制约法官在裁判文书中充分说理的观念、体制机制上的问题依然存在，裁判文书说理的整体质量还有待提升。不论是案件事实的认定，还是法律适用，法官在说理方面均存在一定的不足。虽然法官注重对案件事实的调查与认定，但有的法官对裁判文书的说理并未予以高度重视。中国人民大学未来法治研究院与国双科技共同开展的一项关于5万份惩罚性赔偿的裁判文书的数据挖掘和分析课题的初步研究表明，这些裁判文书的裁判说理存在如下问题：从其中的裁判文书来看，说理部分字数占裁判文书总字数30%以上的裁判文书比例为20%，说理部分占裁判文书总字数20%到30%之间的比例为24%，说理部分占裁判文书总字数20%以下的比例为56%，从这一比例来看，超过半数的裁判文书中裁判说理部分占整个裁判文书的比例不到20%。在5万余份关于惩罚性赔偿的裁判文书中，单份判决书的正文平均字数为2300余字，说理平均字数700余字，说理平均字数占正文平均字数的比例在30%以下。[①]

影响我国裁判说理水平的原因是多方面的，既有案多人少等现实的影

① 本次统计并未区分一审和二审。在计算一份判决书的总字数时，中国人民大学未来法治研究院的研究人员将一份文书中的“标题、法院、文书类型、案号、诉讼参与人、审理经过、法律效力、审判人员、裁判日期、书记员、附件、其他”等段落排除掉，并将“裁判结果”段落中的“判决如下”到“受理费”一段文字排除掉，剩下的成为“正文”。说理部分即为“裁判结果”段落。

响，也有体制机制方面的原因。除此之外，有些法官说理能力有限也是影响裁判说理水平的重要原因。因为裁判说理在很大程度上与法官的专业素养、文字修养、逻辑能力等息息相关。裁判说理的欠缺也与有的法官对裁判说理必要性认识不足有关。有的法官认为，只要案件裁判结果是公正的，案件的裁判就是妥当的，至于裁判文书的说理，则可以减少表述。这种观点实际上只是将裁判文书的说理过程作为得出案件裁判结果的一种工具，可有可无。因此，一些法官在案件裁判过程中将主要精力放在对裁判结果妥当性的考虑上，而忽略了裁判说理。有的法官在裁判中不敢说理或者不愿说理的重要原因是对承担责任和职业压力方面的担忧。[①] 说理激励机制的缺乏也是影响我国法官裁判说理的重要因素。如果将裁判文书的说理与法官的待遇、职业荣誉挂钩，则能够有效激励法官进行充分的裁判说理。因此，裁判不说理的原因是多方面的，解决这一问题也必须从多种举措入手。

第一节　事实认定的说理不足及其完善

一、事实认定说理的不足

在裁判说理中，事实认定的说理是裁判说理的重要组成部分，准确认定案件事实既是法官找法的基本前提，也是法官准确适用法律的基本前提。正如德国学者魏德士所言："实践当中如果有一千个事实问题，那么真正的法律问题还不到事实问题的千分之一。"[②] 法官在事实认定部分说理不准确，则找法以及法律适用也会出现问题。例如，当事人之间如果已构成侵权责任关系，而法官在认定案件事实时认定当事人之间成立无因管理，则属于事实认定错误，法律适用也将出现错误。在案件事实认定过程中，法官需要准确运用各种证据规则，对各类证据的效力进行认定，并在此基础上准确认定案件事实。

① 罗灿：《推进裁判说理改革要避免的五大误区》，载《人民法院报》2015年2月6日。

② ［德］魏德士：《法理学》，丁小春、吴越译，法律出版社2003年版，第298页。

从实践来看，我国裁判文书在事实认定方面的说理在不断强化，事实认定的分析较之以前有了极大的提高，以天津的“许云鹤案”[①] 为例，在该案中，事实争议的焦点是王秀芝的腿伤是否为许云鹤的驾车行为所致。由于涉案交通事故没有现场监控录像或者目击证人等直接证据，只能根据相关的证据予以认定。法院从如下几个方面进行分析：一是根据现场勘验笔录、事故现场图及照片，事发时许云鹤所驾车辆其位置符合该车在紧急情况下向左避让并制动形成的状态，可以排除该车平缓制动停车的可能性。二是根据对王秀芝伤情成因的鉴定结论，王秀芝右膝部的损伤特征符合较大钝性外力由外向内直接作用于右膝部的致伤特征，且右下肢损伤高度与许云鹤所驾车辆的前保险杠防撞条的高度在车辆制动状态下相吻合，该损伤单纯摔跌难以形成，遭受车辆撞击可以形成。三是在交管部门处理本案交通事故的过程中及一二审期间，许云鹤一直主张看到王秀芝跨越护栏时摔倒受伤，从未辩称事发当时还有任何第三方致伤的可能。四是从王秀芝尚能从容跨越护栏的行为分析，也可以排除王秀芝在跨越护栏前已被撞受伤的可能。基于上述分析，法院最终认定，“司法鉴定中心的鉴定结论与事故现场图、照片、勘验笔录、当事人述称等证据可以形成完整的证据链，足以认定王秀芝腿伤系许云鹤驾车行为所导致，许云鹤的驾车行为与王秀芝的损害之间存在因果关系。许云鹤主张王秀芝是自行摔伤，自己是停车救助的理由不能成立”。[②]该案中，法院对整个事实的分析具有逻辑性，而且法院综合运用各类证据，形成了完整的逻辑论证链条，这也增强了事实认定的说理性。与南京的“彭宇案”相比较，该案之所以获得各方的广泛好评，就是因为法院在裁判中强化了对事实说理的论证。从网上披露的许多司法案例来看，优秀的裁判文书越来越多，表明裁判文书说理也不断强化。

但从整体而言，我国的裁判文书在事实认定说理方面仍然存在一定的不足，虽然有的裁判文书有几十页，但只是平铺直叙地记录案件事实，而没有对案件事实的认定进行充分说理，一些裁判文书在罗列事实之后，只是简单地以“上述事实，有真实证据证明”或“上述事实，证据确凿”为由作出裁判，[③] 但哪些证据证明了哪些内容，当事人所提供的证据是否具

①② 天津市第一中级人民法院（2011）一中民四终字第0993号民事判决书。

③ 沈福俊：《司法裁判改革探析》，载《法商研究》1994年第3期。

有证明力，其能够证明哪些案件事实，均缺乏有效的说理论证，从这种表述中很难看出法官对案件事实的认定过程以及案件事实与证据认定之间的关系。一些裁判文书在“经审理查明”后直接写明法官对案件事实的认定，然后再写认定案件事实的证据，显然是因果关系的颠倒。[①] 而且在裁判文书中，法官所认定的案件事实与相关的证据是截然分开的，裁判文书在列明相关证据时，只是对各项证据进行简单列举，并没有对其证明力，以及该证据与案件事实之间的关联性等作出详细阐释，这也会影响案件事实认定部分的说服力。

具体而言，在事实认定方面，最需要解决的问题主要有如下几个：

（一）对案件事实的认定缺乏逻辑分析

司法说理的过程，在很大程度上就是一个逻辑推理的过程，需要遵循一般逻辑学中的推理方法，至少不得违背同一律、矛盾律和排中律等逻辑常识。司法裁判结论的作出应当是建立在严密的逻辑推理基础之上的，尤其是对事实的分析，更应当建立在严密的逻辑分析的基础之上。换言之，也只有对案件事实进行逻辑分析，才能够准确进行事实认定。天津的“许云鹤案”之所以在事实认定方面受到好评，就是因为法官对各类证据进行逻辑分析，并在此基础上分析案件事实，这样才能得出妥当的裁判结论。

但案件事实不同于客观事实，其需要通过一系列证据予以证明，因此，逻辑推理应当贯穿于事实认定的全过程，即从证据的分析、事实的认定，到法律规则的解释、适用，再到裁判结果的论证，都应当遵循逻辑要求，如果逻辑推演的某个环节出了差错，就会导致整个事实认定的结论出现偏差。如前所述，有的裁判文书并没有对法官认定案件事实的过程进行记载，而只是列举双方当事人的主张和抗辩理由，然后直接得出所认定的案件事实，其中并没有进行详细的逻辑推演。有的裁判文书虽然对举证和质证进行了归纳和说明，但是，就这些证据是否形成了完整的证据链，没有给予足够的说明。例如，在某个案件中，原告甲诉称，乙、丙、丁三方作为保证人，为其债权提供担保，乙、丙为自然人，丁为公司，保证合同中有两个自然人的签字和丁的法定代表人的签字，而没有盖丁的公章，而丙提出，其签字是伪造的，且在“是否愿意担任保证人”一栏中，“同意”二字都

① 参见孙华璞、王利明、马来客：《裁判文书如何说理》，北京大学出版社 2016 年版，第 59 页。

是甲的工作人员填写的。在该案中，保证人均主张其提供保证的意思是被伪造的。原告甲认为，即便“同意”二字是其工作人员所写，但也是先写了这两个字，再找几个保证人签字，因此是真实的。一审法院支持了原告的主张，判定三个保证人承担保证责任，但一审法院没有对各种证据及其效力进行全面分析。笔者认为，在该案中，不应当认可保证合同的真实性，理由在于：一是虽然在这个案件中有两个当事人的签字是真实的，但其签名被套印的可能性很大，一些技术专家也对此作了证明。二是其中有个保证人的签名是伪造的，因此，该保证合同被伪造的可能性不能被排除。三是丁作为保证人，只有自然人签字，没有法人盖章，再次支持了保证人签名被套印的可能性。四是在“是否愿意担任保证人”一栏中，“同意”二字都是甲的工作人员填写的，而填写究竟是在保证合同订立前填写的，还是在合同被伪造后填写的，原告无法对此作出充分证明，而且其工作人员的举证也前后矛盾。综合上述事实，保证合同被伪造的可能性比保证合同是真实的可能性更大。可见，在案件事实认定中，法院应当对各个证据及其效力进行全面的、综合的分析，才能准确地、客观地认定事实。

从实践来看，有的裁判文书中是先写已查明的事实，然后再写当事人提交证据的情况，这种做法存在逻辑上的颠倒问题，因为案件事实不同于客观事实，其认定需要有证据的支撑。证据是构建案件事实的基础，没有证据就没有案件事实。[①] 因此，裁判文书首先应当对当事人所提交的证据及其证明力等内容进行记载，然后才能记载法官所认定的案件事实。

（二）事实认定与证据脱节

在一些裁判文书中，事实的认定与证据之间存在脱节。不少裁判文书中“经审理查明的事实”没有充足证据予以证实，却列举一些与关键事实毫无关系的证人证言等证据，法官所认定的案件事实与证据之间缺乏联系。“职业法官的书本知识确实比普通民众渊博，但在实际的生活经验上，却未必比人家丰富。”[②] 个别裁判文书列举了大量证据，但裁判最终认定的事实在证据列举部分又没有任何体现，这就是典型的事实认定与证据脱节的现象。例如，在某个案件中，甲为乙出具一张字条：“双方已经就买卖某房

① 参见孙华璞、王利明、马来客：《裁判文书如何说理》，北京大学出版社 2016 年版，第 50 页。

② ［日］秋山贤三：《法官因何错判》，曾玉婷译，魏磊杰校，法律出版社 2019 年版，第 134 页。

屋达成协议，总房款200万元。在甲于某年某月某日将8万元汇入乙的账户后，本约定生效，并开始办理过户手续。”但是，在该字条上，只有甲的签名，而没有乙的签名。法院在事实认定部分列举了大量的双方往来、从事交易活动的情况，以及当事人所提供的相关证据，尤其是列举了甲向乙交付20万元事实，据此，法院最终认定买卖合同已经成立。而法院所列举的当事人之间交易的相关情况与此次买卖合同之间又没有关联性。问题的关键在于，买卖合同本身是否已经成立。原告认为，虽然乙没有签字，但是其已经将20万元现金实际交付给了甲，但乙认为，现金是另一笔借款，而且拿出了借据，同时说明了其并没有在买卖合同中签字的原因。问题的关键在于，在乙没有签字的情形下，买卖合同能否成立，而甲向乙交付20万元究竟是本案中约定的预付款，还是另一个借款合同关系，法院没有对此作出判断，法院列举的证据均与认定合同成立的案件事实无关。因此，在案件审理中，法院就要认定当事人是否就房屋买卖达成了协议。针对这类签章不全的证据材料，是否能够证明双方的买卖合同关系的存在，不能仅凭有一方签字的证据以及甲向乙交付20万元，就认定买卖合同成立。

（三）裁判文书没有对认证过程进行全面分析和归纳

一些裁判文书并没有对当事人的质证过程以及证据的证明力等内容进行详细记载。当事人所提交的证据能否作为认定案件事实的证据，其证明力的程度如何等，需要法官结合当事人的质证情况等多种因素，综合予以判断。如果裁判文书不对这些内容进行记载，尤其没有展现法官取舍证据的过程，其对案件事实的认定也可能缺乏说服力。当事人在举证过程中可能提交了许多证据，整个证据描述的可能是非常复杂的故事，但法官不能陷入其中，而应当围绕当事人的争议焦点展开认证。法官应当在裁判文书中详细阐述对证据的分析和认定过程。在事实认定中，裁判文书所依据的证据应当满足证据的一般要求，即真实性、关联性和合法性。从我国的司法实践来看，一些法官只是在裁判文书中简单地列举证据的名称，最后就以“证据确实充分，足以认定”来进行简单概括，但仔细分析，许多文书中只是对证据的简单罗列，既没有对庭审举证、质证、认证等过程进行记载，也没有对证据证明力的认定、证据与案件事实之间的关联等内容进行详细记载，[①] 无法看到法官对证据的分析和论证。尤其是对当事人所提供

① 韩玉刚：《裁判说理问题的实证分析》，载《中国证券期货》2013年第6期。

的证据材料有矛盾时，法官无法直接根据当事人一方所提供的证据得出案件事实，而需要对当事人的证据进行必要的取舍。如果一方当事人举证后，对方当事人可能提出反证，或者提出其他的抗辩理由，这些反证是否成立，以及反证的证据能够证明哪些事实，都需要作出回应，否则，就使得事实的认定缺乏说理，也难以准确反映案件的客观事实。

从我国司法实践来看，个别法官的认证过程存在一定问题：一是脱离待证事实进行认证。证据的证明力应当体现在待证事实中，如果脱离待证事实，证据的证明力也将无从谈起。有的法官在裁判文书中直接列明各项证据，并得出相关的事实认定依据，而没有将相关的证据与待证事实相关联，这也会影响裁判说理的质量。二是混淆证明对象与认证对象。证明对象通常是事实，而认定对象通常是证据的证明力。实践中，有的法官并没有对二者进行明确的区分，这就超出了证据认定的范畴。[①] 三是在司法过程中，有的法官将行政处罚、行政执法中的文书作为民事案件裁判的依据。甚至将其作为公文书，直接作为案件裁判的依据，不允许当事人对其进行反驳。因为当事人在行政程序中往往无法参与文书的作出过程，直接将某个公文书所认定的事实作为民事案件裁判的事实，过于武断，对此，仍然应当从案件的具体案情出发，确定能否将相关公文书所载明的事实作为民事裁判的案件事实。此外，在实践中，有的法官把刑事裁判文书所认定的案件事实作为民事裁判的案件事实，而没有进行事实认定程序。由于刑事案件和民事案件所涉及的法律关系并不相同，尤其是在刑事案件中，当事人没有参与举证和质证，事实难以认定。所以，简单地以刑事裁判文书中所认定的事实作为民事裁判的案件事实并不妥当，仍然应当根据具体情形加以判断。

（四）未在裁判文书中充分展示法官在认定事实时的自由心证过程

法官在认定案件事实时，需要运用自由心证的方法。自由心证的实质是“对证据的自由评估，评估是方法，心证是结果，由评估而得心证。自由评估，系对机械评估（法定证据制度）而言，意在不受法定或机械方法的束缚而为自由正确地评估，借以获得正确的心证，不得违背伦理及经验的法则”。[②] 裁判说理之所以要对事实认定进行说理，实际上就是将法官的

① 应秀良：《论民事审判中法官如何“认证”》，载《法律适用》2013 年第 6 期。

② 参见李学灯：《证据法比较研究》，我国台湾地区五南图书出版公司 1992 年版，第 712 页。

自由心证过程展开，这本身也是司法公开的体现，这一过程展示得越充分，也越能够使人们理解法官为什么作出相关的裁判结果。但有的裁判文书没有展示这样一个心证过程，有的只是简单表述“上述证据于法无据，本院不予采信”，但为什么于法无据，未作分析，有的直接用一句话表述，“鉴于本案的具体情况”，依据某法律第××条裁判如下，但本案的具体情况究竟是什么，为什么可以依据该条规定裁判，则未作说明。一些裁判文书并没有记录法官在认定案件事实时的自由心证过程，某一证据的证明力如何，其能够证明何种案件事实，为何能证明此种案件事实等，裁判文书并没有作出记载。

（五）事实认定的说理不充分且缺乏针对性

判决理由是指法院根据已经认定的事实和证据所阐述的裁判的理由。从我国司法实践来看，一些裁判文书的说理部分单薄，未能针对案件事实的认定过程进行有条理、有逻辑性的分析。有的裁判理由空洞无力、缺乏针对性。判决理由应当针对双方当事人所提出的请求和理由予以答复，即哪些应予以支持、哪些应予以驳回，而这些支持和驳回的意见必须建立在充分说理的基础上。换言之，法院对于支持和驳回当事人主张的理由必须讲出充足的道理。然而，有的判决书对当事人的说法虽然作出答复，但在答复的意见中不表述理由，有的判决甚至未对当事人的请求作出答复，从而使判决不能以理服人。例如，在某案件中，法院直接以被告存在收款不发货的行为为由，就认定被告存在欺诈，但事实上收款后不发货的原因可能是多种多样的，有可能是货物遗失，或者是因为运输能力，甚至可能是因为第三人的原因所致，未发货构成违约应无疑问，但是未发货是否就一定构成欺诈，则需要进行详细的说理，才能得出结论。

裁判文书在事实认定方面说理不充分还体现为对事实的表述和推定不当。从一些法院的裁判文书来看，在“经审理查明”部分会记载法官经心证所认定的事实，但该部分并没有记载法官心证的过程，尤其是法官进行心证的根据，也没有针对当事人所陈述的不同事实进行分析和评判，这就很容易使人对法官心证过程的合理性产生怀疑，也从整体上影响了裁判文书的说理水平。同时，法官还应当在裁判文书中对事实推定的过程进行充分说明。事实推定是法官依据某一已知事实，根据经验法则推定诉讼中需要证明的事实存在或者不存在。[1] 法官在运用事实推定方法时，应当对事实推定的理由以及推定的过程进行说明，但从实践来看，一些裁判文书并没有详细记载法官进行事实推定的过程，这也会影响裁判文书的说理水平。

二、事实认定说理的完善

诉讼中的事实认定过程是对既往已经发生的事实的重构过程。由于诉讼活动本身揭示案件事实的过程是一个回溯性的证明过程，当事人不可能将案件事实发生的真实场景拍摄下来重新回放，而只能是通过证据来证明已经发生的事实，无论是当事人对案件事实的证明，还是法院对案件事实的判断，都必须借助于证据予以证明。这就决定了证据证明的事实可能与客观真实不完全一致，更不可能做到像自然科学和数学那样精准无误。[2] 所以，在许多情况下，由证据证明的法律事实和客观真实可能不完全一致，法官的任务并不是仅仅追求法律上的真实，所谓“以事实为根据”，还是应当强调以客观发生的事实为根据，努力恢复事物的本来面目，尽可能发现真实，解决纠纷。只有在一些案件的客观事实无法恢复、查清的情况下，才有必要通过运用举证责任规则，审查证据的合法性、关联性和真实性，从而认定法律上的事实。[3] 所以，要准确认定证据证明的事实，努力追求客观真实，都要求对事实认定进行充分说理。

（一）强化对案件事实认定的逻辑分析

对案件事实的认定缺乏逻辑分析是整个事实分析的关键部分。透过逻辑分析，能够尽可能推演和还原案件事实，努力恢复案件事实的原有状态。在当事人已经举出一系列证据的情形下，如何确定案件事实，需要法官运用证据法则，进行逻辑分析。分析越透彻，越能够展示案件的真实状况。美国学者克利福德·吉尔兹就指出，“法律事实并不是自然生成的，而是人为造成的，一如人类学家所言，它们是根据证据法规则、法庭规则、判例汇编传统、辩护技巧、法官雄辩能力以及法律教育成规等诸如此类的事物构设出来的，总之是社会的产物”。[4] 正如周强同志所指出的：“用严格的程序和制度确保司法机关查明、认定的事实符合案件发生时的客观真相，

---

① 参见孙华璞、王利明、马来客：《裁判文书如何说理》，北京大学出版社 2016 年版，第 51 页。

② 参见江必新：《辩证司法观及其应用》，中国法制出版社 2014 年版，第 50 页。

③ 参见江必新：《良善司法的制度逻辑与理性构建》，中国法制出版社 2014 年版，第 46 页。

④ 转引自梁治平：《法律的文化解释》，三联书店 1994 年版，第 80 页。

确保案件的裁判结果是在分清是非的基础上作出的，符合人民群众的公平正义观念。[①] 但如何准确地判断和认定事实，没有逻辑说理是不可能实现的。

在对案件事实认定的逻辑分析中，应当强化对证据关联性的判断。关联性在英美法系证据法中是非常核心的概念，在大陆法系中，只需要有基本的关联就可以，并不要求具备高度的关联性。从我国司法实践来看，法官在认证过程中，通常更为关注证据的合法性和真实性，对证据的关联性重视不够。事实上，在事实的认定方面，证据关联性的判断十分重要，尤其是在缺乏直接证据而大量是间接证据的情况下，法官需要对各项证据与案件事实的关联，以及各项证据之间的关联性作出判断，从而准确得出裁判结论。证据与待证事实的关联程度表现为两个方面：一是单个证据与待证事实之间的关联性；二是各个证据之间的关联性，尤其是各个证据之间是否有矛盾和冲突。[②] 在对大量间接证据的分析、认定过程中，就需要法官对证据的关联性进行认定，并辅之以充分的说理。例如，在前述“许云鹤案”中，在缺乏直接证据的情形下，法院借助于因果关系的判断来认定被告是否存在某种加害行为，既符合责任构成要件的认定规则，也有利于准确认定相关的案件事实，在案件事实的认定方面更为可取。这实际上是借助法律技术手段来认定案件事实，在缺乏直接证据的情形下，法官通过各间接证据的关联性，从因果关系的角度认定案件事实，显然更具有说服力。概括而言，“许云鹤案”之所以广受好评，就是因为法官对大量的间接证据进行分析、判断，从而得出裁判结论。

（二）强化事实认定与证据的密切联系性

证据与事实认定应当紧密联结，因为案件事实不同于客观事实，而是通过证据证明的事实，而通过证据证明的事实应当与证据始终保持密切关联，法院在“本院认为”部分，就事实认定的说理应当与证据的列举与认定保持一致性。也就是说，法官认定案件事实应当与证据的认定保持一致性，否则案件事实的认定将缺乏合法性基础。因此，法官在裁判文书说理中，除了要讲逻辑之外，还得充分观察和遵守一般的社会生活经验。如果法官缺乏对一般社会生活经验的充分理解，就有可能作出机械的事实认定

① 周强：《推进严格司法》，载《人民日报》2014年11月14日。

② 应秀良：《论民事审判中法官如何“认证”》，载《法律适用》2013年第6期。

推理，导致最后认定的事实偏离社会生活的真实情况。

整个事实的认定应当正面对认证过程进行全面分析和归纳。试举一个房屋买卖合同纠纷为例，其中就涉及对争议的关键证据的分析和归纳。本案的事实是，永利房地产公司（甲方）开发了一个名为滨海小区的楼盘。在房屋快封顶的时候，该公司开始销售楼盘。金先生（乙方）对其中靠近海边的一套房屋十分喜爱，便当即要求签订买卖合同。但甲方的售楼处提出，如果一次性交付500万元，可以直接订立房屋买卖合同；如果采用分期付款的方式，则先签订《购房意向书》，该意向书第1条约定："乙方购买7号楼一单元10层的101房，面积230平方米"，还明确约定"具体面积位置见附图"，价款500万元。第2条规定："如果三个月内不能全部付清购房款，则卖方有权处置该房产。"第3条规定："在合同签订后，任何一方违约，应当按照约定赔偿一倍的购房款。"乙方同意先支付100万元，并随即向甲方付款100万元，甲方出具了收据，双方签订了购房意向书。后来因为房屋价格急剧上涨，甲方将该套房屋高价卖给他人，双方为此发生争议。本案围绕整个交易过程，双方均提交了大量的证据，但是一审法院在认定案件事实时，始终纠缠在《购房意向书》的名称上，认为意向书只是购买房屋的意向，而不是一个正式的买卖合同。所以，意向书最多只能是一个预约，而不是买卖合同。但法院在审理过程中没有对当事人签订合同中，为什么采取分期付款后，可以签订《购房意向书》，该意向书的内涵是什么，当事人是怎么履行的等内容进行认证。笔者认为，如果分析整个认证过程，可以看出，该意向书已经具备了本约的主要条款，应当认定当事人之间的买卖合同已经成立，而不仅仅从购房意向书的名称简单地认定其为预约。主要理由在于：一方面，《购房意向书》中明确了买卖的客体。该意向书第1条约定："乙方购买7号楼一单元10层的101房，面积230平方米"，还明确约定"具体面积位置见附图"。从该意向书的规定来看，其已经明确了房屋的面积和具体位置，并可通过"附图"予以确定，实际上已经使买卖的客体特定化。另一方面，该意向书中明确了合同价款。该意向书第1条已经明确规定了合同的价款为500万元，同时，当事人还分别就价款的支付方式即一次性支付或者分期付款作出了规定。此外，该意向书第2条规定，"如果三个月内不能全部付清购房款，则卖方有权处置该房产。"从该约定可以看出，双方当事人的真实意思表示系以约定价款购买前述特定的商品房。而不只是就该房屋的买卖订立预约，因为预约合同的目的是将来订立本约，至于将来本约中房屋买卖的价款，一般不在预约之内。可见，该意向书已经构成了买卖合同。还要看到，该意向书第2款规定："如果三个月内不能全部付清购房款，则卖方有权处置该房产。"该条中所谓"卖方有权处置该房产"，实际上是赋予了出卖人解除合同的权利，即如果买受人不能在三个月内付清购房款，则出卖人有权解除合同。这也表明，当事人所订立的意向书实际上已经成立房屋买卖合同，已经成为本约而非预约。这个案件说明了不能简单从文件的名称出发来认定事实，还需要综合考量各方面的证据，才能够确认事实，确定法律关系的性质。

（三）对认证过程进行全面分析和归纳

法官应当在裁判文书中就认证的过程进行全面分析与归纳，法官对证据的认证主要是指法官根据各种证据规则认定证据的效力。换言之，法官究竟是如何认定证据效力的，这一心证的过程就是案件判决的裁判理由，必须进行展示。如法官应当在裁判文书中说明为什么采纳相关证据、为什么不采纳相关证据以及证据的证明力效力比较等。在民事诉讼中，法官的认证必须符合证明标准。所谓证明标准，是指法官认定事实的心证度，也就是法官认定事实的心证的最低限度。从这个意义上说，证明标准具有主观性。① 例如，在民事诉讼中，双方当事人的举证能够证明案件事实的存在超过50%，就有可能被认定。② 在大陆法系国家，事实认定标准大致可以分为主观确信理论与盖然性理论。主观确信理论认为，当事人举证证明只要达到法官主观确信的程度就可以认定事实的存在。盖然性理论则认为，案件事实的证明只要达到一定程度的可能性就可以认定。这两种观点都对司法裁判产生了重大影响。

民事案件要做到证据确实充分、足以认定案件事实是很困难的，作出此种要求可能导致大量的民事案件将无法裁判。在民事案件中，盖然性程度与刑事诉讼存在明显区别，刑事诉讼的证明标准是排除一切合理怀疑，而民事诉讼证据的证明力只需要达到高度盖然性即可。例如，在日本，有

① 参见吴杰：《民事诉讼证明标准理论研究》，法律出版社2007年版，第2页。

② 日本法官村上博已将证明程度分为四类：一是最高度的真实盖然性，即达到了90%~99%；二是高度的真实盖然性，即达到了80%~90%；三是达到了证据优越的程度，即70%~80%；四是轻度的盖然性，即达到55%~70%。详见吴杰：《民事诉讼证明标准理论研究》，法律出版社2007年版，第133页。

学者认为，刑事诉讼证明标准应当达到90%，而民事诉讼证明标准达到80%即可。也有学者认为，民事诉讼中证明只要超过50%即可。[①]《最高人民法院关于民事诉讼证据的若干规定》第85条第2款也规定："审判人员应当依照法定程序，全面、客观地审核证据，依据法律的规定，遵循法官职业道德，运用逻辑推理和日常生活经验，证据有无证明力和证明力大小独立进行判断，并公开判断的理由和结果。"该条对认证的基本原则作出了规定，民事案件法律事实认定一般认为采纳的是盖然性的标准，也就是说，从证据来看，讼争双方所主张的事实何者属于客观事实的概率比较大，法官就应当认定何者所述的是真实的。当然，如果盖然程度很低，则法官往往会否定证据对案件事实的证明力。在民事诉讼中，法官的这种盖然性的内心确认过程其实也是一个法律推理的过程，法官应当在裁判文书中展现这一推理过程，才能让当事人服判。

在裁判文书中，法官也应当就其证明标准达到了法律要求的盖然性进行说明。例如，在某婚约财产返还纠纷案中，男方作为原告，在退婚后起诉女方要求其返还聘礼，但在本案中，除了原告的陈述外，只有媒人及司机等人的间接证据，这些证人只见了包聘礼的红包而没有人参与点钱。但在诉讼中，女方又否认男方曾用现金作为聘礼，并且反驳说男方的证人即媒人和司机没有亲眼见到有多少现金，因而证据不充分，以此反驳男方的主张。最后法官根据待证事实发生的盖然性的高低来对本案证明责任进行了分配。法官认为，可以根据几个没有亲自点钱的证人即媒人和司机的证词，结合当地的农村风俗，得出如下推论，即农村订婚不可能没有聘金也不可能在发聘礼后再立收条的习惯，据此判决被告归还聘金。[②] 在该案中，法官即根据当事人所提供的证据以及当地的风俗，认定男方交付聘礼的盖然性较大，因此支持了男方的主张。

（四）要公开法官自由心证的过程

事实认定过程是通过证据来重构过去事实的过程，其中必然包含当事人举证和质证，也包含法官根据司法逻辑对证据的认定，[③] 通过这个过程，法官以其内心确信的事实为案件事实，要以"心"为证来"发现"案件事

① 吴杰：《民事诉讼证明标准理论研究》，法律出版社2007年版，第133页。

② 参见胡学军：《具体举证责任论》，法律出版社2014年版，第159页。

③ 参见肖建华等：《民事证据规则与法律适用》，人民法院出版社2005年版，第11页。

实,[①] 这就是所谓的自由心证。根据自由心证，法官要根据自己的法律经验、道德良心等，对案件事实进行独立判断。自由心证表明了法官对事实认定的裁量权，能够充分发挥法官在认定证据方面的积极性和主观能动性，从而最大限度地发现真实。[②] 一些国家的民事诉讼法明确地确认了自由心证规则。[③] 我国也在一定程度上采纳了自由心证规则，然而，自由心证毕竟具有强烈的主观判断色彩，这一过程很难为第三者所审查。如果法官的司法随意性过大，就可能导致其认定的事实和客观真实的差距较大，这会从根本上动摇实质正义。为了防止出现司法恣意，法官的自由心证必须是一定范围内的自由裁量，以确保其内心确信是基于对特定案件的准确判断和酌量，是依据对证据的准确分析和把握。为了达到这一点，一方面，必须通过当事人举证分配、倒置、证据“三性”的判断等证明程序和规则来适度限制自由心证，所有这些过程都需要通过裁判的说理展示出来。而且，裁判说理越充分，也就越表明司法的公正和透明。因此，法官应在裁判说理中对当事人提出的证据进行谨慎地认定，并说明形成自由心证或法官确信的理由。[④] 也正因此，裁判说理是对自由心证的限制和规范，事实认定过程也应是充满裁判说理的过程。对此，《最高人民法院关于加强民事裁判文书制作工作的通知》中特别指出“要强调案件事实的公开性和完整性、证据认定的逻辑性、判案理由的说理性以及文字语言的准确性，突出对重点争议证据的认证说理以及对当事人诉讼请求的辨法析理”。这就说明了对事实认定说理的必要性和方法。

《最高人民法院关于民事诉讼证据的若干规定》第 85 条第 2 款规定：“审判人员应当依照法定程序，全面、客观地审核证据，依据法律的规定，遵循法官职业道德，运用逻辑推理和日常生活经验，对证据有无证明力和证明力大小独立进行判断，并公开判断的理由和结果。”该规定实际上是赋予法官在认定案件事实时享有一定的自由裁量权。当然，赋予法官享有该自由裁量权并不意味着法官可以在认定案件事实时为所欲为，通过强化对事实认定的说理，也是对法官自由裁量权的有效限制。

---

① 参见肖建华等：《民事证据规则与法律适用》，人民法院出版社 2005 年版，第 18 页。

② 参见赵信会：《民事推定及其适用机制研究》，法律出版社 2006 年版，第 1、12 页。

③ 参见《日本民事诉讼法》第 247 条、《德国民事诉讼法》第 286 条。

④ Musielak ZPO/Musielak, ZPO § 313 (2016), Rn. 11; MüKoZPO/Musielak, ZPO § 313 (2016), Rn. 15; Saenger, ZPO, § 313 (2017), Rn. 27.

第二节 法律适用说理的不足及其完善

一、法律适用说理的不足

法谚云，“法律乃理与力的结合”。法官要秉公执法，依法裁判，宣示正义，就必须要依据法律讲清法理，真正使当事人服判息诉，所以，裁判说理首先应当阐明法理。法理包含的内容非常丰富，诸如法律规则的含义、法律规则为什么能够与具体案件相连接、为什么能够根据法律规则得出相关的裁判结论以及在存在法律漏洞、无法可司的情形下，法官如何依据法理填补漏洞等。然而，在实践中，缺乏法理分析的说理不能满足当事人和公众希望通过裁判获得满意说法的愿望，从而难以理解裁判结果的正当性，这也是当前裁判文书说理存在的问题。① 从我国司法实践来看，一些裁判文书缺乏对法律适用的说理，主要体现在如下几个方面：

（一）缺乏对找法过程的说理

按照司法三段论的要求，法官在裁判时首先应当确定案件裁判的大前提，即寻找具体的法律规则，法官应当在裁判文书理由部分阐释自己的找法、释法和法律适用的过程。但从我国法院的一些裁判文书来看，部分法官缺乏对找法过程的说理。一是没有归纳当事人关于法律适用的争议焦点。在案件处理过程中，认定当事人的争议焦点是法官的重要工作之一。有学者认为，针对当事人的关键争点进行梳理构成了民商事审判的“脊梁”，对于确保诉讼程序的高效协调运转至关重要。② 依据争议焦点的内容不同，争议焦点包括了事实的争议焦点与法律适用的争议焦点。③ 对法律适用焦点的争议进行梳理，并阐释该争议的法理基础，也是准确适用法律的基础。而从我国司法实践来看，一些裁判重视梳理当事人关于事实的争议焦点，而忽略了对法律适用焦点的梳理，更没有对当事人法律争议焦点的法理基

① 于晓青：《法官的法理认同及裁判说理》，载《法学》2012 年第 8 期。

② 黄湧：《民商事案件争点整理若干技术问题》，载《人民司法·应用》2010 年第 9 期。

③ 参见邱联恭：《争点整理方法论》，我国台湾地区三民书局 2001 年版，第 79 页。

础进行说明。二是既没有对自己的找法过程进行阐释，又没有对法律规定（大前提）与法律事实（小前提）之间的关联性进行说明。有的法官在裁判文书中大量列举事实后，简单罗列出一些法律条文，但没有对援引该条文的原因作出说明，基本上是在援引法条之后就作出判决，但为什么要援引这一法条，这一法条是什么含义，其与案件是什么联系，法官并没有进行充分的说理论证。

客观地说，法官在找法中遇到的问题一定程度上与之前我国民事立法缺乏体系性存在一定的关联，在《民法典》实施之前，我国现行有效的单行法有近300部，其中大量都是民商事法律，但法院裁判具体的民事案件要面对如此众多的单行法，确实面临找法困难。有些单行法甚至存在冲突、矛盾甚至不一致的状况，这进一步增加了法官找法的困难。《民法典》的颁布和实施的确有助于减轻法官在法律依据找寻上的工作负担，有助于提升裁判法律依据的针对性和准确性。因为法典化就是体系化，《民法典》的颁布对法律适用带来的最大的便利在于找法方便。《民法典》是最为基础性的民法规范，是处理平等主体间人身关系、财产关系的基本依据，那么，在解决民事纠纷时，法官首先应当且主要依据《民法典》的规定处理，也即首先应当从《民法典》中寻找法律依据，在《民法典》确实没有规定时，才有必要从民商事单行法中寻找法律依据。而且，对单行法的解释要以《民法典》的规范和价值为依据，尤其是在采取体系解释的方法时，必须尊重法律秩序的统一性，[①] 必须还原到以《民法典》文本本身的意旨上，不得违反《民法典》的基本价值理念。当然，仅仅通过一部《民法典》，也不可能完全解决法律适用问题，也无法完全避免案件裁判过程中找法存在的问题。

（二）未能详细写明所援引的法律条文的内容

法官应当严格依法裁判，在作出相关的裁判结论时，法官应当指明据以裁判的法律规则，这就需要法官在裁判文书中准确援引法律条文，并对这些条文的含义尤其是对待决纠纷的可适用性作出详细解释和说明。如前述，裁判文书说理不足的原因之一在于，法官在援引法条时，一些裁判文书并没有写明所援引法律条文的具体内容，仅写明所援引法条的条目，而不对条文的含义及对案件的可适用性作出解释，从而经常导致法官所认定

① 参见［德］魏德士：《法理学》，丁晓春、吴越译，法律出版社2005年版，第319页。

的案件事实与其援引的法律条文之间关联较远，这也影响了裁判文书的说理性。有学者对已经公开出版的典型案例进行了分析，在统计100份判决后发现，有36份裁判文书使用了“依照相关规定”的写法，未具体列出裁判所依据的具体条文，还有大量的裁判文书虽然列举了条文，但对所列举的条文只是进行简单的罗列，既不解释，也不说明适用这些法律条文的理由。[①]

（三）缺乏对据以适用的法律规则的解释

法官应当按照司法三段论的方法进行裁判，在对法律规则与案件事实进行关联时，法官需要对法律规则进行解释。但从我国司法实践来看，一些裁判文书虽然援引了相关的法律规则，但既没有写明法律规则的具体内容，也没有对法律规则的具体内涵以及其与案件事实的关联性作出阐释，这也影响了裁判文书的说理性。例如，在陈某某与陈某某买卖合同纠纷案中，法院在援引《消费者权益保护法》第55条时，并未对该条适用条件进行说明。[②]

裁判文书的理由部分所阐述的事实和事实部分的差别不大，法官在援引具体的法律规定时，只是简单列明所援引的法律规定，而没有对该法律规则进行必要的解释。例如，法官在裁判文书中虽然会写明，“依照××法第××条、第××条的规定，判决如下：……”而没有对法律规则的内涵进行解释。一些裁判文书只是在裁判文书的结尾以附录的形式简单地列举法律条文的内容，有些裁判文书甚至没有列明法条的内容，而只是在裁判文书中列举法条的条目，而没有对作为裁判依据的法律规范进行必要的解释说明，实际上这些法条究竟是什么含义、能否适用于待决案件，缺乏必要的分析论证。由于公众很难从中看到法官的推理过程，这也影响了裁判文书的说服力。所以，真正的“依法裁判”就是在寻找到大前提之后，对其进行解释，尤其是要将其与特定的案件事实联系起来进行分析，明确其是否符合特定的案件。只有这样，才能真正做到依法裁判。

当前裁判文书改革过程中，有些法院开始探索在裁判文书中引用法条原文。有的是在裁判文书的主文中引用，有的是附于裁判文书主文之后。笔者认为，裁判文书中引述法条的原文是必要的，但是，仅仅只是将法条

---

① 参见赵海峰等：《20年回首：民事裁判说理的检视与修正》，载《全国法院第二十六届学术讨论会论文集：司法体制改革与民商事法律适用问题研究》，人民法院出版社2015年版，第490页。

② 广东省东莞市第二人民法院（2014）东二法民二初字第804号民事判决书。

引述出来，而不作解释和分析是远远不够的。关键的问题是，在法条原文引述出来之后，首先要进行法律解释。当然，我们也不能把找法过程简单地等同于法律解释。易言之，找法过程和法律文义解释虽有重合，但还是有区别的。在找法过程中，应当选择何种解释方法来对法律文本的含义进行阐释，必须有一定的规则，而这种规则就是法律解释的内容，如何通过解释法律阐释文本的含义目的、寻求立法者的意图，使法律规定能够适应社会发展的需求，这些都不是“找法”这个概念所能涵盖的。此外，法律规则能否透过裁判活动的适用而体现正义、安全等价值，均有赖于法官对法律的解释。为了保障法律解释活动能够实现立法的规范目的，法官的解释活动也必须受到严格的规范和约束。有关法律方法的运用规则、程序、顺序等都旨在保障法官能够正确地“找法”。

（四）缺乏对法律规则与案件事实之间联结的说理

法律适用的基本框架就是三段论推理，因此，法律适用的正当性就要求法官正确地进行涵摄。正如德国学者拉伦茨教授所言：“对于法官如何借助法律（或者在没有法律的情况下）获致正当的个案裁判之问题，所有现代法学方法论之作者莫不论及之。”[①] 而涵摄的前提就是大前提（法律）和小前提（事实）的对应。“在裁判过程中，法官的作用就在于揭示案件事实与法律规定之间的内在的逻辑关系，将二者有机地结合起来。”[②] 而法官在进行涵摄时，最重要的是进行法律的解释，从而向当事人和社会展示其涵摄的过程。而从我国司法实践来看，有的法官简单提及其所要适用的法律，就作出“判决如下”的结论。这被学者批评为事实和法律“两张皮”，中间缺乏对相互联结的部分的说理。[③] 例如，在洛阳新东昊玻璃有限公司、洛阳宏盛科技服务有限公司技术咨询合同纠纷案中，一审法院就直接引用了《民事诉讼法》第23条以及第127条第1款的规定，驳回了被告的管辖权异议，而并未对该法律适用的理由进行明确的说理。后由于法律适用错误，二审法院对这一裁定进行了撤销。[④]

（五）缺乏对法理的阐释

就民事法律的渊源而言，只有在缺乏法律规范与习惯时，法理才能够

---

① ［德］拉伦茨：《法学方法论》，陈爱娥译，商务印书馆2003年版，第18页。

② ［美］亚狄瑟：《法律的逻辑》，唐欣伟译，法律出版社2007年版，第3页。

③ 曾培芳、段文波：《要件事实论与民事判决书改革》，载《学海》2007年第1期。

④ 参见河南省洛阳市中级人民法院（2020）豫03民辖终115号民事裁定书。

成为法律渊源。但是，这并不意味着法理在裁判文书说理中并不重要。事实上，法理就是法律的道理，只有依法裁判才是公正裁判，只有讲明法理才能使文书具有说服力。好的裁判文书说理，真正体现了“法律是一门说理的艺术”。但是在实践中，部分裁判文书却忽视了对法理的阐释。法官在裁判文书中应当对案件事实与法律规则之间的关联性等内容进行充分的阐释，并对得出裁判结论的法理进行分析论证，在这一过程中，法理的阐释十分必要。通过对裁判文书的分析，缺乏法理的分析主要表现在，例如，在法律有规定的情形下，法律的适用不具体列出法律的条文，或者舍弃具体的规则而适用法律的原则。对于法条本意的解释，缺乏具体详细的说明。不能够将法条的真正含义和立法意旨、价值等进行明确。尤其是其与具体个案的涵摄连接，并不紧密，难以实现个案正义。尤其是在法律没有规定或者规定不明确的情形下，更需要通过阐释法理来作出妥当的裁判。

二、法律适用说理的内容

马克思曾指出：“法律是普遍的。应当根据法律来确定的案件是单一的。要把单一的现象归结为普遍的现象就需要判断。判断还不是最后肯定。要运用法律就需要法官。如果法律可以自动运用，那么法官也就是多余的了。”[①] 司法活动和司法裁判必须具有合法性，应当是天经地义、毋庸置疑的，因为依法裁判是法治的必然要求，司法就是要实现法律中体现的立法者的意志。只有探求立法者的意图，才符合法官的角色定位，这在今天仍然具有合理性。法官在解释法律时，都要探求规范的立法意旨，这样不仅可以使解释结论趋于相同，而且可以使当事人在一定程度上预见法官的解释结论。这就必然导致法律的可预期性大大提升，从而满足了法的安定性的需要。

在近代法律思想史上，德国著名社会学家马克斯·韦伯曾经提出，理想形态的法官犹如一台“自动售货机”，这边投入规则（法条条文）和事实（具体案情），那边就输出结果（民事判决）。法官的角色被固定为简单机械地适用法律的工具，法官也曾被法国启蒙思想家孟德斯鸠描述为法律

① 中共中央编译局编译：《马克思恩格斯全集》（第1卷），人民出版社1956年版，第76页。

的“传声筒”。[①] 美国学者梅里曼曾经指出：“大陆法系审判过程所呈现出来的画面是一种典型的机械式活动的操作图。法官酷似一种专门的工匠，除了特殊的案件外，它出席法庭仅是为了解决各种争讼事实，从现存的法律规定中寻觅显而易见的法律后果。它的作用也仅仅在于找到这个正确的法律条款，把条款与事实联系起来，并从法律条款与事实的结合中会自动产生的解决办法，法官赋予其法律意义。”这种看法实际上是把法官的角色当作了一种自动售货机。事实上，法官应当是公平和正义的化身，裁判过程是一个复杂的作业，法官要将具有普遍适用性的规则准确运用于个案，并依据法律作出裁判，这个过程是复杂的。为了保证司法的公开公正，必须对整个找法的过程和法律解释进行说理。

（一）对找法过程进行充分说理

找法必须依循法律的基本规则。此处所说的“寻找”不是一个宽泛地寻找法律的过程。找法的过程看起来似乎是法官自由心证的过程，但实际上，也应当是充分展示法官遵循法律、依循法理和逻辑的过程，因此，他必须要充分地进行说理。如前所述，《民法典》的颁布促进了民商事法律的体系化，有助于实现民事立法外在规则体系的一致性、内在价值体系的一致性、逻辑上的自足性以及内容上的全面性，形成在特定价值指导下的统一法律术语、法律制度和法律规则，保持法律各部分内容的相互协调和相互配合，形成严谨的体系结构。[②] 虽然《民法典》的颁布为法官找法用法提供了极大的便利，但并不能一劳永逸地解决找法的所有问题，找法本身是一门艺术。

准确理解和适用法律，并不是要采取一种死记硬背、一一对应、对号入座的模式来消极应对社会经济现实的多样性，而是要建立在方法的科学性的基础上，按照体系化的要求，依循正确的路径，为具体的个案寻找到最妥当的裁判规则。在法有规定的情况下，法官需要依据一定的方法确定恰当找法的步骤与规范。尤其应当指出，并不是所有的法律规范都能够作为大前提，特别是作为具体个案的大前提。在《民法典》颁布之后，法官

① Hans Hattenhauer, Einführung, in Allgemeines Landrecht für die Preußischen Staaten von 1794, S. 1, 21.

② 参见［德］卡尔·拉伦茨：《德国民法通论》（上册），王晓晔等译，法律出版社 2003 年版，第 39~41 页。

仍然需要花时间系统熟悉《民法典》之内各条文之间的相互关系，在具体案件适用中找到准确的依据。例如，关于债的多重转让问题，《民法典》合同编通则中合同的变更和转让一节并未作出规定；但合同编分编第16章保理合同中的第768条却对保理合同业务中的多重债权让与作出了规定。因此，在发生债的多重让与时，如果不涉及人身关系时，应当优先参照适用《民法典》第768条之规定，而不是适用关于民法基本原则的规定或者其他不相关的规定。

（二）对所寻找的法律问题的内容进行解释和说明

如果存在多个可供适用的大前提，还需要通过法律解释来选择最为妥当的大前提。明确了具体适用的某个大前提之后，如果对该大前提也存在复数的解释并由此会导致不同的法律后果时，仍需要进行法律解释。正是通过法律解释使得大前提和案件事实即小前提相连接。故此，法律解释的过程可以说是一个寻找大前提的作业，法官裁判案件就是要将成文法运用到具体的事实之中，将抽象的法条与具体的事实有机地联系在一起，但是一个或某几个法条为什么能够适用于特定的案件，这就需要法官在判决中作出详细的说明。这就是说法官需要在判决中准确地引证法条，并且对该法条的含义作出准确的解释，如果不能找到可供适用的法条，而需要援引有关的原则，或者需要通过公平正义的理念来作出判决，这些都需要在判决书中作出详细的说明，在许多情况下还需要根据法理来论证。

一个法律规定应相对于一个待裁判或处理的事实加以阐释，并予以具体化。因此，真正的法律解释问题与其说是从法律条文自身，还不如说是从应处理的案件所引起的。① 例如，《民法典》中规定了大量的引致条款，这些引致条款既节省了法律条文，又增加了法律适用的体系性。因此，在裁判找法中应要求法官全面考察《民法典》的体系性的规定，在裁判中将引致条款与被引致条款均具体列明。例如，在侵害人格权的情形下，受害人既主张恢复名誉、赔礼道歉，又主张赔偿损失。其中，前者主张的是人格权请求权，法官可以援引《民法典》第995条作出裁判，但是损害赔偿属于侵权请求权，在裁判中法官应首先援引《民法典》第995条第1句作为引致条款，再援引《民法典》侵权责任编第二章关于损害赔偿的规则，从而得出关于是否要赔偿损失的结论。如果依据《民法典》的相关规定可

① 黄茂荣：《法学方法与现代民法》，法律出版社2007年版，第303页。

以准用某一条文（例如，对于非典型合同可以准用典型合同的，则需要法官寻找最相类似的典型合同的法律规定），并对适用这一规则作出充分说理。

找法的过程也不是泛泛地、简单地列举法条，尤其是不能找到抽象的法律原则。裁判文书中对法律适用的说理所存在的主要问题在于：没有明确列明法律规则的内容，而只是列举了法条的条目，不利于当事人理解法律规则的内涵和得出裁判结论的依据。尤其是有的法官习惯于援引抽象的法律原则来判案。例如，直接适用《民法典》总则编中确立的民法基本原则（如诚实信用原则）作为裁判依据。其实，在法律有具体规定的情况下，找法并非意味着要寻找抽象的原则，而应当是要寻找具体的规则。在寻找大前提方面，两大法系仍然存在很多共同点，表现在：一方面，努力寻找具体的规则而不是抽象的原则。在大陆法系国家，原则上，法官必须要遵循避免向一般条款逃逸的原则，如果有具体的规则，就不应当适用抽象的原则。在例外情况下，法官也可以援引抽象的法律原则，并从法律原则中阐释出具体规则。这一点在英美法上有所不同，因为，英美法的基本思维逻辑是从个案到个案，而不是从抽象原则到具体事实。① 法官在裁判过程中需要寻找先例，并将该先例中确定的规则运用到个案之中。法官的工作是具体地解释先例和比较两个案例的相似度。②但由于其严格强调先例与待决案例的相似性，一般规则仍然是以先例为根本前提的，主要用以说明特定先例在创设规则上的效力，而不是通过先例辅证一般规则的正当性。在大陆法系国家，法官的主要功能是直接地解释法典，而不是具体解释先例。③当然，在某些情况下，法官也可能要援引法律原则。由于大量法典条款采用了原则性和抽象的表述，所以法官在个案中出于填补法律漏洞的需要，有必要援引法律原则，其必须对该原则的内涵以及从原则中确立的具体规则进行解释。④ 另一方面，尽可能寻找具有具体针对性的裁判规则。就同一案件来说，可供适用的具体法律规则可能有数个，法官的任务就是

①②③ Jane C. Ginsburg，Legal Methods：Cases and Materials，3rd ed.，Foundation Press 2008，p. 70.

④ 在英国的一个案件中，法官描述了归纳推理和演绎推理在普通法实务中的适用过程。首先致力于确定某类行为的共同特征以及涉案当事人之间的关系，以及法院在先前判决中所确定的注意义务。要确定现在案件中行为的特征与当事人之间的关系与先前案件中行为与类型的关系的共同性。这一步骤是一种分析和归纳的过程，在大前提确定之后，将大前提运用到与具体案件结合起来，最后形成裁判结论。参见 Home Office v Dorset Yacht Co Ltd［1970］UKHL 2.

要寻找最妥当的裁判规则，其妥当性的表现之一就是具有具体针对性。法官对特定法条的解释并不只是针对个案，而是努力将其解释成调整某类型案件的规范，能够准确地适用于特定的具体案件中。① 从这个意义上讲，无论是大陆法系的成文法典的解释，还是英美法系的先例解释，解释活动都强调拟适用规则来源的统一性和稳定性，维护法律规范的可预期性。所以，法官在寻找具体的、可适用于具体案件中的规则时，应当将其寻找的过程和原因公开，并进行充分的说理。

（三）对案件事实与法律规则之间的联结进行说理

虽然法律适用是一个涵摄的过程，但是，法律适用并非简单的逻辑推理过程，必须要借助于法律论证。从实践来看，当事人可能就纠纷的法律适用问题存在争议，而适用的法律规则不同，将会对当事人双方的权益产生重大影响。例如，在我国《民法典》颁行之前，《物权法》大量修改了《担保法》的规定，而《担保法》继续有效，但《物权法》中没有指明其修改了哪些规则，因此，有的法官错误适用《物权法》，或者错误适用《担保法》，适用不同的法律规则对当事人权利义务的影响是重大的。例如，在当事人签订抵押合同后，如果一方未按照约定办理抵押登记，则另一方是否有权请求其按照约定办理抵押登记？依据《担保法》的规定，如果抵押没有办理登记，则不仅抵押权无法设立，而且抵押合同也是无效的，此时，另一方当事人无权请求负有办理登记义务的一方当事人继续办理抵押登记。但依据《物权法》的规定，未办理抵押登记，抵押权无法设立，但抵押权仍然有效，此时，当事人有权依据抵押合同的约定请求负有办理抵押登记的一方当事人继续办理抵押登记。所以，类似的法律适用争议发生之后，法官应当就为什么选择适用相关的法律规则进行说理。

找法必须寻找到与案件事实最密切联系的规则。在找法的过程中，规范要件和事实要件可能不能完全对应，或者事实要件与多个条款形成对应。在此情况下，简单通过逻辑三段论无法得出妥当的裁判结论。特别是在责任竞合的情况下，其既可能适用《民法典》侵权责任编，也可能适用《民法典》合同编。如果当事人没有选择，法官就要考虑如何为受害人提供最有效的保护。例如，受害人遭受了精神损害，需要根据侵权法来对损害加以救济，这就是价值判断的问题。在作出价值判断的过程中，司法者要考

---

① Jane C. Ginsburg, Legal Methods: Cases and Materials, 3rd ed., Foundation Press 2008, p. 70.

虑法律中已经确定的价值判断，因为如果不了解立法者在法律之中所确定下来的价值判断，其就无法真正明了立法的目的和宗旨，就会偏离立法的目标和方向。所以，司法者在运用法律规范时，其首要任务就是要探求在法律中已经确定下来的价值判断。在裁判过程中，司法者不仅要认识到法律之中的价值，而且要认识到立法者所采取的价值取向。例如，在善意取得制度中，就涉及静的安全和动的安全的冲突，但是，立法者采取了侧重于保护动的安全的价值取向。因此，在法律适用中，应当体现并实现此种价值取向。又如，在不动产善意取得中，登记错误是否应当适用善意取得制度，这就涉及价值取向的问题。如果了解到立法者倾向于法律维护动的安全的价值取向，就应当将登记错误纳入其适用范围。

（四）对有争议的法律适用问题应当予以回应

实际上，在任何一个案件中，无论多么复杂的案件，法律的争议点都是可以归纳出来的。例如，在合同案件中，涉及合同是否有效，合同是否发生变更，一方是否有权解除以及一方是否有权主张违约责任等，这些争议点可能是当事人争议的核心。因此，涉及裁判说理应当围绕争议点展开：

首先，必须回应原告的主张能否成立。例如，被告主张合同应当被宣告无效，而原告主张被告承担违约责任。这就首先需要回应合同是否有效的问题。如果合同有效，则原告主张合同无效就有法律基础。如果合同被宣告无效，则原告的主张根本无法成立。

其次，被告抗辩权的行使或者所提出的抗辩能否成立。在司法实践中，当原告提出诉讼请求后，被告总是会提出各种抗辩，以对抗原告的请求，针对这些抗辩，确定其与原告的请求之间是否具有对应性，如果被告的抗辩能够否定原告的诉讼请求，则原告的主张将难以成立。在我国司法实践中，此类问题经常出现，但一些裁判文书忽略了对这些问题的说理，例如，在实践中，个别法官很少在裁判文书中对当事人在诉讼过程中的对抗活动进行总结和回应，忽略对论证过程详尽与充分地释明。① 因此，有必要进一步强化裁判文书的说理。

① 《河南法院 2014 年度案例分析报告》，载 http：//www. hncourt. gov. cn/public/detail. php？ id = 158301，最后访问时间：2017 年 2 月 13 日。

（五）如果制定法存在缺陷，还必须借助漏洞填补的方法来确定可供适用的法律规范

法律解释学的重要任务就是提供一套形成共识的法律解释方法，并将这些方法上升为系统化的理论，以指导法律解释实践。在现代社会，社会情势和社会关系不断发展和丰富，这对法官的司法素质、法律素养以及司法理念等都提出了更高的要求。正如卡纳利斯（Canaris）教授指出：民法典是体系化的，但它并不是一个外延穷尽所有民事法律关系、逻辑严谨、高度体系化的法律规范群，可以通过采用民法解释技术，对每一个民法问题，都能够在民法典中找到一个且只有一个答案。[①] 法官适用法律本身是一门实现善与公正的艺术，法官既要严格地遵守法律，保障法律的真正适用，又不能机械地适用法律，而需要通过高超的法律解释艺术，填补法律的漏洞，保障裁判结果的统一与公平。例如，在李某某诉立融典当公司典当纠纷案中，上海市静安区人民法院认为，“‘绝当’即指典当关系断绝，典当关系一旦断绝，附随于典当合同关系的回赎权也就随之消灭”。[②] 这就填补了法律的漏洞。当遇到法律漏洞时，法官可按照一定的规则，在法律目的和法律精神框架内，创造性地解释法律、填补法律之漏洞。

第三节　价值判断的不足及其完善

一、价值判断存在的问题

价值判断，就是在司法裁判活动中，根据一定的价值取向判断争议所涉及的法律利益，实现法律所追求的公平正义。价值在哲学上是指客体对于主体的某种效用。所谓价值，就是指美好观念或人们追求的事物。[③] 所谓法的价值，就是指作为一种社会规范的法律所体现的、可以满足人需要的功能和属性。[④] 价值判断，就是以某一选定的标准衡量人、事件和状态

① 孙宪忠主编：《制定科学的民法典》，法律出版社2002年版，第39页。
② 参见《最高人民法院公报》2006年第1期。
③ 参见张文显：《法学基本范畴研究》，中国政法大学出版社1993年版，第101页。
④ 参见张文显：《法学基本范畴研究》，中国政法大学出版社1993年版，第255页。

等，通常指某一特定客体对特定主体有无价值、有什么价值、有多大价值的判断。[①]

事实上，法律规范中充满了价值判断，因为任何完整的法律规范都以实现特定的价值观为目的，并对特定的法益和行为方式作出评价。在规范的事实构成与法律效果的联系中，总是存在着立法者诸如正义、自由、平等、效率、安全等价值判断。[②] 价值判断在司法过程中的应用，是以特定的价值作为标准去裁判争议的个案。从法学方法论上来说，价值判断就是指在运用司法三段论的过程中，运用特定的价值观念认定事实、选择与解释法律，并最终作出裁判的过程。

公正的裁判“一方面要努力使之不与现行法规及法院判例的逻辑体系发生矛盾，另一方面，又不能满足于现存体系的逻辑归结，而要求得到对具体案件的价值判断的结果。这两个要求在起着引导作用，这是任何人也不得不承认的”。[③] 电影《纽伦堡大审判》中，有位老法官向年轻的德国律师说：“你非常聪明，很会用逻辑程序，但是不要忘了，合逻辑的事不一定是对的。”他实际上指明，仅仅依据三段论进行逻辑推理是不够的，还需要依据价值判断来寻求妥当的裁判结论。作为形式理性和价值理性相统一的司法三段论，它贯穿于司法过程的始终，应当成为一种基本的法律方法和法律思维。[④] 如果法官只是简单依据司法三段论进行形式推理而不顾及社会现实，这样作出的裁判结果必然和社会现实脱节，难以为社会公众所接受。相反，在考虑价值判断和价值选择的基础上作出的裁判结果，必然和社会通行观念相一致，裁判结果也易于为社会所认可。司法三段论是价值中立的判断，其作为一种工具的价值是毋庸置疑的，但案件裁判是社会利益冲突的体现，法官必须对于案件当事人作出一个价值判断和选择。而正确的价值判断可以弥补司法三段论的不足。

价值判断大多属于应然判断，强调法律规范应追求怎样的目标，要求判断者秉持妥当的价值立场（判断标准）去解决诉争利益。与价值判断这一应然范畴相对应的是法律的实然判断，或称为事实判断，其关注的重心

---

① ［德］魏德士：《法理学》，丁小春、吴越译，法律出版社2003年版，第54页。

② ［德］魏德士：《法理学》，丁小春、吴越译，法律出版社2003年版，第55页。

③ ［日］我妻荣：《债法在近代法中的优越地位》，王书江、张雷译，中国大百科全书出版社1999年版，第354页。

④ 韩登池：《司法三段论——形式理性与价值理性的统一》，载《法学评论》2010年第3期。

是现行法已经作出了何种价值判断。实然判断是主流价值取向和价值立场的全面反映。

一是推理中的价值导向。有的判决表面上看，对事实的认定是清晰的，裁判的依据也是充分的，但其结论却明显有悖人们一般认为的公平观念，这在很大程度上就是因为价值判断的错误造成的。因此，从方法论上讨论价值判断，对于保障法官依法公正裁判，具有重大意义。

在审判实践中，大量的案例都涉及推理中的价值导向问题，但有的法官回避了其中的价值导向问题，即在当事人的利益发生冲突时，在价值导向上究竟应当保护哪一方当事人，法官在裁判说理中没有作出具体说明。例如，在借名买房纠纷中，就涉及借名人的利益和与出名人进行交易的第三人利益之间如何平衡，在实践中的观点就不完全统一，争议较大。再如，共同担保人之间是否能够追偿，涉及公平与效率这两种价值之间的冲突。法官秉持不同的价值进行裁判，就会作出不同的裁判结果。

二是法律解释中的价值导向。例如，审判实践中，许多案件都涉及公序良俗的运用，法院根据公序良俗判断合同无效或者遗嘱无效，但对于什么是公序良俗，一些法官在作出裁判时，往往一句话带过，但行为人的行为是否违反公序良俗，应当作出一些解释。法官对此进行价值判断时，应当遵循公序良俗的基本含义，只能在公序良俗的具体外延上作出具体的认定、判断。在审判实践中，曾经发生“泸州二奶遗赠案”。在该案中，泸州市纳溪区人民法院认为，黄某将遗产赠送给“第三者”的这种民事行为违反了《民法通则》第7条“民事活动应当尊重社会公德，不得损害社会公共利益”的规定，因此法院驳回原告张某的诉讼请求。笔者认为，本案中法官认为，如果按照《继承法》的规定，支持原告张某的诉讼主张，将滋长“第三者”“包二奶”等不良社会风气。[①] 应当看到，死者将其财产赠与给“第三者”，涉及善良风俗和遗嘱自由的冲突。但在民法的具体适用上，我们不能够抽象地说某个遗嘱因为违背人格尊严而无效，还需要讨论，宣告无效是否会限制遗嘱自由，遗嘱自由与公序良俗发生冲突时应如何处理，等等，应当对此进行论证。

在现行法文义清晰，没有解释或漏洞填补余地时，即便原有法律所

① 王甘霖：《社会公德首成判案依据，第三者为何不能继承遗产》，载《南方周末》2001年11月2日。

确定的价值与法官的个人情感、好恶相冲突时，也仍应遵循现有法律，作出相应的价值判断。尊重法律文本应是法官的一项义务，当然，如果现行法律规范的价值判断已经明显滞后，与社会脱节，具有不公正性，应当由法官在个案裁判中通过漏洞填补的方法作出独立的价值判断，实现个案的公正裁判。法官在进行这一价值判断时，需要进行充分的论证和说理。

三是法无明文规定时的价值导向的确定。例如，在离婚案件中，在分割夫妻双方的财产时，如果女方居住困难，男方是否有义务为其提供居所，这就涉及法无明文规定时的价值导向问题。法官如果完全援引相关司法解释的规定，其完全可以简单地根据登记情况来确定房产的归属，而不必考虑离婚后一方是否有房居住的问题，这种做法看起来也是于法有据的，但结果可能对女方不公。因为简单地根据登记情况来确权，并没有考虑到作为弱者的女方权益的保护，尤其对其居住权的保护问题。因此，夫妻在离婚时，一方确遇到居住困难，法官应秉持保护弱者的精神，要求另一方为其提供必要的居住条件。

二、价值判断的内容

价值判断包括的内容很多，诸如公序良俗、诚实守信、交易安全、保护弱者、私法自治等等，在司法裁判说理中，应当从如下方面考虑价值判断的运用：

第一，法官在裁判说理时要遵循立法者所作出的价值判断。就法律适用而言，如果立法者已经对特定案件事实预设了价值判断结论，则法官的主要任务就是探究并采用立法者的价值判断规则，若没有足够重大的理由，通常无须运用自己的价值立场去判断。但在许多情况下，通过法条体现出来的价值取向不清晰，法官无法寻求立法者明确的价值取向，此时，如何进行价值判断，则是方法论所要解决的问题。尤其应当看到，在许多情况下，价值判断就像行驶在茫茫大海中的指引船只方向的指南针，正确的价值导向会使裁判活动导向正确的方向，而错误的价值判断就可能使裁判结果偏离公正的方向，出现所谓形式合法、实质不公的局面。例如，《民法典》物权编的善意取得制度就反映了不同主体之间的利益冲突，法律为了保护交易安全，确认了交易人的利益而牺牲了原财产权人的利益。[①] 法官需要确定立法者所作出的价值判断，妥当地作出裁判结论。

第二，在法律推理中应当秉持正确的价值导向。价值判断具有指导性。这就是说，价值判断是准确理解把握法律的意旨，从而在利益发生冲突的情况下，指导法官根据立法者确定的法律意旨，为纠纷的解决提供妥当的判断依据。价值判断产生于利益的冲突。准确地说，冲突的利益背后分别代表了利益相关者不同的价值取向。法官所要做的，就是对冲突利益背后的价值取向作出选择。在这方面突出的表现是，人格权的行使与保护常常与其他权益和价值发生一定的冲突，例如，肖像权的行使与保护往往与舆论监督发生冲突，但在新闻报道中使用他人肖像的，通常属于正常舆论监督的范畴，而不构成对肖像权的侵害。再如，个人信息权利的保护与个人信息、数据的利用之间也会发生一定的冲突，行为人在收集、利用他人个人信息时，不得非法收集、利用、共享他人的个人信息。在法律上，有效平衡人格权保护与其他价值的关系，一方面，是要确定价值平衡和利益冲突解决规则，确定权益或者价值的位阶，确保每一种权利都受到必要的兼顾和相应的保护。另一方面，有利于明确权利人的容忍义务的限度，维护行为人的行为自由，防止行为人动辄得咎。尤其应当看到，平衡人格权保护与其他价值的关系，对于准确认定行为人的责任及其责任范围，都具有重要意义。立法者和法律适用者所要从事的就是在冲突的价值中作出妥当的选择，使一部分人的价值取向得到满足。此种选择妥当与否，就需要一定的价值判断标准。

第三，法官在裁判中解决各种利益冲突时，应当对其价值判断作出说理论证。价值判断就是要依照特定的价值取向，对冲突的利益关系进行协调，确定应当受到保护或应当优先保护的利益。价值判断旨在为利益冲突的解决提供妥当的判断依据。在司法三段论中，简单的逻辑推理常常难以实现周全的利益权衡，有必要通过妥当的价值判断实现司法裁判的公平正义。司法裁判是一个说理的过程，也是一个价值判断的过程。说理并不完全是从法教义学上进行的论证，更重要的是要给出价值判断的理由。在裁判过程中，法官作出不同的选择，本身也体现了各种价值的冲突。如果仅仅只是按照形式逻辑进行法律适用，而不进行价值判断，就必然导致机械

① 熊丙万：《论赃物的善意取得及其回复请求权》，载《法律科学》2008年第2期。

执法，难以真正实现法律所体现的公平正义价值。以“腾讯用户相约自杀案”为例，本案涉及用户在网上留言，相约自杀，平台是否应审查、防范，也涉及网络经营者所应当承担的法律责任问题。依据当时的法律，《侵权责任法》虽然也有相关规定，但并没有规定网络经营者应当对于留言进行审查并采取相应的防范措施，以及在此情况下是否需要承担责任等十分具体明确的规定。在此情况下，很难通过逻辑三段论的推理直接推断出网络经营者是否需要承担责任，此时就需要法官在案件裁判时进行价值判断予以确定。如果认为网络经营者在此情况下负有审查和防范的义务，则可能给网络经营者课以较重的责任，如此可能会阻碍网络技术的发展，阻碍信息的交流；反之，如果从维护个人的生命安全、维护社会秩序等价值出发，则可能会得出不同的结论。这就需要法官在价值取向上作出取舍。因此，简单适用司法三段论还无法对于现实中发生的所有案件均作出妥当的裁判，必须由法官根据具体个案进行一些利益取舍。如果要保护某种利益，就可能使另一种利益受到一定的限制。优先保护某种利益，将会使另一种利益受到影响和损害，无论何种取舍，都属于利益衡量的问题。

第四，在法律解释中要秉持正确的价值判断。在法律规则具有多种解释时，法官需要对法律规则的内涵进行准确解释，这就需要法官在解释法律规则时作出正确的解释选择。法官在进行解释选择时，既应当遵守法律的规定，也应当秉持正确的价值导向。以人格权的行使为例，人格权的行使往往会导致人格尊严与自治发生冲突。例如，有偿代孕、买卖人体器官，体现了个人的自治，但如果对私法自治没有任何限制，这就意味着要尊重当事人的自治，但由此会带来导致不利于人格尊严的结果。从我国《民法典》人格权编的相关规定来看，当人格尊严与私法自治发生冲突时，人格尊严价值应当优先。一方面，如果人格尊严是自治所要达到的目的，那么在自治不利于或者否定人格尊严时，应当通过人格尊严限制私法自治。如果不对私法自治进行必要的限制，可能会妨碍公序良俗。尊严是人在社会生活中体现的地位，而私法自治则体现为个人的自主决定，相比较而言，人格尊严更为重要。另一方面，尊重人格尊严，也就是黑格尔所说的“成为一个人，并尊重他人为人”。自治的意义在于维护个人的意志自由。但是，自治并非全部的共同善，存在基于其他共同善的理由限制自治的可能性，而最为重要的共同善就是人格尊严。[①] 从人格尊严优越于私法自治的价值理念出发，我国司法实践认为有偿代孕行为无效。我国《民法典》第1006条也禁止买卖人体器官。

价值判断是司法艺术的体现。司法者适用法律的工作绝不是一种简单的机械操作工作，而是一种创造性的、艺术性的活动。美国著名大法官卡多佐在指出司法应具有能动性特征时说，“我终于承认司法过程上的无固定性，而且我也看见了它们的必然性。我也了解了这个过程上所能达到的最高境界，不是发现，而是创造的工作……”[②] 在现代社会，司法要完成其应尽的正确适用法律的职责，而且要通过其创造性的工作实现司法的正义。在这一过程中，需要大量运用价值判断。我们说价值判断体现了司法的艺术性是因为，一方面，它实现了司法的公正性，符合了社会对于司法的实际需求；社会在不断发展变化，而法律总是具有一定的滞后性。如果完全照搬滞后的法律规则，来因应已经发生变化的生活，其结果并不能真正实现社会的公平正义。而克服这一缺陷的关键在于，借助于价值判断的方法，可以有效地解决这一问题。尤其是社会生活的发展，常常导致法律漏洞的出现，法官无法从制定法之中寻找到裁判依据，其只能进行漏洞的填补，而漏洞填补的过程主要是进行价值判断的过程。另一方面，它保持了法律体系的完整与和谐，发挥着润滑剂的作用。任何法律体系都要求价值上的统一性。在适用某个具体规范时，法官考虑的规范背后的价值判断越复杂，则越难以将连接一个案件和另一个案件的法律价值作出区分。但如果法律观根本不考虑规范背后的价值，则其也是不可能准确适用法律的。[③] 法官不可完全拘泥于法律的文字、而应从实际的社会需要出发，探求立法者在立法时的意旨，从立法者处于今天所应有的意思、努力发现法律在实现中所体现的正义价值。可以说现代的司法更需要法官不仅具有正义的观念“科学的训练”，而且要有庞德所说的“艺术的天才”，才能完成现代社会对司法公正所提出的要求。这些都决定了法官在裁判活动中应在运用三段论的同时进行妥当的价值判断。

---

① 朱振：《共同善权利观的力度与限度》，载《法学家》2018年第2期。

② Benjamin N Cardozo, The Nature of the Judicial Process, New Haven, Yale University Press, 1928, pp. 166-167.

③ Karl Renner, The Instititions of Private Law and Their Social Function, Transaction Publishers, 2009, p. 8.

第四节 法律程序的说理的不足及其完善

一、法律程序说理的不足

长期以来，我国司法实践来看，司法裁判中存在部分“重实体、轻程序”的观念也在一定程度上影响了裁判说理的水平。在裁判说理过程中，法官重视对实体部分的说理，忽视对程序的说理。但是关于法律程序是不是应当进行说理，实践中的认识并不完全一致，一些法官认为，程序的进程应当完全由审判权主导，无须在裁判文书中进行交代；也有观点认为，在诉讼模式转型之后，诉讼程序由当事人进行主导，法官也无须在裁判文书中进行过多陈述。[①] 还有观点主张，裁判文书的说理只是针对事实和法律的说理，程序是法官裁判过程中应当遵循的，但并不属于说理的事项。

笔者认为，裁判文书应当对法律程序进行说理，裁判文书应当完整地展现诉讼活动的全过程，程序说理同样是不可或缺的：只有强化程序说理，才能保障法官真正严格遵循程序，实现程序的正义。法谚云：“正义不仅应得到实现，而且要以人们看得见的方式加以实现。”这句法谚中所谓看得见的正义就是程序正义。不论是对案件事实的认定，还是对法律的适用，法官都应当遵循相应的程序。裁判结果虽然是案件审理的最终结果，但裁判文书不仅应当对外公开裁判的最终结果，其还应当对外公开裁判结果的得出过程，因为裁判结果是在诉讼程序中一步步形成的，因此，裁判文书公开司法程序的过程，这就可以对司法权的运行进行有效的限制，从而防止司法的恣意和司法权的滥用，[②] 同时可以使当事人、社会公众等裁判文书的受众能够了解司法程序的全过程。因此，裁判文书应当全面记载诉讼活动的过程，真实地反映诉讼活动的情况。裁判文书既需要说明案件事实的认定、法律的具体适用，也要说明案件事实认定的程序和法律适用的具体程序，这样才能使当事人和社会公众既知道案件的裁判结论，又了解案

---

① 蔡杰、程捷：《封闭与开放：裁判文书论理风格之类型化检讨》，载《法学论坛》2006 年第 2 期。

② 左卫民、谢鸿飞：《法院的案卷制作》，载《比较法研究》2003 年第 5 期。

件结论的得出过程，从而达到“知其然”并“知其所以然”的效果。

还应当看到，程序可能是当事人争议的问题，甚至是当事人的争议焦点。例如，关于管辖权异议问题，可能是当事人争议的核心问题。要使当事人对裁判结果胜败皆服，法官就必须在裁判文书中进行说理。再如，一方当事人对另一方当事人的诉讼主体资格是否适格存在争议，则法官应当在裁判文书中对当事人的适格性问题进行说明。因此，为了保障法官认定事实和适用法律规则的合法性，使当事人胜败皆服，法官也应当在裁判文书中对法律程序进行说理。

从我国裁判说理的情况来看，有的法官重视对案件事实的说理，但在程序说理方面的文字明显偏少，裁判文书重视公开案件事实审理的过程，但忽视了对案件审理程序的公开，具体体现在如下几个方面：

一是未能记载程序性的重要事项。裁判说理既需要说明实体内容，也需要说明法律程序事项，以完整展现裁判结论的形成过程。从我国的裁判文书来看，虽然要求在“首部”部分写明案件受理、审理和审结的基本情况，但有的裁判文书对此采取了省略态度，没有对一些具体的应该记载的程序做详细性的记载和阐述。例如，原告起诉的时间、上诉人上诉的时间、法院受理的时间、[①] 是否有财产保全、是否有发回重审的情况以及当事人诉讼请求变更的情况等，这就无法向当事人和社会公众详细展示案件裁判的具体程序。

二是没有全面客观表述当事人的诉辩主张。从司法实践来看，法官在裁判文书中所记录事实认定内容主要来自于当事人所提交的起诉状、答辩状等书面材料，但从实践来看，许多案件事实是当事人在庭审过程中通过不断举证、质证所得出的，当事人所提供的起诉状、答辩状等书面材料无法全面涵盖案件事实情况。[②] 如果裁判文书不能对原告的诉讼请求、被告的抗辩理由等进行记载，则裁判文书将失去说理的对象。如果裁判文书中不对当事人在庭审中的举证、质证等情况进行全面记载，就难以全面客观表述当事人的诉辩主张。

三是未过多关注当事人提出的与诉讼权利行使相关的程序性事项。从

---

① 参见孙华璞、王利明、马来客：《裁判文书如何说理》，北京大学出版社 2016 年版，第 48 页。

② 参见孙华璞、王利明、马来客：《裁判文书如何说理》，北京大学出版社 2016 年版，第 48~49 页。

司法实践来看，法官大多关注案件事实和法律适用问题，至于当事人是否适格、其是否有权提出相关的诉讼请求等程序性事项，法官在裁判文书中则较少涉及，[①] 这也会影响裁判文书的说理效果。

从实践来看，忽视对程序的记载和阐释很容易导致对程序的滥用。例如，在查封、扣押的情形下，查封、扣押是否过当，甚至适用该程序是否妥当，应当在裁判文书中予以说明，但在实践中，有的裁判文书并没有回应这一问题，这就难免造成法官的自由裁量权过大。实践中出现的非法查封、扣押等问题，也可能与此有关。

二、法律程序说理的内容

正是基于以上原因，法院在裁判的说理中必须对必要的程序问题进行说理。具体而言，裁判文书在记载司法程序时应当注意如下几点：

（一）记载程序性的重要事项

一份合格的裁判文书应当对程序事项作出记载，其通常要全面记载程序进行的过程，包括立案时间、审判组织、审判程序及变更、财产保全和先予执行情况、庭前证据交换情况、开庭时间、诉讼参加人到庭情况、鉴定起止时间、案件中止、延长审限、休庭时间、补充证据、宣判时间以及上诉时间等，总之，裁判文书对程序事项的说理应当全面反映案件审理的过程。但仅仅记载当事人没有争议的程序事项，并不是真正的说理。

裁判文书应当完整地记载关于程序的重要事项，从而反映司法活动的整个过程。一般而言，裁判文书应当根据案件具体情况载明以下程序事项：一是载明案件诉至法院的情况以及启动诉讼程序的原因，如应当记载案件的立案时间、案件的来源；二是记载诉前的重要程序事项，如果存在诉前财产保全、证据保全情况，就应当记载；三是记载诉讼当事人的相关事项，如记载诉讼参与人参加诉讼的情况，如是否有律师出庭，是否要追加当事人和变更当事人等；四是记载当事人相关诉讼行为的后果，如记载原告是否撤诉、被告是否应诉、当事人是否曾经申请管辖权异议、是否存在先予执行、要求回避、提起反诉的申请以及其法律效果等；[②] 五是记载案件受

---

① 参见孙华璞、王利明、马来客：《裁判文书如何说理》，北京大学出版社 2016 年版，第 48 页。

② 左卫民、谢鸿飞：《法院的案卷制作——以民事判决书为中心》，载《比较法研究》2003 年第 5 期。

理的相关情况，如记载审查有关申请、庭前会议的召开、证据交换等情况，以及简易程序变更为普通程序审理原因及变更情况等；[①] 六是记载庭审时间、审理期间、超审限原因等事项。

（二）裁判文书应当就当事人有争议的程序性事项进行详细的阐释

在诉讼过程中，当事人可能对相关的诉讼程序事项产生一定的争议，在此情形下，裁判文书应当对这些程序性事项进行详细的阐释。实践中比较突出的是如下几个问题：

一是管辖权争议。我国现行立法对案件的管辖权问题作出了规定，但从实践来看，当事人也经常对管辖权问题产生争议，即只要当事人有机会选择管辖法院，其就会尽量选择对自己有利的法院，这也是当事人在诉讼中的第一次较量。[②] 如果当事人对管辖权提出了争议，则裁判文书应当对管辖权异议的审理意见进行充分的说理。当事人对相关的程序性事项发生争议与当事人对实体性事项发生争议类似，裁判文书应当对其加以阐释。就当事人的管辖权异议而言，虽然法院只需要依据职权予以认定，而不需要就管辖权问题与当事人展开辩论，但法官仍然需要在裁判文书中就案件管辖权问题进行说理，尤其对结合法律规定和案件具体情况认定管辖法院的过程进行说理。

二是当事人主体资格争议。例如，一方提出对方当事人的主体不适格，不具有当事人资格，而只是具有利害关系的第三人，或者应当追加当事人。尤其是在法律规定应当承担连带责任的情形下，缺少当事人可能会使当事人的责任加重，因此，在被告提出追加当事人时，法官应当在裁判文书中予以回应。

三是关于法院是否能够依职权调查取证的问题，或由法院单方制定鉴定人的问题，实践中经常发生争议，对证据的鉴定往往成为决定案件结果的关键，因此，法官应当对此类程序事项进行充分的说理。

当然，由于民事争议主要涉及的是实体权利义务的争议，因此，关于程序的争议，一般不构成说理的主要内容，但是如果程序的运行本身成为案件的争点，则法院需要对程序事项进行回应。另外，在实体法的适用中也可能涉及程序的正当性问题，例如，依据《民法典》第 585 条第 2 款的

---

① 刘淑一：《浅析民事裁判文书说理的写作》，载《应用写作》2009 年第 11 期。

② 张卫平：《管辖权异议：回归原点与制度修正》，载《法学研究》2006 年第 4 期。

规定，约定的违约金过高或过低需要由当事人提出请求，法院才能够进行调整，而法院不能依职权直接进行调整。但是在当事人没有提出调整违约金的情形下，法官是否应当释明，实践中经常引发争议。一方当事人以有效合同为基础主张违约金责任，对方当事人主张合同无效，此时，一旦法官认定合同有效，则对方当事人将没有机会主张调整违约金，在此情形下，法官应当给予对方当事人调整违约金的机会，即在当事人没有主张调整违约金时，法官应当对违约金调整的情况进行释明。而这就涉及程序上的问题，此种释明并没有法律上的规定，法官如果释明，则应当对其进行详细的解释。

第五节　裁判说理的特殊问题

一、以社会效果等原则代替说理

从我国司法实践来看，简单只以社会效果等原则代替说理也是裁判说理不强的一种体现。社会效果法外因素，可以作为解释法律规则的参考因素，但如果法官在裁判过程中不围绕法律规则进行说理，而主要探讨社会效果，就偏离了裁判说理的目的。

表：中国裁判文书网收录的裁判文书“理由”部分使用“社会效果”一词的案件统计表
（截止到2021年1月20日）

	案件类型						法院审级				文书类型		审判程序			
	合同	婚姻继承	离婚	赔偿责任	交通事故	人身损害赔偿	基层人民法院	中级人民法院	高级人民法院	最高人民法院	判决书	裁定书	一审	二审	再审	其他
案件数量	1603	735	669	315	164	208	2505	1088	96	3	3346	345	2536	965	128	64

从基层法院至最高人民法院，各个层级的法院在裁判过程中都将“社会效果”作为裁判的依据，而且案件类型涉及合同纠纷、交通事故纠纷、婚姻纠纷等各种纠纷类型。从这些案件来看，法官在裁判过程中运用“社会效果”的情形主要有以下几种：

一是用于解释法律规则。也就是说，法官在具体阐释法律规则的内涵时，依据社会效果得出更为妥当的解释方案。例如，在中国农业银行股份有限公司莆田城厢支行与福建龙升集团有限公司恢复原状纠纷案中，法院认为：“根据当时适用的《中华人民共和国民法通则》第一百三十四条之规定精神，承担民事责任的方式有多种，鉴于龙升集团公司在该讼争地块上已加盖房屋并已出售，恢复原状成本过高、社会效果不佳，且恢复原状并非权利人唯一的救济方式，故城厢农行在本案中要求龙升集团公司停止侵权、恢复原状的诉讼请求，依据不足，不予支持。”① 在该案中，法院在运用“恢复原状”这一责任方式时，即参考了社会效果，并最终得出了裁判结论。

二是用于论证过程。例如，在浙江建业混凝土有限公司与歌山建设集团有限公司买卖合同纠纷案中，法院认为：“原审法院依照浙江韦宁工程审价咨询有限公司的鉴定结论来大致计算案涉的预期利益损失，并无不当。原审法院在计算得出预期利益损失约为1148009元的基础上，酌情判定歌山公司赔偿建业公司预期利益损失65万元，已充分考虑了本案在履行过程中的相关情节和社会效果。”② 在该案中，法官在具体论证预期利益损失的数额时，即考虑到了案件裁判的社会效果。

三是用于得出裁判结论。在一些案件中，法官基于社会效果的考虑得出相关的裁判结论。从一些裁判来看，法院并没有从具体的法律规定出发，运用司法三段论的方法得出裁判结论，而是基于法律效果与社会效果统一这一宽泛的目的得出裁判结论。

诚然，法官在裁判过程中考虑社会效果具有一定的合理性，因为法律规则本身都是为了实现一定的社会效果，法官在运用法律规则的过程中考虑其裁判的社会效果，更有利于发挥法律规则的社会效用。法官在法律规则的解释、法律论证等活动中考虑相关的社会效果，是十分必要的。例如，

① 福建省高级人民法院（2014）闽民终字第355号民事判决书。

② 浙江省高级人民法院（2009）浙商终字第280号民事判决书。

“老人与儿童相撞离开遇阻猝死案”中，司法审判坚定地保护了善良和公义，对“路见不平、伸张正义”予以鼓励和支持。司法裁判弘扬了社会主义核心价值观和中华传统美德，守护了社会正能量。① 再如，在“患者飞踹医生被反击致骨折案”中，二审法院判决被告某医生面对突如其来的伤害，反击对方导致患者骨折，属正当防卫不担责，这就向社会传递了任何人包括医生，都可以依法行使合法权利，凸显了正当防卫法条的核心价值，兼顾了法律效果和社会效果的统一。②

但按照司法三段论的要求，法官一般应当基于具体的法律规则得出裁判结论，而不应当仅基于社会效果得出裁判结论，也不能在援引具体的法条之后，不对法律规范与案件事实的关联，而直接基于社会效果等其他理由，直接得出裁判结论。一些法院在列举了具体的法条之后，直接基于维护交易安全、取得更好的法律效果和社会效果等得出裁判结论，而没有对案件事实与法条之间的关联性作出具体说明，笔者认为有失妥当。

法官的基本义务就是探究文本的含义与立法目的，不能简单地以社会效果为由否定文义与立法意旨。尽管在某些案件中，法官简单地以社会效果为由，直接在认定事实的基础上得出裁判结论，可能结果是妥当的，但此种做法完全撇开了法律的具体规定，不是真正的依法裁判，很难保证裁判结果的公正性。虽然一些案件的处理结果是妥当的，但其分析过程值得商榷。因为即使采用社会效果分析，其仍然需要按照司法三段论的程序寻找大前提，即寻找裁判规则，不应该忽略具体的法律规则，而直接依据特定社会效果裁判。同时，即便采用社会效果分析，也应当首先从具体法律规则的文义出发，确定文义是否存在复数解释的可能。只有存在复数解释可能时，才需要借助社会效果分析方法，选择妥当的解释结论。因为法院在裁判时，首先应当寻找作为裁判依据的法律规则即大前提，社会效果分析的运用，只是针对大前提能否运用于具体的案件事实而采用，换言之，

① 在本案中，某老人骑车与儿童相撞，儿童受伤倒地，老人欲离开遭阻拦后猝死，法院认为，发生事故后，老人应当坦然面对，勇于负责，理性处理，孙某的阻拦行为不仅不具有违法性，还具有正当性，应予以肯定与支持。一审判决驳回死者家属要求孙某、小区物业公司承担责任的诉讼请求。参见《“老人与儿童相撞离开遇阻猝死案”司法裁判给见义勇为者吃“定心丸”》，载《人民法院报》2020 年 3 月 4 日。

② 在该案中，一审法院以故意伤害罪判处医生承担刑事责任，并附带民事赔偿。医生不服判决提出上诉。二审公开宣判该案，撤销一审判决，判处医生无罪且不承担民事责任。参见《“患者飞踹医生被反击致骨折案”判医生不担责》，载《人民法院报》2020 年 3 月 13 日。

只是在考虑大前提能否运用于案件事实，从而实现法律效果与社会效果的统一，而不能为了实现特定的社会效果而忽略大前提。按照依法裁判的要求，需要寻找裁判依据，因此社会效果分析不仅要从法律文本的可能含义出发，而且最终要阐释法律的文义，不能超越文本的可能文义范围。

二、关于二审裁判是否应当说理的问题

从实践来看，一个普遍存在的问题是，一审的说理往往较为充分，而二审的说理往往较为简略，法官常使用“原审适用法律并无不当”，并据以作出维持原判、驳回上诉或者驳回申诉的判决。有不少学者认为，裁判说理主要是一审法院的义务，二审法院不负有说理义务。对于二审与一审法院持不同意见的问题，二审法院应当负有详细的说理义务。而对于与一审法院持相同观点的裁判结果，则可以适当减轻二审法院的说理义务。同时，应当区分二审中的事实问题与法律问题，对于因事实不清需要发回重审的，则应当就案件事实认定中存在的问题进行明确说理。对于因法律适用问题，需要改正一审裁判结果的，则需要就法律适用部分加强论证。

三、对分歧意见的说理

（一）比较法的考察

从比较法上来看，关于分歧意见是否有必要列入判决书之中，两大法系的做法并不完全一致。英美法国家历来强调在判决中列出各种不同的裁判意见，特别是反对意见，例如，其裁判文书的附带意见有时属于判决的意见，有时则是不同的意见。当然，只有裁判文书中的多数意见才具有创设先例的效力，附带意见只是一种参考性的理由，其并不具有法律约束力。但在特殊情况下，附带意见也可以被法官总结为规则来援引。[①] 当然，判决中的少数意见如果比较有说服力，则也可能被后来的法官所采纳，从而成为限缩先例适用或者推翻先例的基础。[②] 英美法系国家历来认为公开不同意见可以促使持不同意见的双方去认真研究案情，从中可以发现新问题，提出新观点，促进法学的发展和法律的完善。虽然反对意见不能得出裁判结果的依据，且对以后案件的裁判不具有约束力，但从英美法的发展历程

---

① Marksv. UnitedStates，430 U. S. 188，193（1977）.

② 林彦：《美国法院如何遵循先例》，载《中外法学》2009 年第 6 期。

来看，在判决中列出反对意见曾对普通法的发展起到了重要的推动作用，甚至推进了法治的发展。

在大陆法系，关于是否在裁判文书中记载分歧意见存在不同观点。赞成者认为，在判决列出不同意见，可以真正实现审判公开，也有利于公众对审判的监督，更何况反对意见可能是正确的，裁判意见反而不一定是正确的。因此，在德国，1970 年的一部法律授权德国宪法法院可在判决中表达不同的意见（《德国联邦宪法法院法》第 30 条第 2 款），[①] 德国联邦宪法法院也允许法官在裁判文书中撰写不同的意见，并在裁判文书中公布法官的表决比例，当然，德国联邦宪法法院的法官极少行使这项权利。[②] 西班牙普通法院受其宪法法院的影响，近期的判决中出现了法官的附和意见及反对意见。日本 1947 年颁布的《日本法院法》要求在日本最高法院的裁判文书中，法官应当将个人意见进行说明，可见，日本最高法院裁判文书中可以载明不同意见。值得注意的是，海牙国际法院等国际性、区域性法院在所作出的判决中也出现了少数意见。[③]

然而，也有一些国家一直不赞成在裁判文书中载明分歧意见，如法国和意大利，包括宪法法院在内，一直严守“不公开审理法官的具体意见”的规则，不允许在裁判中表述附和意见及反对意见。例如，法国学者大都主张要列出反对意见，但法院并没有采纳这一观点。[④] 欧盟法院的裁判也不表述反对意见，这主要是为了维护在解释欧盟法律时的统一性。[⑤]

（二）我国裁判文书中是否应当记载分歧意见

在我国，在裁判说理改革的过程中，也开始尝试在裁判文书中公开合议庭的不同意见，2000 年初，广州海事法院修改了原裁判文书格式，形成了以质证、认证过程、公开合议庭成员裁判意见为内容的《广州海事法院

---

① See Zweigert, Empfiehlt es sich, die Bekanntgabe Der abweichenden Meinung des uberstimmten Richters (dissenting opinion) in den deutschen Verfahrensordnungen zuzulassen?, 1 Verhandlungen des Siebenundvierzigsten Deutschen Juristentages D1-59 (1986); 2id. R6-149 (1969).

② ［德］哥特瓦尔德：《德国司法判决书中的说理：实践与学说》，曹志勋译，载《苏州大学学报（法学版）》2015 年第 4 期。

③ 刘昀晟：《裁判文书中引入少数意见的价值体认与实践构想》，载《郑州大学学报（哲学社会科学版）》2016 年第 1 期。

④ Touffait & Tunc, Pour une motivation plus explicite des decisions de justice notamment de celles de la Cour de cassation, 72 Revue trimestrielle de droit civil 487, 506 (1974).

⑤ Neil MacCormick, Robert Summers. Interpreting Precedents, Ashgate Dartmouth, 1997. P457.

判决书格式》及其说明，这一格式明确要求在裁判文书中公开合议庭的不同意见。[①] 此后，一些法院相继仿效，也在裁判文书中记载了合议庭的不同意见。例如，在“河南证券有限责任公司与上海科交房地产开发经营公司商品房预售合同纠纷案”中，关于能否判令被告为原告办理系争房屋产权过户手续的问题上，合议庭存在两种意见：少数意见认为，办理产权过户手续是被告的义务，原告依据合同要求被告履行，该请求仍属债权请求的范畴，并非是确权之诉。因此，即便法院判令被告办理产权过户手续，也不会出现“一物两权”的局面。多数意见认为，原告在履行合同义务上已依约付清了购房款，按照合同约定应取得房地产权证，被告亦不反对为原告办理产权过户手续，但由于原、被告因他案的债务问题涉讼，系争房屋被法院依法予以查封，从目前情况分析，如果法院支持原告的诉请，原告会误认为法院是将系争房屋判归其所有，否则法院也无必要判令被告为其办理产权过户手续，势必出现“一物两权”的局面，徒增向当事人、案外人解释的难度，在系争房屋权利存有瑕疵、被查封的现实状况下，不能判令被告为原告办理产权过户手续。[②] 再如，在“李某诉北京华星电影院有限公司侵权纠纷案”中，李某以华星公司店规不合理、不公平为由提起诉讼，法院在审理此案时，合议庭出现了两种意见，第一种意见认为，被告华星影院存在主观过错问题。第二种意见认为，华星公司在其经营的华星国际影城的售票处、大堂以及电影票背面的观众须知中，均以醒目方式提示消费者，该影城禁止消费者携带外购饮品入场观看影片。在一般情况下，消费者在了解经营者所附此类条件后仍选择购买经营者的服务产品，应视为双方已达成合意，即消费者接受经营者所附条件。应尊重市场主体自主决定的权利，否则会对商品及服务的多样性及可选择性造成不利影响。判决书最后认定，第二种意见为多数意见。[③]

分歧意见的采纳确实反映了在实践中出现的许多新型案件，法官的认识并不完全一致，在社会转型过程中，一些新型纠纷，法律没有及时作出回应，需要法官对法律规则进行解释，甚至进行漏洞填补，这就难免会出现分歧意见，而将分歧意见记载在裁判文书中，也就客观反映了这一现实。

---

① 参见赵海峰等：《20 年回首：民事裁判说理的检视与修正》，载《全国法院第二十六届学术讨论会论文集：司法体制改革与民商事法律适用问题研究》，人民法院出版社 2015 年版，第 486 页。

② 上海市第二中级人民法院（2002）沪二中民二（民）初字第 79 号民事判决书。

③ 参见北大法宝，【法宝引证码】CLI. C. 238265。

但关于是否有必要在裁判文书中记载合议庭的不同意见，学者也存在不同观点。赞成的理由主要认为：第一，此种做法有利于保障裁判的公正。裁判结论的作出不仅需要法官对案件作出独立判断，而且在不同的法官就案件裁判存在争议时，也应当进行有效的逻辑辩证，这有利于保障裁判的公正性。① 第二，此种做法有助于保护法官就案件发表意见的权利，可以使其在不受外界干扰的情形下，按照自己的判断发表意见。②第三，此种做法是审判公开、透明的要求，也有利于落实司法责任制。如果只是裁判文书中公开合议庭的多数意见，则可能会掩盖一些法律争议，通过在裁判文书中公开合议庭的不同意见，可以提高司法的公开性和透明度，在一定程度上体现了司法的公开与公正。③ 而且在裁判文书中公开合议庭的不同意见，有利于明确合议庭成员的责任。④ 第四，此种做法在一定程度上体现了司法裁判的民主，符合国际上通行的做法。德国学者卢曼指出，裁判说理并不仅仅是为了更好地得出裁判结论，而且是为了更好地发挥其解决纠纷的功能。在此基础上，德国学者费切尔—莱斯卡诺等认为，在裁判文书中应当公开不同的解决方案。通过公开不同的解决方案，进行充分的说理，裁判文书也就不会显得强词夺理了。⑤ 裁判的民主性是司法公正的内在要求，对于重大疑难案件，合议庭的法官可能难以达成统一的意见，此时，鼓励法官大胆地提出不同见解，并按照少数服从多数的原则得出最终的裁判结果，充分展现了司法的民主性，也可以提高当事人对裁判结果的认同度。

应当承认，上述赞成的意见都不无道理，从今后发展趋势来看，在司法的权威性与公信力得到较大提高、法官队伍的整体素质得到极大提高的情形下，可以考虑在裁判文书中公开分歧意见，但就目前情形而言，似乎不宜在裁判文书中公开分歧意见，主要理由在于：

第一，此种做法缺乏法律依据。我国现行立法虽然规定了司法公开原则，但其主要是指审判过程的公开，并没有要求公开合议庭评议案件的过程，因此，合议庭的评议过程原则上应当秘密进行，如果在裁判文书中记

①② 刘昀晟：《裁判文书中引入少数意见的价值体认与实践构想》，载《郑州大学学报（哲学社会科学版）》2016年第1期。

③ 张倩：《裁判说理的基本模式和规范要求》，载《中国审判》2016年第1期。

④ 蔡杰、程捷：《封闭与开放：裁判文书论理风格之类型化检讨》，载《法学论坛》2006年第2期。

⑤ Luhmann，N，The paradox of decision making，Kristianstad：Liber & Copenhagen Business School Press.（2005）pp. 85–106.

载合议庭的不同意见，实际上是在一定程度上公开了合议庭评议案件的过程，这并没有法律依据。[①] 而且民事裁判文书并不代表合议庭组成人员中某个人的意见，而是人民法院代表国家法律对民事案件所作的判定，而且设置合议庭制度的目的就是要就具体案件确定最终的裁判结论，[②] 如果公开合议庭的分歧意见，并不符合该设置合议庭制度的目的。

第二，此种做法可能有损司法的公信力。如果在判决书中公布法官的不同观点，会在一定程度上削弱司法的权威性，并可能为当事人拒绝执行判决裁定提供借口。尤其是如果最高人民法院在裁判文书中公布不同的意见，也可能导致下级法院无所适从。还应当看到，目前法官的素质参差不齐，在复杂疑难案件中，合议庭法官很可能对案件的裁判存在分歧意见，如果将该分歧意见公开，则可能会在一定程度上使公众对裁判结果的合法性、合理性产生怀疑，当事人也可能因此质疑裁判结果的公正性，并因此拒绝执行法院生效的裁判文书，反而不利于纠纷的解决。[③]

第三，这种做法也不利于裁判的执行。如果公开合议庭和审委会的不同意见，没有足够的保障机制，可能对持具体意见的法官造成很大的压力。此外，将合议庭乃至审判委员会的不同意见写入判决书，既不符合我国现有的审判制度，也会导致裁判文书冗长拖沓。

事实上，无论是合议庭还是审判委员会审理案件的情形，对法律适用方面的问题，经常会出现不同意见，所有法官的意见包括不同意见，都需要在合议庭评议笔录和审判委员会讨论记录中载明，此类案卷材料不对外公布，作为档案保存。[④] 笔者认为，比较合适的做法是，在合议庭讨论过程中，应当将对立意见进行剖析（分析和论证），并结合法理和法律适用，最终得出判决意见，这可能比单纯公开两种不同意见更易让人接受。

四、关于审委会意见的公开问题

在裁判文书中公开审委会的意见是裁判说理改革的重要举措。审判委

---

① 刘文基：《判决书可否写入合议庭或审委会不同意见》，载《人民法院报》2005年8月30日。

② 参见赵海峰、高伟、孙叶花：《20年回首：民事裁判说理的检视与修正——以〈中国审判案例要览〉60个案例为研究样本》，载《全国法院第二十六届学术讨论会论文集：司法体制改革与民商事法律适用问题研究》，人民法院出版社2015年版，第486页。

③ 王松：《创新与规制：民事裁判文书的说理方法》，载《人民司法》2008年第5期。

④ 蔡杰、程捷.《封闭与开放：裁判文书论理风格之类型化检讨》，载《法学论坛》2006年第2期。

员会是依据现行法律规定在法院内部设立的重要的审判机构。依据《人民法院组织法》的规定，审判委员会有权讨论重大的或者疑难的案件，尽管该法并没有明确审判委员会有权对重大或疑难的案件的裁判作出决定，但一般都认为该法中所提及的讨论实际上是指决定。因此，它并不是一个单纯的审判咨询机构而是一个审判机构。尤其是在有关法律中确认了审判委员会对案件的裁判具有决定权。例如，《刑事诉讼法》第185条规定，对于疑难、复杂、重大的案件，合议庭认为难以作出决定的，由合议庭提请院长决定提交审判委员会讨论决定，审判委员会的决定，合议庭应当执行。从建国初期到现在，法院设立审判委员会的目的，就是要强调审判工作中的集体领导原则，审判委员会是作为一个整体而行使审判权的机构。

从我国司法实践来看，审判委员会确实在审判实践中发挥了积极作用，尤其是在许多重大刑事案件中，通过集体讨论和决定，为避免发生冤错假案、提高办案质量等方面不无意义。具体来说，该制度在实践中的主要优点在于：第一，通过集体决定贯彻民主集中制原则，有利于发挥集体智慧提高办案质量。第二，审判委员会有利于防止司法腐败减少司法中的办人情案和关系案的现象，因为集体作出决定较之于个人单独决定有利于避免或者减少腐败现象。第三，审判委员会作出决定，有利于排除各种对审判活动的干预和干扰。由于目前法官在办案中经常遇到各种各样的干预，单个的法官很难有能力抵抗这些干预因此将案件提交审判委员会决定，可通过集体决定而抵抗外来的压力。

长时间以来，由于现行法律并没有对审判委员会讨论决定的重大的、疑难的案件作出明确的解释，因而，在实践中，对这一概念常常作出了扩大的理解。尤其是在一些基层法院，不仅刑事案件一般都要审判委员会讨论，而且对不少民事案件都要交审判委员会讨论，合议庭作成的决定都要由审判委员会最后讨论决定，这就大大扩大了审判委员会的职权。审判委员会在代替合议庭的职责后，只是听取合议庭的汇报发表意见，不能直接当面听取当事人的诉求，从而也限制了当事人向裁判者当面陈述请求的权利。让审理者裁判，由裁判者负责，落实合议庭的职权，才能真正落实宪法、法律所规定的法院所依法享有的独立审判权。基于这一原因，最高人民法院于2019年颁布了《关于健全完善人民法院审判委员会工作机制的意见》（以下简称《审委会工作机制意见》），按照坚持党的领导、实行民主集中制、遵循司法规律、恪守司法公正四项原则，全面地规范了审判委员会的工作机制，保障审委会制度依法高效运转。在该文件中，对审判委员会的职能定位以及应当由审委会讨论的重大案件作出了明确的规定，对审委会的组成和运行机制进行了规范。明确要求："提交审判委员会讨论决定的案件，审判委员会委员有应当回避情形的，应当自行回避并报院长决定；院长的回避，由审判委员会决定。审判委员会委员的回避情形，适用有关法律关于审判人员回避情形的规定。"① 并且对审委会讨论案件的程序也进行了规定，该文件可以说是对我国司法制度的重要完善。

依据《审委会工作机制意见》第 24 条规定："审判委员会讨论案件的决定及其理由应当在裁判文书中公开，法律规定不公开的除外。"从该规定来看，不仅应当将合议庭的讨论意见和理由予以公开，而且在合议庭和审委会意见不一致时，如果法院最终是以审委会的意见定案的，则裁判文书应当载明是依据审委会的意见裁判的。该意见发布以来，许多法院的裁判都已经将审委会作出的决定及理由均对外进行公开，这也是我国司法改革的一项重要成果。

此种做法的意义在于：第一，进一步保障了司法的公开公正。按照审判结合的制度，裁判者必须要直接审理案件，审与判是不可分割的，任何裁判者没有直接审理是不能作出裁判的。第二，有利于落实司法责任制。司法责任制无法落实的重要原因就是责任主体不明确，过去一般实行的是所谓的集体负责，但有时集体负责等于无人负责，如果由审委会作出决定，但最终以合议庭的名义作出裁判，并由合议庭负责，难以落实司法责任制。因此，公开审委会的意见，有利于具体落实司法责任制。第三，有利于落实回避制。按照《民事诉讼法》的规定，当事人对与案件有利害关系的审判人员有权依法请求其回避，由于审判委员会委员从不向任何当事人公开，当事人也不可能要求其回避②，因此不可能适用回避制度。

近来，公开审委会的意见现在已经开始得到逐步的落实，笔者在中国裁判文书网上以"审判委员会"为关键词，共检索到 118141 份民事裁判文书，以"审委会"为关键词进行检索，共找到 5744 份民事裁判文书，二者加起来一共是 123885 份裁判文书。由此可见，在裁判文书中公布审判委员会的意见已经较为普遍。例如，在"张某某与宋某某健康权纠纷案"中，

① 《审委会工作机制意见》第 14 条。

② 景汉朝、卢子娟：《审判方式改革实论》，人民法院出版社 1997 年版，第 62 页。

法院即在裁判文书中公开了审委会的意见，并标明法院裁判最终采纳的是审委会的意见。[①] 再如，在“上海同在国际贸易有限公司与远东电缆有限公司买卖合同纠纷案”中，[②] 该判决书也公开了审委会的意见，即“该院审判委员会认为：同在公司与远东公司就案涉合同发生交易的性质是期货交易，同在公司进行案涉交易的行为未经依法审批，属于变相期货交易，案涉合同依法应当认定为无效。因案涉合同无效，同在公司主张受欺诈而要求撤销 2009 年 4 月 19 日谅解补充协议的诉讼请求不能成立，其依据无效合同主张远东公司承担违约责任、赔偿其可得利益损失 191229142.78 元的诉讼请求亦不能成立。”笔者认为，这些案件确实提供了很好的经验，有必要在总结这些经验的基础上，对裁判文书中公开审委会意见可以说是有益的探索。

五、是否需要明确违反说理义务的后果

我们已经讨论了裁判说理的必要性，裁判说理的制度保障还需要建立程序法上的保障措施，这就是，在裁判不说理的情形下，在法律程序上对法官规定了一些制约措施。从比较法上看，一些国家也对法官裁判说理规定了一些制约措施，目的在于督促法官进行裁判说理。例如，在德国，在法律上没有对法官的裁判说理义务进行豁免的情形下，如果法官没有在一审判决中进行说理，则其应当属于《德国民事诉讼法》第 538 条第 2 条第 1 项所规定的“重大程序瑕疵”，上诉法庭可据此将该案发回重审；如果二审判决没有进行说理，则将构成《德国民事诉讼法》第 547 条第 6 项所规定的“绝对的上告事由”。[③] 同时，即便法官在裁判中进行了说理，但如果说理含糊不清、无法让人理解，或说理存在严重漏洞，导致法庭得出判决结论的法律考量无法让人理解，或者虽然判决存在说理，但是判决的理由无法让人明白，或者法官并未在说理部分分析对判决具有重要意义的当事人陈述，或者说理部分并未回答对判决具有重要意义且存在争议的法律问题，或者说理缺乏实质内容，无法让人了解法庭基于何种考量作出判决，

① 白山市江源区人民法院（2009）江民一重字第 223-1 号民事判决书。

② 最高人民法院（2011）民二终字第 55 号民事判决书。

③ Musielak/Voit/Musielak，ZPO § 313（2020），Rn. 15；Saenger，ZPO，§ 313（2019），Rn. 33.

则该判决相当于没有说理的判决，按照没有说理的判决做同样处理。①

我国《民事诉讼法》没有详细规定类似于上述德国法的裁判说理规则，但依据《民事诉讼法》的相关规定，如果一审裁判不说理或说理不充分，当事人对裁判不服的，可以提起上诉。同时，依据《民事诉讼法》的规定，二审法院将一审上诉案件发回重审的主要根据是，一审法院的判决认定的事实不清，证据不足，或程序违法，如遗漏当事人和诉讼请求等情形，并可能直接影响到案件的公正裁判，但裁判不说理不是发回重审的法定事由。上诉或申请再审，均可以覆盖裁判的事实认定、法律适用和程序合法性，其中也涉及裁判说理，只不过法律没有专门就裁判不说理的法律后果作出规定。有人认为，如果一审不进行说理，二审改判或发回重审本身就是不说理的法律后果，但是笔者认为，上述情形主要是针对裁判文书效力的后果而言，而并非针对的是作出该裁判的法官所承担的责任。既然《民事诉讼法》第 152 条已经对法官的裁判说理义务作出了规定，但没有对法官违反该义务时的法律后果作出规定，这就不利于督促法官进行裁判说理，而且在法官没有依法进行裁判说理时，当事人也难以寻求法律上的救济措施。所以，我国立法将来有必要专门就法官违反裁判说理义务的法律后果作出明确规定。

① Musielak/Voit/Musielak, ZPO § 313 (2020), Rn. 15; BeckOK ZPO/Elzer, ZPO § 313 (2020), Rn. 130; Saenger, ZPO, § 313 (2019), Rn. 33.

第五章 裁判说理的原则

第一节 合法性原则

裁判说理的基本原则，是指法官在裁判说理过程中应当遵循的基本理念和规则。在裁判说理过程中，法官享有一定的自由裁量权，但该自由裁量权并不是不受任何限制的，其应当遵循说理的基本原则。遵循这些基本原则，其实也是遵循一定的技术规则。① 法官裁判说理只有遵循一定的基本原则，才能真正提高裁判说理的水平，并发挥裁判说理的应有功能。

一、遵循合法性原则的必要性

合法性原则，是指裁判说理要依据法律规定，对程序、证据、事实作出合法性判断，并准确找法和解释法律，依法作出公正裁判。我国作为成文法国家，依法裁判是法官的基本义务，裁判说理的合法性是法官依法裁判义务的集中体现。裁判说理合法性原则是裁判权本质的体现。裁判权作为一种判断权，即依据法律对事实进行判断，并将事实和法律进行有机结合，并最终作出裁判。② 法谚云："法官知法。"法官不仅要知法懂法，而且要准确依法裁判。因此，裁判说理应当遵循合法性原则，这是裁判权作

① 胡玉鸿：《法律原理与技术》，中国政法大学出版社 2002 年版，第 435~436 页。

② 参见陈刚：《证明责任法研究》，中国人民大学出版社 2000 年版，第 2~3 页。

为判断权的一项基本要求。

裁判的说理必须符合合法性原则，因为裁判文书的合法性是司法能够运作的正当性前提。依法裁判不仅体现在诉讼活动进行过程中，如法官依据法定程序裁判、依法认定证据的效力等，而且要体现在裁判说理的合法性上，因为裁判文书的说理不仅完整展现裁判的过程，而且还需要展示法官选择裁判依据、解释法律规则、适用法律规则的过程。从这一意义上说，裁判文书的说理是司法活动最为集中的体现，裁判说理的合法性实际上就是司法活动合法性的体现。此外，说理论证必须具有合法性，也有利于向社会传递严格适用法律的信息。在法治社会中，“法律必须被信仰，否则它将形同虚设”。[①] 而要树立全社会对法律的崇尚、尊重乃至信仰，必须借助司法机构的严格执法才能得以实现。法官在解释中只有树立了对法律文本的崇尚和尊重，才能真正树立法律的至高无上的权威，并形成全社会对法律的普遍尊重。

合法性强调法官的职责是遵循法律，司法就是要实现法律中体现的立法者的意志。只有探求立法者的意图，才符合法官的角色定位，这在今天仍然具有合理性。法官的职责是服从法律和执行法律，法官都应当遵从法律、依法裁判。这就要求法官应当以谦卑的、虔诚的态度对待法律。遵从立法者的意旨也符合法官的职责定位。法官要遵循法律的基本原则和精神，作出尽可能符合法律基本原则和精神的价值判断。法官在裁判特定的纠纷时，如果法律文本本身没有规定或者规定不明确，就需要法官从法律的一般原则或者法的精神出发，结合具体的个案事实，进行法律解释工作，在个案中实现个别正义。尤其应当看到，强调裁判说理的合法性，才能保障司法在法治框架内运行，而且能够对法治的其他要素产生影响。从凯尔森、奥古斯丁到哈特，都将注意力集中于法律体系的复杂结构上，这一结构的运作需要靠司法程序的运行来发挥作用，他们关注法律的结构，但最为关注合法性问题，而按照美国学者舒曼的观点，司法裁判中的合法性是整个问题的关键。[②]

裁判说理的合法性是司法权运行的基本原则，也是保障案件裁判结果公平公正的基本要求。在现代社会，法律本身就是公平正义的体现，体现

① ［美］伯尔曼：《法律与宗教》，梁治平译，三联书店1991年版，第14页。

② Samuel I. Shuman, Justification of Judicial Decisions, California Law Review Vol. 59, 1971, p. 715.

了广大人民群众的意志和利益，严格依法裁判，可以有效限制法官的自由裁量权，防止裁判权的恣意、任性，所以，整个说理都应当围绕法律规定进行。从两大法系来看，其都要求法官说理应当合法。诚然，在很多情况下，案件裁判的大前提本身不合理，或者存在缺陷，或者模糊不清，甚至存在法律漏洞，但即便如此，法官也应当依据法律解释和漏洞填补方法，探寻立法目的和立法本意，努力弥补法律漏洞。立法目的是指立法者在制定法律时所直接追求的目标，或者是希望通过制订法律所直接达到的效果。古罗马就存在一句法谚："认识法律并非固守它们的文辞，而要掌握它们的效力和意向。"这就准确说明了掌握立法目的的重要性。英国学者拉兹指出："在解释现代法律的许多案件中，可以假定立法者的意图和目的是促进合理目标的实现。"① 美国学者费雪也认为："没有目的，就没有法律文本。"② 即使法律存在模糊不清的情况，法官也应当在探求立法目的的基础上，准确阐明法律规则的内涵，作出妥当的解释选择方案。尤其应该指出，在法律解释过程中，解释者必须受文本的拘束。在解释法律时要推定立法文本本身是公众意志的反映，也是立法理性的产物。这就是所谓的"立法理性推定"规则。③ 这一推定包含几个要素，即要推定法律条文是逻辑一致的，立法者遵循了宪法等规范对立法权施加的有关限制，立法者没有做不必要的重复或冗余，立法者是富有理性的（没有规定任何不可能实现之事）。④ 法官的任务和职责就是要忠实地按照法律文本的含义来裁判案件，凡是能够从文本中得出解释结论的，就应当从法律文本进行解释；只有无法从法律文本中得出解释结论时，才应考虑法律文本之外的因素。法官绝对不能完全撇开法律文本，简单依据所谓社会目的等作出裁判。

上述内容主要针对的是裁判说理中作为大前提的法律规范以及小前提的案件事实的合法性，即论据的合法性。然而，单纯的论据质量并不足以支撑整个司法裁判的合法性，裁判的合法性不仅应当包括论据的合法性，

---

① ［英］拉兹：《法律的权威》，朱峰译，法律出版社 2005 年版，第 181 页。

② Stanley Fish，Adrian Vermeule，Editor's symposium：What is Legal Interpretation? There is no Textualist Position，42 San Diego L. Rev. （2005），p. 616.

③ François Ost，L'interprète logique et systématique et le postulat de rationalité du législateur，in L'interpretation en droit，Publications des FUSL，Bruxelles，1978，p. 163 et s.

④ Paul Delnoy，Eléments de méthodologie de l'application du droit，2e éd.，Larcier，2006，pp. 180-184.

也包括论证结构的合法性,[①] 因此法官的说理必须遵循合法的论证结构。因为论证结构是将论题与论据进行联系的桥梁,[②] 即便是真实合法的论据,也可能因为论证结构的偏差而出现问题。《最高人民法院关于加强和规范裁判文书释法说理的指导意见》也要求法官在判决书中必须“反映推理过程”。当然,裁判说理的合法性是一般性的原则,在特殊情形下,完全按照司法三段论进行说理,则可能导致机械适用法律规则的后果,这就要求在坚持裁判说理合法性的同时,也要注重与事理、法理、情理的结合。

二、合法性原则的具体运用

(一)找法过程的说理应当严格按照实体法的规则展开

在这一点上,两大法系的模式并不完全相同,在大陆法系,法官裁判应当寻找大前提,所谓大前提就是具体的法律法规的规定。法官在裁判说理中应该阐述寻找裁判依据即法条的过程,注重从法条的解释本身来进行裁判说理。而英美法是判例法,其要求遵循先例,因此,法官首先应当从在先的类似案件中总结相关的裁判结论,并将其运用于待决纠纷,因此,法官说理的重点就是阐释在先案例与待决纠纷之间的类似性。我国虽然是成文法国家,但从法源上讲,我们不仅仅要适用法律和行政法规,而且还要适用司法解释等规范,法源上确实具有多元化的特点,这就要求我国的法官在适用法律时,不仅是准确地找法,而且要明确法律相互之间的适用规则,如上位法和下位法之间的关系,新法和旧法的关系,法律和司法解释的关系等,都应当作出相应的说明。因此,与大陆法系国家法官在裁判中重视解释法律规则不同,我国的裁判文书不仅要注重法律规则的解释问题,而且需要注重对法律适用规则的阐释。例如,《民法典》施行后,相关的民事单行法随之失效,但相关司法解释的规则是否继续有效,存在疑问,这也给法官适用法律带来了一定的困难。在法律适用层面,需要强调法官负有对法律适用的说理论证义务,这有利于减少法律适用的错误。法官真正要解决的问题,是如何从繁多的甚至是不完善的、有缺陷的法律体

---

① Vgl. Jügen Habermas, Faktiyität und Geltung, S. 277. 转引自[德]乌尔弗里德·诺依曼:《法律论证理论》,载舒国滢主编:《法理——法哲学、法学方法论与人工智能》(第2卷),商务印书馆2018年版,第88页。

② 参见韦克难、邓光汉主编:《法律逻辑学》,四川人民出版社2002年版,第362页。

系中为具体案件的裁判找到合适的法律依据，并进行适当的法律推理与论证，为具体案件的裁判建立起大前提。①

（二）法律解释必须合法

解释法律必须围绕法律文本、忠实于文本的含义，而不能曲解文本，随意解释。狭义解释方法既然是在法律有明确规定的情况下所进行的解释，其主要目标是“确定字义，纠正辞句，补充法意”。② 因此，这一方法只能是针对既有的法律规范所进行的阐释，而不是创造性的过程。法官进行此种解释只不过是适用法律，而不是创造法律，其要受到立法者比较严格的拘束。狭义的法律解释方法是描述性和解释性的，而漏洞填补方法是创造性和补充性的。在狭义的法律解释方法中，也存在价值判断，但不能超出法律文义的可能范围。所谓可能的文义，是指法律文本所可以包含的涵义，或者说文义的射程范围。各种狭义法律解释方法都是在可能的文义范围之内进行解释，而可能的文义范围包括核心文义和边缘文义。文义解释之所以是各种狭义法律解释方法的出发点，是因为它能够确定出核心文义和边缘文义的范围，而可能的文义又界定了整个狭义解释方法的界限。这就是说，只要在可能的文义范围内，就可以运用各种狭义的法律解释方法来解释；而一旦超越这一范围，就可能需要使用漏洞填补方法。正是从这一意义上说，可能的文义“划出法律解释活动的最大回旋余地”。③ 狭义的法律解释与漏洞填补的区别在于，是否超出了法条的可能文义。只要判决是依据法律的文义而作出的，它就可以认为是直接遵从了立法者的命令。如果超出了文义的可能范围，就必须借助其他的理由来加以论证和说明。④

（三）漏洞填补必须合法

第一，漏洞的认定必须合法。法律不可能不存在漏洞，在社会转型时期，各种新问题新矛盾层出不穷（如股权众筹、网约车、互联网金融等案件），而成文法具有固有的滞后性，法律为了维护其稳定性、权威性和可预期性，不可能频繁修改，因此，社会转型的纠纷具有复杂性、突发性和易变性的特征，这就要求现代司法对转型社会的正当性诉求给予充分的关注，

---

① 赵朝琴：《裁判说理及其社会效果探析》，载《黑龙江社会科学》2012 年第 4 期。

② 梅仲协：《民法要义》，中国政法大学出版社 1998 年版，第 12~13 页。

③ 黄茂荣：《法学方法与现代民法》（第 5 版），法律出版社 2007 年版，第 340 页。

④ Canaris，Die Feststellung von Lücken im Gesetz（1964），S. 20.

以发挥现代司法回应性的功能。[①] 通过裁判文书的说理，为新型案件的处理寻求具有共识的解决方案，从而实现裁判的统一。还要看到，各种新型案件和疑难案件也往往使得找法存在较大的困难，法律或者对此没有规定，或者对这些案件的定性会出现极大的争议，例如，对交易平台的法律地位究竟如何认定，对交易平台与用户的法律关系究竟是居间、行纪抑或直接交易关系等存在不同认识。法官此时不能够简单地表明自己的观点，而应当对自己观点的基础和事实理由进行充分的论证，从而寻找到相对应的法律规范。

但是，法律漏洞的认定应当从现行立法着手，进行分析，确定是否存在漏洞。我们所说的法律漏洞都是在具体的个案裁判中缺乏具体的法律适用规则。从最广泛的意义上讲，由于法律基本原则的涵盖范围较宽，故某种程度上也能涵盖相关的法律纠纷。但考虑到法律基本原则的抽象性和模糊性，以及缺少案件裁判的直接适用性，特别是因为缺少直接据以判案的法律具体规则，故仍然应当认为存在法律漏洞。尤其应当看到，在许多情况下，法律虽然没有作出直接规定，但已经明确指引参照其他的法律规范，此时也应当认为法律已经作出了明确规定，而不能认为存在法律漏洞。例如，《民法典》第 361 条规定："集体所有的土地作为建设用地的，应当依照土地管理的法律规定办理。"该规定即属于此种情形。漏洞必须是具体规则存在缺失和矛盾，在许多情况下，从表面上看，法律规定是缺失的，但如果通过解释的方法来发现某项可以适用的规则，就不能认定存在法律漏洞。当然，如果无法解释出具体规则，仍可能属于法律漏洞。例如，《民法典》第 700 条仅规定了承担保证责任的保证人有权在承担的责任范围内向债务人追偿，而没有明确承担保证责任的保证人是否有权要求其他保证人予以分摊。《民法典》第 392 条在混合共同担保的情形下，提供担保的第三人承担保证责任之后，有权向债务人进行追偿，但并没有规定是否有权向其他担保人追偿。有学者认为，根据《民法典》第 700 条承担保证责任的保证人"享有债权人对债务人的权利"这一规定，从而得出承担保证责任的保证人也有权享有原债权人对其他保证人的追偿权、属于法定的债务转移这一结论，这一观点难以成立。因为《民法典》第 524 条所规定的法定债务移转，都是针对一个完整债务的移转，而保证人对其他保证人的追

---

① 参见夏锦文、莫良元：《司法转型中指导性案例的生成机理》，载《法律科学》2010 年第 4 期。

偿权必须由法律进行明确规定，显然关于担保人对于其他担保人的追偿问题，属于法律漏洞，需要法官进行解释。

第二，漏洞的填补应当遵循合法性原则。漏洞填补本质上是为了配合个案的法律适用而确定大前提的一个寻法活动，虽然是在既有法律文本意义体系之外来寻求法律规则，但填补漏洞必须遵循法律体系的整个精神和目的。具体来说，一是针对法律没有规定的情形，法官必须依据立法目的和立法意图的考虑来确定立法者是有意排斥某项规则，还是因为疏忽未作任何安排。若立法者在立法时明显地否定某项规则的存在，则不能认为此时存在法律漏洞。例如，我国《民法典》对取得时效没有作出规定，这实际上表明了立法者不愿意认可此种制度，属于“立法者有意沉默”，而并非法律漏洞。因此，“并非所有立法沉默都是可以创造的”，[①] 在立法者立法过程中的“有意义的沉默”就并不构成法律的漏洞，而是沉默本身就已经表明了立法者的态度。[②] 确定法律漏洞是否存在，法官应当从法律的总体来考虑，明确是否存在违反计划的不圆满状态。此时，应当考虑的因素包括法律的价值、法律的目的、法律的原则等。[③] 二是法官在填补漏洞时也应当遵循合宪性的要求。在漏洞填补中，合宪性解释原则也有其适用的余地。因为宪法是国家的根本大法，一切立法和司法活动都应当遵循宪法，不能违反宪法的规则和精神。不仅在狭义的法律解释中应当满足合宪性的要求，在漏洞填补中同样要遵循合宪性的要求，法官通过漏洞填补所发现的大前提也不能违反宪法的规则和精神。三是法官在填补漏洞时要符合法律的目的和精神。立法的目的、精神和价值都体现了立法者制定法律的终极目的，也是实现社会正义的重要途径。在进行漏洞填补时，法官发现司法三段论中的大前提，必须符合法律的目的。比如，在“范志毅诉文汇新民联合报业集团侵犯名誉权案”中，法官实际上创造了公众人物人格权受限制的规则，从表面上看，这似乎是创设了规则，但其仍然是在法律保护

---

① Burns v. United States, 501 U. S. 129, 136 (1991).

② 参见［德］卡尔·拉伦茨：《法学方法论》，陈爱娥译，商务印书馆 2003 年版，第 249 页。

③ Franz Bydlinski, Juristische Methodenlehre und Rechtsbegriff, Wien/New York 1982, S. 473.

人格权的一般精神下创造的，其与法律的整体制度和精神是相吻合的。①

（四）程序过程的说理必须合法

程序合法性是裁判正当性的基本要素，也是法院依法裁判的保障，应当贯穿于民事审判程序的始终。裁判说理应当能够完整地展现裁判活动的过程，我国法院不像一些西方国家大量介入审前程序，法官所进行的程序性裁判主要集中在审判阶段，并且主要集中于程序的合法性问题，因此，有学者称之为“程序合法性之裁判”，或称狭义的“程序性裁判”。② 但即便对程序性的审判，法官在说理时也应当将其充分展示出来。③ 因为当事人有可能就程序性的问题产生争议，如管辖权异议、法官是否应当回避等，这些对程序性事项的争议可能影响案件裁判程序的进行，也关系到案件裁判的公平公正。因此，法官应当在裁判文书中对相关的程序性事项进行说明，尤其需要回应当事人关于程序性事项的争议。④

裁判说理中，程序的合法性包括以下要求：一是聚集于程序性争点。尊重法定程序是法院的职责，违反法定程序的，当事人有权提出异议，而法院对程序合法性争议要进行审查，并在裁判中一并作出判断。因此，关于程序的合法性判断，才有裁判说理的必要性。换言之，程序合法性说理，应当围绕程序性争点展开。二是程序法的规则限定了程序合法性说理的理由范围。根据程序法定原则和民事诉讼行为的客观主义调整方式，对于某一程序合法性的争点的裁判，法院判断的依据是程序法的明文规定，裁判说理的理由也要遵循法定程序，在这方面，法官不得自由裁量。这是由诉讼程序合法性的自身特点所决定的。

---

① 该案的案情是：2002 年 6 月 16 日，文汇新民联合报业集团在其出版发行的《东方体育日报》上刊出题名“中哥战传闻范志毅涉嫌赌球”的报道，报载范志毅据传闻涉嫌赌球，并且表明将进一步关注此事件。同年 7 月，范志毅以《东方体育日报》在 2002 年 6 月 16 日刊登的“中哥战传闻范志毅涉嫌赌球”侵害名誉权为由，起诉到上海市静安区人民法院，要求被告文汇新民联合报业集团向他公开赔礼道歉，并赔偿精神损失费人民币 5 万元。2002 年 12 月 18 日下午，上海市静安区人民法院判决认定，范志毅作为公众人物，“对媒体在行使正当舆论监督权利的过程中，可能造成的轻微损害应当予以容忍与理解”。据此，法院判决，对范志毅的诉讼请求不予支持。笔者认为，本案中，法院首次提出了公众人物的概念，并且确立了公众人物人格权限制规则。参见《媒体舆论监督并没有不当，“赌球案”范志毅一审败诉》，载《法制日报》2002 年 12 月 19 日。

② 陈瑞华：《程序性制裁理论》，中国法制出版社 2005 年版，第 300 页。

③ 张倩：《裁判说理的基本模式和规范要求》，载《中国审判》2016 年第 1 期。

④ 王洪：《司法判决与法律推理》，时事出版社 2002 年版，第 36 页。

（五）证据效力认定和证明责任分配应当具有合法性

证据是认定案件事实的依据。关于证据效力的认定，要坚持非法证据排除规则。《最高人民法院关于适用〈中华人民共和国民事诉讼法〉的解释》第106条规定："对以严重侵害他人合法权益、违反法律禁止性规定或者严重违背公序良俗的方法形成或者获取的证据，不得作为认定案件事实的根据。"这就确立了非法证据排除的规则。但哪些属于非法证据、其范围如何等，法律规定并不清晰，法官应当根据具体情形予以判断。依据上述司法解释，非法证据排除的范围限于"以严重侵害他人合法权益、违反法律禁止性规定或者严重违背公序良俗的方法形成或者获取的证据"，如以拘禁、胁迫等方法侵害他人合法权益等方法所取得的证据，该规定中违反法律禁止性规定既包括违反程序法的规则，也包括违反实体法的规则。① 在实践中，采用偷录、"陷阱取证"等方式获取证据的情况比较多，但是否都应当作为非法证据予以排除，一直存在争议。例如，在北大方正集团有限公司、北京红楼计算机科学技术研究所因与北京高术天力科技有限公司、北京高术科技公司计算机软件著作权侵权纠纷案中，一审法院认为，"北大方正公司为了获得高术天力公司、高术公司侵权的证据，投入较为可观的成本，其中包括购买激光照排机、租赁房屋等，采取的是'陷阱取证'的方式，该方式并未被法律所禁止，应予认可。公证书亦证明了高术天力公司、高术公司实施安装盗版方正软件的过程，同时对安装有盗版方正软件的计算机和盗版软件进行了证据保全，上述公证过程和公证保全的内容已经法庭确认，高术天力公司、高术公司未提供足以推翻公证书内容的相反证据"。② 但在另一些案件中，法官并不承认因偷录、"陷阱取证"所获得的证据的效力。由于对证据的采纳情况是当事人了解诉讼程序的重要基础，也是当事人决定是否提出抗诉或者上诉的依据，因此，法官应当在裁判的认证部分对相关证据的取舍情况、对非法证据排除规则的适用情况进行说明，并详细阐释证据取舍的原因。

此外，法官对当事人证明责任的分配也应当具有合法性。当事人的举证责任与《民法典》的编纂技术、法条要件的规范结构是明确联系在一起的。例如，《民法典》第1218条规定："患者在诊疗活动中受到损害，医

---

① 参见肖建华等：《民事证据规则与法律适用》，人民法院出版社2005年版，第40页。

② 北京市第一中级人民法院（2001）一中知初字第268号民事判决书。

疗机构或者其医务人员有过错的，由医疗机构承担赔偿责任。”从该条规定来看，关于医疗机构过错的证明，应当由受害人举证证明。当然，《民法典》第1222条规定：“患者在诊疗活动中受到损害，有下列情形之一的，推定医疗机构有过错：（一）违反法律、行政法规、规章以及其他有关诊疗规范的规定；（二）隐匿或者拒绝提供与纠纷有关的病历资料；（三）遗失、伪造、篡改或者违法销毁病历资料。”从该条规定来看，关于医疗机构过错的认定，该条规定就不同于前述第1218条的规定，而采用了举证责任倒置的方式。同时，我国有关的证据法规则也规定了有关举证责任问题，此时，法官也应当根据这些证据规则分配当事人的举证责任。

（六）法官应当在法定的自由裁量权范围内裁判

在成文法的背景下，法官应当享有自由裁量的权力是不争的事实，因为“任何一种人类语言都不可能将整个法律规定表述得精确到可以完全排除法官在解释和适用它时的自由裁量权”。[①] 虽然法律规则可能在边缘地带显得模糊不清，但是此时并不能认为自由裁量权可以无限制地展开，法律原则等仍然起到限制自由裁量的作用。[②] 在确定法官是否享有自由裁量权，以及自由裁量权的范围时，也应当依法确定。例如，《民法典》第186条规定了侵权请求权与违约请求权的竞合，此时，关于请求权的选择，就不属于法官的自由裁量权。再如，关于违约金的调整问题，依据《民法典》第585条的规定，违约金数额的调整应当基于当事人的请求进行，在当事人未请求调整违约金数额时，法官即不能基于自由裁量权予以调整。在民事诉讼中，法官在行使自由裁量权时，还应当尊重当事人对自己权利的处分，不能超出当事人的请求范围进行裁判。我国《民法典》确认了自愿原则，民事诉讼法中确立了当事人处分原则，因此，法官必须尊重当事人对自己诉讼权利的处分，而不能超出当事人请求的范围裁判。例如，在违约责任中，如果当事人仅主张继续履行，而没有主张损害赔偿，此时，法院就不能判决被告承担损害赔偿责任。裁判的作出必须有法律依据，而不能根据法官自身的认识裁判。此外，法官在行使自由裁量权时，还应当依据具体的法律规则进行，不能抛开具体法律规则进行裁判。

---

① ［英］彼得·斯坦、约翰·香德：《西方社会的法律价值》，王献平译，中国人民公安大学出版社1989年版，第47页。

② 参见［美］德沃金：《认真对待权利》，信春鹰、吴玉章译，中国大百科全书出版社1998年版，第40页。

第二节　合逻辑性原则

一、遵循合逻辑性原则的必要性

所谓逻辑性原则，是指裁判的说理应当遵循基本的逻辑规律，符合推理的公理和基本规则。① 司法权本质上是一种判断权，此种判断权不仅是一种对事实的判断，而且包括在一定的事实基础上对适用法律和得出裁判结论的判断，这一判断过程实际上就是一个逻辑推理的过程。中国历史上有一段时间法官被称为“推事”，其实推事的含义就是指要进行逻辑推理。美国法学家霍姆斯说：“法律的生命不在于逻辑而在于经验。”但是，他也强调裁判的背后要有逻辑。法律本身就是“理”与“力”的统一，这个理就是说要讲究逻辑。裁判说理实质是一个合逻辑性极强的分析论证过程，各种形式的逻辑推理和论证方式都有可能在其中加以运用。

在裁判过程中，无论是事实的认定，还是法律的适用，都应当遵循合逻辑性原则。其实，法官裁判本身就是一个逻辑推演的过程，从案件事实的认定、证据的分析，到法律的解释与适用，再到案件裁判结果的作出等，其实就是一个完整的逻辑推演的过程。推理越缜密，逻辑越充分，裁判结论就越令人信服。相反，凡是推理混乱，不讲逻辑思维，甚至事实认定和“本院认为”部分前后矛盾，或者事实认定和法律适用完全脱节，甚至证据认定缺乏逻辑分析，这样的裁判文书即便结果可能是公正的，结论是妥当的，但这一裁判也很难说是妥当的、公正的，因为公正裁判结论的作出本身就是一个符合逻辑的运用过程，从证据分析到事实认定，再到法律的适用，再到法律与事实的连接，并最终作出裁判结论，整个司法裁判过程应当是逻辑推理过程的正常展开。“法律推理是法律争辩中……在法律论证中运用法律理由的过程。”② 裁判文书的结构实际上就是一个完整的逻辑

① 邱爱民：《论司法裁判中的说理》，载《南京工程学院学报（社会科学版）》2006 年第 1 期。

② ［美］史蒂义 · J. 伯顿：《法律和法律推理导论》，张志铭等译，中国政法大学出版社 1988 年版，第 110 页。

链条，判决理由在案件事实、法律规范和判决结果之间应当具有一种纽带作用，应当完整展现法官的说理过程。① 当然，裁判说理的合逻辑性原则并不意味着法官的裁判活动只是机械的逻辑推演过程，在裁判说理过程中，法官需要进行妥当的价值判断，正如霍姆斯法官所说，法院判决书的语言是一种逻辑语言，在逻辑语言背后，隐藏着一种价值判断，是对针锋相对的各种立法考虑因素和重要性的价值判断。②

遵循逻辑规则是裁判说理的基本要求。裁判说理本身也要求其必须遵循一定的逻辑规则，“理”本身就包含了一定的合逻辑性的要求。从裁判过程本身来看，无论是对当事人所提供的证据的认定、对法律事实的认定、对法律规则的解释，还是对案件事实与法律规则之间的关联性的说明等，都要求是裁判说理必须遵循相关的逻辑规则，否则裁判说理的合理性本身就值得怀疑。我国是成文法国家，将抽象的法律规则适用于具体案件的过程主要表现为演绎的逻辑推理过程。裁判说理的合逻辑性要求裁判说理应当遵循逻辑推理的基本规则，这也有利于规范法官行使裁判权的行为，限制法官的恣意，从而保障司法的公正性。裁判文书完整地记载法官逻辑推理的过程，从而使得法官自由裁量权的行使过程能够完整地展现在每一个法律监督主体面前，从而有效地限制法官自由裁量权的行使。③

二、裁判说理逻辑的具体要求

裁判说理的合逻辑性具体体现为如下几个方面：

（一）符合三段论的逻辑范式

裁判说理必须在三段论的框架内说理，说理必须符合三段论的要求。④

司法三段论公式如下：

T→R（如果具备 T 的要件，则适用 R 的法律效果）

S=T（特定的案件事实符合 T 的要件）

S→R（得出结论即产生 R 的法律效果）

以《民法典》第 1165 条第 1 款为例，司法三段论可以通过如下公式予

① 刘淑一：《浅析民事裁判说理的写作》，载《应用写作》2009 年第 11 期。
② 宋冰编：《程序正义与现代化》，中国政法大学出版社 1998 年版，第 331 页。
③ 刘淑一：《浅析民事裁判说理的写作》，载《应用写作》2009 年第 11 期。
④ 赵朝琴：《裁判说理及其社会效果探析》，载《黑龙江社会科学》2012 年第 4 期。

以概括：

大前提：因过错致他人损害应当承担侵权责任

小前提：某人因为自己的过错造成了他人的损害

结论：某人应当承担侵权责任

按照司法三段论的要求，裁判结论的作出应当对案件事实进行分析，从中提炼出案件事实，在此基础上寻找与案件事实具有密切联系的法律规则，即案件裁判的大前提。在寻找大前提的过程中，通常具有三种可能性：一是具有可适用的法律规范；二是没有可适用的法律规范，这可能是因为存在法律漏洞，或者因为法律表述模糊而难以适用，或者是因为立法者的有意沉默而出现法律空白；三是存在可适用的法律规范，但是简单套用该法律规范会出现不合理的裁判结果。① 在出现上述三种情形后，裁判者就每种情形的法律适用分别展开说理。在第一种情形下，虽然具有可供适用的法律规范，但是裁判者也应该具体分析法律规范的构成要件，同时从案件基本事实中提炼出要件事实，并将该要件实事与法律规则进行联结，在出现二者相吻合的情形下，才能从法律规范所规范的法律效果中得出裁判结论。在出现第二种情形时，如果没有可供适用的法律规范，则裁判者需要采用填补漏洞的方法填补法律漏洞，或者依据法律的基本原则和公平、正义等价值作出裁判。在第三种情形下，虽然可以运用司法三段论得出裁判结果，但该结果并不一定符合公平、正义等价值，此时，法官应当运用相关的法律价值修正该裁判结果。在实践中，有的法官直接根据法律效果和社会效果统一的原则得出裁判结论，但事实上，适用该原则的前提是存在法律漏洞，如果法律有明确规定，则应当依据该法律规则裁判，除非该法律规定的适用不符合公平等价值理念，才可以依据相关法律原则对该法律规则进行必要的修正。司法三段论是司法裁判所应当遵循的基本框架，也是逻辑的推演过程。整个说理过程只有在司法三段论中，才能充分体现合逻辑性。

（二）事实说理论证必须符合一定的顺序

事实的认定一般都要依据案件争议产生的过程来进行分析和说理。针对不同类型的论证对象，要分别进行说理。比如当事人主张的法律关系事实、法院依职权查证的事实以及主体事实和程序事实，原则上应当依顺序

① 参见肖建华等：《民事证据规则与法律适用》，人民法院出版社 2005 年版，第 29 页。

分段叙述；一般而言，应当首先对原告诉讼请求进行说理，然后再对被告或第三人的主张进行说理，同时有本诉与反诉的，则应当先对本诉进行说理。所以，在裁判文书中，首先应当先记载原告的请求，然后记载被告的抗辩和反请求。在分析过程中，首先针对主体资格进行说理，其次针对证据分析认定进行说理，再次针对案件争议焦点和责任划分进行说理，最后针对法律适用进行说理。① 对案件事实的认定要伴随着证据的分析过程，从我国司法实践来看，这一过程主要有两种方式，一种方式是在认定某一案件事实时，随后阐明证据的认证情况；另外一种方式是对一组事实同时进行认定，在这一过程中，需要同时对多项相关的证据进行认证。② 当然，两种方式并非截然对立，在具体案件的说理过程中，法官可以根据案件的不同情况，交叉采用上述两种方法。

（三）事实的认定必须符合逻辑

案件事实不同于客观事实，它需要通过证据予以认定，从这一意义上说，案件事实的认定与证据的认定关联密切。不能离开证据谈事实，也不能离开事实谈证据。③ 在裁判过程中，对证据的认定以及各个证据之间经过联结而最终认定案件事实，具有很强的合逻辑性色彩。由于证据与事实之间并不存在直接的证明关系，而必须借助于人们的断定或陈述来认定经验事实，因此，通过证据认定事实的过程属于一种思维活动，有必要进行逻辑推理。④

另外，从证据的认定到法律规则的适用，都伴随着法律论证的过程，裁判说理应当遵循论证的基本规则，如论据必须真实、论据应当独立于论题之外、避免循环论证、论据与论题之间应当具有逻辑关联等规则。例如，在民福置业集团与北京住总房地产公司委托合同纠纷案中，法院认为，争议的焦点是合同的性质和与合同解除的原因、责任，但首先应当从合同的性质着手分析，即合同的性质究竟是房地产开发合同还是委托合同，法院认定本案合同的性质是委托合同，在委托合同解除部分支

① 参见赵海峰等：《20年回首：民事裁判说理的检视与修正》，载《全国法院第二十六届学术讨论会论文集：司法体制改革与民商事法律适用问题研究》，人民法院出版社2015年版，第491页。

② 参见《河南法院2014年度案例分析报告》，载 http：//www. hncourt. gov. cn/public/detail. php?id=158301，最后访问时间：2017年2月13日。

③ 何良彬：《论判决理由》，载《人民司法》1999年第12期。

④ 参见雍琦主编：《法律适用中的逻辑》，中国政法大学出版社2002年版，第260~261页。

付报酬的情况下，法院进一步确定了报酬数额的确定方法，即一是从法律角度结合受托人对委托事务完成所付出劳动的效果，按照受托人已完成的委托事务部分与整体的比例确定；二是结合案件所涉及的委托事项即形成建设用地的过程，如立项、征地、拆迁等事项，最终确定支付报酬的数额。[①] 从该案的裁判结果可以看出，该裁判说理体现了层层递进的特点，具有较强的合逻辑性。

（四）法律适用论证应当符合逻辑

我国是大陆法系国家，法官主要采纳演绎的方法进行法律适用。在适用法过程中，应当遵循逻辑的基本规则，而且应当按照逻辑顺序有序地展开。法律规范之间都是以一定的逻辑关系联结的，各不完全法条之间或说明、或限制、或引用，完全法条之间也可能存在竞合，[②] 在法律适用的论证中，必须首先厘清这些法条与规范之间的逻辑关系。例如，按照“特别法优先适用”的原则，我们必须先分析这些法律规范相互之间的逻辑关系，哪一个属于一般法，哪一个属于特别法。所谓的“特别法”与“一般法”，是相对的，不是绝对的。比如说，关于建设用地使用权应当采用公开竞价的方式出让涉及公开竞价中的纠纷，究竟应当适用《拍卖法》还是《民法典》物权编或者合同编？笔者认为，首先，《拍卖法》相对于《民法典》物权编而言是特别法，其次，物权编的规定相对于合同编而言，也属于特别规定，此时，即应当优先适用《拍卖法》的规定，《拍卖法》没有规定的，则应适用物权编的规定，物权编没有规定的，最后才应当适用合同编的规定。可见，法律要有合逻辑性，是由法律适用所决定的，因为只有法律具有合逻辑性，法律适用才能遵循“特别法优先适用”的基本原则。从这一意义上说，立法的逻辑和适用法律的逻辑在方向上是相反的。

（五）法律的解释必须符合逻辑

法律解释应当坚持一致性或者融贯性（coherence）的原则。[③] 这是法律解释的一般的原则。通常情况下，整个案件的裁判说理应当是从事实的认定到法律的适用，到最终裁判结果的作出，整个过程应当是完整的逻辑

---

① 最高人民法院（2011）民一终字第72号民事判决书。

② 参见黄茂荣：《法学方法与现代民法》，法律出版社2007年版，第132页。

③ Patrick Nerhot、interpretation in legal science，in Law，Interpretation and Reality：Essays in Epistemology，Hermeneutics and Jurisprudence，p. 196.

链条。尤其是在法律解释过程中，应当符合逻辑的基本规则。虽然法律的解释是针对个案展开的，但是法官必须确保这个解释的结果也能够在其他同类案件中得到相同的结论，否则将极大损害法的安定性。[①] 如果法律是一个橡皮筋，同样的案件得不到同样的处理，一个法律条文今天被这样解释，明天又被那样解释，这事实上就是“非法之法”。[②] 法律解释可以使法律中不明确的概念与规定得到澄清，从而实现规则的具体与明确，并进而维护法律的安定性。法律解释还可以消弭法律之间的矛盾，从而有助于法律的体系化。[③] 如果文义表达不是很清楚，也需要通过体系解释、历史解释、目的解释等方法进行解释，法官此时要对其选择解释方法的理由进行说明，也要在各种具体解释方法的运用中进行说理和论证。尤其是在漏洞填补的情况下，法官不仅要充分论证漏洞的存在，而且要充分论证如何进行漏洞的填补，如运用习惯法、类推适用、目的性扩张、目的性限缩、依据法律的原则等。考虑到漏洞填补赋予了法官过大的自由裁量权，因此，法官应当负有更重的论证义务，以表明其漏洞填补的合理性。

（六）裁判说理要避免前后矛盾

裁判说理合逻辑性的基本要求是避免前后论述的矛盾，在一些裁判文书中，法院认定的事实和本院认为部分存在一定的脱节，造成前后矛盾的说理。[④] 裁判说理避免前后矛盾，一方面要求裁判文书在认定案件事实时不能前后矛盾。另一方面，裁判文书所认定的理由与判决结果也应当保持一致。从我国司法实践来看，有的裁判文书在“经审理查明”部分没有出现的证据和事实在“本院认为”部分出现了，或者是两个部分重复出现的情况，因此，裁判文书在适用相关概念和表述时，应当保持其内涵的前后一致，避免出现矛盾。

---

① 参见［德］卡尔·拉伦茨：《法学方法论》，陈爱娥译，商务印书馆2003年版，第249页。

② 江必新：《在法律之内寻求社会效果》，载《中国法学》2009年第3期。

③ 沈敏荣：《法律不确定性之克服——论法官在法律制度中的作用》，载《政治与法律》1998年第2期。

④ 参见胡云腾：《论裁判文书的说理》，载《法律适用》2009年第3期。

第三节　针对性原则

一、裁判说理应当具有针对性

所谓针对性，是指针对当事人的诉辩主张、争议焦点、裁判结论等进行说理论证。裁判说理并不意味着要由法官一个人唱独角戏，自己命题自己回答，更不是无的放矢，说理不在多，关键是要有的放矢、具有针对性。有学者认为，裁判说理由两个阶段组成，即“裁判说理的生成阶段”与“裁判说理的外化阶段”。前者是指在审判过程中，法官根据当事人的诉求，确定论证的焦点，同时对各方的论证进行一定的判断，从而形成对案件性质和处理结论的过程；后者即为裁判文书的说理，即法官针对已经形成的裁判结论，根据相关的案件材料，在裁判文书中对裁判结论与案件事实、法律规则之间的关联性进行论证，具体阐释法律意旨及其与案件事实的关联性，从而得出裁判结论的理由。[①] 此种观点不无道理，整个裁判说理应当建立在对当事人诉辩主张的基础上，或者在归纳当事人争议焦点的基础上，进行有针对性的说理。

说理之所以应当具有针对性，首先是由司法裁判的功能所决定的。司法的主要功能在于定分止争，解决纠纷。这就要求裁判过程要围绕当事人的争议而展开，在裁判文书中，法官首先应当列举争议的焦点和诉辩双方的理由，针对这些焦点和理由予以回应。[②]在这个过程中，应当将凡是可以用于说理的依据充分展示。回应当事人的诉讼请求和抗辩理由，明确告知当事人哪些主张可以得到支持，哪些不能得到支持。最终的裁判结论也应当是围绕当事人的争议焦点进行说理而得出的结论。我们说，裁判要做到使当事人接受裁判结论，达到胜败皆服的效果，关键在于在裁判说理中积极回应当事人的争议及其诉辩主张，使当事人能够准确地知悉法官裁判的过程和结果，也可以为当事人寻求法律上的救济提供基础和依据。[③] 通过

①② 赵朝琴：《裁判说理及其社会效果探析》，载《黑龙江社会科学》2012 年第 4 期。

③ 王亚新：《日本的民事裁判文书：说理的形式和方法》，载《人民法治》2015 年第 10 期。

针对性的说理，裁判文书应当力求“去疑”，即将审判中的疑问要尽可能地给予回答，才能起到说服的作用。

说理具有针对性也是法官应尽的义务。就裁判说理的内容而言，法官在裁判说理部分无须就当事人意见的每一个细节展开讨论，而只需要讨论当事人事实陈述的核心内容，即法官在裁判说理中仅负有义务，分析对程序具有中心意义的事实陈述。① 这是保障当事人受审权的要求。② 这实际上也是强调说理应当具有针对性。在我国，法官应当具有说理的义务，但这种义务并不是针对每一个案件都要详细说理，不是对案件的所有事项都进行事无巨细地说理。实际上，缺乏针对性的裁判说理，看起来平均发力、四面出击，但其实没有抓住问题的重点和焦点，无法使当事人真正理解法官裁判的要点。

说理具有针对性也有利于上级法院和社会公众对司法裁判活动进行监督。说理具有针对性，有利于明确展示法官说理的过程和说理的依据等情况，这也有利于上级法院有效监督法院的裁判活动。针对当事人的诉讼请求和抗辩理由进行说理，法官支持原告的诉求或者不支持原告的诉求，法律依据是什么，法理依据、情理依据有哪些，都应该在这里说清楚。裁判的说理使得获得胜诉判决的一方赢得堂堂正正，也可以使得获得败诉判决的一方明确其败诉的原因，而且通过裁判文书的公开，使社会大众可以知晓原告和被告的诉讼主张为何得到支持或未得到支持，③ 从而也有利于社会公众监督法官的裁判活动。

说理具有针对性也是裁判说理繁简分流的要求。从比较法的经验来看，案件的类型不同，裁判说理的模式和要求也不同。④ 针对当事人的争议焦点，如果法律规定已经十分明确，则法官的说理义务就相对较轻，裁判文书将更加注重法律规则的形式分析，但如果当事人的争议和相关的法律规定较为复杂，则法官的说理义务就较重。⑤ 我国在立案登记制推行之后，案件数量持续增长。在这种背景下，要求每一个案件裁判都进行详细的

---

① Musielak ZPO/Musielak, ZPO § 313 (2016), Rn. 11; MüKoZPO/Musielak, ZPO § 313 (2016), Rn. 15; Saenger, ZPO, § 313 (2017), Rn. 27.

② MüKoZPO/Musielak, ZPO § 313 (2016), Rn. 15; Saenger, ZPO, § 313 (2017), Rn. 27.

③ 胡云腾：《论裁判文书的说理》，载《法律适用》2009 年第 3 期。

④ 赵朝琴：《裁判说理及其社会效果探析》，载《黑龙江社会科学》2012 年第 4 期。

⑤ 张倩：《裁判说理的基本模式和规范要求》，载《中国审判》2016 年第 1 期。

说理，不仅不现实，而且不必要。对于大量事实清楚、证据确凿、法律关系简单的案件，法官的说理可以尽量简化，过度的说理则可能毫无必要。

二、必须针对当事人的诉辩主张说理

（一）说理必须针对当事人的诉辩主张说理

案件的争议焦点是案件裁判的基础，应当是法官裁判说理的重点，法官必须在裁判文书中全面记载当事人的争议焦点。从我国裁判文书的说理现状来看，有些法官就当事人的诉讼请求和抗辩理由作出了仔细的回应。例如，在惠州许霆案的判决书中，法官详细阐述了合议庭作出判决结果的思路，并对被告人的辩护意见的合理性与合法性进行系统阐述，被法律界认为是“不可多得的样本”。[①] 但在实践中，裁判说理不具有针对性，选择说理、随意说理的现象仍然存在。[②] 裁判说理要真正说服当事人和社会公众，不能回避当事人的主张。一份让当事人接受的裁判，必须是积极回应当事人所提出的问题的裁判。不能忽视对各种意见的回应与具体分析。由法官依法针对裁判说理对象的各种主张进行具体分析、解释和论证。法官在裁判中应当从当事人的诉辩主张入手，逐步展开，层层推进。说理无论说多少，必须是支持或不支持裁判结论的说理，否则就偏离了主题。法官在表述当事人的争议焦点时，应当对当事人的主张是否成立、相关的答辩意见是否采纳等，一一作出评价，并详细阐述采纳或者不采纳的理由，具体而言：

一是针对当事人的请求说理。也就是说，说理必须要围绕当事人的请求而展开。案件事实的说理应当紧紧围绕着当事人双方在案件中争议的焦点，民事诉讼的一般逻辑是，先有当事人的权利请求、权利依据（实体法规则），接着分析法条中的要件事实（证明对象），再根据双方的主张和抗辩来确定本案的争议焦点，而举证、质证和认证都应围绕争议焦点展开，但在实践中，法院对于双方没有争议或者争议不大的事实，或者一方自认的事实，往往也在判决书中罗列不必要的证据等，导致判决书的逻辑性不

① 罗坪：《惠州许霆案判决书获业界称赞，公开法官真实思考》，载《羊城晚报》2015 年 6 月 15 日。

② 罗灿：《司法改革背景下裁判说理的规范与加强》，载《人民法治》2015 年第 10 期。

强。在裁判中，对当事人没有主张或没有争议的问题可以在说理时不予涉及，但是一定要回应当事人提出的问题，否则可能会导致一些当事人不能服判息诉，可见说理的针对性是非常重要的。

在此需要探讨的是，判决中是否需要对当事人及其代理人意见都作出回答。判决理由应具有针对性，即要针对当事人的请求予以回答，各项请求不论是否重要，法官都应当作出回答，并提出肯定或否定的理由。但关于当事人及其代理人就其请求提出的理由，法官在裁判中应认真研究，但不一定要完全针对这些理由作出回答，也不必就所有这些理由给予回应。这不仅是因为在民事经济案件中，双方当事人及其代理人所提出的理由常常是纷繁复杂的，法官不可能都作出回答，同时判决只是就当事人的请求予以裁定，而不是对当事人提出的各种理由进行裁判。在许多情况下，当事人的请求与其理由之间可能会不一致，其请求可能是合理的，但理由可能并不一定是合理的。所以，法官也没有必要对当事人及其代理人提出的理由都予以回应。当然，法官在阐述自己的判决理由时，可能会对当事人提出的某些理由提出不同意见，此时，法官应当就其不同意见予以论证。

二是针对当事人的抗辩事由进行说理。抗辩事由包含的范围较为宽泛，既包含抗辩权（如时效抗辩权、先诉抗辩权、合同履行抗辩权等），也包含各种其他抗辩事由（如合同不成立的抗辩、未发生侵权行为的抗辩、合同无效的抗辩等），裁判说理还应当针对当事人的抗辩理由展开。例如，原告主张被告应当承担违约责任，但被告认为，该合同违反生效要件，应当被宣告无效，或者认为，原告已经违约，被告享有解除合同的权利。如果法官在裁判说理中仅仅只是从正面认定原告的主张是否成立，即被告是否应当承担违约责任，以及承担何种违约责任的问题，而不回应被告所提出的合同无效、合同解除的抗辩，那么，法官就没有从根本上解决案件争议的问题。如此作出判决，很难令被告信服。因此，关键问题在于，法官在从正面回应原告的诉讼请求时，也应当对被告的抗辩理由予以回应。如果应当由当事人主动提出的抗辩，当事人没有提出相关的抗辩，则法官无须在裁判中对其进行说理。例如，当事人根本没有提到是否应当调整违约金，法院仍陈述调整违约金的理由，这显然是多余的陈述。如果是当事人不需要主动提出的抗辩，而法官认为该抗辩成立的，则应对此说理。当然，在裁判中仅仅针对被告的抗辩事由进行回应，而不回应原告的诉讼请求，也是不妥当的。如果法官认定被告的抗辩不能成立，但这并不意味着原告的主张一定能成立，这就要求法官必须从正面回应原告的请求。

（二）要针对当事人的争议焦点展开说理

在一些案件中，涉及的事实与法律问题可能很多，但是当事人可能只是就其中的部分问题产生争议，或者虽然当事人提出了诸多争议，但是经过法官的归纳与总结，可能只是形成了几个争议的焦点。在裁判中，只有针对这些争议焦点进行说理，裁判的说理才具有针对性。如前述，法官在裁判说理部分无须就当事人意见的每一个细节展开讨论，而只需讨论当事人事实陈述的核心内容，即法官在裁判说理中仅负有义务分析对程序具有中心意义的事实陈述，① 要针对当事人的争议焦点展开说理。案件的争点是当事人存在争议的地方，也是最需要法官依法进行裁判并充分说理之处。因此，法官应当结合案件的争点，深入进行说理，也才符合当事人的期望。争议焦点既包括事实问题，也包括法律问题。裁判说理应当针对当事人的争议焦点进行，而不应当纠缠于案件的细枝末节，对案件的所有问题都进行详细说理。② 在裁判说理中，法官首先需要提炼出焦点问题，然后针对焦点问题进行说理，这也是其他国家和地区裁判说理中普遍运用的方法。

在缺乏直接证据而仅有间接证据的情况下，法官更应该强化说理。《最高人民法院关于民事诉讼证据的若干规定》要求“人民法院应当在裁判文书中阐明证据是否采纳的理由”，有些法院认为，应当在裁判文书中全面罗列证据，但并不一定需要对证据的证明力进行详细阐述。全面罗列证据的做法可能导致案件裁判文书过于冗长，而且导致焦点不突出，缺乏针对性。③因此对证据的分析、事实的认定也应当围绕争议焦点展开。④

（三）针对裁判结论进行说理

在实践中，有的案件的判决书“像流水账一样”，把案件中各种材料堆砌在一起，真正到了说理的部分，反而非常薄弱，且都是套话、程序化的内容。⑤ 笔者认为，裁判结论也是裁判说理的重点内容，法官对裁判结

① Musielak/Voit/Musielak，ZPO § 313（2020），Rn. 11；MüKoZPO/Musielak，ZPO § 313（2020），Rn. 17；Saenger，ZPO，§ 313（2019），Rn. 27.

②③ 王松：《创新与规制：民事裁判文书的说理方法》，载《人民司法·应用》2008 年第 5 期。

④ 赵海峰等：《20 年回首：民事裁判说理的检视与修正》，载《全国法院第二十六届学术讨论会论文集：司法体制改革与民商事法律适用问题研究》，人民法院出版社 2015 年版，第 491 页。

⑤ 靳昊：《“胜得茫然、输得糊涂”，裁判文书如何以理服人》，载《光明日报》2018 年 7 月 15 日。

论说理应当针对如下内容展开：一是大、小前提能否联结进行说理。按照司法三段论的要求，裁判结论的得出需要大、小前提之间的有效联结，如果案件裁判的大、小前提之间不能有效联结，则无法得出妥当的裁判结论。因此，法官在对裁判结论进行说理时，应当针对大、小前提的联结情况进行说理。二是责任是否成立的说理。法官在作出裁判结论时，也应当针对当事人是否应当承担责任进行说理。例如，在姜某某、谢某某与乐清市中医院医疗损害责任纠纷案中，关于当事人的精神损害赔偿责任，再审法院认为，“二审确定 8 万元的精神损害抚慰金虽然有调解因素的考虑，但与目前审判实践中掌握的尺度相比明显偏高，再审中乐清市中医院也已提出异议。根据姜某某、谢某某老来丧子给其带来的精神打击以及乐清市中医院在本案中应当负担的相应责任等因素，酌情确定由乐清市中医院向姜某某、谢某某赔偿精神损害抚慰金 5 万元”。① 在该案中，针对当事人是否应当承担精神损害赔偿责任以及具体的赔偿数额，法官就进行了说理。三是针对法律规则产生的应有的法律效果进行说理，也就是对当事人应当承担何种责任进行说理。例如，在云南铜业股份有限公司与江门市江磁电工企业有限公司买卖合同纠纷案中，关于是否调整违约金数额，法院认为，“本案双方当事人虽然约定了逾期付款违约金和违约金的计算方法，但约定的计算方法不明确，且约定的违约金过分高于造成的损失，故应调减为按中国人民银行规定的同期流动资金贷款利率上浮 50%计算违约金，利息应从双方结算之日，即 2012 年 8 月 24 日双方签订《货款结算确认书》之日起计算至欠款实际付清之日止”。② 在该案中，法官就针对违约金数额的调整进行了说明。

三、事实认定说理的重点：对争议焦点的说理

争议焦点也称为争点，是指双方当事人在诉讼过程中提出主张和抗辩中的分歧点。从比较法上来看，两大法系都要求法官根据争议焦点进行说理，例如，在英美法中，判决书往往采取的是一种对话性的、选择性的证明模式，其最终结果是“按照解释论点和优先规则所作的司法选择”，“陈述和讨论在每个相关争点上相互冲突的解释论点，辨别可能的

---

① 浙江省高级人民法院（2014）浙民提字第 11 号民事判决书。

② 最高人民法院（2015）民二终字第 74 号民事判决书。

选择方案，然后作为公开选择并陈述理由”。[①] 在德国法中，就裁判说理的具体内容而言，法官在裁判说理部分无须就当事人意见的每一个细节展开讨论，而只需要讨论当事人事实陈述的核心内容，即法官在裁判说理中仅负有义务，分析对程序具有中心意义的事实陈述,[②] 这是保障当事人受审权的要求。[③] 争议焦点是整个诉讼进行过程中的核心环节，裁判结果也要针对争议焦点来作出，尤其是就裁判说理而言，在案件事实说理过程中，对于争议焦点的把握是关键问题。优秀的裁判文书应当是针对焦点、回应焦点，并根据焦点进行说理论证的文书。把握住了焦点，才能做到有的放矢。[④]

一般来说，裁判文书对争议焦点的说理主要可以分为如下两个阶段：

第一，争议焦点的发现和总结阶段。裁判文书应当发现和总结当事人的争议焦点，这就要求法官应当认真研究当事人的起诉书和答辩状，准确把握当事人的争议焦点。在诉讼过程中，一方当事人会提出自己的主张，另一方当事人如果不认可该主张，则会提出相应的抗辩，当事人的此种分歧就是案件的争议焦点。在案件裁判过程中，法官应当根据当事人的请求和抗辩主张总结案件中的争议焦点。有观点认为，按照“不告不理”的原则，当事人诉什么，法官就审什么，因此，裁判文书应当完全按照当事人的诉讼请求展开。笔者认为，对于一些法律关系简单、当事人争议不大的案件，按照此种方法撰写裁判文书并没有太大问题，也有利于充分回应当事人的主张。但对于一些疑难复杂的案件而言，按照此种方法书写裁判文书，则可能难以厘清案件争议问题，因为在此类案件中，当事人的请求是多样的，被告的抗辩也涉及众多的法律问题，按照当事人主张书写裁判文书，既不利于厘清当事人之间的法律关系，而且也难以明确展示当事人的争议问题。例如，原告提出被告欠款 2 万元，而被告提出合同无效、合同已经被解除、时效届满等抗辩事由。在这个案件中，被告提出的每个抗辩事由都有可能形成一个争议焦点。当然，这并不意味着法官需要在裁判中

---

① 参见张志铭：《法律解释的操作分析》，中国政法大学出版社 1998 年版，第 204 页。

② Musielak ZPO/Musielak, ZPO § 313 (2016), Rn. 11; MüKoZPO/Musielak, ZPO § 313 (2016), Rn. 15; Saenger, ZPO, § 313 (2017), Rn. 27.

③ MüKoZPO/Musielak, ZPO § 313 (2016), Rn. 15; Saenger, ZPO, § 313 (2017), Rn. 27.

④ 艾文、林平：《知识产权的裁判说理——访北京知识产权法院副院长宋鱼水法官》，载《人民法治》2015 年第 10 期。

回应被告的每个抗辩，因为被告的一些抗辩可能是自相矛盾的，或者与案件无关，此时，法官准确梳理案件争议焦点，对于纠纷的有效解决具有重要意义。所以，在诉讼过程中，当事人双方提出充分的主张以后，争议焦点才能固定下来。

应当指出的是，在案件审理过程中，当事人的争议焦点可能会发生改变，因此，法官不能在当事人起诉之后就立即确定案件争议焦点。例如，原告在诉讼中要求被告还款 2 万元，被告就答复说不欠钱，因为在另外一个法律关系中，原告也欠被告 2 万元没有偿还，被告认为，双方的债务已经抵销。在此种情形下，当事人的争点就转化为抵销的要件是否具备。再如，原告主张被告欠其 2 万元，但被告主张该借款合同无效，此时，合同的效力就是当事人的争议焦点。因此，在案件审理过程中，法官要让当事人双方进行充分的攻防，从而发现当事人之间的分歧，逐渐确定争议焦点。例如，如果原告主张被告欠钱，被告主张是赠与，此时，法官应当确定被告提出的赠与是否是对原告请求的否认、抗辩、自认等，从而逐渐确定争点。

第二，争议焦点的回应阶段。在确定案件争议焦点之后，庭审过程应当围绕案件争议焦点的回应展开，裁判说理也应当围绕案件争议焦点，就其中的事实问题和法律问题进行说理，这也有利于增强裁判说理的针对性。争议焦点是当事人所关心的核心问题，法官不应当予以回避，而应当对其进行充分、全面的回应。一般而言，争议焦点的回应应当在“原告诉称”和“被告辩称”之中表述出当事人的争议，而后法官应当围绕焦点，进行事实和理由的分析。例如，在前述案件中，原告主张被告清偿 2 万元债务，被告对此并没有予以否认，但其主张，原告在另一个法律关系中也曾经欠其 2 万元债务，双方的债务已经抵销。在该案中，既然被告没有否认原告的主张，此时，案件的争议焦点就不是被告是否负担原告的 2 万元债务，而是双方的债务是否已经抵销，抵销是否成立就成为了案件的争议焦点。此时，法官就要进一步审查，是否满足了抵销的构成要件，即足以发生抵销的事实是否存在。

从司法实践来看，一些裁判说理没有针对性，其中很大程度上是因为裁判说理没有围绕争议焦点的回应展开。在一些案件中，法官发现、整理案件争议焦点并不容易。因为法官发现焦点并固定焦点不是一蹴而就的，特别是事实方面，越复杂的事实越容易被误导。另外，法官在整理当事人争议焦点的过程中，应当处理好当事人陈述的完整性和裁判说理的简略性之间的关系，也就是说，在裁判说理过程中，法官不应当完全照抄当事人陈述的内容，而应当注意说理的层次性，对当事人的主张进行准确归纳，并突出当事人的争议焦点，从而实现繁简得当，对当事人争议不大的事项，可以简略记载，而对当事人争议较大的事项，则应当详细记录，并进行充分说理，从而在完整展现案件全貌的同时，重点阐释案件的争议焦点。①

第四节　充分性原则

一、充分性原则的基本内容

所谓充分性，是指说理透彻、完整，足以支持法院的裁判结果。如何认定说理已经达到了充分的状态？说理是否充分取决于当事人和社会公众对于判决的理由是否可以准确理解，而不至于出现误解、偏差甚至曲解。在我国，也有学者主张，应当采用可接受的标准，也就是说，如果同时为案件当事人和法律人共同体所接受，则应当认定该说理已经达到了充分性的程度。② 笔者认为，相对于可接受标准而言，可理解性的标准相对较低，即只要求裁判文书能够为当事人和社会公众所理解即可，但理解说理的内容不等于接受这些内容，因此，必须在理解的基础上，接受这些内容。当然，对败诉一方来说，其有可能并不接受说理的结果，但其如果认为说理的理由是充足的，已经达到了充分性的要求，法律共同体乃至于社会公众都认为可以接受，则应认为达到了可接受的程度。作为法官，其应当尽可能地依据事实和法律，阐明作出特定裁判的原因，实现当事人可接受的目标。

充分性并不意味着要对每一类案件都要展开详细的说理，充分性并不

---

① 刘淑一：《浅析民事裁判说理的写作》，载《应用写作》2009 年第 11 期。

② 赵海峰、高伟、孙叶花：《20 年回首：民事裁判说理的检视与修正——以〈中国审判案例要览〉60 个案例为研究样本》，载《全国法院第二十六届学术讨论会论文集：司法体制改革与民商事法律适用问题研究》，人民法院出版社 2015 年版。

意味着对任何裁判案件都需要长篇大论、事无巨细地进行说理。首先必须明确充分的标准如何确定。笔者认为，充分性的判断应当以可接受性为标准。一方面，充分性的要求主要针对的是存有争议的事实与法律适用问题，而对于没有争议的，则并不适用这一原则。裁判说理部分的论述应当限于支撑裁判结论的实质理由，且论述的措辞准确、妥当，从而达到可接受性。[①] 另一方面，可接受性的判断应当采取客观的标准，可接受性的主体不仅应当包括当事人，也应当包括社会公众，即以社会公众能够理解作为可接受性的判断标准。

正是因为裁判的说理只是强调充分性，而非全面性，因此，对于各类案件应当进行分流。简案简说，繁案繁说，详略得当。对于案件复杂、当事人争议较大的疑难案件，法官应当在裁判文书中对证据进行充分的说理论证，针对当事人的争议焦点进行充分的说理论证；但对于案件事实清楚、当事人争议较小的简单案件，则不需要进行冗长的说理论证，而只需要简单归纳案件争议点，进行简要的说理即可。同时，即使对于应当详细说理的案件，也要进行区分，对于实质性的争议，应当进行充分的说理，而对于次要的、非争议性的问题则可以相应降低说理的要求。

二、说理充分性的具体体现

第一，对于当事人双方的主要的请求和抗辩都进行了回应，而且回应的理由是充分的。请求与抗辩的要件事实作为当事人在诉讼中进行攻击与防御的方式，也构成了法官进行审理裁判的对象，[②] 法官只有对当事人的请求和抗辩均进行回应，才能确保诉讼中当事人的辩论产生意义。在民事案件中，涉及的请求和抗辩可能很多，不能要求法官回应全部细枝末节的问题，法官只需要回应当事人主要的请求和抗辩理由，而且法官所进行的回应都应当有具体的理由，如果能够做到这一点，就认为其遵循了充分性的要求。

第二，对争点进行回应的理由是充分的。《最高人民法院关于司法公开的六项规定》指出："裁判文书应当充分表述当事人的诉辩意见、证据的采信理由、事实的认定、适用法律的推理与解释过程，做到说理公开。"

---

① MüKoZPO/Musielak，ZPO § 313（2020），Rn. 16.

② 参见许可：《民事审判方法——要件事实引论》，法律出版社 2009 年版，第 46 页。

《最高人民法院关于加强和规范裁判文书释法说理的指导意见》也要求，“要针对诉讼主张和诉讼争点、结合庭审情况进行说理，做到有的放矢”。这些争点既包括对事实认定上的争点，也包括法律适用上的争点，在对争点的回应中，应当充分围绕当事人的主张和依据进行，并提出法官裁判的观点，且对其进行必要的论证。① 对于争点的说理要尽可能的完整，以加强裁判的说服力。

第三，证据的分析说理应该透彻、全面。对证据效力的分析是准确认定案件事实的基础，从我国司法实践来看，个别裁判文书缺乏对证据的分析说理，而只是罗列和堆积证据，在缺乏对证据进行深入分析的基础上，直接得出相关的裁判结论。例如，有的裁判文书可能罗列数十页的证据，但所列举的证据与案件事实并不直接关联，而且裁判文书也没有对证据的效力进行分析，尤其没有就证据与案件事实之间的关系进行展开，这也使得法官对案件事实的认定缺乏说服力。按照《最高人民法院关于印发民事诉讼文书样式的通知》的要求，对当事人所提交的证据原则上不一一列明，可以附录全案证据或者证据目录。对当事人无争议的证据，写明“对当事人无异议的证据，本院予以确认并在卷佐证”。对有争议的证据，应当写明争议的证据名称及人民法院对争议证据认定的意见和理由；对有争议的事实，应当写明事实认定意见和理由。例如，审判实践中经常采用“经审查，本院认为，原告提交的证据来源合法、内容真实，且与本案具有直接关联性，故均予采纳”的表述。目前有的裁判文书没有对双方当事人提出的证据进行必要阐述，尤其是缺少法院为何采纳这些证据而不采纳另一些证据的查证分析过程。

在事实认定说理中，应当客观地表述举证、质证和认证的结果，并且对动态的庭审过程要有完整的反映。具体来说，对裁判文书中“经审理查明”的部分应当包括当事人质证意见、法官认证意见及结论和依有效证据推导出来的案件事实等三部分内容；对简单的案件事实，可以直接写查明的事实，对复杂的事实，则应当以一事项一举证的方式进行分别认定，最后再进行有效的综合和归纳。② 对事实的认定应当以争议的焦点为主线，

① 最高人民法院司法改革领导小组办公室编：《最高人民法院关于加强和规范裁判文书释法说理的指导意见理解与适用》，中国法制出版社 2018 年版，第 357 页。

② 刘淑一：《浅析民事裁判说理的写作》，载《应用写作》2009 年第 11 期。

展开对证据的认证，突出对重点争议证据的认证和说理。现在在裁判说理中存在一种做法，即先概括争议焦点，再进行举证、质证和认证，还是先举证、质证和认证，然后再概括争议焦点。对此做法，学理上一直有不同的看法，这也是裁判说理中需要解决的重大问题。[①] 笔者认为，可以根据当事人主张和抗辩中概括出当事人的争议焦点，然后再围绕该争议焦点进行举证、质证和认证，这样可以增强诉讼活动的针对性，避免对证据的简单罗列和重复罗列，突出对重点争议证据的说理。因为主要的争议点明确以后，对其他没有争议或者争议较小的事项，则没有必要详细地在主文中罗列和阐述。可以参照比较法上的做法，甚至以图表的形式进行简单地罗列即可。如果先进行举证、质证和认证，再归纳争议焦点，则围绕该争议焦点，可能还需要重复进行证据的认定程序，显然是不妥当的。

另外，法官在裁判中经常遇到要件事实存在真伪不明的情形，此种情形就涉及证明标准的问题，即法官要把自己心证的过程详细地展示出来，尤其是对证明的标准及其合理性作出说明。如果裁判依据的事实已经得到了证明，则法官需要将已经证明的事实展示出来；如果当事人所提出的证据证明不能达到绝对可信的程度，但法官已经确信该事实的存在或者不存在，那么法官也应当将形成该确信的过程阐释出来，这一过程实际上也是说理的过程。[②] 尤其应当看到，在当事人可能因为法律知识欠缺等原因而未主张相关的要件事实时，或者因为疏忽而没有提交相关的证据，则法官应当督促当事人证明相关事实，或者提供相关证据，法官应当尽到相关的阐明职责，同时，在必要时，法官也有义务依据职权进行调查取证。[③] 但为了防止法官过多地介入当事人的纠纷，妨碍司法公正，法官在依据职权调查取证时应当有正当的依据，对该行为，法官也应当进行充分的说理。[④]

第四，对法律适用也应当进行充分的说理。裁判说理的充分性原则要

---

① 王松：《创新与规制：民事裁判文书的说理方法》，载《人民司法·应用》2008 年第 5 期。

② 陈刚：《证明责任法研究》，中国人民大学出版社 2000 年版，第 79 页。

③ 参见肖建华等：《民事证据规则与法律适用》，人民法院出版社 2005 年版，第 105 页。

④ 《最高人民法院关于适用中华人民共和国民事诉讼法的解释》第九十六条规定：民事诉讼法第六十四条第二款规定的人民法院认为审理案件需要的证据包括：（一）涉及可能损害国家利益、社会公共利益的；（二）涉及身份关系的；（三）涉及民事诉讼法第五十五条规定诉讼的；（四）当事人有恶意串通损害他人合法权益可能的；（五）涉及依职权追加当事人、中止诉讼、终结诉讼、回避等程序性事项的。除前款规定外，人民法院调查收集证据，应当依照当事人的申请进行。

求法官应当在裁判文书中展现找法的过程、解释法律的过程，以及在运用司法三段论时对大、小前提进行连接的过程。例如，在某个醉酒案件中，数人同饮酒时，某人因不胜酒力而醉倒，其他同饮人将喝醉的人送到家门口就离开，结果醉酒人在门口倒下，因为处于寒冬季节，醉酒人最终冻成重伤，后醉酒人以违反安全保障义务为由向法院起诉其他饮酒人，要求其承担赔偿责任。本案的争议焦点在于是否可适用违反安全保障义务的责任。根据《民法典》第 1198 条第 1 款的规定："宾馆、商场、银行、车站、机场、体育场馆、娱乐场所等经营场所、公共场所的经营者、管理者或者群众性活动的组织者，未尽到安全保障义务，造成他人损害的，应当承担侵权责任。"从该规定来看，我国法上的违反安全保障义务的责任主体仅限于经营场所、公共场所的经营者、管理者或者群众性活动的组织者，本案中的同饮人并不属于本条规定的责任主体范围。所以法官在对《民法典》第 1198 条作出解释后，认为不符合该条适用的要件，则应当寻找其他法律依据以确定责任。从本案的情形来看，应当适用过错责任的一般条款，属于典型的不作为侵权。对此，《民法典》第 1165 条第 1 款规定："行为人因过错侵害他人民事权益造成损害的，应当承担侵权责任。"也就是说，在本案中，法官可据此认定被告仍应负有安全保障义务，因违反此义务，需承担的赔偿责任。裁判说理即要在正确找法的基础上，注重解释法律，在解释中说理。在说理过程中引入疑点说理也是十分必要的。所谓疑点说理，就是指针对难以认定的事实和解释上比较困难的法律问题，要进行重点探讨。①

第五，裁判结论的作出要体现充分性原则。裁判结论主要涉及是否需要承担责任，以及承担多少责任的问题。裁判的说理应当在遵循以事实为根据、以法律为准绳的基础上，准确阐述大、小前提是否能够联结，以及联结大、小前提后能否得出裁判结论的问题。我国一些司法裁判只是简单以法律效果和社会效果的统一，或者依据法院酌情等表述，得出裁判结论，并没有充分论证作出裁判结论的过程和基础，这显然不符合说理的充分性原则。

此外，充分性原则还表现在，法官在说理过程中，要充分运用法理、

① 赵海峰、高伟、孙叶花：《20 年回首：民事裁判说理的检视与修正——以〈中国审判案例要览〉60 个案例为研究样本》，载《全国法院第二十六届学术讨论会论文集：司法体制改革与民商事法律适用问题研究》，人民法院出版社 2015 年版。

学理、情理等，进行充分的说理论证。裁判理由的充分性要求裁判文书要讲清法理，阐明事理、情理，做到法理透彻，事理明晰，情理感人。[①] 当然，裁判说理的充分性并不意味着裁判说理都要长篇大论，而应当根据不同的案情，确定不同程度的说理。例如，在德国，裁判说理部分的论述应当限于支撑裁判结论的实质理由，且论述的措辞准确、妥当。[②] 一般来说，裁判说理的篇幅长短没有统一要求，但裁判说理应当足以使败诉方相信裁判的正确性。[③] 说理的充分性是建立在必要性的基础上，说理并不是要面面俱到，而是要做到有的放矢，重点在于解决当事人的争议焦点，而不需要就所有细枝末节的问题都作出回答，对于当事人没有争议的事项，可以少说理或者不说理。在我国古代和近代判词大都简洁明了，但这并不意味着其说理不充分。例如，在周佛海案中，被告周佛海辩称曾于抗战胜利前夕做过一些有利于政府的事，企图获取宽大。法官在判决书中对此驳到："纵树微功，难掩巨过；偶施小惠，莫蔽大辜"，仅仅 16 个字，却针锋相对，十分服人，人称"极为允当而得体，简练而有力"。[④] 可见，裁判说理的充分性与裁判文书的篇幅并不存在直接关联，绝不能仅以裁判文书的篇幅衡量裁判理由的充分性。[⑤]

总之，理由充分的基本标准是，能够满足查清事实、分清是非、公正裁判的需要，使当事人和一般群众易于理解，并能有效排除对判决正当性的质疑。

第五节　准确性原则

裁判说理的准确性，是指法官不仅要在法律规定的权限范围内说理，而且要准确认定、阐述事实，准确适用法律，同时，在说理过程中，法官

① 周力、李永生：《谈民事判决书理由部分的撰写》，载 http：//www. chinacourt. org/article/detail/2003/09/id/79880. shtml，最后访问时间：2017 年 2 月 13 日。

② MüKoZPO/Musielak，ZPO § 313（2016），Rn. 14.

③ Saenger，ZPO，§ 313（2017），Rn. 26.

④ 何良彬：《论判决理由》，载《人民司法》1999 年第 12 期。

⑤ 《河南法院 2014 年度案例分析报告》，载 http：//www. hncourt. gov. cn/public/detail. php？ id = 158301，最后访问时间：2017 年 2 月 13 日。

也要秉持正确的价值观。说理的针对性、充分性、逻辑性等原则，都是建立在准确性原则基础之上的。因为裁判文书本身是法律文件，是对事实和法律含义的宣告，如果裁判说理不准确，事实认定有误，对法律作出了曲解，则裁判结论也很难正确。

一、裁判说理准确性对裁判说理内容的基本要求

（一）法官要在法律规定的权限范围内进行说理，不能逾越法官的权限范围

裁判说理的准确性要求法官必须正当地行使自由裁量权，裁判说理在一定程度上是法官自由裁量权的体现，然而，这种自由裁量的权利只能在法律规定的范围内行使。例如，依据现行法律的规定，《宪法》并不能成为直接援引的法律规范。因此，法官在裁判文书中不得直接援引《宪法》规则作出裁判。再如，依据现行法律的规定，法官也并没有审查地方立法机关制定的地方性法规的权力。因此，法官不能就地方性法规进行效力上的审查。以“河南种子条例案”为例，在该案中，法官在裁判中认为，“《种子法》实施后，玉米种子的价格已由市场调节，《河南省农作物种子管理条例》作为法律位阶较低的地方性法规，其与《种子法》相冲突的条文自然无效”。[①] 根据《立法法》等法律的相关规定，人民法院在审理案件过程中，如果出现上述地方性法规与法律、行政法规等规定不一致的情形，应当选择适用效力位阶较高的法律规范，而无权宣告某位阶较低的法律、法规无效。所以，该案中，虽然法官的说理是充分的，但依据现行法律规定，其已经逾越了法律规定的权限，因此也是不准确的。

（二）事实认定准确

准确认定案件事实是案件裁判的基础，准确认定事实要求法官准确认定证据的证明力，并对证据所认定的案件事实进行准确判断。而准确适用法律则要求法官在裁判中做到法律规则引用准确、全面，而不能有所遗漏。[②] 从司法实践来看，一些裁判文书在证据认定方面存在错误、叙述事实前后矛盾、证据的认定与事实认定脱节等，这些都表明法官在事实认定方面存在问题。

---

① 庄绪龙：《裁判文书“说理难”的现实语境与制度理性》，载《法律适用》2015 年第 11 期。

② 何良彬：《论判决理由》，载《人民司法》1999 年第 12 期。

（三）准确解释法律

准确解释法律规则是案件裁判的关键。在裁判说理中，要遵循法律解释中的一些共识性的规则。法律解释要遵循一定的有共识的规则，必须要遵循具有共识性的解释规则，才能得出正确的结论。

准确性并不意味着全面性。在德国，曾经对于法官是否负有义务，将支撑裁判的全部法律依据在说理中说明，学界存在不同观点。虽然也有学者认为法官应当将所有援引的法律一一列举并进行解释，甚至要对过去的司法实践和学说上的观点均加以说明。[①] 但是大多数学者认为，详细对所有条文、判例与学说进行说明并不必要。例如，德国学者穆斯拉克则强调，法官享有一定的自由裁量权，自己决定在裁判说理部分引用或不引用，引用哪些判决和学说上的观点，只有当法官认为应该偏离判例和学说既有的观点时，法官才应当就这一既有的观点展开讨论并给出不采纳这一观点的理由。[②] 笔者认为，按照充分性原则，只要法官援引的法律、案例和学说达到充分程度即可，而无须将所有内容全部罗列于裁判文书之中。

（四）用语表述准确

裁判说理时，用语表述应当准确，应遵循基本的文理，讲究严谨的用语，如果裁判文书的用语出现大量错误，则裁判说理的逻辑也可能出现偏差。从司法实践来看，一些裁判文书中出现错别字、漏字、标点符号明显错误、病句、当事人名称不统一、法律援引不当、文书结构缺项、事实叙述混乱、主文模糊或有歧义、遗漏诉讼费用、裁判事项缺乏基本说理、漏判超判等。[③] 此外，一些裁判文书的用语不准确，既难以有效解决当事人之间的纠纷，也影响了司法的权威性与公信力。这些错误都严重影响了裁判文书的质量，也对司法的权威性产生了不利影响。裁判文书本来是极为严肃的具有法律效力的文书，生效的裁判文书不仅会给当事人权利带来重大影响，而且也是向社会彰显司法权威与公平正义的载体。其语言文字上的错误，极大地减损了司法权威，损害了司法形象。

---

① MüKoZPO/Musielak, ZPO § 313 (2016), Rn. 15; Saenger, ZPO, § 313 (2017), Rn. 27.

② Musielak ZPO/Musielak, ZPO § 313 (2016), Rn. 11; MüKoZPO/Musielak, ZPO § 313 (2016), Rn. 15.

③ 胡云腾：《论裁判文书的说理》，载《法律适用》2009年第3期。

二、裁判说理应秉持正确的价值取向

裁判说理虽然具有很强的技术性特点，但裁判说理并不仅仅是一项说理的技术，法官在裁判说理过程中应当正确的价值取向。[①] 法谚云：“若不能保证善最大，一定要确保恶最小。”[②] 这实际上体现了对价值取向的追求。在裁判说理中，如果法官的价值取向出了问题，则不论是案件事实的认定，还是法律规则的解释与适用，都可能出现偏差。要保障裁判中法律适用准确且裁判结论公正，至关重要的一点就是在裁判说理中秉持正确的价值取向。

第一，裁判者必须准确理解法律条文背后的立法目的与价值。在《学说汇纂》中有句名言：“认识法律，不仅在于明白其词语，而系在于明白效力及意向。”[③] 耶林在其名著《法律中的目的》一书中明确宣称“目的是所有法律的创造者”，“所有在法律之泥土上的一切，都是被目的所唤醒的，而且是因为某一个目的而存在，整个法律无非就是一个独一的目的创造行为”。[④] 因而其主张应当将目的的解释作为法律解释中的重要方法。耶林之后的目的法学、自由法学等也逐渐弱化历史解释的地位，而且强调目的解释的重要意义。无论是在法律解释还是适用中，法官需要把握法律的精神，彰显法律背后的价值，如此才能将法律有效地适用于个案之中。例如，《民法典》第1019条第2款规定：“未经肖像权人同意，肖像作品权利人不得以发表、复制、发行、出租、展览等方式使用或者公开肖像权人的肖像。”该条实际上也体现了肖像权作为人格权，其保护应当优先于著作权的精神。从价值取向看，实际上体现了人格尊严优先于财产价值的取向。实践中曾有这样的案例：某画家在创作人体作品时，与模特协商订约，模特允许画家为其制作裸体画像。后来，画家将该画展出，模特认为侵害其隐私权，画家认为其作为著作权人，有权将作品展览、发表。依据《民法典》的上述规定，如果未经模特的同意或双方未达成协议，则画家虽有权制作、收藏其作品，但无权将其作品展览、陈列、复制，否则将构成对模

---

① 赵朝琴：《裁判说理及其社会效果探析》，载《黑龙江社会科学》2012年第4期。

② 冯辉：《判决、公共政策与社会主流价值观——“跌倒争议案”的法理省思》，载《政法论坛》2012年第4期。

③ D，1，13，17.

④ Jhering，Der Zweck im Recht，Bd. I，3. Aufl.，1898，S. 442.

特权利的侵害。法律作出此种规定的主要原因在于强化对人格尊严这一价值理念的维护。因为人格尊严具有优越于财产权的价值。肖像权的内容体现为个人对其肖像所享有的利益，其虽然包含经济价值，但主要是精神性利益，彰显的是个人的人格尊严。而著作权本质上仍然属于财产权，所以肖像权可以优先于财产权受到保护。著作权人行使著作权应当取得肖像权人同意。如此规定也有利于维护人格尊严。

第二，裁判者必须努力追求裁判结果的公正。公平正义是司法永恒的主题，也是其所追求的永恒的价值。探求法律规范的合理含义，正确适用法律，保证案件的公平裁判，实现个案中的社会正义。“法官有责任通过司法能动在维护法律秩序与实现社会正义之间维持一种有益的平衡”。[①] 尤其是在法律没有规定的情况下，也就是存在法律漏洞时，法官秉持公平正义观念，按照填补漏洞的方式弥补法律的不足，显得尤为重要。即使是法律有明文规定时，法官也不能机械适用法律，而必须能够将法律准确地适用于个案之中，最大限度地追求法律效果与社会效果的统一，在此基础上，公平正义是法官所始终秉持的理念。“法律发现的目的是对法律的解释，其所追求的目的是正义，法官不仅仅受到法律的制约，同时也受到法律和正义的制约。”[②] 对于判断法院的裁判是否符合社会效果，至少达到如下几个方面：一是案件的处理结果在程序和实体上是公正的。“辨法析理、胜败皆服”。如果案件的处理结果因明显不公正而不能为当事人所接受，就不能称为实现了其社会效果。案件的处理不仅在实体上应当是合法的，而且在程序上也应当是正当的、公开的、透明的。程序正义才能够保证当事人相信实体正义，从而化解纠纷，保障案件的执行。二是符合社会公众所具有的公平正义观念。如果法院判决明显违反了社会多数人的法感情，与一般的公平观念相悖，裁判的结果便难以为公众所接受，影响法律的权威。通常来说，自由裁量权的行使应当是适度、合理的，法官在行使自由裁量权的过程中，不能以自己的价值判断来替代大多数人具有共识的价值判断，而应当考虑裁判结论是否符合大多数人所秉持的公正、合理的标准。

第三，裁判说理要符合公共道德规则。说理应当符合社会公德。在一

---

① 张榕：《司法克制下的司法能动》，载《现代法学》2008 年第 3 期。

② Günter Hirsch, Die Rechtsprechung-ein Spiegel der Gesellschaft. MedR 19, 599-603 (2001).

起母亲起诉儿子排除妨害的案件中，[①] 原告郭女士因儿子一直占着她的房屋，使她无处居住，于是起诉儿子，要求儿子从房内搬出。法院审理认为，双方的财产权利已经法院判决确定，双方应当按照判决履行。现该院内有三方的房产，故院落应由三方共享。郑先生在其他共享人未同意的情况下，不能强求他人另走新门，亦不能擅自在院中砌墙。同时，法官指出，百善孝为先。并引《弟子规》中“亲爱我，孝何难？亲憎我，孝方贤”的话语，希望被告郑先生能孝字当先，在与母亲有矛盾的情况下，更加恪守孝道，善事老母。最终法院判决郑先生将西房三间腾退给郭女士，并将建在院内的墙拆除。宣判后，双方都未提出上诉。该判决表明，传统的道德规则可以在判决中用于说理。在涉及有关婚姻家庭、继承等案件中，以公共道德说理，可使裁判说理更具有可说服性。在国外，有的国家允许无合同关系的人在例外情况下为了维护人格尊严和个人的基本生存权利，援引合同上的权利，突破了合同的相对性原则。早在二十世纪七十年代，在法国曾有判决认为，房屋出租合同不能剥夺承租人为其亲友提供住宿的权利，有关合同必须尊重承租人的家庭生活权利。[②]

裁判说理一定要弘扬诚信等道德观念。笔者认为，尽管在交易中不可能要求出卖人披露所有相关信息，但是，基于诚实信用原则，出卖人应当披露对于交易具有重要影响的信息。裁判应当鼓励当事人作出披露重要信息的诚信行为。就本案来说，消防不合格可能会带来房屋使用中的一系列问题，例如，是否被禁止使用、是否危及房屋使用人的生命财产安全，甚至房产证都有可能被撤销。因此，出卖人应当披露这一情事，而不能认为其有保持沉默的权利。如果裁判中确认了此种沉默的权利，则有可能在价值层面出现偏差，不利于引导社会公众诚实守信。

---

① 《〈弟子规〉伦理警句写入判决书》，载《人民法院报》2010年6月29日。

② Cass. civ. 3ème，6 mars 1996，RTD. civ. 1996，p. 897，obs. J. Mestre et 1024，obs. J. -P. Marguénaud.

第六章 裁判说理的依据

第一节 裁判说理的依据概述

裁判依据通常是能够作为裁判规则、对裁判活动产生直接拘束力的依据。关于裁判说理的依据，可以从广义和狭义上理解，从广义上理解，凡是能够支撑裁判说理的依据，都属于裁判说理的依据，例如，《宪法》并不能作为裁判依据，但其可以作为裁判说理的依据。再如，法理、情理等不能直接作为裁判的依据，但可以用于裁判说理，也应当属于广义的裁判说理依据。狭义的裁判说理依据主要是指作为裁判说理大前提的依据，其主要限于法律规范，有学者将其称为裁判规则，它“对于个案纠纷的解释具有直接的、实际的效力，因而是判决的根据。与此同时，裁判规则又具有一般化的特征，因而具有被此后判决的可参照性”。[①] 依据《最高人民法院关于裁判文书引用法律、法规等规范性法律文件的规定》第6条的规定，“对于本规定第三条、第四条、第五条规定之外的规范性文件，根据审理案件的需要，经审查认定为合法有效的，可以作为裁判说理的依据”。该条所规定的“裁判说理的依据”应当也是从狭义上理解的，即裁判依据。本章所讨论的裁判说理的依据主要采纳的是狭义上裁判说理依据的概念。

应当指出，上述两种观点都不无道理，区分裁判依据与裁判说理依据

① 陈兴良：《案例指导制度的法理考察》，载《法制与社会发展》2012年第3期。

的意义主要在于：一方面，有利于规范法官的裁判说理。从裁判说理所引证的规范上来看，只要有利于支撑法官的说理，各种理由如法理、情理、指导性案例等，都应当尽可能地引用。所以，从广义上理解，裁判说理的依据引用得越全面、越充分，就越有利于强化裁判文书的说理。但是，要直接作为裁判依据，则应当符合一定的条件。根据《最高人民法院关于裁判文书引用法律、法规等规范性文件的规定》第四条规定，民事裁判文书应当引用法律、法律解释或司法解释。对于应当适用的行政法规、地方性法规或者自治条例和单行条例，可以直接引用。而裁判说理的依据较为广泛，一般来说，裁判依据当然都能够成为裁判说理依据，但并不是说，只有裁判依据才能作为裁判说理的依据。另一方面，有利于强化裁判说理的重点。由于裁判依据是直接用于得出裁判结论的，能够直接确定当事人之间的权利义务关系，所以，法官在裁判说理中应当强化对裁判依据的说理，即法官不仅需要解释作为裁判依据的法律规范的含义，而且还需要详细阐释选择该裁判依据的过程，即说明法律选择过程。而裁判说理的依据则是法官裁判说理过程中能够支撑法官说理的各种依据。凡是可以用于裁判说理的依据，都可以援引。例如，在琼瑶诉于正著作权侵权案一审判决书中，[①] 法官对于是否构成侵权进行了长篇的分析，法官摆事实、讲道理，进行了教科书式的充分说理论证，充分展示了法官在案件审理过程中的逻辑推理和审理艺术。在该案中，法官说理的依据就不限于法律规定。当然，此处所说的全面性，并非意味着要面面俱到、无所不包。裁判说理要做到详略得当，避免过分复杂和冗长。

无论是裁判依据，还是裁判说理的依据，都应当具有合法性。裁判说理的依据虽然是多样的，说理的内容也十分广泛，但作为裁判说理的依据应当具有规范性。说理的依据应当是能够得出裁判结论的依据，但不是所有的法律规则都能作为裁判依据，法律对作为裁判依据的法律规则设置了一定的限制条件，强调裁判说理应当具有合法性，“对法律裁决的支持，首先要依靠论及法律渊源的前提”。[②] 说理依据的资料首先是法条，法条是说理最充足的依据。[③] 一个优秀的法官在裁判说理的过程中，就是要充分依

---

① 北京市第三中级人民法院（2014）三中民初字第07916号民事判决书。

② ［荷］菲特丽丝：《法律论证原理》，张其山等译，商务印书馆2005年版，第72~73页。

③ 艾文、林平：《知识产权的裁判说理——访北京知识产权法院副院长宋鱼水法官》，载《人民法治》2015年第10期。

据和展示法条。他能够依据法条确定当事人的主张是否有依据，当事人的举证是否合法。为了保障说理依据的合法性，一是引用的法律规则应当准确、有效、适当，而最关键的是确保所引规范性法律文件的有效性和可适用性。二是在对法律规则进行援引时，原则上应当依据不同规范的不同效力位阶进行援引。总体上讲，法律规范的效力位阶最高，然后是行政法规，行政法规的效力又高于地方性法规。因此，在需要引用多个规范性文件时，法律应当优先，其次是行政法规，接着是地方性法规、自治条例和单行条例，最后是司法解释。① 三是如果法官要填补法律漏洞，其也应当充分地说理，论证漏洞填补是整个法秩序的要求。当然，这并不是说，裁判说理依据只限于法律，否则就过于狭窄。裁判结论必须依法作出，但说理依据除了法律规定之外，还应当包括习惯、规约、章程等。法官作出裁判必须严格依据法律展开，这是依法裁判的必然要求和确保裁判公正的要求，也是法治的基本要求。人民法院的裁判文书必须有正当的裁判依据，才能保证裁判结果的正当性和权威性，但如何引用作为裁判依据的规范性法律文件，一直欠缺全面、明确的详细规定。②

如前所述，大陆法是成文法，其主要依据成文法规则进行裁判，其更侧重于对具体法律规则的解释适用，虽然在解释适用法律规则的过程中也会考虑相关的社会影响和社会效果，不能广泛地引用各种论证依据来进行充分说理。③ 而英美法在论理依据上十分广泛，它包括了经济的、法律的、历史的、文化的、社会的、心理的等各个方面的知识，来加强其说理论证的理由，而且作出裁判结论时十分注重社会效果和社会影响，尤其是对社会发展、经济发展等方面的影响、广泛涉及道德准则、社会政策目标、事实材料与经验知识等范畴，并深入考虑各种裁判选项所可能的后果。④因而，在裁判说理的依据方面，不限于法律等裁判依据，凡是能够提高裁判说理水平的因素，都有可能成为裁判说理的依据。例如，裁判者可以通过对学术研究成果的吸收，保持司法的先进性，并增强论证的力度，甚至弥补成文法的不足。但在我国，毕竟裁判说理不同于法学理论研究，也不能将所有的社会因素都纳入裁判依据的范畴。所谓法官负有依“法”裁判的

①② 吴兆祥：《〈关于裁判文书引用法律、法规等规范性法律文件的规定〉的理解与适用》，载《人民司法》2009年第23期。

③④ 蔡杰、程捷：《封闭与开放：裁判文书论理风格之类型化检讨》，载《法学论坛》2006年第2期。

义务，此处的“法”应当具有严格的限制，不是所有的法律规则都能成为法官裁判的依据。

能够作为裁判说理的依据的规范必须是具有可适用性的裁判规则。一般是指兼备构成要件与法律效果两个要素的法律条文。这就是说，在司法三段论中，它是作为大前提使用的。作为大前提的法律规范，一般应包括构成要件和法律效果两个部分。法谚云：“你给我事实，我给你法律”，这句法谚成为对大陆法系法官裁判活动的常用概括。依据这一要求，案件事实一旦被加以确定，法官就应当判决支持或否定当事人的诉讼请求，必须以一定的法律规范为依据，而法律规范的适用必须满足一定的前提条件，即具备一定的法律要件。[①] 所谓构成要件，是“法律构成要件”的简称，它是一定法律效果发生的前提条件。所谓法律效果，是指满足一定的事实要件以后，所应当产生的法律后果。法律规范只有包括了构成要件和法律效果，才具有完整性。如果满足某个法律构成要件，便可推论出某个特定的法律效果。当然，在法律没有明确规定的情形下，尤其是在找不到可供适用的法律规则的情形下，法官也不能拒绝裁判，此时，法官可能需要通过选择依据法律原则、习惯等裁判案件，以填补法律漏洞。

为了维护司法的统一性，保障法律规则的准确适用，相关法律规则对裁判依据作出了一定规定，法官在选择裁判依据时，应当遵循这些法律适用规范。《最高人民法院关于司法解释工作的规定》《最高人民法院关于裁判文书引用法律、法规等规范性法律文件的规定》对司法裁判应当如何引用法律规则作出了规定。根据《最高人民法院关于裁判文书引用法律、法规等规范性法律文件的规定》第四条、第六条的规定，民事裁判文书应当引用法律、法律解释或者司法解释。对于应当适用的行政法规、地方性法规或者自治条例和单行条例，可以直接引用。对于其他的规范性文件，根据审理案件的需要，经审查认定为合法有效的，可以作为裁判说理的依据。依据《民法典》第10条，处理民事纠纷，有法律时必须依照法律，法律没有规定时，才能依据习惯，或者依据法律解释学的规则填补法律漏洞。

从两大法系的比较来看，大陆法遵循法官知法的原则，[②] 也就是说，

---

① 傅郁林：《建立判例制度的两个基础性问题——以民事司法的技术为视角》，载《华东政法大学学报》2009年第1期。

② Terence Ingman, The English Legal Process 223 (12th ed., Oxford 2008), p. 246.

法律上推定每个法官都是懂法、知法的，甚至是法学专家，因此，即便当事人的法律选择是错误的，法官也应当适用正确的法律裁判。而英美法的审判模式则与此不同，其采取典型的当事人主义，对法律的选择完全由当事人提出主张，如果当事人所选择的法律不同，则其可能需要承担相应的不利后果。法院则可以因“不知道”相关法律的存在而按自己选择的先例进行判决，而当事人则不能认为法官没有选择适用更加合适的先例而主张判决不公。[①] 例如，一方当事人所选择的先例不当，被法官驳回，法官明知道应该根据哪个先例作出裁判，法官也不会主动选择适用该判例，而会作出对当事人不利的判决，如果法官主动选择了该先例，则可能会被认为是不当干预了当事人的辩论权。我国仍然属于大陆法系，也遵循法官知法的原则，法官有义务选择适用相关的法律，而且即便当事人选择的法律规则不妥当，法官也可以更改相关的规则，除非在特殊情形下，法律明确规定了由当事人选择适用何种法律规则，如在违约责任和侵权责任竞合的情形下，依据《民法典》第186条的规定，由当事人自由选择依据何种请求权提出请求，在此情形下，法官即不得干预当事人的选择，也不得随意更改当事人所选择的法律依据。但是，通常情况下，法官在选择裁判依据时，应当从案件事实出发，选择与案件事实关联最为密切的法律规则，如果存在多个法律规则，法官还需要遵循相关的法律适用规范，从中选择最为合适的裁判依据。

这就意味着，在我国，法官不仅是知法懂法的，而且在裁判过程中有义务准确地寻找法律、准确阐释法律规则的含义，所以，裁判的说理首先是围绕对裁判依据的说理展开。

第二节 裁判说理的主要依据

如前所述，此处所说的裁判说理的主要依据是从狭义上理解的，其是指裁判依据，与法源具有一定的差别。法源是指法律的渊源，即法律规则

---

① 叶榅平：《遵循先例原则与英国法官的审判思维和方法》，载《比较法研究》2015年第1期。

的外在表现形式,[①] 其范围十分广泛，但裁判依据是受限制的，不是所有的法源都能作为裁判依据。

一、法律

裁判说理的主要依据是法律。在我国，由于宪法不具有可司法性，法官主要援引民事法律解决纠纷，在《民法典》颁行后，《民法典》作为民事基本法，应当成为法官裁判民商事案件的主要法律依据。但是在援引《民法典》和相关民事法律进行裁判时，必须要解决好两个问题：

（一）关于《民法典》与民事单行法的关系

《民法典》第 11 条规定：“其他法律对民事关系有特别规定的，依照其规定。”该条规定是《民法典》对其与单行法之间关系的直接表达，必须准确理解。从字面上看，完全能把该条理解为，只要其他法律与《民法典》规定不一致，就要适用其他法律的规定。但这种理解不足采信，因为民商事单行法的数目众多，其规范条文汇总起来，远远超过了《民法典》，若采用前述理解，《民法典》将完全被单行法架空，形同虚设。

《民法典》第 11 条在性质上属于引致性规范，它在承认民商事单行法效力的基础上，把《民法典》与单行法有机联系起来，构成共同调整民事关系的法律整体。事实也的确如此，《民法典》的许多制度、规则都与单行法构成完整的整体。例如，《民法典》的营利法人制度与《公司法》、《民法典》的非法人组织制度与《个人独资企业法》等、《民法典》的合伙合同制度与《合伙企业法》等，都是如此。而且，《民法典》的编纂本身就是要统一规则，消除不同法律规则之间的不协调、矛盾和冲突的现象，以达成民商事法律的体系化。由此可知，《民法典》第 11 条是沟通《民法典》与单行法的桥梁，其功能在于促成它们相互间的和谐，而不是用其中一个替换或架空另外一个。

在理解《民法典》第 11 条时，必须注意其中的“特别规定”。它表明的是《民法典》没有规定的事项，由单行法作出的特别规定。对于《民法典》从单行法中吸纳的规定，如营利法人相关规则，它们与《公司法》的对应规则是相同的，《公司法》的这些规则就不是“特别规定”。只有那些单行法中与《民法典》不同的具体规定，才能纳入《民法典》第 11 条的

① 参见张文显主编：《法理学》，高等教育出版社 2007 年版，第 89 页。

考量范围，并在不相冲突的情形下优先适用单行法的特别规定。这主要有以下两种情形：

第一，《民法典》是民商法体系中的基本法，在这种定位下，单行法的许多规则实际上是对《民法典》规则的细化和具体化，它们和《民法典》的基础性规定结合在一起，实现对社会关系的有效调整。例如，《民法典》第1196条第2款只提及网络服务者在转送声明到达权利人后的“合理期限”，但未明确该期限时长。《电子商务法》第43条第2款将其明确规定为电子商务平台经营者在转送声明到达知识产权权利人后十五日内。又如，《反家庭暴力法》中的人身安全保护令规则也可视为是对《民法典》第997条中的禁令制度的细化。

第二，《民法典》的规定毕竟是基础性的规定，调整的是一般性的人身关系和财产关系，许多内容需要由单行法补充。因此，《民法典》之中往往通过引致条款，将要适用的规范指向单行法。例如，《民法典》第1195条第3款规定：“权利人因错误通知造成网络用户或者网络服务提供者损害的，应当承担侵权责任。法律另有规定的，依照其规定。”《电子商务法》第42条第3款就是这样的“另有规定”，它规定：“因通知错误造成平台内经营者损害的，依法承担民事责任。恶意发出错误通知，造成平台内经营者损失的，加倍承担赔偿责任。”因此，在电子商务领域，错误通知的，应当适用该规则。

不可否认的是，《民法典》中的一些规则确实和单行法的规定不一致，在这种情形下，不应径直适用《民法典》第11条，而应根据具体情况加以甄别处理：

第一，《民法典》编纂的重要任务之一，就是修改单行法中的不合理规则，故而，《民法典》在编纂中对单行法的规定予以修改完善的，实质上是废止了单行法规定的法律效力，按照新法优于旧法的原则，应当适用《民法典》的规定。例如，产品质量问题的诉讼时效没有特别之处，《民法典》的诉讼时效规则实质上修改了《产品质量法》的诉讼时效规则，面对产品质量问题引发的诉讼时效，应适用《民法典》的规则。

第二，《民法典》在编纂中未修改单行法的规定，而是予以保留，这就意味着单行法的这些规定是特别法，应优先适用。比如，《海商法》第260条规定，有关海上拖航合同的请求权，时效期间为一年，自知道或者应当知道权利被侵害之日起计算。这不同于《民法典》规定的三年的普遍诉讼时效期间。但是，《民法典》在编纂中已经考虑到《海商法》调整事项的特殊性，故《民法典》的诉讼时效制度并未替代《海商法》中的诉讼时效规范，对于海上拖航合同纠纷中的诉讼时效问题，应适用《海商法》的规定。

综上所述，在理解《民法典》第11条时，应根据具体案情和具体规定进行具体分析，不能一概而论，既不能一律适用单行法的特别规定，也不能一律适用《民法典》的规则，而应着眼于民商事法律的体系化，着眼于《民法典》在该体系中的基础性地位，合理配置《民法典》和单行法特别规定的适用关系。

这实际也再次表明，在面对纠纷寻找法律依据时，首先应从作为基础性法律的《民法典》中入手，如果《民法典》已有规定，就应当适用该规定；只有《民法典》没有明确规定时，除非是单行法存在特殊的、且不与《民法典》相违背的规定时，才能从单行法中寻找法律依据。这种理解把《民法典》作为法律适用的基本依据，正体现了《民法典》的基础性地位。在此，有必要准确理解特别法优先于一般法的法律适用规则，笔者认为，它是指在单行法的确有相对于《民法典》的特别规定，且该规定与《民法典》不冲突时，应优先适用该特别规定。如果不顾前述的各种限制条件，径直适用单行法规则，单行法都可以代替《民法典》，《民法典》的基础地位就不复存在。而且，从我国实际情况来看，只有从《民法典》出发来寻找法律依据，才能节省执法和司法成本，因为我国现行有效的单行法数目众多，准确适用起来并非易事，只有从《民法典》入手寻找法律依据，才能起到纲举目张的效果，提高执法和司法效率，促成法律适用的统一。

（二）必须寻找能够作为大前提的裁判规范

法官在援引《民法典》和相关单行法裁判时，并不是所有的法律规则都可以作为裁判依据，法官要寻找的必须是与案件事实有密切联系的法律规则，且这些案件事实必须包含构成要件和法律效果，能够作为裁判规则使用。在此应当区分法律渊源和大前提的概念。法律渊源的类型很多，但是，并不是所有的法律渊源都符合大前提的认定标准。大前提原则上限于裁判规则，而法律渊源不是从裁判规则的角度考虑，而是从法律体系的角度考虑的。所以，凡是法律体系组成部分的规范都可以成为法律渊源。在大陆法系国家，制定法、习惯法等往往被认为是法律的主要渊源。在法律渊源中，存在大量的行为规范、倡导性规范、任意性规范等，这些规范都不宜直接作为大前提。尤其是大前提原则上是以基本的民事法律规则作为裁判依据，而层次较低的规范性法律文件，就不能作为裁判依据。在方法论上，一般来说，基本法律有规定时，就应该以基本法律作为裁判的依据，而不宜以非基本法律作为裁判依据。但是，就法律渊源来说，其不考虑规范性法律文件的层次性，只要是法律体系的组成部分，都应当作为法律渊源来对待。

具体来说，法官要寻找的大前提应当具有如下特征：

1. 必须是具有可适用性的裁判规则。“民法属于行为规范，对于此种规定如不遵守，而个人相互之间惹起纷争时，就得向法院诉请裁判，此时法院应以民法为其裁判之准绳。”① 此处所说的“裁判准绳”，即民法中的裁判规范。具体而言，在民法体系中寻找裁判性规范：必须从民事法律规范中寻找裁判规则。

就民事纠纷的裁判而言，第一，应当寻找民法的规范，一般不能援引宪法规范来裁判。虽然民法的裁判规范所表达的价值判断最终都能归属到宪法这一根本法的层面，但宪法本身主要用于调整国家与公民之间的法律关系，通常不能直接调整民事主体之间的法律关系，并被作为裁判规范。宪法的规范原则上只有具体化为包含权利义务内容的民事规范时，才能直接适用于民事案件。② 尤其是必须首先从基本民事法律中寻找裁判规范，只有在基本民事法律没有相应的规范时，才能寻找其他如特别法的规范。这一要求在我国现行立法体制的背景下，具有特殊的重要意义。在实践中，存在与上位法不符甚至直接冲突的规范。在这种条件下，就更应在可以依据民事基本法进行裁判时，确保适用民事基本法。在法典化国家，民法典是最为基本的民事法律，民法典以外的民事法律为非基本民事法律。法官在处理民事纠纷中，首先应当援引基本民事法律的规定，只有在没有基本民事法律的规定时，才应当援引非基本民事法律的规定。例如，在类似于汽水瓶爆炸伤人案中，在《民法典》颁布之前，有的法官认为应当适用《消费者权益保护法》，因为原告是作为消费者而受到了伤害；也有的法官认为应当适用《侵权责任法》，因为原告的损害是由于汽水瓶的瑕疵所造

① 郑玉波：《民法总论》，我国台湾地区三民书局 1979 年版，第 15 页。

② 学界很多关于齐玉苓案的讨论，实际上是错误理解了其中所包含的法律关系的性质，误将其定性为宪法诉讼第一案。

成的，属于产品责任；还有的法官认为应当适用《产品质量法》，因为在产品质量不合格造成损害的情况下，应当按照特别法优先于一般法的规则，优先适用《产品质量法》；另外，也有的法官认为应当适用《合同法》，因为买受人购买商品的行为表明其和商场之间存在着买卖合同的法律关系。如果产品存在缺陷，应该认为被告存在违约的行为。由此可见，因产品缺陷造成损害之后，在司法实践中出现了法律适用的混乱现象。这在很大程度上与没有颁行《民法典》相关，法官在面临单行法时，确实存在困难。在《民法典》颁行后，主要应当从《民法典》中寻找裁判依据，而只有在《民法典》没有规定时，才能从民事单行法中寻找裁判依据。例如，关于产品责任的免责事由，《民法典》并没有作出明确规定，这就需要从《产品质量法》中寻找裁判依据。

第二，作为大前提的规则必须是裁判规范。成文法纷繁复杂、成千上万，并非所有的法律条文都能够在具体的案件中得到适用。作为司法三段论中大前提的应当是裁判规范。对此，需明确的是，民法中的规范并非都是裁判规范，还包括倡导性规范、宣示性规范等，而后者是无法加以援引并用来进行裁判的。民法中的裁判规范为司法裁判提供了一套基本的体系、框架、规范和术语，为司法过程提供了一套明确、内容完备的规范，并力图通过立法的方式确保司法过程处于法律的控制之下，与此同时，民法的具体制度也构成了对法官自由裁量权进行必要限制的手段。作为裁判规范，大前提具有明确权利义务的功能。如果其仅仅是一个倡导性和宣示性规范，并不涉及人们的具体权利义务关系，则不能将其直接作为裁判的大前提。例如，《民法典》第1228条规定：“医疗机构及其医务人员的合法权益受法律保护。干扰医疗秩序，妨碍医务人员工作、生活，侵害医务人员合法权益的，应当依法承担法律责任。”该条主要是宣示性规范，目的在于宣示医疗机构和医务人员的合法权益也应当受到保护。

2. 必须是包括了构成要件和法律效果的完全法条。完全法条，是指兼备构成要件与法律效果两个要素的法律条文。能够完整地成为大前提的法律规范，应当包括构成要件和法律效果两个部分。构成要件是一定法律效果发生的前提条件。而法律效果，是指满足一定的事实要件以后，所应当产生的法律后果。

一般认为，大前提必须是包括了构成要件和法律效果的完全法条，一方面，是因为依照法律的规定，特定的法律效果必须要满足一定的法律构成要件才能够实现，同一法律事实常常能够满足多个法律规范的要求。在适用的时候，如果想要完全否定某个法律规范的适用，必须全面地考察法律事实，是否有导致该法律规范适用的构成要件不能够满足的因素。另一方面，这是从三段论本身的性质出发所作的要求。司法三段论强调，如果满足某个法律构成要件，便可推论出某个特定的法律效果，因此，大前提中必须同时包含构成要件与法律效果这两个要素。

3. 必须具有具体针对性。具体针对性，是指规范本身应该能够具体地适用到特定的案件之中。法律规范是一般性的规则，其表达通常都是较为抽象的，其所指代的事实往往也是类型化的事实而非具体的事实。所以常常需要借助法律解释，将具体法律规范的适用范围、适用对象、立法目的、构成要件、法律后果等内容具体化。德国学者菲肯切尔也指出，对于法律规范，即“大前提”，需要“结合具体事实以特定的方式加以处理”；规范需要“依据事实因素尽可能予以具体化”。“需要对涵摄的大前提加以具体化……直到涵摄可以进行”。[①] 在找法的过程中，这种具体化程度越高，规范与具体案件的对应性也就越高。例如，《民法典》第997条规定了人格权禁令制度，将“有证据证明行为人正在实施或者即将实施侵害其人格权的违法行为”以及“不及时制止将使其合法权益受到难以弥补的损害”作为申请进行的条件。但是对于应当如何理解“有证据证明”和急迫性的要件，立法并未进一步进行说明，此时就需要通过法律解释的手段对上述两个要件进行具有针对性的解释，从而将其具体化。此处的“有证据证明”应当不同于诉讼中的证明。在禁令的证明中，应当区分正在实施和即将实施的侵害，对于即将实施的侵害而言，申请人必须证明行为即将发生，且发生的行为会导致人格权益遭受侵害。在证明标准上，也不应当采取同诉讼中证明一样的高度可能性标准，而是应当适当降低证明保准，采纳盖然性的证明标准，即只要当事人证明他人的行为可能造成损害或有损害之虞，便可以完成证明。而对于急迫性要件而言，在解释上，不应将“难以弥补的损害”解释为难以用金钱进行弥补的损害。事实上，对于侵害人格权的损害而言，通过金钱赔偿的方式也往往难以完全弥补损害。此处的急迫性，主要应当是指如果不及时制止行为，损害的后果会迅速扩大。例如，不及时制止散播恶意造谣中伤信息的行为，这些虚假信息可能会呈几何级数地

---

① 参见黄茂荣：《法学方法与现代民法》，法律出版社2007年版，第143页。

传播，受害人的名誉将会遭受显著贬损，这种情况即满足了急迫性这一要件。

4. 必须具有关联性。所谓关联性，是指大前提中的构成要件与案件事实之间具有对应性。大前提具有相关性才能够作为裁判案件的依据，关联性越高，其可靠性也越高。必须说明的是，在确定大前提时，与案件事实有关联的法条可能很多，即存在多个与案件事实有关的大前提。确定大前提的过程，就是要将这些与案件有关联的法条都毫无遗漏地检索出来。在此之后，通过连接，尤其是通过案件事实与法律规范之间的“往返对照”，再确定具有最密切联系的规则。以前述汽水瓶爆炸伤人案为例，对于这个案件，有的法官认为应当适用《消费者权益保护法》，因为张女士是作为汽水的消费者而受到了伤害；也有的法官认为应当适用《侵权责任法》，因为张女士的损害是由于汽水瓶的瑕疵所造成的，属于产品责任。也就是说，对于该案，《消费者权益保护法》与《侵权责任法》上的相应规范都具有适用的可能。确定大前提阶段的任务，就是将这些规范检索出来。至于哪项规范符合最密切联系的规则，则须在连接阶段加以确认。笔者认为，鉴于原告主张损害赔偿，《消费者权益保护法》中并不具有直接对应损害赔偿的条款，因此很难说对于本案《消费者权益保护法》具有密切关联性。

在法有规定的情况下，作为找法结果的大前提应当具有上述特征。在大前提的确定过程中，之所以不能够简单地将抽象的法律原则作为找法的结果，就是因为此种抽象的法律原则常常缺乏相关性。我们说大前提应当具有具体针对性，从另一个含义上讲，就是要具有相关性。但是在法无规定的情况下，大前提的寻找是法的续造或漏洞填补的过程，这与法有规定情形的寻找大前提是有本质差异的。虽然在法律规定仍然不完善的情况下，也能够通过漏洞填补的方法寻找出可供适用的大前提。[①] 但是，法律规范的查找首先应当从既有的法律规范中查找。只有在既有的法律规范中查找不到时，才应当进行漏洞填补。由于法律本身就是一个抽象的逻辑体系，某一具体个案可能涉及不同层级的法律规范的适用，例如，在征收的案件中，被征收人就同时依据《民法典》物权编享有所有权，依据《民法典》总则编享有民事权利，依据《宪法》享有公民的财产权。一般来说，法律

① 参见邹碧华：《要件审判九步法》，法律出版社 2010 年版，第 11 页。

规则越具体，其与案件事实的紧密性越高，以其作为大前提的准确性就越高。

在找到妥当的法律规范后，还必须阐释法律文本的含义。法律解释的对象首先是法律文本，即法律规范中的“条文”。在任何法律制度中，法院的首要任务是确定特定法律条款的含义。狭义解释的各种方法都旨在确定文本的含义，从而确定纠纷解决的大前提。只不过在解释过程中，各种解释文义的方法之间存在差异，故形成了各类不同的分类。例如，历史解释旨在通过立法的历史过程来探求法律文本的含义，目的解释旨在通过立法者的立法目的来探求法律文本的含义，而社会学解释则旨在通过社会效果的考量来探求法律文本的含义。所以，各种狭义法律解释方法都旨在确定法律文本的含义。即便是价值补充，其也是通过对不确定概念和一般条款的具体化来确定其具体的含义。正是从这个意义上，笔者认为，各种狭义的解释方法都要回到对法律文本含义的阐释中来。

在进行法律解释之前，解释者需要对法律文本先行加以理解。但需要指出的是，“理解”只是解释者内心的体悟，而解释则是将此种体悟表达于外的过程。法律解释中虽然需要解释者先行对法律文本加以理解，但理解本身并不是解释过程的一部分。基于对法律条文的理解，解释者需要对法律文本进行阐释。所谓阐释，是指解释者透过对文本的理解，将法律文本的含义表达出来。这一过程需要通过主客观结合的法律解释观来进行。阐释首先应该从文本本身的含义出发来进行理解。但是，阐释法律又不能仅仅拘泥于文本的字面含义。文本的字面含义并非阐释法律的唯一依据，按照法律解释中法的妥当性的要求，必须参照诸多因素进行阐释，以得出妥当的法律解释结论。此时，要考虑法律的外在体系、内在体系、立法历史、社会学意义上的社会效果、比较法的经验等。

二、司法解释

司法解释是司法机关针对具体法律适用中遇到的疑难问题所作出的解释。从内容上看，司法解释包括两大部分，一是最高人民法院对审判工作中具体应用法律问题的解释，二是最高人民检察院对检察工作具体应用法律问题的解释。在民事裁判中，主要引用的是最高人民法院所作出的司法解释。与法律适用中的法律解释不同的是，最高人民法院是我国的最高审判机关，有权指导地方各级人民法院和各个专门人民法院的审判工作，我国《宪法》没有授予最高人民法院立法权，但是《全国人民代表大会常务委员会关于加强法律解释工作的决议》第2条规定，凡属于法院审判工作中具体应用法律、法令的问题，由最高人民法院进行解释。《人民法院组织法》第18条也规定了这种解释权。从法理的角度来看，司法解释并不属于法律体系的组成部分，但司法解释已经成为我国各级审判机关在处理案件中的裁判规则，并被当事人直接援引，甚至法院的裁判都直接援引司法解释。所以，司法解释事实上已经成为法律渊源。

在我国，司法解释具有双重属性，它既具有准立法的性质，也具有法律解释的属性。就其准立法性而言，它与法律解释不同，表现在：一方面，司法解释具有普遍的拘束力，它一般不是针对个案，而是针对具有普遍性的特定问题而进行的。从司法实践来看，司法解释本身也可以像法律一样被法官在判决之中作为法律渊源加以援引。因此，在我国，司法解释并不是学理意义上的法律解释，而是能够对法官产生直接拘束力的解释。另一方面，司法解释确定的都是一种抽象性的规则，在形式上是以法律文本形式存在的。绝大多数司法解释属于不针对具体个案的抽象解释，各种名称大致有“意见”“解释”“解答”“规定”“决定”“办法”“批复”“答复”“通知”“复函”“函”“纪要”等。①

司法解释的功能具有多样化的特点，其重要的功能是要统一法律适用，防止法官因各种原因进行各取所需的理解，从而对各级人民法院的审判工作起到指导作用。尤其需要指出的是，司法解释在填补法律漏洞中也发挥着重要作用。在我国，通过法官的个别活动来填补法律漏洞，尤其是通过填补漏洞确定某个规则，对于法官来说，乃是一件十分艰巨的工作。然而，通过司法解释来填补漏洞具有较高的权威性和可行性。一旦规则与实际需要发生脱节，立法不可能及时修改，则需要灵活的司法解释弥补法律的缺陷。正如一些学者所指出的，“正是有了最高人民法院的各种司法解释，才使得各级人民法院依法审判成为可能”。② 从实践来看，司法解释已实际发挥了填补法律漏洞的重要作用，这一点是一般的法律解释活动仍然难以承担的。

法官在援引上位法之后，在对其含义进行解释时，也可以援引司法解

① 张志铭：《关于中国法律解释体制的思考》，载《中国社会科学》1997年第2期。

② 王玧：《中国司法解释发展之回顾》，载《人民司法》1998年第3期。

释进行论证。司法解释主要是针对法律具体适用的需要而进行的解释，其目的在于统一裁判规则，填补法律漏洞，确立裁判依据，但其不能代替法律。从这个意义上说，司法解释的目的也是为了帮助法官在裁判过程中寻找大前提，与法律解释具有类似性。司法解释和法律解释一样，都需要透过诉讼活动了解法律完善的需要，从而对此做出应对。在司法裁判中，依据《最高人民法院关于裁判文书引用法律、法规等规范性法律文件的规定》第四条的规定，司法解释可以直接用于案件裁判，可以作为裁判说理的依据。当然，法官如果在裁判文书中同时援引了司法解释、法律、行政法律、地方性法规、自治条例和单行条例，则应当将司法解释置于法律、行政法律、地方性法规、自治条例和单行条例之后。①

第三节　习惯作为裁判说理依据

一、习惯是民法的重要渊源

民事习惯是指在某区域范围内，基于长期的生产生活实践而为社会公众所知悉并普遍遵守的生活和交易习惯。习惯是人们长期生活经验的总结，它既是人与人正常交往关系的规范，也是生产生活实践中的一种惯行。此种惯行得到了人们的普遍遵守，尤其是对一些习惯而言，其效力在长期的历史发展过程中已经得到了社会公众的认可，长期约束人们的行为，因此也被称为“活的法”。法谚云：“习惯乃法律之最佳说明”。② 习惯可以被看作是社会发展的纽带，无论社会发展变化多么迅速，其都无法摆脱与过去的纽带关系，也不可能同过去的历史完全割裂。许多法律规则都根植于习惯，并从习惯中汲取营养，习惯是重要的法律渊源。

从比较法的经验来看，各国在法典化的进程中大都注重对本国既有习惯做法的梳理和总结。习惯法是罗马法的重要组成部分，是罗马法的法源

① 吴兆祥：《〈关于裁判文书引用法律、法规等规范性法律文件的规定〉的理解与适用》，载《人民司法》2009 年第 23 期。

② Paulus Dig. 1. 3. 37,

之一。[①] 根据罗马法记载，“古老的习惯经人们加以沿用的同意而获得效力，就等于法律”。[②] 习惯是法律解释的重要依据。萨维尼指出：“如果罗马法承认有权解释和习惯解释的决定性力量，则在此承认中并未包含特殊的法观点，毋宁说，它仅仅是以下事实的一个简单推论，即制定法和习惯被承认为法律渊源。”[③] 普通法又称为判例法，其主要是在先例的基础上形成的法律体系，但先例大量都是以习惯为基础的。故此，有学者就指出：“英格兰普通法实际上就是习惯法体系延续而来的结果。”[④] 时至今日，在现代英国法上，习惯仍属于一种重要法源，在许多领域，其与成文法具有同样的权威。[⑤]

近代以来，习惯的作用也得到了确认。尤其是在商事领域，习惯具有非常重要的作用。可以说，近代商法就是从习惯法发展而来的，其基本内容就是商事习惯。[⑥] 法国法学家波塔利斯曾言：《法国民法典》实现了成文法和习惯法的折中，[⑦] 习惯法占据了民法典的重要内容。民法典中的习惯法尤其集中于所谓的“固有法”领域，如家庭法（如夫妻财产制度，收养制度）和继承制度（如长子继承制，配偶在继承法上的法律地位等）等领域。在物权法领域，人役权制度也是典型的习惯法产物。

在德国法中，习惯也占有重要地位。在历史法学派的理论之中，习惯法是基于民族确信直接产生的法，法律本身就是民族习惯的产物，故习惯法和制定法、法官法都是法源，甚至可以说，习惯法甚至是最优位的法源或原始的法源，因为制定法是间接体现民族确信的法。[⑧] 在《德国民法典》

---

① Savigny, System des heutigen römischen Rechts, Bd. 1, Berlin, 1840, S. 34 ff., 66, 76 ff.

② ［古罗马］查士丁尼：《法学总论——法学阶梯》，张企泰译，商务印书馆 1989 年版，第 11 页。

③ Savigny, System des heutigen Römischen Rechts, Bd. 1, Berlin, 1840, S. 296.

④ Samuel, Common law, in: Jan M. Smits (ed.), Elgar encyclopedia of comparative law, 2006, p. 146.

⑤ ［美］罗斯科·庞德：《法律史解释》，邓正来译，中国法制出版社 2002 年版，第 12 页。

⑥ Moses, The Principles and Practice of International Commercial Arbitration, 2nd edition, Cambridge University Press, 2012, p. 64; Bederman, Custom as a Source of Law, Cambridge University Press, 2010, p. 117.

⑦ Alan Watson, The Evolution of Western Private Law, 2001, Ch. 5, Note 66; Levasseur, Code Napoleon or Code Portalis?, in: Tulane Law Review, Vol. 43, 1969, p. 763.

⑧ Stier-Somlo, Die volksüberzeugung als rechtsquelle, 1900, S. 3; Stammler, Lehrbuch der Rechtsphilosophie, 1928, § 65, S. 137; Dias, Rechtspositivismus und Rechtstheorie, Mohr Siebeck, 2005, S. 34; Schröder, Methodenlehre, historisch, in: Enzyklopädie zur Rechtsphilosophie, 2013, Rn. 30.

制定时，关于是否应当将习惯法纳入其中，曾经引发过争议。《德国民法典第一草案》第2条只是有限度地承认了习惯法的法源地位，即仅在法律援引习惯法时，习惯法上的法规范才能适用。但该规定在第二草案中被删除。按照《德国民法典施行法》第2条的规定，民法典中的法律是指法规范，因此，习惯法所生的法规范也属于民法典和《德国民法典施行法》中的法律。但《德国民法典》的起草者最终接受了温德沙伊德的观点，认为司法适用习惯法并不会导致习惯法具有独立、自洽的权威，[①] 即习惯法的效力并非因司法适用而产生。德国法也保留了大量的习惯，例如，德国物权法中的不少规则如土地债务、定期土地债务等规则都来源于习惯法。在当今德国实践中，习惯法也可以通过法官法产生。[②] 例如，对商业确认函的沉默可能导致合同成立，这一规则是当前德国法中习惯法的典型。[③]

《瑞士民法典》第1条明确承认了习惯法作为法律渊源，习惯法在法律体系中的地位得以正式确认。该法第1条第2项规定："法律无规定之事项，法院应依习惯法裁判之。"该条规定开创了大陆法系国家确认习惯法为民法渊源的先河，同时明确了习惯法是一种补充性的民法渊源。从该条规定来看，其保持了民法渊源的开放性，除制定法之外，习惯法也可以成为法官裁判案件的依据。当然，该条对习惯法的司法适用进行了限制：一是只有在法律没有就某种事项作出规定时，法官才有可能援引习惯裁判。否则，法官应当依据具体法律规则裁判，不得援引习惯裁判。二是并非所有的习惯法都可以作为案件裁判的依据，只有公认的惯例（即习惯法）可以成为裁判依据。[④] 该条确立了习惯法的法源地位，既在一定程度上赋予了法官在运用习惯法裁判时的自由裁量权，也建立了一种将习惯法导入司法的制度机制。[⑤]

《日本民法典》也注重借助习惯保持民法典的本土性和适度开放性。在《日本民法典》制定时，当时日本东京大学的毕业生团体法学士会在其

---

① Sächer, in: MüKoBGB, Einleitung, Rn. 93

② Thomas Zerres, Bürgerliches Recht, Heidelberg, 2013, S. 10. Vgl. Larenz/Wolf/Neuner, Allgemeiner Teil des Bürgerlichen Rechts, 10. Aufl., 2012, § 4, Rn. 8.

③ Reinhard Bork, Allgemeiner Teil des Bürgerlichen Gesetzbuch, Tübingen, 2006, Rn. 20.

④ 厉尽国：《论民俗习惯之民商法法源地位》，载《山东大学学报（哲学社会科学版）》2011年第6期。

⑤ 王洪平、房绍坤：《民事习惯的动态法典化——民事习惯之司法导入机制研究》，载《法制与社会发展》2007年第1期。

发表的《关于法典编纂的意见书》中解释道："因我国社会脱于封建旧制，于百事改观之际，变迁不宜过急……若勉强完成民法，则恐有悖民俗，致使人民受法律繁杂之苦。所以不若以近日必要事务为限，以单行法加以规定，法典应待民情风俗稳定时完成之。"① 《日本民法典》的规则虽然整体上照搬了西方民法，但在家庭法等领域则借助习惯保持了一定的本土性，大量吸收了习惯的内容。日本学者穗积八束等人甚至发表了"民法出，忠孝亡"的论文，以维持日本传统习惯为由主张延期施行民法典。因此，其仍然保持了反映其固有法特点的家庭法。《日本民法典》的许多物权规则也来源于习惯。

总之，"在现今各国法制，在民事方面，不论其法典本身有无明文规定，几无不承认习惯为法源之一种。"② 当然，尽管习惯在现代社会中作为一种法律渊源得到了法律的认可，但其适用范围仍然受到严格限制，主要原因在于：一方面，现代社会成文法的调整对象越来越庞杂，调整程度越来越详尽，留给习惯调整的空间在日益缩小。另一方面，随着现代社会经济的发展，社会变迁日益剧烈，社会分工日益精细，规则也日益具体，传统社会中习惯的适用空间也因而被大大压缩。这就是说，习惯直接作为案件裁判依据的功效正在逐步减弱。卡多佐曾经宣称，"在普通法发展中，习惯在今天的创造能力已不如它在过去的年代了"。③ 事实上，大陆法系国家也是如此。但习惯仍然是重要的民法渊源，其在民法规则的创设和解释方面仍然具有重要作用。

从我国民事立法的历史来看，我们也曾经注重对民事习惯的整理。早在清末变法时，修订法律大臣俞廉三将制定《大清民律草案》的宗旨概括为四项，即"注重世界最普遍之法则""原本后出最精确之法理""求最适于中国民情之法则"和"期于改进上最有利益之法则"。其中，"中国民情"就包括了习惯。沈家本在《裁判访问录序》一文中就曾经指出："夫必熟审乎政教风俗之故，而又能通乎法理之原，虚其心，达其聪，损益而会通焉，庶不为悖且愚乎。"④ 其观点旨在强调在民法典制定中，只有注重

---

① 张生：《中国近代民法法典化研究》，中国政法大学出版社 2004 年版，第 24~25 页。

② 王伯琦：《近代法律思潮与中国固有文化》，清华大学出版社 2005 年版，第 306 页。

③ ［美］本杰明·卡多佐：《司法过程的性质》，苏力译，商务印书馆 1998 年版，第 35 页。

④ ［清］沈家本：《历代刑法考》（附《寄簃文存》），邓经元、骈宇骞点校，《寄簃文存》（卷六），中华书局 1985 年版，第 2237 页。

善良风俗，才能使法律不悖于民情，充分吸纳民情民意，以符合现实需要，展现时代特色。清末民初曾经进行过两次全国性的民事习惯调查活动，民国时期曾经整理出版过民事习惯调查报告。虽然中华民国时期制定的“民法”大量借鉴了《德国民法典》等法典的经验，甚至一些条款直接照搬他国，但其不少规则仍然来源于本土的习惯。以“物权编”为例，地上权、永佃权、典权等主要来自于习惯。

新中国成立以来，我国多部民事立法也充分考虑到了对生活习惯和交易习惯的尊重，早在 1951 年，最高人民法院西南分院在《关于赘婿要求继承岳父母财产问题的批复》中指出：“如当地有习惯，而不违反政策精神者，则可酌情处理。”有些地方法院就曾经专门整理民风民俗，并研讨其对民事审判的影响。[①] 一些法院的法官也重视援引民间习惯来解释法律或填补漏洞。[②] 我国现行法律也明确规定，在某些情形下，可以适用习惯，如《民法典》合同编的许多规则也都特别强调当事人的约定和交易习惯可以优先于合同法的规定而优先适用。[③] 尤其需要指出的是，我国《民法典》物权编中有多个条款都确立了习惯的法律地位，如第 289 条在处理相邻关系时也规定：“法律、法规对处理相邻关系有规定的，依照其规定；法律、法规没有规定的，可以按照当地习惯。”第 321 条第 2 款规定：“法定孳息，当事人有约定的，按照约定取得；没有约定或者约定不明确的，按照交易习惯取得。”但是，在《民法典》出台之前，习惯在民法规则体系和司法裁判中究竟处于何种地位，一直未被明确。这也导致司法实践中法官不敢大量直接援引习惯裁判。在许多情况下，虽然找不到法律依据，但可以寻找到习惯时，法官不敢援引习惯裁判，而直接援引法律原则裁判，这样看似是“依法裁判”，实则会使法官享有过大的自由裁量权。

《民法典》第 10 条规定：“处理民事纠纷，应当依照法律；法律没有规定的，可以适用习惯，但是不得违背公序良俗。”这实际上也确立了习惯的民法渊源地位。在我国司法实践中，应当高度重视习俗在裁判说理中的

---

① 参见姜堰市人民法院：《司法运用习惯　促进社会和谐——人民法院民俗习惯司法运用经验》，载公丕祥主编：《审判工作经验（三）》，法律出版社 2009 年版，第 338 页。

② 参见 2004 年 10 月 28 日姜堰市人民法院审判委员会讨论通过了《关于将善良风俗引入民事审判的指导意见》，2007 年又制定了《关于将善良风俗引入分割家庭共有财产的指导意见》。

③ 例如，《民法典》第 510 条规定：“合同生效后，当事人就质量、价款或者报酬、履行地点等内容没有约定或者约定不明确的，可以协议补充；不能达成补充协议的，按照合同相关条款或者交易习惯确定。”

作用。"入国而问俗"，"入乡随俗"已内敛于之心，外化于行。了解民俗习惯，尊重民俗习惯，运用民俗习惯，这是法官进行裁判说理时应当考虑的因素。①

裁判说理中要运用习惯，主要包括三方面的内容：一是在法律有明确规定的情况下，直接依据习惯裁判案件。《民法典》合同编的许多规则都规定了当事人另有约定或者有交易习惯的除外，实际上是认可了交易习惯具有优先于法律的任意性规则的效力，这就有利于补充成文法在调整私人关系方面的不足，从而实现立法的简约。

二是在法无规定的情况下，通过习惯弥补法律的不足。法律的发展史已经证明，立法者企图通过一部法典而预见一切情况、解决一切问题的愿望是难以实现的。正如德国法学家拉伦茨所指出的："没有一种体系可以演绎式地支配全部问题；体系必须维持其开放性。它只是暂时概括总结。"② 社会生活纷繁复杂，一部法典不可能解决未来社会的全部问题，"我们需要从固有的法律传统中引出滋润了五千年中国的源头活水，需要科学地总结和吸收有价值的因素"。③ 在法无规定的情形，法官不能拒绝裁判，在此情形下，就必须要借助于习惯填补法律漏洞。例如，在曾意龙与江西金马拍卖有限公司、中国银行股份有限公司上饶市分行、徐声炬拍卖纠纷案中，最高人民法院认为，"三声报价法"是拍卖行业的惯例，"在本案涉及的拍卖活动一开始就采取此种报价方法，并为包括曾意龙在内的全体竞买人所接受。虽然法律、拍卖规则对此种报价方式没有规定，但行业惯例在具体的民事活动中被各方当事人所认同，即具有法律上的约束力，本案拍卖活动的当事人必须遵守"。④

三是利用习惯解释法律规则、论证裁判结论的合理性。习惯通常是指特定群体在特定时期所普遍遵守、约定俗成的习俗。由于有些习惯已经内化为人们的行为准则，⑤ 将此类习惯的内容部分上升为法律规则，符合民众的法感情，有利于人们自觉遵守法律规则，提高民众对法律规则的认同

---

① 赵旭东：《习俗、权威与纠纷解决的场域——河北一村落的法律人类学考察》，载《社会学研究》2001年第2期。

② ［德］卡尔·拉伦茨：《法学方法论》，陈爱娥译，商务印书馆2003年版，第49页。

③ 张晋藩：《中国法律的传统与近代转型》，法律出版社1997年版，转引自卓泽渊：《中国现代法治的反思》，载《政法论坛》2007年3期。

④ 《中华人民共和国最高人民法院公报》2006年卷，人民法院出版社2007年版，第176页。

⑤ 高其才：《作为当代中国正式法律渊源的习惯法》，载《华东政法大学学报》2013年第2期。

感，也有利于保障法律规则的有效实施。在相关的法律规则涉及习惯时，借助习惯可以准确解释法律规则，同时，习惯也可以作为法官说理论证的依据，这有利于保障裁判结论的妥当性。从我国司法实践来看，有的法官在裁判说理时就援引了习惯。例如，在范某某与李某某离婚纠纷案中，关于当事人给付彩礼的数额问题，法院认为，“某某称为 2 万元，按照当地订婚给付彩礼的风俗习惯，一般由男方通过一方抑或双方较为熟悉的人给付女方彩礼。一审中李某某申请证人党某某和张某某出庭作证，该两证人在给付彩礼时的现场，且均称李某某的母亲将 4 万元彩礼交给范某某的父亲，原判据此认定彩礼数额为 4 万元并无不当”。[①]

二、习惯作为裁判依据的条件

习惯作为千百年以来人们生产、生活经验的总结，林林总总、包罗万象，不可能将所有的习惯都认定为民法渊源，更不能将所有习惯都直接作为司法裁判的依据。严格地说，“习惯”一词主要是一个事实概念，不具有价值上的褒贬评判，它是人们日常生活中经过反复实践的交往规则。这些习惯能否被承认为习惯法，还需要区别对待。习惯法是指长期和恒定、获得特定群体内心确信为行为规则的习惯；按照德国学者的观点，习惯法具备三项要件：该习惯在相当长的时间内持续适用，参与的法共同体成员对该习惯的适用具有法的确信，以及按照这一法的确信，在法共同体成员的观念中，该习惯是具有约束力的规则。[②] 笔者认为，并非所有的习惯都能成为裁判依据，即便仅仅作为论证的依据，其也应当具备一定的条件，具体而言：

（一）积极条件

1. 具有长期性、恒定性、内心确信性。按照德国法学家萨维尼的观点，在认定某一行为规则是否属于习惯时，必须存在较多数量的行为、不间断的同样行为。应在足够长的时间内重复出现、基于内心确信而作出行

---

① 河南省焦作市中级人民法院（2015）焦民二终字第 00159 号民事判决书。

② Staudinger/Honsell，Einleitung zum BGB（2013），Rn. 234. 也有学者将其总结为两项构成要件，即长期的适用（longa consuetudo）和法的确信（opinio necessitatis）。Larenz/Wolf/Neuner，Allgemeiner Teil des Bürgerlichen Rechts，10. Aufl.，2012，§ 4，Rn. 5；Hübner，Allgemeiner Teil des Bürgerlichen Gesetzbuches，1996，Rn. 37.

为等。[①] 习惯要成为民法渊源，其应当具有长期性和惯行性的特点：一是长期性，即习惯是在人们长期的生产生活实践中形成的一些行为规则。习惯应当有一定的历史积淀，如果某一行为规则只是偶尔的适用，则不应被视为习惯。二是恒定性，也称为惯行性、反复适用性，即习惯是人们行为中确信某个习惯为生活规范，从而自觉或不自觉受其约束，[②] 其属于在长期的历史中形成的内容恒定的规则。习惯是人们在长期的生活和交易过程中逐步自发形成的。例如，在有些地方建造粪坑、汪溏、灰堆等，不能正对邻居家的门窗；烟囱的安置不得对准邻居的大门；航行中，装有粪便等污秽物品的船只应当避让其他船只；等等。这些习惯都是人们在生产、生活过程中自发形成的。[③] 三是内心确信性。习惯要成为民法的渊源，则其应当是基于长期的适用而产生的，而且应当被所涉及的圈子认为具有法律拘束力，即该圈子对这一习惯形成了统一的、占统治地位的法的确信。[④] 这就是说，特定的群体具有将其作为行为规则、约束自身行为的内心确信。由于习惯是在共同生活中反复实践的基础上产生的，并为这一群体内心所确信，也在实践中为他们所遵循。从这个意义上说，其也是这个群体共同意志的体现。[⑤] 有的习惯已经作为行为规则存在，并受到了普遍认可，而有的习惯仅仅是在特定条件下、特定时期内形成的，其适用需要满足一定的条件。

2. 具有具体行为规则属性。能够作为法律渊源的习惯不同于人们内心的道德规范，其并非宽泛的道德评价标准，而应当能够具体引导人们的行为，即具有具体行为规则的属性。习惯法作为人们生产生活中实际遵守的行为规则，相关内容应当是预先明确的，行为的界限是清晰的，它已经在社会生活实践中自发地调整人们的行为，为特定区域、行业、圈子内的社会成员所普遍认可的规则，成为这些社会成员的共同法律信念。[⑥] 如果某一习惯并不具有行为规则的属性，不应将其纳入民法渊源的范畴。同时，

---

① ［德］萨维尼：《当代罗马法体系》，朱虎译，中国法制出版社 2010 年版，第 139 页。

② 参见姜堰市人民法院：《司法运用习惯　促进社会和谐——人民法院民俗习惯司法运用经验》，载公丕祥主编：《审判工作经验（三）》，法律出版社 2009 年版，第 338 页。

③ 参见汤建国等主编：《习惯在民事审判中的运用》，人民法院出版社 2008 年版，第 61~62 页。

④ Thomas Zerres，Bürgerliches Recht，Heidelberg，2013，S. 10.

⑤ 参见高其才：《中国习惯法论》，中国法制出版社 2008 年版，第 4 页。

⑥ ［德］卡尔·拉伦茨：《德国民法通论》（上），谢怀栻等译，法律出版社 2002 年版，第 7 页。

习惯并非由国家通过法典的形式确定下来，其只是通过长期的适用而形成的，这种适用具有持续性、稳定性、统一性和普遍性，从而被参与的法共同体成员承认为具有约束力的法规范。① 习惯发挥着规范人们行为、指导人们生活的作用，虽然其没有国家强制力保障实施，但它仍然具有一定的约束力。②

3. 具有可证明性。由于作为习惯法本体的习惯是长期形成的，而且人们对此具有内心确信，因此，习惯法具有可证明性。同时，习惯法的本体是长期适用的习惯，这也是一项事实问题，按照“谁主张谁举证”的规则，援引习惯法的当事人应当举证证明习惯法的存在。当然，审判实践中经常出现一方当事人主张存在某种习惯，而对方当事人否定该主张的情形，此时，如果法官内心存在疑问，可以依据职权予以调查。正如王泽鉴先生所言，习惯法不得背于公序良俗，主张习惯法者，对于习惯法的存在，“固应负举证责任，惟法律亦应依职权调查之”。③

与成文法的规则不同，习惯的内涵往往并不确定，而且不同主体对某一特定习惯的认识也可能存在一定的差异，这也导致习惯的适用不同于法律规则的适用：法律规则的适用并不需要当事人证明存在特定的法律规则，法官可以直接援引适用；而在习惯的适用过程中，当事人主张存在某种习惯时，其应负担相应的证明义务，即当事人应当举证证明存在该特定的习惯。在司法裁判过程中，习惯的证明与事实的证明类似，二者均需要当事人举证证明。每一方当事人都有义务证明和质证该习惯的存在和内容。但对习惯的证明又不同于对事实的证明，因为一方面，对事实的证明应当在特定的诉讼环节内进行，而习惯则可以在诉讼的任何阶段对判决产生影响。另一方面，在司法裁判过程中，当事人所证明的事实属于司法三段论的小前提，而习惯在司法裁判中则属于司法三段论的大前提，也就是说，不论习惯被用于解释法律规则，还是被用于填补法律漏洞，其实际发挥司法三段论中大前提的功能。此外，事实应当由当事人举证证明，而在司法裁判中，由于习惯主要起到案件裁判法律依据的作用，因此，其既可以由当事人举证证明，也可以由法官依据职权予以查明。

---

① Vgl. BVerfGE 28，21（28f.）.

② 参见姜堰市人民法院：《司法运用习惯 促进社会和谐——人民法院民俗习惯司法运用经验》，载公丕祥主编：《审判工作经验（三）》，法律出版社 2009 年版，第 337 页。

③ 参见王泽鉴：《民法总则》，中国政法大学出版社 2001 年版，第 57~58 页。

（二）消极条件

习惯要真正上升为习惯法，应符合公序良俗，而且不得违反法律的强制性规定。虽然习惯可以作为法律渊源，但并不意味着所有的习惯都可以直接作为法律规则来填补漏洞。能够作为习惯法来填补漏洞的习惯，都是符合法律规定和公序良俗的习惯。[①] 对于那些符合公序良俗原则、与国家整个法制精神相统一的习惯，可以被承认为习惯法；反之，那些违背公序良俗，与一国整体法制精神相违背的习惯，则无法被承认为习惯法。除法律有特别规定外，地方性或职业性的习惯也不能发生法的效力。[②] 因此，习惯要转化为习惯法，并成为民法的渊源，其必须经过“合法性”判断，即不得违反法律的强制性规定和公序良俗。

1. 不违反法律的强制性规定。不论是作为具体裁判规则的习惯，还是用于填补法律漏洞的习惯，都应当与其他法律渊源之间保持一致性，而且其内容都不得违反法律的强制性规定。违反法律强制性规范的习惯不能作为漏洞填补的依据。例如，在我国，法官不得运用习惯来填补法律漏洞，从而将典权认定为物权。这是因为我国《民法典》第 116 条明确规定了物权法定原则，即物权的种类和内容由法律规定。这一法律规定属于强行性规范。法官如果依据习惯将典权认定为物权，就违反了这一强制性规定。再如，按照有的地方的习俗，“拜师学艺期间，马踩车压，生病死亡，师傅概不负责”。[③] 此类习惯显然与我国现行法中雇主应当对雇员在执行工作任务中遭受的人身伤害承担赔偿责任且当事人不能约定免除人身伤害的赔偿责任的法律规则之间存在冲突，不得作为民法的渊源。

2. 不违反公序良俗。德国法学家普赫塔曾经指出，如果习惯法与宗教规定不符，或与善良风俗相悖，或与位阶更高的法原则在冲突，那么就不应该承认习惯法的效力。[④] 美国法理学家博登海默认为，法院不能以一种不合理的或荒谬的习惯去影响当事人的法律权利。[⑤] 因此，习惯要上升为习惯法，其内容就不得违背公序良俗。[⑥] 比较法上普遍承认习惯不得违背

---

① 参见郑玉波：《法谚（一）》，法律出版社 2007 年版，第 44 页。

② 王伯琦：《近代法律思潮与中国固有文化》，清华大学出版社 2005 年版，第 311 页。

③ 参见汤建国、高其才主编：《习惯在民事审判中的运用》，人民法院出版社 2008 年版，第 288 页。

④ Puchta，Das Gewohnheitsrecht，Teil II，1837，S. 61.

⑤ 参见［美］博登海默：《法理学——法律哲学与法律方法》，邓正来译，中国政法大学出版社 2004 年版，第 495 页。

⑥ 参见黄茂荣：《法学方法与现代民法》，中国政法大学出版社 2001 年版，第 6~7 页。

公序良俗。因为公序良俗是从民族共同的道德感和道德意识中抽象出来的，公序良俗是由“公共秩序”和“善良风俗”两个概念构成的。如果承认与该公序良俗相悖的习惯具有法的确信，则会产生损害法秩序的后果。在我国，公序良俗在内涵上是由社会公共秩序和生活秩序以及社会全体成员所普遍认许和遵循的道德准则所构成，它是中华民族传统美德的重要体现，也是维护社会安定有序的基础。习惯作为法律渊源，能够弥补法律规定的不足，使法律保持开放性，但如果习惯本身与法律规则和公序良俗相冲突，甚至与整个社会公认的伦理道德观念相冲突，将其引入法律渊源体系，则可能导致体系违反的现象，也会破坏现有的法秩序。因此，只有符合公序良俗原则和国家整个法制精神的习惯，才可以被承认为习惯法；反之，对于那些违背公序良俗，和一国整体法制精神相违背的习惯将不会被承认为习惯法。例如，个别地方的习惯不允许寡妇改嫁、禁止嫁出去的女儿享有继承权，允许买卖婚姻、对宗族械斗者予以奖励、对违反族规者实行肉体惩罚甚至加以杀害等，这些陈规陋习不仅不能成为法律渊源，而且应当被法律所禁止。因此，法官在适用这些习惯时，应当通过法律规定和公序良俗对其效力进行审查。①

总之，从法律渊源的角度来看，区分习惯和习惯法的意义在于，只有那些合法的、符合公序良俗的习惯，才能成为民法的渊源。因此，我国《民法典》总则编沿袭了既有民事立法的经验，出于使裁判更贴近社会生活的目的，将不违背公序良俗的习惯作为法源之一。② 正如拉伦茨所说，不遵守交易惯例者，可能会因此遭受损害，因为法律制度通常保护那些期待或可以期待其对方当事人遵守交易惯例的一方的利益。然而，违反交易惯例，还不足以使某项行为“违法”。③ 也就是说，交易惯例和商业习惯只有在符合法律制度的价值标准的范围内才具有意义，其本身并不当然属于习惯法。

三、关于习惯与法律规则的适用顺序

法官在援引习惯裁判时，应当遵循相应的适用顺序。

---

① 广东省高级人民法院民一庭、中山大学法学院：《民俗习惯在我国审判中运用的调查报告》，载《法律适用》2008年第5期。

② 参见李适时主编：《中华人民共和国民法总则释义》，法律出版社2018年版，第35~36页。

③ ［德］卡尔·拉伦茨：《德国民法通论（上）》，谢怀栻等译，法律出版社2002年版，第12页。

（一）有法律依法律，无法律依习惯

关于习惯法与法律规则的适用关系，有的国家和地区对此作出了规定。例如，我国台湾地区“民法”第1条规定：“民事活动，法律有规定的，依照法律；法律没有规定的，依照习惯；没有习惯的，依照法理。”从该条规定来看，习惯法的适用顺序在具体法律规则之后，但在法理之前。我国大陆现行立法没有对习惯法与具体法律规则的适用关系作出具体规定，但我国《民法典》第10条借鉴比较法的经验，采纳“有法律依法律，无法律依习惯”的规则，也就是说，在存在具体法律规则时，应当优先适用该具体的法律规则，而不能直接适用习惯法；此处所说的“法律”是指具体的法律规则，而不包括法律的基本原则。只有在不存在具体的法律规则时，法官才考虑适用习惯法。之所以采纳这一规则，主要原因在于：

首先，法律的地位优于习惯法。虽然在历史法学派看来，法律和习惯法都是民族精神和人民意志的体现，二者在这方面并不存在本质区别，但法律是立法机关通过法定程序制定出来的，而且其具有普遍适用性；而习惯法虽然可能是世代相传所形成的行为规则，但其并没有经过法定程序予以确定，而且其具有区域性、行业性等特点。正如有学者所指出的：“在视礼与法何为最高标准之前提下，二者同时并行，或将互相矛盾，难定一尊。然非谓崇法律即不必有习惯。与法律互相矛盾的习惯之存在，固足以阻碍法律之推行；法律之彻底浸透民众意识，成为普遍的社会行动规范，亦须以与法律互相适应的习惯为先锋。”[①] 在司法裁判中，法律规则的适用顺序应当优先于习惯法，即在法律就某事项设置具体规则的情形下，除非立法者允许通过习惯法来变通该规则的适用，否则，法官应当严格依据法律规则裁判，而不能忽视该具体规则，直接依据习惯法裁判。这不仅是合法性原则的要求，也是依法裁判的具体体现，即在存在具体法律规则的情形下，法院应当受该具体法律规则约束，而不能以适用习惯法为由变相规避制定法规则的适用，否则将构成对立法者权限的侵蚀。

其次，现代法律体系中，习惯法并非主要的法律渊源，而只是补充性的法律渊源，其发挥的是补充成文法的作用，而非替代成文法规则。因此，在法律已经就某事项作出规定时，即便存在某种习惯法，也应当优先适用

① 参见蔡枢衡：《人治、礼治与法治》，载《中国法理自觉的发展》，清华大学出版社2005年版，第148页。

该具体的法律规则。只有在法律没有作出规定的情况下，习惯法才能起到补充作用。虽然习惯法也包含一定的行为规则，而且与法律原则相比，其相对具体，但无论如何，其效力显然低于具体的法律规则，确认法律规则效力优先，有利于维护法律的权威和秩序，这也是依法治国的基本要求。优先适用法律规则也有利于对法官的自由裁量权进行必要的限制，以维护法律秩序的稳定。在法律已经就某事项作出规定的情形下，法官不应当直接援引习惯裁判，而且即便相关的法律规则属于任意性规范，其适用也应当优先于习惯。

最后，习惯不得与法律规则相抵触，明确具体法律规则优先于习惯适用，也为法官通过法律规则对习惯进行审核提供了依据。

因此，法官在适用习惯时，首先应当穷尽具体的法律规则，即便是任意性规范，其原则上也应当优先于习惯法而适用。当然，如果法律明确规定应当依据习惯裁判，或法律明确规定在适用时应当考虑习惯，[①] 则该习惯法已经成为具体法律规则的组成部分，不再是纯粹的习惯法了。此时，法官可以直接援引该习惯法作出裁判。需要指出的是，虽然习惯法的适用顺序在法律规则之后，但习惯法可以作为解释法律规则的依据。例如，一些交易习惯已经成为惯例，成为商事法的重要内容，这对于解释商事规则具有重要意义，如在拍卖行业中，“三声报价法”是其行业惯例，也是交易习惯，可以直接用于解释拍卖法的规则。也就是说，习惯可以成为法官解释适用法律规则的重要依据。

（二）当事人的特别约定和商事交易习惯应当优先于法律的任意性规定

有法律依法律，无法律依习惯，但民法规则可分为强行性规则和任意性规则。对任意性规则而言，从尊重当事人私法自治出发，如果当事人的约定不同于该任意性规则，则应当优先适用当事人的约定。就习惯法的适用而言，如果当事人约定按照某种习惯法确定权利义务关系，基于私法自治原则，应当肯定当事人约定的效力，则该习惯法可以成为确定当事人权利义务的依据。因此，如果当事人约定依据某种习惯法确定其权利义务关系，则应当尊重当事人的约定。

此外，在商事交易中，商事交易习惯也应当优先于任意法规则而适用。因为商事习惯是当事人之间长期从事某种交易所形成的习惯，按照系列交

① 参见《奥地利普通民法典》第10条。

易理论，如果当事人之间多次或重复进行某类交易，由此所形成的习惯将会使当事人产生一种合理的信赖，即相信此次法律行为将会发生与以往相同的法律效果。因此，系列交易所形成的习惯可以自动纳入合同之中，成为弥补合同漏洞的条款。在商事交易中，对当事人意思表示的解释应当考虑当事人之间的交易习惯。[①] 系列交易理论以该交易具有“规则性”和“一致性”为基础。[②] 我国《民法典》合同编的相关规则也确立了商事交易习惯优先于任意法规则适用的效力。试举“黄沙买卖纠纷案”予以说明。在该案中，H 市旺德建筑公司（以下简称旺德公司）因建造两栋大楼急需黄沙，遂于 9 月 10 日与本市郊县建材公司（以下简称郊县公司）签订了一份合同，合同约定旺德公司购买郊县公司黄沙 30 车，每吨价 300 元，合同订立一个月以后，由郊县公司送货，货到付款。合同订立后，黄沙价格开始上涨，市场价已经从 300 元/吨涨到 350 元/吨，郊县公司经理李某见价格上涨，不愿如数供货，遂于 10 月 12 日给旺德公司的经办人章某某去电话，提出因货源紧张，要求变更货物数量，少供货，遭到旺德公司拒绝。李某遂于次日安排二辆（其中一辆是借用外单位车）“130”型货车，装了二车黄沙（每车装载 2 吨），送到旺德公司处，并要求以“130”型车为标准，计算交货数量。旺德公司提出郊县公司的做法是不合理的，尽管合同规定交货数量为 30 车，但应以“东风牌”大卡车作为计算标准，每车装载 4 吨，共 120 吨。为此，双方发生争议。本案中，合同规定，郊县公司应交付 30 车黄沙，但没有说明以什么车型装载，郊县公司认为以“130”型车为计量标准，也是符合合同规定的，旺德公司认为，应当以 30 车黄沙是指用“东风牌”大卡车运载。由于本案中当事人没有在合同中就“车”的型号作出明确规定，这就形成合同漏洞。如果合同的必要条款出现漏洞，则可能因为该条款的欠缺而导致合同不能成立。在合同根本不成立的情况下，也就不存在所谓的合同漏洞问题，更没有必要对漏洞进行填补了。只有在当事人对合同的非必要条款未作出规定或约定不明确的情况下，才可以认定合同已经成立，法院可以依据合同的性质、交易习惯以及法律的任意性规范作出解释，从而填补合同的漏洞。在我国，由于一些交易当事人

---

① RGRK/Mezger, §433, Rn. 81; Flume, Allgemeiner Teil des Bürgerlichen Rechts: Das Rechtsgeschäft, §16 3 d, S. 312 ff.; Hübner, Allgemeiner Teil des Bürgerlichen Gesetzbuches, 1996, Rn. 42.

② 参见崔建远:《合同法总论》（上卷），中国人民大学出版社 2008 年版，第 150 页。

仍然欠缺合同的观念和意识，也欠缺《民法典》合同编的有关知识，因此难免在合同中出现一些疏漏，这就会发生合同解释方面的争议。因此需要确立合同解释方面的规则，来解决这个问题。

问题在于，在合同存在漏洞的情况下，法院应当通过何种方法来填补漏洞?《民法典》第509条第2款规定："当事人应当遵循诚信原则，根据合同的性质、目的和交易习惯履行通知、协助、保密等义务。"因此，依据《民法典》第510条的规定来填补合同漏洞，首先要由当事人达成补充协议。如果不能达成补充协议，则应当由法官按照合同的有关条款和交易习惯来确定。所谓按照合同的有关条款来确定，是指根据合同的性质以及现有合同的条款来确定合同究竟需要哪些条款，并在此基础上填补合同的漏洞。所谓交易习惯是指在当时、当地或者某一行业，某一类交易关系中，为人们所普遍采纳的且不违反公序良俗的习惯做法。交易习惯可以分为一般的交易习惯、特定区域的交易习惯、特殊行业的交易习惯和当事人之间长期从事某种交易所形成的习惯。各种交易习惯的存在及其内容应当由当事人双方举证证明，在当事人未举证证明交易习惯的情况下，法官也可以根据自己对交易习惯的理解选择某种习惯来填补合同的漏洞。

问题在于，当事人双方所举证证明的交易习惯彼此之间可能发生冲突，一旦发生此种情形，法官就需要通过特定规则来解决此种冲突。从我国司法实践经验来看，在交易习惯彼此之间发生冲突的情况下，法官根据交易习惯填补漏洞应当注意以下几点：

一是按照当事人双方在订约时理解的习惯来填补漏洞。当事人在订约时如果对于合同条款的某一用语，都是按照某种习惯来理解的，即使事后对此发生了争议，也应当考虑双方共同理解的习惯来填补漏洞。如果一方在订约的时候已经明确告知对方自己是依据某种习惯而行为的，而对方并未对此明确表示反对，则应当按照双方明知的习惯来填补漏洞。

二是如果地区习惯和行业习惯发生冲突，应当确定行业习惯优先。由于当事人双方处于不同地域，而在对某一条款发生争议以后，一方可能是按照一般的或行业的习惯来理解的，另一方是按照仅适用于本地区的交易习惯来解释的，而对方对该特殊之习惯并不了解，此时应当按照双方都知道或应当知道的一般的或行业的习惯进行解释。

三是地区和行业习惯与当事人之间的交易习惯发生冲突，应当以当事人之间的交易习惯为准。如果对某一条款发生争议之后，一方是按照一般的或特殊的以及行业的习惯来进行解释的，而另一方是按照当事人过去从事系列交易时所形成的习惯来进行理解的，则应当按照系列交易的习惯进行解释。这主要是因为从系列交易中形成的习惯更接近当事人的意思。因为系列交易是当事人多次交易行为的总结，它虽然没有载入当事人的合同之中，但也可以视为当事人默示的意思。《国际商事合同通则》第1.8条的注释认为，对一个特定的合同，当事人之间业已建立的习惯自动产生约束力，除非当事人明确表示排除其适用。但某一特定习惯做法能否被认为已在当事人间建立，须视其具体情况而定，在当事人间先前交易或履行中仅出现过一次的做法显然不足以视为当事人间的习惯。《美国统一商法典》第1-205条“交易过程和行业惯例”第4项规定，“在合同的情况下，应将协议的明示条款与适用的交易过程或行业惯例作一致的解释；如果此种解释不合理，明示条款的效力优于交易过程和行业惯例，交易过程的效力优于行业惯例”。这些都表明当事人之间的交易习惯应当具有优先于行业习惯的效力。

由于在本案中，郊县公司过去都是采用“东风”牌的大卡车交货，可见双方是以“东风”牌的大卡车作为计量单位的，以“东风”牌的大卡车交货已经成为当事人之间的交易习惯，应当按照该习惯解释本案中“车”的含义，从而填补合同的漏洞。

需要指出的是，《民法典》总则编第10条规定：“处理民事纠纷，应当依照法律；法律没有规定的，可以适用习惯，但是不得违背公序良俗。”此处所说的“法律”，是指法律的具体规定，而不包括法律的基本原则，与法律的基本原则相比，应当优先适用习惯，因为习惯较之于法律基本原则更为具体，优先适用习惯，可以有效防止案件裁判出现“向一般条款逃逸”的现象。但如果存在法律具体规定，则应当适用法律的具体规定。

第四节　指导性案例中裁判说理的效力

一、指导性案例应当成为裁判说理的重要参考

我国虽然不是判例法国家，现行立法和司法体制中也不存在判例制度，但近几年来开始推行指导性案例制度，对法官的裁判说理也产生了一定的

影响。所谓指导性案例，是指由最高人民法院确定并发布的，对全国法院审判、执行工作具有指导作用的案例，[①] 它是我国推进司法改革的过程中保障司法公正的重要举措。从比较法上看，英美法系是判例法，大陆法系虽然是成文法，但也在不同程度上采用了判例制度，而且在两大法系，判例都能够成为法律渊源。[②] 从今后的发展来看，判例法和成文法呈现出了相互融合的趋势，二者能够相互协调、相互补充。

近些年来，我国开始推行指导性案例制度。2010 年 11 月 26 日，最高人民法院发布了《关于案例指导工作的规定》，从而建立了案例指导制度。该制度对于保障裁判的统一、规范法官自由裁量、保障法律的准确适用等都具有十分重要的意义。根据《关于案例指导工作的规定》第 7 条，指导性案例的效力是“各级人民法院审判类似案例时应当参照”。从这个意义上讲，指导性案例可以成为裁判说理的理由。目前推行的案例指导制度，其实也是要发挥指导性案例对法官裁判的指导作用，这与判例的作用具有一定的相似性。当然，我国的案例指导制度与判例不同，现行的立法体制和司法制度的性质和特点，决定了我国的指导性案例不可能成为法律渊源。指导性案例制度的推行，也意味着我们在逐步重视发挥案例制度在统一司法裁判尺度、保障司法公正方面的作用。

问题在于，在裁判说理中，指导性案例是否可以作为裁判依据？从实践来看，许多法院在裁判过程中也注重参考指导性案例。例如，在 2010 年南京市两级法院的实证调查中，约 45.5%的受访法官表示曾参照案例裁判，61.4%的受访法官表示有寻找相似案例解决裁判难题的习惯，而互联网或法院局域网是寻找相关案例的主要场所。[③]

事实上，关于指导性案例的效力，从最高人民法院采用“指导性案例”而不是“判例”的表述来看，其主要考虑到指导性案例不具有判例的效力。根据《关于案例指导工作的规定》第 7 条，指导性案例的效力是“各级人民法院在审判类似案件时应当参照”，笔者认为这是对指导性案例

① 《最高人民法院关于案例指导工作的规定》第 2 条：“本规定所称指导性案例，是指裁判已经发生法律效力，并符合以下条件的案例：（一）社会广泛关注的；（二）法律规定比较原则的；（三）具有典型性的；（四）疑难复杂或者新类型的；（五）其他具有指导作用的案例。”

② 当然，在大陆法系有个别国家（如法国），并没有完全承认判例是法律渊源。参见［美］马丁·夏皮罗：《法院：比较法上和政治学上的分析》，张生、李彤译，中国政法大学出版社 2005 年版，第 199、201 页。

③ 夏锦文、吴春峰：《司法判例指导实践的实证调查》，载《政治与法律》2010 年第 9 期。

的一种准确定位。具体来说，其含义是指：第一，参照的含义首先意味着其不是法律渊源，不能直接作为裁判依据。指导性案例一旦颁布，就应当对包括最高人民法院在内的全国法院都能够产生一定的拘束力。这就是说，所有的法官在遇到类似案件时，都应当参照指导性案例来进行裁判。第二，参照的含义是指，在没有充分且正当的理由时，法官对于同类案件应当参照指导性案例作出裁判。因此，在指导性案例颁布之后，法官的一个重要任务是要确定裁判的案件是否与指导性案例相同或相似。对当事人来说，其也可以根据指导性案例来检验法官是否正确适用法律、公正裁判，从而保证类似案件类似裁判，避免同案不同判的现象出现。第三，参照的含义还表现在，法官可以在说理部分直接援引指导性案例。尽管指导性案例并非裁判的直接依据，但仍然可以构成支持判决说理的理由。

法谚道："判决创设权利，法之解释亦有法之效力。"指导性案例应当成为裁判说理的重要参考。其原因在于，指导性案例作为具有代表性的司法案例，对于在审判中大量出现的类案都具有指导作用。从指导性案例与民事立法的关系来看，指导性案例制度对裁判说理的作用体现在：

第一，保障规则的统一。我国不是判例法国家，法官不能直接援引指导性裁判，但指导性案例有利于保障"同案同判"，对于保障司法裁判的统一具有重要意义。也就是说，既然指导性案例的效力是"各级人民法院在审判类似案件时应当参照"，这就意味着，除了有充足的理由不能参考外，各级法院应当参考指导性案例裁判，尤其是在法律规定不明确，或者法律无明文规定的情形下，法院应当按照指导性案例裁判要旨确定的内容为依据，统一待决案件的法律适用问题。① 指导性案例可以作为重要的说理论证依据，通过在裁判中运用指导性案例进行说理，有利于强化裁判说理。

第二，准确解释法律，统一裁判尺度。在司法实践中，有时会出现同案不同判、同法不同解的现象，导致当事人缺乏对裁判的合理预期，而且对司法的公信力产生负面影响。而通过法律解释尤其是司法解释的方法，虽然有助于在一定程度上解决这一问题，但是因解释的抽象性和非具体针对性，仍然使法官难以应对实践中千差万别的具体个案。由于指导性案例作为一种特殊案例具有相较于其他案例更高的指导效力，且指导性案例普

① 武静：《裁判说理——适用指导性案例的理论与实践皈依》，载《河北法学》2017 年第 1 期。

遍为社会广泛关注的案件，因此，指导性案例在统一裁判尺度中的意义至关重要。[①] 所以，通过指导性案例以正确指导法官的裁判活动，要求法官“应当参照”指导性案例来判案，从而确保了类似案件类似处理。例如，民法中的公序良俗，属于不确定法律概念，需要通过案例的类型化总结，发现其具体含义。

第三，有效填补法律漏洞。指导性案例制度是适应我国转型时期社会对司法需求的一种有效制度。在社会转型时期，立法虽然加快制定步伐，但是各种新问题、新矛盾层出不穷，而成文法具有固有的滞后性，法律为了维护其稳定性、权威性和可预期性，不可能频繁修改。因此，转型社会的纠纷具有复杂性、突发性和易变性的特征，解决纠纷的时间向度要求现代司法对转型社会的正当性诉求给予充分的关注，以发挥现代司法回应性的功能。[②] 例如，《民法典》第 237 条对物权的恢复原状请求权进行规定，依据该规定：“造成不动产或者动产毁损的，权利人可以依法请求修理、重作、更换或者恢复原状。”此处，立法者在修理、重作、更换与恢复原状之间使用的是“或者”。如果严格依据文义进行解释，那么修理、重作、更换与恢复原状构成了两种平行的物权请求权，也即恢复原状请求权不包括修理、重作、更换。然而，恢复原状请求权事实上主要就是以修理、重作、更换为典型，修理、重作、更换的方式均是实现恢复原状的具体方式。因此，此处在解释上，应当填补这一漏洞，将“或者”解释为“等”，即将恢复原状作为兜底性的方式，从而消弭恢复原状与修理、重作、更换关系不正确的法律漏洞。

二、发布指导性案例是准确传播法律价值的方式

案例指导制度是我国推进司法改革过程中保障司法公正的重要举措，它对于保障裁判的统一、规范法官自由裁量权、保障法律的准确适用等，都具有十分重要的意义。我国古代就比较注重比照成例断案，并成为古代法制的经验。新中国成立以来，最高人民法院也一直坚持通过印发案例来指导和规范各级法院的审判工作。[③] 案例指导制度建立之后，其将与司法

---

① 参见陈树森：《我国案例指导制度研究》，上海人民出版社 2017 年版，第 10 页。

② 夏锦文、莫良元：《司法转型中指导性案例的生成机理》，载《法律科学》2010 年第 4 期。

③ 参见万鄂湘主编：《综合审判改革的路径与成效》，人民法院出版社 2013 年版，第 23 页。

解释制度相辅相成，共同发挥解释法律、统一裁判尺度、保障法律准确适用的功能。

通过发布指导性案例，并在指导性案例中载明案件指导价值的方式，不仅需要通过裁判要旨来确定一些基本的规则，弥补法律的不足，而且这些指导性案例本身也传递了一定的价值。这些价值通常具有普遍的指导意义，它不仅能指导法官遵循这些价值，而且也是向社会公众传达正确的法治观念，能够使社会公众从中直接领悟和理解法律的原则和精神，从而起到良好的普法效果。笔者收集了近几年的一些指导性案例，列表如下：

表：部分指导性案例裁判要点与指导价值梳理

编号	标题	裁判要点	指导价值
指导案例1号	上海中原物业顾问有限公司诉托德华居间合同纠纷案	房屋买卖居间合同中关于禁止买方利用中介公司提供的房源信息却绕开该中介公司与卖方签订房屋买卖合同的约定合法有效。但是，当卖方将同一房屋通过多个中介公司挂牌出售时，卖方通过其他公众可以获知的正当途径获得相同房源信息的，买方有权选择报价低、服务好的中介公司促成房屋买卖合同成立，其行为并没有利用先前与之签订中介公司的房源信息，故不构成违约	既保护中介公司合法权益，促进中介服务市场健康发展，维护市场交易诚信，又有利于促进房屋买卖中介公司之间公平竞争，提高服务质量，保护消费者的合法权益
指导案例2号	吴梅诉四川省眉山西城纸业有限公司买卖合同纠纷案	对于当事人在二审期间达成诉讼外和解协议以后撤诉的，当事人应当依约履行。一方当事人不履行或不完全履行和解协议的，另一方当事人可以申请人民法院执行一审生效判决	强调了协议必须信守履行的规则，维护了诚实守信原则

续表

编号	标题	裁判要点	指导价值
指导案例8号	林方清诉常熟市凯莱实业有限公司、戴小明公司解散纠纷案	《公司法》第182条将“公司经营管理发生严重困难”作为股东提起解散公司之诉的条件之一。判断“公司经营管理是否发生严重困难”，应从公司组织机构的运行状态进行综合分析。公司虽处于盈利状态，但其股东会机制长期失灵，内部管理有严重障碍，已陷入僵局状态，可以认定为公司经营管理发生严重困难。对于符合《公司法》及相关司法解释规定的其他条件的，人民法院可以依法判决公司解散	充分保护股东合法权益，合理规范公司治理结构，促进市场经济健康有序发展
指导案例10号	李建军诉上海佳动力环保科技有限公司公司决议撤销纠纷案	人民法院在审理公司决议撤销纠纷案件中应当审查：会议召集程序、表决方式是否违反法律、行政法规或者公司章程，以及决议内容是否违反公司章程。在未违反上述规定的前提下，解聘总经理职务的决议所依据的事实是否属实，理由是否成立，不属于司法审查范围	法院应当尊重公司自治，也要维护股东权益
指导案例68号	上海欧宝生物科技有限公司诉辽宁特莱维置业发展有限公司企业借贷纠纷案	人民法院审理民事案件中发现存在虚假诉讼可能时，应当依职权调取相关证据，详细询问当事人，全面严格审查诉讼请求与相关证据之间是否存在矛盾，以及当事人诉讼中言行是否违背常理。经综合审查判断，当事人存在虚构事实、恶意串通、规避法律或国家政策以谋取非法利益，进行虚假民事诉讼情形的，应当依法予以制裁	人民法院保护合法的借贷关系，同时对于恶意串通进行虚假诉讼意图损害他人合法权益的行为，应当依法制裁

续表

编号	标题	裁判要点	指导价值
指导案例83号	威海嘉易烤生活家电有限公司诉永康市金仕德工贸有限公司、浙江天猫网络有限公司侵害发明专利权纠纷案	1. 网络用户利用网络服务实施侵权行为，被侵权人依据侵权责任法向网络服务提供者所发出的要求其采取必要措施的通知，包含被侵权人身份情况、权属凭证、侵权人网络地址、侵权事实初步证据等内容的，即属有效通知。网络服务提供者自行设定的投诉规则，不得影响权利人依法维护其自身合法权利 2.《侵权责任法》第三十六条第二款所规定的网络服务提供者接到通知后所应采取的必要措施包括但并不限于删除、屏蔽、断开链接。“必要措施”应遵循审慎、合理的原则，根据所侵害权利的性质、侵权的具体情形和技术条件等来加以综合确定	确立了网络侵权行为的通知认定规则和必要措施的认定规则，在网络侵权中应当平衡各方利益，为协调网络侵权中各方当事人的利益提供了参考依据
指导案例99号	葛长生诉洪振快名誉权、荣誉权纠纷案	1. 对侵害英雄烈士名誉、荣誉等行为，英雄烈士的近亲属依法向人民法院提起诉讼的，人民法院应予受理 2. 英雄烈士事迹和精神是中华民族的共同历史记忆和社会主义核心价值观的重要体现，英雄烈士的名誉、荣誉等受法律保护。人民法院审理侵害英雄烈士名誉、荣誉等案件，不仅要依法保护相关个人权益，还应发挥司法彰显公共价值功能，维护社会公共利益	保障英雄烈士的近亲属的诉权，确立侵害英雄烈士名誉、荣誉等行为，维护相关个人权益与社会公共利益的协调统一，有利于弘扬社会主义核心价值观

续表

编号	标题	裁判要点	指导价值
指导案例129号	江苏省人民政府诉安徽海德化工科技有限公司生态环境损害赔偿案	企业事业单位和其他生产经营者将生产经营过程中产生的危险废物交由不具备危险废物处置资质的企业或者个人进行处置，造成环境污染的，应当承担生态环境损害责任。人民法院可以综合考虑企业事业单位和其他生产经营者的主观过错、经营状况等因素，在责任人提供有效担保后判决其分期支付赔偿费用	彰显了环境保护的重要价值。要求企业和个人处理危险废物时必须具备相关资质，确立了生态环境损害的责任，并且确立了衡酌赔偿责任的相关因素
指导案例64号	刘超捷诉中国移动通信集团江苏有限公司徐州分公司电信服务合同纠纷案	1. 经营者在格式合同中未明确规定对某项商品或服务的限制条件，且未能证明在订立合同时已将该限制条件明确告知消费者并获得消费者同意的，该限制条件对消费者不产生效力 2. 电信服务企业在订立合同时未向消费者告知某项服务设定了有效期限限制，在合同履行中又以该项服务超过有效期限为由限制或停止对消费者服务的，构成违约，应当承担违约责任	对于格式合同的规制问题进行指导，要求格式合同制定者秉持诚信原则进行交易，保障了消费者在电信服务中的相关利益

从上述指导性案例的“指导价值”可以看出，它们实际上就是在以案释法，讲法理，说事理，最重要的是弘扬了一种法的精神和理念，达到了“裁判一案，教育一片”的社会效果。“一个案例胜过一摞文件”，指导性案例在弘扬正能量、引导人们正当行为方面可发挥重要作用。

第五节　类案说理

一、类案统一裁判的意义

类似案件类似处理是法治精神的基本要求，司法裁判的公正与否的重要判断依据就在于能否做到类似案件类似处理。所谓类案，依据《最高人民法院关于统一法律适用加强类案检索的指导意见（试行）》，是指与待决案件在基本事实、争议焦点、法律适用问题等方面具有相似性，且已经人民法院裁判生效的案件。实践中，“类似案件类似处理”经常被冠以“同案同判”的称呼，然而严格来说，在司法实践中，事实上也并不存在完全相同的两个案件。[①] 正如德国学者拉伦茨教授所指出的，“没有一件个案会与另一案件完全相同，因此不能期待会获得一种单凭涵摄即可解决问题的规则”。[②] 德国学者考夫曼也认为，法律适用事实上也均可以被概括为广义上的“类推”，其原因在于，法律规定的事实与真实的案件事实不可能是完全一致的。[③] 在实践中，也不存在事实情况完全相同的两个案件，因此，“同案同判”实际上指的是对于类似案件应当作出类似的裁判，而并非寻求完全相同的案件进行机械裁判。

随着司法改革进程的推进，类案裁判的重要性日益突出，对类案处理的态度也越来越受到司法实践的重视。一方面，类案统一裁判有助于实现法律的统一适用。类案统一裁判使得在先案例成为法官作出裁判的参照或参考，从而构成实现统一法律适用的制度保障。[④] 通过对类案的考察，可以实现下级法院与上级法院司法裁判的统一，最高人民法院与地方法院司法裁判的统一。另一方面，类案统一裁判是司法责任改革的必然要求。在

---

① 江国华：《“类似案例类似处理”并非“同案同判”》，载《南方日报》2015年10月20日。

② ［德］拉伦茨：《法学方法论》，陈爱娥译，商务印书馆2003年版，第286页。

③ ［德］考夫曼：《类推与事物本质——兼论类型理论》，吴从周等译，我国台湾地区学林出版社1999年版。

④ 《最高人民法院相关负责人就〈关于统一法律适用加强类案检索的指导意见（试行）〉答记者问》，载《人民法院报》2020年7月27日。

当前的司法改革中，落实“让审理者裁判，由裁判者负责”的司法责任制，要还审判权于审判组织，这一举措有利于实现公正司法，但另一方面，却也可能导致法律适用不统一的问题。① 在这一背景下，类案裁判有助于防范司法责任改革所产生的问题，有效约束法官恣意裁判。因此，通过类案统一裁判可以实现同案同判，保障当事人对于其行为后果的可预期性。

还要看到，类案统一裁判有助于提升司法效率。对于相同或相似案件作出相同或相似的裁判，可以尽可能地提升司法效率，这不仅体现在审判中，在审判监督中，通过检察建议的方式对类案进行监督，也可以有效提升监督环节的效率，从而有效节约司法资源。在审判监督程序中，类案监督也越来越受到重视。类案监督不再以个案裁判的妥当性作为审判监督的核心，而是将法律适用的统一性作为其根本目的。② 依据《人民检察院民事诉讼监督规则（试行）》第112条第1项和第2项的规定，民事案件类案监督既包括人民法院对民事诉讼中同类问题适用法律不一致的情形，也包括人民法院在多起案件中适用法律存在同类错误的情形。这些类案监督方式的出现也是提升监督效率的要求。

正是由于类案在司法裁判中发挥着上述重要的功能，因而裁判者应当将类案思维在审判中加以贯彻。而类案之所以可以成为说理的工具，其主要原因在于：首先，无论是最高人民法院还是地方法院的裁判，事实上都是代表国家行使公权力进行裁判，所有裁判均体现着司法的权威，这些裁判除约束本案当事人以外，出于对司法权威的维护和保障，也应当为其他法院所尊重。其次，已经生效的判决往往已经经过时间的检验，如果这些判决已经收到了良好的社会效果，则可以认为这些判决实现了司法效果与社会效果的统一，对于这些类案的参考与说理，实际上也是对良好的司法实践经验的总结。也正是基于这一原因，被作为类案加以说理的案例，必须应当是合法合理取得良好社会效果的案例。不具备这些要素的“类案”虽然可能在案情、请求等方面相似，但仍然不应当被作为参考的对象。最后，类案裁判有助于保持法律适用的统一性和可预期性。③ 案件裁判结果的确定性与当事人在案件中的可预期性对于案件裁判至关重要，只有案件

---

① 参见罗昆：《运用类案思维实现法治体检精准化》，载《人民论坛》2020年第11期。

② 肖建国：《类案监督目的与实现路径》，载《检察日报》2020年8月31日。

③ 孙海波：《类似案件应类似审判吗?》，载《法制与社会发展》2019年第3期。

裁判结果具有确定性，当事人对案件的裁判结果才具有可预期性，从而才能有效构建社会公众对法治的信心，确保司法的公信力与权威性。

二、类案的范围

前已述及，并非所有事实相似的在先裁判均可构成类案。对于“类似案件类似处理”的追求必须要把握司法规律，必须严格依法裁判，在法定的范围，准确认定并参照类案处理，而不能单纯为了追求同案同判的结果而任意裁判，否则将可能产生损害实质公平与正义的后果。① 而正确进行类案参考法律适用前提是明确究竟何种在先的案例构成“类案”。

对于何种案件构成“类案”，学理上存在不同的认识。有观点认为，只有满足基本事实、法律关系、争议焦点、争议法律问题四项要素相同或相似，才能构成类案；有的观点则认为，具备基本事实、法律关系（或争议焦点）、争议法律问题三项相同或相似的，即可构成类案；② 还有观点认为，应当以争议点相似和关键事实相似作为类案的判断标准，以案由和行为后果相似作为辅助判断标准。③ 为了解决上述争议，《最高人民法院关于统一法律适用加强类案检索的指导意见（试行）》对类案进行了定义：“类案，是指与待决案件在基本事实、争议焦点、法律适用问题等方面具有相似性，且已经人民法院裁判生效的案件。”这就意味着，只有满足上述基本事实、争议焦点、法律适用问题上的相似性要件，才可能构成需要进行统一裁判的类案。而上述要件中任何一个要件不相似，均不构成类案，并不需要进行统一裁判，而应当严格依据法律的规定分别进行裁判。但在相似性的判断上，也必须进行充分的说理论证。

在有多数具有相似性的在先裁判时，应当如何在这些多数裁判中确定需要参照的类案？按照《最高人民法院关于统一法律适用加强类案检索的指导意见（试行）》的规定，类案检索的范围包括：“（一）最高人民法院发布的指导性案例；（二）最高人民法院发布的典型案例及裁判生效的案件；（三）本省（自治区、直辖市）高级人民法院发布的参考性案例及裁判生效的案件；（四）上一级人民法院及本院裁判生效的案件。”上述类案

① 段文波：《民事程序视角下的同案不同判》，载《当代法学》2012 年第 5 期。

② 肖建国：《类案监督目的与实现路径》，载《检察日报》2020 年 8 月 31 日。

③ 高尚：《司法类案的判断标准及其运用》，载《法律科学》2020 年第 1 期。

范围存在检索顺位，前一顺位中可以检索到的，可以不在后一顺位中检索。因此，依据这一要求，应当依据如下顺序确定类案，即指导性案例→最高人民法院发布的典型案例及其生效案件→高级人民法院发布的参考性案例及其生效案件→上一级人民法院和本院的生效案件，依此顺序对多数的相似在先判决进行筛选，作为类案参考。

三、类案说理的方法

类案说理需要遵循如下方法和步骤：

首先，类案说理方法要求对类案进行检索。对类案进行检索的媒介日益丰富，除纸质载体以外，随着裁判文书的公开，依托于互联网技术的裁判文书的检索越来越得到广泛运用。目前，主要可以通过中国裁判文书网以及法信、北大法宝、北大法意、无讼、聚法等案例数据库对在先案例进行搜索，甚至依托于大数据技术进行类案检索。最高人民法院以及地方有关法院也开始逐步建立类案智能推送平台，可以通过各种要素的语义和关键词，提供更为精确的类案检索服务。[①] 这些平台为裁判者进行类案检索提供了便利，可以有效降低进行类案检索的成本。

其次，类案说理方法要求当事人对类案进行举证证明。类案统一裁判可作为司法公正的必然要求，严格来说，类案思维应当融入每一起案件的裁判之中。但是鉴于我国目前处于类案裁判的初期阶段，最高人民法院对于应当进行类案检索的范围进行了限制，依据《最高人民法院关于统一法律适用加强类案检索的指导意见（试行）》的规定，有下列情形之一的，应当进行类案检索："（一）拟提交专业（主审）法官会议或者审判委员会讨论的；（二）缺乏明确裁判规则或者尚未形成统一裁判规则的；（三）院长、庭长根据审判监督管理权限要求进行类案检索的；（四）其他需要进行类案检索的。"因此，并非所有裁判均需要进行类案检索，在不强制进行类案检索的案件审理中，按照谁主张谁举证的规则，提出依照类案进行裁判请求的当事人应当对类案进行证明，此时，如果仍然单纯由法官进行类案检索则可能会导致法官工作量的不当增加。由于类案具有一定的参考效力，关系到当事人获得的判决结果，因此由当事人对于类案进行举证也更

① 孙莹：《最高法智慧法院导航系统和类案智能推送系统今天上线》，载搜狐网 https://www.sohu.com/a/215006410_362042，最后访问时间：2020 年 9 月 12 日。

有动力。

最后，类案说理方法要求法官援引类案。类案统一裁判作为实现司法公正的重要手段，已经受到了广泛重视，有观点认为，同案同判已经不再仅仅是一项道德义务，而是上升为一种司法义务。① 但是对于法官在裁判文书中是否负有对类案进行说理的义务，则有必要区分类案的不同类型，分别进行讨论。依据《关于统一法律适用加强类案检索的指导意见（试行）》的要求，对于指导性案例，法院应当直接援引进行说理。根据该意见，类案说理义务主要存在于满足以下条件的情形中：一是公诉机关、案件当事人及其辩护人、诉讼代理人等将类案作为了其控（诉）辩理由。在民事案件中，如果当事人没有在其请求或抗辩中提出相关类案，可不必以此为依据。二是该类案为指导性案例。在满足上述两种条件下，法院需要就是否参照类案进行裁判进行说理。而对于不满足上述条件，如当事人所提出的是非指导性案例的类案，则人民法院可以通过释明的方式回应，但这也并不排除人民法院可以就是否参照类案进行说理。

笔者认为，实行类案类判，运用类案进行说理，还应注意如下几点：一是必须保证类案本身的裁判结论具有合法性。尤其是在《民法典》通过之后，有的指导性案例可能已经和《民法典》的规定不一致，就不宜继续援引。类案说理只是一种说理方法，但法院必须依法裁判，所有裁判必须符合现行有效法律的规定，不能为盲目追求类案说理而造成枉法裁判。二是要对类案的类似性，进行说理论证，以准确认定类案。三是类案说理也应当具有公正性。如果按照类案处理，结果并不妥当，则不能强行按类案类判。如果不采纳指导性案例的规则，则法官需要对指导性案例存在的问题进行充分的说明与论证。

---

① 孙海波：《“同案同判”：并非虚构的法治神话》，载《法学家》2019 年第 5 期。

第七章　裁判说理的框架

第一节　裁判说理与法学方法论的关系

一、法学方法论与裁判说理的关系

法学方法论主要是研究法律适用规律的学问，通过总结和归纳法律解释、价值判断、法律论证等法律运用中的一般规律，并在裁判活动中加以运用，从而保证法官依法作出公正裁判。裁判说理与法学方法论并非完全互为对应的关系。

在说理过程中，法学方法论是重要的说理工具。法学方法论发挥了论证工具的作用——在法院裁判说理中，法官运用法律方法论的论证说服力，使法院裁判具有权威性。[①] 除了作为说理工具外，法学方法论在说理中也具有自身独立的价值。一方面，法学方法论能够确保裁判者受到实证法的拘束，避免恣意裁判。[②] 另一方面，法学方法论的运用，能够确保同案同判，保障法的安定性，提高当事人对法的预期性。[③]

法学方法论本身应当服务于裁判说理。例如，法律解释、法律推理等，

---

① Wank，Methodenlehre，2019，§ 1，Rn. 17.

② Rüthers/Fischer/Birk，Rechtstheorie，2018，Rn. 649；Hassemer ZRP 2007，213，214 f.

③ Rüthers/Fischer/Birk，Rechtstheorie，2018，Rn. 650.

都是裁判说理的重要方法，而裁判说理主要应当在司法三段论的框架下展开，从这个意义上说，法律方法论与裁判说理有着天然的、不可分割的关系。当然，法学方法也并非仅仅服务于裁判说理，在法学的研究与教学中也同样具有重要意义。甚至，法学的方法也可能为其他人文社会科学，如政治学、历史学等提供借鉴。[①] 同时，裁判说理的方法十分广泛，不限于法学方法论，不能二者等同，裁判说理需要展开对事实的说理，如证据的认定、展现庭审过程等，其范围更为宽泛，其本身并不是法学方法论的内容。而且即便是对裁判结论的说理、论证，其方法也不限于法学方法论，而可能需要运用多种法律论证方法。诸如社会学的方法、历史学的方法、经济分析的方法等均可能为裁判说理提供依据。[②]

法律适用虽然是一个十分宽泛的概念，但其最典型地体现在司法裁判的法律适用中。法律适用牵涉多方面问题，如司法体制、法官素养、社会价值等，这些问题显然不属于法学方法论的范畴。尽管法律适用的主体是多元的，包括行政机关的执法、仲裁机构的仲裁等，但法学方法论并不是一般地探讨法律适用的问题，而应聚焦在司法案件裁判过程中法官如何具体适用法律的过程。法学方法论以案件裁判中法官的裁判活动为视角，以法官对法律文本的解释为内容，以法官的思维方法为考察对象，以法官如何运用三段论过程而展开。总之，法学方法论是有关法官在案件裁判中，如何运用三段论，准确解释法律、作出价值判断方法的归纳和总结。或者说，法学方法论是运用法律解释方法、价值补充和司法三段论等方式，来解释和运用法律、正确裁判案件的方法，是对司法裁判过程中法律适用规律的系统总结。从这个意义上说，法学方法论主要是案件裁判的方法，因而，它与立法论是相区别的。

裁判说理就是法学方法论在裁判领域的适用和表现，而法学方法论是裁判说理的规律总结，两者就是理论和实践的关系。裁判说理事实上就是在特定案件中法学方法的一个清晰展现，但是裁判说理与学者说理不同，裁判说理并非简单地阐释某种理论，而是以现行法为基础解决特定的、已经形成诉讼的实践问题。裁判说理应当在三段论的框架内说理，一方面，

① 参见［德］弗雷德里希·卡尔·冯·萨维尼、［德］雅各布·格林：《萨维尼法学方法论讲义与格林笔记》，杨代雄译，法律出版社 2008 年版，第 20~21 页。

② 参见鲁千晓、何媛：《司法方法学》，法律出版社 2009 年版，第 27 页。

要确定法规范这个大前提；另一方面，也要查明作为小前提的案件事实，最后还要在大前提和小前提之间形成对应的涵摄关系。

二、法学方法论在裁判说理中的运用

裁判说理是法学方法论的组成部分，是法学方法论在裁判领域的具体运用，主要原因在于：

（一）裁判文书的说理必须遵循司法三段论的基本原理和分析框架

裁判说理应当通过三段论的方式进行，为了保障裁判说理的妥当性，需要在裁判时关注对裁判大、小前提的认定，即应当关注法律规则的选择和法律事实的认定。[①] 根据具体的案件事实寻找最密切联系的法律规则，通过一定的事实抽象出一定的法律关系，判断出可供适用的相应的法律规范，并通过对法律规范的解释以及对其构成要件的确定，寻求与案件事实的联系最为密切的法律规范。这一过程便是以三段论的方式将法律规范与案件事实进行联结的过程。从实践来看，可供适用的大前提常常可能有多个，而作为小前提的案件事实也可能与大前提并不完全一致，如何选择最妥当的大前提，并实现涵摄的过程，就是司法三段论所要解决的问题，也是能否实现最佳法律规范效果的关键。因为抽象的概念无法运用于具体案件之中，无法实现与案件事实的有效联结。在这一过程中，法官首先要明确大前提（即找法），然后，确定小前提（确定可涵摄的法律事实），最后，得出妥当的裁判结论。在三段论的框架内，法官必须要依循一定的方法展开说理论证。裁判说理属于法律推理的范畴，其大前提应当是法律。[②]

但是，单纯依据三段论进行法律适用却仍然是不充足的，[③] 因为单纯通过三段论无法解决价值判断的问题。法律并非数学一般，可以完全依据逻辑推演得出唯一结论。三段论作为一种逻辑推演的手段，仅仅能够保证逻辑推演环节的正确性，但是却不能保证价值判断的正当性。有人认为，“将垃圾输入系统，出来的结果也是垃圾。”此种观点不无道理，在法律方法论的发展过程中，近几十年来，不少学者已经对单纯依据三段论的弊端展开了反思。单纯依靠三段论的认识已经为法律论证理论所广泛批判，通

---

① 赵朝琴：《裁判说理及其社会效果探析》，载《黑龙江社会科学》2012 年第 4 期。

② 陈金钊：《司法过程中的法律方法论》，载《法制与社会发展》2002 年第 4 期。

③ 参见［德］乌尔夫里德诺依曼：《法律论证学》，张青波译，法律出版社 2014 年版，第 27～34 页。

过说服与共识的方式对正义进行裁判越来越受到重视。[①] “将论证化约为以逻辑手段能够把握的结构，可能导致实质论证的无意义”。[②] 正是因为这一原因，价值判断或价值论证的方法得到越来越多的重视，其重要的原因就是弥补三段论可能带来的价值上的偏离。

但是应当看到，上述批判并非针对逻辑本身，而是针对将以三段论为代表的逻辑提升为“理性论辩的普遍约束模式”的现象。也就是说，三段论本身具有一定的合理性，完全否定三段论，将导致法律逻辑推演出现真空。三段论作为逻辑推演工具，具有其在裁判说理中不可替代的功能。但是在法律论证中仅仅依靠三段论显然是不足的。除了三段论以外，对“推论之有效性”和“前提之真或可证明性”的说明在法律论证之中也是不可或缺的。[③] 因此，在裁判说理中，仅仅言明大前提、小前提与结论并不足够，法官必须对大前提的选取，小前提真实性的判断取舍，大前提能否涵摄小前提，推论结论的有效性等问题均进行论证。而不能单纯追求结论的推出，而忽略了对前提事实的论证。

（二）裁判说理必须遵循法律解释的基本规则

裁判说理是一门科学，这尤其体现在法律适用中要遵循科学的、共识性的找法和法律解释方法。在法院裁判活动中，找法和法律解释是核心内容。正如德国法学家拉伦茨所指出的，在法律的适用中，“我们不是在适用个别法条，毋宁是整个规整”。[④] 法学方法论的适用，实际上是从抽象的法条文本提炼出具体的个案规范，因此，主要依靠对实证法的解释。[⑤] 作为有机联系而形成的整体系统，任何规则的适用事实上都是在适用这个系统整体，对于如此庞大复杂的系统，法官只有遵循一定的方法才能够实现对系统的整体把握。在裁判文书中，法官应当就其找法的过程和法律解释的过程进行充分说理，尤其是要明确其找法和法律解释都遵循了方法论之中共识性的方法。例如，在法律解释中，目的解释、体系解释、历史解释等方法早已有之。随着社会生活的变迁，有的法律规则的内涵也在不断发展，这就要求法官在解释相关的法律规则时，应当结合社会生活的变化进行解

① 参见陈金钊等：《法律解释学》，中国政法大学出版社 2006 年版，第 112 页。

② 参见［德］乌尔夫里德诺依曼：《法律论证学》，张青波译，法律出版社 2014 年版，第 33 页。

③ 参见［德］乌尔夫里德诺依曼：《法律论证学》，张青波译，法律出版社 2014 年版，第 32 页。

④ ［德］卡尔·拉伦茨：《法学方法论》，陈爱娥译，商务印书馆 2013 年版，第 149 页。

⑤ Wank，Methodenlehre，2019，§ 1，Rn. 22.

释，在有的裁判文书中，法官虽然对法律规则适用过程进行了阐释，但并没有说明社会生活变迁对法律规则内涵的影响，而只是简单使用了“性质严重、恶劣”等表述，缺乏对客观社会情况变化的说明，这也影响了裁判说理的水平。[①]

（三）裁判说理必须遵循漏洞填补的基本规则

在法有规定时，法官运用法律裁判需要说理，在法律存在漏洞，无法可依的情形下，法官更应当遵守说理的义务。但法官的说理不是自由解释，而应当遵循一定的规则。法律漏洞填补活动需要遵循特定的规则和程序。一是只有在穷尽所有狭义的法律解释方法和不确定概念、一般条款的具体化。二是漏洞填补应当符合法律的立法目的。法官如何填补法律漏洞，不应当完全置现行法于不顾，而是应当从现行法的规则、原则、立法精神出发，通过对各种利益的衡量而适用法律并填补漏洞。三是漏洞填补方法的适用应当遵循一定的顺序。一般来说，在填补法律漏洞时，首先应寻求法律体系内部的填补方式。也就是说，如果可以找到规范依据，法律应当尽可能寻找规范来适用，而不宜采用习惯法、比较法等方式来创设新的规则。四是漏洞填补应当寻找具体可供适用的规则。也就是说，必须努力寻找可供案件裁判的具体规则，而不能简单地用法律原则来填补漏洞。漏洞填补以裁判规则的缺失为依据，但是在填补漏洞的过程中，法官应当尽可能选择适用具体的规则，从而适用于特定的、具体案件。例如，通过类推的方式确定出裁判规则。如果确实需要适用法律原则填补漏洞，也应尽可能将其转化为具体的规则。所寻求的法律规则应当具有可直接适用性，尤其是能够直接与待决案件的事实发生联系。五是在创设规则、填补漏洞的情况下，法官更应当通过探明事理、查明通说见解等方式就其所创设的规则进行充分说理论证。

（四）裁判说理必须遵循法律论证的方法

裁判说理本身属于法学方法中的法律论证部分，法律论证是要解决法律推理中的论证。所谓法律论证，就是通过提出理由（前提），以证明特定法律决定（即裁判结论）的正当性和妥当性的活动，或者说是通过合乎逻辑、事实或理性的方式来证明立法意见、司法决定、法律陈述等有关法

① 蔡杰、程捷：《封闭与开放：裁判文书论理风格之类型化检讨》，载《法学论坛》2006年第2期。

律主张的正确性和正当性。[①] 论证是为将法律规范适用于特定的事实而获得结果提供正当性的依据。[②] 论证系由一系列陈述构成。其中一个陈述称为“结论”，是具有争议性的陈述，其他陈述称为“前提”，旨在证明那个具有争议的结论的真实性。[③] 法律论证是一般论证实践活动中的一个特殊情形，其特殊性表现在，其论证的结论是与法律相关的陈述。[④] 一个典型的法律论证同样由一系列陈述构成，其中一个陈述称为“法律结论”，是具有争议性的法律陈述。通过法律论证得出的结论可以称为“法律判断”。其他陈述称为“前提”，旨在支持法律结论的真实性，或者说正当性。美国学者瓦瑟斯通为法律推理提供了两种模式，一是发现过程，即找法过程，二是论证过程。这两个过程都与规则的适用与每个案件的具体因素的评价具有紧密联系。[⑤] 在一定程度上，可以说，法律论证在裁判中的运用，就是裁判说理。裁判文书的说理，是法律论证的具体形式。法官在裁判文书中说理，就是要对其裁判结论进行论证。因此，裁判文书的说理要遵循法律论证的规则，充分运用法律论证的方法，为裁判结论提供充分的正当性依据。

（五）裁判说理必须坚持正确的价值判断立场

随着人们对于裁判的认识不断深入，在裁判中对于法体系性与个案正义的平衡成为司法裁判的重要目的，这也要求法官通过价值判断实现个案正义，努力实现立法者所追求的公平正义的目的。[⑥] 虽然价值判断作为“判断者个人确信”，无法“以科学的方法来审查”，但是这并不意味着法学方法在价值判断的审查中毫无意义，恰恰相反，法学方法可以成为审查判断者的重要标准，对这些判断的批评也同样应当遵循法学方法。因此，即使是在价值判断中，法学方法也具有重要的意义。[⑦]

价值判断的正确性直接决定着裁判的妥当性。裁判文书的说理要符合法律论证的规律，秉持有正确的价值取向。价值判断存在一定的问题，整

---

① 葛洪义：《试论法律论证的概念、意义与方法》，载《浙江社会科学》2004 年第 2 期。

② James A. Holland & Julian S. Webb, Learning Legal Rules, Oxford University Press 2006, p. 124.

③ Elias E. Savellos, Reasoning and the Law: the elements, Wadsworth 2001, p. 24.

④ 参见舒国滢：《走出“明希豪森困境”（代译序言）》，载［德］罗伯特·阿列克西：《法律论证理论》，舒国滢译，中国法制出版社 2002 年版，第 8~9 页。

⑤ P. Wahlgren, Automation of Legal Reasoning: a study on artificial intelligence and law, Kluwer Law and Taxation Publishers, 1992, p. 66.

⑥ 参见黄舒芃：《变迁社会中的法学方法》，我国台湾地区元照出版公司 2009 年版，第 40~41 页。

⑦ ［德］卡尔·拉伦茨：《法学方法论》，陈爱娥译，商务印书馆 2013 年版，引论第 21 页。

个裁判的过程从事实的分析、找法、释法、用法等过程即使说理是充分的，裁判结论也不具有可说服性。近几年来，各地涌现出来一大批优秀的裁判文书，这些裁判文书的共同特点是，不仅做到情理法的结合，而且秉持了正确的价值取向，彰显了司法的公正。同时，通过裁判文书的说理，也为整个社会提供了正确的价值导向。

总之，裁判说理必须依循一定的方法。裁判说理要为法官正确适用法律提供一些可具操作性的方法。裁判说理本身需要系统总结法官在说理中形成的经验，从而找出规律性的说理方法。方法是达到目的的途径和手段，“方法意指通往某一目标的路径。在科学上，方法是指这样一种路径，它以理性的，因而也是可检验和可控制的方式导向某一理论上或实践上的认识，或导向对已有认识之界限的认识”。① 法国学者巴雷奥指出，“离开方法的科学就不能称之为科学”。② 而方法论则是对方法的形成、运用等规律的总结。正如在英文中 Method 和 Methodology 是两个不同的概念，前者是指方法，后者则是指方法论。Methodology 一词，是指“用以对方法、规则、假设进行分析的科学”。③ 为保证裁判说理的质量，应当逐渐总结实务经验，形成正确的裁判说理的方法，法学方法论则能够为法官分析案件事实、分析法律规则并具体适用法律提供一整套具有可操作性的法律方法，从而保障裁判说理的质量。

第二节　裁判说理的框架——司法三段论

一、案件事实的说理

（一）案件事实的说理概述

在实践中，许多裁判文书关于案件事实的描述非常详细，一个判决书甚至有几十页，主要的篇幅都是在描述案件的事实及列举各种证据，但不

---

① ［德］齐佩利乌斯：《法学方法论》，金振豹译，法律出版社 2009 年版，第 1 页。

② Hervé Barreau, L'épistémologie, Paris: Presses Universitaires de France, 1990, p. 51.

③ Webster's New International Dictionary of the English Language, Second Edition, Unabridged, W. A. Neilson, T. A. Knott, P. W. Carhart (eds.), G. & C. Merriam Company, Springfield, MA, 1950.

少裁判文书欠缺对案件事实的分析和说理。实践中，有的法官在裁判过程中罗列证据，但缺乏对证据的说理及与案件的关联性的论证。在举证、质证和认证的环节中，更强调对当事人双方所举证据的罗列，而对于质证的过程（当事人对证据提出的异议、抗辩、反驳等），有的裁判文书却语焉不详。这也导致法院在认证时，说理不充分，不能针对当事人对该证据的关联性、真实性、合法性争议作出有的放矢的认定。

在事实部分的论证，应当重视如下问题：一是依据证据规则准确认定案件的事实。证据规则首先要求证据需要具有三性，即客观真实性、关联性和合法性。运用证据的三性准确认定案件事实，法官需要判断证据的收集过程是否符合法律的程序，证据的形式是否符合法律的规定，证据是否与证明的案件事实具有一定的联系，通过证据反映的案件事实是否客观存在等。尤其是在认证过程中，应当通过说理对裁判所认定的事实进行阐述。认证属于证据的评价和法律适用，应当是法官说理的部分，如果在认证过程中不进行说理，则对事实的认定就可能是武断的，甚至出现偏差。

二是如果缺乏直接证据，而只有某些间接证据，就需要确定能否通过这些间接证据证明一定的事实，证据之间是否具有关联性，能否形成证据的闭环，这些都必须进行充分的说理论证。例如，在天津“许云鹤案”中，许云鹤驾车与穿过马路翻栅栏的原告相遇，原告摔倒在许云鹤的轿车前，案件争议的焦点在于：许云鹤是否撞倒了原告，导致原告的右腿骨折。后来法院支持了受害人请求，要求许云鹤赔偿其损失。在该案中，法官没有直接认定被告是否撞到原告，而是从因果关系角度，排除任何其他原因造成原告损害的可能，从而认定被告应承担侵权责任。[①] 在该案中，法院从因果关系的角度来判断被告是否撞了人，如果法院先认定被告是否撞人，再认定因果关系是否存在，可能带来极大的法律风险和道德风险，也会影响相关的责任认定。虽然缺乏直接证据，法院借助于因果关系的判断来认定被告是否存在某种加害行为，既符合责任构成要件的认定规则，也有利于准确认定相关的案件事实，在案件事实的认定方面更为可取。这实际上是借助法律技术手段来认定案件事实，在缺乏直接证据的情形下，法官通过各间接证据的关联性，从因果关系的角度认定案件事实，显然更具有说服力。一般而言，间接证据在民事诉讼中需要达到高度盖然性的标准，才

① 天津市第一中级人民法院（2011）一中民四终字第0993号民事判决书。

能证明待证事实，不能达到这一标准，就需要通过举证责任的分配进行裁判。

在证据的评价方面，如果需要通过多个间接证据进行认定，或者需要通过事实推定、表见证明和经验法则来认定案件事实的时候，法官也有必要作出充分、严谨、有说服力的说理论证。总之，在事实分析方面，应当尽可能地对事实本身进行分析，通过技术性的处理，直接让事实说话，法官不必过多地作出价值判断。例如，在驾车时将人行横道上的行人撞伤，事实本身就足以说明驾车人有过错，如果没有特殊的情况（如紧急避险），就应当认定驾车人的过错。

三是应当强化非法证据排除的说理。在实践中，一些裁判文书缺乏对非法证据排除规则的适用。《最高人民法院关于适用中华人民共和国民事诉讼法的解释》第 106 条规定，对以严重侵害他人合法权益、违反法律禁止性规定或者严重违背公序良俗的方法形成或者获取的证据，不得作为认定案件事实的根据。《最高人民法院关于行政诉讼证据若干问题的规定》第 57 条第 2 项规定，以偷拍、偷录、窃听等手段获取侵害他人合法权益的证据材料不能作为定案依据。但是，在民事诉讼中，如何判断偷录证据的合法性及其标准，学界存在争议，许多学者认为，应当考虑偷录的目的（宣扬他人隐私等）、偷录的对象（对方当事人还是第三人）、偷录的内容（是不是限于当事人双方的权利义务争议的事实）、偷录的场所（是否具有公开性或者私密性：非私密性场所一般具有合法性，除非是夫妻一方在自己的卧室实施的偷录或者第三者侵害配偶权，在将来的证据中使用：此种证据是合法的）、偷录的必要性（是否有其他损害更小的方法收集证据）、偷录证据的重要性（如果是本案的关键证据、甚至是唯一的证据，此时，即便手段有问题，可能也具有合法性）。

这些看法是否妥当，值得探讨，但无论如何，法官在裁判文书中，应当对证据合法性问题进行论证。例如，从民事的角度看，偷录、偷拍所取得的证据、材料，是否应当予以排除，裁判文书中应当对此进行必要的分析、说理。

（二）要件事实的分析和整理

在认定案件事实之后，还需要按照三段论的要求，提炼出与大前提联结的要件事实。什么是要件事实？它是指与大前提中的构成要件（规范要件）相对应的事实。例如，特定案件中存在的符合《民法典》第 1165 条第1款规定的过错、侵害后果、因果关系三要件的事实，就是要件事实。在小前提的确定过程中，要件事实的整理是其中心环节，也是最后的环节。从具体案件来说，当事人陈述了一个完整的故事。但是，在整理的过程中，必须根据法律的规定，来摘取其中的部分事实。例如，一个简单的侵权案件的发生，其从起因到损害的实际发生，可能涉及复杂的情节。但是，根据《民法典》第1165条第1款的规定来确定其过错、损害、因果关系时，可能只涉及其中部分的情节。法官的作用在于，其要把握其中的部分情节，并以足够的证据加以证明。不仅要通过适用证据规则，努力还原事实的真相，正确认定事实，同时要在此基础上，从一定的事实中提炼、概括出要件事实，并与所适用的法律规则相联结，产生出相应的法律效果。

二、裁判规则的发现——大前提的确定

（一）找法及其论证

按照三段论的要求，首先应当准确认定案件事实，并从中提炼要件事实，形成小前提。但是在事实的认定之后，法官的任务就是准确地寻找大前提。所谓的大前提就是与要件事实具有密切联系的法律规则。大前提的寻找绝不是简单地援引一个或数个法律原则，而是需要寻找到与要件事实具有准确联系的法律规则，从而才能准确裁判。在现行法律规则纷繁复杂的局面下，法官如何才能寻找到适用于要件事实的大前提？也就是说，面对纷繁复杂的法律条款，应当如何找法？笔者认为，找法应当注重如下问题：

1. 从民事法律规范中寻找裁判依据。裁判民事案件首先应当从民事法律规范中寻找裁判依据。宪法不能直接成为裁判规范，《最高人民法院关于裁判文书引用法律、法规等规范性文件的规定》第4条规定："民事裁判文书应当引用法律、法律解释或者司法解释。对于应当适用的行政法规、地方性法规或者自治条例和单行条例，可以直接引用。"从该条规定来看，并没有将宪法列入民事裁判文书可以引用的范围之列。因此，依据该规定，法官在裁判民事案件中，不得直接援引宪法裁判案件。但这并不意味着，裁判文书不能援引宪法进行说理论证。一方面，宪法可以成为裁判中说理论证的重要依据。也就是说，宪法虽然不能直接作为民事裁判依据，但其仍然是法院在司法裁判中的参考性依据。另一方面，法官在裁判过程中，如果因适用法律出现复数解释，在此情况下就应当以宪法的原则、价值和

规则为依据，确定文本的含义，得出与宪法相一致的法律解释结论。

2. 从基本民事法律中寻找裁判规范。在《民法典》出台以前，法官时常遇到找法的困难。而在《民法典》颁布之后，由于《民法典》是最基本的裁判规则，所以法官首先就应该从《民法典》里寻找裁判依据。我国颁布《民法典》，就是确立其作为在私法领域中基础性法律的地位。因为在调整范围上，《民法典》调整基础的人身关系和财产关系，民商事单行法的调整对象都是基础民事法律关系中派生出来的。《民法典》在民商法体系中具有基础性地位，故形象地讲，《民法典》和民商事单行法之间的关系，就像树根、主干与枝叶之间的关系，《民法典》是树根和主干，民商事单行法是枝叶，它们必须以民法典为基础和根据。如果把整个民商事法律看成一个大厦，也可以形象地说，《民法典》和民商事单行法之间的关系是地基与地面建筑的关系，《民法典》是大厦的基石和地基，单行法的地面建筑要依靠地基的支撑作用。地基的好坏就决定了地面建筑的质量。[①] 因此，民商事单行法不能脱离民法典而独立运行。《民法典》的基础性地位主要表现在如下几个方面：一是适用上的基础地位。这就是说，在发生民事纠纷后，执法者或者法官在适用法律解决民事纠纷时，首先应当从《民法典》中寻找裁判依据，可以说《民法典》的颁布解决了长期以来困扰法官的如何找法以及适用法律的困难。二是价值上的基础地位。这就是说，民法的基本价值是通过《民法典》所确立的基本原则、基本规则体现出来的，如平等、自愿、诚实守信、善良风俗、维护人格尊严等。这些价值不仅是《民法典》的基本原则和规则，也是所有民事单行法应当遵循的，民事单行法在制定、解释过程中，都应当以这些基本价值为依循。《民法典》确立的自由、平等、公平、正义等价值，体现了民法的基本精神，是《民法典》现代性和科学性的保障，是实现《民法典》立法目的的保障。所以，依据《民法典》的基本价值来制定单行法，才能保证民事单行法的现代性和科学性。三是规则制定的指导性作用。《民法典》对于单行法的制定具有指导性作用，两者之间不能产生不协调、矛盾和冲突的现象。如果没有《民法典》，各单行立法之间就无法形成完整的体系，法律规范之间重复甚至冲突的现象难免存在，从而影响民事立法的有效实施。四是

---

① Olivier Morteau & Agustfn Parise, Recodification in Louisiana and Latin America, 83 Tulane Law Review 1103 (2009).

法律解释时的基础性地位。法无解释不得适用，民事法律都需要解释，但在解释时，要以《民法典》的规范和价值为依据，法律解释的结论不得与《民法典》的规范相冲突，法律解释也不得违反《民法典》的基本价值。《民法典》总则编所确立的基本的规则、制度等，如民事主体、法律行为、代理、时效、民事责任等，对单行法的解释与适用等，也具有重要作用。

如果涉及合同的纠纷，就要从《民法典》合同编中去找裁判依据；如果涉及侵权，就应该从《民法典》的侵权责任编里寻找裁判依据。如此一来，就会极大地解决法官找法困难的问题。同时，法官只要有了一部法典在手，只要把这部《民法典》真正地弄懂弄通，就会极大地提升审判能力和适用法律的能力。其次，《民法典》也能够有效促进同案同判，极大地解决法官在适用法律方面的不统一、不一致的问题，真正能够保证同案同判、公正司法。

3. 寻找的法条应该是包括了构成要件与法律效果的完全法条。法律适用的大前提应该是一个完全的法条，是包括了构成要件和法律效果两个要素，这是检验法条能否被援引的依据，有时一个法律规范构成一个完全法条，有时需要数个法条才构成一个完全法条。通常某个原则不构成完全法条，所以不能以一个原则来判案。没有法律效果不能得出裁判结论，比如说，如果有人在网上发表不当言论侵害他人人格权，受害人请求精神损害赔偿，此时法官不能仅仅援引《民法典》第1165条第1款来设定侵害他人民事权益应当承当侵权责任，因为受害人提出赔偿精神损害，这是更具体的侵权责任，其已经要求行为人承担更具体的侵权责任，必须要援引精神损害赔偿有关的规则，即为《民法典》第1183条。按照这个思路，判决中要援引很多法条，那法条之间的关联性，是否组成案件需要的完全法条，是否与案件有联系，与这个案件的关系在哪里，设定的法律效果在哪里，如何得出的结论，这都是需要充分说理认证的。

应当看到，《民法典》的颁布为法官找法提供了极大的便利。法典化就是体系化，通过《民法典》各编规定的相互参引、准用、类推，这种体系设计可以避免条文规范的冗杂重复，进而实现法律条文的简化。它还可以有效避免规则的缺漏、填补法律的空白，并在一定程度上限制法官的自由裁量。具体而言：首先，民法典集中提供了裁判依据。《民法典》具有完备性，这就意味着将民事法律最基本的规则进行集中规定，形成规则基本齐备的找法、用法的平台，这就对执法者和司法者找法、用法提供了便利。而在单行法时代，法官遇到任何一个民商事纠纷，其要面对的是大量的单行法，在实践中法官如何找法，对法官而言是一个难题。这不仅仅带来了找法的不便，还因为找法的问题产生了判决的裁判依据完全不同的现象。而《民法典》颁布后，就形成了较为齐备的规则，提供了一个针对民事纠纷解决的找法、用法的基本平台。其次，《民法典》提供了导航功能。《民法典》作为基础性的法律，也是裁判民事案件的基本裁判规则，因此，在没有充分和正当理由的情形下，裁判者首先应当针对民事案件依据其不同的法律关系性质，分别从《民法典》各编中找法。这就是说，法典化产生了其基础性的功能，当事人找法时，首先寻找的入门路径就是民法典。因此，找法的基本思路是从《民法典》中寻找裁判依据，《民法典》所具有的导航功能还表现在，借助于民法典的引致条款，可以寻找相应的特别法，例如在民法典中经常出现“法律另有规定的除外”，此处的“另有规定”也是具有引致功能的条款，表明司法者应当适用其他特别法规范。在面对纠纷寻找法律依据时，应从《民法典》中入手，也应该尽可能从《民法典》中寻找规则，如果《民法典》已有规定，就应当适用该规定。再次，《民法典》提供了规则的参照功能。《民法典》中用了很多参照性法条，这实际上是有助于指引可得适用的规则。例如《民法典》第108条规定：“非法人组织除适用本章规定外，参照适用本编第三章第一节的有关规定。”依据这一规则，在《民法典》未对非法人组织作出特别规定时，应当适用有关法人的一般规定进行裁判。又如合同编有关规定可以参照适用于身份关系的协议，再如人格权编有关规定可以参照适用于身份权利保护。《民法典》中规定的“参照”条款共有37处，通过这种参照的技术，避免了立法的冗余，也为法官提供了大量《民法典》虽然没有直接规定，但可以通过参照进行适用的大量规则。还有一些参照适用的情形，在《民法典》中并未明确规定，但是依据《民法典》相关规范的性质以及参照与被参照法律关系的相似性，也可以依具体情况进行参照适用。例如，《民法典》在保证合同中规定了有关保证人的追偿权、抗辩权以及债权转让和债务承担对保证责任的影响等规则，也可以适用于物上担保的情形，从而在物上担保中适用保证合同的相关规则。

最后，《民法典》有利于法条之间相互组合，为当事人提供完整的请求权基础，也为法官裁判案件提供了完整的裁判依据。法官所需要的的裁判依据，应当是完全法条，即兼顾法律要件与法律效果的规则。此类完全法条不一定完全被规范于某一条甚至是某一节、某一章、某一编之中，其可能分散在各编之中。这就需要法官以体系化的思考方式，将这些散见于各编的不完全法条相互结合形成完全法条。例如，在侵害人格权中，如果受害人主张精神损害赔偿，有关精神损害赔偿组合成一个完整的法条就需要将人格权编第995条关于侵害人格权的民事责任，与民法典侵权责任编中第1193条关于精神损害赔偿的规定组合起来，从而构成完全法条，成为法官确定精神损害赔偿的裁判依据。

（二）法律解释及其论证

"法无解释不得适用"，此处所说的解释并不仅仅是指正确阐释《民法典》条文的文义与立法意旨，从而准确适用《民法典》，也包括通过解释消除歧义，弥补因条文模糊甚至疏漏可能产生的问题。在《民法典》颁布之后，有关民事法律的基本规则已经基本形成，并不需要司法解释创设过多的新规则。但是应当看到，《民法典》的诸多规定仍然较为抽象和原则，有些规定可能只考虑到了某一方面的作用，而忽略了其在另一方面可能带来的副作用。例如，《民法典》第406条修改了原《物权法》第191条，允许抵押人在设定抵押权后转让抵押物，确有积极意义，但由此引发的抵押权人利益保护不力的问题也不可回避，需要通过对《民法典》的准确解释来弥补立法上述修改所带来的问题。为此，《最高人民法院关于适用〈中华人民共和国民法典〉有关担保制度的解释》第43条规定，当事人可以约定禁止或限制转让抵押财产，如果将该约定依法办理登记，则抵押人违及约定转让抵押财产，则不发生物权变动的效力。这就弥补了《民法典》上述规定的不足。在《民法典》实施后，不能立即展开法典的修法工作，只能通过法律解释的工作，弥补《民法典》规定的不足。在民法典颁布后，我国民事领域的法治建设所迫切需要的，是如何有效解释和适用《民法典》。通过解释弥补现有法律体系的不足，消除现有法律之间的矛盾，使法律得到有效适用，最大限度地发挥立法的效用，这正是法律解释在今天所应发挥的功能。因此，无论是立法者，还是司法者，都应当高度重视法律解释问题，法学研究也应当比以往更重视法律解释。这也是成文法国家法律发展史上的重要规律。正如帕特森所言，"毋庸置疑，我们的时代是解释的时代。从自然科学到社会科学、人文科学到艺术，有大量的数据显示，解释成为20世纪后期最重要的研究主题。在法律中，'向解释学转向’的重要性怎么评价也不过分。”①

解释的功能是非常强大的，适用法律要求正确解释。解释越清晰、越明确，裁判的结论就越妥当。举个例子，有人从楼上倒下一盆热水把行人烫伤，是否属于高楼抛物致人损害？《民法典》第1254条规定了高空抛物的侵权责任，由可能加害的物业使用人包括业主、物业管理公司甚至全体业主承担适当的补偿责任。有人质疑“热水是否等于物品”，因为没有一一对应上，要求按照法律效果与社会效果相统一进行判断。具体这个案件，《民法典》第1254条究竟能不能适用，就必须解释，物品能不能扩大到热水，这就是一个说理过程，法律解释是最常见的方法。妥当解释也是一个充分说理的过程。解释的目的是要确定构成要件和法律效果，不是简单地说明含义，要解释法条里面究竟构成要件是什么，之后的法律效果是什么，并在此基础上作出准确裁判。

《民法典》的多个条款规定了参照适用规则，例如，《民法典》第1001条规定，对自然人因婚姻家庭关系等产生的身份权利的保护，适用本法总则编、婚姻家庭编和其他法律的相关规定；没有规定的，参照适用本编人格权保护的有关规定。依据本条规定，人格权编的规则可以参照适用于身份权。参照适用实际上就是“准用”这一立法技术，准用是指法律明确规定特定法律规定可以参照适用于其他的情形。准用“乃为法律简洁，避免复杂的规定，以明文使类推适用关于类似事项之规定”。② 参照适用人身权的意义在于，弥补身份权立法规定的不足，简化法律规定以避免重复。应当看到，“准用”不同于“直接适用”，它是在不违背被准用事物性质时的适用。所以，准用要考虑被准用的事物的特点，只有那些不与被准用事物的特点相违背的法条才可以适用。通常在直接适用的情形下，法官不需要就直接适用的理由作出过多的说理，但是在参照适用的情况下，则需要就某一条款能否适用到待决案件事实进行说理。例如，《民法典》第467条第1款规定：“本法或者其他法律没有明文规定的合同，适用本编通则的规定，并可以参照适用本编或者其他法律最相类似合同的规定。”该规定确立了如下规则：第一，合同编通则的规定直接适用于典型合同与非典型合同。因为合同编通则是适用于所有典型合同与非典型合同的规则。第二，

① ［美］帕特森：《法律与真理》，陈锐译，中国法制出版社2007年版，序言。

② 史尚宽：《民法总论》，中国政法大学出版社2000年版，第51页。

对于合同编关于典型合同的规定以及其他法律关于典型合同的规则，对于非典型合同只能参照适用。毕竟非典型合同并非典型合同，不能直接适用典型合同的规则，但对于与非典型合同非常类似的合同规则可以准用。第三，必须是针对与法律关于典型合同规定的最相类似的合同规定，才能参照适用。此处所说的“最相类似”的规定，是指从合同的性质来看，待决案件中的合同与合同编中规定的某典型合同具有最相类似的特点。所以在有关非典型合同的争议中，法官如果要参照适用《民法典》合同编典型合同的相关规定，就需要论证所争议的合同案件与参照适用的规则具有“最相类似”的特征。

三、大小前提的结合——涵摄

适用法律要求找到一个大前提即裁判依据，同时要进行一个事实要件的分析，我们要判断整个事实中，是不是具有符合大前提所确定的符合规范要件的事实要件，对整个事实进行分析取舍。大小前提来回比对对应性的问题，确定是最具有密切联系的法条，最终能够对应，在此基础上才能得出裁判结论，法律效果是不是与法条对应的，是不是当事人需要的法律效果，如果不是，则需要援引其他的法条。

（一）什么是联接

在司法三段论过程中，主要是要解决好大小前提的联接问题，连接又称为“涵摄”，它是指把事实要件与法律规范相对应，将确定的事实要件归入（或涵摄）到法律规范的构成要件中去。连接要经历对案件事实的性质认定、分解、整理，并按照规范要件确立出事实要件，最后将事实要件归入法律规范规定的要件。

如果争议事实被分解后一一对应地符合了法律规范的构成要件，就应当支持原告的请求权。

法官要寻找的不是一个简单的法条，而需要进一步确定规范要件，其主要原因在于：第一，在方法论上，从大前提的寻找过程开始，就已经进入到连接过程。第二，必须从规范要件出发，寻找最妥当的裁判结论。第三，在存在具体法律规范时，不能援引法律的原则或一般条款，而应当寻找具体的法律规范裁判案件。

（二）如何实现联接

第一，规范要件分析。一方面，在要件分析过程中，应当通过法律解释对规范要件进行准确的解释，并通过对事实的归纳、分析、整理，确定事实要件。另一方面，要在案件事实和规范要件之间进行比对，如果案件事实不能与规范要件之间相对应，两者就不存在最密切联系性。例如，关于未成年人网络打赏行为的效力，在实践中经常发生争议。笔者认为，对此应当根据未成年人的行为能力（年龄、智力）以及打赏的数额、家庭经济条件以及打赏的环境等综合判断。如果实施打赏行为的是无民事行为能力人，依据《民法典》第144条规定，该打赏行为应当是无效的，但限制民事行为能力人就不一定是无效的。在确定限制民事行为能力人实施的打赏行为效力时，还需要考虑未成年人实施打赏行为所使用的财产是否属于未成年人可以支配的财产。例如，如果未成年人实施打赏行为所使用的是其父母给的压岁钱、零花钱，表明其父母允许其自由支配该财产，对其使用该财产作出了事先同意，依据《民法典》第19条规定，该行为应当是有效的；但如果未成年人打赏使用的是其父母的积蓄，而且数额巨大，与其年龄、智力等不相适应，其法定代理人不追认的，该网络打赏行为即应当属于无效行为。所以，在认定该行为是否无效时，需要将案件事实与适用的法律之间进行相互比对，从而形成法律规则与案件事实的准确连接。

第二，事实要件分析。虽然依据证据规则来认定事实是证据法学的问题，但是，如何实现事实与法律的连接，如何根据事实得出结论，是法学方法论应当解决的问题。

第三，大小前提的相互对应。只有在大小前提具有高度对应性的情形下，才能形成一种有效连接。在大前提和小前提确定之后，只要大前提的要件和案件事实可以对应，就可以通过逻辑推理进行法律适用。在这一过程中，为了确定最密切联系规则，存在三种推理方法：第一，演绎推理。演绎推理是最常见的方法，例如，法律规定，醉酒驾驶应当承担刑事责任。而张三醉酒驾驶，结论是张三必须承担刑事责任。演绎推理是司法三段论的具体展开，因此，它是裁判活动中最常用的推理方法。当然，此种推理结论正确性的前提是大小前提都是真实的，且必须遵守一定的规则。如果大小前提本身不正确，则不可能得出正确的结论。第二，归纳推理。归纳推理是从个别性知识推出一般性结论的推理。如果说演绎推理是从一般到特殊，则归纳推理就是从特殊到一般，或者说是从个别到普遍。在归纳推理中，可能出现前提真而结论假的情形，所以，归纳推理乃是一种或然性推理。[①] 在进行类型化时，如果从案例和生活中总结出特定的类型，这也属于归纳推理的运用。例如，关于公序良俗的概念，可以将其大体上归纳为各种类型，如危害婚姻、损害正常的家庭关系秩序的行为，违反有关收养关系的规定，违反性道德的行为，赌债偿还合同，贬损人格尊严和限制人身自由的合同，限制职业选择自由的合同，等等。当然，由于司法三段论的运用必然要运用演绎推理，所以，在归纳推理之后，仍然要进行演绎推理。在违反公序良俗的案件中，法官还要将待决案件与归纳推理中的结论进行比较，以确定是否违反公序良俗。第三，类比推理。它是从特殊到特殊的推理方法。这是英美法系的法官常用的推理方式。在我国指导性案例的推广过程中，也逐渐开始采用类比推理。例如，在山东起重机厂有限公司诉山东山起重工有限公司案中[②]，最高人民法院认为，侵害企业名称的简称，也可以构成侵害企业的名称权。在该案中，法院认为，“山起”既是山东起重机厂的简称，也代表着企业的形象，山起重工公司的注册损害了山东起重机厂的名称权利。该案属于指导性案例，如果有类似案件发生，可以参照该案的判决结论。在这个过程中，就要采用类比推理。运用类比推理，一是要找到相对应的指导性案例；二是要进行指导性案例的识别工作，明确指导性案例和待决案件中的相同点和不同点；三是对这些相同点和不同点进行分析，如果不同点并不涉及案件的性质以及构成要件内容，则通常来说，指导性案例的内容对具体案件的裁判就具有指导作用，反之，具体案件如果和指导性案例具有较大区别，后者可能只有参考意义。[③] 通过上述三种方法，都可以寻找到最密切联系的规则，只不过，三种方法并不相同。在演绎推理中，最关键的是判断大小前提是否吻合，要通过案件事实来确定大前提和小前提，然后按照逻辑三段论的方法得出裁判结论。在归纳推理中，是要从诸多的个别情形中，归纳出一般结论。而在类比推理中，主要是确定相互比较的两个案件之间是否具有相似性，从而确定可供适用的法律规范。在这个过程中，目光流转于规范与事实之间。不断从事实中确定规范，不断从规范中确定事实，要件事实的确定不能脱离规范。

---

① James A. Holland & Julian S. Webb, Learning Legal Rules, Oxford: Oxford University Press, 2006, pp. 218~219.

② 最高人民法院（2008）民申字第 758 号民事裁定书。

③ 参见邹碧华：《要件审判九步法》，法律出版社 2010 年版，第 33 页。

第三节　裁判说理应秉持正确的价值观念

一、裁判说理为什么要向社会传递正确的价值观念

“法官必须宣示司法的真理性”。[①] 裁判本身不是简单地解决个案的纠纷，透过一个个个案的裁判，应当向社会彰显司法对正义的追求，传递司法应当秉持和坚守的价值观，弘扬法治的精神和理念。美国法学家舒曼指出，“重要之处在于，人们普遍关心的是，一些案件裁判结果是否会自己产生重要的影响，这就要求法官必须确保其裁判是合法合理的。只有我们从现在开始追求法律的公平正义，久而久之，法律才能成为一种保护我们权利的长久的机制，而不是侵入我们生活中的一种意外和风险”。[②] 需要裁决的案件都是具体的，而适用于这些案件的法律规则则是立法者制定的一般的、普遍性的规范。法官通过案件的裁判，将蕴含在法条背后的立法者所要表达的价值判断表达出来，为人们所了解和接受，从而引导人民正确地行为。

美国法学家霍姆斯认为，“在逻辑形式之后，是对于各种不同立法理由彼此之间的相关价值与重要性的判断”。[③] 英国法官秉持规范公权、保障私权的理念，并在此基础上形成了行政法上的两个重要的判例，并分别确立了两项原则：第一项原则是“韦德内斯伯利不合理性”原则。该原则是在温斯伯里案中所确立的，在该案中，法官格林指出，“如果一个决策太不合理了，以至于让人觉得这是个不理性的行为时，那么行政机关就无权执行这样的决策”。[④] 该案确立的原则，成为英国法上控制行政自由裁量权的主要法律原则。第二项原则是保护公民的“合理期待原则”。该原则是在2001年的考夫兰案中确立的。在该案中，主审法官海顿认为，如果行政机关的行为引起了公民的合理期待，那么行政机关就不得损害公民的此种合

① Ngwasiri, The Role of Judge in French Civil Proceedings, 9 Civ Just. Q167-168, (1990).

② Samuel I. Shuman, Justification of Judicial Decisions, California Law Review Vol. 59, 1971, p. 717.

③ Holmes, The Path of the Law, In Collected Legal Papers (Peter Smith, N. Y. 1952), p. 181.

④ Associated Provincial Picture Houses Ltd v. Wednesbury Corporation [1948] 1 KB 223 CA.

理期待，否则就可能构成权力滥用。[①] 后来，上诉法院将其确立为行政法上的一项重要法律原则，并且成为规范公权、保障私权的一项重要原则。[②]由此可见，强调通过判例向社会传递正确的价值观念，十分必要。

在传统的观念里，我们更多地将诉讼的功能局限于定分止争，着眼于解决已经发生的社会争端，目的是让既发的社会争议得到妥当的解决。但随着司法活动的逐步公开，司法裁判本身的功能会大大地扩张，会从对既有争议的解决，扩大到对潜在行为的引导和对潜在争议的提前化解。传统上我们将立法视为引导人们行为的主要工具，但随着司法判决公开的强化，特别是随着司法判决说理的充分化和公开化，司法判决将与立法在很大程度上发挥类似的社会规范功能，对社会行为具有前瞻性的引导作用。从这个意义上说，法官在撰写司法裁判的时候，除了要着眼于案件的直接当事人之外，还要有意识地去考虑判决本身将对潜在利害关系人产生的未来影响。所以，从社会总体效益的角度来看，如果裁判最终能够引导人们行为功能的作用，诉讼的效益将会更加彰显。

2018 年 9 月最高人民法院发布了《关于在司法解释中全面贯彻社会主义核心价值观的工作规划》，从该文件可以看出，人民法院已经把社会主义核心价值观融入了司法审判工作中并摆在了突出位置，并且在具体工作中得到进一步细化和推进，但需要结合实践做出进一步制度探索。作为裁判文书制作者的法官应该牢固树立社会主义核心价值观，并在裁判文书中自觉运用社会主义核心价值观释法说理。社会主义核心价值观本身包含了自由、平等、公正、法治等方面的内容。在裁判文书中运用社会主义核心价值观说理就是要在司法的过程中充分吸收体现社会正能量的价值观念、文化以及思想，弘扬正确的价值观。[③]

近几年来，在相关的案例中，司法裁判坚持了正确的价值观念导向，自觉维护和引导和弘扬社会主义核心价值观。例如，在朱振彪追赶交通肇事逃逸者案中，张某驾驶摩托车与他人追尾相撞，被撞者受伤倒地昏迷，张某倒地后起身驾驶摩托车逃离现场（交警部门认定：张某负此次事故主

---

① R. v. North and East Devon HA ex p. Coughlan ［2001］ QB 213.

② 叶榅平：《遵循先例原则与英国法官的审判思维和方法》，载《比较法研究》2015 年第 1 期。

③ 王裕根、张志坚：《推动社会主义核心价值观融入裁判文书说理》，载《人民法院报》2019 年 2 月 14 日。

要责任)。驾车途经肇事现场的朱振彪发现后随即追赶。张某翻越铁路护栏，自行走上两铁轨中间，被火车撞击死亡。张某的亲人向法院起诉，请求判令朱振彪赔偿60余万元。一审法院认定：交通肇事逃逸者行为具有违法性，朱振彪作为普通公民挺身而出，制止正在发生的违法犯罪行为，属于见义勇为，应予支持和鼓励。① 在前述老人与儿童相撞离开遇阻猝死案、患者飞踹医生被反击致骨折案中，法官都作出了类似于本案结果的裁判，收到了良好的社会效果。笔者认为，司法裁判之所以需要向社会传递正确的价值观念，主要是基于如下原因：

第一，在全社会彰显正义的价值理念，从而努力追求法律所要实现公平正义。首先，司法裁判说理传递的正义是个案的正义。每个案件的当事人的权利主张能否得到支持，对社会而言可能不具有直接关联性，但对单个的当事人而言，这是一个切身利益攸关的问题。一个错误的判决损害的不仅是其个人对法治的信仰，更重要的是涉及当事人个人家庭生活，关系其企业生死。因此，每个案件的判决对个案纠纷的解决而言，是符合法律的所具有正义价值的。其次，司法裁判说理传递的正义是社会的正义。司法裁判影响的不仅是个案本身，更为重要的是，其也影响社会对案件判决所体现出来的公正追求，正如英国哲学家培根所说，“一次不公正的裁判，其恶果甚至超过十次犯罪。因为，犯罪虽然触犯了法律——但只是污染了水流；而不公正的裁判则毁坏法律——就好比污染了水源。”这形象描绘了司法裁判传递社会正义的重要性。司法裁判不仅要实现个案的正义，而且需要通过一个个裁判区分正义与非正义、善和恶、丑和美，确定相关的价值判断标准。要通过一个具体纠纷的解决，树立行为的模式，禁止邪恶的传播，成就善良的风俗。②

第二，弘扬法治的精神和理念。要实现社会和谐、稳定、有序，就必须树立全民对法律的信仰，培养人们对法治的信仰与尊崇，建设法治社会。要在全社会弘扬法治的理念，使每一个社会成员从内心自愿接受法律约束。守法是公民的基本义务，也是道德良心的基本要求。应以守法为荣，以违法可耻。基于这样一种信仰，人人自觉遵守法律、服从法律，并依据法律规定安排自己的行为。通过裁判中严格执法、公正司法，使人们从一个个

① 《朱振彪追赶交通肇事逃逸者案》，载《人民法院报》2019年9月19日。

② 参见易延友：《刑事诉讼法》，法律出版社2004年版，第10~11页。

鲜活的案例中体会法治的精神和理念，真正使法律内化于心，外化于行。裁判的一项应当具有、裁判说理是传播法律价值的载体。[①]“若不能保证善最大，一定要确保恶最小。”[②]

第三，发挥裁判引领社会行为规则的作用。法院在裁判过程中不能仅仅就法论法、就事论事，还应当考虑到裁判引导社会行为准则的功能，法官应当秉持正确的价值观，弘扬社会主义核心价值观，通过裁判向社会传递正确的价值观念，并且引导人们按照正确的行为方式安排自己的社会生活。例如，在朱振彪追赶交通肇事逃逸者案中，如果法院判决被告朱振彪应当负赔偿责任，其结果将可能导致广大社会群众在遇到相似情形时内心充满了顾虑，从而不利于弘扬见义勇为的风尚。通过类似案例的裁判，使得司法裁判越来越发挥了对社会规则的示范引领作用。

所以，一个裁判法律说理是否透彻，将会影响裁判本身的质量，以及社会效果。一份优秀的裁判文书不仅需要讲明事理、法理，而且需要秉持一种正确的价值观，向社会传达正确的价值观念。正如学者对许霆案的评述那样：“只讲法不说理的判决书是呆板、冰冷的，既讲法又说理的判决书才是有质感、有温度的。而且，说理的过程其实也是法治宣传的过程，这起案件审理通过网络全程直播，相信受众都能从万言判决书中体会到法治精神。”[③] 所以，整个裁判的过程从事实的分析、找法、释法、用法等过程都是一个充分说理的过程。这就是为什么在两大法系中很多判决可以说是一篇优秀的论文或是教科书，因为这些判决充分彰显了正确的价值理念，体现了逻辑性、针对性、说理性。

二、裁判需要传递的价值理念

第一，公平正义理念。公平正义是一切法律所追求的价值，是法律的精髓和灵魂。正义体现了某种秩序的内在要求，是构建普适性秩序的内在需要。换言之，法律作为行为规范，以调整社会关系为目的，必然以正义

---

① 邱爱民：《论司法裁判中的说理》，载《南京工程学院学报（社会科学版）》2006 年第 1 期。

② 冯辉：《判决、公共政策与社会主流价值观——“跌倒争议案”的法理省思》，载《政法论坛》2012 年第 4 期。

③ 《广东“惠州许霆案”判决书公开获赞》，载《政法舆情》2015 年第 24 期。

作为其基本价值。柏拉图认为，正义就是善。[①]。正义是社会制度的首要价值，司法良知是对正义这一合法良善价值的追求，是实现司法正义的内在支撑。司法良知代表了法规范之外司法正义的实现路径，刑法底线代表了法规范之内司法正义的实现路径，二者分别从法规范的外部与内部共同发力，合力实现司法正义。[②] 公平是司法的基础和前提，也是司法活动追求的目标，不能以效率价值取代公平正义或者将其置于公平正义价值之上，更不能单纯为了追求效率而牺牲公平。

第二，保障人权观念。在我国，人权作为人最基本的权利集合，体现了人民群众的根本利益和意愿。因此，促进和保障人权也是我国社会主义制度的根本任务。构建法治社会的终极目的是实现个人的福祉，因而法治也必然要以保护人权作为其重要内容。保障人权既能维护个人自由和尊严，又能有效地防止政府的侵害，从而规范公权，这也是法治的内在含义。人民生活幸福，不仅意味着人民安居乐业，物质生活幸福，还包括使个人生活在自由、平等、安全的法治环境中，人人活得有尊严。因此，保障人权和全体社会成员的其他基本权利、保障民生也是善治的基本内容。我国《宪法》将尊重和保障人权作为一项基本原则加以确认，也充分体现了现代法治的精神。每一个具体的个案中的裁判说理都应当表达和阐释保障人权的理念。

第三，规范公权观念。法治要从根本上约束和限制公权力，为公权力套上“紧箍咒”。一个成熟的法治社会，不仅要约束老百姓，更要约束官吏，并有效制衡公权力。在私主体受到公权力的侵害之后，法律应当对其提供充分救济。[③] 要把权力关进制度的笼子里，保证权力正当行使，防止把权力变成牟取个人或少数人利益的工具，搞权钱交易。建设法治政府，也是贯彻人民当家作主民主原则的体现。在我国，随着新中国的建立，人民翻身当家作主。但要保证人民主权，保护人民的利益不受侵害，就必须坚持依法行政、规范公权。政府所享有的行政权具有强制性、单方性、主动性、扩张性等特点，一旦失去了约束，将严重威胁甚至损害处于弱势一

---

① 参见［古希腊］柏拉图：《法律篇》，张志仁、何勤华译，复旦大学出版社 2001 年版，第 295 页。

② 参见刘艳红：《“司法无良知”抑或“刑法无底线”——以“摆摊打气球案”入刑为视角的分析”》，载《东南大学学报（哲学社会科学版）》2017 年第 1 期。

③ 参见宋功德：《建设法治政府的理论基础与制度安排》，国家行政学院出版社 2008 年版，第 5 页。

方的公民合法权益，妨碍社会和谐有序。依法行政要求政府依法履行职责，最终就是为了将公权力装进制度的笼子里，让人民有效地监督政府，最大限度地减少公权力运行的副作用，使公权力的行使最终造福于国家与人民。所以，要求政府的一切行为必须有法律依据，实际上也是对人民民主原则的贯彻。因此司法裁判在说理过程中也应当体现规范公权的理念。

第四，遵守公德观念。裁判说理要传播社会主义核心价值理念和社会主义道德观。司法裁判的功能是惩恶扬善，因此法官应在每个具体的个案中，应秉持公平正义的理念，本着对普罗大众的关爱，在裁判中充分展示社会的正能量。特别是要借助裁判说理，将公平、正义、善良、诚信将这些价值予以充分展示，弘扬良好的道德风尚，引领社会成员正确行为，树立积极正面的价值观。[①] 例如，香港特区大法官杨振权审理一起诉子女索赔的案件后，在制作判决书时，在判决的主文后，加了“后语”一部分，该段后语写道：“对卢静、卢乾、卢昆和二哥卢平之关系，本席不再作评语。他们都已成年，亦曾受高深教育，对各自行为应该负责。但本席恳切期望，（原告子女们）不要因本案而背弃母亲。所谓‘骨肉之情，无绝也’。希望他们能体谅母亲处境，继续尊敬、支持及供养母亲，令她能安享晚年，以尽为人子女之责任。亦希望孙女士能鉴往知来，以后亲自处理财政，不再假手于别人，避免不愉快事件再次发生。”[②] 该部分阐述了对涉讼各方和睦相处、互相爱护的期望，反映了“中华民族传统的伦理道德和价值趋向，有类似于中国古代判词将情、礼、法熔于一炉表述的特点”。[③] 在审判实践中，许多法院使用了“法官后语”的方式，即通过批评和谴责，使过错方警醒，让他们从中汲取教训，不蹈覆辙，收到良好的社会效果。裁判文书要获得社会认同，必须充分考虑社会主流价值观和诚实信用、公序良俗原则，合理吸收社会道德情理、生活常理等因素，并注意适当区分案件类型和受众，力求最佳效果。比如，对赡养、抚养案件，可以侧重强调传统美德、尊老爱幼等道理，而对债务、合同纠纷要侧重讲信义、守信

---

① 艾文、林平：《知识产权的裁判说理——访北京知识产权法院副院长宋鱼水法官》，载《人民法治》2015 年第 10 期。

② 周道鸾编著：《港澳地区司法制度与港澳和外国法院裁判文书》，人民法院出版社 2003 年版，第 75 页。

③ 参见潘庆云：《跨世纪的中国法律语言》，华中理工大学出版社 1997 年版，第 156~157 页。

誉等商业伦理。[①]

第五，维护社会秩序和交易安全。裁判本身既要维护具体个案中当事人的交易安全，也要向社会传达一种法律维护社会秩序和交易安全的价值观念。法律的一项重要功能在于维护交易安全，如果裁判中广泛允许违约方解除合同，等于是变相允许违约方违约。例如，在北京奇虎科技有限公司、奇智软件（北京）有限公司与腾讯科技（深圳）有限公司、深圳市腾讯计算机系统有限公司不正当竞争纠纷案中，最高人民法院在裁判文书中指出，互联网的发展有赖于自由竞争和科技创新，要促进互联网行业发展，就应当鼓励自由竞争和创新，但这并不等于互联网领域是一个可以为所欲为的法外空间，互联网领域的竞争和创新不得侵犯他人的合法权益，互联网的健康发展需要有序的市场环境和明确的市场竞争规则，因此，在判断某种行为是否符合互联网领域内鼓励自由竞争和创新的精神时，需要以该行为是否有利于建立平等公平的竞争秩序、是否符合消费者的一般利益和社会公共利益为标准来进行判断。否则，任何人均可以技术进步为借口，对他人的技术产品或者服务进行任意干涉，就将导致借技术进步、创新之名，而行“丛林法则”之实。[②] 在该案中，最高人民法院在裁判过程中就阐释了维护互联网领域内竞争秩序和交易秩序的重要意义。如果裁判中没有秉持这种精神，虽然某些个案的处理可能合理，但对于整个交易秩序和交易安全则会产生不利影响。

三、个案分析：“劝阻吸烟案”

2017 年 5 月 2 日上午，郑州的杨医生在小区电梯内劝一老人不要抽烟，二人发生争执，几个小时后，老人心脏病发猝死离世。老人家属随即起诉至法院，要求杨医生赔偿 40 万余元。金水区人民法院对此事作出一审判决，一审法院认为，因该老人在电梯内吸烟问题导致其与杨医生发生言语争执，后经小区物业公司工作人员劝阻，杨医生离开，但不久该老人即猝死，该结果是杨医生无法预料的，杨医生的行为与该老人的死亡之间并无必然的因果关系，但该老人确实在与杨医生发生言语争执后猝死，依照《侵权责任法》第 24 条规定的公平原则，受害人和行为人对损害的发生都

① 白泉民：《裁判说理的价值及其实现路径》，载《人民法院报》2015 年 4 月 8 日。

② 最高人民法院（2013）民三终字第 5 号民事判决书。

没有过错的，可以根据实际情况，由双方分担损失，该院酌定杨医生向受害人补偿15000元。

不过，一审判决作出之后，杨医生并没有提出上诉，但老人家属不服一审判决，上诉至郑州市中院。二审法院认为，适用《侵权责任法》第24条的前提是行为与损害结果之间有法律上的因果关系，而杨医生与老人的死亡之间并不存在因果关系；同时，杨医生对电梯内吸烟予以劝阻合法正当，是自觉维护社会公共秩序和公共利益的行为，一审判决判令杨帆分担损失，让正当行使劝阻吸烟权利的公民承担补偿责任，将会挫伤公民依法维护社会公共利益的积极性，既是对社会公共利益的损害，也与民法的立法宗旨相悖，不利于促进社会文明，不利于引导公众共同创造良好的公共环境。因此，二审法院认定，一审判决判令杨医生补偿原告15000元错误，依法予以纠正，判决驳回死者家属田女士的诉讼请求。

轰动一时的“劝阻吸烟案”已经由郑州市中级人民法院作出二审生效判决，法院判令劝阻者不承担任何责任，受到社会广泛好评。笔者对于二审法院所作判决完全赞同，一个重要理由就在于该判决秉持了正确的价值观，存在最基本的是非判断。

应该说，吸烟本身并不违法，世界上也没有一个国家是直接立法禁止吸烟的，但是在电梯等公共场所吸烟本身就是不道德甚至违法的，世界各国和地区大多都有相关的禁止性规定。笔者在香港特区就发现，许多电梯都贴了这样的告示：如果在电梯内吸烟，一次最高可罚5000港元。即使没有警察罚款，也可能有人会及时制止，甚至向警方投诉。

事实上，国内许多地方也对电梯内吸烟设有禁止性规定，诚如“劝阻吸烟案”二审判决书指出：“根据郑州市有关规定，市区各类公共交通工具、电梯间等公共场所禁止吸烟，公民有权制止在禁止吸烟的公共场所的吸烟者吸烟。该规定的目的是减少烟雾对环境和身体的侵害，保护公共环境，保障公民身体健康，促进文明、卫生城市建设，鼓励公民自觉制止不当吸烟行为，维护社会公共利益。本案中，杨帆对段小立在电梯内吸烟予以劝阻合法正当，是自觉维护社会公共秩序和公共利益的行为。”① 也就是说，在郑州市政府已经有明文规定的情况下，不论吸烟者本身是否知情，其吸烟的行为均是不合法的。法律法规禁止在电梯内吸烟，这并不是要干

① 河南省郑州市中级人民法院（2017）豫01民终14848号民事判决书。

涉人们的行为自由，而是要维护社会的公共利益，因为在电梯狭窄的空间内吸烟，会影响他人健康，至少造成他人的身体不适，一旦引发火灾，后果更是不堪设想。

在该案中，因杨医生劝阻老人电梯吸烟行为，使老人因情绪激动心脏病突发死亡，这确实是一个不幸的后果，也是大家不愿意看到的。但劝阻行为本身并无不当，相反，对在电梯内吸烟的人进行劝阻，乃是履行公民义务的行为，是一种合法且值得鼓励的方式。如果像一审判决那样要求劝阻者承担责任，这一裁判结果的社会导向性是负面的，虽然一审判决杨医生仅承担 15000 元的赔偿责任，而且杨医生也愿意接受，并没有提出上诉。但问题的关键在于，要一个从事正当行为的人承担法律责任，从某种意义上是对其行为作出了否定性的评价，这就不利于鼓励善行。而本案的二审生效裁判事实上是对公民善举的维护、尊重与提倡，其必将对社会正气的形成产生良好的营造作用，可谓情理法相融合的判决，既维护了法律的尊严，也捍卫了公民善良法感情。

有时候一个案例胜过一堆文件。在现代社会，司法的功能在不断扩张，司法在社会生活中的作用不断增强，其重要的表现在于，司法虽不能直接立法，但司法可以通过判决形成规则，引导人们正确行为。也就是说，司法判决针对的是个案而不是一类案件，但相应裁判规则仍然会具有法律的规范效果，对人们的行为起到指引、规范的作用，并且相应问题也将逐步形成统一的裁判规则。从比较法来看，许多国家法治的进步，都是由一个个具有里程碑式意义的个案裁判所推动的，这些个案也讲述着这些国家特定法治发展时期的故事。讲述法治的历史，常常需要讲述一个个经典的案例，例如，在美国，就有马伯里诉麦迪逊案、达特茅斯学院诉伍德沃德案、萨利文诉纽约时报案等著名案例。这些经典的裁判也可以看作是美国法治发展进步的缩影。在今天我们全面推进依法治国的过程中，也应当重视发挥司法裁判的指引作用，这尤其需要重视裁判对社会公众价值观的引领作用。一个好的案例可以说是秉持了正确的价值观，弘扬了社会公平正义观念，而一个不好的司法裁判就可能在价值观上出现偏差。

我们通常讲，司法应当实现法律效果和社会效果的统一，这就意味着，法官在作出判决时，要引导人们正确行为。就像在本案中，如果法院判决杨医生仍然承担责任，在一定程度上就否定了禁止电梯内吸烟的规则，同时，也确立了一个规则，即任何人在劝导他人不在电梯内吸烟时，如果发生意外，劝导人仍有可能承担法律责任，这就可能阻却人们从事相关劝阻行为的积极性。事实上，无论是硬法律规则（如国家颁布的法律规则），还是软法的规则（如乡规民约等），要能得到执行，执法者的资源是有限的，要靠民众参与到法律的适用、执法的监督过程中。例如，在国外经常出现此种情况，如果某人自家花园的草坪长期不修剪，杂草丛生，即使政府不派人来干涉，邻居也会举报；如果父母在家里打小孩，违反了相关的法律规定，只要小孩哭出声，邻居就有可能报警。正是通过民众参与法律的适用和监督，使法律得到很好的执行。同样，电梯禁止吸烟的规制，仅靠警察执法是做不到的，还需要靠民众的积极参与，如果判决劝阻吸烟者承担责任，就会阻却民众参与法律监督的热情，相关的法律规则也将形同虚设。唯有如此，“良法之治”方能逐步实现。诚如二审判决所言：“本案中，杨帆对段小立在电梯内吸烟予以劝阻合法正当，是自觉维护社会公共秩序和公共利益的行为，一审判决判令杨帆分担损失，让正当行使劝阻吸烟权利的公民承担补偿责任，将会挫伤公民依法维护社会公共利益的积极性，既是对社会公共利益的损害，也与民法的立法宗旨相悖，不利于促进社会文明，不利于引导公众共同创造良好的公共环境。因此，一审判决判令杨帆补偿田九菊15000元错误，本院依法予以纠正。”①

司法裁判传递正确的价值观，就能够引导人们正确行为。如果人人都遵法、守法，就可以为法治建设奠定坚实的基础。

第四节　说理的规范性和个性表达

从两大法系的比较来看，大陆法系讲究裁判文书格式化，但总体而言，法官在裁判中过多追求格式统一，但个性化的论证说理不足。而英美法的法官可以在裁判文书中运用各种素材充分展开个性说理，因此个性表达的色彩较为浓厚。所以，许多学者认为，大陆法系在裁判说理方面具有封闭性的特点，过分注重格式的统一，因而对裁判说理的个性特征关注不足；而英美法系裁判文书则强调法官具有充分说理义务，使得裁判说理具有很

① 河南省郑州市中级人民法院（2017）豫01民终14848号民事判决书。

强的开放性和包容性，其并不拘泥于某一固定的格式。[①] 在我国，笔者认为，民事裁判说理既要符合一定的规范和标准，同时在说理方面也要尊重个性表达。

一、裁判文书说理应当具有一定的规范性

裁判说理首先要遵循统一的格式和要求。一方面，统一的格式和要求有利于维护裁判文书的法律效力。毕竟裁判文书是人民法院作出的法律文件，能够产生法律效力，可以确定当事人之间的权利义务关系。规范裁判文书的格式，有利于将裁判说理的共性原则统一地作出规范，以利于法官在裁判文书中准确表达裁判意见。裁判文书是法律价值的一种体现，通过一个个具体裁判文书的日积月累，可以使人们更加确定法律所追求的价值。[②] 如果没有统一的格式要求，法官在制作裁判文书时各行其是，可能会使人们无法从各种杂乱的信号中理解法律的价值，这也可能导致裁判文书的权威性遭受减损或丧失法律效力。另一方面，统一的格式和要求也为裁判说理提供了框架。裁判文书的格式和要求有利于使法官在裁判说理中遵循说理的基本逻辑规律。[③] 例如，从我国裁判文书的格式来看，首先要求记载当事人的诉讼请求和抗辩理由，其次要求记载法院经过认证过程所认定的案件事实，最后要求记载法律适用和得出裁判结论的过程。这一从事实认定到法律适用的过程，有利于保障裁判说理的逻辑性。从我国的现实来看，虽然近年来法官的职业素养有了极大的提高，但一些法官裁判文书的说理水平仍有待提高，要求法官在制作裁判文书时遵循相对固定的格式，也有利于提高裁判说理的水平。此外，裁判文书的规范化也有利于提高司法效率。从我国司法实践来看，多数法官每年的办案量都非常大，结案压力比较大，各类案件的案情不同，纠纷的内容也是千差万别，如果不对裁判文书的格式进行规范，面对大量的案件，法官在制作裁判文书时可能无从下手。而通过规范裁判文书的样式，则可以为法官快速审理案件提供明确的指引，从而提高司法效率。

裁判文书的规范性要求其应当有大体一致的内容。改革开放以来，我

---

① 蔡杰、程捷：《封闭与开放：裁判文书论理风格之类型化检讨》，载《法学论坛》2006 年第 2 期。

② 参见刘建军、王颖：《裁判文书的法律价值与改革》，载《法律适用》2002 年第 9 期。

③ 邱爱民：《论司法裁判中的说理》，载《南京工程学院学报（社会科学版）》2006 年第 1 期。

国就十分重视规范裁判文书的格式。早在1980年6月，司法部发布了《诉讼文书样式》，下发全国各级人民法院，该诉讼文书制作规范对民事裁判文书的写作标准作出了规定，如规定了裁判文书样式共计8类64种，对统一诉讼文书、强化裁判说理起到了一定的积极作用。1992年，为了实现裁判文书制作的规范化和统一性，最高人民法院颁发了《法院诉讼文书样式（试行）》，这在一定程度上解决了我国长期以来存在的裁判文书不规范、格式不统一、质量较低等问题。按照该诉讼文书样式，裁判文书包括“原告诉称”“被告辩称”“经审理查明”“本院认为”和“判决如下”五个部分。此种结构内容清晰、结构规范，但忽略了对案件的举证、质证、认证等过程的记载，也在一定程度上影响了裁判文书的说理性。① 而且事实认定在“经审理查明”部分重复出现，且与判决理由相割裂，这也在一定程度上影响了裁判说理。② 受裁判文书格式与制作要求等因素的影响，我国裁判文书的格式较为统一，但这也可能产生裁判文书千篇一律、千案一面等弊病。③ 例如，有的法官在制作裁判文书时，在叙述当事人的主张时，往往采用笼统或者高度概括的表达方法，不能准确反映当事人的主张和案情的全貌。④

2016年，最高人民法院又发布了《人民法院民事裁判文书制作规范》和《民事诉讼文书样式》。该规范规定裁判文书的基本要素包括标题、正文和落款三部分，同时，该制作规范还对裁判文书的标题、正文和落款等各部分分别作出了规定，目的即在于“确保文书撰写做到格式统一、要素齐全、结构完整、繁简得当、逻辑严密、用语准确，提高文书质量”。较之于1992年颁发的《法院诉讼文书样式（试行）》，在格式上确实作了重要改进，避免了上述五部分的缺陷，而且为裁判说理留下了必要的空间。该规范要求裁判文书的正文部分应当详细记载案件的举证、质证和认定过程，强化了对案件事实认定部分的说理。许多地方法院为进一步落实上述规定，也颁行了相关的规则。例如，河南省高级人民法院发布了《关于加强和规范民事裁判说理的指导意见（试行）》，对于规范裁判文书写作、强化裁判说理具有一定的积极作用。此外，除了对裁判文书的外部格式进行规范

① 王松：《创新与规制：民事裁判文书的说理方法》，载《人民司法·应用》2008年第5期。

② 参见曹志勋：《对民事判决书结构与说理的重构》，载《中国法学》2015年第4期。

③④ 参见孙华璞、王利明、马来客：《裁判文书如何说理》，北京大学出版社2016年版，第54页。

外，还应该注意相关配套制度的制定与完善，如建立相关的评价、监督和制约机制。

应当承认，裁判文书的规范性要求是必要的，即使就裁判文书说理而言，也应当具有明确的规范性的要求。例如，《最高人民法院关于加强和规范裁判文书释法说理的指导意见》指出，“裁判文书行文应当规范、准确、清楚、朴实、庄重、凝练，一般不得使用方言、俚语、土语、生僻词语、古旧词语、外语；特殊情形必须使用的，应当注明实际含义。裁判文书释法说理应当避免使用主观臆断的表达方式、不恰当的修辞方法和学术化的写作风格，不得使用贬损人格尊严、具有强烈感情色彩、明显有违常识常理常情的用语，不能未经分析论证而直接使用‘没有事实及法律依据，本院不予支持’之类的表述作为结论性论断”。这实际上就是对说理的必要规范的要求。缺乏规范，裁判文书的表达必然各行其是、五花八门。

试举一案分析：在2016年6月江苏泰兴市人民法院作出的一份离婚案件中，法院在判决中指出，“原、被告从同学至夫妻，是一段美的历程：众里寻他千百度，蓦然回首，那人却在灯火阑珊处。令人欣赏和感动。若没有各自性格的差异，怎能擦出如此美妙的火花？……本院极不情愿目睹劳燕分飞之哀景，遂给出一段时间，以冀望恶化的夫妻关系随时间流逝得以缓和……用智慧和真爱去化解矛盾，用理智和情感去解决问题，不能以自我为中心，更不能轻言放弃婚姻和家庭，珍惜身边人，彼此尊重与信任，重归于好”。[①] 这份判决在网上广为流传，褒贬不一。但笔者认为，裁判文书毕竟不是文学作品，而应当注重其严肃性和规范性，应当围绕法律规范和争议焦点展开说理。例如，在该判决中，法院援引宋代辛弃疾的“众里寻他千百度，蓦然回首，那人却在灯火阑珊处”名句，究竟要表达什么意思，其与本案的纠纷究竟有何关联，并不清晰，反而会引发争议。因此，裁判文书说理虽然彰显了个性，但也应当注重其规范性。

当然，强调裁判文书的共性并非要完全排斥裁判文书的个性，裁判文书过度追求共性，强调裁判文书的规范性，可能会弱化裁判文书的个性，导致许多裁判文书出现千篇一律的现象，使一些法官不能在裁判文书中充

① 靳昊：《“胜得茫然、输得糊涂”，裁判文书如何以理服人》，载《光明日报》2018年7月15日。

分展开说理。[①] 因此，法官在制作裁判文书时，应当在遵守裁判文书基本制作规范的基础上，充分发挥主观能动性，展示裁判文书的说理性。当然，在强调裁判文书的个性的同时，也应当注意裁判文书的规范性。[②]

二、裁判说理应当具有个性

从我国司法实践来看，许多裁判文书都在套用固定的表达格式，在说理时使用相对简略的语言，如“于法无据，本院不予采信”等表述。至于当事人的主张为何“于法无据”，法院为何“不予采信”等，法官均缺乏充分的说理论证，使当事人和社会公众很难从裁判文书中了解法官裁判说理的过程。[③] 一些裁判文书只是机械地照搬裁判文书的格式，而缺乏对证据的分析和对案件事实的认定，使得事实的认定和法律适用过程发生脱节，影响了裁判文书的说理水平。[④] 目前裁判说理中存在的问题在于，个别法官把裁判说理当作是公文，固守固定的模板。这也反映了我国的裁判文书过分注重裁判文书的共性，个别法官机械地遵守裁判文书的格式要求，而忽略了裁判说理的个性，这也影响了裁判文书的说理水平。

其实，我国古代的裁判文书是非常注重个性的，十分注重情、理、法的统一。裁判官在判词中常常引经据典，在展现裁判官个人良好文学素养的同时，也增强了裁判文书的说理性。这种经验是值得我们在裁判说理中借鉴的。例如，明代判词引经据典的现象十分普遍，这也使得明代判词的词句较为华丽，具有较强的文学价值。[⑤] 从比较法上看，一些著名的法官常常在裁判文书中表现出鲜明的个性，波斯纳指出，“约翰·马歇尔、奥列弗·温德尔·霍姆斯、本杰明·卡多佐、勒尼德·汉德，以及罗杰·泰耶尔，也都是这种‘不太地道’风格的实践者”，霍姆斯“提供了个性化声音的一个最好范例……霍姆斯的语言直率、不装饰、不造作，既不官腔，也不职业。他用的是这个社会都分享的语言，包括司法作者，也包括公共

① 罗灿：《司法改革背景下裁判说理的规范与加强》，载《人民法治》2015 年第 10 期。
② 庄绪龙：《裁判文书“说理难”的现实语境与制度理性》，载《法律适用》2015 年第 11 期。
③ 王申：《法官的理性与说理的判决》，载《政治与法律》2011 年第 12 期。
④ 彭丹云：《民事裁判文书理由阐述之探究》，载《福建政法管理干部学院学报》2006 年第 1 期。
⑤ ［日］滨岛敦俊：《明代之判牍》，载《中国史研究》1996 年第 1 期。

受众”。[1]

裁判说理要适度地张扬个性，允许法官根据具体的案情，适度地突破固定的格式。裁判文书之所以需要具有个性，主要理由在于：一方面，案件类型和纠纷的性质、内容不同，裁判文书的说理也应当存在差别。裁判文书的说理应当具有针对性，因此说理并不在于多，而在于说理充分。充分的含义也并不是说要事无巨细，对每一个问题都进行长篇大论，关键在于说理要真正达到能够以理服人的程度，从而达到“胜败皆服”的效果。因此，对当事人有争议的内容，法官应当进行详细的说理，而对于争议较小的内容，则不需要进行过多的说理。可见，案件的内容不同，裁判文书的说理也存在差别，不同性质、不同类型、不同审级的民事案件，有其自身的特点和特有的表现形式。每一个案件是不同的，规范民事裁判说理时，应当为个性化说理留足空间，该空间也是展现民事裁判说理灵魂、展示民事裁判公信力的关键所在。[2] 另一方面，强调裁判文书的个性表达，可以为法官根据具体案情进行充分的说理。从我国司法实践来看，部分法官在制作裁判文书时，过分注重裁判文书形式，反而忽略了裁判说理本身。一份真正优秀的裁判文书，应当是说理十分全面透彻的文书，在这方面，既要鼓励法官有说理，也需要强调裁判文书的个性，从而有利于法官结合事理、情理和法理展开说理。在纠纷的解决过程中，尤其是具有伦理道德基础的家事法领域，引用道德规范说理，可能能够更好地实现裁判的社会效果。

可见，裁判文书应当努力实现共性与个性的统一，即应当在注重共性、强调法官按照法定格式制作裁判文书的基础上，通过强化裁判说理，凸显裁判说理的个性表达。从我国的司法实践来看，随着最高人民法院裁判文书规范化改革的推进，我国裁判文书在整体上实现规范化的要求，但裁判文书的个性并不突出，尤其是裁判说理方面的个性存在不足。在司法改革的大背景下，应该强化法官的说理责任，将裁判说理纳入法官考核的内容，以不断提高裁判文书的说理水平。

---

① 参见［美］理查德·波斯纳：《波斯纳法官司法反思录》，苏力译，北京大学出版社2014年版，第294页。

② 赵朝琴：《规范民事裁判说理的五个问题》，载《人民司法·应用》2016年第1期。

第五节　裁判说理不宜完全标准化

在推进裁判说理中，有观点认为，裁判文书本身是一种产品，应当按照标准化的方式制作，因此，说理也应当标准化。既要按照一定的格式说理，又要使用标准化的语言说理，这就难免导致裁判说理千人一面、套话过多、内容枯燥等现象。笔者认为，司法活动可以实行标准化的管理，对立案、审判、执行中各个环节进行严格标准化管理，从管理学层面讲，规则越具体、越明确才能让整个司法过程的管理更加精细化，裁判质量更加有保障。司法活动的标准化管理对于裁判过程具有指引作用，有利于提升裁判质量，并能够防止司法裁量权被滥用，保障司法公正。

但应当看到，裁判文书的制作本身不能采取标准化方式制作，尤其是裁判说理不能实行标准化。产品是物，制造物本质上属于大规模的生产活动，自然可设计出所需遵循的产品标准。但是，司法裁判面对的则是作为民事主体的人，不能简单地将针对物的规则套用于人之上。产品可以大规模制造，而从客观上来说，司法裁判不可能制造大量相同的裁判结果，因为裁判所需依据的客观事实不可能完全一致，所谓“类案”也只是说案情具有相似性，并不是说案情绝对相同。每一个裁判都是为了保障裁判结果的公平，产品的制造侧重于考虑终端的结果，并不重视整个制造过程，只要产品质量是合格的，工序过程本身并不重要，而且产品生产过程允许出现一定的误差。换言之，只要最终的产品符合质量，制造过程是无须追究的。但是，司法不仅需要追求实体正义，也要追求程序正义，即使实体结果最终是正义的，如果程序违反法律规定，则整个裁判结果也将是“不正义的”。尤其应当看到，产品的制造可以允许次品，可以存在大量实验，能够允许制造方法的探索失败。产品的生产过程是可以有大量实验和失败的，虽然最终选择的生产工艺和出产的产品是合格产品，但达成这个结果的过程中，可能有不少失败的实验和废品、废料。而司法裁判则不允许所谓的“次品”，在规则设计之时不可能预留试错空间。产品有次品率，但司法的目标是要保证每一个案件的公平正义，无论是在观念上还是在实践中，次品司法裁判都是不能被容忍的。一个案件的错判不仅可能毁掉一个人的前途，而且还可能摧毁一个家庭，甚至损害社会公众对法律的信仰。一个产品主要是满足单个消费者的物质需求，而一个司法判决则将产生广泛的精神上的影响。

就裁判的说理而言，不可能实行标准化，主要原因在于：第一，类案之间可能需要一定的标准，但是世界上没有两个完全相同的案件，甚至是否是类案都需要论证说理。裁判说理的规范化是必要的，其有助于实现裁判文书的共性，但不宜因此而完全忽视裁判说理的个性，否则可能会导致对生活世界的过分漠视，欠缺对规范的精准理解，对个案特殊性的无视，使得法官成为一个判案的自动售货机。裁判说理不能千篇一律，应当允许法官针对个案予以适度发挥。[①] 第二，对疑难案件而言，之所以被称为疑难，就是因为其在法律关系、法律适用等方面存在重大差异，所以无法用针对简单案件的标准化予以说理。在疑难案件中，涉及规范的体系连接、不确定概念等的事实填充、类型化，甚至价值和原则之间的相互权衡，程式化和标准化就很难解决。应当看到，一些地方法院开始借助人工智能机器人办案，人工智能强大的记忆、检索和分析功能，能够为司法裁判活动提供相对确定的参考标准，但人工智能仅仅只能针对简易案件，如道路交通事故案件，可以采取格式化的方式提供裁判结果，这有助于提升裁判的效率，但对疑难案件而言，显然不能采用人工智能办案。第三，司法裁判不是简单的数据计算或者简单的逻辑推理，需要进行复杂的利益衡量和价值判断，借助人工智能机器人办案，确实有利于提高办案质量和司法效率，但其不能完全代替法官裁判，而只能作为一种司法裁判活动的辅助工具。

从根本上而言，司法裁判不能实行标准，因为法官享有自由裁量权，法官不能使得裁判完全采取统一标准和统一格式。法官的角色绝不仅仅是作为一张嘴，说出法律的内容，法官可以通过解释法律、填补漏洞发展完善法律，使立法者的目的在个案中得到充分彰显。法官的自由裁量权就是要能够实时跟进社会的发展和变动，能够对社会变迁作出准确的认识和反映，以确保人们在变迁的社会中也能够获得公平对待。

我们必须认识到，自由裁量权本身并非导致司法裁判不公的根本原因，甚至可以说这是司法裁判必不可少的组成部分。如果不允许自由裁量权的

---

① 参见孙海波：《裁判对法律的背离和回归——疑难案件同裁判方法新论》，中国法制出版社2019年版，第64页。

存在，事实上可能恰恰导致司法不公的出现。一方面，立法者不可能在立法之时预测到实践中可能出现的各种情况，无法在立法时事先做好事无巨细的安排，实践始终是丰富多彩的，而立法者的理性也是有限的。需要给予法官一定的自由裁量权，使其针对具体情况作出妥当的裁判。另一方面，司法活动中的案情总是不一致的，不可能有完全相同的案件，立法者只能设计一般的法律规则，至于相应法律规则是否能适用于特定的案件，这必须由裁判者运用规范解释学的方法来证成。尤其应当看到的是，同案同判只是为了说明法官不能任意对法条以及类似案件做随意的解读，而不是说同一类案件的裁判结果必须完全一致，世上没有完全相同的两片树叶，两个案件之间不可能绝对相同，由于裁判所依据的事实不同，就必然导致了裁判结果必然会存在相应的差异。所以，完全否定裁判者的自由裁量权是不符合司法规律的，违背了法律适用的基本逻辑，因为在整个司法裁判中，要使裁判结果公正、妥当，必然要发挥法官的主观能动性。还应当看到，我国幅员辽阔，地区差异很大，很难在全国范围制定一个统一的、数字化的裁判标准，而应该交给法官根据本地的实际情况予以具体认定。因此，对涉及自由裁量权的问题，应当更多地依靠标准进行指引，而不是设置整齐划一的标准进行管理。

第八章　裁判说理中事理、法理、情理、文理的结合

在裁判文书中，说理是核心和灵魂，它连接了裁判事实与裁判结论，① 能充分展示裁判者的认知过程和逻辑思路，进而为司法监督和外部评价提供可靠的依据。在德国，主流学说主张，法官裁判的理由是其合法性的来源。② 由于裁判是紧密围绕事实和法律进行的职业活动，说理当然必须围绕事实和法律来展开，裁判事实内在的事理以及法律蕴含的法理无疑都在裁判说理的范围。需要指出，法律有其局限之处，法外的社会规范起着重要的补充作用，这些社会规范所包含的情理也应在裁判说理之中。这一点在我国司法活动中早就有共识，河南内乡县衙是目前国内保存最为完整的古代县衙，它的二堂屏门上挂一横匾，上写“天理、国法、人情”六个遒劲有力、凝重浑朴的大字，其寓意正强调事理、法理和情理的充分结合。不仅如此，作为彰显司法公信力的文书，裁判文书有其内在的构制特征和写作规律，它们体现的是裁判文理，若文理不通，则事理、法理和情理也就不明，文理因此也是裁判说理不可或缺的成分。故而，裁判说理的过程，就是摆事理、明法理、讲情理、善文理的逻辑综合，③ 最终实现事理明晰、法理透彻、情理充分、文理通畅的目标。

---

① 赵朝琴：《规范民事裁判说理的五个问题》，载《人民司法·应用》2016年第1期。

② ［德］哥特瓦尔德：《德国司法判决书中的说理：实践与学说》，曹志勋译，载《苏州大学学报（法学版）》2015年第4期。

③ 周公法：《事理、法理、情理、文理——裁判文书的说理之道》，载《山东审判》2007年第5期。需要注意的是，有观点认为，除了前述的“四理”，裁判说理还应包括学理、哲理。刘树德：《增强裁判说理的当下意义》，载《人民法院报》2013年12月27日；胡云腾：《论裁判文书的说理》，载《法律适用》2009年第3期。笔者认为，学理主要指对法律研究的学术之理，完全能包含在法理之中，哲理则在不同侧面反映在事理、法理和情理当中，故而，裁判文书的说理是事理、法理、情理和文理的结合。

第一节　事　理

一、事理的概念及其裁判意义

顾名思义，事理就是事情的道理、事物本然之理，是包含在事情、事物之内的道理和规律，反映了事情、事物发展的必然性。古今中外对此有共识。朱熹指出："礼字、法字实理字，日月寒暑往来屈伸之常理，事物当然之理。"① 一言以蔽之，事理表明"有物有则"。裁判活动离不开对案件事实的查明，事实不清，则道理不明。裁判文书必须说清楚案件事实，并透彻地把案件事实何以如此的道理展现出来，只有这样，才能使人准确了解案件事实，并进而了解作出裁判结论的依据，从而感受到司法的公平正义。② 换言之，法官要想妥当公正地裁判案件，必须顺着"事物本然之理"，③ 在裁判文书中把事理讲明说透。

大千世界之中，万事万物均有其自身的发展规律。这种规律的集中表现就是事理。事理并不一定能反映全部事物的客观规律，有时受制于人类认识的局限性，对事理的认识总是一个螺旋式上升的过程，但是在人们长期的社会生活中，如果形成了对事理认识的一些共识，那么这对于人们在当下的时空内对于认识事物达成共识就是具有意义的。尤其是在对于事实的说理过程中，这些事理因为获得了人们的共识，而具有说服性，能够为社会成员所接受和认同。

事理本身不同于法理，一方面，虽然法律上的许多规则基于对事物发展的认识，但是法律不仅仅是关于客观世界的认识，更在于调整人的行为，因此法律不可能反映所有的事理。另一方面，事理不可能全部上升为法理，法理也不可能做到面面俱到，完全代替事理。另外，事理的功能主要体现于事实的认定方面，而法理的功能则主要体现在法律的适用层面。所以事

---

① 《朱子大全》之《答吕子约》。

② 胡云腾：《论裁判文书的说理》，载《法律适用》2009年第3期。

③ 参见林立：《法学方法论与德沃金》，中国政法大学出版社2002年版，第103页。

理不能完全等同于法理，但它可以弥补法理的不足。在裁判文书中阐明事理，有以下重要意义：

一是有利于提高裁判文书的可接受性。法官的任务是将怀疑转换成司法的确定性，“法官必须宣示司法的真理性”。[①] 要完成这个任务，法官必须通过证据对比、借助经验法则等手段，尽量使裁判文书中的事实接近客观真实，进而准确地适用法律，产生确定性的结果。客观地看，法官并非上帝，无法在事后完全还原过去发生的案件事实，事实真假难辨、证据真伪难分，这一直是困扰法官的难题。而法官在认定事实时，总是要受到自身的性格、情绪、心理素质、道德情操和职业水平的制约，受解释学上所说的“前见”的影响，受自身知识的范围和程度的制约，这会导致不同法官对同一案件事实有不同的认识。照此来看，案情事实的认定，并非易事。不过，万事皆有道理，其道理实际就是人们在长期的生产、生活过程中，对外界现象的规律性认识，它们为人们普遍接受，具有高度的共识性，这就是事理。只要裁判文书中讲清了事理，它又的确符合人们的普遍认知，就能为社会公众所普遍理解和接受。从我国司法实践来看，有的法官在阐述事理的过程中，并没有列明认定案件事实的证据，或者虽然列举了证据，但并没有对证据的证明力以及其与案件事实的关联性等进行分析，对双方当事人的举证也没有进行必要的判断，这显然没有尽到对事理的说明义务，也往往不能令人信服。可以说，法官在裁判文书中讲明讲透事理，能在相当程度上让外界确信裁判事实就是客观事实，在此基础上的裁判结论更容易令人信服，从而能提高裁判文书的可接受性，更容易使当事人息诉服判。

二是讲清事理也有利于准确地认清事实，因为事理可能包含了事物发展的必然性，按照事物正常的发展规律，它是必然发生的，因此，对事理的阐释，也有助于了解案件事实的真相。裁判者在认定事实的过程中，可能因为认识的角度、判断的结果等因素的影响，会对事实的认定出现较大的争议。这就要借助事理的论证和分析，从而克服法官认识和经验方面的不足。[②] 讲明事理，就使得整个论证过程逻辑严谨，也提高了裁判文书的说理性。例如，在马某等诉古南都酒店等人身损害赔偿纠纷案中，一审法

---

① Ngwasiri, The Role of Judge in French Civil Proceedings, 9 Civ Just. Q167-168, (1990).

② 参见张亚东：《经验法则——自由心证的尺度》，北京大学出版社2012年版，第36页。

院认为，“楼房的阳台，是一个连接室内与室外空间，可供人们在上面踩踏，进行乘凉、晒太阳或者远望等活动的平台。正因为阳台必须有这样的功能，因此设阳台的楼房房间内，必然有通往阳台的门。只有通过门，人们才可以正常到达阳台，并在阳台上活动。本案事实证明，207 室外虽有一个平台，但却没有通往该平台的门，只能从窗户上看到该平台。因此，该平台不是供人们在上活动的阳台。原告将 207 室外的平台称为阳台，该观点不予采纳”。[①] 这就在裁判中讲清了事理，有利于准确认定事实。

三是有利于正确适用法律。由于法律规则具有抽象性，在将其与具体案件事实相连接时，需要法官在裁判中阐释找法的过程和道理，从而真正保障依法裁判。通过事理分析，也可以准确阐释法律的含义，保障法律的准确适用，并对该法律规则的内涵进行阐释。例如，在联友卤制品厂诉柏代娣商标侵权纠纷案中，法院认为：“在茅山地区，腌制与出售鹅、鸡食品的商家众多，人们有腌制和品尝此类食品的生活习惯与经验；当地消费者在选择此类食品时，往往会结合生产者及商品上的其他相关标识加以判断，不会因柏代娣的商品上有‘茅山’二字，而将该商品与联友厂的商品混淆、误认。考虑到这些因素，应当认定柏代娣在其生产、销售的商品包装上使用‘茅山’二字，不存在侵犯他人注册商标专用权的主观恶意，不会误导公众，是对注册商标中含有地名的善意使用，因而是正当使用，不构成对联友厂注册商标专用权的侵犯。”[②] 在该案中，通过对事理的分析，也有助于讲清法理，准确认定法律责任。

四是有利于向人们传达正确的价值观念和行为方式。事理是事情、事物的内在道理，它既可能是大道理，也可能是小道理，但无论如何都是为人们所普遍接受的道理。在裁判文书中阐明事理，实际是向公众宣示社会惯习，借此告诉人们何种观念和行为是正当的，能为法律所认可，从而把正当的价值观念和行为方式传递出去，起到必要的宣传和引导作用。例如，欠债还钱、打人赔偿等是一般的事理，也表达了社会成员所公认的价值观。美国著名法学家霍姆斯指出：“一部法律，如果惩罚了社会普通成员都不认为有过错的行为，该法律就太苛刻了，社会将难以承受！”[③] 只有讲清了

---

① 《最高人民法院公报》2006 年第 11 期。

② 《最高人民法院公报》2005 年第 8 期。

③ ［美］小奥利弗·温德尔·霍姆斯：《普通法》，冉昊、姚中秋译，中国政法大学出版社 2006 年版，第 45 页。

事理，才能讲清楚事物的道理，才有利于规范人们的行为。

二、事理与经验法则

所谓经验法则，是人们在长期的生产、生活中对客观普遍现象和通常规律的一般性认识，其属于不证自明的范畴。① 一般认为，经验法则来源于德国学者弗里德里希·斯坦于1893年关于法官内心认知的著作，他认为，在三段论司法推理过程中包含了一个具有一般性特征的概念，并在这一概念的基础上形成了具有可推论特征的事实前提，人们据此将经验法律定义为“一个来源于在确定性经验基础上形成的一般性法则”。②《最高人民法院关于民事诉讼证据的若干规定》第10条第4项规定，根据已知的事实和日常生活经验法则推定出的另一事实，就是指经验法则的适用。

经验法则虽然不同于自然科学的定理和公理，而是具有一种高度盖然性的法则，但其毕竟是社会经验的总结，体现了日常生活中的常理，③ 德国哲学家李希腾伯格曾经指出，“只懂法律的人，其实根本不懂法律”。其意思就是说，如果只懂法律而不懂社会生活，是无法真正理解法律的，法律的准确适用需要大量依赖法律之外的事理。而德国法学家Luther也表示过“如果法官仅仅是名法官，那实在是太糟了，法官的作用不仅仅是找到并执行法律，法官还要防止裁判流于单纯的法律技巧，而成为一种‘盲目的正义’。法官的任务是不要让自己单纯的纠结于教义学的灌木，而只见树木不见森林”。④ 法官作为个人，理应对“人类的境遇作出回应。他们不是居住在真空里”。⑤ 所以，法官应当了解社会生活，掌握经验法则，并将其运用于裁判说理中。运用经验法则，实际上就是运用事理进行说理，解释其符合常理，更能够为当事人所接受。同时，有利于克服裁判中机械执法的现象。

在认定案件事实的过程中，法官往往需要借助经验法则进行推理、论证，因为经验法则“系吾人基于日常生活经验所得来者，属于一种既客观

---

① 参见程春华：《裁判思维与证明方法》，法律出版社2016年版，第109页。

② 参见张亚东：《经验法则——自由心证的尺度》，北京大学出版社2012年版，第17页。

③ 参见张卫平：《认识经验法则》，载《清华法学》2006年第6期。

④ Günter Hirsch, Die Rechtsprechung-ein Spiegel der Gesellschaft. MedR 19, 599-603 (2001).

⑤ 参见刘艳红：《“司法无良知”抑或“刑法无底线”——以“摆摊打气球案”入刑为视角的分析》，载《东南大学学报（哲学社会科学版）》2017年第1期。

又普遍之定则，可为大多数人所接受者，绝非主观或者狭隘之个人意见，法院为认定事实之判断时，若非依据经验法则，即难以为妥适正确而与事实相符之认定。”① 同样，事理往往需要借助经验法则来判断，在悖于经验法则的情况下，法院通常会采用一种机械、僵硬的做法作出裁判，这就使得裁判结果不符合情理。例如，在某个案例中，当事人双方在股权转让协议中明确约定了合同签订后即一次性以现金的方式支付，合同签订半个月后，转让方后来陪同受让方一起办理股权变更登记，但后来因各种原因，双方发生纠纷，受让方并没有支付价款。受让方提出，在合同签订后就以现金交付的方式支付了价款，且双方已在工商机关办理了登记过户手续。一审法院认为，受让方既没有银行转账的记录，转让方也没有出具收条，因此，受让方并没有支付价款。但实际上，从本案来看，双方在合同中约定了，受让方应当在合同签订后一次性以现金的方式支付价款，这也意味着，受让方不可能以银行转账的方式支付价款；而合同签订半个月后，转让方后来陪同受让方一起办理股权变更登记，按照经验法则，可以推定出受让方已经支付了价款，否则转让方不可能配合办理变更登记，任何合理、理性的商人都不可能在未收到价款的情形下将其股权转让给他人。所以，从经验法则判断，转让方收到价款的可能性远高于未收到价款的可能性。②

实践证明，适当运用经验法则有助于事实的认定，有利于产生公正的判决结果。例如，在青岛中南物业管理有限公司南京分公司诉徐某某、陆某某物业管理合同纠纷案中，法院认为：“庭审中，徐某某虽然主张其仅签收过一次中南物业南京公司出具的整改通知单，而且在签收时并未查阅整改通知单的具体内容，但未能举证加以证明，且其关于未查阅整改通知单的具体内容即予以签收的主张有悖常理，故不予支持。”③ 在该案中，法官认为，当事人在未查阅整改通知单的情形下即予以签收，是有违常理的，

---

① 张淳宗：《论错误刑事在确定裁判及其救济方法》，载我国台湾地区司法行政主管机构 1998 年研究发展项目研究报告，第 78 页。

② 参见《肖以琛如是说：以案说法：经验法则的运用》，载《今日头条》https://www.toutiao.com/i6610986781682696711/?tt_from=weixin&utm_campaign=client_share&wxshare_count=1&timestamp=1611113710&app=news_article&utm_source=weixin&utm_medium=toutiao_android&use_new_style=1&req_id=20210120113510010204053155 50D9C2D0&share_token=624f7b79-651e-4823-94c2-2ac0f1eba80e&group_id=6610986781682696711，最后访问时间：2021 年 1 月 20 日。

③ 《最高人民法院公报》2007 年第 9 期。

这显然也是运用了经验法则进行说理。

在司法裁判三段论中，小前提是案件事实，法官在事实认定过程中，需要进行详细的说理论证，讲透事理，在此意义上，事理是提炼和加固司法裁判小前提的必需品，由此为裁判结论提供基础和依据。与此不同，经验法则实际就是社会公众普遍知晓的常理，它虽然是法官阐明事理的重要依据，但并非司法裁判的小前提，法官也不需要就常理进行过多阐释。例如，在某个人工授精子女抚养纠纷案中，法院在运用经验法则后认为："实施人工授精时，配偶在场且未提出反对或者不同意见，应当视为对人工授精的同意"，因此，推定某男同意其妻通过人工授精生育子女。① 这也符合人们一般认识的事理。

事理是蕴含在具体案件事实中的道理，它一定与特定案件情况是匹配的具体道理，而经验法则是在一定范围内得到普遍认可、被社会许多成员广泛接受的知识，是抽象的常理，故把经验法则阐发为事理，是一个从抽象到具体的过程，在这个过程中，经验法则必须与特定的证据结合起来适用。"经验法则之适用，推定其他事实（间接事实或主要事实）之存在。易言之，认定要证事实不以直接证据，而以间接事实经过经验法则之适用，推定该要证事实之存否。"② 这意味着，法官不能单纯使用经验法则对案件事实进行主观推断和假设，而应先分析证据，然后再与经验法则相结合，对证据进行取舍，对案件事实进行认定，只有这样，才能真正阐明事理。比如，在欧某某等诉岑溪市木材公司支付报销发票款案中，法院认为，在通常情况下，单位工作人员报销发票时，会计人员一般会对发票是否符合报销条件进行审核，确认符合报销条件，但又没有现金时，才需要立下收条并注明"未付款"，否则，如果发票不符合报销条件，则财会人员会拒绝收取发票，更不可能出具收条，此种做法符合办理报销手续的一条经验法则。因此，在本案中，二审法院认定发票符合报销条件是正确的，一审法院以该发票是否符合报销条件无证据证实为由，根据证明责任判决驳回原告诉讼请求是不妥当的。③

还要看到，经验法则包括了通常的社会观念常理，强调的是应然，如

---

① 《最高人民法院公报》1997 年第 1 期。

② 参见雷万来：《民事证据法论》，我国台湾地区瑞兴图书股份有限公司 1997 年版，第 33~35 页。

③ 参见张亚东：《经验法则——自由心证的尺度》，北京大学出版社 2012 年版，第 50 页。

大年初一不要上门讨债等就很典型，而事理蕴含在实然的案件事实中，面对大年初一上门讨债的事实，就无法用经验法则来更改案件事实，而应从具体事实出发来阐述其事理。“职业法官的书本知识确实比普通民众渊博，但在实际的生活经验上，却未必比人家丰富。”[①] 因此，需要多从社会生活中总结事理，并善用事理说理。

三、裁判文书阐明事理的步骤和方法

在裁判文书中，事理是案件事实得以形成的道理，围绕这个基点，裁判文书阐明事理应遵循以下步骤和方法：

一是要准确认定法律关系。“法书万卷，法典千条，头绪纷繁，莫可究诘，然一言以蔽之，其所研究和所规定者，不外法律关系而已。”[②] 法律关系是指导理论研究人员与司法实务工作者解决实践问题的基本思维模式与思考方法。法官在处理民事纠纷时，都需要将当事人置于具体的民事法律关系中，分析该具体法律关系的主体、客体以及当事人的权利义务关系，把握权利的产生、变更、消灭，从而正确地解决各种民事纠纷。这也表明，在民事裁判文书中，阐明事理首先应当认定法律关系的属性和范畴，其究竟是合同关系还是侵权关系，如果是合同关系，究竟是何种合同关系，如果是侵权关系，究竟是一般侵权还是特殊侵权。只有在准确认定法律关系后，才能准确阐明事理，才能准确适用法律。例如，在“上海同在国际贸易有限公司与远东电缆有限公司买卖合同纠纷案”中，该院审判委员会认为：同在公司与远东公司就案涉合同发生交易的性质是期货交易，同在公司进行案涉交易的行为未经依法审批，属于变相期货交易，案涉合同依法应当认定为无效。[③]

二是依据事物发展规律说理。德国法学家耶林指出，“没有任何事情是孤立发生的。”或者说，任何事情的发生，都有其原因之所在。尽管我们并不一定能够清楚地知晓这些原因。[④] 在事理中，包含一种典型的形态，即事物客观的规律，万事万物都有其发展规律，这些规律的运转不以人的

① ［日］秋山贤三：《法官因何错判》，曾玉婷译，魏磊杰校，法律出版社2019年版，第134页。

② 郑玉波：《民法总则》，我国台湾地区三民书局2003年版，第63页。

③ 最高人民法院（2011）民二终字第55号民事判决书。

④ Rudolf von Jhering, Law as a Means to an End, translated by Isaac Husik, The Boston Book Company, 1913, pp. 1~7.

意志为转移，具有客观必然性，按照这些规律进行说理，更有利于认定事实，增进说理。例如，在朱某某与成都金睿国都置业有限公司民间借贷纠纷二审民事判决书案中，法院认为："从金睿公司注资情况看，2010 年 2 月 10 日前金睿公司实缴出资额为零元，但 2010 年 2 月 10 日后金睿公司实缴出资额为 1000 万元，70%的股权对应的价值为 700 万元，胡某某未支付相应对价而取得金睿公司价值 700 万元的 70%股权，不符合常理，也有违商业规律。"① 再如，在吕某某等 79 人与山海关船舶重工有限责任公司海上污染损害赔偿案中，法院认为："在落潮流作用下，污染海水区向南漂移、范围扩大一倍，即为 8 月 2 日北京时间 17 时 51 分卫星图像显示的海水异常区，符合污染海水在近海潮流作用下随时间向退潮流方向漂移、面积不断扩散增大的规律。"②

三是讲清常理。常理是人们在日常生活中所体悟到的通常的道理。常理并不一定都是真理，许多常理也可能是不符合法理的。例如，中国古代存在"人死债不烂、父债子还"等常理，这与现代民法中的责任自负、时效制度等是不符合的。但生活中的许多常理符合人们对相关现象的认识，以此作为说理的依据，也能增强裁判的说理性。例如，在委某等诉李某等生命权、健康权纠纷案中，法院认为，"三原审被告从树上摘下蜂窝取走幼虫后，未将蜂窝消灭，而是将蜂窝置于田间地边，致使胡蜂大量回巢，给事故的发生埋下隐患，与受害人康某及王某某从此处经过时被胡蜂蜇伤的损害事实之间具有直接因果关系，且具有明显过错，应承担相应的责任。因受害人康某及被上诉人王某某长期在该地区生活，知道本地段生活有野生胡蜂，并且在摘除胡蜂窝时上诉人委某的妻子就在现场，二受害人应当知道该蜂窝已被摘除并且该处仍然残留有部分蜂窝，但未尽到充分注意义务，对事故的发生也应当承担相应的责任。综合考虑双方的过错程度，受害人承担事故责任的 50%较为妥当"。③ 在该案中，法官在认定胡蜂蜇人与行为人行为之间的关联性时，即运用了常理进行推论，这符合人们对事理的一般认识。

四是事实自证某种结果。因为事实的发生本身是显而易见的，表明了

① 最高人民法院（2014）民一终字第 229 号民事判决书。

② 天津市高级人民法院（2014）津高民四终字第 22 号民事判决书。

③ 河南省洛阳市中级人民法院（2009）洛民终字第 1275 号民事判决书。

某种结果的存在，在任何人看来，事实和结果之间都具有一种直接的逻辑联系，这就没有必要进一步要求当事人举证。例如，某人在人行道上开车撞伤行人，事实本身就已证明了行为人的过错，不需要受害人就此举证。再如，某医生做手术时，将涉毒纱布遗留在病人的身体内，这就可以直接认定其具有过错，而不需要就医院是否有过错的问题进行举证，因为事实本身就已经证明了一切。在英美法中采取了“事实本身证明”的原则，以避免原告举证的困难。依据这一原则，若损害事实的发生，是由于被告所致，而事情经过只有被告能够得知，原告无从知晓，原告仅能证明事实之发生，而不能证明发生的原因，在此情况下，可认为事实本身已推定被告有过失的可能，该案无须由法官审核，可以交由陪审员裁决。但是，被告如果能够对此提出疑问，则原告对于被告的过失仍不能免除举证之责。大陆法系的证据规则也采纳了事实自证的规定。在现实生活中确实存在许多可适用事实自证的规则。例如，某人在人行道上开车撞伤行人，该事实本身就已证明了行为人的过错，不需要受害人就此举证。再如，医生做手术时，将消毒纱布遗留在病人的身体内，这就可以直接认定其具有过错，而不需要就医院是否有过错的问题进行举证。

五是根据经验法则阐述讲清事物本身之理。经验法则是人们通过观察等方法而总结的道理，其通常符合事物的发展规律，法官在裁判中运用经验法则进行说理，也可以增强裁判的说理性。例如，在刘某某与葛某某房屋权属纠纷案中，法院认为：“葛某某一家人对刘某某长时间占有和处分案涉房屋的行为不可能完全不知情。但直至 2000 年葛某某去世前，葛某某从未对刘某某在案涉房屋中居住的行为提出异议。根据日常生活经验可知，房屋借用关系持续 15 年之久的情形在现实生活中并不常见，而房屋所有权人对此并不提出异议更是有违常理。”① 这实际上就是依据经验法则判断。

① 最高人民法院（2011）民提字第 123 号民事判决书。

第二节 法 理

一、法理的概念及其裁判意义

法理，简单地说，就是法律上的道理。何谓法理，学界表述不一。有人认为，其是指正当的、客观的法理，与主观的条理不同。[①] 有人认为，法理是指法律的通常道理。[②] 有人认为，法理就是指自然法。[③] 也有人认为，法理是自法律根本精神演绎而得出的法律一般原则，即在特定社会、特定时间，社会上一般人认为不得不然的原理和原则，而为一般人所不可不遵守的行为规范。[④] 但上述认识具有共性，即把法理当成从法律的价值和精神中演绎而产生的、为人们普遍认可的有关法律的道理。法理可以做多方面的理解，它既可以包括对法律规则的解释，也包括自然法的规则，还包括学理的内容，所以，法理是一个广义上的概念。在许多国家和地区，法理可以成为民法的渊源，例如，《瑞士民法典》第1条规定："（1）凡依本法文字或释义有相应规定的任何法律问题，一律适用本法。（2）无法从本法得出相应规定时，法官应依据习惯法裁判；如无习惯法时，依据自己如作为立法者应提出的规则裁判。（3）在前款的情况下，法官应参酌公认的学理和实务惯例。"我国台湾地区所谓的"民法"第1条也规定："民事，法律所未规定者，依习惯；无习惯者，依法理。"《民法典》虽然没有明确规定法理为民法的渊源，但是毫无疑问，因为法理是对社会生活与审判实践的经验总结，故而，在民事审判中，法官应当参考法理，尤其是应该把法理作为裁判说理的重要依据和内容。

如果说，运用事理说理可以准确认定事实，而运用法理说理则有助于法律的适用。法理实际上包含的内容十分宽泛，其既可能体现法律的价值，

---

① 参见黄右昌：《民法诠释总则编·补编》，商务印书馆1946年版，第64页。

② 参见胡长清：《民法总论》，中国政法大学出版社1997年版，第32页。

③ 参见王伯琦：《民法总则》，我国台湾地区编译馆1963年版，第6页。

④ 参见洪逊欣：《中国民法总则》，我国台湾地区三民书局1979年版，第31页；陈聪富：《民法总则》，我国台湾地区元照出版公司2014年版，第28页。

如公平正义等观念，但也可能是法律背后的立法意旨或理论依据，还可能是法律所要追求实现的目的。诚如德国法学家耶林所说，如果一个法律条文背后没有法律目的，则顶多是一个孤立的规则而已，不构成有意义的法律。[①] 我们说法官要熟谙法律，并准确运用法律，并不是说法官要能够背诵多少条文，关键是法官掌握了多少法理，其对法理了解得越多，就越能够准确解释和适用法律。同样，在裁判说理中，如果法官不是简单、机械地引证法条，而是在引证法条时讲清法理，这样才能以理服人，依法裁判。在我国审判实践中，有的法官在运用法理进行裁判说理方面比较欠缺。有的法官在裁判时往往是抽象地表明某种行为符合法理或者不符合法理，但法理的内容究竟是什么，某行为为什么符合或者违反法理，裁判文书中往往并没有进行说明。

民事审判要增加说理性，就必须参考法理，因为民事案件纷繁复杂，法律不可能对各类民事关系作出具体详尽的规定，法官也不可能以缺乏法律依据为由拒绝对民事案件的审判。因此，法官在裁判说理时，可以考虑引入法理增强论证。裁判说理不同于纯粹的学理分析，法官制作裁判文书也不同于学术论文写作，因此，法官在进行裁判说理时，应当避免大量援引学术型资料，支持自身观点的引注也应当以必要为限。由于学术见解常常存在分歧和争论，因此，法官在裁判文书中运用法理进行说理时，不应当仅引用某一个学者的观点，也不应当直接照搬国外的学说观点，而应当结合我国的法制现状和案件的具体情况，引用我国学界具有较高程度共识的通说观点，并就该学理观点适用于具体案件裁判的合理性进行充分的说明。

在裁判文书阐明法理，有以下重要意义：

一是有利于准确解释法律和适用法律。在我国司法实践中，民事案件中大量使用了“法理”，以“法理”为关键词在中国裁判文书网中进行检索，能找到超过 4 万份的民事裁判文书，再以“不合法理”与“不符合法理”进行检索，能找到 1000 余份民事裁判文书。这在一定程度上说明了“驭大国者，以法理为本”。[②] 在成文法背景下，在裁判文书中运用并阐明

① Rudolf von Jhering, Law as a Means to an End, translated by Isaac Husik, The Boston Book Company, 1913, pp. 1-7.

② 参见《艺文类聚·刑法部》。

法理，能够准确地将抽象的法律规则运用到具体的个案之中，使得法律规则的理解更加准确，切实变为实践中的“活”的法，从而有助于法律规则的准确具体化，实现抽象规则与具体案情的无缝连接。这也表明，法官要在裁判文书中充分展示其理性，就不能仅仅机械地照搬法条，而应当充分展示其背后的法理，从这一意义上说，法理应当贯穿裁判文书的说理过程。

二是有利于填补法律漏洞，弥补法律规定的不足。“法典不可能没有缝隙”。[①] 人类认识客观世界的局限性和法律的滞后性等原因，导致法律漏洞成为客观现实，在此情况下，如何确定法律漏洞以及如何进行填补，就成为司法实践和法学理论不能回避的重要问题。在成文法背景下，立法者总是希望通过立法尽可能规范所有的社会生活，将一切社会关系纳入法律的调整范围之内，然而，世事无穷而立法者的理性总是有限的，无论法律如何缜密，其规定总是有限的，总会有疏漏，大量的社会生活可能无法找到法律依据，需要由法官秉持理性的认知，考察社会生活现状，依据法理和法的价值作出裁判，以合理调整社会生活中的各项利益冲突，实现社会公平正义。[②] 这在古今中外概莫如此。例如，西汉时的《春秋决狱》，事实上就是用儒家的经典论著弥补成文法规范的不足。又如，德国学者指出：“立法者的思考也是不完美的，也仅仅是一种尝试。法典只有通过处于其侧位的法学的反思，才能获得真正的生命。”[③] 在实践中，一些法官就运用法理填补法律漏洞，取得了良好的效果。例如，在“江苏华电工程设计院有限公司诉泰州开泰房地产开发有限公司建设工程设计合同案”中，当事人就合同效力发生争议，本案涉及设计公司的资质对于合同效力的影响，我国法律没有对此作出规定。法院认为：“我国法律对建设工程施工企业和工程设计单位的从业资格作出规定，目的是一致的，都是为确保建设工程质量，在审理建设工程施工合同和建设工程设计合同纠纷案件中，有关资质问题对合同效力的影响，其判断方法和标准应是相同的，因此，《最高人民法院关于审理建设工程施工合同纠纷案件适用法律问题的解释》第五

---

① Hans Hattenhauer, Einführung, in Allgemeines Landrecht für die Preußischen Staaten von 1794, at 1, 21.

② 参见陈聪富：《民法总则》，我国台湾地区元照出版社2014年版，第28页。

③ ［德］霍尔斯特·海因里希·雅科布斯：《十九世纪德国民法科学与立法》，王娜译，法律出版社2003年版，第108页。

条所采取的法律适用规则，可以在本案中类推适用。”[①] 在该案中，法院在填补法律漏洞时就详细阐明了法理基础：法院首先认定存在法律漏洞，并在对建设工程施工合同与建设工程设计合同进行对比后，认为二者具有同一目的，因此，对该案类推适用了建设工程施工合同的相关法律规则，以填补法律漏洞。可以说，由于法律漏洞的存在，使法官不能成为机械的执法者，法官在适用法律时，“必须填补漏洞，并解决法律制度之间的冲突，以使法律适应不断变化的社会情势”。[②] 从这个意义上讲，填补法律漏洞是法官行使司法审判权过程中的一项重要作业。法官在裁判中认定法律漏洞时，需要阐明认定漏洞的法理基础，即法官应当阐明相关事项属于法律应当调整而未调整的领域，而不属于法律的有意沉默；在填补法律漏洞时，法官也需要阐明选择法律漏洞填补方法的法理基础。因此，不论是法律漏洞的认定，还是法律漏洞的填补，法官都需要阐明其中的法理。

三是有利于检验裁判结果的妥当性。法理是普遍适用的法律之理，其中包含了自然法的道理，体现了人们普遍认可的价值观念，如果裁判结果与法理不符，则其妥当性值得怀疑。而且，裁判过程是法官目光往返流转于事实与法律之间的职业活动。在司法裁判中，法官通过法律的力量来展现其理性，司法裁判应当围绕法律规范而展开，法律的话语取代了日常生活的话语，并且重新构建了当事人之间的关系。[③] 这样一来，运用并阐明法理应是裁判说理的重心所在，只有在法理引导下，裁判才能彰显其法律职业活动的定位，裁判文书才能彰显其法律理性。例如，在“王某某与张某某商品房房屋买卖合同纠纷案”中，法院认为，“申请人所称‘履行完毕的合同自然失去效力，再不存在由法院认定是否有效’的说法不符合法理及法律规定，本院不予支持”。[④] 这种观点就很好地把日常观念中的无效和法律中的无效区分开来。客观地讲，实践中裁判说理的不足，在很大程度上是法理阐明不足。例如，如何理解相应的法律概念、立法意图如何、

---

① 江苏省无锡市中级人民法院（2010）锡商再终字第0003号民事判决书。

② John Henry Merryman & Rogelio Perez-Perdomo, The Civil Law Tradition, 3rd ed, Stanford UniversityPress 2007, p. 43.

③ 左卫民、谢鸿飞：《法院的案卷制作——以民事判决书为中心》，载《比较法研究》2003年第5期。

④ 陕西省高级人民法院（2015）陕民二申字第00555号民事裁定书。

裁判是否符合法理等，往往只是简单地罗列法律条文，而没有进行深入分析。[①] 要弥补这一缺陷，就应以正义信念和人文关怀为指引，结合事实和法律，结合规范指向和具体情境指向进行综合权衡的思考，并充分地阐明法理，进而检验裁判结构的妥当性。

四是有利于弘扬价值理念。法理与法律精神、价值等具有相通性，阐明法理实质上是讲清楚法律的价值判断，借此引导人民正确的行为。故而，法官在裁判文书中阐明法理，实际是向社会传递法官裁判过程中的价值判断，其结果有利于弘扬相关的价值理念。例如，在前述老人与儿童相撞离开遇阻猝死案、患者飞踹医生被反击致骨折案、朱振彪追赶交通肇事逃逸者案中，法院勇于对是非曲直作出判断，秉持正确的价值观念，阐述了正确的法理。司法的重要功能在于定分止争而不是定纷止争，定纷止争并非司法的唯一目的。必须摒弃将以“和稀泥”式结案作为司法的目标，而应当充分发挥司法所具有的定分止争、弘扬正义的作用。

五是确立行为规则的作用。阐述法理，以案说法，有利于向社会公众阐释行为规范，引领行为规则的功能。例如，在腾讯与360不正当竞争纠纷案终审判决书中，最高人民法院指出：“技术创新可以刺激竞争，竞争又可以促进技术创新。技术本身虽然是中立的，但技术也可以成为进行不正当竞争的工具。技术革新应当成为公平自由竞争的工具，而非干涉他人正当商业模式的借口。本案中，上诉人以技术创新为名，专门开发扣扣保镖对被上诉人QQ软件进行深度干预，本院难以认定其行为符合互联网自由和创新之精神，故对此上诉理由不予支持。”[②] 在该案裁判文书中，最高人民法院通过阐述互联网产业发展过程中竞争与技术进步之间的关系，向社会传递了其所作出的价值判断，这有利于引导互联网产业的发展。

二、法理的主要形态及其适用

（一）学理及其适用

学理是法理的重要组成部分。一般而言，法官的法学理论功底越深厚，其就更善于说理，所作出的裁判的说理性就会越强。[③] 借助学理进行说理，

① 蔡杰、程捷：《封闭与开放：裁判文书论理风格之类型化检讨》，载《法学论坛》2006年第2期。

② 最高人民法院（2013）民三终字第5号民事判决书。

③ 胡云腾：《论裁判文书的说理》，载《法律适用》2009年第3期。

从理论层面对案件裁判结论进行阐释说明，有利于增强裁判文书的说理性。例如，在琼某诉于某著作权侵权案中，二审法院认为："改编权所直接控制的行为是改编行为，即改编作品，创作出具有独创性的新作品的行为，新作品应当保留原作品的基本表达，否则仅仅根据原作品的思想创作出来的新作品不受改编权的控制。除法律另有规定外，未经许可利用他人的原作品实施改编行为，构成对原作品著作权人改编权的侵犯。判断被诉行为是否侵犯权利人的改编权，通常需要满足接触和实质性相似两个要件。"① 从该裁判文书来看，法官在认定被告改编原告作品的行为是否构成侵权时，即充分阐释了其中的法理。

但问题在于，学理本身有可能尚未形成共识，并未形成通说，而只是某个或者某些学者的见解，如果以有争议的学理观点裁判，也会影响裁判的公正。从司法实践来看，之所以会出现一审、二审、再审程序中法官观点的不同，其中一个原因是法官基于不同的学理观点对法律规则进行了自己的解释。② 由于学术见解常常存在分歧和争论，因此，法官在裁判文书中引用学理进行说理时，不应当仅引用某一个学者的观点，也不应当直接照搬国外的学说观点，而应当结合我国的法制现状和案件的具体情况，引用学界具有较高程度共识的通说观点，并就该学理观点是否适用于具体案件裁判的合理性进行充分的说明，尤其是应分析该观点与法律的基本精神理念是否相符合、与案件本身是否具有关联性等。

我们说裁判说理强调法理，是否可以以学者见解作为说理的依据？从两大法系来看，司法裁判中越来越注重在裁判中引用学者的见解，德国法之前不允许在裁判中引用学者的观点，但近来也逐步允许引用学者见解。例如，德国最高法院在遇到疑难法律问题时，常常征求权威学者的法律意见，以供法院参考。③ 从我国司法实践来看，有的法院在裁判说理时已经开始引用学者观点作为说理的重要参考。例如，在"安徽省化皖通信有限公司与安徽宏图三胞科技发展有限公司买卖合同纠纷案"中，法院在裁判说理过程中即引用了法学教授的观点作为说理的支撑。在该案中，法院认为："关于民事诉讼中出现未涵盖在生效刑事判决中的新证据，致民事判

① 北京市高级人民法院（2015）高民（知）终字第1039号民事判决书。

② 胡云腾：《论裁判文书的说理》，载《法律适用》2009年第3期。

③ 翁岳生：《德国大学法学院对审判实务之影响》，载我国台湾地区《政大法学评论》1970年第2期。

决与生效刑事判决可能存在冲突如何协调的问题，法律或司法解释缺乏相应的规定。对此，在2014年南京市法院召开的经济犯罪案件中刑民交叉问题研讨会上，南京大学民法学专家叶金强教授认为，刑民交叉案件的处理应当采取分别判断、个案判断。即在该类案件中，案件的事实是同一的，但刑事审判程序与民事审判程序关注的重点不同，需要的案件事实、证据材料不同，裁判的结果也应当根据刑法、民法分别作出判断。东南大学法学院院长刘艳红教授认为，刑民交叉案件没有一个简单的处理模式，无论是'先民后刑'还是'先刑后民'都是教条化、简单化的处理方法，最重要的原则还是取决于具体个案中民事关系和刑事关系的关联性和相互影响程度。"[①] 笔者认为，裁判文书在进行说理时，可以考虑引入学者的意见，这不仅有利于从法理层面辨明案件的法律难点，[②] 便于纠纷的及时解决，而且有利于增强裁判文书的说理性。[③] 但是，法官援引的学理应当符合多数人的见解，尽可能地援引通说，否则，以个别学者的观点作为说理依据，可能会引发争议。

需要强调的是，法官在裁判说理中引用学理，目的在于增加其说理的论说力，旨在合理解决当事人的纠纷，故而，裁判说理不同于纯粹的学理分析，法官制作裁判文书也不同于学术论文写作。这意味着，法官在进行裁判说理时，应当避免引用大量学术性资料，支持自身观点的引注也应当以必要为限。

（二）公平正义观念及其适用

除了学理，法理还包括公平、正义观念。我国古代把公平正义观念称为"天理"，所谓"天理难容""伤天害理"都是说某人的行为违反了人们最基本的公平正义观念。从实质上看，天理可以说是法理，因为天理是宇宙间存在的不以人的意志为转移的正义和公道，它是法的源泉，[④] 是合乎自然的道理，是反映万物的内在秩序，所以，朱熹说，"法者，天下之理"。[⑤] 天理无形，但存乎每个人心中，我们通常讲的杀人偿命、欠债还

---

① 江苏省南京市玄武区人民法院（2013）玄商初字第580号民事判决书。

② 蔡杰、程捷：《封闭与开放：裁判文书论理风格之类型化检讨》，载《法学论坛》2006年第2期。

③ ［德］哥特瓦尔德：《德国司法判决书中的说理：实践与学说》，曹志勋译，载《苏州大学学报（法学版）》2015年第4期。

④ 参见范忠信等：《情理法与中国人》，北京大学出版社2011年版，第15页。

⑤ 《朱子大全》之《学校贡举私议》。

钱、不得恃强凌弱、不得伤害他人，均是天理。而且，如同苍天不老一样，天理也有长久的生命力和广泛的适用性，千百年来在任何国家、任何社会、任何民族，都有相同或相似的规定存在。无论是刘邦的“约法三章”，还是《圣经》中的“摩西十诫”，其中一些内容高度相似，体现的都是一种自然的公理，一种任何人都应当遵守的基本秩序。由此可知，在世俗世界中，最重要的天理就是公平正义，“公平与善乃法律之法律”这句法谚是对它的最好写照。

放在西方法律的语境下，国法与天理的关系，就相当于制定法与自然法的关系，天理表现的是自然权利、自然秩序，是任何人都应当遵守的基本规则。也正因此，虽然天理看不见摸不着，公平正义看起来很抽象，但其确实存在，甚至是无处不在。一个案件的裁判是否合理，人心自有评价，“百姓心中有杆秤”。而且，无论法律如何变化，法律目的和裁判目的均不变，仍然是要实现社会正义。就此说来，公平正义是裁判者始终应当秉持的基本理念。

三、裁判文书运用和阐明法理的方式方法

法律规范是裁判的依据，裁判文书运用和阐明法理，主要表现为法官运用学理、公平正义观念对法律规范进行阐释，以准确地确定司法裁判的大前提。裁判文书在运用和阐明法理时，应注意以下方式方法：

一是要详细阐述找法的过程。法理的运用有助于法官准确找法，特别是在有多个与案件事实关联密切的法律规范时，法官对于所确定的裁判依据，应当阐明选择该裁判依据的法理基础。例如，在北京华尔光电子有限公司与林某竞业禁止纠纷案中，当事人纠纷的解决即涉及《公司法》与《中外合资经营企业法》之间的适用关系，从内容上看，《公司法》属普通法，而《中外合资经营企业法》属特别法；但从颁行时间上看，《公司法》属新法，《中外合资经营企业法》属旧法，如何适用两部法律，存在一定争议。法院认为：“从时间上看，作为普通法的《公司法》晚于作为特别法的《中外合资经营企业法》颁布、施行。2004 年的《公司法》第 18 条明确规定，外商投资的有限责任公司适用本法，有关中外合资经营企业、中外合作经营企业、外资企业的法律另有规定的，适用其规定。本案华尔公司为中外合资经营的有限责任公司，被告林某抗辩理由提到的关于董事任命和任期的规定，属于特别法有特别规定，应适用特别法。但关于董事

竞业禁止条款属于普通法有规定但特别法没有规定的情形，华尔公司又在《公司法》颁布之后设立，故应该适用《公司法》的有关规定。”[①] 在该案中，法官在寻找最终的裁判依据时，即借助法律适用规则，详细阐明了《公司法》与《中外合资经营企业法》之间的适用关系，解释了法律适用的基本道理。

二是注重阐述法律规范的目的。法律规范的概念总是具有一定的抽象性和不清晰性，而“目的是一切法律的创造者和推动者”，要想讲透彻法理，就必须在法律的解释和适用过程中，将法律规范的目的说清楚，对规范进行目的解释。在我国司法实践中，法官在裁判文书中经常结合法律规范的立法目的进行说理。例如，在王某诉张某某股权转让合同纠纷案中，江苏省高级人民法院认为《公司法》（2004 年修正）第 147 条规定“发起人持有的本公司股份，自公司成立之日起三年内不得转让”的立法目的在于防止发起人利用公司设立谋取不当利益，并通过转让股份逃避发起人可能承担的发起人责任。该法条所禁止的发起人转让股份应是股份变动行为的禁止，而不是对签订合同的债权行为的禁止。该股权转让合同不违反公司法关于发起人在一定期限内禁止转让股份的立法目的，协议双方在公司法所规定的发起人股份禁售期内，将股权委托给未来的股权受让方行使也并不违反法律的强制性规定。[②] 从该案裁判来看，法官在作出裁判时，并没有机械地适用法律规则，而是结合相关法律规范的立法目的，对相关法律效果的法理基础进行了说明。按照法律经济学的看法，法律作为一种社会规范秩序，其具体制度设计不应当局限于实际发生纠纷的个案，而应当考虑特定规则可能对个案之外的其他人产生的行为诱导效果。通过辨析法律规范的目的，裁判文书能有效揭示法律规范在个案中的恰当效果，也正是通过这样的一个个具体案件的裁判，法律规范中蕴含的公平正义的具体内涵得以确定和稳固，并引导社会公众建立公平正义的价值观念，从而形成良好的社会秩序。

三是运用法理进行准确的法律解释。法律解释需要大量援引法理，因为解释本身需要遵循一定的规则。例如，体系解释需要借助整体理解个别，遵循同类解释规则，遵循明示其一、排斥其他规则等，在解释中运用法理，

---

① 北京市海淀区人民法院（2001）海经初字第 1137 号民事判决书。

② 江苏省高级人民法院（2005）苏民二初字第 0009 号民事判决书。

有利于阐释立法者的真正意旨，揭示法律规则的真谛。因此，法官在裁判文书中有必要借助法理对所援引的法律规则进行解释，例如，在刘某某因与奚某某确认合同无效纠纷案中，法院认为：“《最高人民法院关于审理涉及国有土地使用权合同纠纷案件适用法律问题的解释》第 11 条规定：‘土地使用权人未经有批准权的人民政府批准，与受让方订立合同转让划拨土地使用权的，应当认定合同无效。但起诉前已经有批准权的人民政府批准办理土地使用权出让手续的，应认定合同有效。’据此规定，对国有划拨地享有使用权的人未经有批准权的人民政府批准转让划拨土地使用权，应当认定合同无效。依举轻以明重的法律适用原则，奚某某对本案国有划拨地无合法使用权却将之作为投资与刘某某订立合作建房协议，而该协议本质上属土地使用权转让合同，当然应认定其合同无效。”① 在本案中，法院采用了举轻以明重的当然解释方法，即对于划拨的土地，未经批准不得转让，而本案中，当事人对划拨土地并不享有合法使用权，其相对于划拨土地有合法使用权的情形要件更不齐备。因此，举轻以明重，该合同也当然属于无效合同。② 法官在裁判文书中运用法理阐释法律规则，既有利于增强裁判文书的说理性，也有利于当事人更好地理解裁判依据的内涵。

四是对法律规则与案件事实的关联性进行说明。将抽象的法律条文运用于具体的个案，这本身是法律规则在个案中运用的过程，如果伴随着说理论证，道理说得越清楚，就越能够为人们所接受。例如，在黄某某、庞某某与李某等确认合同有效纠纷案中，法院认为：“从《最高人民法院关于适用〈中华人民共和国合同法〉若干问题的解释（二）》的规定看，合同法所称的强制性规定应作限缩解释，仅指在违反法律效力性强制性规定时才能致使合同无效。李某虽然主张该四方协议违反法律规定而应无效，但并不能举证证明该四方协议存在违反法律效力性强制性规定的情况。”因此，其提出的合同无效主张不能成立。③ 在该案中，法官在将案件事实与法律规则进行连接时，即通过援引上述司法解释的规则，详细阐明了当事人主张为何不能获得支持的法理。再如，在潘某某与南京江宁城市建设集团有限公司债务加入案中，法院认为，“退一步而言，即使认定《承诺

① 海南省第二中级人民法院（2015）海南二中民一终字第 1152 号民事判决书。

② 另可参见司某某与黄某某、深圳市润彤菱镁矿制品有限公司损害股东利益责任纠纷案，广东省深圳市中级人民法院（2014）深中法商终字第 1733 号民事判决书。

③ 重庆市第五中级人民法院（2014）渝五中法民终字第 03135 号民事判决书。

书》系对《拆迁补偿协议》的保证，则在东山街道办已全部履行了《拆迁补偿协议》中的全部义务，并无其他未履行义务的情况下，要求江宁城建集团再履行所谓的‘保证’义务，既没有事实依据，也不符合法理。”① 在该案中，法院即结合案件情况，通过阐明保证义务的法理基础，否定当事人的请求。

五是要阐明具体的法理内容。在我国司法实践中，法官在运用法理裁判时往往是抽象地表明某种行为符合法理或者不符合法理，但法理的内容究竟是什么，某行为为什么符合或者违反法理，裁判文书中往往并没有进行说明。

法官在运用法理进行说理时，应当结合法律规定，将法理与对法律的理解和解释结合起来运用，好的裁判文书应当是寓理于法的。要将法理与对法的理解和解释结合起来，其实就是要求法官要围绕裁判依据阐明法理：一方面，法官在选择法理时，应当以裁判依据为基础。法理是关于法律的道理，其内涵和范围十分广泛，法官在选择支撑裁判结论的法理时，应当结合案件裁判依据，而不应当泛泛地以法律的公平、正义理念作为论证的依据。另一方面，法官在阐明具体的法理时，应当重点阐明裁判依据的法理内涵，这也是法官裁判说理义务的体现。此外，法官在阐明法理时，应当对裁判结论的妥当性进行阐明，即法官应当阐明案件裁判结论的法理基础。

六是在法律漏洞填补中，法官更应当充分运用法理，避免其主观任意给法的安定性和妥当性带来不利影响。例如，《最高人民法院关于审理买卖合同纠纷案件适用法律问题的解释》第 9 条规定了在一物数卖的情形下，采取如下三项原则确定买卖合同的效力。一是先行受领交付的买受人请求确认所有权已经转移的；二是均未受领交付，先行支付价款的买受人请求出卖人履行交付标的物等合同义务的；三是均未受领交付，也未支付价款，依法成立在先合同的买受人可以请求出卖人履行交付标的物等合同义务。前两项规则是符合法理的，但是第三项规则，从法理上而言就难以说通。因为物权与债权的最大区别就在于债权具有平等性，物权具有优先性。按照债的平等性，债权不能因为合同签订的先后，标的额的大小等而具有优先性，在没有法律特别规定的情形下，任何合同债权都不具有优先于其他合同债权的效力。上述规定以合同签订的时间确定向何人交付标的物，会

① 江苏省南京市中级人民法院（2016）苏 01 民终 4015 号民事判决书。

鼓励实践中的当事人倒签合同，以获得标的物，反而催生了不诚信的行为。如果后来发现了真实的合同签订顺序，由于已经完成了交付，也没有办法给予真正在先签订合同的当事人以救济。因此，在填补漏洞过程中，一方面，关于法律漏洞的识别应当说理，法官在司法实践中，必须要依据一定的标准和程序来准确识别法律漏洞，不能以行使自由裁量权为目的，在存在法律规定的情况下，刻意以填补法律漏洞为名恣意司法。另一方面，填补法律漏洞必须要遵循一定的规则和程序。例如，在能够通过类推等方式来填补法律漏洞的时候，就不宜直接采用法律基本原则来填补漏洞，毕竟基本原则过于抽象，甚至“无所不包”。动辄引用法律原则，则可能致使司法裁判“向一般条款逃逸”。

第三节 情 理

一、情理的概念与特征

所谓情理，是社会公众普遍认可的、朴素的、善良的情感及其中包含的社情民意等道理。从字面意思看，情具有明显的主观色彩，而理是能够为人们广泛接受的具有普遍化的客观标准。事实上，情理中的“情”并不是个人的主观感情，而是指关爱和体恤他人的情感。这样一来，情和理有相通之处，且不可分开，正所谓“理也者，情之不爽失也，未有情不得理得者也。天理云者，言乎自然之分理也。自然之分理，以我之情絜人之情，而无不得其平是”。[①] 日本学者滋贺秀三认为：“所谓‘情理’，简单说来就是‘常识性的正义衡平感觉’，这种情理是人们在长期的社会生活中形成并深藏于人的内心，它引导人们形成对社会问题的常识判断。”[②] 其认为，情理具有普遍性、常识性、规范性和内在性等要素。由此可见，情理通常是指社会成员所普遍认同的道理。林语堂也指出，“情理”包括着“人情”

① 崔明石：《事实与规范之间：情理法的再认识——以〈名公书判清明集〉为考察依据》，载《当代法学》2010年第6期。

② ［日］滋贺秀三：《中国法文化的考察——以诉讼的形态为素材》，载［日］滋贺秀三等主编：《明清时期的民事审判与民间契约》，王亚新等译，法律出版社1998年版，第13～14页。

和“天理”两个原素，“情”代表着活动的人性原素，而“理”则代表着宇宙之万古不移的定律。[①] 从这一意义上说，“情”和“理”共同构成了人们普遍认可的生活常理。

虽然从字面意思看，“情”和“理”并不相同，“情”具有明显的主观色彩，而“理”应当是具有普遍化的标准，应当能够为人们广泛接受，但一般认为，二者是不可分开的。长期以来，实践中一直存在一个认识误区，认为情法相悖、法不容情，将法律和情理对立起来，所以裁判中也不敢讲情理，[②] 这种看法其实是对情理的一种误解。如果将情理仅仅理解为人情，法官在裁判中过多考虑人情，把案件办成了人情案，这显然与依法公正裁判的要求是相背离的。但如果将情理理解成社情民意和关爱他人的情感，则情理不仅不与法治相背离，而且与法治建设是互相补充的。裁判说理中强调情理，就是要求裁判文书在认定事实和适用法律时应当符合社会成员所公认的价值理念和基本常识。可以说，情理是法官在具体个案中进行的对社会关系整体的朴素体认和在具体案件事实观照下对两造双方的利益平衡，在个案中考虑情理，目的是实现个案的正义。[③]

从裁判说理的角度来看，情理具有如下特征：

一是具有普遍性。情理具有普遍性，是多数人的、大众的人情，而不是少数人的人情。[④] 情理并非个人的情感，也不是指人与人之间的私情，而是社会公众普遍存在的对日常生活的一种共识，是社会一般人的情感，而不应当是某些人或者法官个人所认可的道理。在裁判说理中讲情理，并不意味着法官要在裁判中徇私情、讲情面，而是要使裁判说理符合人文关怀的精神。[⑤] 从这一意义上说，情理并不体现为个体性，而应当具有普遍性。在裁判说理中重视情理，本意是强调司法要体现民意、民风、民俗和对他人的关爱，否则，人情嬗变为人际关系，司法过程就成为了人情往来的过程，就会导致司法不公的现象出现。当然，在具体个案的裁判中，相对于具有普遍适用意义的法律规则而言，情理又是法官裁判所应当考虑的特殊因素。[⑥]

---

① 林语堂：《生活的艺术》，华艺出版社 2001 年版，第 398 页。

② 凌斌：《法律与情理：法治进程的情法矛盾与伦理选择》，载《中外法学》2012 年第 1 期。

③ 陈林林、王云清：《论情理裁判的可普遍化证成》，载《现代法学》2014 年第 1 期。

④ 胡云腾：《论裁判文书的说理》，载《法律适用》2009 年第 3 期。

⑤ 陈林林、王云清：《论情理裁判的可普遍化证成》，载《现代法学》2014 年第 1 期。

⑥ 江雄涛：《明清诉讼中的情理调处与利益平衡》，载《政法论坛》2010 年第 3 期。

二是具有常理性。情理不是深奥的哲理，也不是形而上的、抽象的理论，而是人们能够普遍感知的道理。法官在裁判过程中讲情理，就是要使法官的裁判活动符合人们普遍认可的生活常理。在许多情况下，法律规则可能比较原则、抽象，尤其是法律规则大量使用法言法语，具有很强的专业性和技术性，如果在裁判中完全就法论法，而忽略对情理的考量，则可能使裁判结论违背人们普遍认可的生活常理，此种裁判结论虽然在形式上做到了依法裁判，但并没有很好地实现立法的目的。另外，裁判过程具有技术性和专业性，难以为人们所认知，在裁判中讲究情理，就可以使裁判贴近生活，易于为人们所理解和接受，从而增强对裁判活动的认同感。

情理具有常理性，其虽然隐藏在人们内心深处，但却能够得到人们的普遍认同。在现代社会，人们的价值观念具有多元性，但人们对于什么是社会生活的一般规律还是有一定共识的，法官在裁判时应当遵循这一共识，其在进行价值判断时不能明显违背这一常理。如果法官对常理的认识符合现代社会某一些人的认识，但并不符合社会一般人的共识，其所作出的裁判结论也将与人们的常理性认识相违背。① 美国法学家霍姆斯指出："一部法律，如果惩罚了社会普通成员都不认为有过错的行为，该法律就太苛刻了，社会将难以承受!"② 可以说，法官判定的个案具体法律效果，不能与社会公众的公平感觉有太大的差距。在法律规定的法律效果存在一定的自由裁量范围，或者当事人之间的法益需要平衡时，案件的裁判应当尽量合乎公众的通常理性。③ 只有在裁判中恰当地讲求情理、运用常理，才能讲得出令人信服的裁判结论。

三是具有正当性。情理内含有合情合理之意，是符合社会多数人通行的经验法则、价值理念和公平、正义观念。④在实践中，人们普遍认可的情理可能包括各种人情世故、礼尚往来，受历史习惯、文化传统、民风民俗等因素的影响，并非所有的情理都是法律所鼓励和倡导的，并非所有的情理都与法理相一致。法律上的正义也不等同于以普通语言理解的正义，不能把职业法官的判断等同于由争议双方的某位非律师熟人提出的争议解决

① 郑志华：《由事实迈向规范：刍议情理的二大维度》，载《交大法学》2013年第1期。

② ［美］小奥利弗·温德尔·霍姆斯：《普通法》，冉昊、姚中秋译，中国政法大学出版社2006年版，第45页。

③④ 周公法：《事理、法理、情理、文理——裁判文书的说理之道》，载《山东审判》2007年第5期。

方案等同起来”。这就要求法官在司法裁判中应当依据法理对人们的常理进行甄别，即只有符合法律规定和法理要求的常理，法官才能在裁判中予以考虑。因此，法官在裁判中所运用的情理应当具有正当性。这就是说，情理应当表现为一种是非对错的判断标准。

二、情理的裁判意义

裁判说理中重视情理是我们优秀法律文化的传统，也是我们法治建设应当从传统文化中所汲取的营养。“情理”在中国司法传统当中一直占据非常特殊的地位，如“原情定罪”“不能舍情理而别为法也”“原情度事以得其理”等，以及“原情而略法”之说，[①] 还有强调对人们同情与关怀的“原情定罪”“哀矜折狱”。[②] 儒家学说强调人情，最初人情是指个人发自内心的七情六欲。《礼记·礼运》明确指出：“何谓人情？喜怒哀惧爱恶欲七者，弗学而能。”《性自命出》中说“凡人情为可悦也”。意为凡人情都是可接受的，并说“苟以其情，虽过不恶，不以其情，虽难不贵。苟有其情，虽未之为，斯人信之矣”。概括而言，我国司法传统上重视情理主要包括如下几个方面的内容：（1）强调“情法兼到”，注意人情风尚，“人情尚俗，各处不同，入国问俗，为吏亦然。……体问风俗，然后折中剖断，自然情、法兼到。”还要做到“准情用法”，因为“法有一定，而情别万端。准情用法，庶不干造物之和”。[③]（2）考察社情民意。日本著名学者滋贺秀三在研究中国法时，认为中国传统上重视“情理”或“情谊”。他指出，“情谊即在这样的情境之中，被培育起来的人与人之间的友好的关系”。由此出发，既然每个人都出生在特定的场所、特定的关系之中，并在这种格局中有限的时间内生存，那么，审判就必须充分考量每个人所处的具体情形。也就是说，审判并非严格遵从伦理道德，而是必须重视有限生涯中芸芸众生悲喜交加的普通生活，考虑人们对生活感怀的自然心情。在西方人看来，法律是不带人情味的行为规则。执法过程不应受人情的影响。但在中国，历来重视法律与人情的结合。古代判例中大量采用“推理求情”。[④]《管子·

---

① 汪辉祖：《学治续说·能反身则恕》。

② 郑志华：《由事实迈向规范：刍议情理的二大维度》，载《交大法学》2013 年第 1 期。

③ 霍存福：《中国传统法文化的文化性状和文化追寻——情理法的发生、发展及其命运》，载《法制与社会发展》2001 年第 3 期。

④ 参见汪世荣：《中国古代判例研究》，中国政法大学 1997 年版，第 175~197 页。

匡君大匡》云："令国子以情断狱。"古人说："三尺律令，人事出其中。"[①]《周礼·秋官·小司寇》规定："以五声听狱讼，求民情：一曰辞色，二曰色听，三曰气听，四曰耳听，五曰目听。"《曹刿论战》中："小大之狱，虽不能察，必以情。"(3) 强调执法要顺民意，符合民心民意。《汉书·薛宣朱博传》："三尺律令，人事出其中。""法不外乎人情"，这是中国古代人们的一般共识，早在《周礼》中就有"以五声听狱讼，求民情"的记载。"反映了民情、民意对司法裁判的重要影响。管子说，"令顺民心"，就是强调法令要符合民心。慎子曰："法非从天下，非从地出，发于人间，合乎人心而已。"这就更加强调了法应当顺应民心、顺应民情。不仅法律规则要顺应民情，而且裁判活动本身也应当顺应民情民意。(4) 心怀恻隐、体恤之心，重视民间疾苦。郑板桥的《潍县署中画竹呈年伯包大中丞括》一诗中写道："衙斋卧听萧萧竹，疑是民间疾苦声。些小吾曹州县吏，一枝一叶总关情。"这也表达了对民情的重视。这里的人情是从民情或民意的角度所讲的人之常情，而非人与人之间的私情。《韩非子·八经》所言："凡治天下，必因民情"，就深刻揭示了顺应民情在治国中的意义。裁判说理中重视情理也有利于发扬我国优秀传统文化。

在裁判说理中重视情理，有其突出的意义，主要表现如下：

一是有利于准确理解和适用法律。在裁判说理中重视情理，需要发现法条背后的立法者的价值判断，实际是把法律规则所体现的人性、人文精神充分展示出来，并运用于具体的个案中。法律作为社会规范，不可能脱离其他的社会影响因素而独立存在。而且，任何社会都要受正式法律渊源之外的其他规则的调整，这些规则大多是社会规范（Social Convention），用于确保人们以适当的方式行为。所以，法律规则与社会规范往往是密切联系在一起的。[②] 法律的存在也是这些综合因素影响的反映。因此，对于法律本身的完整理解，必须结合对它的制定产生影响的社会因素。[③] 在我国审判实践中，对社会学的考量主要包括对社会效果、民情等因素的考量。有学者也认为，司法中的所谓"解释"，本质上是一个判断的问题，司法的根本目的并不在于搞清楚法律文本的含义是什么，而在于判定什么样的

① 参见《汉书·薛宣朱博传》。

② James Holland & Julian Web, Learning Legal Rules, 6th edition, Oxford University Press 2006, p. 2.

③ Paul Delnoy, Elément de méthodologie juridique, Larcier, 2006, Bruxelles, pp. 175-177.

理解是比较好的，是社会可以接受的。[①] 故而，法官在裁判说理中重视情理，有利于法官发现法律规则背后的价值判断，从而准确理解法律规则的内涵，并在此基础上准确适用法律规则。

二是有利于裁判结果更加符合社情民意。法律本身就是人民群众意愿的体现，在法律解释和适用中尊重情理，既符合法的目标和价值，也符合人们基本的价值观念。正所谓“天下之情无穷，刑书所载有限，难以有限之法穷无限之情”。裁判文书只有充分地讲情理，才能够充分地接地气，裁判结论才能更好地得到人们的认同。美国法学家波斯纳曾经以美国大法官罗伯特·杰克逊为例，认为在裁判文书中注重表现出情理，“而在这些时刻，法官与普通人之间的距离突然缩短了”。[②] 这就是说，社会公众的朴素的法意识、公平正义观念等，也应当作为考量社会学解释结论的妥当性的因素之一。从司法实践来看，法官了解本地的公序良俗和社情民意，也有利于其进行妥当的价值判断，相关的裁判结果也更能得到当事人和社会公众的认可。例如，有些基层法院，根据本地的风俗习惯，在处理家事纠纷中，如兄弟分家的案件，按照兄弟之间的长辈顺序和房屋的地理位置进行分配，符合人们对方位的观念和长辈观念，得到了当事人和社会公众的认可，就取得了良好的社会效果。[③] 如果法院判决明显违反了社会多数人的法感情，就会导致公众的不满，影响法律的权威。

三是有利于避免机械司法。法官并不是机械适用法律规则的工具，其所面对的是现实社会具体的社会冲突和矛盾，往往具有复杂的背景和社会根源。美国法学家梅利曼曾经警告过分僵化的法律适用模式：“大陆法系审判过程所呈现出来的画面是一种典型的机械式活动的操作图。法官酷似一种专业书记官”。[④] 这种模式实际上过度强调了法律形式主义和概念法学，完全把法律看作是一个逻辑三段论的自然衍生。其实，司法三段论虽然能够体现法律适用的效果，但在实践中，不少案例并不是简单地运用司法三段论就能够得出妥当的裁判结论的，其原因并不是因为大前提出现了错误，而是

---

① 苏力：《解释的难题：对几种法律文本解释方法的追问》，载《中国社会科学》1997 年第 4 期。

② 参见［美］理查德·波斯纳：《波斯纳法官司法反思录》，苏力译，北京大学出版社 2014 年版，第 293 页。

③ 胡云腾：《论裁判文书的说理》，载《法律适用》2009 年第 3 期。

④ 参见［美］约翰·亨利·梅利曼：《大陆法系》，顾培东、禄正平译，法律出版社 2004 年版，第 36 页。

因为在处理家事纠纷等案件时，运用该规则可能会出现困难。例如，在实践中发生的丈夫打妻子、父亲打儿子等家事纠纷中，一方在法院提起诉讼，请求另一方承担侵权责任。依据《民法典》第1165条第1款规定，“行为人因过错侵害他人民事权益造成损害的，应当承担侵权责任”。简单地套用该规则，认定被告的行为是否有过错或是否要承担侵权责任较为困难，因为家庭关系是一种伦理、情感关系，机械地适用这一法律规则，很难产生良好的法律效果，因为判决被告承担侵权责任，往往会激化家庭矛盾，而且用家庭财产承担赔偿责任，也没有什么实际意义和效果。在此类案件中，简单套用司法三段论无法得出妥当的裁判结果，因此，必须要考虑特定案件的特殊情形，在裁判时充分考虑情理，公平合理地解决纠纷。

这实际表明，每一个案件都有其特有的内容细节，而法官的判断随着这种具体状况千变万化，毋宁说正是情理这种基准所期望的结果。[①] 正是在裁判中考虑并重视情理，方能充分展示司法智慧和睿智。

四是有利于促使司法裁判以情动人，更具有亲和力。要想在民事案件审理中真正做到“晓之以情，动之以理”，真正让当事人胜败皆服，就应当重视在裁判文书中阐释情理。在社会生活中，情理是法律的基础，法律是情理的升华和抽象，正如有学者所言，缺乏情理支撑的法律是极为罕见的。[②] 正所谓“法律不是无情物”。“感人心者莫先乎于情”，最能感染人心的是人间真情，最能动人心弦的是感情。法官在裁判说理中，要使裁判能够打动人心，就必须让人情得到充分的表达和展示。裁判要真正能够接地气，能够和当事人之间形成真正的沟通，使当事人心服口服，这些都需要裁判者了解人情世故，以情动人、以情感人。宋鱼水法官指出，情感是生命的源泉，法律与当事人的结合方能产生情感的火花，让法律不再枯燥，在社会的激流当中充满活力。法律如果失去对社会的作用，法律将变得冷酷和无法接近，而法律在当事人身上的运用则完全不同，它让法律有了人体的温度，让社会的秩序变成人人喜欢遵守的法律。[③] 正是因为法官讲情理，才能够打动人心，通过情感的交流使当事人心服口服。尤其是在民事案

① ［日］滋贺秀三等：《明清时期的民事审判与民间契约》，王亚新等编译，法律出版社1998年版，第126页。

② 邱爱民：《论司法裁判中的说理》，载《南京工程学院学报（社会科学版）》2006年第1期。

③ 艾文、林平：《知识产权的裁判说理——访北京知识产权法院副院长宋鱼水法官》，载《人民法治》2015年第10期。

件中，涉及离婚、继承、赡养等家事纠纷，情感的交流往往更能够使当事人接纳法律、接纳判决。同时，在司法裁判中强调合乎情理，表明裁判结论并非法官的“一家之言”，或者出自“私心”，[①] 这有利于增强裁判的说理性。

五是有利于促使裁判充分体现人文关怀精神。法律是理性的，也是有情感的；理想的法律应当体现人文关怀的精神。[②] 裁判说理要讲究情理，而情理的最大价值体现为人文关怀精神，只有这样，才能使司法裁判具有关爱弱者的情怀，才能充分考虑社会相对弱势群体一方的利益和诉求，给予相对弱势的一方充分表达自己意思的途径，充分尊重其人格尊严，保障其合法权益。也只有秉持这样一种情怀，才能拉近法官与民众的距离，使“司法为民”不仅仅体现在口号上，更应体现在具体的案件中。这种情怀要求法官要从人的视角上看待人，既不能采用机械主义的思维模式，也不能采用功利主义的思维模式，不能把人简单化。可以说，司法裁判重视情理，必须综合权衡行为人行为的动机、生活的环境、将来的发展趋向、民意等各方面要素，必须直面人性、仁慈爱民、关爱弱者。

三、情理在裁判说理中的运用规律

从我国司法实践来看，法官在裁判时已越来越重视情理的运用。截止到 2021 年 1 月 29 日，以“情理”为关键词在中国裁判文书网上进行检索，仅民事案件就有 160457 份裁判文书提到了“情理”。以“不合情理”与“不符合情理”为关键词进行检索，共得出 46951 份民事裁判文书。通过观察这些裁判文书，能看出情理在裁判说理中具有以下运用规律：

一是在举证责任的分配和证据的采信中运用。举证责任的分配必须针对个案、结合日常生活经验，分析何方当事人更应该或更有能力举证。在证据内容真伪不确定的情况下，法官根据案情和经验法则进行分析论证，对证据采信与否，在裁判文书中给出具有实质性说服力的理由，从而得出符合情理的妥当结论。[③] 例如，在“杨某某与怀化市中远房地产开发有限责任公司商品房委托代理销售合同纠纷案”中，法院指出，“对于如此大笔金额的资金，中远公司在杨某某未予偿还的情况下即向其出具了收到购

① 陈林林、王云清：《论情理裁判的可普遍化证成》，载《现代法学》2014 年第 1 期。

② 参见侯健、林燕梅：《人文主义法学思潮》，法律出版社 2007 年版，第 28 页。

③ 周公法：《事理、法理、情理、文理——裁判文书的说理之道》，载《山东审判》2007 年第 5 期。

房款4310712元的收据亦不符合情理和交易习惯。”①

二是在事实的判断中运用。例如，在刘某某与魏某某物权保护纠纷案中，法院认为：“原告刘某某认可2000年5月16日的协议在办理离婚手续前就已签订，但其对该协议未予备案的解释不符合情理且存在前后陈述矛盾的情形。”② 再如，在宁波永盛钢结构有限公司与宁波东创置业有限公司建设工程施工合同纠纷案中，法院认为：“现永盛公司未能提供施某某交付保证金的相关凭证，又未能举证证明其对东创公司未按合同约定支付第一期工程进度款69万元、仅支付44万元提出异议，故原判采信东创公司关于涉案工程保证金实际由第一期工程进度款抵扣的辩称，符合情理。”③

三是在事实的推理中运用。例如，在赵某、张某某、赵某等民间借贷纠纷案中，法院认为：“如是偿还本案2010年12月23日100000元和2011年4月23日50000元借款，按照常理也应当是偿还其中最早的2010年12月23日100000元借款，而不是分别偿还两笔借款，赵某的辩称不符合情理。”④ 再如，在刘某某与深圳市大帆实业发展有限公司普通破产债权确认纠纷案中，法院认为：“况且，在执行过程中仅对债权中的部分数额提供担保而不为全部债权提供担保不符合情理，不予采信。”⑤

四是在解释法律规则中运用。在选择某个法律规则能否适用于特定的具体案件时，要考虑到裁判结果是否符合情理。例如，在某个案件中，甲企业因为资金短缺导致经营困难，便请求乙企业提供资金帮助，乙企业恰好因为刚刚回收了一笔货款，于是同意提供2500万元资金帮助甲企业渡过难关。双方签订协议，分两次支付，利息低于银行的贷款利率。但在支付第一笔资金后，乙企业也因突发情况遇到资金困难，无力再支付第二笔款项。因而提出不能再提供资金，请求解除合同。甲企业提出，既然签订了协议，就应当履行合同，否则应当承担违约责任。双方诉至法院。在该案中，按照《民法典》第671条，贷款人未按照约定的日期、数额提供借款，造成借款人损失的，应当赔偿损失。但是，该条主要适用于以金融机构为一方当事人的借款合同，并不适用于企业之间的借款。而根据《民法典》

① 湖南省高级人民法院（2015）湘高法民一终字第137号民事判决书。

② 河南省高级人民法院（2013）豫法民提字第00016号民事判决书。

③ 浙江省高级人民法院（2013）浙民提字第47号民事判决书。

④ 内蒙古自治区鄂尔多斯市中级人民法院（2016）内06民终53号民事判决书。

⑤ 广东省高级人民法院（2015）粤高法民二破终字第7号民事判决书。

第671条，自然人之间的借款合同，自贷款人提供借款时生效，但该条仅适用于自然人之间，而不适用于企业之间。本案中，虽然《最高人民法院关于审理民间借贷案件适用法律若干问题的规定》规定了企业之间的借款合同，但适用于本案也存在困难。具体到本案而言，一方是为了帮助另一方而提供借款，出于好心帮助，最后自己无法提供借款时反而要承担违约责任，与情理不符。因此，对此类案件，法官应当综合考虑法律规定、司法解释的规定，同时考虑情理，从而减轻甚至免除乙企业的违约责任。

五是在裁判结果中运用。情理本身并不能作为裁判依据，但情理的考量能够对案件的裁判结果产生较大影响。比如，在汪某某与李某某离婚纠纷案中，法院认为："因李某某之女虽然曾与汪某某之子未办理结婚登记手续，李某某应当适当返还该彩礼款，其不返还的理由不能成立，汪某某要求全部返还也不符合情理。"① 需要注意的是，我国司法裁判的结果中经常采用"酌情"一词，但法院在"酌情"时究竟考虑了哪些因素，这些因素对裁判结果的影响究竟如何等，法院未作出充分的解释。例如，在郑某与练某婚约财产纠纷案中，法院认为："因练某收受的部分彩礼已返还给郑某，且练某与郑某同居生活后怀孕并因故流产，故原审法院鉴于本案的实际情况，酌情判令练某返还彩礼35000元，基本合理，本院予以维持。"② 在该案中，法院降低了原告的请求数额，但为什么降低，裁判文书只是使用了"酌情"这一表述，但究竟酌了哪些情，并没有充分释明。又如，在张某与俞某甲、俞某乙婚约财产纠纷案中，法院认为："一审法院根据本案实际情况，结合当地婚俗习惯，酌定由女方返还彩礼55000元并无不当，可予维持。张某主张女方应返还全部彩礼77000元不符合情理，本院不予支持。"③ 在该案中，关于当事人返还财产的范围，法院在适用相关法律规则时即考虑了情理，酌定减轻了当事人的返还义务，但究竟考虑了哪些因素，也没有充分释明。

四、情理在民事裁判中的运用：以家事纠纷裁判为对象

笔者认为，法官在处理离婚、分家析产、家庭债务、赡养、扶养等家

① 甘肃省庆阳市中级人民法院（2014）庆中民终字第13号民事判决书。
② 浙江省宁波市中级人民法院（2013）浙甬民一终字第117号民事判决书。
③ 福建省福州市中级人民法院（2014）榕民终字第264号民事判决书。

事纠纷时，应当更加重视情理，更加强调人文关怀的精神。之所以如此，主要是基于如下理由的考虑：

第一，家庭是社会的细胞。俗话说：家和万事兴。家庭的和睦关系到整个社会的和谐稳定，是社会和谐的基础，所以在处理家事纠纷时，首要考虑情理，注重维系家庭的和谐，只有这样，才能巩固作为社会基本细胞的家庭的稳定性。例如，家庭成员分家析产的案件之中，不能完全用简单的平等份额来加以处理，如果涉及儿童、残疾人等弱势群体存在的特殊情况，则应当予以特殊处理。事实上，我国现行立法也采纳了这一思维。例如，《民法典》第1130条第2款规定："对生活有特殊困难又缺乏劳动能力的继承人，分配遗产时，应当予以照顾。"

其实，我国古代司法在处理家事纠纷时，就已经非常注重情理，借此维护家事关系的和谐，并取得了很好的效果，这一传统司法经验值得我们借鉴，可谓是处理家事纠纷的精髓文化。例如，清代的陆稼书在审理一起兄弟争夺财产的纠纷时，并没有具体解决相关财产究竟应当如何分配，而是令案件当事人以兄弟相呼，"此唤弟弟，彼唤哥哥"，"未及五十声，已各泪下沾襟，自愿息讼"。[①] 在该案的审理过程中，司法官即考虑到了家事关系的特殊性，并取得了良好的社会效果。梁漱溟认为："西洋人是先有我的观念，才要求本性权利，才得到个性申展的，但从此，各个人间的彼此要划得很清。开口就是权利义务、法律关系。谁同谁都是要算账，甚至于父子夫妇之间也都是如此。这样生活实在不合理，实在太苦。中国人态度恰好与此相反：西洋人是要用理智的，中国人是要用直觉的——情感的；西洋人是有我的，中国人是不要我的。"[②] 陈独秀曾指出："西洋民族之重视法治，不独国政为然，社会家庭，无不如是。商业往还，对法信用者多，对人信用者寡；些微授受，恒依法立据。浅见者每讥其俗薄而不惮烦也。父子昆季之间，称贷责偿，锱铢必较，违之者不惜诉诸法律；亲戚交游，更无以感情违法损利之事……以法治实利为重者，未尝无刻薄寡恩之嫌；然其结果，社会各人，不相依赖，人自为战，以独立之生计，成独立之人格，各守分际，不相侵渔。以小人始，以君子终，社会经济，亦因以厘然

① 参见晓明、拓夫编：《绝妙判决书·陆稼书判牍》，转引自唐文：《法官判案如何讲理》，人民法院出版社2000年版，第90页。

② 梁漱溟：《东西文化及其哲学》，商务印书馆1987年版，第152页。

有叙。以此为俗，吾则以为淳征也。——即非淳厚也何伤?"① 这些论述都说明一个道理，即在处理家事纠纷时，不能完全照搬西方的法制经验，简单地以法律规则明析产权、追究责任，而要注重情理，注重家庭伦理，考虑家庭成员之间的情感。

第二，家庭的组成具有很强的伦理性。作为社会组成的基本单元，家庭需要伦理的维持，所以在处理家事纠纷的过程中，不能仅依靠法律，还需要借助情理、道德、人文关怀及伦理性考虑来加以解决。特定的亲属关系既存在着各种法律关系，也存在着伦理关系。根据我国已经加入的联合国《儿童权利公约》第 3 条第 1 款的规定："关于儿童的一切行动，不论是公私社会福利机构、法院、行政当局或立法机构执行，均应以儿童的最大利益为一种首要考虑。"也就是说，涉及儿童的问题，采取儿童利益最大化的原则。所以在涉及儿童监护权谁具体行使的纠纷之中，并不能仅仅通过经济基础来决定子女由谁抚养的问题，而应当综合考虑哪一方对儿童成长最为有利。此外，针对未成年人、老人以及妇女权益保护，我国特别制定了《未成年人保护法》《老年人权益保障法》《妇女权益保障法》等关怀社会弱势群体的法律，这些法律的精神在家事纠纷之中也自然应当予以贯彻。

第三，家庭以亲情、血缘为纽带，而非建立在经济基础上的合伙关系。家庭是个人心灵的港湾，是个人情感的寄托，是家庭成员情感交织的领域。父母对孩子的抚养、孩子对父母的赡养并不能仅凭借法学概念的权利义务都能够得到解释，这其中所融合的血缘之情、情感关系是较为复杂的，夫妻关系是一种平等互助、互爱的伦理情感关系，并不能通过合同关系来加以解释。这意味着，在处理家事纠纷，特别是在处理家庭财产关系时，必须注重情理，贯彻人文关怀的理念。若非如此，就极易在社会中形成亲情纯粹是利益纽带的不良导向，极易引发极端事件的发生。

正是考虑到近些年某些家事案件审判中缺乏必要的人文关怀，《最高人民法院关于开展家事审判方式和工作机制改革试点工作的意见》有关工作理念的部分提到，"树立家庭本位的裁判理念，对家庭财产关系的处理以有利于家庭成员共同生活的团体主义为价值追求。坚持以人为本，发挥家事审判的诊断、修复、治疗作用，实现家事审判司法功能与社会功能的

---

① 《陈独秀著作选》(第　卷)，上海人民出版社 1993 年版，第 175 页。

有机结合"。我国一些地方法院也开始积极探索家事审判改革。例如，广东法院进行"以家为本"的改革，其核心即在于贯彻家庭本位的裁判理念，注重家事审判中的人文关怀、弱者保护，同时也体现裁判必须注重情理的立场。我国司法在经历了几十年的发展之后，应该说，个人本位的色彩确实越来越浓厚，这在夫妻共同财产的规则演变之中最为明显，应该说这是保障私权的体现，但如果忽视情理和家庭伦理，也会导致矫枉过正、机械司法的后果。

事实上，法律介入家庭领域应当保持谦抑态度，法官处理家事纠纷应当保持审慎态度，必须特别注重情理和人文关怀，由此有助于修复家人情感。[①] 特别是在离婚案件中，在处理涉及财产返还等问题时，法官应当考虑情理，灵活地适用相关法律规则。应当兼顾法理情，巧断家务事，让中华民族尊老爱幼的美德代代相传，让家庭成为人们心灵栖息的港湾。例如，在"何某某与钟某某、道县濂溪山庄管理委员会离婚后财产纠纷案"中，法院认为："即便如何某某所言，该房屋并未在婚姻存续期间转让给钟某某，何某某对房屋尚有分割处理的权利，但其却在离婚协议对大到房产、债权、债务，小到日常生活用品均作了处置，却唯独对该诉争房屋只字未提，明显不符合情理。"[②]

必须强调的是，法官在处理家事纠纷中要特别重视情理，特别注重人文关怀，这并不是说家事纠纷的处理无须考虑法律规定，而是说法官在理解和适用相应法律依据时，在自由裁量权的正当范围内重视情理，贯彻人文关怀精神。例如，在离婚案件中，对于身处家庭暴力环境中的妇女，应当事人的申请，法官应当及时签发相关的人身保护令，而不应当再严格按照《最高人民法院关于适用中华人民共和国民事诉讼法的解释》第108条、第109条所规定的证据证明规则，严格要求当事人尽到相关的举证责任。还要特别注意，传统观点认为，法不入家门，清官难断家务事，有的法官甚至认为，不打不成夫妻，将家庭暴力视为夫妻间难以避免的打架斗嘴纠纷，对家庭暴力造成的危害没引起重视，对本应认定为家庭暴力的，并没有予以认定，这就不利于对弱者进行保护，而是错误运用了情理和法律，应予杜绝。

① 参见张慧鹏：《"以家为本"的专业化审判》，载《人民法院报》2016年6月9日。
② 湖南省永州市中级人民法院（2015）永中法民二终字第101号民事判决书。

五、裁判说理中的情理必须合法

如前所述，我国古代裁判历来重视情、理、法的结合，法顺人情、人情即法、情重于法也是古代法律的特质。但汉以后，也有儒家学者指情为恶，如董仲舒认为“情者，人之欲也”“情则为贪”。此后因为对情的理解出现了偏差，将人情逐渐演化成人与人之间的交往关系，导致人情对法律的侵蚀和破坏，从而出现了人情大于王法的现象。针对这种时弊，一些古代思想家抨击在裁判中考量人情，主张法不徇私、法不容情，具有较强的合理性。法家历来强调法不阿贵、赏罚分明、执法公正。在这一点上，法家的思想与现代法治的精神有一定的相似性，都强调法官为了执法公正，不能受人情左右。“执法而不求情，尽心而不求名”。①

应当承认，中国确实是一个人情社会，这是经由中国长久的农业社会特点所形成的。费孝通先生在《乡土中国》中提出了著名的“同心圆”比喻来解释重人情的社会特点，认为传统社会中的人是人际关系同心圆的核心，不同关系的亲疏远近就像水的波纹一样，一圈一圈推出去，越推越远，也越推越薄。本质上，重人情充分体现了传统社会的团体性特征。尤其在民事领域，涉及大量婚姻、继承、赡养等案件，更需要多讲情理。法官在判决中释明法律，多讲情理，不仅能让当事人服判息诉，而且还起到法制宣传的作用。在我国这样一个人情社会，人情、亲情、友情常常左右着法官，很容易影响司法公正。所以，我们在裁判中强调情理，并不是要求法官在裁判中徇私情，而只是要求裁判符合社情民意，重视人文关怀等，但讲情理必须合法。古希腊哲学家亚里士多德说，法律是没有感情的智慧，它具有一种为人治所不能做到的“公正性质”。在他看来，人治中的“人”，尽管聪明睿智，然而人带有感情，因而会产生不公道不平等，从而导致腐化。所以，法治要求排斥私情，裁判说理中的情理必须合法，具体而言：

一是裁判说理中的情理应当符合法律规定和法理精神，不能与法律相悖。法律本身就是顺应人心，法律不讲情理就可能是不合理的，因此，在裁判中重视情理，有助于向人们昭示法律的真谛和精神，实现法律的目的。法理内都蕴含了情理，不会距离情理过分遥远，法理本身不能脱离了生活和民情民意。情理中一般包含了公平正义、公道等法的基本价值，讲情理

① ［北宋］苏洵：《上韩枢密书》。

也同样是在讲法理，二者是有机统一的。中国古代断狱注重天理、国法和人情的统一，其中蕴含了对公道的追求。《国语·鲁语上》有言："余听狱，虽不能察，必以情断之。"日本法学家滋贺秀三认为，"中国型的正义平衡感觉"就是考虑人们的常情和常理。[①] 越能讲清情理，越能够使人们理解作出裁判的原因和道理，更能做到以理服人和以情动人。但并非所有的情理都完全符合法律。情理应当能够被法律所包容，如果法律能够把情理包含其中，则应当尽量将其阐释出来。如果讲某种情理与法相悖，甚至以情废法、以情代法，则不符合依法裁判的司法使命，因为毕竟裁判公正的标准是依法裁判，而不是以情裁判。[②]

二是司法裁判说理的情理应当与法律有机结合。司法裁判本质是依据法律裁判，承担的是解决社会纠纷、化解社会矛盾冲突的责任。依法裁判意味着法律有明文规定，不得随意抛弃法律，而完全依据情理裁判，否则也会背离司法裁判的目的。因此，司法裁判说理应当是情、理、法的有机结合。例如，在一个吊唁权的案件裁判中，法官并不是机械地以吊唁权不属于法定权利而驳回当事人的请求，而是根据吊唁权属于人格利益，对已故父亲的吊唁是生活的一般常理，将法律与情理结合起来，从而作出了既符合法律又符合情理的判决。[③] 所以，即使某个案件的裁判结果是正确的，但如果法官没有结合情理，可能并不能使纠纷得到妥当解决。就像前述的吊唁权案件，如果法官驳回起诉，势必使这种矛盾回归社会，从而导致不安定因素的存在。当然，如果法官完全依据情理裁判，而忽略甚至背离法律规定，这也不符合司法裁判的本质要求。

三是讲情理的前提是维护法律秩序的统一和稳定。在裁判文书中讲究情理，有利于法律规则的灵活运用，避免机械理解、适用法律规则，但在裁判文书中讲究情理并不意味着完全抛开法律规则而依据情理裁判，讲情理的前提是维护法律秩序的统一和稳定。法律是理性的体现，保障法律的

① 参见［日］滋贺秀三：《中国法文化的考察》，载王亚新、梁治平编：《明清时期的民事审判与民间契约》，法律出版社1998年版，第14页。

② 胡云腾：《论裁判文书的说理》，载《法律适用》2009年第3期。

③ 在该案中，法官在判决书中写道："法院审理后认为，吊唁权是一种特殊的人格权益，老人故去，子女进行吊唁是一种人之常情，也是受法律保护的一种权利。两被告与原告虽有矛盾，但其接走父亲后应允许原告探望父亲，并应将父亲的身体状况及时告知原告。特别是在父亲去世后，两被告有义务告知原告，使其享有均等尽孝的机会。"参见《哥哥隐瞒父亲死讯　侵犯弟弟吊唁权被判赔礼道歉》，载《柯桥日报》2012年5月14日。

施行实际上就是坚持理性和正义原则。

四是裁判中讲情理是为了使司法裁判更加符合社情民意，使法律更贴近民众的需要，但这并不意味着完全依据民意来适用法律，完全以民意代替审判。民意是裁判的重要的参考，在绝大多数情况下，民意充分地反映了社会的需要，法官在确定裁判效果时要充分重视民意，应当经过充分的社会调查来了解民意。但民意不是唯一的、决定性的因素，因为在很多时候，民意的把握可能是很困难的，甚至也有失片面。例如，在网络侵权案件中，民众可能仅仅看到当事人权益的保护，而对于信息自由、技术创新的理解没有形成共识，所以，从网上了解的民意有时并不客观全面。而如何平衡当事人权益保护与信息自由、技术创新的关系，正是法官通过全盘考量法律规范目的、产业政策导向、行业发展规律等来解决的问题，此时就不应简单地依据民意，更不能简单地依据“网民之意”来解释并适用法律。

总之，裁判说理应当注重情理和法律、法理的统一。一方面，法官的裁判说理应当讲究情理，裁判过程不是机械地适用法律规则的过程，这就要求法官了解民情民意，在裁判过程中体现对人的关怀，最终形成的裁判文书也不是呆板的逻辑推理结果，而应通过对法律的解释来向当事人讲述生活中的基本道理。另一方面，讲情理并不是要法官以情代法，而应当以严格遵守法律规则为前提，不能以情代法，更不能徇私枉法。总而言之，裁判说理应将法理与情理融为一体，以法服人，以情感人，做到法德并举，传递社会正能量，宣扬正确的价值观，实现法律效果、社会效果的有机统一。

第四节 文　理

一、文理的概念

文理是指裁判说理的语言、形式和技巧。文理是对裁判说理语言风格方面的要求，能够集中反映法官在说理过程中的语言文字能力和法律思维逻辑能力。[①] 有观点认为，文理只是裁判文书的表达方式，只是说理的语

① 胡云腾：《论裁判文书的说理》，载《法律适用》2009年第3期。

言技巧问题，并不属于裁判说理的范畴。但事实上，虽然文理是裁判说理的一种方式，但其也应当属于裁判说理的重要组成部分，因为法官在裁判文书中所使用的语言风格、叙事技巧等不同，对裁判文书的说理性也会产生不同的影响。按照比利时法学家佩雷尔曼的观点，修辞学的运用有利于提高命题的可接受性和说服力，从而使人们在思想上接受某种观点；[①] 修辞既不是空洞的辞藻，也不是堂皇的外衣，而是将枯燥的法律变为容易吞服的胶囊或者糖衣。[②] 这深刻地说明了文理对裁判说理的重要性。

二、裁判文书的文理要求

一是表述精准。在裁判说理的过程中，表述应准确地表达事理、法理和情理，不能出现错误。试想，如果一份裁判文书将当事人的姓名、名称写错，或者将当事人争议的标的额的数字写错，何谈司法的权威性与公信力？有的裁判文书将“共管账户”写成“工管账户”和“公关账户”，“4500万元转让款”写成“45000万元转让款”，“土地面积”写成“提到面积”。可以说，这样的裁判文书即便结论正确，也难以使当事人认同其作为公文书的权威性。其次，因为裁判文书表达的是法院对当事人权利义务关系的界定和安排，其词句应精确，不得产生歧义，不能模棱两可、含糊不清，否则，不仅无法清晰地界定当事人之间的权利义务关系，而且可能因为该词句的歧义而引发新的纠纷，司法定分止争的功能也会受到影响。

同时，裁判文书所使用的概念必须准确。法律规则和制度的最基本构成要素是法律概念，它是传递法律语言的媒介，是“对各种法律事实进行概括，抽象出它们的共同特征而形成的权威性范畴”。[③] 法律概念的准确使用是保障法律规则和制度准确运用的前提和基础，是保障法律关系认定准确的前提，是准确进行法律思维的基础。“法学和法律实践中的诸多混乱是由于不正确地使用概念引起的。如果精确地解释和确定法律概念的意义，就能够精确地描述法律现象，正确地进行法律推理。”[④] 应当看到，有些法律概念具有相对性和多义性，在不同的语境下具有不同的内涵；而且，即便有些法律概念具有单义性，但不同的法律概念结合在一起，也会有不同

---

① 参见沈宗灵：《现代西方法理学》，北京大学出版社1992年版，第435页。

② 参见［美］波斯纳：《法律与文学》，李国庆译，中国政法大学出版社2002年版，第338页。

③ 张文显：《法哲学范畴研究》，中国政法大学出版社2001年版，第57页。

④ 张文显：《法哲学范畴研究》，中国政法大学出版社2001年版，第69页。

的含义。因此，要保障裁判说理的妥当性，必须要保障裁判文书所使用的法律概念的准确性。不仅如此，裁判说理是法律逻辑推理过程，而概念是逻辑推理的起点、前提和基础，要使逻辑推理正确，就必须准确使用相关的概念。故而，在裁判说理中，准确使用法律概念是必备的前提条件。

二是文字通俗。我国古代的裁判文书制作曾经有骈判和散判之分，前者注重用典，讲究辞藻华丽，而后者采用散体，注重事实分析和理由阐述，例如，王维的《宫门误不下键判》，判词虽然只有150多字，但用典多达十多个。然而，这种裁判风格以后逐渐减少，究其原因主要在于，其虽然文辞华丽，读起来朗朗上口，宣判时气势恢宏，但其并不注重对事理和法理的分析，所用之典往往难以被当事人所理解，甚至有误，因此，其难以达到裁判说理的目的。①

在现代社会，有学者曾对一些国家的司法判决的风格做过有趣的比较：以法国为代表的大陆法系国家的司法判决整体上偏向威权色彩，语言较为抽象化和概念化，法律推理偏重从权威前提出发的逻辑演绎模式，如三段论推理；以美国为代表的英美法系国家的司法判决整体上偏向论证和对话色彩，语言较为普通化，法律推理采用对话合理性选择模式。② 这样的比较实际揭示出了裁判说理文字应否通俗的问题。所谓通俗，首先是说裁判说理应当通俗易懂，把法律道理用平实的语言表达出来。之所以如此，是因为裁判文书的受众对象并不完全是专业人士，而更多的是当事人和社会一般公众，与此相应，裁判说理必须建立在当事人能够充分理解的基础上，这就要求裁判文书要有通俗易懂的文字表达，使法律上的法理转化为生活中的道理，使普通当事人也能够理解和接受。孟子说："言近而指远者，善言也"。这就是说，要通过通俗的、接近生活的语言讲出大道理，这就能达到以理服人的效果。只有这样，才能使当事人透彻理解裁判文书的思路，从而使裁判文书能更好地接受社会公众的检验和评判。此外，裁判文书本身是法律文书，不是一般的文学作品，它需要对当事人之间的纠纷进行专业化的法律分析。无论对法律规则的解释、法律规则与案件事实的关联，还是对裁判结论的阐释等，均具有很强的专业性。裁判文书中有必要使用严谨的法律概念来说理，也即通常所谓的法言法语，但也应该用尽可能通

---

① 参见汪世荣：《中国古代判词》，中国政法大学1997年版，第5~6页。

② 参见张志铭：《法律解释操作分析》，中国政法大学出版社1998年版，第209~219页。

俗的语言表达，法律思维的内在力量来源于公众思维，其必须使社会公众感受到内在的公共逻辑。① 为了便于当事人理解和接受，裁判说理在必要时，可以把法言法语翻译成通俗的日常语言。就此而言，裁判文书的语言在注重专业性的同时，也应当兼顾通俗性的特点。②

三是逻辑自洽。的确如此，司法裁判活动是一个严密的推理过程，从证据效力的认定，到案件事实的认定，再到法律规则的选择、解释与适用等，都具有很强的逻辑性。裁判说理必须清晰表现整个逻辑推理的过程，必须遵循逻辑规则，达到逻辑自洽的效果，力求层层相扣、逻辑严谨、推理正确。从实践情况来看，在有的案件中，裁判文书中“经审理查明”部分的案件事实和“本院认为”部分的案件事实在表述上存在不一致，甚至相互矛盾，这是不符合逻辑自洽的典型表现。裁判文书应该能够完整地展现司法裁判的过程和结果之间的逻辑关联，不至于出现逻辑中断和偏离，否则就有瑕疵。此外，裁判说理的逻辑性还表现为，法官应当尽可能从正面进行说理，层层递进，由点到面，直接表达法官对案件的推理过程，而不宜采用提问、反问等方式说理。

四是详略得当。关于裁判风格，威特曾以上诉审法院为坐标，整理出英国、法国、德国、瑞典和美国等五种各具特色的风格类型。所谓裁判风格（judicial style），通常包括段落安排、论证方法、沟通形式，乃至语体、长度等，从风格的不同，可以看出法源、法官角色和法律理性（正当性）的差异。比如法国最高法院的裁判，即以简短扼要而闻名，通常只论证法院最重要的认定，而且决不引用判决先例或学者的意见。德国法院的判决书则多引用相关法条进行解释，而后采取三段式的推论，法院也经常大量地引证学说见解。③ 而英美法系的判例，则注重对先例的分析以及对事实的推论，判决结果理由的阐释，但对制定法的分析解释较少。这些风格都受制于各自的历史发展、审判方式、法官文化等，无法简单评价取舍。从我国实际情况来看，裁判说理应当在突出重点的同时，详略得当。一方面，应当区分疑难案件和简易案件，疑难案件的裁判说理应当强化，简易案件的裁判说理则可以简化。另一方面，就同一案件而言，对于当事人没有争

① ［美］布莱恩·A. 加纳：《加纳谈法律文书写作》，刘鹏飞、张玉荣译，知识产权出版社 2005 年版，第 11 页。

② 白泉民：《裁判说理的价值及其实现路径》，载《人民法院报》2015 年 4 月 8 日。

③ 苏永钦：《司法改革的再改革》，我国台湾地区月旦出版社股份有限公司 1998 年版。

议或者争议较少的事项，裁判说理应当简化，而对于当事人争议较大的事项，则法官应当进行浓墨重笔的说理。还应看到，裁判文书本身不是法学理论文章，也不是文学作品，法官不可以信笔所至，随意发挥，一定是切中肯綮，要言不烦。正如美国法学家波斯纳所言，“在你打算让合议庭其他法官传看的意见书中，对每个逗号、每个词、每个句子、每个插入的短语或从句、每一段，你都要问问自己，这个词、这个句子等到底起什么作用？如果回答是‘没作用’，那就应删掉”。①

五是文风朴实。从我国古代判词的发展来看，其文风呈现出从注重华丽到注重朴实的转变。比如，唐代判词讲究“文辞的华美、对仗的工整、用典的精当”，有的判词虽然较短，但几乎一句一典，引用《汉书》《史记》《新语》《左传》等经典古籍所记载的历史事件，辞藻极其华丽。② 而在宋代，判词则讲究言简意赅，明清时期的判词更加注重对案情的描述，而不是过于“展现”裁判官深厚的文学功底，判词的文风也越来越朴实，越来越贴近生活。在现代社会，由于裁判文书需要准确划定当事人的权利义务关系，要具备易被当事人所理解的特点，故其不能像文学作品那样讲究辞藻华丽、语气夸张，而应以平实的语言、朴实的文风来透彻说理，尽可能地在体现法律职业特性的基础上又通俗易懂。只有保持朴实的文风，不说套话、空话、大话，不打官腔，说理方式平和，语气表达中立，裁判文书才真正能够接地气，以情动人，以理服人，体现了孟子所说的“言近而指远者”。其实，在朴实的文风中把道理说透讲明，是所有文字作品均应具备的美德和文理，德国大诗人席勒在1795年11月9日写给威廉·冯·洪堡特的信中就如此赞叹哥德的文风：“坚实的写作手法，总是由事物中去接受到法则，由事物本然之理去导出规则。”③ 优秀的裁判文书自然不能例外，其之所以优秀，并不在于其遣词造句的华丽，而在于其能否进行充分的说理，是否采用朴实文风而易为当事人所理解和接受。

① 参见［美］理查德·波斯纳：《波斯纳法官司法反思录》，苏力译，北京大学出版社2014年版，第292页。

② 高潮主编：《古代判词选》，群众出版社1981年版，第1页。

③ Zitiert nach Gustav Radbruch, Die Natur der Sache als Juristische Denkform, Darmstadt 1960, S. 5.

第五节　裁判说理中情与法的结合

2016年，山东聊城发生了震惊全国的于欢案。在这个案件中，曾有十多名社会闲散人员组成的催债团队来到女企业家苏某的工厂讨债，这些人在讨债过程中不断辱骂、殴打苏某，“杜某用污秽语言辱骂苏某、于欢及其家人，将烟头弹到苏某胸前衣服上，将裤子脱至大腿处裸露下体，朝坐在沙发上的苏某等人左右转动身体”。[①] 后来，于欢目睹其母受辱，忍无可忍，便从工厂接待室的桌子上摸到一把水果刀刺向讨债的人，致使杜某等四名讨债人员被捅伤，其中，杜某因未及时就医导致失血性休克死亡，另外两人重伤，一人轻伤。该案发生后，引发了社会热议。

关于于欢伤害他人的行为，是否构成防卫过当并因此承担刑事责任，在理论界和实务界都是一个争议较大的问题。不少人认为，对于于欢的行为，不能简单地比照法律条文来作出裁判，而要着重考虑于欢不忍其母受辱的基本人伦感情，他一怒之下刺伤侵犯其母亲的人，是中华传统美德中“孝”的体现，因此，该行为不仅是正当的，而且也应当是法律所鼓励的举动。还有人认为，面对社会的大奸大恶，面对亲人遭受极端的侮辱，在寄托于执法者无望的情形下，应当鼓励个人私力救济，因此，亲情应当大于法。但也有不少人认为，法应当重于情，于欢案发生后，应当严格比照法律规则的规定来评判于欢的行为，而不是先入为主地引入情感判断。法官不能因情废法，更不能因为过度考虑情而枉法裁判。

其实，情与法的关系问题是古往今来困扰法律人的一大难题。如何看待和协调严格适用法律规则与照顾人伦情感之间的关系，是一个历久弥新的话题，因时因人而异。在不同的语境中，很可能形成多元的认识。

一、情、法并非对立，而应兼顾

众所周知，中国是个人情社会，一提到情与法，人们就会自然想到“人情大于王法”的说法，就会担心因情废法、情大于法。但事实上，从

① 山东省高级人民法院（2017）鲁刑终151号刑事附带民事判决书。

历史发展的视角看，情与法并不是完全对立的。中国几千年历史中，判案主要的依据是“天理、国法、人情”，十分注重三者的有机结合，这既是我国特有的法制文化，也是我国古代法制有益经验的高度概括和总结。有人将中国封建社会的法制实践概括为“儒表法里”，其实传达的也是情与法相结合的理念。

我国古代重视法律的作用，但也强调法的适用过程中应当兼顾人情。“法不外乎人情”，这是中国古代人们的一般共识，早在《周礼》中就有“以五声听狱讼，求民情”的记载，反映了民情、民意对司法裁判的重要影响。儒家学说强调人情，最初人情是指个人发自内心的七情六欲，《礼记·礼运》明确指出：“何谓人情？喜怒哀惧爱恶欲七者，弗学而能。”《性自命出》中说“凡人情为可悦也”，凡人情都是可接受的，并说“苟以其情，虽过不恶，不以其情，虽难不贵。苟有其情，虽未之为，斯人信之矣”，这就是孔子所强调的真情实感。“情理”在中国司法传统当中一直占据非常特殊的地位，如“原情定罪”“不能舍情理而别为法也”“原情度事以得其理”等，甚至有“原情而略法”之说。①

应当承认，从我国古代的法制实践来看，情与法的结合确实能够使法律的适用实现良好的社会效果，值得我们今天予以借鉴。情与法的结合同时也体现了儒学所倡导的人文精神，有效贯彻儒学所倡导的孝道、仁义等道德价值，这可以使司法彰显人情和道德，使得司法更有温度，更能够接地气。在西方人看来，法律是不带人情味的行为规则，司法、执法过程不应受人情的影响。但我国古代历来重视法律与人情的结合，古代判例中大量采用“推理求情”。②《管子·匡君大匡》云：“令国子以情断狱。”《周礼·秋官·小司寇》规定：“以五声听狱讼，求民情：一曰辞听，二曰色听，三曰气听，四曰耳听，五曰目听。”《曹刿论战》中记载：“小大之狱，虽不能察，必以情。”在裁判中注重情与法的结合，也有利于避免机械司法，使裁判更加贴近民情。古代裁判中经常可以看到一些案件，即便行为人已经构成犯罪，但如果该行为符合《春秋》之义，就可能被法外开恩，甚至可以给予表彰。尤其是对为父母复仇的孝子、为节试法的烈女、为义而犯禁的侠客义士等，经常网开一面，所谓“志善而违于法者免，志恶而

① ［清］汪辉祖：《学治续说·能反身则恕》。

② 参见汪世荣：《中国古代判例研究》，中国政法大学出版社1997年版，第175~197页。

合于法者诛”[①]，此种做法目的即在于追求法背后所蕴含的礼义孝道等伦理价值，向社会传递一种忠孝的价值观，从这一意义上说，也有其可取之处。可以说，裁判中重视情理是我们优秀法律文化的传统，也是我们法治建设应当从传统文化中所汲取的营养。但要注意不可因情废法，否则就走向了另外一个极端。

自古以来，我国的司法活动都强调情、理、法的结合，这是我国传统法律文化的精髓部分，是必须坚持的宝贵经验。一个并不符合情理的裁判结果，多半是值得慎重推敲的。法律本身就是正义的文字表达、是人们内心善的成文化表述，所以情理法内部应当是统一协调的，法官必须要用情理来检验逻辑推理结果。强调司法裁判合乎情理，也是法律人文关怀的一种体现。在刑事案件中，裁判者必须心怀对普罗大众的“爱”，体现对人作为主体的尊重。通过司法裁判认定一个人有罪，不仅使本人蒙受牢狱之灾，也会给其家庭、亲友带来痛苦与不安，甚至可能影响被判刑者一生的前途命运。因此，在对于罪与非罪的认定、对于存疑犯罪的认定、对于轻罪重罪的认定之中，刑事司法裁判者必须站在人文关怀的高度谨慎使用自己手中的司法裁判权。

二、兼顾情法但不能因情废法

一概强调情大于法，将会导致法治建设的困境，甚至诱发权力寻租、司法腐败等问题。清代汪辉祖曾在《学治臆说》中指出，“法贵准情”，但“故法有一定，而情别于端”。这就是说，法律有一定准则，而人情却千差万别。人情包含多重含义，既有人情世故，也有亲情、友情、民情等，人情本身就是一个较为复杂的概念。古人常“问世间情为何物”。这本身就说明，“情”就是一个弹性很大的概念。

由于中国古代，在裁判中过分强调情与法的结合，也带来不少副作用，一方面，由于人情的含义其实有多种，当人情与王法相抵触时，官员就有相当大的权力，可以以情变法。另一方面，这给了官员过大的自由裁量权，使得裁判很容易偏向情感定罪、道德审判等问题。所以，一些讼师往往利用这一点，尽量夸大情的作用，打动官府。例如，诉状中经常故意示弱，诉诸情感，或夸大其词，采用“冤蔽覆盆，非天莫救”“冤黑无诉，冒死

① 参见《盐铁论·刑德》。

奏天”等表述，或者大量搬引儒家经典、孝道、仁义等，为犯罪行为开脱，这也在一定程度上影响了法律的严肃性。到了后来，人情的概念也变味了，变成了人情大于王法，“八字衙门朝南开，有理无钱莫进来”，“法能为买卖，官可做人情”，以至于冤狱遍地，“官司一到，十家牵连；一人入狱，一家尽哭”。因此，民间常有“饿死莫做贼，气死莫告状”的说法。

正是考虑到以人情问罪，就会导致因情废法的后果，严重损害国家法纪的严肃性。因此，不少朝代也强调严格区分情与法，不可因情变法、因情废法。例如，唐代武则天时发生过一件著名的徐元庆复仇案，武则天赞赏徐元庆为父复仇之举，主张免其死罪，改判流放。谏官陈子昂在分析了案情后主张对徐元庆先处以死刑“以正国法”，再树碑立坊“旌其闾墓”以表彰孝道。[①] 最终，陈子昂的主张被采纳。这一案例曾被后人奉为经典。可见，古人也不主张因情废法，仍然主张维持法纪的严肃性。法律规则应当是解决纠纷最为重要的依据，法律规则具有确定性和普遍适用性，如果允许法官过多考虑人情，甚至因情废法，则可能从根本上动摇法治的根基。同时，认为情在法前也可能导致法官裁判的不确定性，这也为权力寻租和司法腐败问题埋下了伏笔。而一概强调法大于情，则可能产生一定的道德困境。

实际上，从法律形成和产生的过程来看，法律与情理在很大程度上是兼容的。特定法律规则之所以产生，常常是因为立法者对特定社会情理关系的洞察，并通过法律规则的方式将特定社会情理项下的行为规则标准化。例如，我国《民法典》总则编规定见义勇为，提倡尊老爱幼，这本身就是对伦理道德的弘扬。但是，立法的过程主要还是一个化繁为简的过程，将复杂的社会情理和人伦关系加以简化和标准化为成文的法律规则，以便于人们所认识和遵守。而恰巧是这一个简化的过程，决定了法律可能在一些情形下缺乏对社会复杂语境的特别关注，并在相应的社会现实发生后呈现出与现实中的情理脱节的现象。

回到于欢案，确实有不少人认为，于欢为避免母亲受辱而持刀杀人，此种行为是一种正义之举，甚至有人认为，于欢的行为是一种壮举，面对暴徒侮辱自己的母亲，能够勇敢反击，是一个保护家庭、保护母亲的孝子，这种行为是应当鼓励的行为，不应当承担法律责任。这种看法将情置于法

① 马小红：《礼与法：法的历史连接》，北京大学出版社 2004 年版，第 15 页。

之上，这实际上又走向了另一个极端。在这个案件中，于欢确实是基于孝道亲情奋不顾身地与恶行作斗争，并在抗争中刺伤他人。从情理上说，其行为是符合大多数人的人情观的。但私力救济本身也伴随着潜在的副作用。如果人们都基于人伦亲情出发，可以毫无限度地对抗恶性，一是容易引起滥杀无辜的结果，二是可能使得人们回到丛林法则时代，以恶报恶，导致恶性循环，不利于社会的稳定和秩序。这也是为什么法律不得不对私力救济措施作出一定的限制。法律防卫过当需要承担刑事责任，实际上也是对社会情理的一种考虑。

二审法院认为，“于欢面临的不法侵害并不紧迫和严重，而其却持利刃连续捅刺四人，致一人死亡、二人重伤、一人轻伤，且其中一人即郭某1系被背后捅伤，应当认定于欢的防卫行为明显超过必要限度造成重大损害”。因此，认定于欢的行为应当构成犯罪，应当依法追究刑事责任。这实际上也是考虑到了法律的严肃性。但是，在二审法院明确指出，“案发当日被害人杜某2曾当着于欢之面公然以裸露下体的方式侮辱其母亲苏某，虽然距于欢实施防卫行为已间隔约二十分钟，但于欢捅刺杜某2等人时难免不带有报复杜某2辱母的情绪，在刑罚裁量上应当作为对于欢有利的情节重点考虑。杜某2的辱母行为严重违法、亵渎人伦，应当受到惩罚和谴责”。因此，二审法院作出了减轻处罚的判决。这就做到了情法兼顾，也避免了因情废法的后果。

三、法在情先，法大于情

即便是在古代，注重天理、国法、人情，国法也是排在人情的前面，所谓“情法兼到”，并不是说，在裁判过程中，情与法具有同等的地位，其主要强调在法律适用过程中要兼顾情。在今天，我们的司法裁判虽然也应当兼顾情，但应当将法置于情之上，法应当大于情。

法在情先，法大于情，也是现代法治社会的必然要求。如果将情置于与法律平等的地位，甚至认为情大于法，可能会对法治造成巨大的冲击，因为这可能给法官过大的裁量权，使其能够根据人情随意变通适用法律，进而可能导致司法裁判的不统一，影响法律的权威性和公信力。法官裁判应当严格依据法律规定进行，如果将情置于法的前面，可能会给法官过大的自由裁量权力，而且因为法官的个人道德观念不同，其对同一案件的认识可能不同，甚至完全相反，这就可能导致法律适用的不统一，影响法律秩序的稳定。因此，法官在裁判过程中，虽然也需要考虑情理，但对情理的考虑应当在法律规则的范围之内，严格遵守法律规定和法定程序，而不能逾越法律规则，依情理裁判。

本案还提出了另外一个问题，即债权人行使债权不能有损债务人人格权和人格尊严，否则就构成了权利滥用。从民法角度看，债权人的债权应当受到法律保护，但这并不意味着债权人行使债权可以以侮辱他人人格尊严的方式达到实现债权的目的。与财产权相比，人格权应当具有更高的价值位阶，绝不能为了保护财产权而牺牲他人的人格尊严。于欢案从一个侧面折射出实践中不少债权人采取殴打、侮辱、损害债务人人格尊严等方式实现债权，这本身就是违法的，因而凸显出对人格权保护的重要性。

司法以惩恶扬善为宗旨，理应包含人情。在于欢辱母杀人案中，于欢为保护自己的母亲免受侮辱而杀人，在情理上是符合人们的道德观念的，但该行为在法律上触犯了《刑法》，法官在裁判时应当严格依据《刑法》规定裁判。但司法裁判活动并不是机械适用法律规则的活动，如果法官机械理解法律规则，不考虑情理而机械地从字面上理解法律规则的内涵，实际上是司法上的“懒惰”，所作出的裁判也很难真正说是“依法裁判”，也不会产生良好的社会效果。当然，法官在裁判过程中，尤其在量刑过程中，也应当考虑情理，而不能机械适用《刑法》规则，不能让社会公众觉得《刑法》规则是冷冰冰的法律条文，而应当妥当平衡情、法关系，实现“法安天下、德润人心”的目标，让法治阳光温暖人心。

第九章　裁判说理的制度保障

第一节　强化裁判说理与司法改革

裁判说理靠法官自身内在的动力和外部的要求是不够的，强有力的制度保障才能确保法官愿意说理、敢于说理、充分说理。自改革开放以来，随着法制建设的不断发展和司法改革的不断深入，我国司法审判队伍的专业水平有了质的飞跃，大量司法裁判能够做到辨法析理，通过摆事实、讲道理、依法判决，让当事人和社会大众感受到了司法的公正。尽管如此，由于法官队伍专业素质参差不齐、工作激励机制不足等因素也在一定程度上制约了我国裁判说理的总体水平。约束机制和激励机制不足，也导致少数审判不依程序、证据采信理由不详、事实认定武断、法律解释模糊、事实与法律脱节等现象，这也严重影响了我国司法裁判的公正性和权威性。如何强化判决说理质量，以判决说理促进司法公开、公正，提升司法公信力，已经成为我国当前司法改革中的重点工程。为此，需要依赖于司法改革，通过改革建立和完善裁判说理的制度保障。

一、强化裁判说理必须依赖于司法改革

进一步强化裁判说理，本身是司法改革的内容。党的十八届三中全会通过的《中共中央关于全面深化改革若干重大问题的决定》指出，增强法律文书的说理性，推动公开法院生效裁判文书。党的十八届四中全会通过

的《中共中央关于全面推进依法治国若干重大问题的决定》再次强调“加强法律文书释法说理”。最高人民法院于2015年公布的《人民法院第四个五年改革纲要（2014-2018）》（以下简称《四五改革纲要》）也专门阐述了加强裁判说理性的改革目标和方案，对“推进裁判说理改革”进行了具体部署。按照《四五改革纲要》的要求，全国各级法院也在“以加强判决说理促进司法公开、公正和公信”方面作出了积极探索，并取得了一定的成效。之所以说强化裁判说理必须依赖于司法改革，主要原因在于：

（一）强化裁判说理依赖于司法责任制的全面落实

司法责任制是指司法人员应当依法行使司法权，并应对其履行审判职责的行为承担责任。落实司法责任制，由法官对案件裁判结果负责，一方面可以督促法官尽到裁判说理的义务，因为法官裁判说理不充分，甚至说理错误，可能导致产生错误的裁判，而落实司法责任制，必然要求法官加强裁判说理。另一方面，法官通过在裁判文书中说理，可以充分展示其案件审理过程与说理过程。只要法官遵循法定的程序，严格依法裁判，并进行说理论证，即便当事人对裁判结果不满意，也很难说该裁判是错误的裁判，从这一意义上说，强化法官的裁判说理有利于进一步落实司法责任制，而落实司法责任制与强化法官裁判说理之间并不存在冲突和矛盾，相反，落实司法责任制有利于提升法官裁判说理水平。

（二）强化裁判说理是以审判为中心改革的重要内容

党的十八届四中全会决定提出，“推进以审判为中心的诉讼制度改革，确保侦查、审查起诉的案件事实证据经得起法律的检验”。该决定是在以人民法院庭审为中心的基础上形成和发展的，是对人民法院依法公正审理刑事案件的重大改革，对刑事诉讼制度的完善具有重要的指导意义。一方面，以审判为中心就是要强化庭审功能。司法是解决纠纷的最后一道防线，庭审则具有质证、查明案件事实等重要功能，以审判为中心，就是要强化庭审在诉权保护、证据认定、查明事实等程序中的决定性作用。① 要求实行“审判案件以庭审为中心，事实证据调查在法庭，定罪量刑辩论在法庭，裁判结果形成于法庭”，这既是司法规律的反映，也是优化司法职权配置的重要措施。另一方面，以审判为中心要求进一步完善证据制度。以事实为根据实际上是要求以证据为根据，证据是认定事实的基础，证据规则的完

① 《最高人民法院关于全面推进以审判为中心的刑事诉讼制度改革的实施意见》。

善也是保障司法公正的重要条件。以审判为中心就是要求证据必须在法庭出示，由法庭根据质证等法定程序认定其效力，从而依据证据认定案件事实，公正地作出裁判，因此，必须要完善证人、鉴定人出庭作证制度，采取直接言词原则。要求事实证据调查在法庭，证据必须在法庭上出示，经过控辩双方的质证、认证，法庭才能最终予以认定。如此，才能保障程序的公开、公正。判决说理要求法官就庭审过程中所提出的问题作出回答，并充分反映庭审的内容。如果判决不说理，判决必然与庭审发生脱节，公开审判的意义也难以实现。由于刑事诉讼中大量涉及刑民交叉的问题，因此，“以审判为中心”改革对于提升民事诉讼裁判说理水平也具有重要意义。

（三）裁判说理是司法公开的重要组成部分

一方面，如果司法不公开，就使裁判说理的必要性大为减弱，也使法官缺乏说理的动力。如果裁判文书不公开，不对外展示，社会公众不了解裁判文书的内容，就丧失了对裁判文书说理的外部监督。如果判案不说理，不仅不能保证司法的公正，而且会掩盖执法不公甚至贪赃枉法的各种非法行为。实践中有的判决采用“和稀泥”的办法，说理不充分，其中很重要的原因就是裁判文书不公开，缺乏外部监督。[①] 另一方面，司法公开意味着法官应当将其在裁判过程中的心证公开，即将其内心确信的形成过程向社会公开，说明形成自由心证或法官确信的理由。[②] 一份高质量的裁判文书应当对裁判所认定的事实和理由进行全面、公开的展示，详细地作出回答，尤其是要对当事人请求和抗辩的主要问题和争点进行全面回应，展示法官如何分析案件证据、如何认定案件事实以及如何将案件事实与法律依据相衔接，并通过情、理、法的结合阐明事理，说明法理，辅之情理，这一过程其实也是一个司法公开的过程。裁判文书公开可以使当事人尽可能地了解事实认定及法律适用的过程及推理，使当事人对每一场官司赢的明白，输的服气，真正做到胜败皆服。

（四）加强裁判说理有赖于全面推进法官队伍的职业化和专业化，进一步提高法官队伍的素质

导致实践中存在的裁判不说理的一个重要原因在于，有的法官的确不

---

① 凌斌：《法官如何说理：中国经验与普遍原理》，载《中国法学》2015 年第 5 期。

② Musielak/Voit/Musielak, ZPO § 313 (2020), Rn. 11; MüKoZPO/Musielak, ZPO § 313 (2020), Rn. 17; Saenger, ZPO, § 313 (2019), Rn. 27.

会说理，或者说不善于说理。有的法官认为，裁判文书中宁可少说，也不愿说错。“宁简勿繁”“含糊胜于明确”。[①] 而事实上，从网上已经公开的一些裁判文书来看，确实有裁判文书存在证据分析、事实说理、法律适用与解释等方面的问题，这也在一定程度上影响了裁判说理的水平。因此，强化裁判说理必须要推进法官队伍的职业化和专业化。尤其应当看到，强化裁判说理会形成一种倒逼机制，促使法官必须认真研究推敲案件事实，寻找妥当的法律依据，并阐明事理、法理、情理等，这必然要求法官具有较高的专业素养，其所作出的裁判文书应当能够经得起检验和评判。一名优秀的法官，如果没有扎实的法学功底和审判经验，以及严密的逻辑推理、良好的职业道德，就不可能制作出高质量的裁判文书。因此强化裁判说理，有利于提升法官队伍的职业化与专业化。

（五）加强裁判说理有赖于其他制度保障

强化裁判文书说理实际上是牵一发而动全身的问题，它不仅仅依赖于上述改革，还需要在法官职业保障、强化激励机制以及促进繁简分流等诉讼机制等方面推进改革，需要借助司法改革的综合配套，才能真正提升裁判说理的水平。

二、强化裁判说理是司法改革的组成部分

如前述，强化裁判文书说理依赖于司法改革的推进。事实上，裁判文书说理既是司法改革的重要内容，也是检验司法改革成效的重要标准。[②] 深化司法体制改革的各种举措中，首先应当强化裁判说理，推进生效文书公开，强化判决书说理是提高判决质量的重要途径。只有进一步推进司法改革，破除体制机制方面的障碍，可以进一步释放法官进行说理的动力和活力。可以说，裁判文书的说理水平一定程度上反映了司法改革的水平。具体来说，当前，强化裁判说理，应当大力推进如下几个方面的改革措施：

（一）进一步落实司法责任制

落实司法责任制，对强化裁判说理具有决定性的作用。具体而言：

第一，法官要对自己的裁判结果负责。《最高人民法院关于完善人民法院司法责任制的若干意见》明确规定，法官应当对其履行审判职责的行

① 凌斌：《法官如何说理：中国经验与普遍原理》，载《中国法学》2015 年第 5 期。

② 罗灿：《司法改革背景下裁判说理的规范与加强》，载《人民法治》2015 年第 10 期。

为承担责任，在职责范围内对办案质量终身负责。落实审判责任制，这是符合司法规律的，体现审判权的判断权和裁判权属性。让审理者裁判、由裁判者负责，必然有助于强化裁判文书的说理，法官应当将裁判说理作为其应尽的义务，也就是说，法官要依法行使审判权，其就应当充分尽到说理的义务，二者应当是互为因果的。法官依法享有的审判权不能任性，不能恣意，不能滥用，为了防止出现此种现象，就必须课以法官裁判说理的义务，以有效规范法官审判权的行使。只有当法官依法对自己的裁判结果负责以后，且裁判文书需要对外公开，使社会公众知悉裁判文书的内容，才可以使法官产生说理的压力，从而在制度上保障裁判文书说理。当然，也可以依据法定程序上诉。司法责任制的实行能够最大限度地调动法官在裁判中说理的积极性，增强其工作责任心，努力保证办案质量，而且有助于促使审判人员加强业务的学习和培训，努力提高办案能力和素质。

第二，要落实合议庭的共同责任制。由合议庭全体成员对认定事实、适用法律、开庭审理、案件评议和文书制作等各个环节负共同责任，促进合议庭成员积极履职、集思广益，强化各成员之间的相互监督、相互制约。[①]

（二）大力提高法官队伍素质

强化裁判说理客观上需要提升法官队伍的素质，因为法官说理是否充分、准确，既需要法官有说理的意识，也需要法官有相应的专业素养，因为即便法官有说理的意愿，但如果有理说不出，或者不会说理，或者表达不当，都会影响法官的裁判说理。[②] 一份说理充分的裁判文书可以直观、准确反映法官的法律思维严谨性程度、法学理论基础、文学底蕴、职业素养水准等素质，是检验法官审判实践能力的重要标尺。改革开放以来，国家不断重视司法的专业化和职业化建设，取得明显的成就。从本世纪初开始，我国推行了统一的国家司法考试，法官队伍的职业化水平得到了明显提升。但是法官队伍的专业素养参差不齐，这迫切需要加快法官制度改革的步伐，尽快建立和完善法官的职业道德和法官的考试、考核制度，在法官的任命和选拔方面实行竞争和淘汰机制，真正将一些道德品行良好、具

① 姚奎彦：《狠抓四个关键环节　深化审判权力运行机制改革》，载《人民法院报》2015 年 4 月 8 日。

② 邱爱民：《论司法裁判中的说理》，载《南京工程学院学报（社会科学版）》2006 年第 1 期。

有较高的专业素质和较好的实践经验的人士选拔到法官队伍之中，才能真正适应审判实践的要求。总之，为了全面提高裁判说理水平，应当重视提升法官队伍的整体专业素养。

（三）加强法官职业保障

裁判说理还需要加强法官的职业保障。在司法改革中，要加强保障法官依法行使职权，同时有必要加强法官的职业保障，建立和完善法官的职业保障制度。建立职业保障之后，应当鼓励法官充分说理，讲清事理、法理、情理，不能因为害怕说理出错，该说的不说，如此无法实现司法公正。所以，强化裁判说理，也有赖于建立完善的法官职业保障制度。

第二节　裁判文书上网与裁判说理

一、裁判文书上网与裁判说理的关系

作为司法公开的一种重要举措，促进和加强司法裁判文书的公开上网，不仅有助于实现一般意义上的外部监督，而且，也有助于通过此种监督促使法官加强裁判文书的说理质量，进而提升司法裁判的公正性。

近年来，我国大力推进各种司法公开制度。司法公开是指审判公开、立案公开、庭审公开、执行公开、听证公开、文书公开和审务公开等，涉及从立案到执行的众多司法公开内容。党的十八届四中全会决定提出，“保障人民群众参与司法……构建开放、动态、透明、便民的阳光司法机制”。近几年来，最高人民法院采取了一系列深化司法改革的措施，其中最大的亮点就是全面深化司法公开，紧紧抓住立案、庭审、文书、执行等关键环节，建设审判流程、庭审活动、裁判文书、执行信息四大公开平台，不断拓展司法公开广度深度，最大限度满足人民群众知情权、参与权。其中，裁判文书上网可以说是司法公开的重要举措，也是近几年来司法改革的重要成果。短短数年时间，最高人民法院开通了中国审判流程信息公开网、中国法院庭审直播网、中国裁判文书网、中国执行信息公开网、最高人民法院官方微博、微信，在全国范围内搭建了统一的网络平台，便于文书的查询和研究，有效地满足了信息时代当事人和社会公众对司法公开的

多元需求。[①] 执行信息上网公开，有利于让当事人及时了解所涉具体案件的执行进展，督促被执行人及时履行生效判决，同时让公众了解司法判决的执行状况并进行监督。

党的十八届四中全会决定提出："加强法律文书释法说理，建立生效法律文书统一上网和公开查询制度"。这一决定不仅将裁判文书上网制度提上了重要的司法改革议程，而且明确强调了"裁判文书上网制度"与"强化裁判文书说理"之间的关系。裁判说理本身是司法公开制度的应有之义。

自2013年开始，最高人民法院大力推进裁判文书公开上网工作，促进了裁判文书的公开。"截至2020年8月30日18时，中国裁判文书网文书总量突破1亿份，访问总量近480亿次。"[②] 迄今为止，裁判文书上网总数已居全球网站的首位。实践已证明，全面推进裁判文书上网是一项史无前例的重大工程，是全面推行司法公开的重要举措，对提升裁判文书的说理质量发挥了重要作用。

第一，裁判文书上网形成了一种倒逼机制，促进法官不断提高司法能力，强化裁判说理。借助于裁判文书上网工作，使裁判文书做到全面、及时上网，并尽可能为公众查询裁判文书提供方便。真正对法官形成一种强大的压力，因为丑媳妇也要见公婆。如果裁判文书质量太差，说理不充分，甚至完全不说理，一旦公开上网，就会招致批评和广泛的评论，法官就会感受到来自社会舆论的评价，对其声誉具有很大的影响，这就使其不得不考虑强化裁判说理，提升裁判文书质量。随着司法责任制的推行，让审理者裁判，由裁判者负责，法官对裁判结果负责，就是对自己作出的裁判文书质量负责。从具体的裁判文书中，也反映了法官的业务能力、工作水平等，这也必然影响到对其综合评价。

第二，裁判文书公开上网，进一步强化了裁判文书说理，也有利于防止司法腐败。程序公正是看得见的正义，没有公开就很难谈得上正义。公开是正义的灵魂。深化司法公开是司法公正的基础和核心，也是司法廉洁

① 参见徐隽：《司法公开遇上新媒体 法院直面网络开通微博微信》，载《人民日报》2014年1月23日。

② 姜佩杉：《中国裁判文书网文书总量突破一亿份，司法公开规范司法行为促进司法公正》，载人民法院新闻传媒总社 https：//www.chinacourt.org/article/detail/2020/09/id/5433643.shtml，最后访问时间：2020年9月16日。

的重要保障。一方面，公开裁判文书，使全社会能从裁判文书中了解当事人究竟赢在哪里、输在何处，证据是否充分，理由是否充足。俗话说“打开天窗说亮话”，司法越公开、越透明，就越能够得到人民的信任。历史经验表明，阳光才是最佳的防腐剂，司法越公开，就越能够防止暗箱操作，防止司法腐败。如果司法不公开，也会为“人情案”“关系案”大开方便之门，所以，裁判文书上网，有助于以公开促公正。另一方面，文书公开上网，让社会大众了解法官在裁判中的心证过程，对外完整地呈现证据分析、事实认定和法律适用的完整过程，从而有利于保障司法公正。还要看到，对社会大众而言，深化司法公开有利于对法院进行外部监督，预防司法腐败。司法活动关乎社会公共利益，在性质上属于国家政治权力的重要组成部分，为了实现人民监督权力、确保司法廉洁公正，必须通过司法公开，让司法权在阳光下运行。

第三，通过裁判文书上网促进裁判说理，有利于当事人服判息诉。裁判文书公开上网之后，裁判文书说理透彻、道理清楚的，就可以使败诉的一方能够服判息诉，即使败诉方难以接受，也可以通过社会舆论的评判，促进当事人服判息诉。对一些不太复杂的案件，裁判文书的充分说理有助于帮助当事人理解和接受相应的法律规则和裁判结果。而对一些复杂疑难的案件，即便相关法律问题面临重大分歧，法官的充分说理也有助于败诉的当事人充分理解法官之所以作出特定裁判的法律考量因素和标准，并据此安排是否依据诉讼程序提起上诉或再审。

第四，裁判文书上网本身可以对优秀的裁判文书形成一种奖励机制，裁判文书上网后，水平的高低之分一目了然，而其中优秀的文书就会脱颖而出，[①] 成为教科书引用的对象、学理分析的对象，借助于公开上网，优秀的裁判文书会形成一种行为导向，引导人们正确行为。在这个过程中，一批优秀的法官也会随之脱颖而出。

第五，裁判文书上网和充分说理也形成了一种有效的普法宣传作用。裁判文书上网本身就是弘扬法治精神、弘扬社会主义核心价值观的过程，优秀的裁判文书能够辨法析理，宣扬法治、弘扬法治，人们正是通过一个个具体的裁判文书关于辨法析理的阐述，了解法律的精髓，理解法律的内涵。俗话说，“一摞文件不如一个判决”，一个充分说理的判决能够真正理

① 凌斌：《法官如何说理：中国经验与普遍原理》，载《中国法学》2015年第5期。

解法律、遵守法律、运用法律。法治的良好实践是最有效的普法方式，可以使人民群众受到良好的法治教育，养成遵法、守法的习惯。

第六，裁判文书上网和充分说理有助于促进类案的统一裁判。类案类判是法治的基本要求，也是保障当事人合法权益的基本要求，更是提升司法权威性和公信力的重要体现。通过裁判文书上网，法官在作出裁判时不仅可以了解类似的裁判观点，而且说理充分的裁判文书也可以成为法官裁判说理的样板。这就要求法官在今后的裁判中，应当浏览已经公布的裁判文书，避免同案不同判的现象。

还应当看到，裁判文书上网有助于全面提升司法审判人员的法律素养。全面推动裁判文书上网必然要求提高裁判文书的质量，尤其是提高其裁判说理水平，以理服人。这就会形成一种倒逼机制，促使法官必须依法裁判，认真提高裁判文书质量，使每一份上网的裁判文书能够经得起评价，让人民群众在每一个司法裁判中感受到公平正义。可以说裁判文书说与文书上网公开的目的是一致的，都是为了保障司法公正。裁判文书的公开，对法官既是一种压力，也是一种动力，激励法官不断提升自身业务水平，全面提升司法能力，促进法官队伍的职业化建设。

二、通过裁判文书上网进一步促进裁判说理

《中共中央关于全面推进依法治国若干重大问题的决定》指出：加强法律文书释法说理，建立生效法律文书统一上网和公开查询制度。这实际上将裁判说理与司法公开结合起来，相互促进。这就说明，裁判说理本身是司法公开的重要内容，可以推进司法公开，同时，司法公开也可以促进裁判说理，二者是相辅相成、不可分割的，可以共同起到保障司法公正的作用。保障司法公正涉及方方面面，要在个案中实现公平正义，离不开用判决书说理讲法，也离不开司法的公开、透明。

裁判文书上网必然要求促进裁判说理，裁判文书上网也是司法公开的重要内容。说到底，司法公开必然要求通过裁判文书上网，把裁判文书公开，让公众评价和检阅，这对法官的说理水平无疑是一个重大的考验。从已经公开的裁判文书可以看出，裁判文书的质量确实参差不齐。裁判文书说理其实也是司法公开的重要内容，因为正是通过说理将法官的心证过程向大众公开，展示法官如何分析案件证据、如何认定案件事实、如何将案件事实与法律依据相衔接，并通过情、理、法的结合阐明事理，说明法理，

辅之情理，这一过程其实也是一个司法公开的过程。裁判过程中的心证公开，即将其内心确信的形成过程向社会公开。判决需要强化说理，首先就是为了说服法官自己，这就要求案件裁判结果必须要有正当理由的支撑，如果缺少充分的说理论证，法官连自己都无法说服，如何说服别人？只有强化判决说理，才能实现裁判的公正。一份充分说理的判决，本身就表明法官在裁判过程中是公正司法、不偏不倚的，这也是法院裁判正当化的重要依据。裁判理由应当类似于与当事人和社会大众的对话，强化裁判文书说理，有利于实现法官与当事人和社会大众的相互了解和相互理解。

当前的司法改革说明，在裁判文书公开方面已经取得了明显的成效，对提升裁判文书质量起到了重要的促进作用。同时，裁判文书上网也为法学研究提供了无限的源头活水，提供了鲜活的素材。美国法学家德沃金指出，“法律是一种不断完善的实践”。[①] 美国法学家富勒认为，法律制度是一项“实践的艺术”，“人们很容易了解，法律应明确地以一般规则加以表达，是以后生效的，应向公民公布。但是要了解这些事情如何，在什么情况以及在什么样的平衡下来实现，其任务就不亚于充当立法者。”[②] 法学也是一门实践之学，需要不断注入实践的活水。而裁判文书正是法学研究需要不断挖掘、开采的富矿，为法学研究提供了源源不断的实践活水。当前，需要进一步总结裁判文书上网的经验，从进一步提升裁判文书质量而言，还应当从如下几个方面不断完善：

第一，进一步扩大裁判文书公开的数量和范围。也就是说，除依法不宜公开的裁判文书外，原则上都应当公开。近些年来，我国每年审理数千万件案件，还有很多裁判文书并没有上网，应当扩大裁判文书公开的范围，进一步促进裁判文书公开。因此，有必要加强对各级法院裁判文书上网的监督和考评工作，进一步提升上网的裁判文书的水平和质量。

第二，总结已经上网的裁判文书经验，发现问题。裁判文书上网，不能一上了之，应当分析已经上网的裁判文书中确实存在的裁判不统一、同案不同判、同法不同解等问题，例如，就借名买房所产生的纠纷，各地法院的观点并不一致，有的认定借名买房合同无效，有的认定其有效。关于房屋限购是否构成情势变更，从已上网的案件来看，各地法院的看法也不

---

① Ronald ·M. Dworkin：Law's Emipire，Harvard University Press 1986，p. 44.

② 参见［美］富勒：《法律的道德性》，美国纽黑文出版社 1967 年版，第 94 页。

一致。对此类案件，建议最高人民法院积极总结裁判经验，发现裁判中存在的问题并及时采取应对措施，如此，也有利于促进司法裁判的统一和质量的提升。

第三，积极总结、梳理裁判观点。对于已经通过网络公开的裁判文书，应当积极从中总结裁判观点，尤其是对相似的案件，要积极梳理裁判观点，这一方面可以为后续类似案件的裁判提供有益的参考，从而实现类案类判，维护司法的权威性和公信力。同时，通过积极总结、梳理裁判观点，也可以对法官裁判活动形成一种有效的监督和约束机制。也就是说，对相似的案件而言，如果法官的裁判结论与之前的裁判结论相反，则其应当尽到更为充分的裁判说理义务。为了深化司法责任制综合配套改革，推动健全完善类案检索制度，加强法律的统一适用，最高人民法院于 2020 年 7 月印发了《关于统一法律适用加强类案检索的指导意见（试行）》。而类案检索的有效性，在很大程度上取决于裁判文书的上网率。推进该制度，是提升裁判文书上网率的一次重要契机。

第三节　裁判说理应实行繁简分流

一、裁判说理实行繁简分流的必要性

目前，全国诉讼案件每年已超过 2000 多万件，案件数量激增，而法官的数量并没有相应增加。在这种情况下，要做到每个案件都进行充分全面的说理，是非常困难的。因此，只有采取繁简分流的方式，才能有效地提高司法效率、提升审判质量，满足人民群众对司法公平正义的期待。为实现这一目标，裁判说理也同样应当针对案情进行必要的繁简分流。繁简分流的主要目的是减轻法官的办案压力。司法改革之前有学者曾做过统计，将我国的法官人数与其他国家进行了对比，从每 10 万人中的法官数量来看，德国 24.46 个、美国 10.59 个、日本 2.73 个，我国 14.4 个，由此可见，我国的法官数量并不少；而且与国外法官的年办案数量相比，我国法

官的年办案数量也并不高。[①] 但事实上，一些国家法院受理的案件许多是交通事故等简单的案件，而我国法院受理的案件则要复杂得多，因此，不能仅从数量对比上得出我国法官办案压力较低这一结论。[②]在我国，之所以出现案多人少的压力，首先是因为立案登记制改革后，大量的案件涌入法院有关，也与法院未能实行分类管理、案件审理繁简分流等存在直接关联。由于案件繁简不分、平均用力、效率不高等也加剧了案多人少的矛盾，而在这一背景，法官难以投入过多的精力进行裁判说理，因此，有必要实行案件繁简分流，针对不同案件分配不同的司法资源，进行不同程度的裁判说理。对于法律关系复杂、证据疑点多、当事人争议较大的案件，应当详写、精写裁判文书，通过充分的事实论证和说理，将错综复杂的案件事实理清楚，将证据的取舍和认证过程讲清楚，并且对法律适用进行详细的阐明；而对于法律关系简单、证据充分、当事人争议较小的案件，则没有必要进行繁琐的说理论证，而应当简化裁判文书。[③] 实行繁简分流，可以把有限的力量用于案件的审理和裁判文书的制作方面，如此才能真正提高办案质量，不断提高办案效率。

从比较法上来看，许多国家在司法改革中建立了小额诉讼程序，程序的简便体现在诉讼的每一个环节，起诉书、答辩状和判决书都采用了一种表格化的形式。[④] 例如，美国初审法院的判决书一般只要求记载判决结论，只有在例外的情况下才附上判决理由。又如，日本法院按照简易程序审理的案件，在判决书上记载的事实和理由，只要表明请求之目的及原因要点、有无该原因及驳回请求的抗辩理由要点。[⑤] 这种经验也值得我们借鉴。我国有的地方法院已经开始推行繁简分流，实行相关的改革创新。例如，广东等地基层法院的民事法律文书针对简易案件实行改革，包括令状式、列表式、要素式，简单易懂，一目了然，非常有借鉴意义。再如，安徽针对标的额在本省上年度城镇单位就业人员年平均工资30%以下的简单的单一金钱给付民事案件也适用小额诉讼程序。适用小额诉讼程序审理的案件，在裁判文书中只记载当事人基本身份信息、案件事实要点、裁判基本理由、

①② 李少平：《大力推进繁简分流—全面深化司法改革》，载《人民法院报》2016年9月14日。

③ 参见孙华璞、王利明、马来客：《裁判文书如何说理》，北京大学出版社2016年版，第107页。

④ 刘淑一：《浅析民事裁判说理的写作》，载《应用写作》2009年第11期。

⑤ 郭强、王仁海：《简与繁的辩证——论一审民事判决书的制作》，载周道鸾编著：《民事裁判文书改革与实例评析》，人民法院出版社2001年版，第128页。

给付金额及期限等。做到繁简分流，减少法官的工作量。[1] 这种方式已经取得了很好的效果。

繁简分流将极大地节省法官办案的时间和精力，从而能够进一步强化裁判说理。现阶段，在实行繁简分流的基础上，对裁判文书的说理可以从大的方面区分两类情形，分别考虑：一是对疑难案件，应当进行详细的说理论证，二是对简易案件，可以进行简要说理。如前所述，简易案件大多适用简易程序审理，但它也不同于通过简易程序审理的案件，它主要是指案件事实明确、法律关系简单、争议不大的案件。对于简易案件，应逐步建立可供法官参考的类型化案件庭审模板、裁判文书标准化说理文库、标准化条文引用文库，整理形成常见类型案件的审理要点。[2] 这就是说，简易案件简单审，复杂案件精确审，简易案件少说理，复杂案件多说理，不仅会提高案件的办结效率，而且会提高案件质量。要做到繁简互为支撑，同步进行，该繁则繁，当简则简，繁简得当。[3] 我国一些地方法院在繁简分流的基础上，要求针对不同情形制作不同的裁判文书，这对于裁判的说理也会产生重大的影响。例如，深圳中院在2012年就发布了《关于一审民事裁判文书简化改革的若干规定》，区分了不同类型的案件，分别进行不同程度的说理，也取得了良好效果。

实行繁简分流之后，法官可以进行业务的分工和分流，有的可以专门从事简易案件的审理，有的可以专门从事疑难案件的审理，对从事疑难案件审理的法官，就要提高其业务素质和法律能力，这样就能够带来法官专业上的分工，从而提升职业化水平。[4] 当然，实行繁简分流的一个重要目的，在于区分不同的案件进行不同的说理，即简易案件简单说理，而疑难案件要充分说理。《最高人民法院关于加强和规范裁判文书释法说理的指导意见》明确指出，疑难、复杂案件要详细说理，简易案件可以简要说理。也就是通常所说的“简案略说，繁案精说”，详略得当，恰到好处。

① 傅郁林：《民事裁判文书的功能与风格》，载《中国社会科学》2000年第4期。

② 李少平：《深化“繁简分流”改革，破解“案多人少”矛盾》，载《人民法院报》2016年6月8日。

③ 李少平：《大力推进繁简分流，全面深化司法改革》，载《人民法院报》2016年9月14日。

④ 李少平：《深化“繁简分流”改革，破解“案多人少”矛盾》，载《人民法院报》2016年6月8日。

二、如何实行裁判说理中的繁简分流

裁判文书说理应当实行繁简分流，但需要明确如下几个问题。

(一) 确定简易案件的认定标准

《最高人民法院关于加强和规范裁判文书释法说理的指导意见》指出，对于“适用民事简易程序、小额诉讼程序审理的案件；适用民事特别程序、督促程序及公示催告程序审理的案件”，可以简单说理。需要指出的是，由于简易案件也不完全等同于通过简易程序审理的案件，所以，即便是一些适用简易程序审理的案件，也可能涉及较为复杂的法律关系，需要进行详细说理。

从我国司法实践来看，对于简易案件，裁判说理不宜面面俱到，而应当注意提高诉讼效率，对简易案件的审理规定了变通的裁判文书格式，以更好地集中案件争点、减轻案件裁判和说理的负担。我国司法实践历来采取此种立场。由于简易案件中法律关系较为简单、争议不大，甚至庭审程序都进一步简化，这就必然要求在保障裁判结果妥当、公正的前提下，降低裁判说理的要求，从而提高诉讼效率。

然而，如何区分简易案件与疑难案件则是一个法律上的难题。如前所述，所谓简易案件，是指在案件事实的认定和法律的适用上，案情比较简单，待适用的法律规则较为清晰，当事人对于法律的适用可能没有太大的争议的案件。所谓疑难案件，是指案件事实的认定或者法律的适用或者以上两个方面都存在较大的争议的案件。但上述内容只是从原则上区分了两类案件，可以作为区分两类案件的一般标准，实际上，简易案件与疑难案件在实践中分类标准要复杂得多。实践中，常常采用了如下几个标准：

一是标的额标准。这一标准主要是指，如果标的数额较大，一般不认为构成简易案件，如果标的额较小则可能构成简易案件。法院在受理案件时，由于立案部门难以对案件进行实体审查，无法判断案件的法律关系，因此只能从标的额上大致进行分类。而在进入实体审理之后，审理法官才能对案涉法律关系有所了解。不过，笔者认为标的额大小可以作为区分简易案件和疑难案件的参考因素，但不应当成为区分简易与疑难案件的唯一标准。一方面，就案件类型而言，如在金钱借贷等合同纠纷中，标的额的大小可能具有意义。但是在诸如人格权侵权、家事纠纷等案件中，标的额可能都不大，但是这些案件可能社会关注度高、影响较大。例如，在一些网络侵害名人名誉权的纠纷案中，受害人往往只是请求删除网上的不当言论、赔礼道歉，而没有要求赔偿损失，有的只是主张象征性赔偿，此类案件虽然标的额确实不大，但社会影响大，需要强化说理。再如，非法披露他人的裸照，非法偷录、偷拍他人私生活，受害人所请求的精神损害赔偿数额可能并不多。但是可能社会关注度高，也有必要强化说理。另一方面，即使是对于一些交易关系（如买卖等）而言，数额大小也并不成为决定性因素。例如，一些标的额较小的案件，可能法律关系复杂，当事人的争点较多，而一些标的额较大的案件可能法律关系简单，且当事人的争点不多，并不一定需要过多的说理。因此，笔者不赞成简单地以标的额的大小作为划分简易案件与疑难案件的依据。

二是新类型案件标准。所谓新类型案件，是指法律未作出明确规定或者在司法实践中从未出现或较少出现的案件，此类案件一般可以作为疑难案件。但是对于司法实践中大量的，频繁出现的案件，则可能归入到简易案件。新类型案件实际上与新业态和新的交易模式的产生和发展具有直接的关联。例如在实践中，因为电子商务的发展导致的网购纠纷、共享经济引发的争议等就属于新类型的案件，又如因为互联网和科技发展所产生的泄露个人行踪信息等案例，因为证券市场发展而产生的对赌协议、附回购条件的股权转让等新类型案件，等等。应当看到，对于这些新问题，法律可能并未规定，此时需要法官填补漏洞，因此将其作为疑难案件，可以依照法律解释的方法进行法律适用，并避免法官在这类案件中享有过大的自由裁量的权利。但是一些新类型案件可能并不涉及法律的漏洞，而且法律关系的类型也较为简单。例如，在《民法典》颁布之前有关保理的纠纷属于新类型案件，但是在《民法典》合同编第十六章对保理合同进行明确规定之后，保理案件就不再属于新类型案件。有的保理纠纷，法律关系较为简单，当事人争议不大，此类案件仍然可以作为简易案件对待。

三是裁判尺度不明标准。所谓裁判尺度不明的案件，是指由于法律规定的模糊和不清晰而导致对某一类案件的处理缺乏明确的尺度和标准，在司法实践中出现了对相关规则的解释不统一的现象，因而裁判结果也相差较大。例如，《公司法》第16条第1款规定："公司向其他企业投资或者为他人提供担保，依照公司章程的规定，由董事会或者股东会、股东大会决议；公司章程对投资或者担保的总额及单项投资或者担保的数额有限额规定的，不得超过规定的限额。"但是在某个公司的法定代表人越权作出决定为他人提供担保，超过了由董事会或者股东会、股东大会决议、公司章程对投资或者担保的总额，该担保是否有效以及公司是否应当承担责任、公司的法定代表人是否应当承担合同责任等，一直存在争议。因此，凡是对于某一类案件的处理缺乏明确的尺度和标准的案件，都应当作为疑难案件对待。相反，对于法律规定明确、裁判尺度清晰的，则有可能构成简易案件。

应当看到，以裁判尺度不明标准作为判断标准，在比较法上也不乏先例。法律解释只能有一个“唯一正确的答案”。这是法官在判决中应当尽力追求的，并且在圆满的法规范内容实际上也可获得的结果。[①] 美国法学家波斯纳则认为，在疑难案件中，也不存在着非对即错的正确答案，而只是存在从实用主义角度上说“妥当”的答案。但两者并不是截然对立的。[②] 笔者认为，裁判尺度是否明确可以作为区分简易案件与疑难案件的标准。如果法律关系清晰、明确，裁判依据也较为确定，找法相对容易，法律适用过程并不复杂，此类案件可以归入简易案件。但对于找法困难、法律规定不明确的案件，因为无论是遵循裁判具有唯一正解，抑或具有多种裁判结论的案件，容易引发争议，所以要实现案件裁判的结果的妥当性，就必须通过加强论证的方式实现。

四是当事人争点标准。这就是说，对于当事人争点较多的案件可能构成疑难案件，而对于当事人争点较少的案件则可能构成简易案件。例如，在一些家事纠纷中，标的额往往并不大，但当事人之间的法律关系和争议点可能较多，可能需要作为疑难案件处理。但对于一些欠债还钱纠纷，如果基本事实清楚，当事人争议不大，法律适用也不存在较大争议，当事人只是因为缺乏偿债能力而被诉至法院。此类案件即属于简易案件，就不必进行详细的裁判说理。当然，完全以当事人的争点作为标准，也存在一些问题。因为，在某些案件中，虽然当事人对事实没有争议，但对法律问题存在争议，如行为人在网上发布不当言论，当事人对此不存在争议，但当事人的行为是否构成侵权，是否应当承担精神损害赔偿责任等，对此存在较大争议，则不应当将其归入简易案件范畴。即使是争议点不多，但是争议的焦点较为复杂，涉及对法律的解释适用甚至漏洞的填补等，在此情形

---

① 参见林来梵、王晖：《法律上的“唯一正解”——从德沃金的学说谈起》，载《学术月刊》2004 年第 10 期。

② ［美］理查德 · A. 波斯纳：《法理学问题》，中国政法大学出版社 2002 年版，第 28~29 页。

下，也不能因为案件的争点较少，而将其直接作为简易案件对待。裁判说理可以针对当事人争议焦点进行，对于当事人没有争议的部分，可以减少说理或者不进行说理。[①] 如果当事人对案件事实、法律依据或者法律程序有争议，则法官应当进行充分的裁判说理，使当事人信服，从而达到息诉服判的目的。[②]

简易案件可以从事实与法律两方面来进行考察，从事实层面而言，是指法律关系简单，案件事实容易查明，事实较为清晰的案件。从法律层面而言，一是法律常常有较为明确的法律规定，从而对于法官而言，找法简便易行。二是从法律适用角度来看较为简单，由于法律规定比较明确，法官无须进行复杂的法律解释和对法律适用过程的详细论证。与简易案件相对应的是疑难案件。所谓疑难案件，主要是指事实和法律关系较为复杂、争议较大、法律适用较为复杂的案件。有学者认为，疑难案件主要包括特殊侵权案件、涉及人数众多的土地款征收案件、事实难以确定或法律适用存有争议的产品质量案件、建设工程案件、涉及公司类型案件、知识产权案件、涉外疑难案件等。[③] 其实，并不是所有的特殊侵权纠纷都属于疑难案件，如网络侵权虽然是特殊侵权，但如果事实清楚，当事人又没有争议，则未必都属于疑难案件。因此，疑难案件应当根据具体情形进行分析和判断。一般来说，凡是不属于简易案件的，都属于疑难案件。对此类案件，不能通过简易程序进行审理，同时，法官应当在裁判文书中进行充分的裁判说理。在实践中，常常将新型案件作为疑难案件对待。这种看法有一定的道理，因为新类型案件给法律适用带来一定的困难，但并不能据此当然将其归入疑难案件的范畴。有一些新型案件，当事人之间的法律关系可能较为复杂，需要法官进行充分的说理，[④] 但也有一些新类型案件，如果法律关系较为简单，则法官并不当然需要进行详尽的说理。例如，在网络侵权中，某个平台擅自披露他人的行踪隐私，由于《民法典》第1034条明确将行踪隐私纳入隐私权的范畴，据此可以认定平台侵害了他人的隐私权。该案虽然是新类型案件，但法律规定非常明确，所以，法官也并不当然需

① 参见刘淑一：《浅析民事裁判说理的写作》，载《应用写作》2009年第11期。

② 庄绪龙：《裁判文书“说理难”的现实语境与制度理性》，载《法律适用》2015年第11期。

③ 参见赵海峰等：《20年回首：民事裁判说理的检视与修正》，载《全国法院第二十六届学术讨论会论文集：司法体制改革与民商事法律适用问题研究》，人民法院出版社2015年版，第491页。

④ 庄绪龙：《裁判文书“说理难”的现实语境与制度理性》，载《法律适用》2015年第11期。

要就法律的解释和适用进行详细说理。

（二）考虑不同层级法院

从比较法上看，许多国家确实区分了不同层级的法院，在此基础上进行裁判说理的繁简分流。一般而言，基层法院的说理相对弱化，而高级法院的裁判说理则更为详实。[①] 这种做法确实有一定的道理，不少学者认为，审理法院的层级越高，则其说理的要求也就越高，一审法院主要是明断是非，二审法院解决的是案结事了的问题，而再审法院则是为了纠错，最高人民法院是为了统一各级法院的裁判尺度。[②] 此种观点是否合理，值得探讨，但笔者赞同此种观点，即对基层法院而言，在说理方面可以根据案件情况适当从简。主要原因在于：一方面，基层法院受理的案件案情相对简单、标的额较小、当事人的争议也相对较少，在此情形下，可以考虑简化说理。法院的层级越高，其审理案件的复杂程度则可能越高，对法官说理的要求也就越高。据学者统计，基层法院70%到80%的民事案件是属于事实清楚，法律关系明确的案件，[③] 对于这些案情简单、事实清楚或争议不大的案件，法官就不必对每一事项都进行详尽说理。基层法院受理的案件数量较多，从提高结案效率角度考虑，也应当适当简化其说理。另一方面，二审案件一般都是当事人的案件事实或者法律适用具有较大争议的案件，对于此类案件，为了使当事人息诉服判，法院在裁判文书中应当进行更为详细的说理，尤其是对当事人有重大争议的问题，更应当进行详细说理。

强化裁判说理，特别需要强化二审法院的说理义务。据有学者对现行判决的分析发现，本来二审判决也要注重说理，但有些二审法院仅在针对当事人诉求、归纳案件焦点、解答客观之疑、其他方式说理四个方面的数据略优于一审判决书，在运用法理说理、情理说理以及解答疑问方面的相关数据几乎与一审判决相同，而在事理说理、学理说理以及裁判结果的说理方面的相关数据则低于一审判决，有的二审法院的判决干脆简单地重复一审判决的说理。甚至有人认为：二审裁判文书不需过多说理。笔者认为，应当强化二审法院的裁判说理义务。因为一方面，案件进入二审程序本身也表明案件的内容较为复杂，表明当事人就案件事实、法律适用或者法律

① 王刚：《民事裁判文书繁简分流的标准与形式》，载《法律适用》2006年第4期。
② 罗灿：《司法改革背景下裁判说理的规范与加强》，载《人民法治》2015年第10期。
③ 周道鸾：《民事裁判文书改革与实例评析》，人民法院出版社2001年版，第128页。

程序存在争议，此时，法官应当通过充分说理解决此种争议。另一方面，二审法院都是中级法院以上的法院，中级以上法院裁判案件不仅是为了解决纠纷，而且还应当发挥确立规则、指导下级法院工作的作用，此种指导作用很大程度上是对下级法院裁判活动的指导。因此，二审法院应当加强裁判说理，充分展示支持或不支持的理由，[①] 这也可以为下级法院的裁判活动树立标杆和标准，从而更好地发挥其指导作用。还应当看到，我国实行两审终审制，二审法院的裁判将直接确定当事人的权利义务关系，如果二审法院不说理，则很难从根本上解决当事人之间的争议，当事人也难以息诉服判，难以实现裁判公正。

（三）注重具体案件具体分析

裁判文书要根据各个案件的具体情况进行说理，有的案件看起来复杂，但争议点并不多，有的案件虽然案情简单，但争议点较多，这就需要根据不同的案件情况，确定说理的程度。因此，裁判文书并不是说越长越好，对于争议点不多的案件，法官可以进行简单的说理。同时，法官应当对社会关注度较高、影响较大的案件进行详细说理，因为这些案件的裁判只有充分说理，才能有效回应社会关切，产生良好的社会效果。因此，如果某些案件是社会公众普遍关注的案件，则即便案情并不复杂，法官也应当进行充分的说理，以更好地回应社会公众对裁判说理的合理期待。[②]

第四节　完善裁判说理的激励机制

一、建立强化裁判说理激励机制的必要性

强化裁判说理应当建立相应的激励机制，使法官具有充分说理的动力。从已出现的一系列优秀的裁判文书可以看出，一些法官完全有能力写出优秀的裁判文书，关键是要建立必要的机制，鼓励法官在裁判文书中充分说理。目前，困扰法官在裁判文书中进行说理的一个重要原因在于激励机制

① 白泉民：《裁判说理的价值及其实现路径》，载《人民法院报》2015 年 4 月 8 日。

② 胡云腾：《论裁判文书的说理》，载《法律适用》2009 年第 3 期。

不足，这主要表现在：

一是法官是否进行充分的裁判说理与其晋升、考评、考核联系不大。如果法官认为说不说理、说多说少与其职务升迁、业绩考核等没有直接关联性，则法官宁愿选择少说甚至不说，因为普通人都知道“言多必失”“说得多错得多”，宁缺毋滥，法官从自我保护角度考虑，其也必然选择不说。[①] 在实践中，由于裁判说理的水平没有成为法官晋级、考核的重要指标，裁判中是否说理，并不影响法官的升迁和提拔，因此，法官就缺乏充分说理的足够的动力。加上保障机制没有建立起来，一些法官有言多必失的心理，说好了没有奖励，而说不好则要受到处罚。[②] 在这种环境下，很难期待法官进行充分的裁判说理。所以，这就有必要建立一整套完整的激励机制。

二是裁判文书说理应当与法官的司法责任制密切结合起来。裁判文书改革中有必要标明是合议庭的意见，而不仅仅是法院的意见。现在标准的裁判文书文本在表达裁判意见时，使用的都是“本院认为”，而不是“本庭认为”，这就在一定程度上影响了法官在裁判文书中充分展现个人说理的积极性。因为无论其是否进行有效的说理，代表的都是法院的意见，而不是合议庭的意见，导致法官缺乏说理的足够动力。需要指出的是，虽然我国《宪法》第 131 条规定，人民法院依照法律规定独立行使审判权，而法院行使审判权是通过法官具体审理案件，代表法院行使审判权的，因此合议庭就是法院行使审判权的具体代表。同时，应当完善上级审监督的内容，明确对裁判文书受理进行审查的范围，也就是说，上级法院在对下级法院的裁判活动进行监督时，不仅要从形式上监督法院的事实认定和法律适用过程，而且需要关注裁判文书的说理。[③]

三是完善裁判说理的评估机制。要建立对法官裁判说理的评估机制，通过司法统计数据、信访投诉记录、诉讼当事人的反馈、内部同事评价等途径，将裁判的质量纳入法官的考核、评价体系，作为法官晋升、奖惩的重要依据。对于充分说理的优秀裁判文书，应当进行必要的奖励，以激励法官在案件审判中充分说理。

要真正实现强化裁判文书说理，就应当形成一种激励机制，使法官愿

① 凌斌：《法官如何说理：中国经验与普遍原理》，载《中国法学》2015 年第 5 期。

② 罗灿：《司法改革背景下裁判说理的规范与加强》，载《人民法治》2015 年第 10 期。

③ 邱爱民：《论司法裁判中的说理》，载《南京工程学院学报（社会科学版）》2006 年第 1 期。

意说理，敢于说理。最高人民法院已经建立了相关的说理制度，从外部层面形成了一种制度约束，但笔者认为，在建立这种制度约束的同时，也要形成一种引导和内在的激励机制，二者应当缺一不可，相辅相成。外部制度是督促法官尽到说理义务，防止不说理或者说理不充分的问题，而内在激励机制的作用则是鼓励法官积极进行说理，即将法官说理与其考核、职务晋升等挂钩，鼓励其积极进行说理。[①] 毫无疑问，司法责任制能够督促法官强化裁判说理，但仅依靠司法责任制，无法实现有效的激励。因此，有必要建立一系列的机制，将裁判说理与法官的晋级、考核关联起来，以充分调动法官撰写优秀裁判文书的潜力。

二、强化裁判说理的具体激励机制

第一，应当将裁判文书的说理水平纳入法官考核和晋升的指标。考核是制度落实的助推剂，将裁判说理作为法官考核的因素，也有利于引起法官对裁判说理的重视，从而强化裁判文书的说理。关于如何考核裁判说理的水平，有学者认为，可以通过归纳诉辩请求指数、归纳争议焦点指数、回应当事人诉辩指数、证据采信指数、事实与证据关联性指数、法律规范解释指数、法律推理指数等，按照一定的权重计算出裁判说理的指数，从而对裁判文书的说理水平进行评估。[②] 这些建议确有一定的合理性。法院应当制定一系列有关裁判说理的考核办法和标准，规范裁判说理的考核活动。尤其是应当将裁判说理作为法官个人的绩效考核标准，作为法官遴选、晋级等的重要参考因素。

第二，完善考核制度。目前，许多法院考核依然重数量而非质量，注重结案率，而不是每一份裁判中的说理内容。应当看到，依靠办案数量进行考核存在一定的问题，因为司法裁判所提供的产品不同于其他产品，其不能出“次品”，不能出半点差错。正如习近平总书记指出的：“要懂得‘100-1=0’的道理，一个错案的负面影响足以摧毁九十九个公正裁判积累起来的良好形象。执法司法中万分之一的失误，对当事人就是百分之百的伤害。政法战线的同志要肩扛公正天平、手持正义之剑，以实际行动维

① 参见最高人民法院司法改革领导小组办公室编：《最高人民法院关于加强和规范裁判文书释法说理的指导意见理解与适用》，中国法制出版社 2018 年版，第 220 页。

② 邱新华、张玉良：《展示与回应：民事裁判文书说理模式重塑——兼谈说理指数评估机制》，载《山东审判》2014 年第 1 期。

护社会公平正义，让人民群众切实感受到公平正义就在身边。”① 定罪量刑、生死攸关，即使是民行案件，对当事人具有重大利害关系，不可不察，不可不惧。因此，法官的考核要从目前的数量考核转变为质量考核，即注重考核法官的裁判文书说理质量，而不能片面以办案数量作为法官考核标准。只有强化文书质量考核，才有利于强化裁判说理。

第三，完善裁判文书的评查和表彰制度。将裁判说理作为评查的重要内容，法院应当定期组织对裁判文书的评查活动，并将发现的问题统一整理，定期通报，积极督促相关业务部门改进，切实避免说理不透彻、繁简不区分、引用理据不适当等现象，对裁判文书不说理、说理错误等问题，应当按照司法责任制的要求，使有关法官承担相应的责任。另外，法院可以通过定期展开优秀裁判文书的评比活动，加大对优秀裁判文书的表彰力度。在裁判文书的质量评比中，也有利于发现裁判说理的不足，尤其是发现裁判说理存在的共性问题，从而有利于提高裁判说理的水平。对那些裁判文书入选指导性案例或参考案例的，裁判文书制作法院也应当给予有关法官一定的奖励。

第四，加强对法官进行裁判说理的宏观指导，引导、鼓励法官撰写优秀案例的良好习惯。针对法官不愿说理、不能说理等问题，分析其原因，并进行有效指导。针对“案多人少”的问题，引导法官进行案件繁简分流，根据不同审级和案件类型、疑难复杂程度，做到繁简分流、繁简适当。

第五节 几项裁判文书改革的措施探讨

一、法官后语

法官后语也称为法官寄语，它是指法官在裁判文书的结尾之后以个人名义从情理以及社会公共道德的角度制作一段对本案当事人的劝解、教化之言，它不涉及案件的实质内容，被称为“法外之音”。1996 年，上海市第二中级人民法院在一起人身伤害赔偿案的二审判决中，首次附设了法官

① 中共中央文献研究室编：《习近平关于全面依法治国论述摘编》，中央文献出版社 2015 年版。

寄语，有选择地在二审、再审民事、刑事案件裁判文书中试行。[①] 此种做法也为一些法院所效仿。

从目前法官后语的适用来看，其主要集中适用于民商案件中，在刑事案件中极少采用这种方式，而且主要适用于涉及伦理、道德等方面的纠纷，更多的是对当事人进行道德上的劝慰，或者对当事人进行道德上的谴责。为了防止法官随意撰写法官后语，在写作具体要求上，上海市第二中级人民法院要求“法官后语”做到以下“四个突出”：即突出先进性；突出针对性，有感而发；突出简洁性，直奔主题；突出启发性，态度诚恳，凸显真情。旨在实现法官与当事人及社会公众之间的道德对话，唤起人性的良知。[②] 此种经验也值得总结。从网上已搜索到的裁判文书来看，仅有138篇裁判文书加上了法官后语（截止到2021年1月20日），可见，此种做法并不十分流行。

笔者认为，法官后语的优点在于：第一，它进一步增强了裁判文书的说理性，尤其是可以为法官通过道德、人情、伦理等因素对裁判结果进行进一步说明提供空间。通过“晓之以理、动之以情”进一步增加了裁判文书人文关怀的特点，从而达到情理与法律的交融，避免了裁判过于机械地、僵化地解释和适用法律，有利于化解纠纷。第二，使裁判文书具有了个性化的色彩。裁判文书本身应当是共性与个性的结合。我国法官的个性化文采，通过法学和文学的有机结合，实现了判决书内容的人性化、个性化，而非在判决文书中僵化、机械地诠释和应用法律，如此操作使得优秀的法律文书成为具有可读性的文学作品，其社会效果明显强于现在普遍采用的按固定诉讼文书格式制作的民事判决书。[③] 第三，使裁判文书能够传播一种正确的价值观，从而起到良好的教育效果。采纳此种方式，表明司法裁判从以往的震慑报应到教育感化的功能转化。法官后语通常以善的寻求为目标，强化司法裁判的人文关怀，注重道德伦理价值的宣扬，避免机械地理解适用法律，有利于使判决打动人心，得到当事人的认可。[④] 前述香港

① 周道鸾：《情与法的交融——裁判文书改革的新的尝试》，载《法律适用》2002年第7期。

② 上海市第二中级人民法院研究室：《裁决文书附设“法官后语”的思考——我国裁判文书格式和风格的延续与创新》，载《法律适用》2002年第7期。

③ 蔡杰、程捷：《封闭与开放：裁判文书论理风格之类型化检讨》，载《法学论坛》2006年第2期。

④ 参见上海市第二中级人民法院研究室：《裁决文书附设“法官后语”的思考——我国裁判文书格式和风格的延续与创新》，载《法律适用》2002年第7期。

特区大法官杨振权在审理一起诉子女索赔案后所写的“后语”，证明了这一点。

但是对这种法官寄语，也一直存在不同的意见，批评者认为，这种做法不具有法律依据，因为其容易将法律问题和道德问题混为一谈，从而导致法律的虚化。[①] 可是法官判案依然必须固守法律的底线，裁判依据只能限于法律。严格依法裁断必须以依法公平解决当事人之间的纠纷为首要任务，仅就寄语道德性内容而言，也不适合置于国家法律文书之中。如此将使法律、道德混为一体，容易导致法律虚化。如果法官可以随意附加个人寄语，法律文书的权威性也很难保证。目前，“法官寄语”多用于婚姻家庭方面的纠纷，其实对此类案件，大多需要经过调解程序，如果法官认为有必要“寄语”，其寄语的内容大可以在调解或庭审时告知当事人，对双方当事人晓之以理，动之以情，完全没有必要附在裁判文书上。[②]

笔者分析了多份裁判文书中的法官后语，从中可见，法官后语可以作为裁判文书的组成部分，可以尽量将法官后语的内容融入裁判文书之中，因为裁判文书本身就是事理、情理、法理的结合，法官裁判本身就应当是情理和法理的结合，法官后语的内容主要是情理的内容，理应纳入裁判文书的组成部分，而不应成为“法外之言”。将法官后语在形式上独立出裁判文书，似乎向人们传达一种观念，即裁判文书本身是不讲情理的，法官只能在法官后语部分进行情理的说理，并将其作为个人情感的一种表达。事实上，裁判文书本身就应当包含情理的内容，法官可以尽量将法官后语部分的内容融入裁判文书之中。例如，在曹某与上海平凉物业管理有限公司、王某某房屋租赁合同纠纷案中，法官后语载明：“法治社会的建成，社会秩序的维护，离不开公民的积极参与。诚信原则要求人们在民事活动中行使权利和履行义务时讲究信用、严守诺言、诚实不欺，在不损害他人利益的前提下追求自己的合法利益。故公民不仅可以按照自己的意愿依法行使权利，也要对自己所实施的行为带来的后果承担法律责任。”[③] 事实上，诚信原则本身应当成为裁判说理的重要依据，法官完全可以在裁判文书正

---

① 参见赵海峰等：《20年回首：民事裁判说理的检视与修正》，载《全国法院第二十六届学术讨论会论文集：司法体制改革与民商事法律适用问题研究》，人民法院出版社2015年版。

② 黄启辉：《“法官寄语”应缓行》，载 http：//www.southcn.com/news/china/gdspcn/200212310445.htm，最后访问时间：2017年2月5日。

③ 上海市高级人民法院（2016）沪民中247号民事裁定书。

文的说理部分依据诚信原则进行说理。再如，在罗某某、李某某与罗某某、罗某某赡养案中，法官后语部分记载了如下内容："赡养父母、关心和尊敬父母是中华民族的传统美德，也同样是为人子女应尽的法定义务，该义务也源于父母子女之间的这种血缘关系。除了法律规定的特殊情形之外，成年子女对父母的赡养义务是无条件的。本案中，二上诉人已经年逾六十，需要子女的悉心照顾，给予他们精神上的慰藉，使他们能够享受天伦之乐，幸福、愉快地安度晚年。然而，因为种种原因，本案双方当事人之间的父母子女关系却变得剑拔弩张，实在令人痛心疾首。法律虽然能够解决二上诉人的赡养问题，但一个家庭要想重拾亲情，却只能依靠这个家庭中的每一位成员，依靠自己，树立起包容、宽怀的心态，换位思考，多进行沟通与交流，才有可能重新构筑起一个互相帮助、敬老爱幼、平等和睦的家庭关系。"① 该法官后语从道德层面详细阐明了赡养父母的意义，该部分内容也完全可以在裁判文书的正文说理部分加以阐述，这不仅不会削弱裁判文书的说理性，反而会提高裁判文书的说理水平。

当然，法官后语毕竟是判决书改革中出现的新生事物，虽然对此仍然存在不同的看法，但其毕竟在一定程度上强化了说理，也有利于增加对裁判结论的认可度。而且从目前的裁判文书来看，其内容主要是对当事人进行道德上的劝慰，这也有利于当事人及时履行裁判文书，并引导当事人正确行为。它不是多余的话，而是必须阐明的道理。目前，由于各方面原因，如果不能将其放在主文中，笔者认为，继续保留法官后语不失为一种好的办法。但是，对此种做法也应该进行必要的规范，通常它主要针对当事人伦理、道德的评价，关于法律适用的问题不宜采用法官后语的办法，而应当尽量将其写入裁判文书主文之中。而且不是所有的案件都要适用法官后语，只有那些涉及婚姻、家庭、侵权等纠纷的案件，可以通过法官后语表达一种正确的价值取向，弘扬社会主义核心价值观，引导当事人正确地行为。但对其他案件，则要从实际出发，而不一定都要使用法官后语，法官后语不应当成为裁判文书的必要组成部分。

二、将裁判文书援引的法律条文附后

近几年来，在司法实践中，有的法官在作出裁判后，将援引的法律条

① 云南省临沧市中级人民法院（2015）临中民终字第160号民事判决书。

文附在判决书之后，帮助当事人理解。例如2004年，上海市第二中级人民法院以拒不执行判决、裁定罪宣判被告武某有期徒刑一年，并将法律条文附录于裁判文书之后。[①] 此种做法具有以下几方面意义：第一，表明法院真正做到了依法裁判。从实践来看，迫切需要解决的问题在于，判决书中所援引法条的解释不尽充分，甚至基本不解释。这就无法使当事人理解法律规定的含义、目的等，也无法消除当事人的疑问。就法律条文的引用来看，法官有时不指明法条，而直接引用了法条中的规定；有时甚至使用“依据相关规定”的模糊提法。而将条文附在裁判文书之后，至少表明法官的裁判具有明确的法律依据。第二，便于当事人查看和学习法律条文，从而知悉胜败的法律依据，做到服判息诉。将条文附在裁判文书最后，可以使当事人了解其请求或主张得到法院支持或者被法院否定的原因，也可以为其主张权利提供一定的依据。例如，如果当事人认为法院适用法律错误，其可以提起上诉或者申请再审。第三，附录法律条文的判决书也可以成为最直接的普法教材。[②]在上海市第二中级人民法院有此种做法之后，许多法院都开始仿效。例如，在曹某与上海平凉物业管理有限公司、王某某房屋租赁合同纠纷案中，法官在裁判文书的最后简要地附上了相关的法律条文：“《中华人民共和国民事诉讼法》第二百条规定，当事人的申请符合下列情形之一的，人民法院应当再审：（一）有新的证据，足以推翻原判决、裁定的；……（六）原判决、裁定适用法律确有错误的；……（八）无诉讼行为能力人未经法定代理人代为诉讼或者应当参加诉讼的当事人，因不能归责于本人或者其诉讼代理人的事由，未参加诉讼的；……（十一）原判决、裁定遗漏或者超出诉讼请求的；……第二百零四条规定，人民法院应当自收到再审申请书之日起三个月内审查，符合本法规定的，裁定再审；不符合本法规定的，裁定驳回申请。有特殊情况需要延长的，由本院院长批准。”[③]

应当说，法官在裁判文书结尾之后附上所援引的法律条文，具有一定的意义，至少可以使当事人知晓法官的裁判依据，比简单地列明法条的条目更有意义。但问题在于，如果法官只是在裁判文书的结尾之后简单地列举法条的内容，而没有对其作进一步的阐释和说明，仍然难以使当事人完全了解法

①② 赵海峰、高伟、孙叶花：《20年回首：民事裁判文书说理的检视与修正——以〈中国审判案例要览〉60个案例为研究样本》，载《全国法院第二十六届学术讨论会论文集》，人民法院出版社2015年版。

③ 上海市高级人民法院（2016）沪民申247号民事裁定书。

律规则的内涵，这既不利于使当事人认同裁判结果，也使当事人进一步寻求法律救济面临一定的困难。因此，法官应当在裁判说理部分，按照司法三段论的要求，结合案件事实，对所援引的法律规则进行详细阐释。

三、判后答疑

所谓判后答疑，是指在裁判文书作出之后，法院就裁判文书中当事人存有疑问的内容作出的解释和说明。判后答疑并非裁判文书的组成部分，从广义上来说，可以认为它是裁判说理的延伸。2005 年 11 月初，最高人民法院在“全国法院立案审判工作座谈会”上明确表示，要在全国推广判后答疑，从实践来看，许多地方的法院都采取了一系列判后答疑的措施，并取得了良好的社会效果。[①] 关于是否有必要推行判后答疑制度，赞成者认为，判后答疑制度有利于增强司法公信力，有利于当事人息诉服判，从而从源头上减少涉诉信访。而反对者则认为，应当在裁判文书中进行充分的说理论证，而不需要在作出裁判文书之后再进行判后答疑，其法律效力也是不清晰的。

笔者认为，判后答疑在某种程度上是对我国裁判文书不说理或者说理不充分的补救。例如，江西省南昌市中级人民法院的经验表明，因为裁判说理不够，导致当事人申诉的比例偏高。在采取判后答疑的措施之后，当事人的申诉率直线下降。最明显的效果是，通过判后答疑使得涉法涉诉信访的比例大幅降低。[②] 这也表明，在当前部分裁判文书存在不说理或说理不充分的情况下，判后答疑是一种重要的补救措施。在裁判作出之后，当事人对于裁判的理由不明白、不理解，可能有两种原因：一方面，可能是因为当事人的法律知识和法律素养欠缺，对于专业问题难以准确地、充分地理解。另一方面，也可能是因为裁判文书本身在事实认定和法律适用方面没有透彻地说理，裁判文书“语焉不详”的表达使得当事人无法理解。无论是因为哪一种原因，通过判后答疑，都可以使得当事人了解和理解裁判结果作出的原因，这也是使“民众接近司法”原则的要求。在我国司法改革过程中，判后答疑成为一项重要的措施。这一措施的推行是为了真正强化司法为民，提高民众对于司法裁判的接受度与认同感。判后答疑既符

---

① 例如，广东省就下发了《广东省法院关于加强判后答疑工作的若干意见》及《广东省法院判后答疑工作细则》的通知。

② 《中国审判》编辑部：《裁判说理与判后答疑》，载《中国审判》2006 年第 9 期。

合法律的要求，又是适应国情的一项重要举措。①

根据最高人民法院的要求，判后答疑主要是由承办法官在裁判宣判以后，如果当事人对裁判有疑问或疑义来访的，承办法官应当对裁判中的程序适用、证据的认定、裁判的理由等向当事人解释和说明。这虽然增加了承办法官的工作和负担，但是，其效果还是明显的。因为这些内容本来就是应当在裁判文书中说明的，通过承办法官事后说明的方式，就可以增加当事人对裁判文书的理解和认同，真正做到使当事人服判息诉、案结事了。对于争议比较大的案件，法官应当在裁判时主动向特定当事人解释。

关于判后答疑的做法，确实存在争议。有学者认为，判后答疑不在诉讼中进行，而通过口头进行，“颇有‘当面不说，背后乱说’的味道”。②也有学者认为，判后答疑应当纳入裁判文书之中，否则就抵消了心证公开、上诉制度等的功能。③ 笔者认为，虽然判后答疑是一种释法明理的有效办法，从现实来看，也产生了良好的效果，但不宜将此种判后答疑直接置于判决书中。主要理由在于：一方面，从实践来看，判后答疑一般是主审法官针对当事人在庭审中提出的一些疑问所作出的解答，但并不是都代表合议庭的意见，大多也没有经过合议庭的讨论，将其纳入裁判文书不符合裁判文书作为合议庭一致讨论结果的性质；另一方面，如果判后答疑本身构成判决内容的，应当被写入正文，如果在性质上不宜置入裁判文书中，则更不应将其载于裁判文书中。法官可以通过个人来信来访的处理方式，促使当事人服判息诉，而不宜全部载入裁判文书之中。如果将这些判后答疑置于裁判文书之中，则可能导致损害裁判文书的严肃性。

---

① 《中国审判》编辑部：《裁判说理与判后答疑》，载《中国审判》2006 年第 9 期。

② 魏胜强：《当面说理、强化修辞与重点推进——关于提高我国判决书制作水平的思考》，载《法律科学》2012 年第 5 期。

③ 刘加良：《啄木法树——一名青年法律学人的历炼与体悟》，知识产权出版社 2015 年版，第 85 页。

第二编

法律解释、法律论证与裁判说理

第十章 法律解释的说理

第一节 法律解释的必要性

一、法无解释不得适用

法律的生命力在于适用。在我国《民法典》颁布之后，民事法律体系化的工作已经完成，民法的规范也已经基本齐备。当前和今后法治建设的重心是如何使“纸面上的法律”变为“行动中的法律”。私法制度必然要从立法论转向解释论。从主要研究应然问题转向研究实然问题，从主要研究规范如何产生转向研究如何适用规范。一个解释者的时代即将到来。然而，为迎接解释者时代的到来时，我们首先需要回答一个看似简单但却又没有简单答案的问题，即法律为什么需要解释。

大千世界，万事万物，莫不需要理解和解释。无论是法律语言还是非法律语言，都无法脱离语言学的一般规律。正如哲学家维特根斯坦所观察的那样，语言活动就是一个理解与被理解的过程。语言既是信息的载体，也是信息传播的工具。① 法律语言同样如此，立法者希望通过法律文本语言向社会传递其价值立场。而要准确理解和严格遵守法律语言背后的价值

① 参见［英］路德维希·维特根斯坦：《哲学研究》，陈嘉映译，上海世纪出版集团2005年版，第54~63页。

立场，就需要对法律文本语言进行解释。法谚有云："法无解释，不得适用"。因为以一般的、抽象的形式表达出来的法条最终需要适用于特殊的具体个案。法官需要解决的一个前提性问题就在于，该具体情形是否属于一般性的规定所涵摄的范围。而回答这一问题的过程本身就是一个解释的过程。法官需要在法律解释合理的范围之内，寻找合适的法律规范解决具体的纠纷。"依据多样化的现实生活来解释抽象的法律语句，是法官以及评注作者的核心任务。因此，一个好的法官并不在于他记得多少法律条文，而是在于其可以通过法律解释，将成文的法律运用在现实生活中，并实现维护正义的目的"。[①] 所以，司法三段论的运用过程，即将小前提（具体案件的事实构成）涵摄于大前提（法律规范的构成要件）之中，这既是一个逻辑推理的过程，在很大程度上也是一个法律解释的过程。

而如此理解法律为什么要解释，仍然显得有些抽象，我们有必要通过讨论一个具体的法律解释问题来理解前面的观察。以著名的王海打假案为例，在王海诉天津市龙门大厦永安公司买卖纠纷案中，王海知假买假，后依据当时的《消费者权益保护法》第 49 条向人民法院提起诉讼，要求销售者支付双倍赔偿。[②] 法官首先需要回答这样一个关键问题：王海是否属于该条规定的"消费者"。可以说，类似问题在法律适用中比比皆是。《消费者权益保护法》第 2 条规定："消费者为生活需要购买、使用商品或者接受服务，其权益受本法保护；本法未作规定的，受其他有关法律、法规保护。"在该案中，法院认为，王海知假买假不是为了满足生活消费需要而购买，因此不属于"消费者"。但在类似案件中，不少法官也认为，即便知假买假者也属于"消费者"；甚至有人将《消费者权益保护法》第 2 条规定的"消费者"视为一个群体性概念，理解为整个潜在的消费者共同体。

这里暂不评论该问题本身，[③] 但法官要真正准确地适用《消费者权益保护法》，就离不开对该法律中"消费者"等概念的正确解释。在理解"消费者"的概念时，司法实践中之所以出现如此重大的分歧和理解，就

---

① Günter Hirsch，Die Rechtsprechung-ein Spiegel der Gesellschaft. MedR 19，599-603（2001）.

② 参见王海诉天津市龙门大厦永安公司买卖纠纷案，天津市河北区人民法院（1997）北民初字第 2 号民事判决书。

③ 笔者曾就此问题作过专题讨论，详见王利明：《消费者的概念及消费者权益保护法的调整范围》，载《政治与法律》2002 年第 2 期。

是因为法官在解释该概念时所选取的解释方法不同。事实上，早在19世纪，德国法律解释学的开创者和奠基人萨维尼曾将法律解释方法分为四种，即文义解释、体系解释、目的解释、历史解释，[①] 这些方法实际是当时法律解释活动及其规律的总结。近几十年来，随着法律适用活动的日益复杂和法律解释技术的日益发展，解释法律的方法也日益多样化。除了上述几种解释方法之外，合宪性解释、限缩解释、扩张解释、反面解释、比较法解释、社会学解释等方法也逐步形成共识，笔者认为，要正确解释消费者的概念，至少需要综合运用如下几种法律解释方法：

第一，文义解释。依据《消费者权益保护法》第2条的规定，消费者必须是为生活消费需要而购买商品或者服务，因此，理解消费者这一概念的关键在于如何理解“生活消费”，即应当将生活消费的概念理解为必须是为了满足生活需要而购买商品或者服务，还是应当将“经营活动”之外的其他购买行为都视为“消费”？如果采用前一种理解，则知假买假行为就不属于消费；而如果采用后一种理解，则知假买假的行为就属于消费。如果运用文义解释方法解释某一法律概念存在两种以上合理解释时，就需要结合其他法律解释方法来确定某一法律概念的准确内涵。

第二，目的解释方法及运用。《消费者权益保护法》的立法目的主要在于增进对消费者群体的特殊保护。这里所保护的消费者并不限于已经实际购买商品的消费者，还包括潜在的未来消费者群体。[②] 出于保护潜在未来消费者的目的，王海就很可能被归入“消费者”的范畴，因为知假买假的行为可以有效遏制经营者的售假行为，这有利于提高商品或者服务的质量，有利于保护潜在未来消费者的人身、财产权益。

第三，社会学解释要求考虑的社会功能，即法律的社会效果。《消费者权益保护法》第49条的初衷是通过惩罚性赔偿，刺激和鼓励广大消费者与不法的销售者作斗争。因为《消费者权益保护法》第49条所规定的双倍赔偿，形成了一种利益机制，可以鼓励消费者积极同不诚实的经营行为作

---

① 参见［德］萨维尼：《萨维尼法学方法论讲义与格林笔记》，杨代雄译，胡晓静校，法律出版社2008年版，第7页。

② 中国改革开放后的私法发展模式具有自身的特点，没有刻板地拘泥于欧洲大陆法传统的公法/私法二元划分，而是注重发挥私法的社会公共治理功能。这一点在国际上得到了比较广泛的好评。参见 Jacques deLisle，A Common Law-Like Civil Law and A Public Face For Private Law：China；s Tort Law in Comparative Perspective，in Towards A Chinese Civil Code：Comparative and Historical Perspectives 353（Martinus Nijhoff 2012）.

斗争，检举、揭发经营者的销售假冒伪劣商品的行为。但有实证研究表明，少有普通消费者有动力去诉讼并援引该双倍赔偿规定，主要原因还是在于此种赔偿制度常常不足以弥补单个消费者实施诉讼的成本。[①] 要真正发挥惩罚性赔偿制度的威慑功能，就需要提高惩罚性赔偿的额度，扩大主张该赔偿的群体，将知假买假者纳入到消费者的范畴，有利于鼓励广大消费者同不诚信的经营者作斗争，从而实现减少不合格商品或者服务的社会效果。

回顾十年来围绕王海打假案展开的司法实践和学术论辩，所争议的问题看起来很多，但其实这些争议背后都是关于法律解释方法和司法观念的分歧。从中国改革开放以来的法律发展过程来看，我国在前三十年聚焦于制度建设，法治建设的重心主要是解决无法可依的问题，但是对法律如何有效适用的问题，尚未给予足够的关注，也缺乏对法律制度本身的解释技术和方法的关注。[②] 在相当长的时间内，我们不仅没有就文义解释、目的解释、社会功能解释等具体解释方法达成共识，甚至连运用这些方法的基本理念都尚未形成一致意见。一提到法律的解释，有不少人就将其简单地等同于法律文本字面含义的认识。而当遇到更深层次的批评和考验时，这种朴素的解释观念又难以作出有针对性和说服力的回答。比如说，就文本的字面含义而言，“可以”通常被认为是一个选择性规范，法官可以采用也可以不采用；[③] 而“应当”被认为是强制性的规定，法官必须适用，而不能加以选择。[④] 但实际上并不尽然，一些法律文本中的“可以”也包含了“应当”的含义，而有一些文本中出现的“应当”反而是倡导性的，而非强制性的。这并不是因为立法者的立法活动本身出了差错，而是因为立法者基于立法的体系性、开放性考虑，为法官预留了必要的自由发挥空间。此外，由于缺乏达成共识的法律解释方法，导致法官对同一文本的理解相去甚远。同案不同判、同法不同解的现象在司法实践中时有发生，导致司

① 关于这方面的实证研究，参见应飞虎：《知假买假行为适用惩罚性赔偿的思考——基于法经济学和法社会学的视角》，载《中国法学》2004 年第 6 期。

② 鲍艳、熊丙万：《中国司法观念和司法方法的转型——来自“王海打假案”十年司法史的启示》，载《判解研究》2013 年第 4 辑。

③ 例如，《民法典》侵权责任编第 1180 条规定，因同一侵权行为造成多人死亡的，可以以相同数额确定死亡赔偿金。该条所说的“可以”，其实并不是一个选择性的规定。

④ 例如，《食品安全法》第 10 条第 2 款规定：“新闻媒体应当开展食品安全法律、法规以及食品安全标准和知识的公益宣传，并对食品安全违法行为进行舆论监督。有关食品安全的宣传报道应当真实、公正。”该条中的“应当”实际上仅具有倡导性的作用。

法不统一，有损司法的权威性。

二、法律解释的功能

在法律体系形成之后，要解决法律的适用问题，必须掌握法律解释的方法。德国法学家萨维尼曾言："解释法律，系法律学的开端，并为其基础，系一项科学性的工作，但又为一种艺术。"① 解释是一门科学和艺术，而科学的法律解释工作是以科学的解释方法为先导的。德国法学家赫克（Heck）曾经指出："在所有的改变中，方法的改变才是最大的进步。"② 只有从根本上掌握了法律解释的方法，才能实现法律适用的准确、统一，真正实现立法者所预期的效果。之所以如此，原因在于：

第一，法律解释有利于实现立法的目的，发挥法律的社会效果。法律解释工作的重要任务是探寻立法者的意志，其根本目的就是要探求制定法的目的，通过立法目的的考虑，将现行的规定适用于待决案件。"法官的价值判断并非完全基于自己个人的价值立场而进行，他应当受到一定的限制。法官受到的限制首先来自于制定法。虽然制定法是通过文字的形式存在的，价值判断只是隐藏在文字的背后"。③ 而狭义的法律解释就是发现法律、探求法律真意的过程，它最直接、最充分地表现了法律适用的特点。法官在具体个案的裁判中，应当准确理解立法者的立法目的和宗旨，在具体个案中体现立法者的精神。例如，在王海打假案件中，需要结合《消费者权益保护法》的立法目的和宗旨来判断王海是否属于消费者，《消费者权益保护法》的重要目的即在于保护消费者的利益，同时，《消费者权益保护法》第49条所规定的双倍赔偿规则，其主要功能是为了威慑假冒伪劣商品的制造销售行为，而将王海认定为消费者，可以有效弥补分散消费者个体在诉讼动力上的欠缺，从而在一定程度上促进上述立法宗旨的实现。

第二，法律解释有利于克服机械适用法律的弊端，保障法律的准确适用。法律解释的重要目的是防止司法活动的机械性。例如，在前述王海案中，法官如果机械地理解生活消费的概念，而否定王海为消费者，这表面上是尊重法律文本，但实际上忽略了立法者保护消费者、遏制不诚信经营

---

① 转引自王泽鉴：《法律思维与民法实例》，中国政法大学出版社2001年版，第212页。

② Philipp Heck, "Interessenjurisprudenz und Gesetzestreue", DJZ 9 (1905), S. 32.

③ Canaris, Die Feststellung von Lücken im Gesetz (1964), S. 19f.

行为的立法目的和宗旨。再如，在著名的三军仪仗队名称权案中，[①] 涉及对《民法通则》第99条有关名称权侵害的规定的解释，该条第1款规定："公民享有姓名权，有权决定、使用和依照规定改变自己的姓名，禁止他人干涉、盗用、假冒。"一审法院根据该规定认为，依据我国《民法通则》，民事主体有权禁止他人干涉、盗用、假冒其名称权，但信禾公司的行为既不构成对专有名称的干涉、盗用、假冒，也未使用"三军仪仗队"的名称直接为其产品进行文字宣传，故不构成侵犯三军仪仗队的名称权。在该案中，法院依据《民法通则》第99条的规定，将侵害他人名称权的行为理解为仅包括干涉、盗用、假冒三种，即忽略了该法律规则的目的。《民法通则》上述规定的立法目的是为了防止行为人未经许可而利用他人名称权的行为，此类利用行为不应当局限于干涉、盗用、假冒三种，凡是未经许可利用他人名称权的行为，除法律规定的情形下，都应当构成对他人名称权的侵害。

第三，法律解释有利于保障法律适用的统一性。美国法学家博登海默指出，"正义的一个基本原则要求，法律应当以相同的方法处理基本相似的情形"。[②] 不同地域、不同审级的法院，其对特定法律规则的解释应当趋于统一。通过运用形成共识的法律解释方法、遵循共同的解释规则，有利于法官达成最妥当的法律解释结论，并以此为依据进行裁判，这有利于保障法律适用的统一，使同样的争议得到同样的裁判。因此，法官在运用目的解释方法时，如果对目的解释方法形成共识，则有利于法官准确探求立法的目的，保障裁判的统一。

第四，法律解释有利于约束法官的自由裁量权，保障法官依法公正裁判。一方面，要通过法律解释来约束法官的自由裁量权。另一方面，通过法律解释，尽可能要求法官采用多种解释方法来验证解释的结论，而不是简单从字面含义来理解法律含义，从而使解释结果具有可靠性。

第五，法律解释有利于保障人们行为的合理预期，实现法律的安定性。

---

① 2005年上半年，三军仪仗大队官兵在北京市场上发现了一个出售"红色八一步枪"和"将军佩剑"的商家宣传册，宣传册当中随意使用了三军仪仗大队的名称和形象。2005年4月，仪仗大队在法院提起诉讼，认为信禾公司蓄意侵犯仪仗队的名称权、肖像权、名誉权，请求法院判令信禾公司赔偿248万元。

② ［美］埃德加·博登海默：《法理学——法哲学及其方法》，邓正来、姬敬武译，华夏出版社1987年版，第496页。

法律解释使抽象的法律规范能够运用到个别的案件之中，实现所谓“从一般到个别”的认识论转换过程。然而，法律规则的抽象性在于，在抽象的规则与具体案件事实相连接时，受解释者前见等因素的影响，不同的解释者所得出的解释结论可能是不一样的，这就可能影响人们行为的合理预期。以王海打假案为例，在类似的案件到达法院后，如果解释结论不同，人们对能否实施知假买假行为缺乏合理的预期，这也同样会影响《消费者权益保护法》第 49 条关于双倍赔偿规则的适用。[①] 德国著名法学家拉伦茨指出：“解释乃是一种媒介行为，借此，解释者将他认为有疑义文本的意义，变得可以理解。”[②] 更重要的是，法律解释是沟通立法者意思和人们对法律理解的媒介，是法律从纸面走向生活的工具。解释规则越统一，解释的方法越接近，则解释的结论就更能符合人们的合理预期。

三、法律解释是发展和完善立法的必要途径

法律需要解释的另一个重要理由在于，在司法实践中，法官常常遇到法无规定或者规定不明确的问题，需要法官通过解释加以回应。再回到“法无解释，不得适用”这一谚语，我们不仅可以感受到三段论推理的重要作用，而且还更深刻地认识到法律解释方法在中国当下的重要性。以王海打假案为例，在《消费者权益保护法》制定的时候，立法讨论根本就没有预料到“知假买假”的现象，更没有讨论知假买假者是否属于消费者的问题。可以说，在法律适用中遇到的新情况新问题无处不在。即便是在那些消费者权益保护工作做得很好的法域，我们也难以找到类似的案例和经验。因此，知假买假者是否属于消费者，确实属于法无明文规定的问题。面对类似问题，常常有法官面临两类难题：一是拘泥于法律文本的字面意思，不考虑立法本身的历史背景和目的考量，简单地以不符合法律规定为由而驳回原告的请求。二是对于那些有意回应法无规定的法官来说，因为缺乏必要的知识储备而缺乏从事法律解释的科学方法，面对这一问题，也会束手无策。

诚然，在成文法背景下，在出现法律模糊、空白等情形时，法官只能

---

① 应飞虎：《知假买假行为适用惩罚性赔偿的思考——基于法经济学和法社会学的视角》，载《中国法学》2004 年第 6 期。

② ［德］卡尔·拉伦茨：《法学方法论》，陈爱娥译，商务印书馆 2003 年版，第 19 页。

通过解释法律来发展和完善立法。在此背景下，法官唯一能够做的，就是通过解释法律来弥补立法的缺陷，进而维护和推动立法体系的发展和完善。在任何社会，包括立法者在内的人类理性都是有限的，立法者不可能预见到未来的一切并设计出制度方案。社会关系纷繁芜杂，不同利益之间的冲突也越来越频繁和尖锐。但立法者无法对所有的具体法律关系提供一一对应的调整规范。充分发挥法律的调整功能，并不等于要制定出数量庞大、事无巨细的法律。人类法律发展史上曾经出现过制定“完备”法律的努力。1794 年的《普鲁士普通邦法》是法律汇编模式的典型代表，全法多达 17000 余条，包括了行政法、刑法、民法等多个部门的法律，还涉及工业产权和部分私人劳动保护的法律规则。该法典规定了大量的细节规范，例如，其为了解决“从物”的认定问题，竟然设置了 60 个段落，其中包括如下细节规范：“在一个农场里的牲口为这个农场的属物”，“公鸡、火鸡、鸭、鸽是农场的属物”，“门锁和钥匙是建筑物的属物，而挂锁则不是”，“保护动物的必需品属于动物，使用动物的必需品则不属于动物”等。但历史证明，这种事无巨细的立法努力并不成功，因为，其仍然没有回答“门锁、钥匙和挂锁之外的其他‘锁’的法律性质”。[①]

事实上，即使法律再完备，也不能包罗万象，总是会给法官留下大量的解释空间。回顾人类法律发展史，我们也能看到法律的发展过程在很大程度上是法官不断补充完善法律规则、填补法律漏洞的过程。有的立法者希望通过立法本身的高度完善去消除法律解释活动的必要性，但事实证明是徒劳的。例如，优士丁尼曾禁止学者对《国法大全》进行评注，以免影响这部法典的权威性，但这样的禁令事实上从未影响过法学家法的解释和评论活动。18 世纪，法官的角色被界定为简单机械地适用法律的工具，如孟德斯鸠将法官形象地描述为法律的“传声筒”。[②] 当时的立法者担心，法律一旦被解释，就可能偏离其原本的涵义，因此一般禁止对法律的解释。例如，《普鲁士普通邦法》颁布之后，普鲁士国王腓特烈二世明确禁止法官“对于清晰和明确的法律措辞出现哪怕是最轻微的偏离，哪怕是以某些

① 参见徐国栋主编：《中国民法典起草思路论战》，中国政法大学出版社 2001 年版，第 246 页。

② Hans Hattenhauer, Einführung, in Allgemeines Landrecht für die Preußischen Staaten von 1794, at 1, 21.

具有逻辑性的推论或者基于解释法律目的为借口”。[①] 但是后来仍然只能通过法官的解释才能解决法律适用问题。再如，1804年，在《法国民法典》颁布之后，拿破仑也禁止学者对其进行解释，《法国民法典》的某些立法者曾宣称，制定该法典的目的就是要“预见一切，包括一切”，只要制定一部法典就可以涵盖民事生活的一切，“一帝国、一民族、一法律”就是这种形态的追求。[②] 几年之后，第一部解释民法典的著作由前起草人之一的马尔维尔出版。拿破仑曾哀叹说：“我的民法典已经逝去！”显然，拿破仑担心学者的解释可能曲解其法典，以及司法者过分依赖于民法解释的著述，反而会忽视适用民法典本身。[③] 拿破仑认为评论会毁掉他的工作。[④] 但在此后的二百多年，学者对于法典的解释深刻地影响了民法典本身的发展。《法国民法典》正是借助于法官的解释才焕发活力，以法国侵权法的发展为例，其在《法国民法典》中仅规定五条，根本无法应对每天发生的大量侵权案件，而法官通过法律解释的方法解决了法无规定的问题，以至于今天的法国侵权法事实上成为了判例法。正如法国学者撒宛蒂（Savatier）指出，“《法国民法典》的某些部分已经不再是成文法，而已变成判例法了”。[⑤] 这些历史事实都表明，那些希望排除法官解释活动的努力是徒劳的，其根本原因在于，法典由法律语言构成，法律语言是语言的一种，与纷繁复杂的社会现实生活相比，法律语言的描述功能和信息载体功能是十分有限的，无法涵盖与描述全部的社会生活，立法者的理性根本不可能预见到未来社会的发展变化所提出的各种新问题、新情况，法律漏洞和法无规定的情况比比皆是，法律只能借助法官的解释才能实现对社会生活的有效规范。

“法律发现的目的是对法律的解释，其所追求的目的是正义。”[⑥] 然而，法律是僵硬的，受制于法律制定时的时空条件。律法有限而生活无穷，社

---

① Publikationspatent of 1794, art. XVIII, quoted in Konrad Zweigert & Hein Kötz, Introduction to Comparative Law 91 (Tony Weir trans., 1987).

② 参见许中缘：《论民法典与民事单行法律的关系——兼评我国物权法草案》，载《法学》2006年第2期。

③ 参见石佳友：《民法法典化的方法论问题研究》，法律出版社2007年版，第162页。

④ Shael Herman, From Philosophers to Legislators, and Legislators to Gods: the French Civil Code as Secular Scripture, 1984 U. Ill. L. Rev. p. 619.

⑤ 邓衍森：《司法判例的规范理论》，载我国台湾地区《东吴法律学报》1984年第4卷。

⑥ Günter Hirsch, Die Rechtsprechung-ein Spiegel der Gesellschaft. MedR 19, 599-603 (2001).

会是发展的，因此也就会导致社会生活事实在许多领域开始偏离之前立法者的预期和设计。[①] 当法律确定存在漏洞，或者既定的规则已经不再和生活现实相符时，而法官适用法律的任务，在原则上又禁止判决逃避争议，这就在事实上要求法官在必要的情况下，通过法律解释以填补法律的漏洞。这也可能会给法官过大的自由裁量权。这种权能并非是理所当然的。然而，自由裁量权过大，也可能会导致法官的恣意，偏离依法公正裁判的目标。因此对自由裁量权的行使，也必须进行必要的规范。

我国目前正处于社会转型时期，新型问题层出不穷。然而，一旦出现某种新型纠纷和复杂的社会现象，有人就撰文呼吁制定新法，似乎只有不断频繁立法才能有效解决社会中的各种矛盾。这种思路在我国基本民事法律体系尚未建立、重要的部门法律尚不健全的时期，确有一定合理性。诚然，法治首先要做到有法可依，但是，有法可依也并非要通过大规模的立法活动来完成。西方学者现在已经开始反思社会的“过度法律化”问题，过多的法律可能会使得人们在规范选择面前变得无所适从，法官的法律适用也变得异常困难。其实，立法应当重点解决社会生活的主要矛盾，但显然不是要去规范社会生活中的一切问题。在社会生活的基本法律确定之后，再通过一定的法律进行必要的配套，辅之以法律的解释，如此，就可以解决社会生活的法律规范问题。立法并非是多多益善的，繁杂但又不实用的法律，不仅将耗费大量的立法成本，也会导致有些法律形同虚设，影响法律的权威和法律的信仰。《法国民法典》之父波塔利斯在两个世纪前就曾告诫后世的立法者：“不可制定无用的法律，它们会损害那些真正有用的法律”。这句话在今天仍然有相当的启示意义。

法律的修改也无法及时解决这些问题。修改法律其实也属于立法的范畴，其本身也要符合立法的程序，付出相应的立法成本。更何况，《民法典》作为一部固根本，稳预期、利长远的基础性法律，在其颁布以后必须要在相当程度上保持稳定性，不能朝令夕改。法律的不完善性、滞后性是永远伴随着成文法的特征，毕竟法典不适合被经常修改，否则可能影响人们对法律规则的合理预期。但《民法典》也需要与时俱进，及时应对不断变化发展的社会生活，这就需要通过法律解释及时有效地回应社会发展的

---

① Günter Hirsch, Die Rechtsprechung-ein Spiegel der Gesellschaft. MedR 19, 599-603（2001）.

需要。从这一意义上说，法律解释是民法典保持“长盛不衰”的秘密。[①]从比较法的经验来看，在调整社会关系过程中，并非所有的问题都需要通过立法来一一解决，事实上，从国外的成熟经验来看，相当多的新问题可以通过法律解释来解决。所以，面对大量涌现的新的问题，把希望完全寄托于立法机构的所从事的“废、立、政”活动也是不太现实的。这不仅仅是因为立法的成本问题，还因为立法的程序性要求决定了其难以在司法判决的法定期间内对这些问题一一作出回应。人民群众将其诉讼纠纷提交到法院之后，法官不能以法无明文规定为由拒绝裁判，更不可能等待立法回应之后再作出判决。唯一可行的，只能是法官按照科学的法律解释方法弥补法律的不足，并及时解决现实中的争议。

庞德指出：“法律必须稳定，但又不能静止不变。因此，所有的法律思想都力图使有关对稳定性的需要和变化的需要方面这种互相冲突的要求协调起来。我们探索原理……既要探索稳定性原理，又必须探索变化原理。”[②] 要克服法律的滞后性，保持法律与时俱进的秉性，唯一有效的途径就是通过运用法律解释方法，在司法中通过裁判发展法律。法律解释在发展和完善立法方面的作用主要体现在如下四个方面：

一是填补法律漏洞。所谓法律漏洞，是由于立法者未能充分预见待调整的社会关系，或者未能有效协调与现有法律之间的关系，或者由于社会关系的发展变化超越了立法者立法时的预见范围等原因，而导致立法存在缺陷。这种缺陷表现为：调整特定社会关系的具体法律规范的缺失，或者既有法律规范之间存在矛盾，或者既有法律规则在今天的适用明显违背了法律对公平正义的基本要求。[③]“法典不可能没有缝隙。”[④] 事实上，法律漏洞是两大法系共同面临的法律难题，如何确定法律漏洞以及如何对其进行填补成为几十年来法学界讨论的核心问题之一。由于人类认识客观世界的局限性和法律的滞后性等原因，决定了法律漏洞是任何国家民法中都不能回避的一个问题。具体到法律适用中，由于法律的不完善和缺失，法官经

---

① 王雷：《民法规范的性质——游走在自治与管制之间》，载《法学杂志》2009年第12期。

② ［美］庞德：《法律史解释》，曹玉堂等译，华夏出版社1989年版，第1页。

③ 在学理上，法律漏洞也通常被界定为“违反立法计划的不圆满状态”，参见黄茂荣：《法学方法与现代民法》（第5版），法律出版社2007年版，第377页。

④ Hans Hattenhauer, Einführung, in Allgemeines Landrecht für die Preußischen Staaten von 1794, at 1, 21;

常面临适用法律的困难。法官有时无法找到据以裁判案件的依据，有时找到的依据不止一个，且存在着冲突，这都会使法官的裁判面临困难。在此情况下，立法机关很难在短时间内作出反应，法官只能通过积极地填补法律漏洞，以顺利完成案件的审判。从这个意义上讲，填补法律漏洞是法官行使司法审判权过程中的一项重要活动。总体上说，大陆法系学说的发展正呈现出一种积极鼓励法官发挥其在填补法律漏洞方面的功能、发现社会生活中的活的法律的趋向，此种学说的发展状况已对大陆法系国家民法的发展产生了十分重要的影响。所以，民法典在给法官适用法律带来巨大方便的同时，也因为法律的解释方法的多样化而给民法典带来了新的生命和活力。一些大陆法系国家在制定新的民法典时，都非常注重给法官解释法律留下足够的空间。

二是克服成文法的刚性。成文法的规定较为抽象，通常是就一般情形作出的规定，而不会对特定的具体情形作出规定。例如，《消费者权益保护法》在规定“消费者”的概念时，一般针对对象是生活消费，但没有考虑到知假买假行为这一特殊情形，如果一概将知假买假者排除在消费者的概念之外，则对该规则的运用就过于刚性。这就需要法官通过探求立法者的本意，考虑国家、社会在不同时期的发展需要，平衡各方当事人的利益，在这些抽象概念中确定具体的规则或者确定这些概念适用的具体对象与范围，从而丰富民法典的内容。[①] 法律解释活动还可以有效地克服成文法的刚性，弥补其不足，成为克服成文法刚性和僵化缺点的“润滑剂”。从这个意义上说，法律解释活动越发达，科学性越强，成文法的生命力就越长久，其在社会生活中的规范效果就越明显。因此，如果相关的解释技术比较落后，成文法在遭遇挑战之后的生命力就显得十分脆弱，许多内容很快会暴露出其滞后性并最终被废弃。所以，在大陆法系“除了法条上所谓漏洞的填补外，对于严格遵守条文而造成困难，不公平或是当事人借着法条以为诈欺之工具者，法官还必须加以消灭或减少此种情形的产生。他们所使用的方法是对法条作广泛的解释（extensive interpretation），凭借此种方法，法官可以扩张、限制或修正制定法的范围和意义以引导正义”。[②]

---

① 参见［法］雅克·盖斯坦、［法］吉勒·古博：《法国民法总论》，陈鹏等译，法律出版社2004年版，第415页。

② 邓衍森：《法律哲学上司法造法的若干问题》，载我国台湾地区《东吴法律学报》1997年第2期。

三是细化成文法的一般性规定。近几十年来，德国、法国法院的部分判例在一定程度上弥补了立法的空白，对其他案件的裁判具有指导性和约束力。法典中的一些弹性条款，如诚实信用、善良风俗、公共利益等，正是法官在具体案件中需要进行解释的对象。法官也通过对这些条款的解释产生了一些新的规则，例如，法国法中的禁止权利滥用、因物所生的责任的规则、先契约义务等规则，都是通过法律解释的方式创设的。如前所述，法国侵权法规则主要是通过判例来创设的。"结果是，《法国民法典》中有很多空隙，它们已经被后来的注释者和法院所填补"。[①] 而德国法的诚信原则较为抽象，法官通过解释该原则，创设了一系列新的制度，包括缔约过失责任制度、禁反言、情势变更制度、禁止权利滥用制度、合同目的解释、权利失权、恶意抗辩、申述丑行者不被采纳、欺诈所得必须返还、积极侵害债权等。[②] 这些新的制度和规则极大地丰富了民法典既有条文的内容，使法典能够与时俱进，焕发出新的活力。在我国，细化成文法的一般性规定也是司法的一项重要任务。以王海打假案为例，正是通过法官的解释，将知假买假者纳入到消费者的概念之中，这也进一步细化了《消费者权益保护法》所规定的"生活消费"的内涵。《最高人民法院关于审理食品药品纠纷案件适用法律若干问题的规定》就采纳了一些案例的经验，承认知假买假者也属于消费者。[③]

四是验证法律规则。法律规则能否有效调整社会生活关系，一般而言需要进行一定的验证。具体的验证方法就是法官在具体个案中，通过法律解释的方法将法律规则适用于待决案件，从而验证该法律规则能否有效调整社会生活。法律解释的运用也为法典的修改提供了可靠的实证经验。"每一次发展的法律体系，都必须经过一段由司法判决以形成法律的时期。"[④] 法官解释法律的过程其实也是一个验证法律规则是否符合现实需要、能否妥善解决待决纠纷的一个过程。从司法解释中形成的法律规则，

---

① ［英］劳生：《一个普通法学者对法典编纂的看法》，付再明译，载《外国法译评》1987 年第 1 期。

② 参见［德］莱因哈德·齐默曼、［英］西蒙·惠特克主编：《欧洲合同法中的诚信原则》，丁广宇等译，法律出版社 2005 年版，第 476 页。

③ 《最高人民法院关于审理食品药品纠纷案件适用法律若干问题的规定》第 3 条规定：因食品、药品质量问题发生纠纷，购买者向生产者、销售者主张权利，生产者、销售者以购买者明知食品、药品存在质量问题而仍然购买为由进行抗辩的，人民法院不予支持。

④ Ehrlich，E.，The Sociology of Law，36Harv. L. Rev. 130（1930），p. 134.

是从实践经验中总结出来的规定，应当在实际运用中是行之有效的。如果将其纳入未来民法典之中，也会具有很强的操作性。

然而，发展法律并不意味着让法官自由创设法律。法律的安定性始终是成文法的追求，防止法官的恣意解释和创设也是实现这一追求的必要做法。这就需要按照庞德的建言那样“探索变化原理”。而这种变化原理就是法律解释的方法。我们之所以研究法律解释活动及其方法，在根本上说，就是为了探寻一套可以增进法律稳定性和体系性的方法。这就要求我们在法律解释方法上达成基本共识。否则将可能出现法律解释方法的误用，反而影响法律解释方法的运用。法律解释是沟通立法与司法的桥梁，是法律适用中无法绕开的环节，无解释则必将使法律规范沦为具文，乱解释则必然扭曲立法目的，最终都会导致法的秩序难以实现。即使法律出现滞后于社会的情况，如果法律适用者能够准确理解法律含义，科学采用法律解释方法对于现行法律规范实施有效解释，也完全能够达到弥补制定法不足的效果。

第二节　法律解释与裁判说理的关系

美国法学家庞德曾经指出：法律的发现与法律解释、法律适用是紧密相连的。[①] 此处所说的法律适用，是指将法律具体运用到个案以解决纠纷的整个过程，一般是以司法三段论的形式表现。法律解释与法律适用的密切联系首先就表现在，法律解释是法律适用的一个环节。

法谚云：“法官的活动就是阐释法律。”在国外的法律解释学中，解释主体的范围比较狭窄，其仅限于法官。因为在西方的法律制度中，法官作为案件的裁判者，必须根据法律对具体的案件作出裁决，因此，法律解释是法官适用法律活动的重要组成部分。[②] 我国《宪法》规定，人民法院依照法律规定独立行使审判权。因为法律适用是以司法为中心的，所以法律解释学就是要为司法提供法律适用的技巧。虽然在国外的解释学理论上，

① ［美］罗斯科·庞德：《普通法的精神》，唐前宏等译，法律出版社2001年版，第126页。
② 参见［德］魏德士：《法理学》，吴越等译，法律出版社2005年版，第304页。

裁判者实际上指的是法官个体，但在我国的司法体制中，法律解释的主体主要是指法院。所以，在裁判文书中，通常表述的都是“本院认为”，而不是单个法官的看法。

法律解释过程本身也是一个说理论证的过程。例如，在前述王海案中，如果法官仅以王海知假买假的行为不符合生活消费的概念为由而否定王海为消费者，则该裁判的过程就过于简单和武断，这就需要结合多种法律解释方法来综合判断，如需要结合目的解释、体系解释等多种方式，来综合判断王海是否为消费者。实践中，有的判决不针对当事人的诉求来说理，或者虽讲出了一些道理和理由，但针对性不强。在法律解释方面，普遍存在的问题主要体现在如下几个方面：

第一，判决仅列举法条，而没有具体地阐明法条的含义。许多判决书列举了一大堆法条，但人们难以理解这些法条的内容是什么、法条与案件事实之间的关联性如何，如何才能够理解裁判结果的合理性和妥当性。还有些判决死抠法律字眼，而没有探究法律立法目的和立法宗旨，使得对于法条的理解过于机械化。

第二，缺乏对法条与案件事实之间连接性的讨论。有些判决仅简单地宣布“依据某某法某某条判决如下”，并没有详细地分析所援引的法条对于待决案件的可适用性。尤其是没有解释两者之间的连接。从三段论的层面讲，其没有论述大前提是否可以连接小前提，使得在小前提符合大前提中的构成要件的情况下可以产生相应的法律效果。这可以说是实践中时常出现的法条与案件事实相脱节的现象。

第三，有的判决甚至根本不援引具体的法律规则，而只是援引法律原则（如诚信原则、公平原则）裁判，此种情况俗称“戴高帽”的判决。此类判决看起来层次很高，但实际上，由于这些基本原则放之四海皆准，可以适用于任何案件，因此等于没有援引法条裁判。

第四，简单地以法律效果和社会效果作出裁判，而缺乏对具体规则的援引。部分判决书在陈述了案件事实以后，在真正需要分析的时候直接写明“依据……条，判决如下……”。但援引的法条究竟是什么含义，为什么可以根据该条得出裁判结论，这些问题并没有合理阐释，以至于依据该规定所作出的裁判既不能说服当事人，也无法说服社会公众，甚至连法官自身也无法被说服。公开法官的法律解释过程，也有利于使当事人乃至社会公众了解法官适用法律的理由，从而提高当事人和社会公众对裁判结论的认可度。可以说，裁判文书目前存在的说理性不强的问题，很重要的表现就在于，法律解释方法运用不得当，导致裁判普遍缺乏说理。所以，在实践中，增进裁判说理最关键的就是，在裁判文书中正确运用各种法律解释方法，从而强化裁判的说理。

司法裁判更强调判决的说理性。以司法裁判者为中心，可以有效地回答法律解释应由谁来解释、解释什么、为什么解释、怎样解释等一系列问题，从而为法律解释学提供一套基本的理论框架。法官需要把解释的结果运用到裁判中，法官负有更为严格的论证义务，从而需要运用解释方法。尤其是在法律模糊不清或者存在漏洞时，法官对法律的解释将成为案件裁判的直接依据，从而发生法律效力。

法律为什么需要解释？从司法实践来看，其中一个重要的功能，就是增进裁判的说理性，即通过充分的说理使社会受众接受裁判的正当性。事实上，法律解释本身就是一种说理的方法和技术。解释是一个逻辑推理的过程，因为要把法律大前提准确运用到具体案件，就要充分说明大前提的内容和小前提的性质。而这一过程本身就是一个从一般到个别的逻辑的展开。法律解释的方法本身就是论证的方法，因为这些方法也是能够为人们所理性认识和检验的。正是基于一套具有共识性的法律解释方法，法律人方能在法律解释结论这个大前提上达成一致意见，从而最终有利于三段论逻辑推理的展开和妥当裁判结论的得出。法律解释方法的正确选择是保障法官准确理解法律含义，作出公正、合理裁判的基础。法律只有通过解释方法来发现、补充和修正，才会获得运用自如、融通无碍的弹性。① 例如，在前述王海案中，由于《消费者权益保护法》没有对知假买假的个人是否属于消费者作出明确规定，则法官需要综合运用多种法律解释方法来进行判断。通常情形下，如果运用多种法律解释方法都能验证某一裁判结论，则说明该解释结论是妥当的，这也有利于保障裁判活动的客观性。因此，法律解释的过程也是一个逻辑推理的过程。

解释的过程也就是一个论证的过程。因为，要论证法条对特定案件事实的可适用性，就需要充分阐明为什么应当按照某一种方式去理解该法律规则。特别值得注意的是，法官充分解释法律，特别是阐明法律的精神和

① 季卫东：《法律解释的真谛（上）——探索实用法学的第三道路》，载《中外法学》1998 年第 6 期。

立法宗旨，有利于让受众更好地理解和接受立法，从而更好地接受判决的权威性。反之，在那些复杂的问题上，如果法官简单地以文义作为法律解释的依据，实际上回避了对该问题的分析与评判，未能积极履行法官通过判决执行法律和让当事人与社会公众理解法律的职责。例如，在前述王海案中，如果法官仅以王海知假买假的行为不符合生活消费的概念而否定王海为消费者，则该裁判的过程就过于简单和武断，此时就需要结合多种法律解释方法来综合判断，如需要结合目的解释、体系解释等多种方式，来综合判断王海是否为消费者。因此，法律解释的过程也是一个论证的过程。

解释的过程是一个探寻立法目的和宗旨的过程。马克思说："法官的责任是当法律运用到个别场合时，根据对法律的诚挚的理解来理解法律。"而这一过程其实也是向受众传播法律精神的活动。只有在充分表明立法的宗旨之后，才能让当事人和公众真正理解法律和判决。[①] 美国法学家波斯纳指出："法律解释是一种解码活动，其主要功能在于通过解码，还原成文法制定过程的原貌，探索立法者在立法交流过程中的真实意图……成文法是立法者和法官之间的一种交流活动，立法者通过这种交流向法官传输行为指令，就像将军向士兵传达命令一样。但是，如果法官无法找到立法历史，且法律模糊，则法官就失去了指令。其需要按照自己去想象，立法者会向自己发出何种指令。"[②] 因此，从这一意义上说，法律解释也是法官探寻法律规则立法目的和宗旨的过程。例如，在前述王海打假案中，法官即需要结合立法者的立法目的与宗旨来判断王海是否属于消费者，因为从文义解释来看，如前所述，关于消费者的内涵可以有多种合理的解释，如果不结合《消费者权益保护法》保护消费者、遏制不法经营行为的立法目的，法官将难以作出判断，如果法官在判决中充分阐明《消费者权益保护法》第49条的立法目的，即该条的立法目的既包括惩罚经营者的欺诈行为，又包括鼓励消费者替代监管者进行监督的目的，即可使当事人和社会理解裁判作出的基础。从这一意义上说，目的解释也是文义解释的一种补充，有利于克服文义解释的缺陷，保障立法目的的实现。

正如之前所强调的，法律解释的最终目的是要服务于法律适用的稳定

① 荆龙：《廓清"后真相"是法治传播的首要功能》，载《人民法院报》2019年6月14日。

② Richard A. Posner, Legal Formalism, Legal Realism, and the Interpretation of Statutes and the Constitution, 37 Case W. L. Rev. 179.

性和可预期性。而这就要求法律解释方法本身具有明确性和规范性。从我国的司法实践来看，目前我们有些裁判文书中的说理性论证并不充分，这很大程度上是因为我们未能很好地运用法律解释方法。因为实践中没有一套科学的解释方法，法官针对法律文本的思维模式差异很大，这就导致法官对同一文本的理解相去甚远。同案不同判现象在司法实践中常有发生，个别法官动辄以法律效果不符合社会效果为由，简单地对生效的法律规则作否定性评价，以追求所谓“社会效果”，这就损害了法律的权威性。这些现象显然都有损于法律的可预期性和法治的统一。正确的法律解释方法是防止法官解释和裁判活动任意性、保障司法判决公正性的有效手段。法律解释有利于规范法官的自由裁量权，说到底就是要规范法官的解释活动。这就要求法官在进行法律解释时秉持正确的解释方法，并辅以充分的说理性论证，这对于保障法律的稳定性和可预期性具有重要意义。

判决的说服力和权威性是一致的，判决的权威性来源于充分的说理。当判决的受众被其中提出的理由（包括法律解释的理由和判决的理由）说服之后，他们才可能对判决心悦诚服，判决才能具有权威性。因此，将判决书说理作为法官的一项职责，也是当前促进司法公正、建设社会主义法治国家的必然要求。

第三节　裁判说理中各种法律解释方法的综合运用

一、综合运用多种解释方法的必要性

所谓综合运用各种解释方法，是指在法律解释中，解释者根据个案情形将各种方法结合起来共同适用，以得出妥当的解释结论。综合运用的形式主要有两种：一是结合各种方法以寻找最妥当的解释结论。在法律解释的过程中，采用文义解释的方法在某些情况下就可以直接确定法条含义。但在许多情况下，由于单一的法律解释方法往往具有局限性，因此，除了文义解释之外，其他解释方法都不能单独运用而直接确定出文本的含义，需要与文义解释等方法结合起来才能确定出文本的含义。即使就文义解释而言，因为文字本身的歧义性和模糊性，以及语言表达的局限性等，在许

多情况下，仅仅通过文义解释也不能够得出最妥当的解释结论，而必须与其他解释方法结合起来运用，才能寻找到最妥当的大前提。在法律解释中，通过文义解释可能仅确定出大致的文义，而不能确定文义最终的含义，而需要其他解释方法的辅助才能确定所涉案件需要适用的大前提的准确文义。二是各种解释方法对解释结论的相互验证。在通过文义解释或其他解释方法得出某个解释结论之后，该结论是否是最妥当的解释结论，还需要运用其他解释方法进行检验。例如，目的解释方法可以从解释结论是否符合立法者的目的的角度来验证解释结论的正当性，而社会学解释方法则可以从社会效果的角度来检验解释结论的社会效果是否最佳；又如，合宪性解释可以从宪法规范的角度对解释结论进行最后的“把关”，以确保解释结论符合宪法的精神。可以说，各种解释结论都具有相互验证的功能和作用。通过各种解释方法的相互验证，可以确保所得出的解释结论不是匆忙仓促得出的，而是法官经过解释方法的科学运用，并加以充分说理论证之后得出的，该结论是最为妥当的。因此，在各种解释方法的检验之下，其结论仍然是妥当的。通过各种方法的综合运用，可以确保裁判结果的正确性和妥当性。

综合运用各种解释方法的目的，就在于探求最妥当的大前提，该大前提可能不是唯一正确的，但其一定是在各种复数解释结论中所选择的最佳的结论。有关解释结论是否是唯一正确或者最为妥当的结论，涉及价值判断问题。综合运用各种解释方法，首先是因为案件的复杂性导致了寻求妥当的裁判依据的难度。美国著名法理学家德沃金认为，疑难案件也应当具有唯一的正确答案。但以波斯纳为代表的实证主义法学家则坚决不能接受这一结论。其认为，疑难案件的决定经常不是非对即错的，而是处于中间状态。因为某些案件的“正确解答”，或许正存在于这些中间状态之中，因此限定以“是”与“否”这种两值状态出现的司法选项，因其本身的缺陷而无法涵盖所有的答案，从而导致疑难案件并无“唯一正解”。①从实质上看，学者们对“唯一正解”的理解产生了分歧，但由此可以看出疑难案件中综合运用解释方法的必要性。笔者认为，区分简单案件和疑难案件是必要的。因为在疑难案件中，经常会遇到寻求解释结论妥当性的困难，而单一的解释方法无法得出裁判结论。即使是在常规案件中，也可能在解释

① ［美］波斯纳：《法理学问题》，苏力译，中国政法大学出版社2002年版，第249页。

法律文本时得出复数的解释结论，甚至可能运用不同的解释方法就会得出不同的解释结论。因此，单一的解释方法得出的结论并不一定是最为可靠的，只有通过多种解释方法综合运用，所得出的结论才是最为妥当和准确的。

综合运用各种解释方法也是由各种解释方法固有的功能的特定性和局限性所决定的。“民法解释的任务，并不是对各个场合罗列出由各种解释技术得出的结果，而是应当判断按照哪种解释技术进行解释是最妥当的。所以说，作为民法的解释，一般地论述什么方法最适当，是根本不可能的。”① 各种法律解释方法具有其自身的局限性。一方面，各种法律解释方法的运用都以具备一定前提条件为基础；另一方面，各种法律解释方法的作用都是独特的，这也决定了其功能是有限的，不可能依据某一方法就必然得出妥当的解释结论。各种法律解释方法都是从单一的角度出发所进行的解释，其并没有考虑到法律解释中的各种因素，依据其得出的结论也未必妥当。还应当看到，各个解释方法虽然各自独立，但是，它们之间也具有密切的内在联系。在法律解释中，某些解释方法的运用依赖于其他方法，这些法律解释方法需要相互配合使用，难以单独适用。在法律解释学上，各种法律解释方法应作为独立的方法予以研究。但是，这仅仅是出于法学研究的需要，在具体的解释活动之中，各种方法之间往往需要相互配合，才能使用。例如，目的解释方法，需要借助于历史解释、体系解释等，才能准确地探求其立法目的。再如，在漏洞填补的过程中，法官要进行目的性扩张，其首先必须探明特定法条的立法目的，而立法目的的查明可能需要借助于狭义的法律解释方法，如历史解释等。还要看到，各种法律解释方法之间的界限往往并非十分清晰，例如，目的性扩张和目的解释之间，其界限就比较模糊，区分的标准主要是是否超出了法条文义的可能范围。

通过综合运用各种解释方法来寻求解释结论，必须经过相互验证的过程。各种解释方法之所以需要结合起来相互验证，一方面是因为单个的解释方法都有其固有的局限性，单纯使用某种解释方法很难在具体案件中圆满地完成寻找妥当大前提的任务。例如，文义解释在通常情况下是一种非常可靠的解释方法，但是文义解释也有其局限性，单凭文义解释经常无法得出妥当的结论。在许多情况下，如果仅拘泥于文义解释，就可能陷入含

① ［日］我妻荣：《新订民法总则》，于敏译，中国法制出版社2008年版，第26页。

糊的词汇之中无法自拔，而需要采用体系解释等方式进行解释。另一方面，每一种解释方法在运用中，只有在能够获得其他解释方法验证的情况下，其解释结论才是最为妥当的。各种解释方法越能够获得其他解释方法的检验和支撑，其所得出的结论也就越具有正确性和妥当性。例如，通过文义解释或体系解释得出的结论，如果获得了其他解释结论的支撑，则其解释结论是正确而妥当的。如果通过某种解释方法得出的结论，与接受其他解释方法的检验时得出的结论是不同的甚至相反的，则该解释结论的正确性和妥当性就有待于进一步探讨。例如，《侵权责任法》第2条第1款所规定的“民事权益”是否包括债权。从文义解释来看，民事权益应当包括债权在内。但是，从体系解释来看，《侵权责任法》第2条第2款所列举的18项民事权利中并不包括债权，可见，立法者有意将债权排除在外。从目的解释来看，考虑到侵权责任法与合同法的功能划分，将债权包括其中可能导致很多违约行为同时构成侵权，从而混淆侵权责任法与合同法的区分。综合上述各种法律解释方法，《侵权责任法》第2条第1款所规定的“民事权益”应当不包括债权。此外，在法律解释中，为克服解释者的前见带来的不利影响，增强结论的说服力和可靠性，解释方法的运用必然存在论证和说理的过程，各种解释方法之间也应当相互验证。

在解释过程中，寻找大前提的过程其实是各种解释方法相互结合、相互验证的过程。如果裁判者通过文义解释得出了结论，再将该结论置于法律文本整体之中去加以理解，运用体系解释方法来进行验证，该结论能够符合所适用法律的体系要求和立法意图，则裁判者所得出的结论是最为妥当的，因为综合运用各种解释方法之后都能够证明该结论是成立的，所得出的结论能够得到各种解释方法的验证和支持。例如，《民法通则》第1章第1节中所言的“与财产所有权有关的财产权”，究竟应当如何理解？首先，应当采用文义解释方法。就其文义来看，似乎是所有权之外的各种财产权的统称，但其实质只是指“他物权”。其次，应当采用历史解释方法，在当时的历史条件下，我国主流意识形态对传统民法中的物权概念比较排斥，无法使用传统民法中比较惯用的物权概念，只能使用这一比较模糊的概念。但该概念实质上与传统大陆法系民法上物权的概念并无重大区别。最后，再采用体系解释的方法，检验该概念所依附的法律规范的体系。在《民法通则》第5章中，“与财产所有权有关的财产权”与“财产所有权”规定在同一节，而在该章第2节、第3节、第4节分别规定了债权、知识产权、人身权等民事权利类型。从这一体系结构来看，第1节中的“财产所有权和与财产所有权有关的财产权”实际上指的就是传统民法中的物权；而“与财产所有权有关的财产权”自然指的是所有权之外的其他物权形态，即他物权。从以下解释方法的共同结论可以看出，“与财产所有权有关的财产权”应当是指“他物权”。一般来说，在适用中能够相互验证的结论，其可靠性更强。尤其是在出现复数解释的情况下，较之于不能得到相互验证的结论，能够得到相互验证的结论就更具有说服力。

总之，各种解释方法都是借助特定的因素来解释法律，它们都各有其独特的功能、适用范围以及局限性。不同的法律解释方法，都是从各自不同的角度来进行解释，虽然其解释的依据不同，但是却可能得出相同的结论，或者从不同的方面验证解释结论，此时的解释结论就具有较高的妥当性，正所谓“殊途同归”。每一种解释方法的功能虽有不同，但彼此之间可以相互补充和辅助，可以结合起来综合运用，以得出最为妥当的解释结论，从而在个案中妥当调和当事人利益，贯彻正义的理念。① 在法律解释中，要实现法的安定性和法的妥当性之间的平衡，往往需要运用多种法律解释方法。

二、多种解释方法的结合适用

（一）各种狭义的解释方法的综合运用

1. 文义解释与其他狭义的法律解释方法的综合运用。各种狭义的解释方法都要以文义解释为前提。法谚云：“文言如非不明确，即应严守。”也就是说，如果对法律规则进行文义解释，仅能得出一种解释结论，则原则上应当将此种解释结论作为裁判依据，而不应忽略该解释结论。文义解释是法律解释的起点，因为只有在文义解释出现复数解释的情况下，方才需要运用其他解释方法，且所有的狭义解释都是在文义可能的范围内进行解释的，这就需要首先通过文义解释来确定文义可能的范围。因此，所有的狭义法律解释方法，都必须以文义解释为基础，才能得到运用。

各种狭义的解释方法都要以确定文义为结果。归根结底，狭义的法律解释的最终目的是阐释文本的含义，文义解释是各种狭义的法律解释方法

① 王泽鉴：《法律思维与民法实例》，中国政法大学出版社2001年版，第240~241页。

的基础和前提。[①] 无论通过目的解释来确定立法者的目的，还是通过社会学解释来确定法律规范是否符合社会价值，最终还是为确定法律文义，即是为了寻找并解释大前提。当出现复数解释结果时，或者不能明确其含义时，应该通过历史解释、目的解释、比较法解释等方法，以明确立法者的意旨，但这些方法仍然是为了确定文本的含义。这就表明，各种狭义的解释方法必须与文义解释方法结合起来才能运用。文义解释所提供的解释可能实际上为论理解释和社会学解释划定了解释的范围。各种解释方法还可以验证文义解释结论的合理性。正是从这个意义上，有学者认为，文义解释的方法会形成"从文义出发，再回到文义"的逻辑，形成文义的循环往复。[②] 这种观点也不无道理。

2. 论理解释中的一些方法往往需要相互配合使用。有些论理解释方法需借助其他论理解释方法才能得出妥当的法律解释结论。例如，目的解释的特点就在于，它必须借助于其他论理解释方法来探明立法目的，如历史解释、体系解释等。再如，体系解释常常需要通过对于立法过程的考察，探求立法者的意图，方能确定立法者所要构建的体系。因此，体系解释和历史解释的关系是十分密切的。同时，论理解释方法可以彼此之间起到相互验证的作用。例如，采用历史解释方法只能阐释历史上的立法者的原意，但是，立法者历史上的意图完全可能和文本所表现出来的立法目的之间有相当距离，因此，法官不能仅仅从立法过程中立法者的想法来确定法律的目的，也不能仅凭立法时的立法目的来确定法律文本在当下现实生活中所应追求的立法目的。在此情况下，还需要通过其他的解释方法来验证历史解释方法的妥当性。另外，在论理解释中，有些方法不能独立得出结论，只能借助于其他解释方法才能得出妥当的结论。最典型的就是合宪性解释方法，其本身仅具有排除特定解释结论的功能，而不具有积极确定特定解释结论的功能。所以，合宪性解释必须与其他论理解释方法共同适用，才能实现合宪性控制的目的。

论理解释方法的密切联系性要求各种解释方法之间可能需要相互配合使用。试举一例说明，某村坐落在丘陵地带，该村村民偶然发现该丘陵中有地下溶洞。村民认为，该溶洞是集体土地之下的，应当属于集体所有。

① 杨仁寿：《法学方法论》，我国台湾地区三民书局 1995 年版，第 125 页。

② 杨仁寿：《法学方法论》，我国台湾地区三民书局 1986 年版，第 112 页。

而市政府有关部门则认为，土地虽然属于集体所有，但是，地下溶洞仍然属于自然资源的范畴。尤其是该地下溶洞蕴涵有矿产资源，且具有较大的旅游开发前景，如果完全归集体所有，则可能导致资源的浪费。为此引发争议，并诉至法院。《民法典》第247条规定："矿藏、水流、海域属于国家所有。"第250条规定："森林、山岭、草原、荒地、滩涂等自然资源，属于国家所有，但法律规定属于集体所有的除外。"此处并没有提到集体所有的山岭之下的地下溶洞的所有权归属如何。一种观点认为，该溶洞依附于集体土地之下，因此应当属于"集体土地"的组成部分，故应归属于集体所有。另一种观点认为，该溶洞虽然位于集体土地之下，但其性质属于自然资源，故应当归国家所有。笔者认为，这两种观点都有一定道理。但是，由于《民法典》物权编关于集体所有权制度并没有对此作出规定，所以，从文义解释的角度很难得出恰当的结论。可以运用多种狭义的法律解释方法，从而确定其含义。一是从文义解释的角度来看，《民法典》第250条对于国家所有权的客体用了"等"字，所以，溶洞也可以归入其中。尤其是从文义解释的角度来看，第250条规定的"自然资源"的含义比较宽泛，其可以包含溶洞。而且，溶洞与山岭、滩涂等自然资源也具有类似性，所以，从该法第250条中的"等"字可以解释出，自然资源包括溶洞。二是从体系解释的角度来看，《民法典》第260条的规定中所列举的集体所有权的客体并没有包括溶洞在内。因此，通过结合《民法典》第250条和第260条的规定可以认定，国家所有权的客体包括溶洞。三是从目的解释来看，依据《民法典》第250条的规定，法律实际上是推定，凡是没有规定为集体所有的，都归国家所有。既然法律没有规定溶洞属于集体所有，将其解释为归国家所有就是符合该立法目的的。四是从合宪性解释来看，我国《宪法》第9条第1款规定："矿藏、水流、森林、山岭、草原、荒地、滩涂等自然资源，都属于国家所有，即全民所有；由法律规定属于集体所有的森林和山岭、草原、荒地、滩涂除外。"可见，依据《宪法》规定，除非法律规定属集体所有，否则，都属于国家所有。因此，本案中解释为归集体所有是合乎宪法规定的。

3. 社会学解释方法与其他狭义的解释方法的综合运用。文义解释方法是法律解释的起点，所以，社会学解释方法必然与文义解释方法综合运用。同时，社会学解释方法往往也可辅助论理解释方法而使用。例如，法律要与时俱进，但"探求法律在今日法秩序的标准意义，而只有同时考虑历史上的立法者的规定意向及其具体的规范想法”。[①] 这就要求采用历史解释方法来探求立法者在立法时的争议，进而确定立法者的意图是否和现实需要脱节。在社会学解释方法的运用中，解释者要对法律解释的结果进行社会效果考量，通过社会效果的考察来确定妥当的解释结论。但是，对社会效果的考虑必须忠于立法目的和立法精神，法官不能在完全撇开立法目的的情况下，完全以自己的理解来代替法律的立法目的。法官也不能以自己所理解的个别正义来代替社会的一般正义。另外，解释者在运用社会学解释方法时，因其在一定程度上可能会偏离文本，其解释结论的可验证性也比较难以保证。为此，在运用社会学解释方法时，必须借助于其他解释方法加以验证。从解释实践来看，社会学解释方法往往可以辅助论理解释方法来运用，可以验证论理解释所得出的结论。

（二）狭义的法律解释方法与不确定概念、一般条款的具体化的综合运用

不确定概念、一般条款的具体化，在学理上也称为价值补充。[②] 从广义上说，价值补充也属于狭义的解释方法的范畴，因为不确定概念和一般条款虽然具有较高的模糊性，但毕竟存在可能的文义范围，而且，立法者授权法官根据社会具体情势和法外价值来予以具体化。但是，对不确定概念和一般条款的类型化是一种特殊的解释方法，不同于狭义的解释方法，从这个意义上，我们可将其单独归为一类。虽然如此，两者具有密切的联系。一方面，在价值补充时，首先要进行文义解释。例如，对于诚实信用、显失公平、过度损害等不确定概念，首先要从文义解释的角度对其进行阐释，确定其文义的基本内涵。另一方面，不确定概念和一般条款具体化过程中也需要狭义的解释方法进行配合，这尤其表现在，在进行具体化过程中也经常要考虑立法目的，对任何概念进行类型化时不能偏离立法目的的要求。例如，在对公序良俗类型化时，就需要对该概念的立法目的进行考虑，而不能无限制扩大其适用的范围。此外，不确定概念和一般条款在具体化过程中也需要运用社会学解释方法予以辅助。因为类型化都是开放的，因此，在类型化过程中必须考虑社会发展变化和社会效果。例如，公序良俗概念是发展的、变动的，具有不确定性、模糊性和开放性，因此，在将该概念类型化时必须考虑社会的发展需要。社会学方法对于价值补充也具

① ［德］卡尔·拉伦茨：《法学方法论》，陈爱娥译，商务印书馆2003年版，第199页。

② 参见杨仁寿：《法学方法论》，我国台湾地区三民书局1986年版，第167页。

有重要的辅助作用，因为价值补充的结论也必须经受社会效果的检验，实现最佳的社会效果。还要看到，价值补充的方法也需要通过各种狭义的解释方法进行验证。在进行价值补充时，法律上毕竟存在不确定概念和一般条款，其含义比较模糊。因此，针对这些不确定概念和一般条款，其立法者真意如何、法律的规范目的如何、其在法律中的位置及与相关条文的关系等，都可以借助于一些狭义的解释方法加以验证。例如，诚实信用的概念在不同的法律关系中的运用具有不同的内涵，在合同履行和物权行使等过程中，对诚实信用的内涵要求并不完全相同。又如，甲乙二人为兄弟关系，乙欠丙200万元的债务，丙一直上门讨债未果。后乙因病昏迷住院，面对着积攒的越来越多的利息，甲向丙表示，自己愿意向丙支付金钱，用于偿还弟弟的债务。但是丙因为与乙有其他债权债务的往来而表示拒绝。甲认为自己具有《民法典》第524条中的“合法利益”，因而丙不能拒绝自己的清偿。此时，如何判断是否具有“合法利益”呢？笔者认为，“合法利益”应当被理解为具有法律上的利害关系，甲作为乙的亲属，应当具有此种法律上的利害关系。这实际上需要通过目的解释来确定其含义。社会学解释方法的独特功能在于，其要通过社会效果的考虑来确定解释结论的妥当性。针对不确定概念和一般条款的具体化，也会导致不同的社会效果。通过社会学方法的运用，可以验证已经初步得出的价值补充结论。

（三）狭义的法律解释方法与漏洞填补的综合运用

首先，尽管狭义的法律解释方法和漏洞填补方法适用于不同的情形，但有些法律解释方法具有交叉性和多功能性，其既是狭义的法律解释方法，也可以发挥漏洞填补的作用。我们之所以将其归入狭义的法律解释方法或漏洞填补方法，是基于其主要作用来考虑的。例如，比较法方法不仅可以运用于漏洞填补，而且可以运用于狭义的法律解释。但是，考虑到其主要适用于漏洞填补，所以，并没有将其作为狭义的法律解释方法。

其次，在漏洞的发现过程中，必须借助狭义的解释方法。漏洞必须是在穷尽全部狭义的法律解释方法之后，仍然无法完成对法律的解释，方可认为有漏洞的存在。实践中，在法律存在“瑕疵”的情况下，法院往往简单地以法律不符合社会效果等理由直接排除该法律的适用，从而误认为存在法律“漏洞”。笔者认为，这种做法未尽妥当。在许多情况下，表面上法律没有相应的规定，但实际上立法者已经作出相应的安排。例如，《民法典》虽然并未规定取得时效，但是结合历史解释，可以认为，此时立法者事实上是作出了“有意的沉默”，表明了其并未承认此项制度。法院必须穷尽各种狭义解释方法，确定存在漏洞对法律字面上的缺失加以填补，或者对字面上的“瑕疵”通过解释进行矫正，从而准确地适用法律。在没有穷尽各种解释方法之前，如果直接认为法律存在漏洞而拒绝适用，则无异于司法权僭越了立法权。

再次，在填补漏洞过程中，所采用的各种填补漏洞的方法和规则也要符合立法目的。在判断立法是否具有漏洞时，有时就需要结合狭义的法律解释方法，并可以通过运用比较法、习惯等漏洞填补方法填补漏洞。例如，《民法典》第171条第3款关于无权代理人对于善意第三人的责任中，法律规定了第三人可以请求无权代理人履行债务或进行损害赔偿两种责任形式。但是借助比较法上的经验，可以发现，在无权代理人善意的场合，如果要求其承担过重的责任事实上并不合理。因此，在解释上就应当对本款采取目的性限缩，将承担两种责任形式的情形局限于非善意无过失的无权代理人。在填补漏洞过程中，所运用的规范也需要通过狭义的解释方法来确定立法的目的，并加以验证。

最后，漏洞填补方法的运用，有时也需要借助于狭义的法律解释方法。特别是在采用类推的方式时，对于被类推适用的规范，同样需要通过狭义的法律解释方法来确定其含义。例如，甲在花店订购了一盆玉兰花，价值1000元，并约定花店送给其朋友丙，并且约定，在丙的生日期间不能送到时，需要支付200元的违约金，并将这一情况告诉了丙，后花店并未按期送到，丙能否请求花店支付违约金？《民法典》第522条第2款只是规定了第三人可以请求债务人承担违约责任，但是未规定其可以请求承担何种违约责任。此时，丙作为单纯的利益享有者，并未支付对价，其可以请求继续履行或请求赔偿信赖履行遭受的实际损失，但是能否请求支付违约金或解除合同，《民法典》第522条并没有作出规定，应属于法律漏洞。在解释中，要以文义解释为基础，综合运用体系解释等各种法律解释方法，正确揭示被类推适用的法律规范的含义。以此为基础，确定该法律规定与待决案件之间存在“类似性”。再如，在目的性限缩和扩张中，解释者首先必须确定法律的规范目的，才能在此基础上进行限缩和扩张，而确定该目的就可能需要借助于目的解释、历史解释等方法。

从以上分析可以看出，狭义的解释方法、漏洞填补三者之间尽管从理论上看是完全不同的解释方法，但在实际运用中完全可以相互配合、相互协同，以明确文本的含义、寻找妥当的解释结论。

三、如何综合运用的实例分析：天外飞石归谁所有

据报载，2011年7月，新疆阿尔泰地区发现了中国第二、世界第四的铁陨石。当地政府发现后，认为陨石应归国家所有，便将该陨石拉走。时隔一年半后，当初向科研单位报告了陨石具体位置的两位哈萨克族向导海拉提·阿依萨和加尔恒·哈布德海，委托律师状告政府，索要陨石。其理由是，陨石由其最先发现，依据先占规则，陨石所有权应当归其所有。[①]在实践中，我国曾多次发生陨石坠落事件，并因陨石的归属问题引发了多次争议。究竟应当归发现者所有，还是归国家所有，抑或归二者共有？对此，我国现行的法律缺乏明确规定。

我国《宪法》第9条规定："矿藏、水流、森林、山岭、草原、荒地、滩涂等自然资源，都属于国家所有，即全民所有。"依据《宪法》的规定，《民法典》第250条进一步规定："森林、山岭、草原、荒地、滩涂等自然资源，属于国家所有，但法律规定属于集体所有的除外。"据此，有学者认为，陨石源自大自然，是自然形成的，本质上属于一种自然资源，当然应属于《民法典》第250条所规定的"等自然资源"范围。在现有其他法律条文没有明确规定陨石性质、归属的情况下，应将陨石视为《物权法》第48条所规定的"等自然资源"范围。

笔者认为，这一看法虽不无道理，但并不能据此认为，所有的陨石都归国家所有，只有那些具有重要科研价值的陨石，才有必要归国家所有。虽然《宪法》第9条和《民法典》第250条使用了"等"字，但这两条列举的典型形态是矿藏、森林、山岭、草原、荒地、滩涂等形态，按照"明示其一，排斥其他"的规则，只有与列举事项具有相同性质的物才能适用该规则。如果不属于法律文本中明确提及特定种类的一种或者多种事项，可以视为以默示的方法排除了该种类以外的其他事项。虽然《宪法》第9条和《民法典》第250条使用了"等"字，但这两条列举的典型形态是矿藏、森林、山岭、草原、荒地、滩涂，它们都是重要的自然资源，而非价值较小的自然资源。陨石虽然属于自然资源，但要归属到《宪法》第9条和《民法典》第250条所规定的"自然资源"范畴，其必须具有重要的科

① 《阿尔泰世界第四铁陨石引官争民抢》，载《阿克苏日报》2013年2月6日。

研价值。

从目的解释和体系解释来看，《民法典》第250条规定的国有“自然资源”，乃是对于国民经济发展与社会发展的重要作用，从而避免其他主体无序开发利用。[①] 因此，法律没有必要将没有重要科研价值的陨石都规定为国家所有。从《民法典》第250条、第251条的规定来看，其规定某些自然资源属于国家所有，要么是因为此类自然资源具有重要的价值，要么是出于保护特定的野生动植物资源的需要，并非所有的自然资源都属于国家所有。例如，《民法典》第251条规定了“野生动植物资源”归于国家所有，但这并不意味着要将路边的野花、野草都归属于国家所有，只有列入国家相关法律保护范围的动植物资源，才归属于国家所有。陨石也属于一种自然资源，在确定陨石的法律归属时，原则上也应当按照《民法典》上述规则的目的处理。从实际情况来看，陨石的类型多种多样，并非所有的陨石都具有重要的科研价值，小块的陨石可能不具有重要的科研价值和其他价值，有的地方甚至已经出现了陨石市场，从而为这些小块陨石的交易提供场所。因此，对于那些没有科研价值的陨石，从《民法典》平等保护物权的理念角度出发，也没有必要将其归属于国家所有。

但是对于具有重要科研价值的陨石，还是应当依据《民法典》第250条的规定，认定其属于国家所有：一方面，陨石在性质上确实属于自然资源，凡是具有重要价值的陨石，应当归属到《宪法》第9条和《民法典》第250条所规定的“自然资源”范畴，此处所说的“重要价值”，主要应当是指科研价值，而非经济价值。对于具有重要科研价值的陨石，将其归属于国家所有，有利于国家的科研活动，有利于探索未知的世界，实现人类的福祉。如果适用先占规则将其归属于个人所有，则可能影响相关科研活动的进行。我们说陨石应当作为自然资源属于国家所有，并不是说要过度扩张国有的范围，在一定程度上也是考虑到了对陨石充分和有效率的利用。通常，陨石属于高度稀有的自然资源，具有很高的科研价值。针对陨石的科研成果很可能带来重要的公共福利。如果将坠落的陨石都规定为属于发现者所有，则发现人可能在向国家科研机构转让过程中要价过高，进而影响相关科研活动的开展。另一方面，从经济学上看，法律之所以确认

① 参见黄薇：《中华人民共和国民法典解读（物权编）》，中国法制出版社2020年版，第101~102页。

和保护财产权，在很大程度上是为了激励财产权人去创造社会财富。但对于陨石这样的自然资源，其通常是因为偶发因素产生并被人们所发现的。换句话说，这类自然资源并不需要人们付出巨大的成本去创造和发掘。因此，法律就没有必要通过赋予发现人所有权来激励陨石财富的创造。当然，依法给予陨石发现人一定的奖励是妥当的，这有利于鼓励发现者积极向国家报告这样的自然资源，也有利于国家及时保护和利用这样的财富。① 对于陨石这样的偶发自然资源，其出现和利用并不在人们对财产的通常预期和规划之中。因此，将其确认为国家所有，并不会影响人们正常的生产活动和生活安排。

还应当看到，从比较法上来看，对于重要的陨石，各国也一般将其纳入国家保护的范围。例如，对于具有科研价值的陨石，澳大利亚等国将其视为文化遗产，严禁其运出国门。我国 1995 年颁行的《地质遗迹保护管理规定》作为部门规章提到，陨石作为奇特地质景观应予以保护。笔者认为，应当将陨石解释为我国《宪法》第 9 条和《民法典》第 250 条所规定的“自然资源”，在这些规定中都用了一个“等”字，表明立法者已经预料到未来可能出现的一些新的自然资源。具有重要价值的陨石符合《宪法》第 9 条和《民法典》第 250 条的规定，在该条“等”字所保护的范围之内。关键问题在于，将陨石收归国有，有其法政策上的必要性。因为陨石属于稀缺资源，具有极大的科研价值。国家虽然已经开始外层空间探索和探月计划，但要从月球和其他星球取回岩样，不仅耗资巨大，而且还遥遥无期。

通过法律解释，笔者认为，对于具有重要科研价值的陨石，依据《宪法》和《民法典》的有关规定，其应当属于国家所有，对于并不具有重要科研价值的陨石，则不应当归属于国家所有，而可以确认为发现者所有。当然，即便确认部分陨石归属于国家所有，对于发现者的利益也应当给予必要保护，国家应当按照陨石的价值给予相应比例的奖励。一是如果发现者进行了勘察、定位等劳动，应当奖励。二是对发现者的奖励有助于鼓励人们保护陨石，这也是社会生活经验的总结。

---

① See Steven Shavell, Foundations of Economic Analysis of Law, Harvard University Press 2004, pp. 33~39.

第四节　法律解释方法的适用顺序

一、法律解释方法的适用顺序概述

在法律解释方法的适用中，如何最大限度地发挥其作用，有效规范法官的自由裁量权，寻找妥当的解释结论，这就要求法律解释方法的运用应当有先后顺序。所谓法律解释方法的适用顺序，是指各种法律解释方法在具体运用中的先后次序。在法律解释学发展的早期，人们并没有注意到法律解释方法的适用顺序问题。例如，萨维尼认为，文义、逻辑、历史、体系这四种方式可以完全允许法官自由选择，并不存在位阶和次序。在此之后，随着法律解释学的发展，法律解释方法不断增多，其具体适用也变得比较复杂，此时，学者开始意识到各种方法的适用顺序问题。因为在有些案件中，运用不同的法律解释方法，得出的解释结论是不同的。[①] 所以，德国学者恩吉施等人则认为，各种解释方法完全由法院根据个案来选择，“依据个案来选择这些解释方法，以获致令人满意的结果”。[②] 迄今为止，关于各种解释方法是否存在先后顺序，法律解释方法的运用本身是否存在一定的顺序规则，学界存在几种不同的观点。

1. 否定说。此种观点认为，法律解释的各种方法都是法官可以自由选择的方式，如何选择使用，完全取决于法官的自由。一些德国学者认为，各种解释方法发挥着各种不同的作用。通过文义解释等方法来探究法律文本中概念和语句的真实意思，而体系解释法则通过整体来探讨文本的含义，目的解释主要是为了寻求立法的目标，历史解释旨在探讨立法者最初的意思。在这些方法中，除了历史解释外，其他方法都是要探明法律文本客观的意思；而历史解释主要是为了探讨立法者主观的意愿。[③] 因此，很多德

① Franz Bydlinski, Juristische Methodenlehre und Rechtsbegriff, Wien/New York 1982, S. 556.

② ［德］卡尔·恩吉施：《法律思维导论》，郑永流译，法律出版社 2004 年版，第 82 页。转引自［德］考夫曼：《法律哲学》，刘幸义译，法律出版社 2005 年版，第 83 页。

③ Donald. P. Kommers, The Constitutional Jurisprudence of the Federal Republic of Germanny, 1997, p. 43.

国学者认为，在解释方法中并没有一个优先的顺位，只要一种解释方法更有利于得出一个正确的结论，即为可适用的办法。[①]“关于法律解释，或许可以认为，这里不需要什么科学方法，这项工作毋宁取决于直觉的领会和正确的‘判断’。”[②] 各种解释方法都是法官可以选择适用的方法，而且，彼此之间并不存在优先顺序的问题，也不存在效力强弱的问题。各种法律解释方法都是为了寻求特定案件中的大前提，只要能够确定出文本的客观含义，无论采取何种方式都是恰当的。[③] 日本有学说认为，各种解释方法都具有其合理性，在法律上不存在优劣之分，各种解释方法都只不过是服务于法律解释妥当性的需要，只要某种或某些方法能够得出最妥当的结论，就应当采用此种方法进行解释。例如，我妻荣教授认为：“民法解释的任务，并不是对各个场合罗列出由各种解释技术得出的结果，而是应当判断按照哪种解释技术进行解释是最妥当的。所以说，作为民法的解释，一般地论述什么方法最适当，是根本不可能的。”[④] 我国也有学者赞成此种观点。[⑤]

2. 肯定说。此种观点认为，在法律解释的各种方法中存在适用上的先后顺序。德国学者彼德林斯基等人赞成这种观点。在我国，有学者认为文义解释具有严格的优先性；只有具备足够的理由对文义解释结果表示怀疑时，才考虑体系解释；当这些解释结果都不能明显成立时，才考虑法意解释（历史解释）和目的解释；而比较法解释和社会学解释是更次的选择；合宪性解释被看作是最后的选择。[⑥] 在一定程度上，法律解释方法体现了司法的智慧，各种备用的解释方法使司法在形式合理性和实质合理性之间获得了一个闪转腾挪的空间。[⑦]

3. 折中说。此种观点认为，各种法律解释方法之间并不存在严格不变

---

① Donald. P. Kommers, The Constitutional Jurisprudence of the Federal Republic of Germanny, 1997, p. 43.

② ［德］卡尔·拉伦茨：《论作为科学的法学的不可或缺性——1966 年 4 月 20 日在柏林法学会的演讲》，赵阳译，载《比较法研究》2005 年第 3 期。

③ Hans Joachim Koch and Helmut Russmann, Juristische Begründungslehre (Munich: C. H. Beck, 1982), pp. 21~25.

④ ［日］我妻荣：《新订民法总则》，于敏译，中国法制出版社 2008 年版，第 26 页。

⑤ 林维：《刑法解释的权力分析》，中国人民公安大学出版社 2006 年版，第 127 页。

⑥ 陈金钊等：《法律解释学》，中国政法大学出版社 2006 年版，第 318~319 页。

⑦ 陈金钊等：《法律解释学》，中国政法大学出版社 2006 年版，第 318~319 页。

的优先次序，而只存在初步性的或推定性的优先次序。所谓初步性的优先次序，指的是某种法律解释方法虽然第一眼看来具有优先性，但其仍可能被其他更妥当的法律解释方法所推翻。而不同的法律解释方法之间的优先性如何，则必须考量各种法律解释方法的依据在个案中的相对重要性。[①]有一些德国学者认为，不同的解释方法必须根据解释需求来确定。解释需求来自于不同的案例所应当适用的不同的规范，将具体的工作步骤依次运用于同一规范的词句上。然后，在此基础上总结出法律解释结论；如果得到不同的部分结果，则必须以一个统一的眼光来衡量并论证其中哪一种结果更为合适。[②] 在我国，也有学者认为，对各种解释方法的排序并不形成一个真正的程序性指令，它不是规范性的，而是描述性的，只具有统计学意义。对于解决疑难案件而言，它的功能仅仅是告诫性的。[③]

笔者认为，各种法律解释方法之间很难说存在绝对的、非常明晰的优先次序，但是，各种解释方法之间也并不是不存在任何顺序，此种顺序主要是引导法官正确思考的路径或思维的方式。我们不能说某种方法绝对优先于另一种方法。例如，文义解释通常是优先于其他解释方法，但是，并非意味着，文义解释方法得出的结论比其他方法得出的结论更准确。以《民法典》第1180条的规定为例，该条确立了同一案件造成数人死亡，可以采取同一赔偿标准的规则。从文义解释来看，该条属于任意性规范，因为其表述为“可以”。但是，从目的解释和历史解释来看，应当解释为“原则上应当”，可见，文义解释并不具有绝对的优先性。但是，在法律解释中，文义解释又具有相对的优先性。[④] 通常情况下，首先应采取文义解释，它是法律解释的起点。在各种解释方法相互之间存在先后适用的指导原则，但并不是像工厂流水线那样的程式化流程。各种法律解释方法之间存在优先次序的原因在于：

第一，各种解释方法对于立法者本意的尊重程度存在差异。法律解释的目标是发现和转述立法者体现在实定法中的结论。因此，法律解释方法

① Alexy, Juristische Interpretation, in: ders., Recht, Vernunft, Diskurs, Frankfurt am Main 1995, S. 89.

② ［德］霍恩：《法律科学与法哲学导论》，罗莉译，法律出版社2005年版，第132页。

③ 桑本谦：《法律解释的困境》，载《法学研究》2004年第5期。

④ ［德］齐佩利乌斯：《法学方法论》，金振豹译，法律出版社2009年版，第110页。

的运用本质上是由立法权和司法权的配置关系决定的。①在法治社会中，由于司法权的行使应当受到立法权的限制，依法裁判是基本原则，因此，更尊重立法者意旨的解释方法应当处于较为优先的序位，对司法者自由裁量限制越多的解释方法处于较为优先的序位。例如，文义解释是直接依照立法者设计的法律条文来确定其含义，充分体现了裁判者对立法者价值判断的尊重，应当处于最为优先的地位。而体系解释是依据法律的上下文确定相关法律规则的含义，仍然是依据法律文本发现立法者的价值判断结论。尽管该方法不如文义解释更尊重文本，但采用该方法依然直接尊重了文本的含义。在体系解释之后才能进行目的解释，因为目的解释依据文本可能确定的立法者目的解释法律的含义，它应当置于历史解释等方法之前。尽管历史解释方法要发现立法者的价值判断结论，但其凭借的解释依据已经不限于法律文本本身，尚包括立法理由书、审议记录等法律文本的其他资料，其所发现的立法者价值判断的因素具有一定推断的因素。至于社会学解释固然重要，但在此种方式的运用过程中，司法者自由裁量的因素明显高于其他几种法律解释方法。所以，应该将这种方式置于其他方法之后。

第二，各种解释方法在解释者中获得的共识程度是不一样的。此处所说的共识，是指解释方法在准确发现妥当的解释结论方面的功能，所形成的共识是不同的。与共识程度联系较高的解释方法应当处于较为优先的序位，在这个意义上，文义解释对解释者价值共识的要求最高，所以应当处于最为优先的地位，体系解释次之，历史解释再次之，最后是目的解释等体现个体主观性较强的解释方法。一般来说，在法律解释中，法官自由裁量权越大，其位置就应当更靠后。反之，法官自由裁量权越小，其位置就应当越靠前。法律解释学的研究目的之一，就是要规范法官的自由裁量权。通过此种位序排列，有助于实现对法官自由裁量权的合理限制。例如，从历史解释的角度来看，其是从立法者原意的角度来进行解释的，其借助于立法资料的考察来解释，法官自由判断的余地很小。而社会学解释是从法律的社会效果考察进行解释，因为其涉及的因素较多，法官享有的判断余地较大。因此，社会学解释应当后位于历史解释而适用。

第三，各种解释方法对于发现文本的可能文义的功能是不一样的。如果文义解释不能得出唯一的解释结论，就应当运用体系解释方法，借助法

① 参见公丕祥：《法理学》，复旦大学出版社 2016 年版，第 280 页。

条之间的关系来进行解释。通过体系解释不能消除法条含义的模糊性，就应当运用历史解释方法。通过历史解释仍然不能得出解释结论，才应当采用目的解释方法。[①] 正如德国著名法学家拉伦茨所说："在多种字义上可能的解释之中，应优先考虑有助于维持该规定与其他规定——事理上的一致性者。"[②] 法律解释的对象是文本，法律解释的中心也是文本。所有法律解释都不能偏离以文本为中心的目标。凡是能够从文本中得出解释结论的，就不应当采用过多的价值评价。正是基于这一原因，文义解释应当置于所有法律解释方法之首，而与文本联系密切的方法，如体系解释、当然解释、反面解释等，都应当置于其他的法律解释方法之前来运用。

第四，各种解释方法具体适用的功能方面是不同的。尽管各种解释方法都可以从不同的角度来解释法律的意旨，但是，毕竟各种方法都只是确定法律意旨的方式之一，单一的解释方法并不能作为解释的决定性标准。每一种解释方法虽各具功能，但都受到其适用范围的限制。其针对的法条类型、案件类型等并不完全相同，所以，各自有其作用的范围，也都存在其各自的局限性。正是因为各种法律解释方法都各有其作用范围，因此，诸种法律解释方法之间要相互配合、相互协力，从而共同服务于准确解释法律、寻找妥当的裁判结论。[③] 在各种解释方法中，有的解释方法是发现文义的，有的解释方法是检验解释的正当性的。如果某种解释方法只是对其他方法予以验证，就应当置于其他方法之后。例如，合宪性解释就应当置于体系解释等之后，因为只有运用了其他论理解释方法，才需要进行合宪性解释。再如，社会学解释应当置于论理解释之后适用，因为社会学解释中法官的自由裁量余地较大，其具有从社会学效果的角度来验证其他法律解释方法妥当性的作用。法律解释学的重要任务就是要规范法官的自由裁量权。这不仅体现在法律解释方法的探讨方面，而且体现在各种法律解释方法的运用方面。通过确定各种法律解释方法的先后顺序，就可以避免法官采取"六经注我"的方式来任意适用各种法律解释方法。

尤其需要强调的是，狭义的解释方法的优先顺序并不是一个倡导性的规则，而是一个寻求妥当的法律解释结论的必然要求，也是法官应遵守的

---

① Franz Bydlinski, Juristische Methodenlehre und Rechtsbegriff, Wien/New York 1982, S. 557.

② ［德］卡尔·拉伦茨：《法学方法论》，商务印书馆 2004 年版，第 205 页。

③ 林孟皇：《内线交易事务问题之研究》，载我国台湾地区《法学丛刊》2008 年第 4 期。

一个解释规则。这主要是因为，在运用狭义解释方法的过程中，如果出现了复数解释，此时可以采用多种方法相互验证解释结论的妥当性，但验证结果可能还是存在矛盾和冲突，此时有必要依据各种解释方法适用的顺序来寻求妥当的解释结论。比如，《民法典》第311条、第312条关于善意取得的规定并不涉及赃物的善意取得问题，如果运用历史解释的方法，可以发现立法原意是禁止赃物适用善意取得的，但是从社会学解释和目的解释的角度考量，尤其是从维护社会交易秩序和防范交易风险的角度考虑，盗赃物等部分赃物应当适用善意取得制度，并且这也符合比较法上的通常做法。[①] 此时就产生了运用历史解释得出的结论和运用其他方法得出的结论之间的差异。笔者认为，因为目的解释是优先于历史解释的，故而可以认为赃物应当适用善意取得。因此，如果各种结论之间是冲突和矛盾的，则在一般情况下，可以通过解释方法运用的优先顺序来确定何种结论更为妥当。如果解释者确有足够的理由认为不应遵守解释方法适用的顺序，应予以充分论证。

需要讨论的是，在确定先后顺序时，是否可以根据各种解释方法在法律解释的难易程度方面的不同而确定先后顺序。按照“经济原则”，如果法官运用简单的方法可以解释出结论，就不必采用比较复杂的方法。这既符合法官进行法律解释的常态，也符合法律解释成本的要求。有学者认为，从法律解释的目的考虑，应当坚持“经济原则”，即首先运用比较简单的法律解释方法，只有当运用简单的法律解释方法不能解决问题时，才采用比较复杂的法律解释方法。此种观点不无道理。因为注重适用简单的法律解释方法对于法的安定性和统一性具有重要意义，解释方法越简单，越易于为解释者所理解和掌握，基于此方法的解释结论就越可靠，越一致，从而越能够保证法律适用的可预见性。[②] 对于一个理性的人来说，如果其借助于简单的或可靠的方法已经得出了解释结论，就不会再运用复杂的或不可靠的方法来进行解释。[③] 例如，文义解释就仅仅从法律文本本身出发进行，其操作比较简单。而历史解释要考察法律文本之外的立法资料，其解释过程比较复杂。因此，历史解释应当后位于文义解释而适用。当然，单

① 熊丙万：《论善意取得制度正当性的运用》，载《判解研究》2009年第7期。

② Franz Bydlinski, Juristische Methodenlehre und Rechtsbegriff, Wien/New York 1982, S. 557.

③ Franz Bydlinski, Juristische Methodenlehre und Rechtsbegriff, Wien/New York 1982, S. 559f.

纯地以简单和复杂来判断选择解释方法的运用顺序是不妥当的。因为司法判决追求的终极目的是正义，而不是经济的合理性，不能用裁判者适用解释方法的成本论证判决结果的正当性。

二、狭义的法律解释方法中的先后顺序

就狭义的法律解释而言，其方法大致可以分为三类：文义解释、论理解释（包括体系解释、目的解释、历史解释、合宪性解释等）、社会学解释。就此三类法律解释方法而言，原则上，狭义的法律解释应当从三个方面入手展开，即从确定文义可能包括的范围、探求立法目的、社会效果等考量。而这三个步骤既是法律解释的程序，也是法律解释方法运用的顺序。依据这三个方面的因素，我们可以大体上依照文义解释、体系解释、当然解释、反面解释、限缩解释和扩张解释、目的解释、历史解释、合宪性解释的顺序依次进行。

（一）确定文义可能包括的范围

确定文义可能包括的范围，也就是我们通常所说的文义的“射程”。法律解释学与一般的解释学的区别在于，其并非要确定文义的确切含义，而是要借助于各种方法来确定文义可能的含义。这种可能文义的范围似乎带有一定程度的模糊性和不确定性，而这正是法律解释学所要解决的问题。确定文义的可能含义要求确定解释对象的核心文义与文义的边缘范围。例如，机动车的概念，其核心的文义是指轿车、卡车等以非人力作为动力来源的，专门从事公共道路客运、货运运输的车辆。其边缘范围包括新能源机动车等。

为什么确定文义可能包括的范围应当作为法律解释的第一个步骤？这主要是考虑到如下几点：一方面，确定法律可能文义的范围是成文法国家适用法律的前提，适用法律必须首先要解释法律的文义。确定可能的文义范围才能为法院判决的准确性提供依据，从而维护法律适用的权威性、统一性。首先确定法律可能文义的范围也限制了法官的恣意性。例如，在刑法中，受制于罪刑法定原则的限制，法官适用法律时必须界定刑法上“犯罪”概念的可能文义范围，以决定该概念的射程。① 在民法上，也应当采用相同的规则。从解释的客观性出发，法律解释应当依据文本来进行，不

① 苏彩霞：《刑法解释方法的位阶与适用》，载《中国法学》2008 年第 5 期。

能脱离文本任意解释立法目的，毕竟目的具有一定程度的主观性，在脱离可能文义的情况下随意解释立法目的，就可能会以法官的意志来代替立法者的意志。另一方面，文义可能包含的范围实际上是狭义的法律解释的最大范围。确定文义可能包括的范围也是区分狭义的法律解释和漏洞填补的依据，区分狭义的法律解释与漏洞填补的标准就在于，是否超出了可能的文义范围。所以，确定了文义可能包括的范围，就可以确定究竟是应继续进行狭义的法律解释，还是应进行漏洞填补。

确定文义可能包括的范围的方法包括文义解释、体系解释、当然解释和反面解释。这些方法应当按照如下顺序考虑：

第一，首先应当采用文义解释的方法。文义解释应当置于各种法律解释方法之首。文义解释是法律解释的开始，也是法律解释的终点。[①] 文义解释确定了法律文义的可能范围，而这一范围就是狭义的法律解释和漏洞填补区分的基础。所以，文义解释是首要的法律解释方法。例如，关于如何理解《民法典》侵权责任编第 1245 条所规定的“饲养的动物造成他人损害”这一表述，学者之间存在不同观点。从文义解释的角度来看，既可以理解为动物造成他人人身权益的侵害，也可以理解为动物造成他人人身权益或财产权益的侵害。从体系解释的角度来看，损害赔偿中所说的损害包括侵害人身权益，也包括侵害财产权益。而从社会学解释的角度来看，也可能得出其他的结论。但是，在解释该条文的时候，必须先根据文义进行解释。

第二，在文义解释之后，应当采用体系解释的方法。如果文义解释无法揭示出条文的真实含义，则应该考虑采取体系解释的方法，考虑和其他条文、制度的整合性以及可以适用于其他相似事态、状态的法律条文的整合性。[②] 体系解释实际上是结合具体法律条文所处的上下文、在某一制度整体中所处的地位等因素来进行解释，这可以被看作对文本全部含义的进一步挖掘和再现，它和文义解释一起，都是为了防止解释活动偏离文本本身。正如杨仁寿所指出的：“法学之终极目的，固在穷法的目的，惟终不能离开法文字句，一旦离开法文的字句，即无以维持法律之尊严及其适用安

① 王泽鉴：《法律思维与民法实例》，中国政法大学出版社 2001 年版，第 220 页。

② ［日］星野英一：《民法的另一种学习方法》，冷罗生、陶芸、黄育红译，法律出版社 2008 年版，第 184 页。

定性。”①

第三，在探寻可能文义的过程中，也可以采用当然解释和反面解释的方法确定含义。这两种方法实际上是文义解释派生的具体解释方法，是从文义中的逻辑关系推导出文字的真实含义。之所以将这两种方式排在文义解释和体系解释之后，是因为这两种解释方法和文义及体系解释方法具有密切的联系。在许多情况下，在进行文义解释的同时，也会运用到这两种解释方法。当然解释是在法律条文的文义范围之内进行的解释。在当然解释的情况下，虽然法律条文的字面含义不能包括待决案件，但是，通过采用“举重以明轻”“举轻以明重”的方式对其进行“扩张”，就可以适用，而且，此种“扩张”还处于法条文义的可预测范围。反面解释采用了形式逻辑的推理方法。在反面解释中，法律条文的核心文义是清晰的，其适用范围是比较明确的。另外，采用这两种方法不需要进行过多的价值评价，因此，应当将这两种方法置于目的解释、历史解释等解释方法之前。

第四，在探寻可能文义的过程中，也有必要采用限缩解释和扩张解释的方法。限缩解释和扩张解释都是从字面上来对文义进行的客观的阐释，其本来与文义解释存在特殊的联系，甚至有人将其称为文义解释的方法。但事实上，限缩或者扩张只是在探究了目的之后的操作，有时候是在体系解释之后进行的限缩或者扩张，裁判者不能凭空对于文义进行扩张和限缩。

按照上述的过程，在解释特定的法律条文时，必须借助于各种法律解释方法，按照各个方法的先后顺序运用，可能得到妥当的判决结论。例如，我国《民法典》第 251 条规定：“法律规定属于国家所有的野生动植物资源，属于国家所有。”从文义解释来说，该条使用了“法律规定”的表述，这实际上是将国家所有的野生动植物资源的范围委诸“法律”来加以确定。但是，现行法律并没有对此作出规定。我国《野生动物保护法》第 3 条规定，野生动物资源归国家所有。实际上，其范围较之于《民法典》更为宽泛。但是，野生动物资源的概念极为宽泛，在法律上也不可能将所有的野生动物资源都确定为归国家所有，毕竟不是所有的野生动物都需要保护，国家也不能对于所有的野生动物都进行管理和保护。所以，从文义解释的角度，无法对该条的含义予以澄清。从体系解释的角度来看，《野生动物保护法》第 3 条和《民法典》第 251 条之间应当相互结合来理解。根据

---

① 杨仁寿.《法学方法论》，我国台湾地区三民书局 1986 年版，第 112~113 页。

《野生动物保护法》第 3 条的规定，实际上要作限缩性解释。根据《野生动物保护法》第 21 条的规定，因科学研究、种群调控、疫源疫病监测或者其他特殊情况，需要猎捕国家一级保护野生动物的，应当向国务院野生动物保护主管部门申请特许猎捕证；需要猎捕国家二级保护野生动物的，应当向省、自治区、直辖市人民政府野生动物保护主管部门申请特许猎捕证。对猎捕实行分类许可，实际上已经将野生动物进行了分类。据此可见，只有在《野生动物保护法》明确规定应当受法律保护的野生动物，才归国家所有。因此，在理解本条含义时，既要作体系解释，又要作限缩解释。通过上述解释方法的综合运用，可以明确，根据《野生动物保护法》的规定，需要进行保护的野生动物才属于国家所有。

（二）立法目的考量

立法目的考量应当置于可能文义的确定之后，但又应当置于社会效果等价值评价之前。其原因主要在于：

第一，立法目的的探究仍然是以法律条文本身作为基础，属于法内解释的范畴。所谓立法目的的考量，考察的是文字背后的立法者的真实意图。至于该目的到底是具体的立法目的还是抽象的公平正义理念，值得考虑。前者一般被称之为主观目的，后者一般被称之为客观目的。因为后者赋予裁判者的自由裁量权过大，影响裁判的可预期性和稳定性，所以，所谓的目的解释的目的主要指立法者通过法律条文直接体现出来的具体立法目的。探讨立法目的也必须围绕着法律条文展开，目的解释本身仍然是在法律文本的范围内，往往可以通过法律文本进行直接判断，通过对法律文本的解读，可以探寻立法的目的。因为目的解释不能脱离文本。从立法论上看，是目的产生了条文；而从法律解释上看，只能从条文本身来研究立法目的。因此，对立法目的的探究不能离开法律条文，也正是这个原因，立法目的的探究应当置于文义范围确定之后才能进行。

第二，可能文义的探究是目的解释方法的前置程序。如果通过文义解释得出的结论是单一的，那么，其通常可以直接作为法律解释的最终结论。如果通过体系解释等方法能够确定可能的文义，且不存在复数解释的可能，则应当以该文义作为解释的结论。这也是优先确定可能的文义的原因。但是，可能的文义也可能是复数的，解释者必须借助于立法目的来进一步确定可能的文义。因为任何法律都是以一定的目的为基础而制定的，对于立法目的的探求，其最终的目的仍然是确定法律文本的真实文义。[1] 所以，在法律解释中，目的探究不是法律解释的最终目标，而是确定法律文本意思的手段。从这个意义上讲，目的解释应当置于文义、体系解释等方法之后。万变不离其宗，立法目的就是法律规则的宗，各项具体的法律条文就是这个“宗”的具体体现。通过目的解释，可以在法律文本的范围内确定其具体文义。但是在绝大多数情况下，文义解释、体系解释较之目的解释更能直接确定文本含义，因此从这个意义上，体系解释在运用序列上应置于目的解释之前。且体系解释毕竟是按照立法者表述出来的规范结构，按照立法者明确表述出来的意思来进行解释较为容易，而目的解释中的立法目的探求比较困难。

第三，目的解释应当优先于文义、体系解释方法之外的其他解释方法。这就是说，除了能够直接确定文本的含义的解释方法（如文义解释、体系解释、当然解释、反面解释）之外，目的解释可以优先于其他法律解释方法。一方面，目的解释是在直接确定文本含义的方法之外的最佳方法，因为目的是解释立法者真实意图的最佳判断因素，立法活动的展开和立法文本的设计都是围绕立法目的的实现来进行的。另一方面，其他一些方式都要以目的解释为基础。此外，在探寻可能文义的过程中，也有必要直接运用目的解释。目的解释可能与体系解释交叉使用，也可以从文义解释直接进入目的解释。

目的解释应当优先于历史解释的方法，历史解释较之于目的解释存在诸多的局限性。立法资料的种类较多，包括立法理由书、立法报告、学者建议稿、参与立法者的论述和回忆等，这些资料较为庞杂，裁判者对立法资料的选择难免带有主观性的判断，而且不同的裁判者对立法历史资料的掌握情况也是不同的，因此，不同的主体对立法史料的选择可能会有较大差异。立法的历史资料披露的信息可能与法律规则本身是矛盾的，历史资料的分析和选取本身也存在较强的主观因素。显然，历史解释常常不如目的解释更为尊重法律文本。

（三）社会效果等考量

在探寻法律条文的文义过程中，也有必要考量法律适用中的社会效果。之所以将社会效果等考量作为第三个步骤，首先，此种方式在一定程度上

---

① 苏彩霞：《刑法解释方法的位阶与运用》，载《中国法学》2008年第5期。

脱离了法律文本，以法律之外的因素作为解释的依据，属于法外解释的范畴。因此，较之于可能文义的确定和立法目的的解释，其赋予了法官更大的自由裁量余地，更可能导致解释的主观性。其次，这些素材是立法者在立法过程中未必考虑到的情况。尤其是因为法律具有滞后性，所以，依据立法当时制定的法律规则未必适应未来社会的需要，因此需要运用社会学解释等方法促进法律与时俱进。还要看到，如果过于强调法律的社会效果，将社会效果评价置于文义、体系、目的等解释方法之前，就意味着法官在解释时就可以脱离法律的束缚，完全根据法官自己理解的社会效果自由裁量。这可能影响法律的安定性和权威性，容易造成法官专断。[①] 所以，社会学解释方法只能在前述各种解释方法穷尽之后，才能发挥作用。

在探寻法律文本含义的过程中，最后可以考虑运用合宪性解释。因为合宪性解释其实不是一种解释的方法，而是法律解释检验的标准。宪法是具有最高效力的法律规范，任何法律都不能与之冲突，因此需要运用合宪性解释的方法验证解释结论的合宪性。之所以将其作为狭义解释的最后一种方法，是因为这种解释方法将部门法置于宪法条文的审视之下，是在法律条文出现重大争议而难以通过其他狭义解释方法判断的情况下才能运用的解释方法。在各种解释方法中，有学者认为，在进行了文义解释之后，就应该进行合宪性解释，因为各种解释的重点是考察其是否符合宪法。但笔者认为，合宪性解释主要是通过宪法来对法律解释进行“范围性控制”，即对于法律的诸种解释结论都不得超出宪法许可的范围，凡是与宪法的原则和精神相互冲突的解释，都不能成为最终的解释结论。合宪性解释主要发挥选择和排除的功能，即在诸多解释结论中选择合宪性的结论，排除违反宪法的结论。

在狭义的法律解释方法中，确定这一顺序的目的在于，要强调以法律文本为中心。只有按照此种先后顺序，才可能寻找到最妥当的解释结论。所以，解释方法的顺序给解释者提供了一种指引，依循这种方法来展开，才能获得最妥当的解释结论。例如，张某向李某借款，以其一辆汽车作为质押标的物。后来李某的债权超过了诉讼时效，而李某仍然占有该汽车，其希望通过变卖该汽车来实现自己的债权。张某却主张，主债权的诉讼时效届满，质权也已经消灭，其不能行使质权。本案中，质权是否因其主债

① 江必新：《在法律之内寻求社会效果》，载《中国法学》2009 年第 3 期。

权存续期间届满而消灭？不同的学者依据不同解释方法得出了相反的结论。具体来说，有如下几种解释方法及其结论：一是文义解释说。此种观点认为，根据《最高人民法院关于适用〈中华人民共和国担保法〉若干问题的解释》第12条第2款的规定，"担保物权所担保的债权的诉讼时效结束后，担保权人在诉讼时效结束后的二年内行使担保物权的，人民法院应当予以支持。"质押权即属此处所谓"担保物权"，因此，质权人可以在诉讼时效届满后两年内行使其担保物权。二是体系解释说。此种观点认为，根据我国《民法典》第419条的规定，"抵押权人应当在主债权诉讼时效期间行使抵押权；未行使的，人民法院不予保护。"据此，抵押权的存续期间与诉讼时效期间相同。根据"明示其一、排斥其他"的规则，质权的存续期限并不是与诉讼时效期间相同，其仍然应当适用上述司法解释的规定。因此，本案中质权人有权行使质权。三是历史解释说。此种观点认为，通过历史资料考察可见，立法者不认可质权的存续期间。因为《民法典》第419条的规定来源于《物权法》第202条，考察该条制订的历史可见，《物权法》二次审议稿（2004年10月）第221条规定："债务人未履行到期债务的，担保物权人可以依照本法和其他法律规定实现担保物权。主债权诉讼时效期间届满未行使担保物权的，担保物权消灭。"但《物权法》最终未作出此种规定，因此，应当认为立法者不再坚持二审稿的立场，即在主债权消灭之后，质权可以继续有效存在。四是类推适用说。此种观点认为，我国《民法典》第427条要求质押合同规定"债务人履行债务的期限"，而没有规定质权的存续期间。因此，可以类推适用《民法典》关于抵押权的存续期间。五是比较法解释。此种观点认为，在质权的存续期间没有规定的情况下，构成法律漏洞，应当根据比较法来确定。例如，我国台湾地区所谓的"民法"规定，质权的存续期间是自主债权诉讼时效期间届满后3年；日本民法规定，质权的存续期间是主债权诉讼时效期间届满后5年。可以借鉴这些规定，确定质权的存续期间。笔者认为，质权的存续期限与抵押权的存续期限类似，如果不作类似处理，会导致法秩序的内部矛盾，在狭义的法律解释中，如果能够通过位序在先的解释方法得出结论，原则上不必考虑位序在后的法律解释方法的运用。在本案中，通过文义、体系解释无法得出妥当结论，所以需要运用漏洞填补的方法。

需要指出的是，我们所说的解释顺序在一般情况下，可以保障解释者寻找妥当的解释结论，但在个案中，并非绝对遵循这一顺序才能得出妥当的解释结论。因为在特殊情况下，后位的解释方法可能更有利于获得符合立法者意思或立法目的的结论。例如，如果法律颁布不久，探究立法者原意是比较容易的，甚至在我国一部法律颁布之后往往伴随着参与立法的人员撰写的释义书，这就为历史解释提供了有利条件。如果能够通过历史解释准确地阐释立法者的真实意图，历史解释方法可能比体系解释等方法更优先适用。例如，《物权法》第223条关于应收账款质押是否包括收费权质押，从全国人大法工委有关物权法草案的说明中直接可以看出，立法意图是包括了收费权质押的，因此，这种解释比体系解释更能反映立法者的意图。所以，我们所说的狭义的法律解释方法的顺序只是原则上的顺序。而在个案中，其情况非常复杂，还必须考虑具体案情来确定适用的顺序。但是，如果改变前述规则来适用法律解释方法，法官应当尽到充分的说理和论证义务。

三、狭义的法律解释方法与价值补充、漏洞填补的适用顺序

狭义的法律解释方法应当优先于不确定概念和一般条款的具体化。不确定概念和一般条款的具体化，它们和狭义的解释方法联系密切。[①] 不确定概念和一般条款通常是立法者的有意安排，实际上是授权法官根据个案进行具体化。与狭义的法律解释不同，价值补充虽然也是在法律文义的可能范围之内，但解释者要遵循立法者通过不确定概念和一般条款所做出的价值判断。所以，虽然不确定概念和一般条款与狭义的法律解释方法的关系十分密切，但不确定概念和一般条款在运用过程中大多采取类型化的方式，类型化本身可以作为一种解释的方法。法官在解释这些条款中，依据其生活经验将类似案件分类，实现同类案件同样解决，这就是解释活动的重要组成部分。基于这个原因，有必要将其独立出来，成为一类解释方法。在类型化的过程中，首先还是需要运用狭义的解释方法，这也是类型化的基础和前提。例如，《侵权责任法》第2条第1款中“民事权益”的概念，其既可以进行狭义的法律解释，也可以进行价值补充。因为这一概念是不确定概念，可以进行类型化。但是，笔者认为，可以通过狭义解释方法阐释其是否包括债权，就不必通过类型化的方式来解释。因为较之于狭义的法律解释，在价值补充的情况下，司法者的权力较大，其可以根据习俗、道德、法律精神等来进行不确定概念和一般条款的具体化。从这个意义上

① 杨仁寿：《法学方法论》，我国台湾地区三民书局1986年版，第167页。

说，狭义的解释方法应当优先于价值补充。

狭义的法律解释方法优先于漏洞填补。法律解释首先应当在法律文义的可能射程之内进行，超出此范围则属于漏洞填补。如果能够通过狭义的法律解释方法得出结论，就无须填补漏洞，也就是说，法官应当尽可能在文义可能范围内进行解释。例如，《民法典》没有规定取得时效制度。如果通过历史解释，确定立法者采用了否定的态度，而不是回避态度，就不属于法律漏洞。只有在立法意图不明、探寻不到立法者本意时，才可以采取漏洞填补的方式。再如，关于先占制度，立法意图不明，解释者可以从占有保护制度中解释出相应的规则。相反，对于取得时效，立法者在立法时是明确表示反对的，就不能采用漏洞填补方式。笔者认为，法官在解释过程中应主要运用狭义的解释方法，如果穷尽了各种解释方法之后还不能确定规则解决纠纷，则应当允许其在法律允许的范围内进行漏洞填补。

不确定概念和一般条款的具体化应当置于漏洞填补方法之前加以考虑。虽然具体化和漏洞填补的方法针对的对象是不同的，但是，不确定概念和一般条款也不一定能够完全通过具体化的方法来完成，个别情况下还需要借助于漏洞填补方法才能阐明其含义。这两种方法既有明显区别，“也有接壤地带”。[①] 即便是要运用漏洞填补方法来解释一般条款和不确定概念，也要遵循两种方法的先后顺序。立法者之所以采用大量的不确定概念和一般条款，实际上是对司法者在一定限度内的授权。这些概念在赋予法官一定自由裁量权的同时，也为其划定了边界，约束法官的自由裁量。在价值补充的情况，制定法对于特定事项毕竟作出了规范，不能认定违反了立法计划。例如，某地游乐园的“太空迷航”娱乐项目设备突发故障，导致多人伤亡。在该案中，太空迷航设施并无轨道，不属于高速轨道运输工具，同时因为是娱乐活动，而不是一种生产活动，也不宜纳入到高空作业的范畴。因此，该案难以适用《民法典》第1240条的规定，这是否存在法律漏洞。笔者认为，并非如此，因为该案可以适用《民法典》第1236条关于高度危险责任一般条款的规定，不属于漏洞填补。

而在漏洞填补的情况下，司法者的权力较大，因为此时因具体规则的缺失而缺乏有制定法的拘束。凡是能够通过具体化来解决的问题，就应当通过具体化的方式来解决，而不能通过漏洞填补的方式解决。而只有在无

① 梁慧星:《民法解释学》，中国政法大学出版社2000年版，第290页。

法进行具体化时，才可能认定法律漏洞的存在，进而进行漏洞填补。例如，某高档集成电路制造商和员工钱某在订立劳动合同时，资方提供的格式合同明确规定："乙方三年内不得出国。"钱某在第二年获得国外著名科研机构的短期会议邀请函。在钱某出国参会期间，用人单位以其违反了合同为由，将其解雇。钱某半月后回国，提起劳动争议纠纷。其一项请求是要求法院确认"乙方三年内不得出国"这一条款无效，但法院在审理中形成了几种意见：一种意见认为，法律对此未作规定，属于法律漏洞，可以依据公平原则或者诚信原则确认其无效；另一种观点认为，该条款违反了公序良俗，属于《民法典》第153条第2款规定的"违背公序良俗的民事法律行为"。还有一种观点认为，这是合同当事人真实意思的体现，双方应当遵守，一方违约，另一方有权解除。笔者认为，在本案中，如果要确定该合同条款无效，首先应当寻找具体的规则，而不能根据基本原则确定合同无效，如果能够通过将《民法典》第153条第2款规定的"违背公序良俗"进行具体化，并可以将本案的情形纳入其中，则应当采用此种方式，而不宜采用漏洞填补的方法。但如果类型化以后仍不能包括此类情况，则不能根据公序良俗原则确认合同无效。

四、各种法律漏洞填补的方法及其运用

各种法律漏洞填补的方法都具有其共性，且各种方法都给予了法官在寻求个案裁判的具体规则方面的一定的自由裁量权，但是，各种方法之间存在区别，表现为：一是，在是否完全脱离现行法方面存在区别。例如，类推适用仍然以现行法为依据，而比较法的方法完全脱离了现行法。二是，在对法官的自由裁量权的拘束方面存在区别。例如，在目的性扩张时，法官只能以法律的规范目的为基础进行扩张，而在比较法的运用上，法官可以选取的比较法范围广泛，其自由裁量空间较大。三是，在适用范围方面也存在区别。例如，类推适用仅仅适用于可以进行"类似性"检验的情况下，而依据法律的基本原则进行填补的方法则几乎可以适用于所有漏洞，其适用范围十分宽泛。正是因为各种漏洞填补方法之间存在上述区别，所以，其在适用中存在先后顺序。该顺序大致可以从如下几个方面来考虑：

第一，类推。在漏洞填补的各种方式中，之所以要将类推作为首要的方法，是因为类推是在现行法律框架内运用现有的规则寻求裁判的依据。在类推的情况下，毕竟法律存在规定，法官进行漏洞填补是有制定法依据

的，这也是尊重立法的表现。类推适用的结果符合法律的规范意旨。类推必须寻求与待决案件具有高度内在相似性和关联性的法律规范，并进而展开类比推理。因此，类推仍然受到既有法律规定的较大限制。所以，在出现法律漏洞的情况下，首先要考虑是否能够运用类推的方法。

第二，目的性限缩和目的性扩张。这两种方式较之于类推而言，应当是后位的方法，因为毕竟类推是直接从具体的规则出发，来确定法律适用的依据，在确定法律的规范目的时还要考虑各种复杂的因素，如立法史、比较法、制度目的等，法官在综合考虑各种因素而确定规范目的时享有较大的自由裁量余地。且目的性限缩和目的性扩张，可能距离法律文义的核心更为遥远。所以，它们应当置于类推之后适用。但是，较之于其他漏洞填补方法，其应当优先适用，毕竟在这两种情况下，其存在制定法的依据。这不仅符合了“依法裁判”的要求，而且可以为法官提供相对明确的大前提。而且，目的性扩张和目的性限缩是依据法律的规范目的进行的，更能够实现法秩序的统一。

第三，基于习惯法的漏洞填补。基于习惯法的漏洞填补的适用之所以要置于目的性扩张和目的性限缩之后，是因为后者是以现行法为依据的，依据其进行漏洞填补，也符合法律的规范目的。而基于习惯法的漏洞填补，毕竟是在成文法之外寻求法律适用的依据，习惯法是法官在法律的授权下对现实生活中存在的各种习惯进行审查和提炼的结果，要完成从习惯到习惯法的转化，这个过程是法官自由裁量权的体现，并没有明确的法律依据作为参考，所以，基于习惯法的漏洞填补应当比那些有法律依据作为基础的方法后位适用。

第四，基于比较法的方法的漏洞填补。适用比较法的方法确定裁判依据，以填补漏洞，较之于依据基本原则填补漏洞更为具体，更具有针对性，且对法官自由裁量权的限制更为严格。所以，这种方法应当置于基于法律原则填补漏洞之前。但是，此种方式毕竟依据的不再是本国法，而是外国法的规定，由于各国的政治经济体制和社会文化都不同，各国的法律具有较大的差异性，所以，如果外国法的经验不符合我国的法制背景和社会背景，就有可能在寻求裁判依据方面发生偏差。更何况，比较法的方法运用的程序比较复杂，而且法官准确地掌握外国法是相当困难的。所以，运用此种方式时应当谨慎，且在顺序上应当置于类推、目的性扩张和目的性限缩、习惯之后。事实上，在我国的审判实践中，法官也较少采用此种方式。

第五，基于法律原则填补漏洞。虽然这种方式在审判实践中运用得比较广泛，但应当对此种方式的适用进行严格规范，尤其是在适用顺序方面应当将其作为最后位的方法。这主要是考虑到，法律原则的包容性很强，其几乎可以适用于所有的争议案件。如果基于法律原则来填补漏洞可以先行适用，则其他漏洞填补方法几乎没有存在的价值。另外，法官运用法律原则来裁判案件，其规定往往比较模糊和宽泛，对法官的拘束较少。如果法官运用法律原则填补漏洞不受限制，就很可能出现法官不寻求具体规则而向一般条款逃逸、损害法律的安定性。

基于上述考虑，在审判实践中，我们可以运用上述顺序来具体进行漏洞填补。试举一案进行分析：被告某公司专门生产家用的燃气热水器，其在使用说明书中明确标明其使用期限为 10 年。原告之父购买该热水器之后，超期使用。后因使用中没有开窗通风，导致其煤气中毒死亡。原告在法院起诉，要求被告承担责任，其理由是，在超过使用期限以后，没有及时“召回”，导致其父使用超期的热水器而死亡。在本案中，被告承担责任的前提是，其是否存在相关的“召回”义务。对此，有必要分析几种填补漏洞的方法。第一，要考虑是否采用类推适用的方式，确定该公司是否违反了“召回”义务。我国《食品安全法》第 63 条第 2 款规定，食品经营者发现其经营的食品不符合食品安全标准或者有证据证明可能危害人体健康的，应当立即停止经营，通知相关生产经营者和消费者，并记录停止经营和通知情况。食品生产者认为应当召回的，应当立即召回。笔者认为，本案的情形不适合类推适用该规定，因为，一方面，热水器和食品在商品种类上存在重大差异，前者是不可消耗物，而后者是可消耗的食品，其随时都有食用后引发损害的风险。另一方面，对于有使用期限的热水器，在使用期限届满后，消费者应当知道其不能再使用。鉴于我国并没有对于此类产品超过使用期限后的召回作出规定，因此，不能采用类推适用的方式。虽然《民法典》第 1206 条规定了缺陷产品的召回，但是，其并非超过使用期限的产品的召回，也不能类推适用于本案。第二，目的性扩张的适用。有学者认为，按照目的性扩张，从保护消费者和废物利用的目的出发，可以将法律对生产者的责任延伸到使用完毕后的回收、再生和处理。[①] 笔者认为，从法律上考虑，超过使用期限的产品作为废物利用是必要的。但是，

---

① 马洪：《生产者延伸责任的扩张性解释》，载《法学研究》2009 年第 1 期。

如果将生产者的产品责任扩张到超过使用期限的产品，则未免给生产者强加了过重的责任。第三，习惯法考察。从我国的交易和生活习惯来看，通常来说，超过使用期限的产品往往由买受人自行将其报废，而不是由生产者负责回收处理。所以，从该习惯来看，在本案中不能确定生产者违反了召回义务，生产者不应对受害人的死亡承担产品责任。第四，基于比较法填补漏洞，笔者认为，虽然国外存在相关立法例，要求生产者“召回”超过使用期限的产品，但从我国实际情况出发，仍不应采纳此规则，因为从效率原则考虑，要求生产者承担此种责任，似乎违反了效率原则的要求。如果要求生产者承担回收的义务，则不仅大大提高了生产者的经营成本，而且会间接地导致商品价格提高，增加消费者的负担。第五，基于法律原则填补漏洞。笔者认为，从公平原则和保护消费者的人身出发，可以责令生产者承担适当的补偿责任，但不能承担全部的赔偿责任。从以上分析可见，在个案中填补法律漏洞，也应当按照填补漏洞方法的不同顺序进行分析、判断。

第十一章　法律论证

第一节　法律论证的概念及功能

任何有争议的论题都需要通过论证活动加以证明。在司法三段论推理实践中，无论是法律解释、价值判断，还是利益衡量，都离不开对相应法律思考活动中的主张加以论证。三段论本身具有说理功能，是一种论证方法，其在具体展开过程中也在不同层面涉及论证需求，需要遵守相应的论证规则。

一、法律论证的概念和特征

所谓论证，是指论者列出一系列理由，来证明特定命题的正当性，[①]换言之，是指通过举出理由支持某种主张或者判断。[②] 所谓法律论证，就是通过提出理由（前提），以证明特定法律决定（即裁判结论）的正当性和妥当性的活动，或者说是通过合乎逻辑、事实或理性的方式来证明立法意见、司法决定、法律陈述等有关法律主张的正确性和正当性。[③] 论证是

① A set of reasons that show that something is true or untrue, right or wrong etc. See Longman Dictionary of Contemporary English, the Living Dictionary, Pearson Longman, 2006, p. 65.

② 颜厥安：《法、理性与论证——Robert Alexy 的法论证理论》，载我国台湾地区《政大法学评论》第 25 期。

③ 葛洪义：《试论法律论证的概念、意义与方法》，载《浙江社会科学》2004 年第 2 期。

为将法律规范适用于特定的事实而获得结果提供正当性的依据。[①] 论证系由一系列陈述构成。其中一个陈述称为“结论”，是具有争议性的陈述，其他陈述称为“前提”，旨在证明那个具有争议的结论的真实性。[②] 法律论证是一般论证实践活动中的一个特殊情形，其特殊性表现在，其论证的结论是与法律相关的陈述。[③] 一个典型的法律论证同样由一系列陈述构成，其中一个陈述称为“法律结论”，是具有争议性的法律陈述。通过法律论证得出的结论可以称为“法律判断”。其他陈述称为“前提”，旨在支持法律结论的真实性，或者说正当性。美国学者瓦瑟斯通为法律推理提供了两种模式：一是发现过程，即找法过程；二是论证过程，这两个过程都与规则的适用及每个案件的具体因素的评价具有紧密联系。[④]

自古以来，人们所说的“有理走遍天下”“以理服人”就是论证。一个普通的论证，应当包含论点、论据和论证三方面的要素。其中，论证这一要素是一项对证明过程的描述。就法律论证而言，其适用范围是非常宽泛的。就诉讼过程而言，当事人双方都要根据其各自的主张，提出各自的理由。[⑤] 法律论证贯穿于法律适用的全过程，不过，对裁判结论的论证是其重要内容。然而，在实践中，论证仍然是裁判活动中的薄弱环节。有的法官在判决书中，既不援引具体的法律规则，也不展现得出裁判结论的推理细节，该过程中的论证常常被忽略。而随着裁判的日益公开，社会大众对裁判说理预期的加强，对法律论证的要求也逐渐增强。相应的，裁判中的法律论证理论研究的重要性就凸显出来。从审判实践的发展来看，法官在裁判中也都要运用这样的论证过程。例如宋鱼水法官提出了“辨法析理，胜败皆服”的经验，其中就蕴含了通过说理使当事人信服判决的思考。

在方法论中，法律论证体现在三段论推理中认定事实、寻找法律以及将二者对应并得出结论的每一个环节。欲使其结论服人，法律论证包括了司法三段论中所有说理过程，因为在整个小前提的确定、大前提的发现，

---

① James A. Holland & Julian S. Webb, Learning Legal Rules, Oxford University Press, 2006, p. 124.

② Elias E. Savellos, Reasoning and the Law: the elements, Wadsworth 2001, p. 24.

③ 参见舒国滢：《走出“明希豪森困境”（代译序言）》，第8~9页，载［德］罗伯特·阿列克西：《法律论证理论》，舒国滢译，中国法制出版社2002年版。

④ P. Wahlgren, Automation of Legal Reasoning: a study on artificial intelligence and law, Kluwer Law and Taxation Publishers, 1992, p. 66.

⑤ 参见［德］罗伯特·阿列克西：《法律论证理论》，舒国滢译，中国法制出版社2002年版，导论。

以及大前提和小前提的连接中都伴随着论证，尤其是在价值判断的环节更需要论证。从这个意义上说，论证过程伴随法律适用过程的始终。法官应当在这些环节都遵循特定的法律论证的要求，在充分论证的基础上，“证立或证成”其法律主张或者判断。论证需要“提出一些似乎可以正当化某项主张，或使其至少看来值得讨论的理由。为满足前述目的，这些理由必须具备以下性质：它们必须能够说服预期的讨论伙伴，克服其可能提出的反对理由”。[①] 在这个过程中，需要综合运用三段论的逻辑推理、法律解释、法律的价值分析等一系列方法论上的工具。

法律论证不同于日常生活中的说理与论证，原因在于法律论证的整个过程都是与法律相关的，要么是对“法律规范”（大前提）的论证，要么是对“法律事实”（小前提）的论证，要么是对“法律规范”与“法律事实”衔接有效性的论证，要么是对法律裁判结论的最终论证。不过，无论是哪一项论证，都是在三段论框架中展开的论证活动，其特点主要在于：

第一，论证的主体是法官等裁判者。虽然从广义上说，一切法律人的论辩活动都需要进行法律论证，需要通过陈述理由说明自己法律主张的妥当性，论证者包括律师、法官、仲裁员和法律学者等。[②] 仅仅强调论证是法官使用的方法，不利于法律方法论共识的形成，以及法律共同体共同的法律思维的养成。但是，既然方法论主要聚焦于裁判活动，而法官在裁判过程中的论证活动具有典型性，是法律得以适用的典型形态，因此，法官裁判中的法律论证活动是研究法学论证方法的主要考察对象。虽然我国的司法审判权在人民法院，而不是法官个人，但是司法裁判的作出，主要是通过法官个体在具体案件中的裁判活动实现的。从这个意义上说，法官不仅仅是代表人民法院进行裁判，这一点在法官独任审判的情形下表现得尤其突出。在独任制之下，案件审理由单个法官完成，其作出的裁判就是代表法院的裁判活动。

第二，法律论证中的结论应当是具有争议的陈述。论证不同于阐释。虽然论证和阐释都是为了证明某个陈述的真实性，但二者存在本质的区别。阐释的对象主要是指没有争议的陈述，尤其是已经发生的结论性陈述，其

① ［德］卡尔·拉伦茨：《法学方法论》，陈爱娥译，商务印书馆2003年版，第31页。

② See Eveline T. Feteris，Fundamentals of Legal Argumentation：A survey of theories on the justification of judicial decisions，Kluwer Academic Publishers 1999，p. 1.

目的主要在于让听众有效理解特定陈述之所以发生的原因。而论证则不同，我们之所以对某个结论性陈述加以论证，是因为这个结论性陈述是有争议的，论证的目的就是为了说服听众相信陈述的真实性。[①] 例如，在高楼抛物致人损害、难以确定具体侵权人的情况下，依据《民法典》第1254条的规定，“禁止从建筑物中抛掷物品。从建筑物中抛掷物品或者从建筑物上坠落的物品造成他人损害的，由侵权人依法承担侵权责任；经调查难以确定具体侵权人的，除能够证明自己不是侵权人的外，由可能加害的建筑物使用人给予补偿。”因此，由可能加害的建筑物使用人给予补偿已经由法律作出了明确规定，但为什么由可能加害的建筑物使用人给予补偿，这就需要从保护受害人、预防侵害发生、维护公共安全等多个方面进行解释，需要通过阐释说明该既定规则背后的形成原理。但无论如何，“由可能加害的建筑物使用人给予补偿”这一法律规则陈述是确定的，其适用效力无须争议。但在高空抛物案件中，关于“谁是可能加害的建筑物使用人”“何为抛掷物”等问题则可能是有争议的，在法律适用时需要加以论证。例如，有人从楼上倒出一盆开水致人烫伤，那么，“开水是否属于抛掷物”这一问题则富有争议，需要通过论证说明自己的主张。再如，物业公司是否属于“可能加害的建筑物使用人”，也是一个具有争议的问题，需要加以论证。

第三，法律论证在形式上表现为一定方法的运用。方法论上所说的论证，并不是公平正义观念模糊的描述与传递，也不是基于简单的生活经验的直觉性判断，而要遵循特定的规律和规则，包括论证负担规则、论证秉持的原则、论证程度的区分等，尤其是要借助各种法律解释的、逻辑的、社会学的、效率分析等各种方法，综合运用于论证的过程。对论证方法的强调，有助于加强法律论证的可验证性。法学方法论上所说的“可验证性”也是以法律论证为基础的，因为存在外在化的法律论证，裁判才是可验证的。“可验证性”和“可辩论性”都是以达成共识的方法为基础的，否则，对于法院的裁判结论，人们就无法检验其是否是基于事实和法律，也无法检验其妥当性，保障法官依法作出公正的裁判。法律论证应当运用达成共识的方法，并依据普遍认可的论据。只有在相同的前提与概念之下，通过一些公认的方法进行说理，以进行理性的辩论，才能形成辩论的基础，

① See Elias E. Savellos, Reasoning and the Law: the elements, Wadsworth 2001, pp. 24, 26.

最终达成最低限度的共识。① 从论证的目的来看，因价值的多元性，裁判者在作出价值判断时，应当进行论证，以表明价值判断结论的合理性。还要看到，论证本身也是程序正义的要求。这就是说，在整个裁判过程中，都要遵循一定的程序，而论证就是必不可少的说理程序，严格按照论证的规则进行法律适用，才能保障实体正义的实现。

第四，法律论证贯穿于整个三段论过程之中。论证存在的主要目的是使得三段论中的价值判断合理化，给价值判断提供令人信服的理由，使得其能够为人们普遍接受。英国学者霍兰德和韦伯指出，论证适用的范围，主要包括三个方面：一是确立案件事实。在这些事实中，有些有充分的证据支撑，是确定的事实；有些则是根据实际情况所推定的事实，而确定后者的过程中便需要法律论证。二是为通过规范基础获得的结果提供正当性依据。三是通过论证将事实与法律相结合，获得正当的结果。② 由此可见，论证不仅仅是在大前提的确定中存在，而且在小前提的确定以及事实与结论的连接中，都发挥着作用。在三段论中，它对于大前提、小前提的确定以及联结，法律论证都发挥了作用，或者说都要通过论证来完成。法律论证可以适用于漏洞填补，在没有依据时大量采用。论证既是说理过程，同时也具有验证的功能，通过论证最终证成结论，目的是寻求妥当的裁判结论。

法律论证是伴随着整个裁判过程的思维活动，其是能够广泛运用于包括法律的发现、方法的运用和结论的选择等各个法律解释环节的一种法律思维。在司法三段论的框架内，法律论证贯穿于各个环节，包括大前提的发现、小前提的确定以及大小前提的连接。法律规则的运用不是简单的逻辑涵摄过程，而必须进行论证。③ 因为，一方面，无论是对事实的整理，还是对作为裁判依据的大前提的解释以及大小前提的联结，在一定程度上体现了特定的价值判断，并且法官享有自由裁量的空间。为了规范裁判者的行为，克服裁判活动的任意性和随意性，就有必要进行论证。另一方面，法律论证常常被看作是一场关于某种法律观点可以接受性对话的组成部分。

① René Sève, Philosophie et théorie du droit, Dalloz, 2007, p. 2.

② James A. Holland & Julian S. Webb, Learning Legal Rules, Oxford University Press, 2006, p. 124.

③ 参见［德］罗伯特·阿列克西：《法律论证理论》，舒国滢译，中国法制出版社 2002 年版，第 2 页。

在法律论证理论的构建过程中，阿尔尼尔、阿列克西、麦考密克等人都注重这一观点。[①] 法官所要说服的是特定时间、特定地域内所有构成法律共同体的理性人，因此，司法裁判的受众是特定历史时期、特定社会中确定的人群。按照比利时法学家佩雷尔曼的观点，法官的判决必须至少经得起三类主体的检验：一是案件当事人；二是法律职业人士；三是社会公众。这三类被法官设想出来的主体，构成了检验一项判决正当性的试金石。[②] 法律论证就是说使裁判具有说服力和正当性。在法律适用过程中，法官应当选择确定可供适用的法律，通过解释活动来确定其含义，最终确定妥当的结论。法官必须进行说理和论证，以论证其大前提确定的妥当性，保障法官依法作出公正的裁判。因此，只有提供充分的论证理由，才能让各方当事人接受法律规范所作出的价值判断。此外，法律解释通常是在裁判中的解释，其受众是诉争的当事人和社会公众，如果让他们信服裁判的公正性和解释结论的妥当性，都必须要予以论证。

第五，法律论证是法官应承担的基本义务。论证的目的在于追求裁判的正当化，为裁判结论提供正当性依据，[③] 论证最终就是为了形成证成。法律裁判活动是一个不断针对当事人提出的主张予以评价，并就裁判者最终选择确定的结论提出依据、说服他人信服自己主张的活动。通过说理说服了争议之中的当事人，同时，也具有规范引导的效果，即向社会宣示了裁判所体现的公平性与公正性，并通过实际案例，引导人们正确行为。虽然法律上并没有明确要求法官在判决中履行论证说理的义务，但论证说理是司法裁判的基本要求和重要特征，是法官在裁判中应当履行的基本义务。判决要说明理由的做法，已经成为司法职业工作的基本要求，一些国家很早就已经确立了这些规则，例如，意大利、德国分别于 16 世纪、18 世纪逐步确立这一规则。而法国在 1790 年将其确立为法官应负的一项普遍义务。[④]《荷兰宪法》第 121 条明确规定，“司法裁判需要对据以作出判决的理由作出具体说明”。近年来，我国司法实践中越来越强调判决的说理性，法谚云：“正义是从判决中发声的。”正义是具体的，法律条文所表达的抽

① ［荷］伊夫林·T. 菲特丽丝：《法律论证原理》，张其山等译，商务印书馆 2005 年版，第 16 页。

② See Eveline T. Feteris，Fundamentals of Legal Argumentation：A survey of theories on the justification of judicial decisions，Kluwer Academic Publishers 1999，p. 53

③ James A. Holland & Julian S. Webb，Learning Legal Rules，Oxford University Press，2006，p. 124.

④ ［法］勒内·达维德：《当代主要法律体系》，漆竹生译，上海译文出版社 1984 年版，第 132 页。

象正义只能隐藏于具体的生活事实中，判决的说理性越强，其公正性越强，也能够为当事人所接受，起到案结事了的作用。判决的说理越模糊，甚至没有说理，就很难为当事人所接受，并可能导致判决的无法执行。因此，法官必须在裁判中兼顾法律规则与个案情势，实现一般正义和个别正义。[①]

总之，法律论证是实现裁判正义的基本方法。对法律论证而言，结果的正义及实现正义的过程同样重要。的确，论证本身不是目的，其最终目的仍在于追求结论的正当性。但即便结果是公正的，而论证的单薄，也可能难以使当事人完全信服，尤其是难以使败诉一方当事人信服。从实践来看，大量的民事裁判在结果上都可能是公正的，但有的仍然不能够让当事人，特别是败诉一方当事人自愿地接受裁判结果，以至于在二审终结后仍不断通过申诉、诉讼外信访等方式寻求进一步的救济。其中的一个重要原因就在于法律论证过程的欠缺。在刑事案件中，也是如此。在法治社会中，法律规则作为调整人们行为的基本规范，行为规则内容和该规则背后所体现的基本精神应当公开、明晰，使公民对法律规范有一个清楚的了解和掌握，以便有序安排自己的行为。如果法官能够在司法判决中通过逻辑推理，详细说明判决的理由，则有利于公民及时便捷地了解法律规范的基本精神，提高法律调整社会生活的效率，降低人们围绕不清楚判决付出的讨论成本。而裁判中缺乏论证则难以实现司法所应当体现的定分止争、确立规则、追求正义等功能。另外，在信息畅通的网络时代，有的案件迅速引起了许多民众的关注。可以说，人们今天对司法的关注超过了以往任何时候。此种关注当然不限于对判决结果的单纯关注，而在于对判决背后详细理由的关注。这不仅反映了我国公民法律素养的普遍提升，也反映了公民对司法裁判活动提出的普遍要求。裁判结果不仅仅是要回应当事人的诉求，更应该经得起社会公众的检验。因而，其受众对象是广泛的。[②] 为了实现裁判的社会认同，法官应当尽可能充分地进行论证说理。越是增加"思考理性"，越是容易实现公正或者达成公正共识，从而提高司法裁判在法律共同体中的接受程度。[③]

---

① 桑本谦：《法律解释的困境》，载《法学研究》2004 年第 5 期。

② See Eveline T. Feteris, Fundamentals of Legal Argumentation: A survey of theories on the justification of judicial decisions, Kluwer Academic Publishers 1999, p. 53.

③ 胡平仁：《法律接受初探》，载《行政与法》2001 年第 2 期。

二、法律论证与相关概念

（一）法律论证与法律推理

法律推理是英美法上普遍采用的概念，但是，作为一种方法，其并不仅仅为英美法所独有，而是为两大法系所共同认可。一般认为，法律推理是指运用逻辑三段论等方法，发现大前提，验证大前提和小前提的连接关系。法律推理属于以法律思维为核心的法律认识论范畴，具有思维与实践相统一的辩证特点，它是特定主体在法律实践中，从已知的前提材料合乎逻辑地推想和论证新法律结论的思维活动，其本质特征是特定主体在法律实践中所进行的具有实践性的、创造性的思维活动。[①] 法律推理所涵盖的内容大体上相当于大陆法学者通常所谓的法学方法论。[②] 在法律推理中，要运用逻辑三段论得出裁判结论，通过多种解释方法从法律文本得出三段论中的大前提。这些都属于法学方法论的组成部分。

法律推理和法律论证之间存在天然的联系，从法律推理的概念本身来看，其实际上是从前提出发推导并论证结论的过程，与法律论证一样，法律推理也要通过说理的方式来论证、验证裁判结论，与法律论证关系十分密切。一方面，两者都体现在法律适用的环节，其目的都是为了实现裁判中的公正。法谚说，“正义不仅应得到实现，而且要以人们看得见的方式加以实现”。两者根本目的具有一致性，即都是为了解决当事人之间的纠纷，并且追求纠纷处理结果的稳定性，即法律的安定性。另一方面，法律推理过程本身也伴随着论证的过程。因为推理本身也要运用逻辑思维，其必然要进行逻辑论证，反过来，逻辑论证也使得法律推理本身实现了正当化。正是基于这些原因，有学者认为，法律推理本身就是法律论证。

但严格地说，法律推理和法律论证之间存在一定的区别，主要表现在：

第一，两者适用的法律环境不同。法律推理主要是英美法系中使用的一个概念。在大陆法系国家，极少运用独立的法律推理的概念，其“法学方法论”的概念之中已经涵盖了法律推理。法官既要认定事实，又要适用法律，因此，法律论证要运用于认定事实和适用法律的整个过程中。而在

---

① 张保生：《论法律推理的本质特征》，载《吉林大学社会科学学报》1999年第3期。

② Bartosz Brozek & Jerzy Stelmach, Methods of Legal Reasoning, Springer 2006, preface; Giovanni Sartor, Legal Reasoning: A Cognitive Approach to the Law, Springer, 2005, Introduction.

英美法系国家诉讼中，事实常常由陪审团决定，法官只有在陪审团认定事实后，才进行法律适用活动，因此，法律推理主要运用在法律适用过程中。

第二，两者论证的对象不完全一样。大陆法是成文法，法官通常采取演绎的方式，将法律适用于具体案件。所以，法律论证的对象是成文法的规则，以确定成文法的妥当含义为目标。而在英美法中，其适用的大前提往往是判例法，在适用法律的过程中也需要法律推理。在法律推理时，法官如果运用先例拘束原则，则应当论证待决案件与先例之间存在类似性。

第三，遵循的方法不一样。如后文所要讨论的那样，法律论证的方法是多样的，包括逻辑的、经验的和价值判断的等方法。法律解释方法本身也是一种重要的论证方法，其要致力于说明法官选择特定解释结论的理由。论证并不仅仅是逻辑的展开，在论证的过程中，还可以采取社会学的、法经济学等多种方法。因此，法律论证方法的一个重要特点在其多样性和综合性。而法律推理主要遵循类比推理、演绎推理等方法。较之于法律推理，法律论证中的说理方法更为丰富，凡是说理中的各种方式都可以运用于法律论证。

第四，两者在侧重于逻辑过程或论据方面不同。法律推理是强调提出理由证明特定法律结论的逻辑过程，其要求从任何一个前提性事实到结论的过程都有相应的理由。法律推理重在不断提出理由以证明结论的过程，其中可以分为若干个具体推理环节。从运用逻辑的方法而言，法律推理常常采用演绎推理，因为演绎推理的有效性才能确保推理结论与法律规则、事实相符合。① 而法律论证所关注的对象具有个体性，其强调在每一次从前提性事实到结论的推理过程中，提出的理由要符合特定的论证方法，例如类比、反比、举例等，唯此提出的理由才能具有说服力。但是法律论证并不特别强调推理的逻辑过程，而特别强调通过提出论据以证明结论的正当性。“法的推论是实践性议论的高度制度化和形式化的特殊类型。法的推论是在一定的组织、制度和程序里进行的，必须严格遵守证据和辩论的规则；其论证技术也经过特殊的训练，侧重于寻求公平而合理的决定的适当理由。”②

---

① See R. Alexy, A theory of legal argumentation: the theory of rational discourse as theory of legal justification, Oxford: Clarendon Press, 1989, pp. 222-223.

② 季卫东：《“应然”与“实然”的制度性结合》，载［英］麦考密克、［奥］魏因贝格尔：《制度法论》，周叶谦译，中国政法大学出版社 1994 年版。

（二）法律论证与法律解释

法律论证与法律解释关系十分密切。一方面，整个法律解释的过程必须伴随法律论证。法律论证和法律解释是密不可分的。无论法律解释中运用何种方法，都要将解释的根据、理由、所运用的方法等都阐释出来。尤其是大量涉及立法目的、宗旨、历史资料的考证等，更要通过论证来证明解释者的观点。一般来说，在可能文义范围内的解释，可能论证的义务较轻；但在超出可能文义范围的解释，或者进行不同于字面含义的解释，法官就应当负有更重的论证义务。因此英国法学家劳埃德指出，“良好的法律分析总是对于自身的法律论证形式念兹在兹”。[①] 法律解释和法律论证是截然不可分开的整体。正如英国学者巴尔金所言，解释学家像一位代数学家，而传统的法律分析学家则为一介学童。二人均会做算术题，“但前者能够清晰阐明保证后者运算正确的较为一般的原理，而且可能更具深邃洞识”。[②] 在解释法律的过程中，法官为什么应当负有法律论证的义务，这就是德国法学家阿列克西所说的为什么形成论证负担规则。[③] 阿列克西曾经从四个方面指出了法律论证的必要性，即法律语言的模糊性、规范之间的冲突性、法律规则的缺失、裁判与规范原文的背离。[④] 因此，在他看来，所有的解释都需要论证，只不过，在不同的解释中论证的程度有所不同。另一方面，法律解释方法本身就是一种论证方法。运用文义解释、体系解释等方法都可以得出妥当的裁判结论，正是因为这一原因，很多学者在谈到论证方法时，也都大量采用了法律解释的方法。例如，阿列克西就将解释规则作为论证的重要方法。他认为，“（解释）规则的一个最重要的任务在于对这个解释的证立”。[⑤] 在法律解释活动中，法官的核心任务就是要说明其为什么选择一种解释结论，而放弃另一种解释的可能性。法学方法论研究的目标是，尽可能实现法官裁判结论的合理性和可控制性。[⑥] 为了实

---

① ［英］劳埃德：《法理学》，许章润译，法律出版社2007年版，第488页。

② 转引自［英］劳埃德：《法理学》，许章润译，法律出版社2007年版，第488页。

③ 参见［德］罗伯特·阿列克西：《法律论证理论》，舒国滢译，中国法制出版社2002年版，第338页。

④ 参见［德］罗伯特·阿列克西：《法律论证理论》，舒国滢译，中国法制出版社2002年版，第2~3页。

⑤ ［德］罗伯特·阿列克西：《法律论证理论》，舒国滢译，中国法制出版社2002年版，第290页。

⑥ Franz Bydlinski，Juristische Methodenlehre und Rechtsbegriff，Wien/New York，Springer-Verlag，1982，S. 57.

现这一目标，就应当要求法官阐明其对法律解释方法的选择，在运用解释方法时所依据的素材等。这一过程本身也就是论证的过程。此外，法律解释和法律论证可能是同一过程的不同方面。在法律解释过程中，法官就必须进行法律论证，而不是说，在法律解释过程结束之后，法官再进行法律论证。

虽然法律解释和法律论证具有密切的联系，但是，也不能将法律论证等同于法律解释。两者的区别主要表现在：

第一，法律解释这一论证方法主要是以价值判断为基本方法，包括解释者对“什么是法律”“法律应当体现什么样的价值取向”等问题所秉持的立场。法律解释方法较少直接采用形式逻辑方法，也较少采用经验的方法。而法律解释之外的其他法律论证方法则多注重形式逻辑和经验方法的运用。三段论推理本身就是形式逻辑的直接运用，小前提客观真实性的确定主要是经验方法的结果，而大小前提的联结则体现了逻辑要求，如大前提和小前提要具有相同的法律要求，符合同一律等形式逻辑。

第二，就适用的范围来说，法律论证适用于所有法律人所从事的法律活动。例如，律师进行的辩论。甚至有学者认为，其可以适用于立法过程。在裁判过程中，法律论证和法律解释也是可以分开的。虽然法律解释中要运用法律论证，但论证不限于法律解释，它还包括事实的认定、大小前提的连接、价值判断等一系列的过程。而法律解释仅仅适用于裁判者进行的法律适用，尤其是法官的裁判活动。

第三，就解释本身来说，其更重要的是确定解释的程序和解释方法的选择。如果运用一定的方法可以直接得出解释结论，就并不一定需要论证。例如，运用文义解释得出了清晰的文义，并不一定伴随论证。但是，在司法三段论的整个过程中，论证都是必不可少的。

第二节　法律论证的功能

一、法律论证在裁判中的作用

第一，增加判决说理性的要求。从法律解释的说理性来看，法律人的解释活动都必须受到限制。“法院判决是否具有说服力，在于其结果是否能够经受理性的检验”。[①] 一方面，法官的裁判要提交当事人各方、法学家以及公众舆论进行批评性检验。裁判的可验证性、可说服性要求法官对其裁决的合理性展开充分论证。[②] 另一方面，法律论证的过程，不仅是说服别人的过程，而且是说服自己的过程。英国学者彼德·斯坦提出：“法律的诉讼性质要求必须有一方胜诉另一方败诉，义务是否被履行，契约是否被违反，财产是有还是无，被告是否犯了指控的犯罪行为，都必须有一个明确的答案。”[③] 因此，法律论证就可以避免法官个人主观因素的介入，从而保障司法的客观性。法律解释的活动就是说服的活动，为了使当事人接受法律适用的结果，并使当事人尊重法律适用的结果，法官必须注重其裁判的充分说理性。这一说理性的要求就意味着，法律解释活动必须遵循一定的方法和规则，受到必要的限制。法律论证之所以重要，通常是因为不同的当事人对同一法律条文产生了相互冲突的理解和认识，法律论证的任务就是通过提供理由说服持不同主张的当事人。因此，只有提供充分的论证理由，才能让各方当事人接受根据法律规范所作出的价值判断。

第二，增强判决的妥当性和公正性。法谚有云：“正义是从裁判中发声的。”要实现裁判的正义，必须要加强法律解释的说理。法律解释要从法律文本出发，准确阐释其含义。在判决过程中，最大限度地实现法律效果和社会效果的统一，也必须将情理法的因素综合起来，强化判决的说理性。为此，需要强化法律解释中的说理论证，裁判文书必须解释法官援引法律、认定事实的理由，说清楚法官为何如此解释法律的道理，阐释法律规则如何能够涵摄案件事实以充分实现判决的妥当性和正当性。[④] 在这个过程中，应当充分地说理。法的安定性价值要求法官针对同样法律关系作出的法律判断具有一致性，这也就要求法官在法律论证时遵守一定的方法。而增强判决的妥当性和公正性，也就是学者们历来探讨法律论证的根本目的。[⑤]

第三，规范法官的自由裁量行为。一方面，增加裁判的说理性，有助于对判决进行社会监督。它不仅使得当事人了解了裁判结果的推理过程，

---

① ［德］魏德士：《法理学》，吴越等译，法律出版社 2005 年版，第 303 页。

② ［荷］伊夫林·T. 菲特丽丝：《法律论证原理》，张其山等译，商务印书馆 2005 年版，第 6~7页。

③ ［英］彼得·斯坦：《西方社会的法律价值》，中国人民公安大学出版社 1990 年版，第 111 页。

④ 参见方洁：《判决书应当陈述理由》，载《法商研究》2001 年第 4 期。

⑤ 参见许可：《民事审判方法：要件事实引论》，法律出版社 2009 年版，第 43 页。

而且使社会一般人了解这一过程，从而有助于社会对其进行监督。另一方面，通过法律论证，要尽可能地降低裁判者主观因素对裁判结果的影响。法律论证和法律解释是密切联系在一切的。德国学者考夫曼认为，两者是携手并进的。① 而另一个德国学者彼得林斯基认为，法学方法论研究的目标是，尽可能实现合理性和可控制性。② 为了实现这一目标，就必须排除通常的片面性，关注各种法学思考方式，研究各种法学思考方式的关系。③ 所以，这些都要求加强法律解释中的论证。此外，法官解释法律的过程，不能仅仅从立法者的角度出发，过分强调立法者真意的实现。其必须考虑到法律是以文本的形式向社会公开的，社会公众作为法律的受众，其对法律文本存在客观的信赖，这一信赖必须在解释中被考虑。法官还要对自己的理解过程进行说明，以证实得出结论的正当性。④ 法官行使其权力，关系到人民的权益，为了保障法官依法公正裁判，必须强化法律论证。

法律论证也是提供法律适用正当性的途径，也就是司法实践中所说的“释法说理”，就是要阐明事理、法理和情理，最终让民众明理服法。通过司法论证，有助于实现司法公开和司法透明、促进司法公正和提高司法公信力中十分重要的地位和作用。由此，释法说理提高执法透明度和公信力，架起了法言法语、执法司法与民众生活之间的桥梁，使人们更加了解法律、理解法律、相信法律、尊重法律。⑤

二、法律论证在方法论中的作用

如前所述，法律论证是伴随着整个法学方法论的一种必经的程序和方法。就法学方法的称谓，不仅仅有法学方法，而且有法律方法、法学解释、法律论证、法律阐释等表述。⑥ 非常明显，法学方法并不仅是“法律的产

---

① 参见［德］考夫曼：《法律哲学》，刘幸义译，法律出版社 2005 年版，第 64 页。

② Franz Bydlinski, Juristische Methodenlehre und Rechtsbegriff, Wien/New York, Springer-Verlag, 1982, S. 57.

③ Franz Bydlinski, Juristische Methodenlehre und Rechtsbegriff, Wien/New York, Springer-Verlag, 1982, S. 57.

④ 王晓、董必秀：《判决理由：哲学解释学在法律解释中的最终落脚点》，载《浙江学刊》2003 年第 5 期。

⑤ 余双彪：《释法说理是公开的深层次要求》，载《检察日报》2010 年 10 月 20 日。

⑥ Friedricb Müller, Discours de la méthode juridique, Traduit de l'Allemand par Olivier Jouanjan, PUF, 1996, p. 31.

生理论”，也是“法律的论证理论”。[①] 在西方法学的知识谱系中，有人认为，“法律论证被当作法律逻辑亦即法律方法论或法律判决制作理论的一部分，而非本来意义上的法律论证理论。”[②] 也有学者认为它是一种法学方法。阿列克西在《法律论证理论》一书的导论曾经专门将法律论证理论作为方法论来讨论。[③] 在我国，许多学者认为，它是方法论的组成部分，是“关于当代方法论讨论中是否需要理性法律论证理论的评估”。[④]笔者认为，法律论证本身不能等同于司法三段论，但是，它又是伴随于法学方法论的必不可少的程序和环节。

法律论证是法官应当承担的基本义务。虽然法律上并没有明确要求法官在判决中履行论证说理的义务，但论证说理是司法裁判的基本要求和重要特征，是法官在裁判中应当履行的基本义务。

近年来，我国司法实践中越来越强调判决的说理性。法谚有云：“正义不仅应得到实现，而且要以人们看得见的方式加以实现”。而看得见的正义，实际上就是指在裁判过程中，必须通过说理论证的方式加以实现。正义是具体的，法律条文所表达的抽象正义只能隐藏于具体的生活事实中，判决的说理性越强，其公正性越强，也能够为当事人所接受，起到案结事了的作用。判决的说理越模糊，甚至没有说理，就很难为当事人所接受，并可能导致判决无法执行。判决不说理成为严重影响裁判公信力、公正性和司法权威的一个重要原因。为此，必须要对裁判依据及其适用进行论证。虽然我国现行法律对法官的论证义务并无明确规定，无法将其界定为法定义务，但是，按照严格执法、公正司法的要求，法官在进行裁判时，应当负有论证的义务。

法律论证可以分为过程的论证、结果的论证。后者是指对选择结论的合理性的论证，前者是对形成结论的过程中的合理性进行的论证。[⑤] 笔者认为，法律论证应当从此两方面展开，具体来说，其包括如下方面：

（一）准确寻求妥当的大前提的功能

法律适用过程是一个从一般法律规则到具体案件，再到裁判结论的过

---

① Friedrich Müller, Discours de la méthode juridique, Traduit de l'Allemand par Olivier Jouanjan, PUF, 1996, p. 14.

② Eveline T. Feteris, Fundamentals of Legal Argumentation: A survey of theories on the justification of judicial decisions, Kluwer academic publishers, 1999, p. 13.

③④ 焦宝干：《法律论证的几个基本理论问题》，载《比较法研究》2005年第6期。

⑤ James A. Holland & Julian S. Webb, Learning Legal Rules, Oxford University Press, 2006, p. 124.

程。“法律规范具有普遍性，乃是适用于所有规范的规则。但案件是特殊的，如何使这些规范适用于这些案件，就是我们所需要解决的问题。论证将判决与法律规范相联系，有些是对规则问题的阐述，而有些乃是对事实问题的探讨。”[①] 事实上，整个法律适用的过程就是一个论证说理的过程。法律论证本身并非找法的工具，但是，论证有助于法官寻求妥当的大前提。

法律论证的内容是多方面的，其在过程上大致可分为两类：一是对通过解释方法得出的解释结论的妥当性的论证；二是对通过三段论演绎得出的裁判结论的正当性的论证。本书所讨论的法律论证主要是从第一个意义上讲的法律论证。具体到这个环节的法律论证，其又可以分为三个方面：

1. 解释过程的论证。解释过程是指解释者接触案件事实之后，针对特定社会关系开始寻找相关法律条文，然后对相关条文进行解释并得出解释结论的过程。寻找法律的过程，是解释的过程，也是论证的过程，学者经常称之为“发现法律”的过程。[②] 具体来说，法律解释过程的论证又可以分为如下几个方面：一是根据小前提寻找大前提，这个过程虽然是广义上的法律方法论要解决的问题，但这个过程中也可能存在法律解释。因为法官寻找法律就必须解释法律。例如，双方在往来协商谈判过程中已经形成了初步协议，一方已经依此初步协议履行，另一方却予以拒绝。为此发生纠纷，究竟应选择适用合同法还是侵权责任法？如果适用合同法，究竟应适用缔约过失责任，还是违约责任？对此，法官必须说明理由进行论证。二是在确定大前提以后，针对大前提所作的解释。这是整个法律解释学探讨的关键所在，也是法律论证的核心内容。所谓阐释法律文本的含义，很大程度上指的就是对大前提的含义的确定。三是在确定大前提之后，法官要确定大前提和特定案件的联系。大前提与小前提的联结性也需要论证。法律是普遍适用的一般规则，其不是针对个别的具体情况做出的，其需要最终与个案中的法律事实相连接。建立这种连接的活动主要是法律解释。按照司法三段论，应当以具有某个构成要件与法律效果的完全性法律规范作为大前提，特定的案件事实符合此构成要件作为小前提，而以法律效果

① Jerzy Wróblewski and Neil Maccormick, On Justification and Interpretation, Ratio Juris, Fernando Atria and D. Neil MacCormick (eds). law and legal interpretation, p. 423.

② Bruce Anderson, Discovery in Legal Decision-Making 1 (1996); Richard A. Wasserstrom, The Judicial Decision: Toward a Theory of Legal Justification 27 (1961).

适用于该案件事实作为结论。[①] 德国学者恩吉施指出，法律发现是“一种不断的交互作用，一种目光往返来回于大前提与事实之间的过程”。[②] 没有解释者在法律文本与事实之间进行目光之交的互相流转，就不可能在法律与事实间建立起理性的逻辑关系。[③] 法官必然要针对大前提与小前提之间的相互联结性进行论证，并作出逻辑推论，得出裁判结论。法律解释最终是为了在个案裁判中确定裁判依据。而适用法律的过程实际上是一个逻辑推论的过程。其中，法律规范是大前提，案件事实是小前提，发生关系后的结果即为判决。法官通过“涵摄”在案件事实与法律规范之间建立一种联系，即产生确定的司法判决。这个推理过程由于是从一般到特殊的推理，因此是必然推理，其结论是无懈可击的。[④]

2. 解释方法合理性的论证。“解释应以论辩的方式展开”。[⑤] 在各种法律解释方法中，无论采用何种方法，都应当伴随论证的过程。因为各种法律解释方法有可能得出同样的结论，也可能得出不同的结论。为了尽量克服解释者前见对解释结论客观性和统一性的影响，就需要对解释方法的采用加以阐释和说明。在法律解释中，法律论证应当注意如下几点：第一，几乎所有的法律解释方法都只有伴随着论证，才能使解释的结论具有妥当性。例如，体系解释就是借助于法律的外在体系来论证，选择特定解释结论的合理性。在目的解释中，必须伴随对立法目的的论证，才能确保其结果的正确；而在历史解释中，只有伴随对立法资料的分析，才能得出立法者的原意。即使就文义解释而言，虽然在运用过程中不需要详细的论证，但也要伴随必要的论证，例如，采用通常理解还是专业领域的特殊理解进行解释，就必须说明其究竟属于特定专业的术语还是属于生活语言。第二，在狭义的法律解释中，在采取不同的法律解释方法时，也要进行不同形式的论证。例如，体系解释就要指明其所依据的因素如何，如条文的位置、条文之间的相互关系等；历史解释就要指明其所援引的立法资料的含义，

---

① 王泽鉴：《法律思维与民法实例》，中国政法大学出版社 2001 年版，第 204 页；黄茂荣：《法学方法与现代民法》，法律出版社 2007 年版，第 249 页。

② 转引自［德］考夫曼：《法律哲学》，刘幸义译，法律出版社 2005 年版，第 120 页。

③ 陈金钊：《再论法律解释学》，载《法学论坛》2004 年第 2 期。

④ 陈靖宇：《论现代法律解释的基本理念》，载褚红军主编：《历史与变革：无锡法院纪念改革开放 30 周年文萃》，人民法院出版社 2008 年版，第 463 页。

⑤ ［德］齐佩利乌斯：《法学方法论》，金振豹译，法律出版社 2009 年版，第 68 页。

其运用于现实情况的可能。第三，法官应当阐明其选择某种法律解释方法的理由。各种法律解释方法并非法官可以随意取舍的，而应当遵循一定的规则。法律解释就是通过法律文本来解释出文本的意思，再通过论证来确认其是否成立。

3. 解释结论的妥当性论证。如果解释的结果出现了复数解释，究竟选择何种解释结论，这是解释者必须回答的问题。在法律规范存在复数解释时，在具体案件裁判中，解释者需要作出最终的唯一选择，并对该选择的理由予以论证和说明。关于复数解释应当如何理解，是作为裁判者的法官之间的不同理解，还是诉争当事人的不同意见？如果仅仅是当事人的理解分歧，而不是法官之间的分歧，是否需要予以论证说明？当然，如果特定条文只有一种解释结论，这并不意味，解释者就不需要对此种结论的得出予以论证。而解释者从复数解释中进行选择的过程，实际上就是论证的过程。在解释过程中，出现复数解释是难免的。甚至有学者认为，所有的法律都有复数解释的可能。[①] 但是，裁判者适用法律中，可供运用的大前提应当是唯一的，所以，他必须从复数解释中做出唯一的选择。如果论证的结果是其不成立，则要采用其他的方法来解释。这些都需要解释者给予充分的论证。而解释是一个理解和决定的过程。[②] 如果出现多种解释可能，而又缺乏论证，容易产生同法不同解、同案不同判的风险，甚至可能导致解释者“操两可之说”“设无穷之辞”“是非无度”“所欲胜因胜、所欲罪因罪”等后果。

所以，解释的过程本身就是论证的过程。它要确定裁判的根据和特定的法律文本的含义，在这一过程中，必然要运用逻辑学、解释学等的有关规则，对法律的意义进行阐释和厘清。这一过程必然包含了论证和说明的过程。因为在实际运用中，法律解释方法大多都要伴随一定的论证，这就导致有些法律解释方法同时又可以成为法律论证方法。

（二）漏洞填补的论证

存在法律漏洞的情况下，法官更应当负有法律论证的义务。因为在存在法律漏洞的情形下，法官应当通过法律解释来寻找大前提。此时，因为法官的自由裁量权较大，应当尽可能进行充分的法律论证，以限制其自由

① ［日］星野英一：《民法的另一种学习方法》，冷罗生等译，法律出版社 2008 年版，第 82 页。

② Michel Troper, La philosophie du droit, PUF, Que sais-je, 2003, p. 107.

决定的空间。在实践中，可以将各类民事案件分为一般案件和疑难案件两类，对于一般案件而言，法官可以比较容易地寻找到小前提并将之适用到具体案情，其并不负有过重的论证义务，但是，“在疑难案件中，相关的具体规则并没有对之进行规定，法律的这些内容所能达致的结果需要进行评价和解释”。[①] 在存在法律漏洞的情况下，要确定裁判的根据和特定的法律文本的含义，在这一过程中，必然要运用漏洞填补的有关规则，对裁判依据进行阐释和厘清。这一过程必然包含了论证和说明的过程。因为在实际运用中，法律解释方法大多都要伴随一定的论证，这就导致有些法律解释方法同时又可以成为法律论证方法。

（三）确立法律事实的功能

所谓事实，是指由“什么时间、什么地点、谁、发生了什么”等要素构成的特定事件或者情状。[②] 在社会生活中，每天发生大量的生活事实，形成各种生活关系。但是，生活事实发生争议以后，法律所关注的并非生活事实，而是能够引起一定法律后果的法律事实。在方法论中，所要考虑的事实，并非单纯的生活事实，而是法律事实，主要原因在于：一方面，它必须有争议发生。当事人争议的事实，是法律的事实。通常来说，人们在社会中生活，都难免发生争议，但是，作为法律事实的争议只是那些能够引起法律后果的争议。另一方面，生活中的争议并非都是法律所要规范的，因此，它们不可能都是法律事实。通常，法律所不调整的生活事实，可能需要通过道德、习惯等来调整，法律只是调整立法者认为重要的、需要由法律调整的生活事实。[③] 此外，法律也通常只是对发生争议的生活事实进行调整，如果当事人之间没有发生争议，也就不需要法律来调整。从方法论的角度来看，法官在确定小前提时，其所关注的不是生活关系，而是法律关系。正如德国法学家梅迪库斯所指出的，“生活关系是一个连续统一体，而我们正是从这一连续统一体中取出一部分来，对其进行法律观察”。[④] 这些需要从生活关系中截取一定的事实，然后对社会关系进行法律定性。从生活事实到法律事实就是法律思维的过程。

---

① Edward H. Levi, An Introduction to Legal Reasoning, University Of Chicago Press; Revised edition, 1962, p. 342.

② 参见陈杭平：《论“事实问题”与“法律问题”的区分》，载《中外法学》2011年第2期。

③ 参见朱虎：《法律关系与私法体系》，中国法制出版社2010年版，第35~37页。

④ ［德］迪特尔·梅迪库斯：《德国民法总论》，邵建东译，法律出版社2000年版，第51页。

在法律事实的确定中，都需要伴随着论证。一方面，在当事人举出证据的情形，如何确定案件事实，需要法官运用证据法的规则等。尤其是在事实真伪不明的情况下，如何通过举证责任的分配并最终确定案件事实，需要采用论证方法。这一过程虽然是证据法的规范对象，但是，与法律论证也有密切关系。另一方面，在事实已经确定的基础上，如何确定要件事实，并与实体法规则相一致，就必然伴随着法律论证。

（四）得出妥当的裁判结论

整个法律适用过程最终是通过大前提和小前提的运用，得出妥当的裁判结论。法律论证也是法律职业者内心判断外在化的过程，它通过“外在的”说理，将其内心的判断表达出来。论证的目的就是要使这个结论最终被证成，而这个过程就是一个说理的过程。说理越充分，则裁判活动就越公开透明，并能以严密的逻辑和情理使案件裁判结论不仅在当事人之间出现法律的公正价值立场，而且能够使社会大众对裁判及背后法律的公正性得以理解。个别案件正是因为支持结论的论证理由过于简单，或者故意回避一些导致特定判决结论的论证理由，以至于难以为民众所接受。

从司法裁判活动来讲，法律论证是贯穿于整个裁判活动的，包括对案件最终结论的论证，对拟适用法律规则的论证（拟适用规则本身存在争议，包括规则的妥当性和与案件的契合性）和对案件事实认定结论的论证。不过，前两类主要采用逻辑推理的方法，而案件事实认定结论的论证主要采用的是经验推理方法。

第三节　法律论证方法

一、法律论证方法概述

法律论证要运用一定的方法展开，论证方法的科学性决定了论证的说服力和可接受性。美国法学家胡恩教授在其《五种法律论证方法》一书中提出，法律论证可以从文本、原意、先例、习惯和政策分析等方面来展开，每一个方面从不同的法源产生出来。每一种论证都需要不同的证据支撑，如阐释原意需要历史资料记载，遵循先例需要援引判例等。五种不同的法律论证方法分别体现了不同的法律效力渊源观，即关于“法律效力来源于什么的观点”。[①] 由此可见，其认为法律论证的方法主要是法律解释的方法，这一看法似乎过于狭隘。事实上，法律论证的方法不限于法律解释的方法。凡是可以支持裁判结论的论证方法都可以作为法律论证方法，而且，其不仅适用于法律的解释，在论证的对象上更为广泛。一方面，法律论证中大量地借助于价值判断来进行。正如荷兰法家家菲特丽丝所指出的，“在判断大前提本身真实性和可接受性时，判断标准不再是形式的，而是实质的，包括法律的、道德的、社会的、经济的等诸多方面”。[②] 另一方面，法律论证也需要借助于逻辑学等方法，其所包含的内容不仅仅是法律解释的方法。所以，较之于法律解释方法，法律论证方法所指涉的对象更为宽泛。

然而，这并不意味着，法律论证的方法是杂乱的、无规律可循的。在日常生活中，论证、论辩可以采用各种方法，可以运用各种论据，并不存在严谨的、达成共识的方法。但是，在法律上，论证方法的确定不仅要服务于法律论证的目的，而且应当遵循一定的原则。德国法学家阿列克西曾经提出，有关论证的规则应当符合六大原则，即连贯性、效率性、可检验性、融贯性、可普遍化以及真诚原则。其实，他所说的原则都是论证的方法。[③] 法律论证方法就是确保所提出理由的说服力的方法，其特点主要表现在：

第一，必须具有论理性。在法律论证中，所有的主张都应有论据的支持。法律论证的过程就是说服的过程，它要寻找达到司法公正、实现社会正义、彰显法治的目标。[④] 裁判不是一个武断、命令式的单纯强调结论、指挥他人的行为，而是一个为结论寻找正当化的依据的分析与说理过程，一个传递出司法正义、捍卫司法尊严的公正判决，必然是一个充分说理的判决。由此决定了裁判中的论理性表现为说理的充分性和富有逻辑性，裁判应该是一个完整的自圆其说的对法律和事实的认定过程。美国法学家波斯纳认为：“不必运用法律人的法律训练和经验之外的论证方式或证据，

---

① Wilson Huhn, The five types of legal argument, 2nd ed., Carolina Academic Press 2008, p. 11.

② See Eveline T. Feteris, Fundamentals of Legal Argumentation: A survey of theories on the justification of judicial decisions, Kluwer Academic Publishers 1999, p. 28.

③ [荷] 伊夫林·T. 菲特丽丝：《法律论证原理》，张其山等译，商务印书馆 2005 年版，第 103 页。

④ 参见刘亚丛：《事实与解释》，法律出版社 2010 年版，第 262 页。

就可以确定地或至少是令人满意地解决哪怕是最困难的法律问题，只有这时，法律才是自主的”,[①] 论证和说理的过程必须符合人们的思维习惯和思维方式，能够为人们所理解，而不能是违反常理的“强盗逻辑”“荒谬的逻辑”。[②]

第二，必须具有共识性。没有方法，就无法展开论证。但讨论者共同的论证方法应当具有共识性，也就是说，必须以人们已达成共识的方法进行论证，论证才是合理的和可验证的。如果人们对论证的方法没有达成共识，“法律论证”就会陷入鸡同鸭讲、各说各话的状态。在价值取向多元的情况下，每个人对说服的理由和原因都是不同的。前见不同，每个人能够接受的说服理由也不同。人们的取向也各不相同，因此，需要形成达成共识的论证方法，这些方法都包含了各种价值共识，有的包含在历史的因素中，有的包含在逻辑的因素中，有的包含了其他国家和地区的经验。这些共识性的内容都可以成为人们通过论证形成价值共识的原因。在理论上，存在一些共识性的原理，这应当是法律论证中遵循的前提。法官如果尊重共识性的原理，其就不必负有较重的论证义务。但是，如果法官要突破共识性的原理，其就应当负有较重的论证义务。

第三，必须具有可验证性。法律论证应当采用可验证的方法，也就是说，人们可以验证其结论是否真实。或者说，其他人采用同样的方法进行论证，也可以得出同样的结论。例如，法官以社会效果来进行验证，其所使用的数据应当是真实的，其他人采用同样的方法可以得出同样的结论。论证方法的经验性，还要求其必须要接受客观实践的检验。任何科学性的解释方法，都要服从于客观实践的检验。“经验能够帮助我们选择法律解释的方法”。[③] 对这种检验，首先要考虑能否有利于实现公平正义。此外，也要考虑是否符合效率。当然，法律解释方法又不完全等同于实践中的操作技巧，解释方法是在哲学诠释学等指导下进行理论阐释而形成的体系化的方法。

第四，必须具有逻辑性。逻辑性，是指任何方法在证明结论时在逻辑上是自圆其说的。德国法学家阿列克西曾经在阐述论证规则时认为，最基

---

① ［美］波斯纳：《道德和法律理论的疑问》，苏力译，中国政法大学出版社 2001 年版，第 527 页。
② 参见刘江编著：《逻辑学推理和论证》，华南理工大学出版社 2004 年版，第 3~4 页。
③ Cass R. Sunstein，Must Formalism Be Defended Empirically?，66 U. Chi. L. Rev. 643（1999）

本的论证规则是任何一个言谈者均不能自相矛盾。他指出，不同的言谈者不许用不同的意义来做相同的表达。[①] 此种观点曾被德国法学家哈贝马斯所援引，被认为是基本的论证方法。严密的逻辑论证可以保障其推理的环环相扣，从而避免裁判的疏漏，减少对偶然因素的考虑。运用逻辑的重要意义就在于，根据推理，从已有的知识中获得新的知识，保证论证结论的妥当性。严复曾经指出：逻辑为“一切法之法，一切学之学”。在法律解释中，也必须遵循逻辑的要求。法律解释活动的逻辑是从实践中总结出来的。在形式逻辑上，概念、判断、推理是人们认识和反映事物的共同思维形式。[②] 美国法学家霍姆斯曾言，法律的生命不在逻辑而在经验。这虽然强调了经验的重要性，但是，对于裁判活动来说，两者同等重要。

第五，必须符合正义的目的。论证所依据的价值是多种的，有学者认为包括公平、诚信、平等、自由、公平竞争、正当程序和相邻原则等。[③] 但是，法律上最重要的价值是公平正义。古罗马法学家乌尔比安在《学说汇纂》中的论述就属于规范研究的命题：法，“它来自于‘正义’。实际上正如古罗马法学家杰尔苏所巧妙定义的那样，法是善良和公正的艺术。”在价值多元化的背景下，论证价值判断结论的过程中，需要综合运用多种论证方法，或者根据讨论对象选择适宜的价值论证方法。但在论证价值判断结论时，应以公平正义为最高价值，任何价值不能违反正义的理念。法律的经济分析方法被引入到民法研究方法中后，曾经被不少学者奉为法宝，认为这种方法可以解决所有民法学问题，或者认为其具有其他论证方法无法比拟的优越性。这实际上是一种偏见。[④] 此种方法虽具有一定的合理性，但许多学者曾经批评法律经济分析方法是一种不道德的方法，是一种不考虑社会公平正义的方法，因为其过多注重效率，但可能会忽视公平的问题。

二、法律论证的基本方法

所谓法律论证的方法，是指在从事法律活动中进行论证所依循的途径和方式。迄今为止，关于司法裁判中的论证方法，并没有形成真正的共识。学者对论证方法的认识并不完全相同。综合学者的各种观点，并结合我国

---

① ［德］罗伯特·阿列克西：《法律论证理论》，舒国滢译，中国法制出版社2002年版，第366页。

② 参见李廉等主编：《逻辑科学纲要》，湖南人民出版社1986年版，第23页。

③ ［荷］伊夫林·T. 菲特丽丝：《法律论证原理》，张其山等译，商务印书馆2005年版，第4页。

④ 参见王轶：《民法原理与民法学方法》，法律出版社2009年版，第9页。

司法实践，法律论证的基本的方法主要有如下几种：

1. 法律语义分析方法。此种方法是指通过分析语言的词汇、结构和语境等要素，从而澄清文义，准确阐释法律文本的内涵。法律都是由语言组成的，但语言本身具有局限性，立法者使用的语言也可能存在模糊性、抽象性、多意性等特点，这就需要通过达成共识的语义分析方法来寻求准确、合理的语义。例如，从某个词语的词汇、发展脉络、词语使用的语境等方面，分析词语的含义，就可以获得最低限度的共识。在这个过程中，就需要对语义进行分析论证。依据《民法典》第1165条，行为人因过错侵害他人民事权益造成损害的，应当承担侵权责任。但是，其中的“过错”“民事权益”“损害”，事实上均为不确定概念。对于上述概念应当进行如何理解，关系着法律适用的准确性。在此，就应当以语义分析为基础，对上述概念展开解释。但法律语义分析方法通常都包括在文义解释的方法之中，是法律解释中经常采用的一种方式。

2. 法律价值分析方法。此种方法是指运用一定的价值准则，去评判、衡量法律条文的含义，并解释法律适用过程的正当性。如前所述，价值判断是裁判中大量运用的方法，这也决定了价值分析方法可以成为法律论证的方法。法律价值分析方法就是从一定的价值理念出发，去证成价值判断结论的正当性。例如，法官在个案裁判中以优先保护生命健康权、保障交易安全、强化人文关怀、实现人格平等、保障人身自由、实现效用的最大化、充分实现社会效果等作为理由来论证裁判的正当性，这实际上就是采用价值分析方法。法官运用公平、诚信、平等、自由、公平竞争、正当程序和相邻原则等也属于此类方法。[①] 这一方法在司法实践中经常被用来论证裁判结论的合理性。例如，在重庆台华房地产开发有限公司与重庆晨光实业发展（集团）有限责任公司、重庆晨光百货有限责任公司、重庆晨光大酒店有限责任公司房屋搬迁纠纷案中，最高人民法院认为，企业法人被吊销营业执照至其被注销登记前，该企业法人仍应视为存续，可以自己的名义进行诉讼活动。[②] 该判决实际上是以保障交易安全的价值来展开的。假设某人拖欠债务以后，故意不办年检，工商行政管理机关就吊销其执照。如果此时否认其主体资格，就会鼓励其通过此种方式逃债。但是，价值分

① ［荷］伊夫林·T. 菲特丽丝：《法律论证原理》，张其山等译，商务印书馆2005年版，第4页。
② 最高人民法院（2005）民一终字第57号民事裁定书。

析方法必须在司法三段论的框架内进行，其主要还是通过对大前提的阐释，以及大小前提的联结来达到证成结论的目的。在价值分析过程中，还应当注重价值的一致性，符合价值判断的基本规则和要求。

3. 法律的经济分析方法。此种方法是从帕累托最优的模式出发，通过成本和收益分析，来论证法律适用的正当性。这种方法运用在论证中就形成了经济论证法，即以特定行为给社会整体带来的效用大小为评价行为正当性的标准。[①] 美国盛行的经济分析法学就是这一学术潮流的典型。其代表人物波斯纳和卡拉布雷西虽然都采用了效率分析方法，但波斯纳更注重效率分析，而卡拉布雷西则强调兼顾公正。当然，他们在法律理性人的假定、经济效用最大化、公共选择等方面具有共性。法律的经济分析是一种结果导向的论证方法，它是在出现复数解释结果情况下，通过对不同方案在经济上妥当合理性的考虑来作出结论。法律的经济分析方法是运用经济学原理来分析法律现象，虽然其与传统法学理论关注、评价行为的视角不同，但经济学观察和法学观察在结论上很可能是一致的。[②] 有美国学者对法律经济分析的功能作出如下评价，即传统法学价值判断方法给法律规则的正当性提供了内部正当性，而法律经济分析方法则对法律规则的正当性提供了外部正当性标准。如果法律适用的结果可以起到促进社会财富增长、避免社会财富浪费等效果，就可以认定该裁判是妥当的，从而对判决理由进行证成。例如，在桂馨源公司诉全威公司等土地使用权转让合同纠纷案中，[③] 法院认为签订国有土地使用权转让合同时，转让人虽未取得国有土地使用权证，但在诉讼前已经取得该证的，应认定转让合同有效。当事人取得国有土地使用权证后未足额缴纳土地出让金，或对转让土地的投资开发未达到投资总额25%以上的，属转让标的瑕疵，不影响转让合同的效力。此种裁判有利于避免财富的浪费，增加社会总体的经济效益。

4. 法律的社会学分析方法。它也被称为社会学论证，或运用社会学方法进行的法律论证。社会学方法，是结合特定社会在某一特定时期的各项要素，包括当时的思想潮流、社会需要、风俗和文化状况、经济社会情势

---

① ［美］理查德·波斯纳：《法律的经济分析》，蒋兆康译，中国大百科出版社 2003 年版，第 3 页中译者序言。

② Jeffrey L. Harrison，Law and Economics，Thomson West2007，p. 1.

③ 最高人民法院（2004）民一终字第 46 号民事判决书。

等情况，而研究社会发展规律的方法。[①] 由于每个人的行为都是在特定社会背景和关系中形成的，因此，对人们行为的理解和法律的解释，都需要考虑影响行为的社会因素，以及特定行为模式对社会产生的反作用。社会学方法注重社会效果的分析，它实际上属于法律实证分析的组成部分。在我国司法实践中，提倡法律效果与社会效果相结合，注重社会效果的考虑，实际上也就是运用社会学方法进行法律论证。例如，在南京现代雕塑中心诉中科昆山高科技产业园管理委员会侵害著作权一案中，二审法院认为，现代雕塑中心对“希望之光”雕塑作品的利益期待通过时代雕塑公司的赔偿也能得到弥补。因此，时代雕塑公司制作“科技之光”雕塑虽然侵犯了现代雕塑中心对“希望之光”雕塑作品享有的著作权，但在现代雕塑中心对作品的署名权、复制权、展览权及获得报酬权得到保护，并且销毁涉案雕塑给使用者也会造成重大损失的情况下，再判令现代雕塑公司和昆山高科技园管委会销毁涉案雕塑会令个体利益与公共利益失衡，也并不符合著作权保护的初衷。[②] 这实际上是考虑到裁判的社会影响而作出的妥当选择。

5. 法律的逻辑分析方法。毫无疑问，逻辑推理是论证中最常见的形式，这是因为三段论本身就是逻辑推理的运用。三段论是法律文献中运用最为频繁的逻辑推理方式。[③] “对法律人的职业培训实际上就是一种逻辑的训练，司法裁判的语言主要是逻辑的语言。”[④] 从逻辑的角度来看，某一法律证立的可接受性的一个必要条件是，支持该证立的论述必须是逻辑有效的论述。[⑤] 在逻辑学者看来，论证可以分为归纳论证与演绎论证。演绎论证是一种从一般到个别的论证方法，在逻辑上说，其从前提到结论的过程具有必然性；而归纳论证是从个别到个别的论证方法，而其从前提到结论的推导具有或然性。[⑥] 在司法裁判过程中大量采用的都是演绎论证，但也

---

① Paul Delnoy, Eléments de méthodologie de l'interprétation juridique, Larcier, 2006, p. 175.

② 江苏省高级人民法院（2004）苏民三终字第040号民事判决书。

③ 有学者认为，在法律推理构建中，除了三段论逻辑之外，还有命题逻辑（propositional logical）、谓词逻辑（predicate logic）、道义逻辑（Deontic Logic）等多种逻辑可用于检验结论性陈述的真实性。Eveline T. Feteris, Fundamentals of Legal Argumentation: A survey of theories on the justification of judicial decisions, Kluwer Academic Publishers 1999, p. 28.

④ See Oliver Wendell Holmes, Jr., The Path of the Law, 10 Harvard Law Review 457 (1897).

⑤ ［荷］伊夫林·T. 菲特丽丝：《法律论证原理》，张其山等译，商务印书馆2005年版，第11页。

⑥ ［美］M. 柯匹、卡尔·科恩：《逻辑学导论》，张建军、潘天群等译，中国人民大学出版社2007年版，第52页。

不完全排斥归纳论证。例如，在英美法中，法官寻找先例作为大前提，常常采用归纳论证。逻辑的分析方法不仅要符合形式逻辑的基本要求，而且也要遵循司法三段论中的基本规则。“一个演绎论证是有效的，如果其前提是真的，则其结论必定是真的。”① 英国法学家麦考密克解释说，合乎逻辑一词意味着“从演绎逻辑推理这一意义上讲，如果一个命题符合逻辑本身的要求，换句话说，如果结论部分是通过前提严格推理得出的，那么该命题就合乎逻辑”。②

逻辑论证是常用的方法，其在具体运用中又体现为各种方法，主要包括：

第一，相似性论证，也称类似性论证，是在法律说理活动中最为常用的方法。该方法要求相似的规范语境应当得到相同的解释，只能在所比较的两个对象具有相似性时才能采用。在裁判过程中，经常采用相似性论证，这是为了保障平等原则的实现。在某一个案件和另一个案件的相似性进行比较之后，就可以确定它们之间的共同点和不同点，对于相类似的案件，可以尽可能地保持案件裁判结果的相似性，从而实现类似案件类似处理。从逻辑分析的角度来看，此种方法具有归纳法的特点。比较典型的例子是，《民法典》虽然没有对某种法律关系中当事人应当享有的权利作出规定，但是在对与其相类似的法律关系中，对当事人享有的权利进行了明确的规定，此时，可以通过相似性论证的方式，依据《民法典》相关规范的性质以及参照与被参照法律关系的相似性，进行参照适用。例如，民法典在保证合同中规定了有关保证人的追偿权、抗辩权，但物上担保部分并没有对此作出规定，法官可以依据各类担保方式在性质上的相似性，而在物上担保中适用保证合同的相关规则。

第二，反比论证。反比论证，是指以相反的事实出发，应当得出相反的结论。和相似性论证一样，反比论证也是类比论证。该方法与相似性论证相反，要求被类比的对象和待决对象之间存在实质性区别，因此，对二者适用不同的规则。③ 在法律解释中，反比论证常常表现为反面解释方法，但是，在事实认定中，反比论证可以通过比较两个相反的事实的差异，来

① ［美］M. 柯匹、卡尔·科恩：《逻辑学导论》，张建军、潘天群等译，中国人民大学出版社2007年版，第49页。

② Neil MacCormick，Legal Reasoning and Legal Theory，Oxford University Press 1978，p. 38.

③ See Bartosz Brozek，Jerzy Stelmach，Methods of Legal Reasoning，Springer 2006，p. 157.

验证裁判结论的合理性。例如，《民法典》第 522 条第 2 款规定："法律规定或者当事人约定第三人可以直接请求债务人向其履行债务，第三人未在合理期限内明确拒绝，债务人未向第三人履行债务或者履行债务不符合约定的，第三人可以请求债务人承担违约责任……"，依据这一定，真正利益第三人合同中，第三人在债务人违约时享有请求其承担违约责任的权利，依据反比论证，那么就应当认为，在非真正利益第三人合同之中，债务人违约时，第三人不享有请求其承担违约责任的权利，而只能由债权人请求。一般而言，如果两个事实是完全相反的，而裁判结论却相同，就可能使裁判的正当性受到质疑。

第三，当然论证。此种方法也就是采用"举重以明轻"和"举轻以明重"的解释方法进行论证。[①] 当然论证是考虑两个事物之间的"轻""重"关系，然后，从一般事理出发，从而论证判断的合理性。在当然解释中，通常涉及"较多"与"较少"的比较。[②] 当然论证的基础是一般的事理，其关键在于，确定两个事物之间是否存在"轻""重"关系。在当然论证中，有两种方法，一是举轻以明重。例如，公司对外担保是一种无偿行为，会对公司正常经营、股东利益、债权人债权实现产生不利影响。为此，《公司法》专门规定了公司对外担保的程序和要件。而债务加入的责任更重，举轻以明重，承担担保这种从属性债务尚且需要符合《公司法》的程序要求，而且对外担保的效力和归属都有专门法律规范予以调整。据此，法定代表人以公司名义加入债务的，必须作出加入债务的决议，遵守决议程序，而不能通过债务加入来进行规避公司对外担保规则进行处理。二是举重以明轻，例如，关于合同的解除，对于已经生效的合同，在因不可抗力导致合同目的无法实现时，当事人都可以依法解除合同，那么，对于附生效条件的合同，在条件尚未成就时，合同尚未生效，如果出现了不可抗力，导致合同目的无法实现，按照举重以明轻的解释规则，当事人也应当有权依法解除合同。裁判者为了解决价值冲突而进行价值判断时，应当考虑到法秩序的统一性。例如，就不作为侵权来说，某种不作为已经构成了犯罪，却不能认定为侵权行为，这就显然不符合当然论证的规则。

第四，反证论证。当论证人难以直接证明"A 是真实的"这一结论

① See Bartosz Brozek，Jerzy Stelmach，Methods of Legal Reasoning，Springer 2006，p. 157.

② ［葡］孟狄士：《法律研究概述》，黄显辉译，澳门大学法学院 1998 年版，第 148 页。

时，其可以先证明“非A是真实的”或者“非A是虚假的”，那么，其就可以反过来证明A的真实性。[①] 在法律解释过程中，采用反面解释的方法，就是反证论证的一种方式，也就是依照法律文本规定的正面意思推出相反的结果，据此阐明法律条款的真实含义。[②]。例如，在广西桂冠电力股份有限公司与广西泳臣房地产开发有限公司房屋买卖合同纠纷案中，[③]，最高人民法院认为，《合同法》第97条规定：“合同解除后，尚未履行的，终止履行，已经履行的，根据履行情况和合同性质，当事人可以请求恢复原状、采取其他补救措施，并有权要求赔偿损失。”其中所说的合同解除后的后果不表现为违约责任，而是返还不当得利、赔偿损失等形式的民事责任。这在一定程度上也运用了反证法。违约责任只是合同有效存在情况下的责任，而合同解除后的责任不属于合同有效存在的情况，因此，通过反证法可以得出结论，即合同解除后的效果不包括违约责任。

第五，具体考虑的论证法。具体考虑的论证法要求在论证中综合考虑具体问题的特征和相应影响因素，并作出判断。此种方式就是要实现个案中的妥当性，保障法官依法作出公正的裁判。由于在许多情况下，法律不可能对裁判的具体数额作出僵硬的规定，但是，在适用法律过程中，为了限制法官自由裁量，又要求法官参酌有关因素，例如，精神损害赔偿数额的确定、惩罚性赔偿数额的确定、违约金数额的减少、显失公平的确定等，都存在量的不确定问题。但是，在此情况下，要求综合考量法律规定的因素，以帮助法官作出正确的裁判。[④]

第六，体系论证。体系论证，是指以法律的内在体系和外在体系为基础而进行的法律论证。19世纪英国宗教学之父马克斯·缪勒指出：“只知其一的人等于一无所知”。这句话虽然讲得未免有些绝对，但是，其强调了体系论证的重要性。体系论证的前提是，调整相关问题的法律规范之间不应当存在根本矛盾。因此，在体系论证的过程中，必须始终注重法律体系的整体的一致性和完整性。体系论证的最终目标在于完善法律，使法律更

---

① See Bartosz Brozek, Jerzy Stelmach, Methods of Legal Reasoning, Springer 2006, p. 158.

② 杨仁寿：《法学方法论》，我国台湾地区三民书局1986年版，第139页。

③ 最高人民法院（2009）民一终字第23号民事判决书。

④ 例如，依据《最高人民法院关于确定民事侵权精神损害赔偿责任若干问题的解释》（2020年修正）第5条规定：“精神损害的赔偿数额根据以下因素确定：（一）侵权人的过错程度，但是法律另有规定的除外；（二）侵害行为的目的、方式、场合等具体情节；（三）侵权行为所造成的后果；（四）侵权人的获利情况；（五）侵权人承担责任的经济能力；（六）受诉法院所在地平均生活水平。”

契合社会、伦理、经济的发展与变迁。美国法学家德沃金将法律的解释看作是对一个系列小说的创作和解读。要通过解释使整部小说更连贯，要通过解释使每个故事成为最好的故事，而不仅仅是使那个故事成为它本身。[①]通过体系论证，不仅可以确定出文义的准确含义，而且，可以消除法律规定相互之间的冲突和矛盾。例如，《物权法》第191条抵押设立后，抵押人不得转让抵押物，但为兼顾抵押人和第三人的利益，允许第三人通过行使涤除权的方式以消灭抵押权。《民法典》第406条删除了《物权法》的涤除权规则。这是否意味着《民法典》否定了涤除权规则的适用？通过体系解释，可以发现，在涤除权规则删除后，可以适用《民法典》合同编第524条第1款中的第三人代为履行的规则，依据该条规定，第三人代为履行以第三人对履行债务具有“合法利益”为限。但何为“合法利益”？“合法利益”应当如何判断？笔者认为，第三人对债务履行具有合法利益，实际上就是指第三人对债务的履行具有利害关系，在审判实践中可由法官根据具体案情进行判断。其具体情况主要包括第三人与债务人之间具有一定的人身关系，或者第三人就债务的清偿可以获得一定的财产利益。基于这种认识，抵押物的受让人对债务的履行并因此消除抵押权是具有利害关系的，可以适用《民法典》合同编第524条第1款的规定。

第七，一致性论证法。此种方法，强调法律论证中应当贯彻不矛盾性的要求。德国学者阿列克西认为，任何一个言谈者均不得自相矛盾，这是论证的基本规则。[②]一致性论证法，实际上是对裁判规范的形式逻辑要求，其涉及两个层面，即内部逻辑一致和外部逻辑一致。任何法律判断，包括典型案件和任何一种疑难案件，无论其大前提是如何获得的，最终都必须过三段论这一关，都必须达到内部一致性的证立要求，才能获得判决的形式合法性。[③]例如，《民法典》第388条规定：“设立担保物权，应当依照本法和其他法律的规定订立担保合同。担保合同包括抵押合同、质押合同和其他具有担保功能的合同。”该条对担保合同内涵的规定实际上意味着担保物权的规定与合同编关于保证合同中保证责任的规定具有类似性，可以相互参照适用，此种结合构成了担保合同的一般规定。这意味着《民法

---

① Ronald Dworkin, Law, Philosophy and Interpretation, 80 Archiv für Rechts-und Sozialphilosophie, 463, 467 (1994).

② ［德］罗伯特·阿列克西：《法律论证理论》，舒国滢译，中国法制出版社2002年版，第366页。

③ 侯学勇：《法律论证的原则》，载《法律方法》2006年第1期。

典》在担保方式上采取了“形式上分离，实质上统一”的模式。

6. 法律的目的分析方法。它是指依据对法律目的的考虑，来论证法律适用的正当性和合理性。根据该论证方法，任何法律都有特定的目的，法律的解释不得背离法律所欲实现的目的。英国学者马莫指出，立法意图虽然是很难寻求的，但是，它是各种利益平衡的结果，它体现的是一群人，而不是单个人的利益。[①] 因此，裁判者要努力寻求立法者的意图。目的论证方式主要适用于目的解释之中，通过法律的特定目的，来阐释法律的大前提，寻求妥当的裁判结论。例如，《民法典》第990条第2款规定：“除前款规定的人格权外，自然人享有基于人身自由、人格尊严产生的其他人格权益。”该条规定以立法的形式确定了一般人格权。由于一般人格权旨在弥补具体人格权僵化的不足，因此一般人格权的具体外延是不断随着实践的变化而越来越丰富的。该条的立法目的也在于宣示，人格尊严是一般人格权的内核，是判断所有新型人格利益的基本标准，任何一种权益受到侵害后，只要侵害了个人的人格尊严，都可以纳入一般人格权的保护范围。随着社会的发展出现各种人格利益时，是否要受到人格权的保护，要以人格尊严为标准进行判断，这由此也表明了人格尊严是所有值得法律保护的人格权益的基本标准。

7. 法律的比较分析方法。它是指以比较法的考察为基础来进行法律的论证。比较法是指不同国家或者地区的法律制度的比较研究，其可以分为三个不同的层次：一是单纯的外国法研究，重点在于阐释外国法；二是比较不同国家法律制度的异同及其发展趋势，重点在于总结和评述；三是研究不同法律制度之间的现实与历史的关系，重点在于对不同制度之间沿革与联系的考察。[②] 在运用比较法的方法时，通过各国法律制度的功能考察，来进行实质意义上的比较。在一些法律继受国，比较法作为论证法律适用过程的重要参考，其作用更为重要。因为法律继受国的法律往往是以国外的立法、判例和学说为基础而制定的，通过比较法的方法有助于确定其立法目的。例如，《民法典》侵权责任编第四章“产品责任”中的“缺陷”含义如何，可以进行比较法的论证，尤其是我国产品责任制度就是借鉴比较法经验的结果。所以在涉及对缺陷含义的解释时，也可以借鉴美国、欧

① Marmor, Interpretation and Legal Theory, Clarendon Press, Oxford, 1992, p. 161.

② 参见朱景文：《比较法总论》，中国人民大学出版社2004年版，第1页。

盟等的法律规定和判例学说。

8. 法律的历史分析方法。通过运用历史考察的方式，确定法律条文的含义。这种方法运用在论证中就形成了历史论证法。它的特点在于，通过考察法律规则的历史变迁，从而明确其立法目的、条文的含义等。因为在许多情况下，通过追寻历史，可以明确立法目的和宗旨，可能得出与法律条文的字面文义不同的解释。如果法官能够从历史分析的方法来阐释法律条文，可能更符合立法原意。

9. 情理分析的论证方法。此种论证方法，是指法院在论证的过程中采用社会常理、人们通常接纳的感情取向等来论证裁判结论的正当性。在中国数千年的司法史中历来有“天理、人情、国法”的说法，实际上是阐述了自然法、法理与人情之间的关系。包含在法律典籍中间的规范仅仅是裁判者论证裁判结论正当性的一部分内容，大量的论证涉及情理的内容。对于天理和人情的阐释，常常要占据裁判结论的大部分篇幅。时至今日，在中国法院的判决书中，也有运用天理和人情的实例。例如，在北京市某法院审理的陆某诉其女儿张某房产纠纷一案中，法院判决在说理部分指出，中华民族自古以来就有百善孝为先的优良传统，儒家经典《孝经》甚至把“孝”誉为“天之经、地之义、人之行、德之本”。原告已经是八十高龄的老人，被告作为原告的女儿，理当孝顺原告，但其从原告处购买房产后，非但不给付原告房款，而且在法院判决后逃避债务，其行为不仅违反了法律的规定，也违背了社会道德，与和谐社会的宗旨背道而驰。因此判决被告败诉。[①] 这实际上是采用了情理分析的论证方法，通过这种方法，可以以理服人、以情服人。所谓辨法析理，就是要运用情理来说服当事人。这实际上也是我国司法实践中广泛采用的一种方法。情理通常体现为社会常理，也体现了一定的哲理，并且有可能成为支配人们行为的规则。情理分析就是以情理作为论证依据，它要求裁判过程考虑人情世故，符合公平正义的自然法理，遵从人们长期生活的习惯，尊重人们朴素的法感情。比如，夫妻离婚以后，已经分割了财产，但一方确实无房可住，此时，应适用离婚时的“经济扶助义务”制度，使一方在住房方面获得必要的扶助。

不同的法律论证方法，在证成价值判断结论的过程中的重要性是有差异的。在德国法学家阿列克西等人看来，应当区分简易案件和疑难案件。

① 白龙：《〈孝经〉入判决 尝试引热议》，载《人民日报》2010年6月10日。

在简易案件中，可以采取单一的论证方法。而在疑难案件中，应当采取多重的论证方法。此种观点不无道理，但是，并不能绝对化。有时对于简易案件，也需要借助于多重的论证方法，更充分地论证裁判的正当性。① 通过各种法律论证方法的综合运用，可以实现裁判的正当化和可接受性。

第四节　论证负担规则

一、论证负担规则的概念与特征

所谓论证负担规则，指在面对特定命题时，确定论证者所负有的不同责任的规则。在一般的日常生活中，常见的是由命题提出人承担论证负担责任的规则。但在裁判活动过程中，论证负担的规则，是指法官在何种情况下，应承担相应的论证义务。论证本身需要遵守一定的规则，论证首先涉及负担规则，即谁有义务进行论证、在何种情况下有义务进行论证。其中就体现了论证负担规则。德国法学家阿列克西提出，论证负担规则为：如果有谁想将某人 A 与某人 B 做不同对待，则其负有责任对这样做的理由进行证立。如果有谁想对不属于讨论对象的命题或规范进行抨击，那么他就必须说明这样做的理由。② 这实际上是对论证负担的一般规则的概括。论证负担规则的特点表现在以下几个方面：

第一，论证负担规则确立了论证责任的主体是法官。此处解说的论证，是指就裁判结论的妥当性的作出的论证。尽管在诉讼活动中，当事人都有论证的义务。任何一方当事人提出主张和抗辩，都需要提出不同的证据与理由，并承担论证的义务。而就裁判结论的妥当性论证而言，论证负担的主体应当是法官。这是因为法官是裁判的主体，其作出裁判本身就要求其承担论证的义务，法官必须就其裁判结论作充分的论证。法官所负有的论证并非举证责任规则，其承担的主体，并非是当事人。

---

① ［荷］伊夫林・T. 菲特丽丝：《法律论证原理》，张其山等译，商务印书馆 2005 年版，第 199 页。

② ［德］罗伯特・阿列克西：《法律论证理论》，舒国滢译，中国法制出版社 2002 年版，第 367 页。

第二，论证负担规则要依据不同的论证对象而分别确定。就论证对象而言，并非诉讼当事人的各自的主张，而是裁判的结论及其依据。这里的裁判结论，包括事实的认定、大前提的寻找依据以及推理的过程。这就是说，论证义务并非是同一的，要区别不同的情形分别确定。例如，法官要作出与法律字面含义不同的解释时，就应当负有更重的义务。而如果其仅仅从法律的字面含义进行解释，其论证义务较轻。

第三，论证负担规则要依据不同的论证对象负有相应的论证义务。论证负担规则并不意味着完全减轻了法官的论证义务。虽然在某些情况下，论证负担规则具有减负功能，可以减轻法官的论证义务。① 但这一规则的引入，更多的是要明确在不同情况下裁判者的论证对象及论证程度。论证的内容应当包括论点、论据和论证方法，其中，法律论证的论点也称论题，是系争案件中的争点，是双方当事人争议的焦点，也是法律适用的难点。论据就是法官据以进行论证的依据，其本质上就是对法律进行解释的方法。一般来说，论证的论据包括体系论据、目的论据、利益衡量论据等，这些论据对应着法律的各种解释方法，以及这些解释方法在运用中的位阶和选择。论证方法就是法律推理的方法，论证就是整个发现论点、运用论证方法和论据进行说明和证明的过程。但是并不是在所有的情况下，法官都有义务进行详细的论证。例如，在案件事实清楚，所应适用的法律明确的情况下，法官的论证义务并不显著。论证负担规则的作用，是指明在何种情况下，法官应负担论证的责任，尤其是明确法官论证义务的程度。

第四，论证负担规则具有一定程度的指引性。也就是说，要求法官在裁判中，针对不同的论证对象，必须承担相应的论证义务。这是其应当履行的义务。这并不是说，违反义务后，法官要承担责任，而是说如果违反义务就不足以实现法律论证的目的。例如，在论证实践中，常常发生法官错误援引规则，或改变规则字面含义的情形。在强制要求论证负担化的情况下，可以较好地避免其论证上的随意性。

二、论证负担的具体确定

（一）依据价值共识确定论证义务

在价值多元化的时期，虽然存在价值的冲突和矛盾，但是，仍然应当

① ［德］罗伯特·阿列克西：《法律论证理论》，舒国滢译，中国法制出版社2002年版，第340页。

有最低限度的价值共识，以成为法律论证的前提。对某项命题，若存在基本的价值共识，则可以以此为基础确定论证的负担。在这方面，王轶教授提出，应以民法学者最低限度的价值共识为内容确立有关的论证规则。据此，他提出了两项实体性论证规则：其一，在没有足够充分且正当理由的情况下，应当坚持强式意义上的平等对待；其二，在没有足够充分且正当理由的情况下，不得主张限制主体的自由。[①] 严格地说，这一论证规则，适用于各种法律论证。但对裁判者论证负担的确定，也具有指导作用。这可以看作是对前述阿利克西论证规则理论的进一步发展。但正如哈贝马斯所指出的，由于价值具有多元性，很难要求人们达成绝对的共识，共识本身也需要沟通与论证。

（二）依据法律规定确定论证义务

在成文法背景下，裁判者基本的思维，应当建立在既有规则的基础上。在很大程度上，法律，而不是抽象的价值，应当被认为是人们目前为止所能达成的最低共识。[②] 从这个意义上说，以法律规则为出发点的论证，是更具说服力的论证。实际上，在法律论证的语境下，所谓“讲事实，摆道理”的说法，首先是对“法理”的讨论和运用，而不仅仅只是阐述简单的生活道理。当然，法律也应适应社会的发展变化，在其不能适应社会的发展，或违背社会主流观念时，裁判者应负担更重的论证义务。再如，在《民法典》第1180条规定：“因同一侵权行为造成多人死亡的，可以以相同数额确定死亡赔偿金。”该条使用了“可以”的提法，表明这种规定并非是一种强制性规范，但是否可以认为就是一种任意性规范呢？笔者认为，也不宜简单地将该条规定理解为任意性规范。该条规定体现了一种价值取向，即在这些事故中尽可能地采取统一赔偿标准，以减少争议和纠纷，但是，在适用这种统一标准时，法官负有提供合理理由的说明义务。在特殊情况下，受害人如年龄、经济状况等个人因素差距过大时，可以采取特别处理，对个别受害人的赔偿可以高于其他受害人。所以，法官在没有充分且正当理由时，应当以同一标准来确定赔偿数额。如果其要区别对待，就应当负有更多的论证义务。

① 王轶：《民法价值判断的实体性论规则——以中国民法学的学术实践为背景》，载《中国社会科学》2004年第6期。

② 许德风：《论法教义学与价值判断——以民法方法为重点》，载《中外法学》2008年第2期。

（三）依据法律文义确定论证义务

无论是目的性限缩还是目的性扩张，都是对法律文义的改变。考虑到法律文义对裁判者应当具有的拘束，此时，法官必须要负有更重的论证义务。而如果单纯从文义出发进行解释，裁判者所负有的论证义务就较轻。若文义本身是清晰、不言自明的，法官也不需要作额外的论证。例如，对于诸如普通诉讼为三年的法律规定，法官并无须加以解释。但是，若要改变该文义，就需要作特别的论证。例如，《民法典》第1180条规定："因同一侵权行为造成多人死亡的，可以以相同数额确定死亡赔偿金。"此处立法虽然使用了"可以"的表述，但是依据立法者追求公平的立法目的，此处的"可以"实际上是要求裁判者在一般情况下均应以相同数额确定赔偿金，确定不同死亡赔偿金的应当进行详细的论证。所以，如果要改变法律的文义，认为要考虑情节而确定是否入刑，法官就要负担更重的论证义务。

（四）根据当事人的争议确定论证义务

在一般情况下，如果当事人对某一事项不存在争议，裁判者就不负有较重的论证义务。而如果当事人对某一事项存在争议，裁判者应当负有更重的论证义务。这也是裁判本身说理性的要求，是为了使当事人接受法院的判决。此处所说的争议，既包括一方的请求，也包括另一方的抗辩。对于在请求与抗辩中双方已经形成共识，并未提出异议的事项，无须加以特殊的论证。例如，在合同纠纷中，一方根据对方违约，要求对方承担违约金责任，而另一方则主张违约金数额过高而请求法院酌情减少，从双方的请求和抗辩来看，对于合同本身的效力及违约的事实，并无争议。因此，法官无须对此进行论证。但如果一方提出了违约金责任承担的请求后，另一方认为合同根本不成立或无效，则法官就有必要对合同的成立及其效力进行论证。

（五）根据指导性案例确定论证义务

在英美法系国家，法官可以通过援引先前类似的案件进行裁决，努力增强裁决的连贯性。① 在我国当前正在推进指导性案例制度的过程中，指导性案例本身并非判例法，但其仍然具有一定的拘束力。在裁判过程中，应当为法官所参考或遵循。在这方面，德国法学家阿列克西提出了一项重

① ［荷］伊夫林·T. 菲特丽丝：《法律论证原理》，张其山等译，商务印书馆2005年版，第4页。

要的论证规则，即“当一项判例可以引证来支持或反对某一裁决时，则必须引证之”。“谁想偏离某个判例，则承受论证负担。”① 笔者认为，从中国的实际出发，因尚未实行判例法制度，前一项规则不宜采用。

三、动态系统论与裁判说理

（一）动态系统论的基本观点

动态系统论最早由奥地利学者威尔伯格（Walter Wilburg）于20世纪40年代提出，② 经日本学者山本敬三等人的介绍与传播，③ 已经为我国法学界所熟知，并在全世界的范围内产生了重要的影响。《欧洲侵权法原则》（PETL）和《欧洲示范民法典草案》（DCFR）均对这一学说进行采纳，使得该学说的影响力进一步提升。在我国《民法典》的编纂中，人格权编也在总结这些经验的基础上，对动态系统论进行了大胆的吸收与借鉴。人格权编中的多个条文均体现了动态系统论的思想，这也成为《民法典》人格权编中的重要特色之一。

威尔伯格在比较法的基础上提出了动态系统论的思想，其基本观点是：调整特定领域法律关系的法律规范包含诸多构成因素，但在具体的法律关系中，相应规范所需因素的数量和因素的强度有所不同，也就是说，调整各个具体关系的规范因素是一个动态的系统。④ 因此，应当在具体法律关系中通过对动态的因素考虑认定责任。⑤ “动态系统提供了一个替代方案：通过明确规定法官裁判时应当考虑的各种重要因素，立法者可以达到非常具体化的规定目的，能够决定性地限制法官的自由裁量空间，并且也使得法官自由裁量具有可预见性，而同时又有所控制地兼顾了生活事实的多样性。”⑥

---

① ［德］罗伯特·阿列克西：《法律论证理论》，舒国滢译，中国法制出版社2002年版，第341页。

② Vgl. Walter Wilburg, Entwicklung Eines Beweglichen Systems Im Bügerlichen Recht, Verlag Jos. A. Kienrech/Graz, 1950.

③ ［日］山本敬三：《民法中的动态系统论——有关法评价及方法的绪论性考察》，解亘译，载梁慧星主编：《民商法论丛》（第23卷），金桥文化出版（香港）有限公司2002年版，第213页。

④ 参见［日］山本敬三：《民法中的动态系统论——有关法评价及方法的绪论性考察》，解亘译，载梁慧星主编：《民商法论丛》（第23卷），金桥文化出版（香港）有限公司2002年版，第177页。

⑤ 参见［奥］海尔穆特·库奇奥：《损害赔偿法的重新构建：欧洲经验与欧洲趋势》，载《法学家》2009年第3期。

⑥ ［奥］海尔穆特·库奇奥：《损害赔偿法的重新构建：欧洲经验与欧洲趋势》，载《法学家》2009年第3期。

动态系统论与传统的构成要件论的最大区别在于，构成要件论秉持着“全有全无”的原则，认为构成要件是法律后果的必要且充分条件，当要件全部满足时，结论一定发生；当条件有一个不能满足时，结论就不会发生。就侵权责任构成要件而言，如果将其构成要件确定为过错、损害、行为的违法性、因果关系，只有在这些构成要件区别满足时，责任才能成立。而动态系统论则与此不同，表现在：一是动态系统论强调各因素的作用。动态系统论认为，在判断责任时，应当对所有的构成要件发挥的不同作用进行评价，针对影响因素的不同程度，来综合考虑认定责任。这实际上是一种在量上分层的认定方法。二是动态系统论强调各因素排列上的位阶，引导法官考虑这些因素是否满足，但在个案中，并不要求每一个因素满足到特定程度，甚至不要求一定具备全部因素；而是要求考虑不同的因素，确定这些因素满足到什么程度，根据案件的具体情况对各个因素进行综合考虑。① 因素与效果之间的关系不再是“全有全无”，而是“或多或少”。三是强调各因素之间的“互补”。动态系统论的“动态”特征，是指法律规范或者法律效果由“与因素的数量和强度相对应的协动作用”来确定。这里的所说的“协动”是指因素之间具有互补性。② 在威尔博格看来，因素不再像要件一样处于固定的状态，而是作为变量处于动态的考虑之中。如 A 因素获得了较高程度的满足，那么虽然 B 因素的满足程度较低，则在法官的综合考虑下，可能发生因素间的互补。这些因素具有“相互比较”的个性。③正如威尔博格所指出，“如果一个因素以一种特殊强烈的方式出现，就可充分满足认定存在责任的要求”。④ 由此可见，动态系统论试图通过抽取一些因素或因子，引导法官考虑该因素或因子的权重，在个案中通过判断不同变量的强弱效果，并结合因素之间的互补性，最终得出案件裁判的结论。相较于构成要件系统而言，动态系统论考虑的因素更为宽泛，更具有灵活性与开放性，从而可以适应复杂情况下的公正需要。

虽然理论界对于动态系统论的评价不一而足，有学者也指出了动态系

① ［日］山本敬三：《民法中的动态系统论——有关法评价及方法的绪论性考察》，解亘译，载梁慧星主编：《民商法论丛》（第 23 卷），金桥文化出版（香港）有限公司 2002 年版，第 207~208 页。

②③ 解亘、班天可：《被误解和被高估的动态体系论》，载《法学研究》2017 年第 2 期。

④ 详细参见 B. A. Koch，“Wilburg's Flexible System in a Nutshell”，in：Koziol/B. C. Steininger，European Tort Law：Liber amicorum for GelmutKoziol，2000，pp. 293 ff.

统论的作用不应被高估。[①] 且从比较法上来看，民法典中采纳该理论并不多见。但一些示范法则明确采纳了这一理论。例如，德国学者冯·巴尔（von Bar）教授主持起草的《欧洲私法共同参考框架》（DCFR）第2：101条第3款规定："在判断赋予损害赔偿或预防损害的权利是否公平且合理时，应参考归责基础、损害或有发生之虞的损害的性质和近因、已遭受或即将遭受损害之人的合理期待以及公共政策考虑。"在库奇奥（Koziol）教授主持起草的《欧洲侵权法原则》第2：102条中确立了利益保护所应考虑的多重因素，主要包括：利益的性质、利益的价值、利益的定义是否精确与明显、行为人与受害人的接近程度、责任性质、行为人的利益（尤其是该行为人行动与行使权利的自由）以及公共利益。[②] 受保护利益的范围取决于该利益的性质：利益价值越高，定义越精确，越显而易见，保护范围就越广泛。该条显然是受到了动态系统论的影响而确定的制度。在责任范围（第3：201条）的规范设计上，同样采取了动态体系化的模式。由此可见，这两个侵权法的草案都没有提出明确的区分标准，而实际上是采纳动态系统论，赋予法官一定的自由裁量权，综合考虑各种因素以确定是否保护利益。由此可见，动态系统论在立法中的采纳，是法律发展的重要趋势。其背后的原因在于，由于社会生活不断变迁，立法者不能预见到所有情形，因此，不得已需要给予法官自由裁量权。但是为了防止自由裁量权的滥用，有必要对其进行限制。而动态系统论恰恰可以完成对于法官行使自由裁量权的限制。动态系统论承认了司法者的裁量权，从而能够顾及到不同案件的不同情况，并适应社会发展；但又通过立法者对考虑因素的划定实现对司法者裁量的限制，司法者要在立法者所划定的考虑因素范围内进行思考、论证和说明判决理由。这样，法秩序安定性由立法和司法携手，通过司法者在立法者所划定的考虑因素基础上进行论证所取得的共识而予以实现。[③]

动态系统论介绍到我国的时间并不太久，但在司法实践中已经得到运用，最典型的是，《最高人民法院关于确定民事侵权精神损害赔偿责任若干问题的解释》（以下简称《精神损害赔偿司法解释》）第10条并没有采

① 解亘、班天可：《被误解和被高估的动态体系论》，载《法学研究》2017年第2期。

② European Group on Tort Law, Principles of European Tort Law: Text and Commentary, Springer, 2005, p. 191.

③ 朱虎：《侵权法中的法益区分保护：思想与技术》，载《比较法研究》2015年第5期。

纳构成要件说，而是列举了诸多精神损害赔偿数额判断的因素，[①] 引导法官通过考虑这些因素，决定是否作出或者作出多少精神损害赔偿。在《民法典》人格权编编纂中，通过总结司法实践经验，在多个条款采纳了动态系统论。

人格权编引入动态系统论，要求法官在确定责任时对诸多因素存在的范围、程度以及它们在整体权重中的相互关系，作出一种综合的、动态的评估，相对于决定性的责任构成要件而言，更为科学合理。[②] 具体而言，一是促进利益衡量与综合保护。动态系统论能够有效权衡各种法益，将各种因素进行考虑，实际上也达成了比例原则在个案中的运用。这些规则将各种相互冲突的利益进行了妥当的考虑，可以使得法官从整体而不是简单的某一点出发，通过全面考虑，兼顾各种利益的保护，实现平衡。与此同时，其也给重点利益的强化优先保护提供了依据。二是确定了利益保护的位阶。例如，《民法典》第998条运用动态系统论，对生命权、身体权和健康权外的人格权侵权认定进行了规定，这就是优先考虑了生命权、身体权、健康权的保护。生命无价，重于泰山。对生命权、身体权、健康权直接适用构成要件的保护模式，减少法官的自由裁量；而对于众多的精神性人格权，则要求考虑各种因素，其立法目的就是明确了对物质性人格权的优先保护。三是引导法官综合考虑一些责任确定和责任范围的因素和因子，避免“全有全无”的简单化处理，使责任的确定更为科学合理。四是兼顾过错制裁与行为自由的维护。例如，《民法典》第998条就强调了在侵害人格权的责任成立中，要将过错程度作为考虑的因素。在这一点上，该规则与侵害财产权的规则不同，后者往往不需要考虑过错程度。这一规则将过错程度作为考虑因素，却并未将过错作为构成要件，因此有效地平衡了行为自由与权利保护。五是符合比例性原则。动态系统论注重平衡各种利益，因而，其本身就吸纳了比例性原则的要求。动态系统论与比例性原则不但不冲突，而且是比例性原则的具体实现方式。例如，《民法典》第998条中对于影响范围，行为目的、方式等的考虑都是反映了比例性原则的要求。

① 第10条第1款规定：“精神损害的赔偿数额根据以下因素确定：（一）侵权人的过错程度，法律另有规定的除外；（二）侵害的手段、场合、行为方式等具体情节；（三）侵权行为所造成的后果；（四）侵权人的获利情况；（五）侵权人承担责任的经济能力；（六）受诉法院所在地平均生活水平。”

② 李中原：《论侵权法上因果关系与过错的竞合及其解决路径》，载《法律科学》2013年第6期。

第1000条规定，在行为人承担消除影响、恢复名誉、赔礼道歉等民事责任的责任形式时，应当与行为的影响范围相当，同样也是比例性原则的具体运用。

总之，《民法典》第一次尝试在立法上构建动态系统论，是具有开创性的。这种探索和创新将为我国立法提供新的模式，也为法律的解释提供更大的空间。

（二）动态系统论在人格权侵害救济中的作用

如前所述，人格权编引入动态系统论，根本目的还是要引导法官准确认定侵害人格权益的责任以及责任形式、责任范围。为了便于法官灵活准确地作出裁判结论，动态系统论的运用最终必须要面向这一问题的解决。因此，在人格权编引入动态系统论以后，首先需要法官转变以往在确定责任时，根据简单的责任构成要件确定责任的思路。侵权责任构成要件，无论是三要件（过错、损害、因果关系），还是四要件（过错、损害、行为的违法性、因果关系），针对一般侵权行为，特别是侵害财产的行为是可行的、必要的，但针对侵害人格权益的行为的责任确定而言，就显得力所不及。一个最简单的原因就是，在人格权侵害的情形下，损害的确定更为复杂，适用于财产损害赔偿法的“差额说”以及完全赔偿原则难以适用。这就需要考虑人格权责任确定的新的思路和方法。尤其是在社会生活不断丰富发展、科技水平日新月异的今天，网络侵权层出不穷，行为方式各式各样，这就给这些孤立的构成要件判断带来了不小的难度。虽然法官仍然可以依据自己对法律的解释判定某一要件是否满足，但这在一些复杂的侵害认定中已经显得捉襟见肘。动态系统论无疑提供了这一问题下的一种解决方法，其可以为这些复杂情形下的责任认定提供全新的思路。

在适用《民法典》第998条等条文时，必须重点要解决三个问题，才能够成为对实践具有切实规范作用的规则。

1. 动态系统论在责任成立判断中的运用。第一，根据法定的因素及其顺序考量。传统上对责任成立与否的判断是通过构成要件实现的。在这种模式中，责任成立与否的关键在于确定要件是否满足。各个要件之间的关系是相对孤立的，各个要件如同串联电路一般，任何一个要件的不构成都将导致责任的不成立。而且，在此种模式中，各个要件的考虑结果只有“满足”与“不满足”两种。因此，虽然社会实践丰富多样，但是裁判者却只能通过“满足”与“不满足”两种结论予以评价，各种要件的满足程度通常不在裁判者的考虑之中。例如，在危险责任中，虽然各种行为的危险系数明显存在区别，但是裁判者在构成要件的体系内，根本无须也无法考虑这些危险的程度，因为，裁判者只需认定这种行为是否构成危险责任，即只需回答是或否，而无法根据危险的程度，进行不同的考虑。这种模式之下，要件之间的互动与联系被割裂开来。

但运用动态系统论判断责任成立，就需要从以下两方面考虑：一方面，需要考虑法定的因素，例如，依据《民法典》第998条规定："认定行为人承担侵害除生命权、身体权和健康权外的人格权的民事责任，应当考虑行为人和受害人的职业、影响范围、过错程度，以及行为的目的、方式、后果等因素。"这些法定的因素就是法官必须考虑的因素，它既需要当事人作出必要的举证，也需要法官作出全面的了解。另一方面，必须按照法定的顺序进行考虑。这就是说，这些因素对于责任成立的影响是有不同程度的差异的，法官在作出考虑时，应当考虑法律排列的顺序。需要说明的是，法定顺序中的因素属于必须考虑的因素，但所需考虑的并非绝对仅限于这些因素，《民法典》第998条规定采用"等"，说明这些因素的非限定性。例如，行为的违法性也可能是一个应当考虑的因素。

第二，通过因素间的互动综合考量。所谓综合考量，就是要考虑各种因素所实际产生的作用。在动态系统论下，各因素相互之间不再是孤立、割裂的关系，诸因素之间的互动，相互补充，呈现出动态的状态。以通过《民法典》第998条判断行为人的行为是否侵害名誉权为例，行为人的行为如果是出于舆论监督的目的，就可能降低其构成侵害的可能；而如果其方式和手段较为恶劣，则会显著增加其构成侵害的可能。法官只有在结合受害人的职业、影响范围、过错程度，以及行为的目的、方式、后果等因素进行综合的判断，才可以得出行为人是否应当承担侵害名誉权的责任的结论。

在这些因素之中，多重因素之间还可能具有一定的关联关系，如受害人的职业关系到行为的影响范围，行为人的行为方式也与行为人的过错程度存在明显的联系。这些因素虽然可能存在正相关或负相关的关系，但并不意味着分别对其判断就没有价值。

（1）要考虑各个因素都有独立存在的价值。例如，行为手段虽然与过错程度紧密联系，但是行为手段本身也具有单独判断的价值，因为行为手段的背后还关系到公序良俗、公共利益等问题，是过错程度无法涵盖的。

虽然这些因素之间通常可能存在关联关系，但是也可能出现其他可能。例如，受害人虽然为公众人物，但由于行为人并非在大众媒体上散播消息，因而影响较小。

（2）实现因素之间的互补。动态系统论中强调了各种因素与因子的互补。但是，这些互补的关系在立法上无法直接规定，而只能交由司法实践进行操作。动态体系论之所以被称为“动态”，就在于因素之间的互补性。在奥地利学者威尔伯格看来，各种因素对责任影响的强度是不一样的，但法官在考虑这些因素时，不是简单地考虑是否满足某一因素，而是兼顾各种因素，有的因素虽然强度低，但如果其他因素强度高，则仍然可以导致责任的成立。也就是要综合考虑。威尔伯格试图从诸因素的协动作用这种观点来构建评价的框架，由此为回应实际生活的必要打开了可能性大门；同时又确保了一定的原则性。[①]

第三，要注重比例原则的运用。此种方式也称为“个案衡量”，也就是说，在个案中要运用比例性原则调和相冲突的权利和价值。[②] 例如，法律允许基于公共利益等目的对于一些精神性人格权合理使用，但此种使用应当限制在合理的范围内。也就是说，凡是能够最小化使用的，应当进行最小化使用。凡是能够在一定范围内使用的，就不必要扩大其使用范围。凡是能够使用后及时向权利人通知的，就应当及时通知权利人。如果在使用后能够及时删除或者有必要删除的，则应当在合理期限内及时删除。在使用他人的人格利益时，要尽量避免对他人过大的损害。如果行为人恶意过度使用他人人格权，即便是为了实施新闻报道、舆论监督等行为，也可能构成侵权。一个侵权行为在不同时间段实施，其后果也有可能是不一样的，责任自然也会存在差别。概言之，侵权责任的确定必须与侵权行为的程度相适应。

此外，在必要时也要进行成本效益分析。例如，在认定新闻报道是否侵害人格权时，确定报道人是否尽到审查义务，还应当考虑审查的成本。如果报道人付出极小的成本即可对报道内容的真实性进行审查，则其应当尽到相应的审查义务；反之，若审查成本较高，则其审查义务应当相应降

---

① 参见［日］山本敬三：《民法中的动态系统论——有关法评价及方法的绪论性考察》，解亘译，载梁慧星主编：《民商法论丛》（第23卷），金桥文化出版（香港）有限公司2002年版，第210页。

② 参见王泽鉴：《人格权法》，北京大学出版社2013年版，第316页。

低。例如，对于某个在网络上公布的有关某名人的负面信息，网络平台很容易核实，则其应当负有审核义务。

第四，摒弃全有或全无的责任。除了明晰责任是否成立外，动态系统论也可以更好地回答责任在何种范围内成立的问题。在以构成要件系统进行责任是否成立的判断时，如果满足所有的构成要件，且不具备免责事由，那么责任就当然成立；而一旦不满足任何一个要件，或存在免责事由，那么责任就不能成立。因此，责任是否成立的判断属于全有或全无的状态。但是在动态系统论之下，众多考虑因素之间的相互作用使得责任可以“得到完全或部分地确立或排除”。[①] 这就显示了动态系统论在责任成立问题上的弹性优势。

2. 动态系统论在责任形式确定中的运用。人格权遭受侵害或有侵害之虞时，受害人可以主张人格权请求权，如果损害已经发生，受害人也可以主张侵权请求权，尤其是损害赔偿请求权。在通过动态系统论的考虑确认行为人是否需要承担责任后，对于行为人应当承担特定的责任形式也需要通过动态系统论加以确定。对于特定责任形式的采取，也同样需要结合受害人的职业、影响范围、过错程度，以及行为的目的、方式、后果等多种因素进行综合考虑。

在受害人在主张消除影响、恢复名誉、赔礼道歉等责任形式时，依据《民法典》第1000条的规定，其应当与行为的具体方式和造成的影响范围相当。虽然从立法技术上而言，本条并未直接采纳动态系统论，规定需要综合考虑的因素。但是在法律适用中，对于“相当”等的解释，也需要借助动态系统进行法律适用。消除影响等责任形式应当与行为的具体方式相适应。在适用消除影响、恢复名誉的责任方式时，首先应明确消除影响、恢复名誉的范围（如在某地区、某学校等消除影响）、方式（采取口头或书面以及其他形式）。例如，在报纸杂志上发表的新闻报道或评论，有损他人的名誉权，则应当在曾刊载该侵权内容文章之报纸杂志上刊登书面声明，对错误内容进行更正，并向被侵害人赔礼道歉。如果是在某个场所对一群人散布了诽谤的言辞，则应在适当的场合为受害人恢复名誉。消除影响等方式的主要功能在于，对于已经给他人的社会声誉造成的不良影响，要予

① ［奥］瓦尔特·维尔伯格：《私法领域内动态体系的发展》，李昊译，载《苏州大学学报（法学版）》2015年第4期。

以减弱直至消除。因为正是这些不良影响的存在，才造成了受害人名誉评价的降低，只有消除了这种不良影响，才能够使受害人的名誉得到恢复。一般来说，在什么范围内造成损害的，就应当在什么范围内弥补。例如，行为人在某微信圈内辱骂他人，就需要在该微信圈内赔礼道歉以消除影响，在某个群体之中散播谣言的则应当在该群体中进行辟谣。相反，行为人在一个小城的范围内散布谣言诋毁人格权人名誉的，不必在省级媒体或者国家级媒体上进行公开赔礼道歉。其次，消除影响等方式也应当根据侵权行为的具体情况予以确定。例如，通过网络侵犯他人的名誉权，则可以通过通知网络运营商采用删除侵权言论的方式来消除影响；而通过口头表述的方式在一定范围内侵犯他人的名誉权，则可以通过向他人进行解释的方式来消除影响。

3. 动态系统论在赔偿范围确定中的运用。虽然对“全有全无”的突破并非动态系统论所独创，但是，既有的方案主要是从损害赔偿的数额方面进行突破，即一方面承认责任的成立，另一方面限缩赔偿的范围。[①] 法官在适用法律中，由于只能选择责任成立与否的结论，因此，法官时常面临着完全否定责任成立或认定责任成立的困惑，在其认为全有或全无都过于偏颇或不妥当时，很有可能会不自觉地在赔偿数额上进行“找补”。但是这种“找补”却往往不会见诸于判决之内，与法官心证的公开相悖。相较于此种情形，如果采纳动态系统论，裁判者就可以在判决中说明其认为成立的责任范围，将其推理显示于裁判之中，而无须通过不公开的“找补”寻求公正的处理方式。

精神损害赔偿的数额确定一直是司法实践中的难点所在，其主要原因在于，一方面，精神损害赔偿的性质决定了其无法准确地通过计算的方式予以确定；另一方面，精神损害具有高度的主观特性，建立统一的精神赔偿标准十分困难。正是以上原因，为精神损害赔偿的确定采纳动态系统论提供了土壤。如前述，《最高人民法院关于确定民事侵权精神损害赔偿责任若干问题的解释》第 10 条就通过列举诸多精神损害赔偿数额判断的因素，为破解上述难题提供了有效的依据。通过动态系统论的运用，法官不再缺乏据以判断的标准。而且明确规定考虑因素，既充分考虑到了案情的

① ［奥］海尔穆特·库齐奥：《动态系统论导论》，张玉东译，载《甘肃政法学院学报》2013 年第 4 期。

区别，又尽可能地予以划定，这也在一定程度上缓解了精神损害赔标准统一的难题。因此，精神损害赔偿数额不再是僵化的统一标准，而是动态浮动体系。而且，此种浮动的范围是可控的，法官也需要负担此种说理的义务。

（三）法官的论证义务和类型化整理

裁判说理义务是法官依法行使审判权的应有之义。在我国司法改革中，要突出法官的办案主体地位，让审理者裁判、由裁判者负责。但是，在依法保障法官行使审判权之后，就应当强化裁判文书的说理，法官应当将裁判文书说理作为其应尽的义务。也就是说，法官要依法行使审判权，其就应当充分尽到说理的义务，二者应当是不可分离的。因为只有强化裁判文书说理，才能有效规范法官审判权的行使，如果不课以法官进行裁判说理的义务，法官的审判权可能异化为法官的恣意，司法公正也难以实现。在人格权编采纳动态系统论以后，法官的论证说理义务被进一步强化。这就是说，整个动态系统论的运用，本身是一个法官的自由心证过程，更应当是一个说理论证过程，法官应当阐明其是如何考虑法定的因素，这些因素是否成立，对这些因素如何综合考虑，是否采纳比例原则；在适用某个特定责任形式时，是否考虑了受害人的职业、影响范围、过错程度，以及行为的目的、方式、后果等多种因素，等等。这些说理论证越充分，则责任及其责任范围的确定就越合理。动态系统论要求法官合理论证其判断产生的过程和影响其判断的因素，从而促进了裁判的公正。法官通过考虑《民法典》等法律确定的考虑因素，结合具体个案案情予以论证说理，有助于避免法官过分的恣意，因为其要考虑立法中确定的因素，且法官可以结合具体个案予以更为灵活的判断。同时，法官的论证说理有助于在考虑因素的规范基础上，通过论证说理形成"重叠共识"，此种共识能够保障法律的确定性。换言之，动态系统并非仅考虑个案灵活性而不考虑法律的确定性，只不过其是通过共识的形成保障确定性，其中的关键就是法官要予以论证说理。

通过法官的论证说理，在形成共识时，要对这些共识进行整理，从而在动态系统的基础上形成不同的案例类型，这些类型化的整理有助于减轻法官的论证负担。因此，法官在立法动态系统确定的因素基础上进行论证，进而形成类型化整理，类型化整理又部分减轻了法官的论证负担。由此，动态系统以法官的论证义务作为中介，实现了确定性和灵活性之间的有机而非固化的平衡。

人格权编在立法上引入动态系统论，是一种十分有益的立法尝试，符合人格权保护的基本特性，也有利于协调人格利益与其他价值的冲突，强化人格权的保护。但是，人格权编中关于动态系统论的相关规定能否真正引导法官准确认定侵害人格权的责任以及责任范围，还有待于法官准确理解和把握。尤其是，避免动态系统所实现的灵活性在司法实践中退化为完全的恣意，将自由裁量权限制在法秩序的整体范围内，这有待于通过司法解释以及指导性案例的方式，将动态系统论中各种因素以及其相互之间的互补关系进行类型化的处理，以此明确因素的互补关系，明确何种因素在满足什么程度的情况下可以弥补其他何种程度的因素等。这些工作均需要通过司法实务的作业加以完成。动态系统论作为一种全新的尝试，也成为《民法典》给法学和司法实践留下的作业，我们寄希望于今后的法学和司法实践在摸索中不断完善，真正实现动态系统论的价值。

第五节　论证程度区分

一、论证程度上的区分

所谓论证程度上的区分，是指在法律适用过程中，要根据不同的情况，确定法官的不同论证义务。此种情况又称为“论证程度上的分化”。[①] 多个前提性陈述之间在论证效力上存在强弱之分。[②] 这种方法常常运用在法律解释过程中。在法律解释过程中，法律论证的论证效力是不能简单地叠加的。在论者提出的诸多法律论证之间，其论证力是有强弱之别的，这也正是法律论辩者试图从新的层面或者角度推翻相反论证的原因。[③] 针对解释的对象，解释者的论证义务并不是相同的，它要随解释的对象、解释的方法以及解释过程的推进，而负有不同程度的论证义务。因此，论证义务的

① Paul Delnoy, Elément de méthodologie juridique, Larcier, 2006, Bruxelles, p. 389.

② See Hannu Tapani Klami, Legal Argument and Decision Theory, 37 Am. J. Juris. 171 1992.

③ 关于不同法律论证之间效力差异的一般论述，See Huhn, The five types of legal argument, 2nd ed., Carolina Academic Press 2008.

确定不可一概而论。法国法学家波塔利斯在《法国民法典》起草的预备性说明中指出：当法律是清晰的时候，就必须严格遵守；当法律是模糊的时候，就有必要深入分析其规范，如果缺乏法律，就要参考习惯和衡平原则。在实定法存在缺漏、矛盾或者模糊的时候，衡平就是向自然法的回归。[①]这就说明，在法律论证过程中，法官要依据不同的情形承担不同的论证义务。

我们之所以在法律上要考察论证程度的问题，其主要意义首先在于准确把握论证的尺度，正如德国法学家考夫曼教授指出，“人们应当谨防过度的‘逻辑’推论，因为它会轻易地转成强词夺理的诡辩。”[②] 德国法学家哈贝马斯也曾提出过“论证整体”的概念，即以所欲证明的论点为中心，“详略”得当地安排论证细密程度，最终形成整体最强、最具说服力的论证效果。这样的要求，一方面可以防止过度论证，避免出现离题的诡辩；另一方面也可以防止论证不足，避免对于真正需要展开论证的情形着墨过少，缺乏充分的说理。所以，论证程度的探讨，就是指法官依据不同的情形，应当负有不同的论证义务。在一些情况下，法官需要进行详尽的论证，而在另一些情况下，法官仅需要进行比较简略的说理。法律论证既要给法官提供自由裁量的权力，又对其自由裁量权的行使作出了一定的限制。[③]

二、论证程度理论的具体运用

（一）确定小前提过程中的论证程度

小前提通常是根据证据规则来认定的，但是，在小前提整理成为要件事实的过程中，也需要进行必要的论证。而依据不同的情形，法官也负有不同的论证义务。例如，在责任竞合的情况下，如果受害人已经选择了一种法律关系，法官就不必要就另外一种法律关系是否存在，包括相关事实是否成立等进行论证。再如，对于过错或损害事实的判断，如果法律已经规定了当事人负有某种义务，则在当事人违反有关法律规定时，法官即可简单地认定其具有过错，即贯彻所谓“客观过错”的原理，而不必再探寻当事人主观状态。从实践来看，在有关产品责任、医疗侵权、道路交通事

① Portalis，“Discours préliminaire”，in Fenet，Travaux préparatoire，tome 1er，p. 471.

② ［德］考夫曼：《法律哲学、法律理论、法律信条》，刘幸义译，转引自吴从周：《民事法学与法学方法》（第一册），我国台湾地区一品文化出版社 2007 年版，第 97 页。

③ James A. Holland & Julian S. Webb，Learning Legal Rules，Oxford University Press，2006，p. 124

故等责任中，对事实论证程度的区分，就显得非常重要。例如，数个公司共同向河中排放污染物，受害人起诉了该数家公司，而被告无法就其排放的污染物与受害人遭受损害之间不存在因果关系进行证明，在这种情况下，法院应当依据《民法典》第1230条的规定，推定被告的行为与受害人的损害之间存在因果联系，而这种论证并不必非常详尽。同时也没有必要对被告行为与原告损害间是否存在因果关系再展开详细的论证。

（二）法律解释中的论证程度

论证主要是基于法律的适用而展开，因为事实问题的认定是由证据规则所解决的。而在法律适用过程中，法律的解释是法官的重要任务，也是方法论所关注的重点。在事实认定过程中，当事人也负有举证责任，而在法律解释过程中，法官应当寻找法律并予以阐释，当事人不负有相应的义务。所以，法律解释中的论证义务完全由法官承担，其论证程度的不同设计也发挥着妥当规范法官行为的作用。具体而言，一是在文义解释中，如果要按照一般的通常理解解释文义就能够得出文本含义时，则论证义务较轻。但如果要按照完全有别于通常理解的方式进行解释则论证义务较重。例如《民法典》第1180条规定："因同一侵权行为造成多人死亡的，可以以相同数额确定死亡赔偿金。"对此处所说的"可以"如果解释成"既可以如此，也可以不如此"，则符合一般人的理解，则论证义务较轻。但如果解释为"原则上应当"，就要负担更重的论证义务。二是如果法律列举了可以适用的具体情形，符合该情形即可适用该规则，则论证义务较轻，但是如果未明确列出该情形，例如在《民法典》第527条第1款中列举了几项可行使不安抗辩权的情形，符合该情形的当事人即可行使不安抗辩权，但该款第（四）项规定了"有丧失或者可能丧失履行债务能力的其他情形"，此时如果认为案件事实构成本项规定的"其他情形"，则需要负担较重的论证义务。三是法律条文中如果规定有但书，对于非但书内容的适用可以负担较轻的论证义务，而对于但书内容的适用则应当负担更重的论证义务。四是如果适用的法律规则越具体，则论证负担越轻，适用的法律规则越抽象，则负担的论证义务越重。

根据法律解释的方法不同，论证义务的要求也不同，具体可以从如下几个方面来理解：

1. 在狭义的法律解释中，论证义务的轻重可以从如下几个方面来分析。第一，文义解释和体系解释比较，在适用时后者的论证义务更重。因为体系解释要考虑法律的外在体系，通过相关法条的比较，来确定法律文本的含义。体系解释不仅涉及多个法条，甚至可能涉及多部法律，其解释过程相对文义解释更为复杂。如果法律规定参照适用某个条款，则应就为何参照适用该条款，负有论证义务，但可直接适用某个条款时，论证义务较轻。

第二，单纯的文义解释与目的考虑相比较，显然探究目的时法官的论证义务更重。因为文本字面含义的解释，主要按照一般的理解或者专业的含义进行理解，不需要法官作过多的说明。当然，如果法官要作出不同于字面含义的理解，则需要负有更重的论证义务。而目的的探明需要借助于各种方式，探究过程本身就要较多地介入主观因素，所以，法官负有更重的论证义务。

第三，就目的探究而言，一般的目的探究较之于通过历史的方法来探究，在适用时法官的论证义务更重，因为历史资料是非常丰富的，也可能存在相互矛盾和冲突。在目的解释中，法官应当指明立法者的意图和立法者的目的。尤其是当作出与规范目的有差异的解释时，解释者必须公开解释的结论，并承担特殊的说明义务。①

第四，合宪性解释较之于一般的文义解释，在适用时法官负有更多的论证义务。我们推定所有的规范性法律文件在整体上都是合宪的，但是，在例外情况下，法律的复数解释结论中也可能存在违反宪法的解释。此时，需要运用合宪性解释进行排除。但在这个过程中，对于复数解释结论中哪些解释结论违反了宪法，对于排除或选择的结论也需要进行充分的论证。但是，对于体系解释、目的解释等方法的运用，则法官负担的法律论证义务相对又要轻一些。

第五，较之于其他解释方法，在运用社会学解释时，法官负有更重的论证义务。在社会学解释中，已经在相当程度上要考虑文本之外的因素，它更应当注重社会效果的阐明，考虑到社会效果本身具有较大的不确定性和难以查明的特点，法官应当更加注重其论证义务。总之，法律规则与案件的联系越强，针对性越明确，法官的论证义务就越轻；而法律规则与案件的联系越弱，法官的论证义务就越重。

2. 在进行价值补充时，法官要负有较重的论证义务。较之于各种狭义

---

① 参见［德］魏德士：《法理学》，吴越等译，法律出版社 2005 年版，第 346~347 页。

的解释方法（如文义解释、体系解释、当然解释等），法官在价值补充时负有更重的论证义务。因为不确定概念和一般条款的内涵比较模糊，法官很难阐明其确切含义。如果要借助各种方法将其具体化，就应当更充分地说理论证。例如，在陈某、皮某某诉重庆碧波房地产开发有限公司、夏某某、重庆奥康置业有限公司合同纠纷案中，① 最高人民法院认为，对于《合同法》第52条关于“恶意串通”行为的认定，应当分析合同双方当事人是否具有主观恶意，并全面分析订立合同时的具体情况、合同约定内容以及合同的履行情况，在此基础上加以综合判定。这实际上就是要求阐释恶意串通这一概念时，应考虑各种因素，进行详细的论证。

3. 在漏洞填补的情况下，相对狭义的法律解释而言，法官需要负担更重的论证义务。在漏洞填补的情况下，法官不能从制定法之中寻找到可供适用的大前提，但又不能拒绝裁判。此时，法官必须进行法律解释。在漏洞填补的情况下，为了防止法官滥用其填补漏洞的权力，就必须要求其负担较重的论证义务。按照一些学者的看法，在法律漏洞的情况下，不能通过简单的先前规则来提供大前提，必须由法官通过一定的方法在立法目的内填补漏洞，此时法律的论证就要发挥作用。因为需要通过论证可解释为什么寻求某种解释结论。② 法官也可以使用一般的法律原则，例如公平、诚信、平等、自由、公平竞争、正当程序和相邻原则等填补漏洞。但运用原则论证时，法官负有更重的论证义务。

正如法国学者鲍尔所指出的，如果法律只是部分针对案件事实作出规定，此时，法官的论证义务就比较重。如果法律完全没有规定，此时，法官的论证义务就较轻。③ 漏洞填补中的论证需要具体表现为：第一，如何认定漏洞的存在，通常需要进行目的性考虑和立法者意思的探究。例如，如果法律未对某种事项作出规定，其可能是立法者的有意沉默。在立法者“有意沉默”的情况下，立法者实际上表明了其对于特定法律制度的否定立场，此时并不存在违反立法计划的问题，因此也就不存在法律漏洞，无须法官进行漏洞填补。例如，我国《民法典》并没有规定取得时效制度，这并不是因为其要预留给司法机关来确定规则填补漏洞，因为立法者认为，

---

① 最高人民法院（2009）民申字第1760号民事裁定书。

② Twining, W., and Miers, D. (1991), How to do Things with Rules (3rd edn, London: Weidenfeld & Nicolson), p. 376.

③ Paul Delnoy, Elément de méthodologie juridique, Larcier, 2006, Bruxelles, p. 389.

取得时效制度违背我国法律的精神，不应当予以认可，它属于立法者的“有意沉默”。因此，针对特定社会关系，是否存在法律漏洞，需要加以论证。第二，即便出现了法律漏洞，也首先需要通过狭义的法律解释方法来确定是否存在法律漏洞，不能认为只要法律没有规定就构成了法律漏洞。只有在穷尽狭义的法律解释方法而仍然不能有效解释时，才能认为出现了法律漏洞，进而使用法律漏洞填补的方法来填补漏洞。例如，在抵押中，抵押人以其财产清偿了债务时，其是否享有追偿权？《民法典》对此并未进行规定，通过法律解释的方法可以判断，这显然也属于法律漏洞，但是鉴于《民法典》第700条规定了保证人在承担保证责任后，有权向保证人追偿，而保证关系与抵押关系具有相似性，因此，可以类推适用于抵押。第三，即便需要填补法律漏洞，应当采用何种漏洞填补方式也需要论证。由于漏洞填补的方式也存在一定的序位，因此，法官在采用某种方式填补漏洞时，也需要对这种选择加以说明。第四，如果运用某一种具体的漏洞填补方式，需要遵守该方式的相应规则。也就是说，在具体运用某种填补漏洞方式的时候，也需要伴随着必要的论证。例如，运用类推适用的方法与运用法律基本原则之间就存在明显的区别。在类推适用的情况下，在对一个法律类推进行论证时，“通常要提供很多论据，因为这里又回到了相似性的范畴和价值取向问题”。[①] 在类推的情况下，毕竟存在法律规范，只是将某一法律规范的适用范围类推到类似的案件之中。而在运用基本原则填补法律漏洞时，该基本原则的含义广泛，是否可以适用于待决案件，就需要慎重考虑。如果不具体阐释基本原则的内涵及其适用于待决案件的合理性和必要性，就很容易产生“向一般条款逃逸”的现象。因此，法官运用基本原则来填补漏洞，就负有更重的说明义务。法律的基本原则并非单一的，而是多元的。法官选择哪些基本原则进行漏洞填补，必然会影响其裁判结果。法官选择其中的某一种方法进行漏洞填补，就必须充分论证其选择的理由，并且要论证其排斥其他法律的基本原则的理由。另外，各个法律的基本原则之间还可能存在相互冲突，例如，私法自治原则和诚实信用原则之间就存在一定的冲突关系。因此，法官要运用法律的基本原则填补漏洞，就必须仔细甄别法律的基本原则的适用范围，从而进行比较详细的说理。最后需要指出的是，法律论证也可能结合事实来进行，而不仅仅

① ［德］霍恩：《法律科学与法哲学导论》，罗莉译，法律出版社2005年版，第139页。

是单纯的就法论法。在法律解释中，并不需要针对事实进行解释。但是，在法律论证过程中，有必要联系一定的事实进行论证。法律论证主要从应然角度说明解释结论的正当性，而不仅仅是实然的解读，因而法律论证更多注重价值衡量和判断。在这个论证过程中，有时也需要结合事实进行论证。

（三）连接过程中的论证程度

法官对于连接过程的论证依据案件的难易程度而有别。在司法实践中，案件可以分为简易案件和疑难案件两类，对于简易案件而言，事实较为清楚，事实要件和规范要件的对应性是比较明晰的，法官可以比较容易地寻找到大前提并将之适用到具体案情，法官一般不需要进行详尽的论证。例如，在借款纠纷的案件中，法官可以将欠钱的事实和借款合同的相关规定联结起来，得出裁判结论。但是，在疑难案件中，事实和法律规范之间的对应性比较难以认定，此时，法官就要阐述法律规范的选取，以及事实和法律规范之间如何能够对应，尤其是要阐明其连接符合最密切联系规则。“在疑难案件中，相关的具体规则并没有对之进行规定，法律的这些内容所能达致的结果需要进行评价解释”。①

第六节 法律论证与证成

一、法律论证与证成的关系

法律论证的结果是获得一个法律判断，在裁判过程中，通过论证就是要证明结论的正当性，这个过程实际上就是证成的过程。顾名思义，证成就是指证明成立。按照阿列克西的观点，证成可以分为两个层面：内部证成和外部证成。简单地说，所谓内部证成，是指通过若干个普遍性规范（大前提）和一定的法律事实（小前提）逻辑地推导出法律判断；所谓外部证成，是指对普遍性规范（大前提）的正确性的逻辑性推导，也即证明

① Edward H. Levi，An Introduction to Legal Reasoning，University Of Chicago Press；Revised edition，1962，p. 342.

内部证成的前提是正确的。[①] 其实，从三段论的过程来分析，证成应当包括三个方面：即小前提的确定、大前提的发现和大小前提的联结。这三个方面是有机联系在一起的，都体现在外部证成和内部证成之中。外部证成是为了发现大前提，在法律论证中具有非常重要的地位。因为只有在大前提确定的情形下，内部证成才能顺利进行。

论证就是围绕着如何得出裁判结论进行阐释。英国著名哲学家图尔敏曾经提出著名的“图尔敏论证模型”，其认为，证立的模型应当由如下几个步骤组成：你的主张有何理由？你如何证明从理由到主张的步骤？这确是一个将要进行的可靠步骤吗？你的主张有多大证明力？推翻这种论述的可能性如何？[②] 但是，图尔敏的上述公式是针对一般性的论辩所提出的，实践中，法律论证与此仍有较大的区别，具体而言，法律论证可以结合论证事项与论证目的的特点，按如下思路进行：

1. 论证应当考虑当事人是否存在争议以及当事人争议的事项。在通常情况下，论证应当围绕当事人的争议展开。原则上，法官要处理的争议是当事人提交到法院以寻求解决的争议，因此，有关的论证也应当以此为中心展开。毕竟当事人的争议是法官裁判的主要对象，这是司法的被动性的要求。法官在进行论证时，应当考虑当事人的争议，尤其是当事人争议的事项，论证应当针对当事人的争议进行。

2. 论证应当围绕当事人所希望得出的裁判结论展开。在一般的论辩中，论证要围绕自己的观点展开，同样，在法官的论证中，也应以自己的裁判结论为中心展开。也就是说，作为裁判者，法官必须直面主题，而不能避重就轻，顾左右而言他，对当事人的有关争议，正面地给出清晰准确的论证。

3. 论证应当以事实和规范为基础进行。通常所说的“以事实为根据，以法律为准绳”就概括了这一原则。事实作为小前提，是启动论证的基础。规范作为大前提，是评价事实的依据。实际上，不管法官采取何种论证方法，最基本的共识还是法律。事实问题的论证，是证据规则解决的问题，此处所说的论证是法律问题的论证。如果完全撇开法律进行论证，就可能造成法官的任意，无法实现裁判的客观性和确定性。

---

① ［德］罗伯特·阿列克西：《法律论证理论》，舒国滢译，中国法制出版社 2002 年版，第 14~15 页。

② ［荷］伊夫林·T. 菲特丽丝：《法律论证原理》，张其山等译，商务印书馆 2005 年版，第 41 页。

4. 论证应当围绕当事人双方争议的焦点展开。论证的根本目的是解决法律的准确理解以及其与个案事实的连接问题。一方面，论证是为了证成法律解释结论，因此，在这个过程中，主要是解决法律的解释、漏洞填补等的理由问题。法律论证被区分为内部论证和外部论证。所谓内部论证，是指狭义法律解释中的文义解释和论理解释。而外部论证，是指社会学解释。既然在三段论的大前提确定中，已经进行了文义解释、论理解释和社会学解释，这似乎已经完成了法律论证，没有必要在三段论结束之后，再进行论证，否则，就会导致不必要的重复。另一方面，论证就是要解决法律规定与具体个案的密切联系性。法官对于密切联系性阐述得越清楚，就越能够强化判决的说服力。

5. 论证应当提出充足的理由和说理依据。虽然法律论证是在司法三段论的框架内进行，但是，这并不是说，论证只能采取逻辑的方式进行。保证逻辑的一致性，只是论证的一种方法，法官还应当采取多种方式进行论证。

以某美容失败案为例，受害人甲到乙美容院做美容手术，在手术前，乙向甲承诺该手术会达到一定的美容效果，并许诺该美容手术没有任何风险，成功率百分之百。乙在其散发的宣传单上明确承诺，“美容手术确保顾客满意”“手术不成功包赔损失”。据此，甲同意乙做美容手术。美容院便外请一名专家从事手术，结果该手术失败，导致甲面部受损，甲因此承受了极大的精神和身体痛苦。后甲在法院提起侵权诉讼要求赔偿医疗费、住院费、误工费、精神损失费等。在该案中，原告在法院提起诉讼要求赔偿，但没有提出基于违约还是侵权，如果法官认为要基于侵权支持原告的请求，必须要通过论证来阐明理由。在论证过程中，法官至少要论证如下问题：一是要论证美容是“诊疗活动”；二是要论证外请的专家属于医疗机构的“医务人员”；三是要论证患者在诊疗活动中受到损害；四是要论证医疗机构具有过错；五是要论证过错和损害之间的因果联系；六是要论证精神损害赔偿必须依据侵权提出。这些论证可以围绕三段论而展开，并最终证成裁判结论的妥当性。

二、论证方法的综合运用

（一）各种论证方法的综合运用

前文已经探讨了论证的各种方法。这些方法在实际运用中，并非总是独立适用，而常常应综合运用各种方式进行论证。司法三段论的运用，主要是采用一种逻辑的方法。但法律论证并非可以单纯依逻辑的方法即可得出结论，而须综合运用各种方法，包括经济学、社会学等各种方法，最终得出妥当的结论。从法律论证理论的发展来看，由于引入了其他学科的研究成果，如经济学和社会学，使论证理论已经超越了法理学或狭义的法学的传统范畴。以火车撞伤农民案为例：在该案中，受害人是一个聋哑的农民，夜晚下地回家时，他的一头牛跑到铁轨上，原告要驱赶牛时，没有发现火车已经到来。结果，原告被火车撞成重伤。一审法院认为，根据《铁路法》第58条第2款规定："违章通过平交道口或者人行过道，或者在铁路线路上行走、坐卧造成的人身伤亡，属于受害人自身的原因造成的人身伤亡。"原告耳聋没有听见火车到来的声音，且夜晚穿过铁轨，属于因受害人自身的原因造成了损害。因此，被告铁路公司不承担责任。从逻辑三段论的角度来看，根据《铁路法》第58条第2款规定，裁判结论似乎是能够成立的。因为大前提是，因受害人自身的原因造成的人身伤亡的，铁路运输企业不承担侵权责任。小前提是，原告因驱赶耕牛没有注意火车的到来，且夜晚穿过铁轨，这属于受害人自身的原因造成的人身伤亡。结论是，被告铁路公司不承担侵权责任。但若综合运用各种方法来检验，就能发现其中存在问题。如果我们从价值判断的角度来进行论证，判决的结果明显不合理。

第一，从保护受害人的角度考虑，现代民法的基本价值理念是以受害人为中心，强调对受害人的保护。而受害人遭受不幸的事故，仅仅因为穿行了铁轨，就不能获得任何赔偿。另外，受害人作为一个农民，其没有保险，难以得到保险的救济。尤其是受害人遭受侵害以后，其生活得不到保障，家庭也陷入困境，这的确与法律保护受害人的宗旨不相符合。

第二，从防范风险的角度考虑，因为企业、物品或装置的所有人或持有人制造了危险来源，由其承担责任，有利于预防风险的实现。由铁路公司承担责任，就可以督促铁路公司采取有力措施，或者设置栅栏，或者提前发出警报，或者设置专门的交叉口。铁路公司也有经济实力来采取这些措施。尤其是考虑到，在农田的边上修建的铁路，如果没有任何的防护性设施，就不能阻止其他人穿越该铁轨。相反，如果铁路公司采取措施，就可以避免更多无辜的人遭受损害。[①] 本案中，完全由受害人承受不幸的损害，并不能促使其采取措施有效避免损害的发生。

---

① 王泽鉴：《民法学说与判例研究》（第四册），中国政法大学出版社1998年版，第330页。

第三，从损益同归的角度考虑，铁路公司从铁路的运用中获得了利益，就应当承受相应的不利后果。这就是所谓“利之所在，损之所归”，形成危险者应当对其危险所致的后果负责，且形成危险者从危险活动中获利，危险物的所有人或者占有人能够控制这些危险。[①] 对于受害者而言，其并没有从铁路运营中直接获得利益。由其自己承受全部损失，确有失公平。

第四，从体系解释的角度来看，也不应该作出由受害人全部负担损害的责任。如果我们从体系考察的角度来看，本案中大前提的选择本身也是存在问题的，因为依据《民法典》第1240条的规定，“从事高空、高压、地下挖掘活动或者使用高速轨道运输工具造成他人损害的，经营者应当承担侵权责任，但是，能够证明损害是因受害人故意或者不可抗力造成的，不承担责任。被侵权人对损害的发生有重大过失的，可以减轻经营者的责任。”显然，依据这一规定，即便受害人具有重大过失，也不能免除经营者的责任，而只能减轻经营者的责任。但要援引该规则，法官又需要讨论侵权责任法与铁路法的相互关系，从体系论证的角度解释为什么在本案中优先适用侵权责任法而不是铁路法。

（二）各种解释方法的综合运用

各种解释方法实际上也都是法律的论证方法。在前述火车撞伤农民案中，本案可以通过综合运用各种解释方法而得出解释结论。首先应当采用多种狭义解释方法寻求妥当的解释结论。从多种狭义解释的结论来看，“受害人自身的原因”应当限于受害人故意导致损害的情形（如自杀），受害人的过失（包括重大过失）都不应当导致铁路运输企业的免责。理由在于：首先，从体系解释的角度来看，《民法典》第1240条将火车规定为“高速轨道运输工具”，从而适用高度危险作业的责任。在严格责任的情况下，只有在受害人有故意的情况下，才能被免除责任。虽然《民法典》第11条规定：“其他法律对民事关系有特别规定的依照其规定”，《铁路法》第58条的规定相对于《民法典》的规定属于特别法的规定，但相关人身损害赔偿责任方面的法律规范而言，两者之间应当是上位法和下位法之间的关系。就严格责任而言，《铁路法》的规定应当与《民法典》的规定相一致，且《民法典》规定在后，也可以按照新法优先于旧法规则，认为《民法典》已修改了《铁路法》的规定。其次，从目的解释的角度来看，

① 参见王泽鉴：《侵权行为》，北京大学出版社2009年版，第15页。

法律设计铁路事故责任的目的在于为受害人提供尽可能充分的救济，同时也要预防危险行为的发生。因此，将受害人自身的原因解释过宽，从而导致加害人的免责，不利于对受害人的补救。再次，从社会学方法来看，课以铁路部门严格的责任，将促使其在铁路道旁、交叉路口等设置防护栏，或设置标志，就可以防止类似事件的发生，避免或减少人身伤亡。而如果铁路运输企业的免责事由过多，它就没有动力来预防损害的发生。因而，课以铁路部门严格的责任有利于损害事故的预防，是符合社会效果的。

从价值补充的角度看，根据《民法典》第1240条的规定，高速运输工具应当适用严格责任，但何为“高速运输工具”一直存在争论。笔者认为，这构成一个不确定条款，很难通过定义的方式确定其内涵和外延。因此，有必要通过类型化的方式来明晰其含义。如果通过类型化方式能够确定火车也属于“高速运输工具”，则《铁路法》所确定的相关人身损害赔偿也应当采用严格责任原则。

从漏洞填补的角度来看，如果我们将《民法典》第1240条和《铁路法》第58条之间的矛盾视为一种碰撞漏洞，则需要采用漏洞填补的方法来消除其中的矛盾和冲突。笔者认为，该问题中，漏洞填补方法主要可以采用两种方法：一是目的性限缩方法，即通过考虑立法者的目的（该条款的立法目的应当是强化对受害者的保护），从该目的出发，可以将“受害人自身的原因”作限缩解释。因为受害人自身原因包括的范围可能非常广泛，如在夜晚，受害人视力不佳，没有注意到火车的到来，导致被火车撞伤。如果将各种因受害人自身原因而导致损害的情形都包括在内，就可能过于宽泛，而对受害人极为不利。基于目的考虑，“受害人自身的原因”应当限缩理解为“受害人故意”。二是比较法方法。从比较法的角度来看，各国法律对于火车事故，一般都规定只有因受害人故意才能免责，这一经验也值得借鉴。

三、证成的判断

论证的直接目的就是要证明裁判结论的妥当性和正当性。当我们说某个结论是正当的时候，这实际上就意味着，其已经证成。但是，如何判断某一论证已经证成？需要从如下几个方面进行判断：

第一，大前提必须是清晰明确的。在裁判过程中，大前提是裁判的依据。在成文法背景下，依法裁判是法官的基本义务。但是，依法裁判并不意味着，仅仅泛泛地引用某个法条。依法裁判的准确含义是指依据与案件事实最密切联系的、以此能够得出妥当裁判结论的具体依据。在这一过程中，法官必须负有对大前提的论证义务。而判断其是否尽到了论证义务，不仅仅要进行妥当的解释，而且，要求事实与法律之间存在最密切联系性。瑞典学者佩策民克认为，“精确的解释是形成涵摄的关键。在解释的过程中，需要采用筛减法，将那些与特定案件有关联，但又不适用的法律规范予以排除”。[①] 所以，准确地解释法律的过程本身也是论证的过程，只有当法官将其援引的法律规则解释得非常清晰明确时，才能说符合证成的基本要求。例如，在援引《民法典》第 153 条认定违反法律和行政法规的强制性规定时，法官还必须阐明其所援引的法条是否属于强制性规定，同时，还需要解释是效力性规定还是管理性规定。如果仅仅援引这一规定而不作解释，这显然是不妥当的。复杂疑难案件中，法官还需要就大前提的产生过程进行正当性论证，说明其为什么选择了一种解释结论而不是另一种。

第二，小前提是真实的，并且与大前提的规范要件相对应。从逻辑三段论来看，是从大前提展开的。但是，从实际运用来看，是从小前提着手的。小前提的确定首先需要运用证据规则，来确定证据的真实性。此时，往往需要经过举证、质证等阶段。在固定证据的基础上，应当通过证据来认定事实。然而，在方法论上所说的事实，不能满足于事实的真实，还必须进一步分析，是否存在支持大前提中规范要件的要件事实。这个过程不仅仅是判断事实真实性的过程，而且是事实的整理的过程。在一些案件中，法官所援引的大前提是清晰明确的，小前提也是真实的，但两者无法对应，由此得出的裁判结论仍然没有完成证成。事实要件的考察不能是孤立的，而是在既定大前提所要求的要件前提下来讨论的。对事实要件的讨论，只能围绕大前提所要求的规范要件来展开。我们讨论特定案件的事实要件，实际上就是要考察特定事实是否符合所有规范要件，进而得出特定事实是否依法引起相应的法律后果，即法律责任的结论。

第三，联结的密切性。在判断证成是否完成时，必须要分析规范要件和要件事实之间的对应性，两者的联系越密切，越表明证成的程度。在许多情况下，要件事实不能完全支持规范要件，法官可能需要进行说理论证，阐明两者之间具有最密切联系性。另外，在许多情况下，法官

---

① Aleksander Peczenik，The basis of legal justification，Lund，Sweden，1983，pp. 36ff.

还需要将目光往返流转于事实与规范之间，不断地进行验证，以实现最终的联结。

第四，对裁判结论进行价值评价。如前所述，即使大小前提之间存在最密切的联系，也未必能够保证结论的公正。因为逻辑不能代替价值判断，如果一个案件不仅实现了事实和规范之间的最密切联系，而且实现了正义等价值时，才是妥当的裁判。所以，法官还必须证明其结论符合价值判断标准。正是通过形式判断和价值判断、经验判断等实质性判断的多重结合，才使得法律推理的可接受性得以保证。①

总之，在符合上述四个标准以后，就可以认定裁判过程中的论证已经完成，法官已经尽到其证成的义务。

四、论证义务的排除

所谓“论证义务的排除”，是指在某些情形下，法官可以免于或不需要承担论证义务。论证义务的排除，并不是说法官在特定案件中没有任何论证义务，而是就某个具体规范的适用以及某一特定事实的认定，不需要进行额外的论证。在实践中，并非所有的案件所应当适用的规范都要有论证，比如，欠债还钱、损害东西要赔，这既是符合人们一般公平正义理念，符合一般的社会生活习惯，也符合最低限度的道德标准。对这些规则适用的正当性，不需要进行过多的说理。

“论证义务的排除”在大前提与小前提两个方面都可能存在。就法律解释而言，论证义务的排除，主要适用在以下几个方面：

第一，“清晰的文本无须解释”。文义解释不仅仅是法官探寻文义的出发点，同时，也界定了法官进行狭义的法律解释的范围。② 这就是说，在法律规定明确，适用起来并没有疑义的，也不必过多进行说理。需要说理的主要是法律规定不清晰、法律需要进行解释、法律与客观事实需要进行连接等情形。如《民法典》第216条规定以不动产登记簿作为确定权属的依据，其内容非常清楚，基本上不存在边缘区域，因而不需要法官就其文义进行论证。再如，依据《民法典》的规定，普通诉讼时效为三年，对于

① Eveline T. Feteris, Fundamentals of Legal Argumentation: A survey of theories on the justification of judicial decisions, Kluwer Academic Publishers 1999, p. 36.

② ［德］卡尔·拉伦茨：《法学方法论》，陈爱娥译，商务印书馆2003年版，第227页。

为何是三年，法官都不需要进行论证。

第二，人们对于文义及其背后的价值判断存在广泛的共识。例如，对于著名企业的名称，已经包含了其简写的名称，社会一般观念应无异议，故应当受到法律保护，裁判者对此无须再详加论证。[①] 再如，《民法典》第999条规定："为公共利益实施新闻报道、舆论监督等行为的，可以合理使用民事主体的姓名、名称、肖像、个人信息等；使用不合理侵害民事主体人格权的，应当依法承担民事责任。"此种所说的"等"是否包括隐私？由于在司法实践中，广泛的共识是应当包括。这就意味着对该条文背后的内涵及其价值判断，已经形成了共识。

第三，法律已经作出了解释，即已经通过立法解释、司法解释或指导性案例而提出的解释的，也应该认为是无须再进行额外的论证。在解释法律的过程中，法官为什么应当负有法律论证的义务，这就是阿列克西所说的为什么形成论证负担规则。[②] 阿列克西曾经从四个方面指出了法律论证的必要性，即法律语言的模糊性、规范之间的冲突性、法律规则的缺失、裁判与规范原文的背离。[③] 从法律解释学的角度来看，这四种情况都可能出现，也都需要法官作出进一步论证。法律已经作出了解释，法官没有必要再对法条的内容重新作出论证。但法官要改变这些解释，按照其自身的理解进行另外一种解释，或认为此种解释存在错误则必须加以论证，给出充分的理由。

第四，当事人在案件中，对一部分的法律事实或法律适用已经达成一致的，则不需要进一步解释。例如，甲从乙银行借款3000万，以自己的一块土地抵押，后来甲将该土地转让给第三人丙，丙愿清偿有关借款以涤除土地上的抵押权。这就涉及《民法典》第523条关于第三人履行的规定能否适用此种情形的问题。如果当事人对第三人代为履行问题本身没有争议，而只是就提前还款的利息问题发生争议，则法院完全没有必要就该规则的适用问题进行额外的论证。

---

① 参见蒙牛商标侵权及不正当竞争案，北京市第一中级人民法院（2006）一中民初字第1896号民事裁定书。

② 参见［德］罗伯特·阿列克西：《法律论证理论》，舒国滢译，中国法制出版社2002年版，第338页。

③ 参见［德］罗伯特·阿列克西：《法律论证理论》，舒国滢译，中国法制出版社2002年版，第2~3页。

第五，在责任竞合的情况下，当事人依据法律的相关规定选定了某一种责任，对当事人之间应承担另一种责任规则的适用及相关的法律规定，则没有必要再做论证。

“论证义务的排除”对有关的事实认定及小前提的确定，也可以适用。例如，在道路交通事故中，交警已经出具责任认定书，当事人对此又未提出异议，则不必要就事故双方当事人的过错程度的事实问题进行论证。原则上，凡是当事人没有异议的事实，都可免除法官的论证义务。

第十二章 法律原则在说理论证中的作用

第一节 法律原则在裁判说理中的具体运用

一、法律原则在裁判说理中的具体运用

“原则”一词来源于拉丁文 Principium，有“开始、起源、基础、原则、原理、要素”等含义。[①] 法律原则是指包括立法、司法、执法和守法在内的整个法制活动的总的指导思想和根本法律准则。基本原则在法律中也常常表述为一种价值和理念，贯穿于法律的各个部分。就民法而言，它确立了平等、公平、诚实信用、保障私权、权利不得滥用等原则。这些基本原则虽具有抽象性，但也具有极强的包容性和适应性，而且这些原则都体现了法律的价值和精神。法律原则与法律规则具有显著的区别，二者在立法表现形式上存在不同，法律规则的立法表现形式往往具有确定性，而法律原则可以以条文形式表现，也可能并不一定以法律条文的形式出现于法典之中。[②]

在大陆法系国家，援引法律原则进行裁判十分常见。“一般法律原则”

① 参见徐国栋：《民法基本原则解释》，中国政法大学出版社1992年版，第7页。
② 参见刘学在：《民事诉讼辩论原则研究》，武汉大学出版社2007年版，第19页。

已经成为广为接受的法律渊源。甚至《奥地利普通民法典》第7条规定，“当案件有疑问时，必须依据自然法原则予以裁判”。基于这一认识，法律原则经常成为判案的重要依据。在法教义学中，法律原则始终占据着重要的地位。甚至一些宪法理论认为，可以通过法律原则的适用，构建原则国家或者原则共同体。① 法官经常在裁判中援引法律原则判案。从法律说理论证层面来看，法律原则至少具有以下几个方面的作用。

第一，准确理解立法目的与法律意旨。法律原则体现了法律的精神和法律的基本价值。在某些情况下，依据法律原则进行论证，更能阐释法律的价值和目的。恩格斯说：“世界上存在着许多顽固不化的法学家和咬文嚼字的人，他们的座右铭是‘只要法律得胜，哪怕世界毁灭！’他们担心的是‘法律的神圣的字面意义，即死板和抽象的法面临危险’，因而千方百计地固守法律的字面内容，而不顾及社会生活的发展变化。”② 这就是说，只知道咬文嚼字、死抠条文，而不理解法律的基本精神和原理，必然导致机械执法。而准确理解法律意旨，也需要借助于法律原则予以解释。例如，《民法典》第1019条第2款规定：“未经肖像权人同意，肖像作品权利人不得以发表、复制、发行、出租、展览等方式使用或者公开肖像权人的肖像。”对于该条的准确理解必须要从民法典确定的人格尊严原则出发，把握人格尊严优先于财产权的价值取向，才能解释出该条的实质。因为肖像权的内容体现为个人对其肖像所享有的利益，其虽然包含经济价值，但主要是精神性利益。而著作权虽然也包括部分著作人身权，但其主要是一种财产权。按照人格权一般应当优先于财产权的规则，著作权人行使著作权应当取得肖像权人同意。如此规定也有利于维护人格尊严。法律原则是立法精神的重要体现，在解释法律规则时，可以运用法律原则解释具体的法律规则，尤其是在法律规则存在复数解释方案时，更需要借助法律原则进行妥当的解释选择。

第二，阐明法理，增强裁判的说服性。法律的基本原则也具有一定的公理性，借助法律原则进行说理，有利于强化说理，增强说理的正当性。当然，由于法律原则比较抽象、概括，可以作为法律论证的依据，但不宜

---

① 参见李锦：《法律原则之地位——法律个别化的一个新尝试》，载周赟主编：《厦门大学法律评论》（2014年卷），厦门大学出版社2014年版，第60页。

② 参见中共中央编译局：《马克思恩格斯全集》（第41卷），人民出版社1982年版，第321～322页。

直接作为裁判依据。否则，人们对法律原则的理解可能存在差异，这将有损法律秩序的稳定。因此，只有在特殊情况下，法律原则才能直接作为案件裁判的依据。

试举一案进行分析：H 市旺德建筑公司（以下简称旺德公司）因建造两栋大楼急需黄沙，遂于 9 月 10 日与本市郊县建材公司（以下简称郊县公司）签订了一份合同，合同约定旺德公司购买郊县公司黄沙 30 车，每吨价 300 元，合同订立一个月以后，由郊县公司送货，货到付款。合同订立后，黄沙价格开始上涨，市场价已经从 300 元/吨涨到 350 元/吨，郊县公司经理李某见价格上涨，不愿如数供货，遂于 10 月 12 日给旺德公司的经办人章某某去电话，提出因货源紧张，要求变更货物数量，少供货，遭到旺德公司拒绝。李某遂于次日安排两辆（其中一辆是借用外单位车）"130"型货车，装了二车黄沙（每车装载 2 吨），送到旺德公司处，并要求以"130"型车为标准，计算交货数量。旺德公司提出郊县公司的做法是不合理的，尽管合同规定交货数量为 30 车，但应以"东风牌"大卡车作为计算标准，每车装载 4 吨，共 120 吨。为此，双方发生争议，协商未果，旺德公司遂向法院起诉，认为郊县公司已构成故意违约，应承担违约责任。

从表面上看，合同只是规定郊县公司应交付 30 车黄沙，郊县公司以"130"型车为计量标准送货，并未违反双方在合同中约定的条款，但实际上，在本案中郊县公司在履行合同规定的交货义务时违反了诚实信用原则。所谓诚实信用原则，是指民事主体在从事民事活动时应当诚实无欺、恪守信用，以善意的方式行使权利、履行义务，不得规避法律义务。在合同履行中，当事人应当严格遵循诚信原则，诚信原则也是合同履行的一项基本原则。这就是说，在合同履行过程中，当事人不仅应当按照诚实信用原则履行自己的义务，而且在法律和合同规定的义务不明确或不完全的情况下，当事人应当依据诚实信用所产生的附随义务（如忠诚、照顾、协作、保密等）来履行自己的义务。诚实信用原则除了具有规范当事人行为的机能，还具有指导解释法律或合同条文的机能，以补充合同或法律规定的疏漏（即传统民法所谓的规定欠缺之补正机能与规定之解释机能）。[①] 当存有漏洞时，诚信原则所衍生的附随义务发挥作用，法官得以运用衡平裁量权裁判。如果当事人就交货数量、交货地点、方法等规定不明确，则应当根据

① 参见林诚二：《民法理论与问题研究》，中国政法大学出版社 2000 年版，第 7~9 页。

诚实信用原则来确定。诚信原则是伦理道德规范在法律上的表现，也可以说它是以法律形式确认了最基本的商业道德。在《民法典》合同编中这一原则适用范围极为广泛，被称为债（合同）法中的最高规则或“帝王规则”。任何合同当事人在履行合同时违反诚实信用原则都是违法的，并应承担相应的责任。

从本案来看，郊县公司的行为显然已违背了诚实信用原则的精神。因为按诚实信用原则的要求，当事人对交货数量规定得不明确的情况下，应当按照诚实信用这一商业道德来确定合理的交货数量。这就是说，合同规定的 30 车黄沙未确定明确的计量标准，那么郊县公司就应当按诚实信用原则考虑合理的计量标准。换言之，郊县公司应当想到，作为一个诚实的、守信用的商人，在此情况下应当以何种标准来交货。而在本案中，郊县公司显然不是按照一个诚实、守信的商人的标准来行为的。一方面，郊县公司在订约以后，鉴于黄沙价格已经上涨，曾要求旺德公司减少供货数量，当此要求被拒绝以后，郊县公司便以合同没有规定明确的计算标准为由，以“130”型货车送货，实际上郊县公司的目的在于减少交货数量。另一方面，郊县公司明知按当地的交易习惯，以车为计量单位的，车的含义通常是指“东风牌”大卡车。而郊县公司给他人送货也主要是以“东风牌”大卡车送货，显然郊县公司以“130”型车送货既可以达到少交货的目的，又不致于被旺德公司抓住违约的把柄，然而郊县公司的行为的确是与诚信原则相背离的。在本案中，可以直接依据诚信原则进行说理。

第三，填补法律漏洞。法律原则本身可以作为裁判依据，这主要表现在法律漏洞填补中。依据法律的基本原则进行漏洞填补，不失为一种有效的办法。例如，在盛丰诉宜兴市茂达装潢工程公司空间利用案中，鉴于空间权纠纷缺乏法律依据，江苏省宜兴市人民法院根据《民法通则》第 4 条关于诚实信用原则的规定作出了判决。① 再如，在合同因价格的急剧变动而发生单方变更合同、因合同条款不明确时的履行义务的确定、在订约过程中一方因故意违反允诺而造成另一方的损失等案件，其中不少案件的裁判结果充分体现了公平正义的要求。②

---

① 参见国家法官学院、中国人民大学法学院编：《中国审判案例要览》（2003 年民事卷），中国人民大学出版社 2004 年版，第 58 页。

② 参见吴小晗：《在自由与公正间抉择》，载公丕祥主编：《法官办案经验》，法律出版社 2009 年版，第 121 页。

在审判实践中，有人认为寻找大前提的工作，并非一项科学，完全可以单纯凭感觉或经验进行，甚至彻底放弃大前提的寻找工作，直接援用基本原则断案，如直接援引诚实信用原则、公平原则判案，此种做法虽然也是“有法可依”，但是，由于极度抽象的法律原则，常常既没有构成要件也没有法律效果，必然为法官提供了极大的自由裁量空间，出现向一般条款逃逸的现象，导致案件缺乏完全的推理与说理，缺乏说服力和一致性。公正司法必须强调“类似案件，类似处理”，强调大前提的准确性，形成如何正确找法的共识，否则，最终仍难免陷入“向一般条款逃逸”，导致法官任意自由裁量，这就难以保障裁判的公正。所以，找法本质上是一个发现法律的过程，是兼具艺术性与技术性特征的工作。

二、法律原则适用于说理论证的具体情形

如前所述，基本原则具有较高的抽象性，在法律解释的适用中，基本原则的内容应当尽可能被具体化为法律规则。一方面，毕竟基本原则是比较空泛的，直接依据其进行裁判，结论仍然过于空泛。如果要运用法律的基本原则来进行漏洞填补，就必须对其进行具体化的操作，即要从原则中引申出更为具体的规范和标准。法官运用三段论的方法进行演绎推理，必须确定作为裁判依据的大前提。这里所说的大前提，应当是包含了具体的构成要件和法律后果的大前提。因此，法官在运用法律的基本原则进行漏洞填补时，还必须进行具体化的操作，即将法律的基本原则具体化为构成要件和法律后果。另一方面，法律本身是一门注重经验和逻辑的科学，虽然其不能像概念法学所主张的那样进行精确计算，但任何一个法律结论的得出，都应当是逻辑推导的过程，推导的每一个环节，都应当有密切的联系和合理的过渡。[①] 如果直接从抽象的法律原则中得出具体的裁判结论，中间缺少必要的说理论证，势必增加了这一推导过程中的诸种怀疑和不确定性，也势必影响法律结论的准确性和说服力。在找法过程中，需要尽可能寻找与案件事实有密切联系的具体规则，并最终适用于具体的案件事实，就是要求逐渐降低这种推导所具有的抽象程度和不确定程度，提高解释结论和案件事实相连接的关联度和紧密性。例如，在先占的案件中，法官运用《民法典》物权编中的物尽其用原则来填补漏洞，就必须从该原则中能

① 王洪：《司法判决与法律推理》，时事出版社 2002 年版，第 142~148 页。

够解释、确定具体的规则，如确定先占无主物的人取得该物的所有权的规则。

在民事裁判中，为了防止向一般条款逃逸，应当尽量避免直接援引法律原则判案，而应援引具体法律规则进行说理。法官在案件裁判过程中，首先要援引具体的法律规则进行裁判，这也是法官依法裁判原则的基本要求。也就是说，在案件裁判过程中，如果存在具体的法律规则，法官应当优先适用该具体规则，而不能直接援引法律原则裁判，因为法律原则内涵较为抽象，具有普遍适用性，撇开具体的法律规则而直接援引法律原则裁判，会不当扩大法官的自由裁量权，也会使具体的法律规则沦为具文。正如宋鱼水法官所指出的，在裁判说理中，应当尽可能在案件中展示法条的魅力，充分讨论法条的运用，充分展现法条的活跃性，最终实现法条的指引价值。[①]

尽管相较于规则而言，法律原则较为抽象，但是法律原则仍然可以表现为不同的层次，或者说具有不同的抽象性程度，有的法律基本原则比较抽象，而有的法律基本原则比较具体。因此，在选择基本原则时，如果存在更为具体的法律原则，则应当尽可能地选择比较具体的基本原则。因为越具体的基本原则，就越能够与案件事实连接。较之于比较抽象的法律原则，比较具体的法律原则能容易适用。法官进行三段论推理，其前提就是确定大前提。因此，选择比较具体的法律原则，就有利于法官依据该原则确定比较具体的可供适用的大前提。一般来说，能够适用物权、合同、人格权等法律的原则，就不必适用民法的一般原则；如果能够适用这些法律中比较具体的原则，就不要适用其中比较抽象的原则。因为在法律就某事项作出具体规定时，表明立法对该事项已经做了更为精细的安排，此时，法官直接援引一般规定，将有违立法目的；而且法官援引的规定越具体、与案件联系越紧密，对于法官的自由裁量限制就越多，案件的裁判就越精确。在有具体法律规则可以适用时，应当适用该具体的法律规则，而不应当适用一般原则。

如前所述，所谓“向一般条款逃逸”，是指关于某一案例，法律本有具体规定，而适用该规定或法律基本原则，均能获得同一结论时，不适用

---

① 参见艾文、林平：《知识产权的裁判说理——访北京知识产权法院副院长宋鱼水法官》，载《人民法治》2015 年第 10 期。

该具体规定而适用法律基本原则，此种现象应予禁止。[①] 防止向一般条款逃逸，是解释和适用法律的一项重要原则。法官适用法律就是在逻辑三段论中寻求大前提，其所寻求的大前提越具体，就越能得出有说服力的结论。直接适用宽泛的原则，就给予法官较大的自由裁量权。另外，立法者既规定了具体条款，又规定了一般条款，其本身也暗含着要求法官优先适用具体规定的意思。所以，法官直接适用一般条款就违背了立法者的意思。法律规定得越具体，就越贴近生活现实；法律规定得越抽象，就越远离生活现实。而基本原则都是比较抽象的规定，因此与具体的个案的事实存在一定的距离。在适用法律时，首先应当寻找具体的法律制度，只有当没有具体规定可适用时，才可以寻求基本原则的解释。因此，如果存在比法律的基本原则更为具体的规则，就应当适用具体的规则。

以公平原则为例，截止到 2020 年 12 月 8 日，在中国裁判文书网上进行检索，共得到 656479 份裁判文书。合同约定涉及公平原则的案件有 221831 万件。涉及显失公平的案件有 5457 件，在这些案件中，法院认为，当事人的约定导致了显失公平的后果，应依据公平原则允许一方撤销或者变更合同。严格地说，此类案件不宜一概援引公平原则裁判，而可以援引《民法典》第 151 条关于显失公平的规则进行裁判。除此之外，基本上都是在当事人有约定，或者约定不明的情形下，法院本应当探求当事人的真意，依据合同进行裁判，而不应当简单地援引公平原则作出裁判。例如，在帕某诉张某某等道路交通事故损害赔偿纠纷案中，当事人之间的机动车发生碰撞，造成受害人受伤，其车辆受损。法院认为："由于张某某已向原告给付了 25000 元。相抵后，张某某的赔偿义务已履行完毕。对于多支付的部分，张某某虽没有明确要求原告退还，但本院认为，在其不知应承担多少赔偿额的情况下，难以明确主张退还多少。另从原告诉讼主张中主动扣除被告方已付款的意思表示以及被告张某某表达的愿依法承担应承担的部分的意思表示，表明张某某希望退还为原告多承担的部分。为体现公平原则，原告应再退还张某某 8072. 19 元。"[②] 虽然该裁判结论是妥当的，但其直接援引公平原则进行裁判，是值得商榷的。在该案中，原被告双方究竟愿意

① 梁慧星：《诚实信用原则与漏洞补充》，载《民商法论丛》（第 2 卷），法律出版社 1994 年版，第 71 页。

② 新疆维吾尔自治区吐鲁番市人民法院（2014）吐民初字第 523 号民事判决书。

承担多少，从双方的意思表示中能够得出合同结论，法院应当探究当事人的真意而作出裁判，但是在没有探究真意的情况下，直接裁判当事人退还八千多元，显然是不当援引了公平原则。

再以侵权责任为例，在侵权案件中，如果在《侵权责任法》颁行前，法官援引公平原则判案还可以理解，但由于《民法通则》第123条已经规定了公平责任，法院应当援引该规则，而不应直接援引公平原则裁判。截止到2020年12月8日，在中国裁判文书网以“公平原则”为关键词检索侵权责任纠纷，可以得出57283个案件。例如，在著名的“五月花”案中，本来可以适用公平责任，但法院采用了公平原则。[①] 产生这一现象的原因在于：由于《民法通则》关于侵权责任的规定十分简略，法官遇到具体的侵权案件，难以查到非常具体的裁判依据。公平原则的适用范围广泛，它体现了法律的基本价值，法官援引基本原则不会出现法律适用错误，这容易导致“向一般条款逃逸”的现象。但是在《侵权责任法》颁行后，法官继续大量援引公平原则裁判，而回避法律的具体规定，则明显属于法律援引不当。

法官在裁判过程中之所以会出现“向一般条款逃逸”的问题，主要是基于如下原因：一方面，为避免出现法律适用的错误，少数法官不愿意援引具体法律规则裁判。由于法律原则具有较高的抽象性和普遍适用性，而且存在较大解释空间，因此，法官在援引基本原则裁判时，可以很容易地联结案件裁判的大、小前提，从而在形式上实现“依法裁判”。因此，援引基本法律原则裁判，似乎任何时候都不会有错。但事实上，在法律有具体规定时，如果抛开具体规定而直接援引法律原则裁判，本身就违背了立法目的，很难说是真正的依法裁判，因为法律原则本身并不包含构成要件和具体的法律效果，一般情形下并不能作为案件裁判的大前提，以此作为裁判依据，给予了法官过大的自由裁量权力。另一方面，这也与我国现行

---

① 1999年10月24日傍晚，珠海市方洲碧涛花园五月花餐厅发生爆炸事件，造成2人死亡，14人受伤。死者之一就是龚某的儿子，龚某妻子则失去脾脏和左手。2000年2月23日，龚氏夫妇向珠海市中级人民法院提起诉讼，向五月花餐厅索赔医疗费、丧失生育能力赔偿金等共计人民币403万元。同年9月，珠海市中级人民法院一审判决驳回龚氏夫妇诉讼请求。龚氏夫妇不服一审判决，上诉至广东省高级人民法院。广东省高级人民法院审理认为，该案的损害结果并非五月花餐厅侵权或违约所致，故不能以此为由判令其给予赔偿。但五月花餐厅为营利而接受顾客自带酒水到餐厅消费，从而有某医生自带伪装成酒水的炸弹到餐厅消费的事实，其营业行为与爆炸案的发生有客观事实结果的联系。为平衡当事人的损害结果，贯彻民法的公平原则，应酌情由五月花餐厅补偿龚氏夫妇人民币30万元。

法关于公平责任的规则设计有一定的关系。《民法通则》第 132 条规定："当事人对造成损害都没有过错的，可以根据实际情况，由当事人分担民事责任。"该规定不仅将公平责任理解为一种"民事责任"，而且还赋予法官"根据实际情况"判定当事人承担公平责任的自由裁量空间。而《侵权责任法》第 24 条在将公平责任的性质从"民事责任"修改为"分担损失"的同时，仍然坚持了允许法官"根据实际情况"自由裁量的做法。不过，《民法典》第 1186 条对公平责任做了大的修改，采取了公平责任法定原则。根据该条规定，"受害人和行为人对损害的发生都没有过错的，依照法律的规定由双方分担损失"。因此，在《民法典》颁布实施以后，法官需要在有法定依据的前提下才能判定当事人承担公平责任，这也有助于规范法官自由裁量，正确认定公平责任。

"向一般条款逃逸"的做法规避了具体法律规则的适用，在法律存有具体规则时，应当优先适用这些具体规则，"向一般条款逃逸"将导致这些规则被架空。尤其是向一般条款逃逸也不利于法律的统一适用。由于一般条款普遍具有抽象性，因此相较于具体规则而言，更难以实现"类案类判、同法同解"的结果，以至于对同一文本的理解相去甚远。向一般条款逃逸的做法，将使得具体规则所带来的统一适用功能丧失。还应当看到，援引法律原则进行裁判，将赋予法官极大的自由裁量的权利。这种方法俗称为"戴高帽"的方法，看起来似乎是在依法裁判，但是实际上却并没有找到准确的具体规则进行适用。这种裁判方式很容易导致法官恣意裁判。这些现象显然都有损于法律的可预期性和法治的统一。

因此，笔者认为，除非在出现法律漏洞的情形下，需要通过法律原则填补漏洞外，法律原则只能作为法律解释与说理论证的依据，而不能作为裁判的依据。

第二节　法律原则在法律解释中的作用

法律原则虽然不能直接作为裁判的依据，但是可以作为法律解释的依据。德国法学家埃塞尔认为，法律原则体现了一种法律的精髓和思想。"返求一般法律思想之根据于个别的法律规定"，多少是一种托词。依其见解，

"一般法律思想"作为"原则"，其事实上本得独立于法律之外而有其效力。其正当性之根据在于"事物，或相关制度的本质"，这些"一般思想"是"每个个别解答功能上的必要部分"，后者则属于与"一般思想"有关之共通问题的范畴。① 在具有自然法传统的国家，人们认为"人类行为的规则和尺度首先是理性的产物"，借助于自然法的原则，可以解释规则的合理性。② 依据法律原则解释法律，可以确保我们准确把握法律的意旨和精髓。

在我国，民事立法中往往开宗明义地规定了基本原则。在我国民事立法中，往往将法律原则成文化，这与很多国家的民法中并不规定法律原则存在明显的区别。在诸多大陆法系国家，法律原则往往都未成文化。③ 大陆法系国家一般不在法律中规定基本原则，它常常在具体条文中有所体现，并经过学者的总结和提炼而形成基本原则。但法律规定的原则并不一定成为直接的裁判依据。实际上，法律所规定的这些原则的精髓已经贯穿于整个法律之中，具体规则的设计均是这些原则与精神的具体体现。例如，我国《民法典》第5条所确立的自愿原则，在合同编中具体体现为合同自由原则，如果不理解合同自由原则，就也无法理解合同法作为任意法的规范性质与特点，也更无法理解合同当事人在合同订立、内容、形式、履行、变更、解除、违约责任的承担等多方面所享有的自由选择的权利。再如，诚信原则是整个民法中的帝王规则，其不仅仅适用于合同编，甚至在物权的行使、人格权的行使等方面都具有重要意义。因此，如果通过诚信原则可以解释许多规则背后彰显的价值。例如，《民法典》合同编关于附随义务的规定，以及禁止滥用权利的规定等都来自于诚信原则。

法律原则作为法律解释的依据，可以进一步增强法律解释的充分性与合理性。由于法律原则常常反映着法律的精髓，同时彰显着法理，因此，通过原则进行法律解释能够确保解释的结果既符合法律的意旨，又符合法理的要求。例如，在爱思帝（重庆）驱动系统有限公司与何某某劳动争议上诉案中，法官在对于《劳动合同法》第22条的解释中就援引了公平原则，认定用人单位在员工辞职后，要求员工赔偿赴外国进行研修的费用，

① ［德］卡尔·拉伦茨：《法学方法论》，陈爱娥译，商务印书馆2004年版，第18页。
② 参见［法］耶夫·西蒙：《自然法传统》，杨天江译，商务印书馆2017年版，第122页。
③ 参见俞江：《规则的一般原理》，商务印书馆2017年版，第380页。

同样应当适用《劳动合同法》第22条所规定的违约金按照服务期进行分摊的规则。[①] 在这一案例中，民法的基本原则就成为了法官对法律进行解释的基本依据。

法律原则在法律解释中的作用，具体表现在：

一是文义解释。对于不清晰的语词与文义，需要通过法律原则进行解释。解释概念等是为了准确把握整个法条的含义。从对文本解释的实际过程来看，往往是解释者结合自身的经验、按照一般的理解，来阐释特定文本的可能含义。一方面，按文义解释方法，解释者应当就法条论法条，就文字论文字来阐释文本的含义。另一方面，解释者要依循法律文本所表述出来的客观含义进行解释，不可对规则的含义随意扩张或限缩，使解释的含义与文本的字面含义发生过分的偏离。通常，文义解释本身并不需要探究立法目的或作过多的价值判断，否则就脱离文义解释而进入目的解释等其他解释方法领域了。文义解释存在的假设前提是，法律文本非常确切地表达了立法者的意图，并且立法者也使用了充分的表达其意图的措辞。[②] 但是在许多情形下，通过单纯的文义解释难以准确地理解立法意旨、目的，因而还需要借助于法律原则来准确理解相关法律规定的文义。例如，《民法典》人格权编第1002条中关于“生命尊严”的解释，就应当通过对人格尊严原则进行具体化，将生的尊严与死的尊严共同纳入其内涵。即使生命处于刚开始的胚胎阶段，也具有了尊严的价值，因此，生命尊严不仅适用于活着的人，还可以扩展适用对胚胎、胎儿的保护。

二是体系解释。体系解释是狭义法律解释中的重要方法，是以法律的外在体系为依据进行的解释。[③] 美国法学家梅利曼指出，“如同自然科学一样，法学也具有高度的系统性。从法律的一般材料中经过科学研究所得出的原则，用复杂的组合形成一个体系，此后一旦发现新的原则就归并到这个体系中去。”[④] 这也说明了法律原则本身可以用于体系的解释，体系解释的最大特点是运用系统论方法来解释法律。系统论方法认为，系统的性质和规律存在于整体的全部要素的相互联系和相互作用中，因此，要从整体

---

① 重庆市第一中级人民法院（2013）渝一中法民终字第00227号。

② Jean-Louis Bergel, Méthode juridique, PUF, Thémis, Droit privé, 2001, pp. 246248

③ F. Bydlinski, Juristische Methodenlehre und Rechtsbegriff, Wien/New York 1982, S. 443.

④ ［美］约翰·亨利·梅利曼：《大陆法系》，顾培东、禄正平译，李浩校，法律出版社2004年版，第66页。

性上解释和把握解释对象。[1] 这一方法运用在法律解释中，就是体系解释的方法。然而，在进行体系解释时，需要借助于法律原则来对法律规则的含义进行解释，因为基本原则常常体现了法律的价值。借助于基本原则，可以更好地理解法律条文的含义。例如，对于是否构成侵权的认定上，需要综合平衡维护行为自由与受害人救济之间的关系。对网络侵害人格权的行为，常常需要解释人格尊严的价值与新闻自由和舆论监督之间的关系。

三是目的解释。所谓目的解释，是指通过探求制定法律文本的目的以及特定法律条文等的立法目的，来阐释法律的含义。立法中具体规范的目的均是法律原则的具体化。例如交易安全、善意取得等，将各个具体规范通过整合形成法律原则的体系。在目的解释中要注重各个原则的平衡，而不能仅考虑单一的目的，不能将某一原则绝对化。荀子曾经指出："不知法之义而正法之数，虽博每临事必乱。"[2] 这句话的意思是说，要想理解法律，必须要明白法律的目的和精神，否则懂得再多也遇事必乱。因此在目的解释中，也需要大量运用基本原则，从而准确地把握立法目的。例如，《民法典》第 1019 条规定了肖像权优先于肖像作品著作权的规则，这就必须从人格尊严优先于财产权的角度才能对该规则作出准确理解。

四是合宪性解释。合宪性解释要求解释者必须要通过法律原则进行合宪性控制。所谓合宪性解释，是指在出现复数解释的情况下，以宪法的原则、价值和规则为依据，确定文本的含义，得出与宪法相一致的法律解释结论。通过合宪性解释来确定法律文本含义时，通常采取选择或排除的方式。这就是说，如果某个解释结论符合宪法，就应当选择其作为解释结论；如果所作的法律解释违反了宪法，就应当予以排除。通过这种方式，使文本的含义能够与宪法保持一致。根据宪法的基本原则和精神，尤其是主要根据宪法赋予公民的基本权利，排除违反宪法原则的解释，在多种解释中作出判断和选择，使法律解释的结论符合宪法。[3] 在我国，合宪性解释中，虽然以宪法为依据，但并非要直接适用宪法进行裁判，也不是运用宪法来填补法律漏洞。因为宪法作为根本大法，它只能通过立法予以实现，但并

---

① 参见朱志凯主编：《逻辑与方法》，人民出版社 1995 年版，第 368 页。

② 荀子：《君道篇第十二》。

③ Leibholz/Rinck/Hesselberger, Grundgesetz-Kommentar an Hand der Rechtsprechung des Bundesverfassungsgerichts, Bd I, 6 Aufl., Köln 1989, S. 10..

不能作为裁判的规范。合宪性解释的功能就是针对多种解释结论作出选择或排除解释结论，并确定文本的含义。因此，合宪性解释可以起到验证部门法是否符合宪法的功能。“合宪性法律解释是一种顾及宪法的解释，寻求一种使宪法原则可能公正实现的解释；引领法律合乎宪法的解释，通常就规范意义的确认上，能使法律在宪法精神中获得充实，甚或纠正。”①

总体而言，法律原则可以适用于法律解释的各个阶段与层面。一方面，由于原则体现了立法的价值、目的追求，准确运用原则进行法律解释，就可以准确把握法律规范的意旨。另一方面，法律原则则往往是通过相互权衡的方式得以适用，即使在某一具体案件中，借助于法律原则的适用，可以有效平衡各种利益的冲突。

第三节　基于法律原则的漏洞填补

一、基于法律原则的漏洞填补的概念和必要性

（一）基于法律原则进行漏洞填补的概念和特点

如前所述，法律原则主要适用于漏洞的填补。所谓基于法律原则的漏洞填补，是指在存在法律漏洞时，法官根据法律原则进行创造性的司法活动，确定司法三段论中的大前提。从比较法上来看，许多国家民法典中都明确规定，在法律没有规定的情况下，应当依据基本原则填补漏洞。例如，《葡萄牙民法典》第 10 条第 3 款规定，在存在法律漏洞的情况下，“以解释者自己定出之规范处理，而该规范应与解释者如为立法者根据法治精神制定之规定无异”。《意大利民法典》第 12 条更明确规定，在存在法律漏洞的情况下，首先适用类推的规则，“如果仍然存在疑问，则应当根据国家法制的一般原则加以确定”。这就在法律上明确了其可以作为漏洞填补方法，使法官进行此种漏洞填补具有了明确依据。这种方式给予了法官一定的造法的权利，所以，很多制度从中演进出来。例如，情势变更原则就是

① H. Bogs, Die verfassungskonformes Auslegung von Gesetzen, Stuttgart/Berlin/Köln/Mainz 1966, S. . 15.

从诚信原则之中演化出来的。① 再如，在各国早期合同法中，都没有缔约过失责任，但近几十年来，各国法院通过创造性的判例，基于诚实信用原则承认缔约过失责任，填补了合同法体系上的漏洞。大陆法系普遍认为，将由多数针对不同的构成要件赋予相同效果的法律规定得出“一般法律原则”，该原则在评价上也同样可以适用到法律并未规整的案件事实上。②

法律基本原则虽具有抽象性，但具有极强的包容性和适应性，而且这些原则都体现了法律的价值和精神。所以，依据法律的基本原则进行漏洞填补不失为一种有效的办法。例如，在盛丰诉宜兴市茂达装潢工程公司空间利用案中，鉴于空间权纠纷缺乏法律依据，江苏省宜兴市人民法院根据《民法通则》第 4 条关于诚实信用原则的规定作出了判决。③ 再如，在合同因价格的急剧变动而发生单方变更合同、因合同条款不明确时的履行义务的确定、在订约过程中一方因故意违反允诺而造成另一方的损失等案件，其中不少案件的裁判结果充分体现了公平正义的要求。④ 基于法律原则进行漏洞填补的特点在于：

第一，基于法律原则的漏洞填补适用于各种法律漏洞。法律原则本身是非常宽泛的，是一切具体法律制度的发展来源，根据各项基本法律原则可以推导出一切具体法律制度。因此，基于原则的漏洞填补方法是一个兜底性寻法工具。从理论上说，几乎所有的漏洞能够运用原则来填补，这也是基于原则的法律漏洞填补方法与其他漏洞填补方法的重要区别。也就是说，该方法的适用范围是最为宽泛的。采用基本原则填补漏洞的前提是存在漏洞，且没有可供适用的具体法律规则。据此，一方面，如果仍然可以援引有关的具体规则判案，法官首先要援引具体规则，即便规则存在模糊性、体系违反等，法官也要通过文义解释、体系解释等方法尽可能弥补法律具体规则的缺陷，而不能援引法律的基本原则。另一方面，基本原则不能作为狭义的法律解释方法，因为在狭义的法律解释中，即使法律存在缺陷，法官也应当通过具体的规则来作出判决。在采取狭义的法律解释和价

---

① ［德］魏德士：《法理学》，吴越等译，法律出版社 2005 年版，第 354 页。

② ［德］卡尔·拉伦茨：《法学方法论》，陈爱娥译，商务印书馆 2004 年版，第 260 页。

③ 国家法官学院、中国人民大学法学院编：《中国审判案例要览》（2003 年民事卷），中国人民大学出版社 2004 年版，第 58 页。

④ 吴小晗：《在自由与公正间抉择》，载公丕祥主编：《法官办案经验》，法律出版社 2009 年版，第 121 页。

值补充的情况下，都是在可能的文义范围内进行的解释，仍然没有超出文义的射程范围，不能称之为创造性司法活动。例如，在勋怡公司诉瑞申公司财产权属纠纷案中，上海市高级人民法院认为，双方当事人恶意串通，隐瞒事实，编织理由进行诉讼，企图通过法院的确权来对抗法院的查封，是诉讼欺诈行为，违反了《民法通则》第 4 条关于民事活动应当遵循诚实信用原则的规定。[①] 笔者认为，在该案例中，通过诉讼欺诈行为来变更产权登记，在性质上可以解释为一种侵权行为，可以扩张适用《侵权责任法》第 6 条第 1 款的规定，不必援引基本原则填补漏洞。

第二，它需要法官运用基本法律原则进行漏洞填补。德沃金认为，法律解释的对象既包括了法律规则，又包括了法律原则，这两者皆为法官判案的依据。在疑难案件中，法官即使无明确的“规则”可依，也并非无“法律”可依，因为构成法律的尚有“原则”，其将可以为法官提供足以解决一切案件的依据。[②] 原则是指包括立法、司法和执法在内的总的指导思想和根本法律准则。能够填补漏洞的原则具有如下特点：一是它具有高度的抽象性和概括性，原则“不预先设定任何确定的、具体的事实状态，没有规定具体的权利和义务，更没有规定确定的法律后果。但是，它指导和协调着全部社会关系或某一领域的社会关系的法律调整机制”。[③] 原则与规则的区别在于，原则具有一般性，而规则具有具体性。[④] 法官在裁判案件中，通常只能援引具体的规则来作出判决，而不能援引抽象的原则，否则就属于“向一般条款逃逸”。但是，在存在明显漏洞的情况下，争议的案件没有具体的规则可供援引，法官又不能拒绝裁判，其只能依据基本原则来进行漏洞填补。正是因为原则具有高度的抽象性和概括性，它只能作为最后的漏洞填补方法。因为法律原则几乎可以普遍适用于该法律领域的所有问题，如果依据原则来填补漏洞可以优先适用，则其他漏洞填补方法就没有存在的必要。二是具有法定性。依据法定的原则填补漏洞，是指该原则由法律明文规定，不应当包括没有成文化的原则。“在有些情况下，一般

---

① 参见《最高人民法院公报》2004 年卷，第 366 页。

② 林立：《法学方法论与德沃金》，中国政法大学出版社 2002 年版，第 66~67 页。

③ ［美］迈克尔·D. 贝勒斯：《法律的原则》，张文显等译，中国大百科全书出版社 1996 年版，第 486 页。

④ ［美］迈克尔·D. 贝勒斯：《法律的原则》，张文显等译，中国大百科全书出版社 1996 年版，第 13 页。

的法律原则部分地被制定法明文规定，此时，它也可以作为漏洞填补的依据。如果特定的法律原则只是部分地被‘成文化’，此时，超越法律上规定的范围后，该原则仍然要用于漏洞填补。”① 因为用于漏洞填补的一般的法律原则是具有普遍适用效力的，所以，可以用来作为填补漏洞的依据。②但因为法官是依据法定的原则来填补漏洞，所以，其填补漏洞是有法律依据的，这决定了法官可以援引基本原则的规定作为裁判依据。尤其是我国法律中往往开宗明义地宣示该部法律的基本原则，这也为法官依据法定的原则填补漏洞提供了立法基础。三是具有价值性。基本原则具有价值判断的功能。通常，法律的基本原则集中体现了特定法律的价值取向，它是指导立法行为的，应当具体化为法律规则，从而规范人们的行为。因为基本原则都体现了法律的价值取向，通常要考量基本原则的价值是否可以涵盖特定的案件，而一般不进行立法目的考量。由于民法的基本原则最集中地反映了法的公平、正义等价值，因此，法官在裁判中遇到法律缺乏具体规定的情况，援引民法的基本原则进行裁判，无疑可有效地进行漏洞的填补。自由、平等等价值“常常关联到对法律原则的性质和结果的评价”。③ 所以，运用基本原则时，要考虑特定案件是否符合基本原则所包含的价值。例如，在有关公平责任的案件中，法官就要考虑是否适用民法的公平和平等的价值；在有关欺诈的案件中，法官就要考虑是否适用民法的诚信价值。正因如此，运用基本原则填补漏洞，也可以实现法律的基本价值。

第三，它需要法官运用基本原则创设具体规则。填补漏洞的前提是具体规则的缺失，法官的找法活动仍然需要寻找某个具体的规则，并将该规则与具体的案件的事实相连接。运用基本原则填补法律漏洞时，虽然适用的是基本原则，但这并不是说法官就应简单地直接根据基本原则作为裁判的依据，因为从原则直接到裁判结论的做法缺乏说服力。例如，公平正义是一项基本的法律原则，如果仅仅根据该原则来填补法律漏洞，则一切案件都可以据此裁判，那么，当法律制度不清晰或者有复数解释时，都可以直接依据基本原则裁判，而无须其他解释方法了。另外，从司法三段论的角度来看，漏洞填补就是要确定大前提，基本原则不包含构成要件和法律

①② Franz Bydlinski, Juristische Methodenlehre und Rechtsbegriff, Wien/New York 1982, S. 488.
③ [美] 贝勒斯：《法律的原则》，张文显等译，中国大百科全书出版社 1995 年版，第 8 页。

后果，无法作为大前提。① 因此，正确的做法应当是先根据基本原则推导出一个适用于特定案件的具体规则。如果法官能够先根据基本原则推导出情势变更之类的具体规则，再将其适用于具体案件，不但增强了法律解释结论的准确性，而且提高了裁判结论的说服力，增进了司法裁判的可接受性。

第四，它是填补漏洞的方法中的后位的方法。因为一方面，该方法是兜底性的工具，只是在其他漏洞填补方法不足以达成可供适用的规则时才适用；另一方面，此种方法给予了法官较大的自由裁量权。因为基本原则非常抽象，其适用范围十分宽泛，事实上，它几乎可以涵盖所有的情形，采用基本原则来填补漏洞，就导致其他方法几乎没有适用的余地。法官应当首先借助于习惯法、目的性扩张、目的性限缩、类推适用的方法进行漏洞填补。在这些方法都无法运用时，才借助法律原则进行漏洞填补。因此，即使存在漏洞，如果能够通过目的性扩张或类推适用等方式填补漏洞，也不必采用基于法律原则填补漏洞的方式。例如，在《物权法》颁行之前，就空间权的设定而言，如果可以依据建设用地使用权进行目的性扩张，就不应运用基本原则进行漏洞填补。但是，由于当时的法律并没有允许设立空间权，所以，通过目的性扩张的方法来进行漏洞填补不符合立法目的，而只能借助于法律的基本原则来填补漏洞。这主要是考虑到，在上述方法中，法律解释毕竟依托于一定的规则，如此，可以尽可能保证法律适用中的安定性。在基于法律原则进行漏洞填补的时候，也要进行具体化，将其作为后位的漏洞填补方法，可以尽可能保证法的安定性，符合立法目的。所以，美国法学家庞德指出："没有一个公式能够告诉我们什么行为是不道德，从而是不正当的……讲究实际的法学家所关注的是将各种不同的情况加以归类，并找出每一类情况所应适应的特定原则。"②

一般来说，在各种填补漏洞的方法中，如果采取其他的方式填补与依据法律基本原则填补发生冲突，应当优先适用其他漏洞填补方法。当然，如果难以通过上述方法填补法律漏洞，可援用诚信原则等直接填补法律漏洞，"诚信原则具有弹性，内容不确定，系有待于就特定案件予以具体化的

① 徐国栋：《民法基本原则解释》，中国政法大学出版社 2001 年版，第 32 页。

② ［美］庞德：《通过法律的社会控制法律的任务》，沈宗灵、董世忠译，商务印书馆 1984 年版，第 99 页。

规范，论其功能，实为实体法之窗户，实体法赖之以与外界的社会变迁，价值判断及道德观念相联系，互相声息，庶几能与时俱进，故一般判例学说均视诚信为法律之基本原则。”①

（二）依据基本原则填补漏洞的功能及局限性

基本原则不仅体现了立法目的，而且是法律价值的集中体现，但是，法律的基本原则也是法理的重要组成部分。依据基本原则填补漏洞主要发挥如下几个方面的功能：

一是确定法律适用的依据。法律的基本原则是作为漏洞填补的手段，这就是说，它的运用就是为了明确司法三段论中的大前提。当然，法律的基本原则运用于法律适用之中，其必须转化为具体的规则。从审判实践来看，我国法院已经就运用基本原则来填补漏洞进行了有益的尝试。例如，在实践中，法院依据诚信原则确立了情势变更规则、悬赏广告等规则。最典型的是在李甲诉朱某某、李乙依据悬赏广告支付报酬案中，法院在判决中认为，朱某某、李乙负有广告中许诺的给付报酬义务。被告辩称“寻包启示”许诺给付报酬不是真实意思表示，事后反悔，拒绝给付李甲酬金15000元，有违《民法通则》第4条规定的诚实信用原则，是欠妥的。② 这些都表明，依据基本原则进行漏洞填补就可以明确法律适用的依据，从而进行司法三段论的推理。

二是贯彻法律的基本价值。基本原则体现了法律的基本价值，既可以为法律解释提供价值指引，也为正确的价值判断提供基础。基本原则是在社会生活中，经过不断的认识和实践，成为人们应普遍遵守的行为标准，例如平等原则、自由原则等。日本法学家川岛武宜认为，法律的基本原则在一定的历史时期内具有客观性和稳定性，而且与特定时期法律的基本理念是一致的，并体现了一定的普适性。所以，基本原则可以为法官进行价值判断提供基础和参照。③ 基本原则反映了特定法律中基本的价值取向，是法律中理念的集中体现。在审判实践中，一些法院曾援引诚实信用原则处理过有关合同因价格的急剧变动而发生单方变更合同、因合同条款不明确时的履行义务的确定、在订约过程中一方因故意违反允诺而造成另一方

---

① 王泽鉴：《民法学说与判例研究》（第一卷），中国政法大学出版社1998年版，第303页。

② 参见《最高人民法院公报》1996年第1期。

③ 段匡：《日本的民法解释学》，湖南大学出版社2005年版，第279页。

的损失等案件，其中不少案件的裁判结果充分体现了公平正义的要求。按照法国学者保罗教授所言，法官必须从法律的基本原则、精神、司法制度的基本功能、法律追求的社会效果等考虑，进行充分的说理。如果缺乏合理的、充足的理由，就不应进行漏洞的填补，这就是还原正义。①

三是作为论证的基础和依据。在进行狭义法律解释和价值补充时，法律原则可以成为法官说理论证的依据。例如，在进行目的解释、体系解释时，需要进行解释选择，法律原则所体现的立法精神和立法目的即可成为解释选择的依据。德国法学家拉伦茨认为，基本原则也可以指目的、合理的理由、规制的原则。② 当具体的法律规范在特殊情况下的适用违背法律的根本目的时，民法基本原则则授权法官依据实际要求对具体法律规范加以变通适用，以求得个别正义的实现。③ 这也表明了，依据基本原则填补漏洞在一定程度上也是符合立法目的的。在立法之时，立法者之所以要规定高度抽象的法律原则条款，就是希望在出现立法不能预料的新情况时，法官能够运用基本原则填补法律漏洞，完成对案件的裁判。通过基本原则填补漏洞，可以使法律适应社会发展的需要，这最终也是符合立法目的的。正如有学者所指出的，“法官可根据社会生活发展的需要，通过解释基本原则，把经济、政治、哲学方面的新要求补充到法律中去，以使法律追随时代的发展而与时俱进，实现法律的灵活价值。”④ 例如，在辽宁立泰实业有限公司与徐某房屋买卖合同纠纷上诉案中，当事人就违约责任发生争议，法院认为，被告的行为构成违约，应当承担违约责任，关于违约金数额的确定，法院在运用《合同法》关于违约责任的规定时，即参照了《合同法》第6条所规定的诚信原则。⑤

但是，运用基本原则填补漏洞仍然存在明显的局限性。此种方式的局限性在于：一是可能导致“向一般条款逃逸”。所谓“向一般条款逃逸”，是指在存在法律规则的情况下，法官不援引法律规则，而直接援引法律原则来作出判决。逃逸的结果会使得具体的法律规则虚化，法官严格执法的要求也受到挑战。法官可能会按照其个人喜好，决定是否适用法律的规定。

---

① Paul Delnoy, Elément de méthodologie juridique, Larcier, 2006, Bruxelles, p. 390.

② ［德］卡尔·拉伦茨：《法学方法论》，陈爱娥译，商务印书馆2003年版，第214页。

③ 孙钻：《略论诚实信用原则》，载《金陵科技学院学报（社会科学版）》2005年第1期。

④ 徐国栋：《民法基本原则解释》，中国政法大学出版社2001年版，第356~357页。

⑤ 辽宁省抚顺市中级人民法院（2014）抚中民三终字第00580号民事判决书。

例如，在本可以适用《民法典》第1186条（即公平责任条款）的情况下，仍然要适用民法基本原则，这就使得法律关于公平责任的规定似乎形同虚设。二是赋予了法官过大的自由裁量权。例如，前述公平责任的适用中，本来针对一些当事人双方没有过错而又需要对一方当事人所受的损害提供救济的情形，可以按照法律规定的公平责任或其他规定处理，但一些法院依据公平原则处理，则使法官享有过大的自由裁量权。三是不利于法律适用的统一。法律的基本原则不包括具体的构成要件和法律效果，裁判的结果可能是千差万别的，从而不利于法律适用的统一，使法律适用的可预见性受到挑战。另外，法律的基本原则本身也是多元化的，其价值取向也可能存在冲突，例如，平等原则和公平原则之间就是存在相互限制的关系的。法官选择不同的基本原则作出判决，其结果也可能存在较大的差异。

二、依据基本原则填补法律漏洞的步骤

（一）确定适用前提

如前所述，依据基本原则填补漏洞，必须是存在漏洞，且不存在具体的相关规则，这是运用法律基本原则的前提。具体来说，它包括三个方面：

第一，漏洞的识别和确定。依据基本原则来填补漏洞的方法，其适用范围非常广泛，几乎可以适用于一切法律漏洞。但是，基本原则的运用前提是存在法律漏洞，即法律对于特定案件应当作出规定而没有作出规定。在识别漏洞的过程中，必须要确定是否存在具体的法律规则，只有不存在可供适用的具体法律规则时，才能认定法律漏洞的存在。此处所说的具体规则，不仅包括一般的法律规则，而且包括一般条款和不确定概念。此外，还包括运用法律漏洞的填补方法仍然无法确定应当适用的法律规则。例如，我国《合同法》不承认情势变更原则，在《最高人民法院关于适用〈中华人民共和国合同法〉若干问题的解释（二）》出台之前，情势变更制度属于法律漏洞。该规则的缺失显然不能满足实践需要，例如，因新冠肺炎疫情的出现，导致住宿合同、旅游合同取消，如果不认可情势变更原则，当事人的利益关系很难得到妥善调整。所以，我国一些法院根据对诚信原则

和公平原则的解释，创造性地解释出了情势变更原则。[①] 需要指出的是，由于我国《民法典》第533条已规定了情势变更，因此此类情况已不再属于法律漏洞。然而即使法律没有作出规定，但属于立法者有意保持沉默的，也不属于法律漏洞，不能运用法律的基本原则填补漏洞。

在司法实践中，有的法院在有明确的法律规则可以适用、不存在法律漏洞的情形下，仍然依据基本原则进行裁判，这显然不符合法律原则的适用方法，也可能使相关的法律规则成为具文。例如，在薛某与周某某民间借贷纠纷案中，被告周某某因经营所需，于2012年11月2日向原告薛某借款人民币28000元，约定2013年6月15日前归还，并出具借条一份。借款到期后，经原告多次催要，被告均以种种理由予以推诿。后原告诉至法院，请求被告还本付息。法院认为，"原、被告之间的民间借贷关系合法有效，应受法律保护。被告向原告借款人民币28000元，借款到期后，被告未能归还原告借款，其行为有违诚信原则，应及时归还借款。"[②] 在该案中，债务人在借款到期后未按时还款，债权人有权基于合同关系请求其承担违约责任，而法院忽略违约责任的具体规则，而直接依据诚信原则进行裁判，显然有失妥当。

第二，穷尽了狭义法律解释方法和价值补充的方法。一般来说，只要确定了法律漏洞的存在，就不可能运用狭义的法律解释方法和价值补充的方法。例如，在前述帕某诉张某某等道路交通事故损害赔偿纠纷案中，虽然该裁判结论是妥当的，但其直接援引公平原则进行裁判，是值得商榷的。因为机动车之间发生交通事故，实行过错责任的归责原则，根据《道路交通安全法》第76条第1项的规定，"机动车之间发生交通事故的，由有过错的一方承担赔偿责任；双方都有过错的，按照各自过错的比例分担责任"。此处所说的过错，一般认为主要是机动车一方因故意或过失违反了有关道路交通安全的法律法规和规章，或者因驾驶不当导致了交通事故的发生。在机动车之间发生损害的情况下，只要双方证明自己没有过错，就可以减轻或免除责任。所谓按照各自的过错比例分担责任，也就是指根据过错程度的大小来确定责任，过错越大则责任越重。所以，对本案应当按

---

① 相关案例和司法实践中的具体做法，参见吴小晗：《在自由与公正间抉择》，载公丕祥主编：《法官办案经验》，法律出版社2009年版，第121页。《最高人民法院关于适用〈中华人民共和国合同法〉若干问题的解释（二）》第26条确认了情势变更原则。

② 江苏省如东县人民法院（2014）东栟民初字0273号民事判决书。

照上述规则进行裁判，确定当事人的责任，而不应当直接援引公平原则进行裁判。只有在出现法律漏洞的情形下，才能直接援引法律原则进行裁判。

但是，基本原则比较特殊，有些基本原则还表现为法律的规则，如诚实信用原则本身也可以以不确定概念和一般条款的形式表现出来。这就要考虑在法律解释过程中，能否通过狭义法律解释方法和价值补充的方法来确定大前提。例如，能够通过具体化的方法确定大前提，就不必适用法律的基本原则。我们之所以要区分基本原则的不同表现形式，其意义也在于此。

在没有穷尽狭义的法律解释方法和价值补充方法的前提下，如果我们将法定化的法律原则作为裁判的依据，则我国民法的适用中将不存在法律漏洞。因为法律原则本身可以以高度抽象和概括的方式涵盖民事各个领域。例如，《民法典》第3条规定："民事主体的人身权利、财产权利以及其他合法权益受法律保护，任何组织或者个人不得侵犯。"因为民事权益既包括权利，又包括权利之外的各种利益，假如侵害任何民事权益的行为都可以依据该条进行保护，就不必设置侵权法，也不存在侵权法上的漏洞。事实上，法律原则大多是价值的宣示，不宜直接作为裁判依据。从法律解释学的角度来看，法官可以运用法律原则进行漏洞填补，但这并不是说法律原则涵盖了所有情形，有了基本原则就不存在法律漏洞。

第三，穷尽了其他漏洞填补方法。漏洞填补方法中的习惯法、类推适用、目的性扩张、目的性限缩，这些都以比较明确的法律规则为基础，而基于法律原则来填补漏洞则应当作为最后一种填补漏洞的方法。这主要是因为，基本原则的适用范围非常宽泛，其体现了法律的基本价值，所以，它几乎可以涵盖各种情形。例如，诚实信用原则作为帝王条款，其几乎可以适用于所有民事领域。如果基于原则填补漏洞优先适用，则其他的漏洞填补方法就没有了运用的空间，也几乎没有了存在的价值。另外，基本原则的运用存在较大的任意性，法官所享有的自由裁量权较大。因此，法律的基本原则作为漏洞填补的依据，其应当作为后位的方法。举例而言，就法律的基本原则和类推适用来看，它们的区别比较明显：被类推的法律规定包含了构成要件和法律后果两个部分；而法律原则仅仅包含了价值取向或者一般的价值目标，它并不包含明确的法律后果。[①] 类推适用对于保障

① Franz Bydlinski, Juristische Methodenlehre und Rechtsbegriff, Wien/New York 1982, S. 485.

法的安定性具有重要意义，而法律的基本原则却难以保障法的安定性，因此，同等条件下，应当优先适用类推方法，而非以法律基本原则进行漏洞填补。

（二）适用基本原则

1. 寻找适当的基本原则。尽管法律原则较多，但在寻找基本原则时，应当把握如下规则：

第一，要尽可能寻求法定化的基本原则。基本原则可以分为两类：一类是法律上明文规定的基本原则，如《民法典》合同编规定的合同自由原则，《民法典》物权编规定的物权法定原则等。另一类是法律上没有规定的基本原则。例如，学者从《民法典》合同编之中的规定推导出的鼓励交易原则。就漏洞填补来说，这两类基本原则都可以作为漏洞填补的依据。原则上，运用基本原则来填补漏洞，要首先依据法律上明文规定的基本原则。其理由主要在于：一方面，在我国民事立法中，往往出现较多的法律原则的成文化，这与很多国家的民法中并不规定法律原则存在明显的区别。大陆法系国家往往不在法律中规定基本原则，只是在具体条文或规则中体现出来，并经过学者的总结和提炼而形成基本原则。这就决定了，在我国法官能够从法律中寻找到可供适用的基本原则。另一方面，既然法律对基本原则作出了明文规定，法官在解释法律时就可以援引相应的法条。虽然依据的并非是法律规则，但是，毕竟是法律明确规定的原则。而如果仅仅适用学者总结出来的基本原则，就可能导致其权威性不足。此外，非法定化的基本原则究竟包括哪些，本身就存在争议。法律上明文化的基本原则是立法者意志的表达，而学者总结的基本原则则表现了学者的认识。所以，不能首先以法律上没有规定的基本原则作为解释的依据。如果以非法定化的基本原则直接作为裁判依据，则可能出现类似情况不同处理的现象。

需要指出的是，在例外情况下，如果法律中没有规定某项基本原则，法官是否可以援引从现行法的规定中归纳出的法律的基本原则？此类原则是以现行法的若干规定为基础，归纳出其背后的一般价值和目标。① 例如，以《民法典》合同编、《民法典》总则编的相关规定为基础，归纳出债的相对性原则。笔者认为，基本原则本身也处于不断的发展变动之中，立法规定的基本原则虽然涵盖范围广泛，但是，仍然有可能存在无法涵盖的案

① Franz Bydlinski, Juristische Methodenlehre und Rechtsbegriff, Wien/New York 1982, S. 485.

件类型。另外，法律已经规定了若干具体的规则，但是，其没有规定其背后共同蕴涵的基本原则，法官也可能有必要从中抽象归纳出某项原则。例如，我国学界通说认为，一物一权是我国《民法典》物权编中的一项基本原则，该原则的确立是物权的支配性特征、排他性效力、优先性效力得以存在的重要理论基础。但与平等保护原则不同的是，我国《民法典》物权编并没有通过法律条文直接规定该原则。再如，很多学者认为，鼓励交易是《民法典》合同编的一项基本原则，是判断合同效力问题的重要准则，但是，《民法典》合同编一般也未明文规定该原则。对于依据法律规定总结出来的基本原则，必须存在坚实的基础，可能还需要借助于法制史学的研究，从过去的判例、法律规范订定的由来、历史的沿革等来发现。[①] 尤其是还必须对其进行检验，确定其是否与现行法的规定或者原理相冲突。如果存在冲突，也不能用于漏洞填补。[②]

第二，尽可能考虑特定法律领域的特殊的基本原则。就民法来说，其基本原则的类型很多，除了适用于整个民法领域的基本原则外（如平等原则、自愿原则），还存在民法内部各个具体领域的基本原则，如物权法的基本原则、合同法的基本原则等。一般来说，在成文法国家，法律原则在实定法上可以分为如下类型：一是等级最高的法律基本原则。这主要体现为正义原则。法律的精神就是正义，整个民法都是以追求公平正义为目的，它是最高的理念，也表达了法律的最高目的。二是民法所普遍适用的基本原则。例如，《民法典》总则编第 5 条至第 9 条规定了自愿、公平、诚实信用、公序良俗、绿色原则，都是实体法规定的民法的基本原则，它可以适用于整个法律部门。其中，有些原则需要通过法律规则来具体化，而有些原则并不需要通过法律规则来具体化。法律用专门的条文规定了法律原则，这些规定并不直接涉及当事人之间的权利义务关系，也不涉及法律后果。三是民法内部各个法律领域自身的原则。例如，物权法中的公示公信原则，合同法中的合同自由原则、鼓励交易原则等。在这三个层次中，要尽可能寻找更为具体的原则。因为越具体的原则，其与裁判的联系就越密切，而且，法官的裁量权也受到更多的限制。同时，寻求更具体的原则，也可以为案件的裁判提供更具体的价值指引。

---

① 杨日然：《法理学论文集》，我国台湾地区月旦股份有限公司 1997 年版，第 9 页。

② Franz Bydlinski, Juristische Methodenlehre und Rechtsbegriff, Wien/New York 1982, S. 486.

在此需要探讨的是，是否有必要将宪法的原则作为填补漏洞的依据？笔者认为，宪法的根本法地位决定了，它的原则几乎都已经转化为各个部门法中的原则，所以，部门法的原则已经足以作为填补漏洞的依据，不必再借助于宪法的原则。另外，从保持各个法律部门相对独立性考虑，宪法的原则也不宜直接进入各个部门法。因此，就民法而言，漏洞填补的依据就是民法的基本原则。例如，宪法上的平等原则已经具体化为民法上的平等原则，即《民法典》第4条关于“当事人在民事活动中的法律地位一律平等”的规定。因此，填补漏洞的依据应当是《民法典》第4条，而不应当是宪法上的平等原则。

2. 相关性检验。针对各个法律的基本原则，如何选择最恰当的基本原则来适用，这就有必要进行“相关性检验”。所谓“相关性检验”，是指通过分析确定待决案件与特定的法律基本原则，选出一个最佳的适用于具体个案的原则。在进行相关性检验时，首先必须对具体案件中需要调整的法律关系性质进行判断。不同类型的法律规范所协调的不同类型的利益关系，其所应遵循的相对具体的法律原则也可能存在差异。例如，在交易背景下的民事法律关系中，更多地强调当事人的意思自治和合同自由。在非交易背景下的民事法律关系中，更多地强调固有权利的保护和公权力的限制等精神。“相关性检验”是以对待决案件事实的精确分析为基础的，从而确定待决案件不能适用其他的法律原则予以处理。其次，要考虑案件事实与法律基本原则的相关性。例如，就具体的案件事实或者说法律关系，其与何种法律的基本原则具有最大的相关性。

3. 对基本原则的阐释。法律的基本原则必须具体化，因为基本原则是高度抽象的，其只有通过具体化才能演化为构成要件和法律后果，从而为待决案件提供大前提。以公序良俗原则为例，该原则也可以归入不确定概念的范畴。在两大法系中，公序良俗是法官填补漏洞时所遵循的重要依据。当然，公序良俗一词本身抽象程度较高，比较模糊。有时候它所包含的内容，它也是一个随着社会生活发展不断变化的概念。[①] 在缺乏可供援引的规则的情况下，法官根据公序良俗原则作出裁判，已成为填补漏洞的一种方式。[②] 我国《民法典》第8条也规定公序良俗原则，但在运用该条原则

---

① 邓衍森：《法律哲学上司法造法的若干问题》，载我国台湾地区《法律学报》第4卷第2期。

② Winfield P. H., Public Policy in English Common Law, 42 Harv. L, Rev. 76 (1929).

进行漏洞填补时，首先需要对公序良俗的概念进行类型化处理，明确其内涵。

对基本原则进行阐释，并非意味着要对每一项原则进行准确的定义。因为原则不同于一般的概念和术语，它体现的是法律的基本价值，甚至是法律的最高价值，因此，其是无法定义的。我们所说的要对其进行阐释，具体表现为：第一，要阐明原则所包含的基本价值，从而为法官填补漏洞提供价值指引。例如，公平原则体现了公平的价值，而诚信原则体现了诚信的价值。这些价值也可能是特定法律领域内公认的基本价值，例如，平等、公平、诚信等。第二，要阐明基本原则的适用范围及其限制。例如，合同自由原则可以适用于合同领域，而遗嘱自由原则仅适用于遗嘱领域。一般来说，法律的基本原则往往会受到限制，例如，自愿原则要受到诚信原则的限制。这一限制也可以理解为基本原则的例外。结合特定案件，我们也要考虑这一例外情形是否出现。第三，基本原则应尽可能转化为具体规则。基本原则具有非法律规范性的特点，法律规范都包含了构成要件和法律后果两个部分，而基本原则之中并不包含这两部分，仅仅确定了价值取向。而在法律解释中，以基本原则来填补漏洞，应将其转化为包含了构成要件和法律后果的具体规则。例如，诚实信用原则用来填补漏洞时，就必须将其转化为情势变更制度的规则。第四，如果运用某个原则会与其他原则的运用发生冲突，就要进行解释，以确定适用特定基本原则的合理性。考虑到法律的基本原则之间存在相互冲突、相互补充的特点，法官在必要的时候，需要综合运用两个甚至两个以上的法律基本原则进行漏洞填补。尤其是法律的基本原则通常都是多元的，而且多个法律基本原则之间往往还会存在一定的冲突。例如，在物权法上，保护物权的原则与物尽其用的原则之间就会存在冲突，在无权处分的情况下，如果过分坚持物尽其用的原则，就违反了保护物权的原则。此外，法律的基本原则本身仅仅是做出了价值宣示，在运用已经选择的法律原则时，也要阐明如何具体适用于特定的案件。

（三）基本原则与案件事实的连接

基本原则虽然具有较高的抽象性和适用的宽泛性，但是，其仍然要与特定的案件事实相连接。在填补漏洞时，要考虑基本原则与案件事实是否一致。在依据基本原则填补漏洞时，考虑到民法的一般原则过于抽象和概括，且法律的基本原则自身并不包括明确的构成要件和法律效果，如果以其为依据进行漏洞填补，就会给予法官过大的自由裁量的权力。所以，在填补漏洞时，还应当尽可能使其具体化。在实践中，有些法官判案时直接援引某项原则作出判决，而常常没有指明该项原则与案件事实的连接。甚至在很多案件中，都援引公平原则来判决，但是，实际上其所依据的判决理由过于空泛，有的法官依据其所理解的公平原则作出此种判决，而有的法官则依据其所理解的公平原则来作出另一种判决，这就不能实现类似问题类似处理。所以，在运用基本原则填补漏洞时，必须实现基本原则与案件事实的连接，具体来说：

第一，要尽可能运用比较具体的原则。就民法而言，凡是能够适用民法中各个领域的特殊原则的，就不应当再适用民法的一般原则。例如，《民法典》第5条中的自愿原则，已经具体化为合同自由原则。① 所以，在合同案件中，例如对于合同形式的自由选择，可以直接援引《民法典》第469条的规定，而不应再援引《民法典》第5条的规定。

第二，在运用基本原则填补漏洞时，要根据案件的需要尽可能将其转化为具体的规则。因为毕竟直接援引基本原则得出裁判结论过于宽泛。如果法官将其运用到具体案件时，可以将其具体化为规则，就可以使其更有针对性。例如，从诚信原则中解释出的情势变更原则。

第三，在同一法律内部，如果法律就特定制度规定了基本原则，则不应再运用该法律的一般原则。例如，《民法典》第241条规定："……用益物权人、担保物权人行使权利，不得损害所有权人的权益。"其是针对他物权的行使所确立的原则，不应适用于其他领域。

（四）充分的说理论证

在运用基本原则进行漏洞填补时，法官享有较大的自由裁量权，所以，法官要进行充分的说理论证。这不仅有利于防止法官滥用其自由裁量权，而且，要实现法的稳定性，就必须强化法官的说理论证的义务。由于基本原则较为抽象，在其适用于具体案件时，存在法律规定与案件事实之间的距离问题。如何能够将抽象的原则适用到鲜活的事实，就需要法官对这一过程进行充分的论证和说理，以证明其裁判的合理性。法官应以基本原则以及依据原则所阐释出的规则为大前提，以案件事实为小前提，从而得出判决的结果，并对这一过程进行完整而充分的论述。例如，原告之父去世

① 《民法典》第469条规定，当事人订立合同，可以采用书面形式、口头形式或者其他形式。

以后，在出殡的当日，全家处于悲痛之中。被告是其邻居，因平日与原告不和，就在出殡之日故意播放喜庆欢快的音乐，严重扰乱了原告家里悲痛的气氛。原告认为，被告的行为使其遭受极大的精神伤害，要求赔礼道歉，并赔偿精神损失。本案中，因缺乏法律适用的依据，可以适用法律的基本原则。本案中，法官认为，被告的行为违背了公序良俗原则，判令被告赔礼道歉。但是，法官在解释的过程中应当尽可能进行具体化的阐释，对基本原则的可适用性、其内容的具体化进行详细的说理论证。

后 记

本书是王利明教授主持的国家社科基金重大项目“法学方法论研究”（项目批准号：13&ZD150）的成果形式。在本书的写作过程中，中央财经大学王叶刚副教授和中国人民大学在读博士研究生潘重阳提供了大量帮助。在此一并表示感谢！

王利明

二〇二一年二月一日